문봉주 목사의
성경의 맥을 잡아라

문봉주 목사의
성경의 맥을 잡아라

지은이 | 문봉주
초판 발행 | 2007. 10. 9
개정판 발행 | 2023. 12. 20
개정판 2쇄 발행 | 2025. 2. 25
등록번호 | 제1988-000080호
등록된 곳 | 서울특별시 용산구 서빙고로 65길 38
발행처 | 사단법인 두란노서원
영업부 | 2078-3333   FAX | 080-749-3705
출판부 | 2078-3331

책값은 뒤표지에 있습니다.
ISBN 978-89-531-4769-0   03230

독자의 의견을 기다립니다.
tpress@duranno.com   www.duranno.com

두란노서원은 바울 사도가 3차 전도여행 때 에베소에서 성령 받은 제자들을 따로 세워 하나님의 말씀으로 양육하던 장소입니
다. 사도행전 19장 8-20절의 정신에 따라 첫째 목회자를 돕는 사역과 평신도를 훈련시키는 사역, 둘째 세계선교(TIM)와 문서선교
(단행본·잡지) 사역, 셋째 예수문화 및 경배와 찬양 사역, 그리고 가정·상담 사역 등을 감당하고 있습니다. 1980년 12월 22일에 창
립된 두란노서원은 주님 오실 때까지 이 사역들을 계속할 것입니다.

문봉주 목사의

성경의
맥을
잡아라

문봉주 지음

Threading the Bible

창조시대 족장시대 출애굽시대 광야시대 정복시대 사사시대 단일왕국시대 분열왕국시대 포로시대 포로귀환시대 침묵시대 로마시대 성령시대

두란노

모든 평신도들이 말씀으로 변화되는 그날까지

오래 전 제네바 한국대표부에 근무할 때, 제 나이 40이 넘어서야 비로소 '모태신앙인이지만 성경을 너무나 모르고 있구나'라는 사실을 깨달았습니다. 귀국 후 저를 붙잡는 친구와 친척을 모두 뿌리치고 성경 세미나를 들으려고 매일 온누리교회로 달려갔습니다. 그동안 여러 강의를 들으며 성경을 하나로 체계화하고 정리할 수 있기를 간절히 바랐던 저는 어느 날 유진소 목사님의 성경 세미나 광고를 보게 되었고, 큰 기대와 기쁨으로 유진소 목사님의 '성경탐구 40일' 세미나에 등록했습니다.

그 후 저는 위암 판정을 받았습니다. 사망의 음침한 골짜기 같은 상황에서 하나님의 말씀만 붙들었고 성령님은 말씀의 은사를 차고 넘치도록 부어 주셨습니다. 그 말씀의 은사에 힘입어 위암 투병을 하면서 제가 '성경탐구 40일' 세미나에서 배운 말씀의 뼈대에 살을 붙여 확대 발전시킨, '성경의 맥을 잡아라' 세미나를 인도하게 되었습니다. 전 세계 어디든 제 발길 닿는 곳이라면 성경 세미나를 열었습니다. 그렇게 10년의 세월이 흘렀습니다.

강의를 할 수 없는 상황이 되고, 성경을 읽어도 어렵기만 하고 도무지 이해하기 힘들었는데 성경의 맥을 잡아 주는 성경 강의가 있다는 사실을 알았다는 성도의 편지를 받으면서 '성경의 맥을 잡아라' 강의 내용이 책으로 나온다면 많은 사람에게 도움이 될 거라는 확신을 갖게 되었습니다. 늘 출판 제의를 받았으나 시간이 없다는 핑계로 감히 엄두도 못 내던 일을 시작하도록 하나님이 인도하셨습니다.

무엇보다 《성경의 맥을 잡아라》에 인용된 성경을 개역한글에서 오늘날 일반적으로 사용되는 개역개정으로 새롭게 개정 출간하게 되어 먼저 하나님께 그리고 두란노서원에 감사드립니다.

최근 수년간 성경 통독에 관한 책이 많이 출간되었으나 이 책은 성경 66권의 내용을 단지 지식적으로 요약, 설명하기보다 실제 성도의 삶에 지식으로 받은 성경 말씀을 적용하는 것에 초점을 두었습니다. 다시 말하자면, 성경 통독을 통해 하나님이 우리에게 어떤 삶을 원하시는지 깨닫도록 도움을 주기 위함입니다.

성경 66권을 통독하면 하나님이 자녀인 내게 바라는 뜻이 무엇인지 확실하게 깨달을 수 있습니다. 택함 받은 자녀를 위한 하나님의 뜻은 구약의 율법서인 토라(창세기, 출애굽기, 레위기, 민수기, 신명기)에 잘 요약되어 있습니다. 즉, 먼저 죄인인 우리를 세상에서 구별된 자녀로 부르시고(창), 부르심에 믿음으로 응답하면 구원을 주시며(출), 구원받은 성도에게 거룩한 삶을 원하시고(레), 거룩한 성도와 동행해 주시며(민), 주님과 동행하며 순종하면 축복을 주십니다(신). 예수님의 말씀으로 한마디로 정리하면 '하나님을 사랑하고 이웃을 사랑하라'는 것입니다.

성도들이 서로 사랑하지 못하는 이유는 구약과 함께 신약의 맥을 잡지 못했기 때문입니다. 신약성경 27권을 요약하면, 우리가 목숨 걸고 하나님을 사랑하고 이웃을 사랑하려면 날마다, 순간마다 '자기부인' 없이는 할 수 없다(막 8:34)입니다. 그러나 성도임에도 교회 안에서조차 사랑하지 못하고 시기하고 다툼은 매 순간마다 '나'(내 욕심, 내 프라이드, 내 계획, 즉 '자아')는 2천 년 전, 예수님과 함께 십자가에서 이미 죽었음을 고백하지 않기 때문입니다. 죽은 자는 화내지 않고 소리 지르지 않기 때문입니다.

믿음의 정도가 각기 다른 성도들이 혼자서 성경 전체를 다 읽고 하나님의 은혜와 사랑을 체험하며 그분이 바라시는 "기쁘신 뜻"(빌 2:13)이 무엇인지 깨닫길 소망합니다. 이 책을 통해서 모든 평신도들이 주님이 주시는 은혜와 감동으로 성경 66권을 술술 읽어 나갈 수 있기를 축원합니다. 단순히 성경을 혼자서 재미있게 일독해 나가는 데 그치지 않고, 각자에게 주시는 주님의 음성을 듣고 주님의 형상을 닮아 날마다 거룩하게 변화되기를 원합니다. 그래서 세계 각지에서 주님의 은혜와 영광을 찬양하게 될 날을 기대합니다.

개정판을 통해 모든 성도가 성경을 통독하고 내게 바라시는 하나님의 뜻이 무엇인지를 확실히 깨달아 세상과 구별된 거룩한 성도로 변화되어 축복된 삶을 누리게 되기를 주님의 이름으로 축원합니다.

2023년 12월초 동경에서
문봉주

PART 3 구약의 뼈대에 살 붙이기

PART 5 신약의 뼈대에 살 붙이기

PART 1

성경의 맥을
잡아라

성경의 구조를 알면 맥이 잡힌다

앞으로 성경을 어떻게 배워 나갈지 먼저 소개합니다. 우리가 성경을 왜 배워야 하는지, 그리고 성경을 배운다는 것이 단순히 성경 지식을 늘리는 일이 아님을 알게 될 것입니다.

✚ 지식은 아직 믿음이 아니다

"창세기부터 요한계시록까지 성경 전체의 맥을 속 시원하게 잡아볼 수 있을까?"

"내가 배운 성경 지식을 좀 더 체계화했으면 좋겠다."

"신앙생활을 오래했는데 아직도 성령님을 느끼지 못해 마음이 답답하다."

"무슨 어려운 일만 닥치면 먼저 두려움이 앞서고 근심과 걱정으로 갈피를 못 잡으니, 진정으로 말씀 가운데 임재하시는 살아 계신 하나님을 만나고 싶다."

성경을 공부하려는 동기는 사람마다, 각자의 신앙 정도에 따라 다릅니다. 어떤 사람은 구약의 창세기나 신약의 요한복음 등 권별로 성경을 공부했거나, 주제나 인물별로 공부했을 것입니다. 또한 제자 훈련을 받은 사람도 있을 것입니다. 성경공부의 동기가 무엇이든 가장 중요한 것은 성경 말씀을 공부하는 목적이 지식을 얻는 것에 그쳐서는 안 된다는 것입니다.

성경 지식은 믿음의 전제가 될 수 있지만 그 자체가 믿음은 아닙니다. 많은 사람들이 성경 지식과 믿음을 혼동해서 문제를 일으킵니다. 대부분의 사람들은 예수님이 우리의 죄를 위해 십자가에서 피 흘리셨고 그 후 부활하심으로 우리에게 영원한 생명을 주시고 심판에 이르지 않게 하셨음을 알고 있습니다. 그러나 이것은 성경을 아는 지식이지 믿음은 아닙니다. 성경 지식만을 가지고 있을 때 이렇게 착각합니다.

"나는 예수님을 믿었으니까, 언제 죽어도 천당 가니까 이만큼만 믿자."

지식만 가지고 교회에 오래 다닌 부부가 있다고 칩시다. 그런데 어느 날, 성령님의 감동을 받은 부인이 이제부터는 십일조를 해야겠다고 생각합니다. 그래서 남편이 가져오는 수입에서 10분의 1을 떼어서 주일에 십일조를 드리려고 합니다. 지식만 가지고 교회에 다니던 남편은 화를 벌컥 냅니다.

"아니, 그 돈이 어떤 돈인데 거기서 10분의 1을 바쳐. 그렇게 안 해도 천당 간단 말이야! 십일조는 믿음 좋은 사람만 하는 거라고. 우리는 그렇게 안 해도 된단 말이야."

얼마 뒤에 더 은혜를 받은 부인이 남편에게 말합니다.

"여보. 이제 아무리 피곤해도 새벽기도를 해야겠어요. 새벽기도도 하지 않고 이 험한 세상을 어떻게 살아가겠어요. 그러니 우리 함께 새벽기도 합시다."

그러면 남편은 기겁을 하며 이렇게 말합니다.

"당신, 지금 제정신이야? 우리가 얼마나 피곤하고 바쁜데! 잠잘 시간도 부족하다고! 그런데 새벽예배를 가? 그런 거는 광신자들이나 별난 사람들만 하는 거야. 우리처럼 바쁜 사람은 그렇게 안 해도 다 천당 간다고 성경에 쓰여 있어."

이것이 바로 성경 지식을 자신의 믿음으로 착각하는 데서 오는 오류입니다.

성경 66권에 쓰여 있는 문장보다 그 말씀을 통해 주님을 만나는 것이 더 중요합니다. "율법 조문은 죽이는 것이요 영은 살리는 것이니라"(고후 3:6). 하나님의 말씀을 들을 때, 그 말씀 가운데서 일하시는 성령님의 진한 감동이 사람의 마음을 움직입니다. 그래서 이제는 십일조도 낼 수 있고 새벽기도도 할 수 있게 됩니다. 말씀의 활력(에너지)이 나를 움직이는 것입니다(히 4:12). 믿음이 있는 자는 말씀을 듣고 받은 은혜를 함부로 흘려보내지 않습니다.

이 책으로 성경공부를 시작한 모든 분들이 믿음의 정도나 현재 처한 환경에 따라 각자에 알맞게 성령님의 인도하심을 받을 수 있기를 소원합니다. 그래서 이 책은 성경의 맥을 잡아 성경의 내용을 이해하도록 돕는 데서 그치는 것이 아니라, 성경 말씀의 주인이신 주님을 만나 삶이 변화되는 첫걸음을 디딜 수 있도록 구성되었습니다.

성경의 맥을 잡아라 가이드

　1. 40일 동안에 성경의 맥을 잡을 수 있도록 **DAY 40** 셀프 스터디 북으로 구성했습니다. 하루치 분량씩 소화해 간다면, 40일 뒤에는(일주일 단위로 한다면 40주 만에) 성경의 맥을 잡을 수 있을 것입니다.

　2. 삶에 적용해 볼 수 있는 생각들을 　영성탐구 1　에 정리했습니다. 특히 영성탐구는 많은 분들이 저의 성경 강의를 들으면서 '은혜의 샘'이라고 말하는 부분들입니다. 이것은 삶과 신앙의 문제를 고민하는 성도들에게 많은 도움이 될 것입니다.

　3. 성경 지식을 보완해야 할 부분은 　지식탐구 1　에 정리해 두었습니다.

　4. 성경에 자주 등장하는 주요 지명은 　지 도　에서 확인할 수 있습니다. 　지 도　를 보면서 성경을 읽으면 훨씬 더 생생하게 말씀을 이해할 수 있습니다.

　5. 구약과 신약의 맥이 닿는 부분은 　맥잡기!　에 정리해 두었습니다. 이 부분만 눈여겨보아도 구약과 신약이 연결되며 성경의 맥이 잡힐 것입니다.

　이 책을 통해 어두운 심령이 밝아지고, 허전한 심령이 채워지며, 무엇보다도 진한 사랑과 감동으로 우리 안에 임재하시는 주님을 만날 수 있을 것입니다.

✚　　성경이 잘 이해되지 않는 이유는 무엇일까

기존 **성경공부** 방식을 크게 분류하면 다음 세 가지로 나눌 수 있을 것입니다.

　첫째, '책별' 성경공부. 창세기로 한다든지, 로마서로 한다든지 신구약의 책별로 하는 성경공부 방법을 말합니다. 큐티도 책별 성경공부의 한 종류입니다.

　둘째, '주제별' 성경공부. 믿음이란 무엇인가, 구원이란 무엇인가, 부활이란 무엇인가처럼 성경의 여러 주제에 따라 공부하는 방법입니다.

　셋째, '인물별' 성경공부. 아브라함, 다윗, 모세, 사도 바울 등 인물별로 공부하는 방법입니다.

　그런데 성경을 통독하려고 읽어 나가다 보면 중간에 걸리고 막히는 데가 많습니다. 예를 들어, 창세기부터 출애굽기 24장까지는 그럭저럭 잘 읽어 나갑니다. 그런데 출애굽기 25장에 들어서면 꼭 막힙니다. 장은 몇 규빗이고, 고는 몇 규빗이고… 갑자기 성막의 설계도가 등장하기 때문입니다. 성막을 짓는 재료들도 등장합니다. 낯선 내용들에 머리가 지끈지끈 아프다가 제사법이 나오는 레위기에 도달하면 더 혼란스러워집니다. 레위기에서 늪으로 빠지고, 민수기에 이르면 사람 숫자 세기에 질립니다. 그러다 보니 송구영신 예배 때 성경을 통독하겠다고 결심하고 대부분은 한두 달도 채 못되어서 중도하차합니다.

이와 같이 우리가 성경을 읽어 나가기 어려운 이유가 무엇일까요? 그 이유를 정리해 보면 다음과 같습니다. 물론 성령님의 감동에 따라 성경을 읽어 나간다면 이런 문제들은 부수적인 것들입니다.

첫째, 성경이 하나의 이야기로 연결되어 있지 않기 때문입니다. 하지만 성경을 자세히 들여다보면 분명히 '맥'이 있습니다. 창세기부터 요한계시록까지 하나의 흐름이 있습니다. 그래서 우리는 역사적 흐름을 따라서, '하나님의 구속사적 관점'에서 성경을 파악하는 것입니다.

둘째, 우리가 성경에 나오는 구조물을 본 적이 없기 때문입니다. 이것은 마치 한 번도 텔레비전을 보지 못한 상태에서 텔레비전 설명서를 읽는 것과 같습니다. 레위기의 제사법은 우리가 성막을 전혀 보지 못한 상태에서 그 설명만을 듣는 셈이니, 아무리 성경을 읽어도 골치만 아픕니다. 무슨 소리를 하는지 모르니까 그저 적당히 넘어갈 수밖에 없는 것이지요.

셋째, 성경 인물들이 처한 형편과 상황을 알지 못하기 때문입니다. 왜 다윗이 그렇게 절절한 기도를 할 수밖에 없고, 왜 사도 바울의 편지가 그렇게 결연에 차 있는지를 모른다면 그 내용이 가슴에 와 닿을 리 없습니다.

넷째, 성경에 나오는 지리를 모르기 때문입니다. 성경을 읽다 보면 수리아도 나오고 앗수르도 나오고 아람도 나오니까 정신이 없습니다. 수리아나 앗수르나 똑같은 나라 같습니다. 그러니까 성경이 잘 이해되지 않는 것입니다. 성경에 나오는 인물들은 모두 하나님의 말씀에 따라 움직였습니다. 아담은 범죄 후 에덴 동편으로 쫓겨났고, 아브라함은 부르심을 받았을 때 순종하여 고향과 친척과 아버지 집(하란)을 떠나 하나님이 지시하시는 땅(가나안)으로 이동했습니다. 우리는 성경을 읽을 때마다 발음하기도 어려운 중동 지방의 지명을 접할 수밖에 없지만 그것에 관심을 기울이는 사람은 별로 없습니다. 하지만 실제로 지도를 펴놓고 그 경로를 따라가다 보면 우리 삶을 구체적으로 인도하시는 하나님의 사랑의 손길을 느낄 수 있습니다.

✚　시간의 흐름에 따라 뼈대를 먼저 세우자

그래서 우리는 **첫째, 시간의 흐름에 따라 맥을 잡는 '연대기적 접근법'을 취할 것입니다.** 성경의 맥을 잡기 위해 먼저 성경의 역사적 흐름에 따라 뼈대를 세울 것입니다. 저는 성경공부를 시작할 때 성경의 커다란 뼈대를 잡는 것부터 배웠습니다. 성경 전체가 한눈에 보이니까 얼마나 기쁘던지, 마치 맹인이 눈을 뜬 것 같았습니다.

　둘째, 말씀의 구체적 전개에 초점을 두어 뼈대에 살을 붙여 나갈 것입니다. 시간의 흐름에 따라 맥을 잡으면서 성경의 뼈대는 확실히 세울 수 있었지만, 이런 아쉬움이 생겼습니다. '누군가가 창세기의 천지창조부터 시작해서 요한계시록 끝까지 그 흐름(뼈대)에 살을 붙여 주면 얼마나 좋을까? 그러면 성경을 잘 모르는 사람도, 교회를 오래 다녔지만 그동안 성경 말씀을 제대로 정리하지 못한 사람도 성경의 맥을 확 잡을 수 있을 텐데….'

　처음에는 대단한 목사님이나, 신학 박사가 이것을 해 주면 좋겠다고 생각했는데, 제가 중국에서 근무하는 동안 청년들과 함께 성경공부를 하면서 자연스럽게 이 작업을 시작하게 되었습니다. 그래서 저의 성경 강의는 유진소 목사님의 세미나 '성경 탐구 40일'로 뼈대를 잡고, 거기에 살을 붙여 삶에서 말씀을 어떻게 구체적으로 적용할 것인가에 초점을 두고 있습니다.

　셋째, 성경 지도를 따라가면서 성경 66권을 섭렵해 나갈 것입니다. 성경의 인물을 따라 성경 지도를 그리면서 시대 상황과 인물이 처한 상황을 살펴볼 것입니다.

✛ 30초 만에 성경 지도를 그리자

성경에 나오는 지명들을 연결하는 동시에 어떻게 성경 인물들이 하나님의 말씀을 따라서 움직였는지 그들의 구체적인 삶을 통해 관찰할 것입니다. 이를 위해 일단 성경의 지도를 30초 만에 그릴 수 있도록 연습합시다(이 방식은 '성경 탐구 40일'의 유진소 목사님께 전수받은 것임을 밝힙니다). 그러면 성경의 지리에 익숙해질 것입니다.

먼저 왼쪽에 큰 빵을 하나 그립니다. 그리고 이 빵에 포크를 하나 꽂아 놓습니다. 오른쪽에는 닭 다리를 하나 그립니다. 이때 금박지로 싼 부분이 위로, 살코기 부분이 아래로 오도록 그려야 합니다. 닭 다리 밑에 돼지 다리 하나를 그리는데, 똑바로 그리지 말고 옆으로 조금 뉘여서 그립니다. 왼쪽이 올라가 있고 오른쪽이 낮은 모습입니다. 그래야 제대로 됩니다. 이때 돼지 다리의 오른쪽 선이 위쪽의 닭 다리와 일직선이 되도록 그려야 합니다. 그리고 오른쪽 끝에 코브라가 혀를 날름거리고 있는 모습을 그리면 됩니다. 이것이 30초면 누구나 그릴 수 있는 성경 지도의 전부입니다. 이렇게 지도를 그리며 성경의 등장인물을 따라가는 동안 성경의 맥을 잡을 수 있습니다.

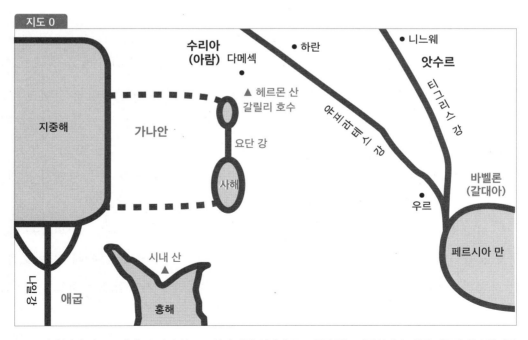

30초 만에 성경 지도 그리기 우리가 앞으로 읽어 나갈 성경에 주로 등장하는 지명입니다. 성경 지도에 익숙해지면 성경의 등장인물이 생생하게 살아납니다.

성경의 주요 지명

1. 애굽(이집트) - 태양 신의 나라.

2. 바벨론(이라크) - 중동 지방은 달, 특히 초승달을 아주 중요하게 생각합니다. 제가 제네바에 근무할 때 알게 된 사실입니다. 제네바에는 국제적십자사연맹이 있는데, 우리나라는 이것을 '적십자'라고 하고, 중국 사람도 어쩔 수 없이 '홍십자'라고 부릅니다. 적십자가 없는 나라는 없습니다. 그런데 유독 중동에서만은 적십자를 '붉은 초승달'이라고 부르며, 중동 지방의 적십자기에는 십자가가 아니라 초승달이 그려져 있습니다. 이러한 사실은 아프간 인질 사건을 통해 한국에도 알려졌습니다.

왜 달을 그려 놓을까요? 중동에서 '달'은 메소포타미아 평야를 상징합니다. 유프라테스(유브라데) 강과 티그리스 강이 만들어 내는 이 비옥한 땅의 모습이 초승달을 닮았다고 해서 이 지역을 초승달 지역이라고 부르기도 합니다. 메소포타미아 평야를 차지하고 있는 북쪽의 앗수르(수도 니느웨)는 달의 나라입니다.

나중에 앗수르가 북이스라엘을 멸망시키고, 통일 바벨론이 앗수르를 멸망시키며 메소포타미아 평야를 다 차지합니다. 남유다는 통일 바벨론에 의해 멸망당합니다. 이 통일 바벨론이 바로 오늘날의 이라크입니다. 예나 지금이나 끊임없이 이스라엘을 치고 멸망시킨 나라입니다.

"낮의 해가 너를 상하게 하지 아니하며 밤의 달도 너를 해치지 아니하리로다"(시 121:6). 하나님은 낮의 해(애굽)와 밤의 달(바벨론)로부터 이스라엘을 지켜 주시겠다고 했지만, 이스라엘 백성은 하나님의 말씀을 버렸습니다. 그렇기 때문에 밤의 달에게 해를 받아 포로로 끌려갔으며, 오늘날까지도 위협을 받고 있습니다. 이처럼 세계 역사는 성경을 빼놓고는 얘기가 되지 않습니다. 그래서 '역사'(History)가 '그분의 이야기'(His Story)입니다. 이 사실을 모르고, 세상의 지혜만으로 현재의 현상만 보면 당면한 문제를 풀 수 없습니다.

3. 시내 산 - 시나이 반도 남쪽에 있었던 산으로 추정되는 곳. 시내 산의 위치는 아무도 모릅니다. 하지만 출애굽기에 서술된 것을 볼 때 시나이 반도 남쪽에 있는 호렙 산 자락의 일부로 생각됩니다. 하나님은 이스라엘 백성들을 가나안으로 바로 인도하지 않고, 시내 산으로 인도하셨습니다.

4. 헤르몬(헐몬) **산** - 시편에 "헐몬의 이슬"(시 133:3)이라고 나옵니다. 헤르몬 산은

갈릴리 호수 오른쪽에 있습니다. 헤르몬 산의 눈이 녹아 갈릴리 호수로 흘러갑니다.

5. 갈릴리 호수 - 갈릴리 호수 동편에 오늘날 골란 고원이라고 하는 바산이 있습니다. 골란 고원은 매우 춥고 요르단 계곡 쪽은 덥기 때문에, 이 기온의 차이로 갈릴리 호수는 폭풍이 자주 일어납니다. 예수님이 갈릴리 호수에서 풍랑을 잠잠케 하시는 내용이 나오는데, 이 풍랑은 바로 이러한 지리상의 이유로 나타난 것입니다. '갈릴리'라는 이름의 뜻이 '빙빙 도는 바퀴'인 것을 보면 그곳의 폭풍이 얼마나 거센가를 알 수 있습니다. 갈릴리 호수는 가로 11km, 세로 22km로 매우 넓습니다. 실제로 보면 바다 같아서 그 지역에 사는 사람들은 갈릴리 호수를 바다라고 불렀습니다. 갈릴리 호수는 참으로 아름답고 신비스럽습니다. 물이 얼마나 파란지 모릅니다. 하루 수만 톤의 맑은 호숫물은 요단 강으로 흘러갑니다.

6. 요단 강 - 지형상 낙차가 커서 물살이 비교적 빠르게 흘러갑니다. 요단 강의 직선 거리는 100km밖에 안 되지만, 물이 굽이쳐서 내려가므로 실제 물길은 300km나 되는 셈입니다. 요단 강물은 사해로 흘러갑니다.

7. 사해 - 사해는 세계에서 가장 낮은 곳이어서 더 이상 흘러갈 곳이 없습니다. 그 물이 고여 증발하니까 소금물이 됩니다. 소금물이다 보니 생명체가 살 수 없습니다. 요단 강을 타고 신나게 내려오던 물고기들이 갑자기 짠물을 만나 눈이 따가워서, 물 위로 튀어 오릅니다. 그래서 이곳에서는 가만히 있어도 물고기를 잡을 수 있다고 합니다. 로마 시대에는 이곳에서 물고기를 잡아 소금에 절여서 로마로 수출하기도 했습니다. 지금도 성지 순례를 가면 '베드로 고기'라고 해서 팔기도 합니다.

약속의 땅(가나안)에는 아름다운 갈릴리 호수와 요단 강이 있지만, 이 호수와 강은 이 땅에 사는 사람들에게는 아무런 도움도 주지 못했습니다. 그들이 유일하게 할 수 있는 일은 물고기를 잡는 것이 전부였습니다. 땅이 물 밑으로 푹 꺼져 있어서, 갈릴리 호수에 있는 물을 끌어와서 농사를 짓는다는 것은 당시 기술로는 불가능했을 것입니다.

생각과 고백의 차이

"만일 우리가 하나님과 사귐이 있다 하고 어둠에 행하면 거짓말을 하고 진리를 행하지 아니함이거니와 … 빛 가운데 있다 하면서 그 형제를 미워하는 자는 지금까지 어둠에 있는 자요"(요일 1:6-2:9) 하는 말씀에 은혜를 받았습니다. 그런데 '아, 미워하면 안 되는구나. 미워하지 말아야지'하고 머릿속으로 아무리 생각해도 옆에 있는 사람을 또 미워할 수밖에 없습니다. 왜냐하면 생각에 구원이 없기 때문입니다.

믿음은 고백입니다. 깨달은 말씀을 입으로 시인하고 나의 상황으로 고백할 때, 구원을 체험할 수 있습니다. "사람이 마음으로 믿어 의에 이르고 입으로 시인하여 구원에 이르느니라"(롬 10:10). "내가 너희에게 이른 말은 영이요 생명이라"(요 6:63). 말은 영의 통로가 되며, 입으로 고백할 때 영이 역사합니다. 성령님이 내 안에서 역사하십니다. 그때 주님의 사랑이 내 안에 전달되어 미움을 극복할 수 있습니다. "우리가 믿는 도리를 굳게 잡을지어다"(히 4:14). 이 말씀이 영어 성경에는 "우리가 고백하는 믿음에 굳게 서라"고 표현되어 있습니다. 고백하는 믿음에 굳게 설 때, 하나님의 은혜의 보좌 앞에 담대히 나갈 수 있습니다.

"복 있는 사람은 … 율법을 주야로 묵상하는도다"(시 1:1-2). 이 말씀을 히브리어 원어로 보면 '율법을 고백하는 것이다'라는 뜻입니다. 유대인이 율법을 묵상한다는 것은 계속 입으로 고백한다는 것입니다. 히브리 학자가 말하길 유대인은 절대 속으로 기도하지 않는다고 합니다. 그들은 계속 입 밖으로 고백합니다. 입 밖으로 소리 내어 기도하고 찬양합니다. 신앙생활을 할 때 고백하는 것은 성령 체험의 지름길입니다.

02 | 가나안 땅의 지리(기후)를 알면 성경이 보인다

가나안 땅의 기후를 알면 하나님이 이스라엘 백성을
가나안 땅에서 살게 하신 이유를 분명하게 알 수 있습니다.

✚ 가나안 땅의 기후 알기

가나안은 어떤 곳입니까? 지도를 그려 봅시다(언제든 30초 만에 지도를 그릴 수 있도록 반복해서 연습합시다). 지중해를 보십시오. 하나님이 약속하신 땅은 갈릴리 호수와 요단 강과 사해, 그리고 지중해, 이 두 면이 경계를 이루는 지역입니다. 갈릴리 호수 약간 위쪽에 단이라고 하는 마을이 있습니다. 이스라엘의 영토가 어디서부터 어디까지인지를 묻는다면, '단에서부터 브엘세바까지'라고 말합니다. "단에서부터 브엘세바까지의 온 이스라엘이 사무엘은 여호와의 선지자로 세우심을 입은 줄을 알았더라"(삼상 3:20). 이스라엘 백성들은 나일 강이 있는 애굽에서 나와, 홍해를 건너 시내 산을 통과해서 광야 생활을 마친 다음, 요단 강을 건너서 이 땅에 들어가게 됩니다.

구름기둥 없이는 살 수 없는 곳

이스라엘의 기후는 일교차가 심해 낮에는 매우 덥고, 밤에는 대단히 춥습니다. 낮에는 40도까지 오르기도 하고 밤에는 10도 이하로 내려가기도 합니다. 성지순례를 가신 분들은 알겠지만 낮에는 반바지에 티셔츠 차림으로 다니다가 저녁 먹을 시간에는 반드시 숙소로 돌아와서 겨울옷으로 갈아입고 나가야 합니다. 이처럼 일교차가 큰 땅이었기에 하나님은 이스라엘 백성들이 광야 생활을 하는 동안에 "낮에는 구름기둥으로 그들의 길을 인도하시고 밤에는 불기둥으로 그들에게 비추사 낮이나 밤이나 진행하게"(출 13:21) 인도하셨습니다.

낮에 구름기둥으로 인도하셨다는 것은 무슨 뜻일까요? 예루살렘에서 여리고로 내려가려면 유다 광야를 지나가야 합니다. 유다 광야는 사해 옆에 있는 사막입니다. 제가 성지순례를 갔을 때 안내하시는 전도사님이 성지순례를 왔으면 반드시 광야 학교를 체험해야 한다고 했습니다. 그래서 전도사님의 지프차를 타고 유다 광야로 갔습니다.

40도가 넘는 무더위 속에 예수님이 금식하셨던 유다 광야를 걸었습니다. 내리쬐는 태양을 밀짚모자 하나로 가리려니까 얼마나 힘이 드는지 도저히 걸을 수 없었습니다. 10분도 채 지나지 않아 온몸이 땀으로 젖어 들었습니다. 목이 타들어 가면서 죽을 것 같았습니다. 이스라엘 백성들이 광야 가운데서 왜 물을 달라고 그 야단을 했는지 그제야 비로소 알 수 있었습니다. 저는 물통을 들고 걸어가는데도 목이 말라서 고통을 느끼는데, 200만 명이 넘는 이스라엘 백성들은 아무것도 없이 모세의 뒤를 따라갔으니 그 고통이 얼마나 컸겠습니까? 당연히 소리 지르고, 원망했을 것입니다.

이 땅이 바로 그런 곳입니다. 그런데 광야를 안내하던 전도사님이 "그대로 서서 조금만 기다려 보세요" 하는 겁니다. 가만히 서 있으니 구름이 한 2~3분 동안 지나가는데, 그렇게 선선할 수가 없습니다. 거짓말처럼 서늘했습니다. 살 것 같았습니다. 그때 구름기둥으로 인도하셨다는 말씀을 이해할 수 있었습니다. "여호와께서 낮에는 구름을 펴사 덮개를 삼으시고 밤에는 불로 밝히셨으며"(시 105:39).

구름기둥은 정지해 있지 않았습니다. 민수기에서는 구름기둥이 앞서 인도할 때에만 이스라엘 백성들이 움직이고 따랐으며 구름기둥이 멈춰 있는 동안에는 한 달이고 1년이고 몇 년이고 이동하지 않았다고 했습니다. 그것은 하나님이 정확히 돌보신다는 말입니다. 구름기둥과 불기둥으로 인도하심이 바로 때를 따라 도우시는 하나님의 은혜입니다.

어떤 분은 이런 질문을 합니다.

"구름기둥은 이해가 가는데요, 불기둥으로 추위를 견딜 수 있었을까요?"

그런데 불기둥은 추위를 막기 위한 것은 아니었던 것 같습니다. 왜냐하면 이 지역의 밤 날씨는 영상 10도 정도가 되는데 썰렁하기는 하지만, 겉옷을 입으면 활동하는 데 지장이 없기 때문입니다. 그러니까 불기둥은 밤에 길을 안내했다는 뜻입니다. 불기둥으로 인도했다는 것은 암탉이 병아리를 품듯이 하나님이 이스라엘을 지키시고 이스라엘 가운데 임재하고 계셨다는 증거라고 할 수 있습니다.

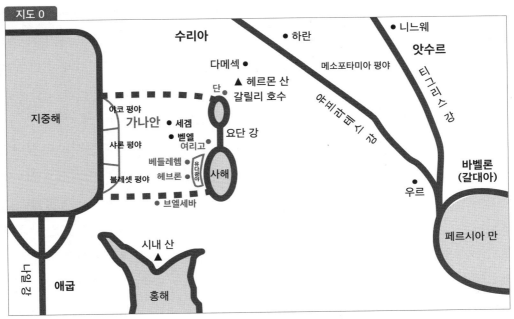

가나안 땅 하나님은 왜 가나안 땅을 약속의 땅이라고 하시는 걸까요? 가나안의 지리를 알면 성경이 보입니다.

하나님이 비를 주셔야만 하는 땅

하나님은 이스라엘 백성을 가나안으로 인도하시면서, 모세를 통해 이렇게 말씀하셨습니다. "네가 들어가 차지하려 하는 땅은 네가 나온 애굽 땅과 같지 아니하니 거기에서는 너희가 파종한 후에 발로 물 대기를 채소밭에 댐과 같이 하였거니와 너희가 건너가서 차지할 땅은 산과 골짜기가 있어서 하늘에서 내리는 비를 흡수하는 땅이요"(신 11:10-11). 상식적으로 비를 흡수하지 않는 땅이 있습니까? 이 말씀의 뜻은 무엇입니까?

이스라엘 백성들은 빗물로만 살아갈 수 있었다는 말입니다. 하나님이 비를 내려 주시지 않으면 그 땅에서 절대로 살 수 없었습니다. 굶주리지 않고 살기 위해서는 비를 내려 주는 하늘을 무조건 바라볼 수밖에 없는 땅, 바로 그 땅을 하나님이 이스라엘 백성들에게 주신 것입니다.

이 땅의 기후는 건기와 우기로 되어 있어서 봄, 가을이 한 달밖에 없습니다. 봄은 4월이고, 가을은 10월입니다. 우리나라는 봄에 비가 내리면서 점차 여름이 되고, 여름이 되면 비가 더 많이 옵니다. 그런데 이스라엘의 기후는 우리와는 정반대입니다. 봄부터 건기가 시작되어 수목과 지면이 바짝바짝 마르기 시작합니다. 5월부터 9월까지는 완전히 건기여서 모든 수목이 타들어 가고 작물들이 타 죽습니다. 그러다가 가을인 10월이 지나고, 11월부터 겨울이 되면 하나님이 비를 내려 주십니다. 그때 내리는 비를 '이른 비'라고 합니다. '늦은 비'는 3월에 내리는 비를 말합니다. 이 이른 비와 늦은 비가 어떻게 적절히 내리는가에 따라서 농작물의 수확량이 달라집니다.

하나님이 이른 비를 내려 주시지 않으면 땅이 딱딱해서 아무리 씨를 뿌리고 싶어도 뿌릴 수가 없습니다. 이렇게 씨를 뿌리고 열심히 땀을 흘려도, 수확의 계절 3월에 하나님이 하늘의 창을 닫고 늦은 비를 주지 않으시면 결실을 맺지 못하고 쭉정이만 거둡니다. 반드시 늦은 비가 내려야 알곡이 열립니다. 하나님은 이른 비와 늦은 비를 통해 이스라엘 백성들이 하나님만을 바라보도록 하셨습니다. 그래서 아모스와 이사야를 비롯한 많은 예언서들은 하나님이 이른 비, 늦은 비를 제때 내려 주시지 않는 것을 재앙이라고 했습니다.

반면 애굽에는 나일 강이 있습니다. 애굽의 나일 강은 총 길이가 약 6700km나 되는 애굽의 젖줄입니다. 이 강은 언제나 물이 찰랑찰랑 흐르고 있기 때문에, 관개시설을 설치해 놓고 발로 밟기만 하면 물이 금세 올라와 애굽 땅 전체에 물을 댈 수 있습니다. 그러니 애굽은 가뭄을 걱정할 필요가 없는 곳입니다.

제 동료 중에 이집트에서 근무했던 외교관이 있었는데, 그가 말하길 이집트는 비가 내리지 않아서 골프를 좋아하는 사람들에게는 환상적인 곳이랍니다. 어쩌다가 1년에 한두 번 비가 오는데 그것도 충청도 사람이 "아이고, 오늘 비가 좀 와유" 하는 말을 끝내기도 전에 비가 그칠 정도로 아주 조금 온답니다. 그런 나라에서 어떻게 농사를 짓겠습니까? 하지만 애굽 사람들은 전혀 걱정이 없답니다. 나일 강이라는 자원이 있으므로, 애굽은 인간의 노력으로 얼마든지 살아갈 수 있는 땅입니다. 그래서 사람이 모든 만물의 근본이라는 인본주의가 애굽에서 발달한 것입니다.

그러니까 하나님이 이스라엘 백성들에게 "너희들이 앞으로 얻을 땅은 애굽과 다르다"고 말씀하신 것입니다.

사방이 막힌 곳

가나안은 참으로 희한한 곳입니다. 지중해 때문입니다. 지중해는 아름답고 근사하고 수영하기에 매우 좋은 바다입니다. 저도 제네바에서 근무할 때, 지중해의 니스 해변에서 휴일을 즐긴 적이 있습니다. 선글라스를 끼고 파라솔 아래에 누워 있으니, 그 풍경이 얼마나 근사한지 영화배우라도 된 것 같았습니다. 하지만 이스라엘의 행정 수도인 텔아비브에 가서 지중해를 보니 그렇게 감탄했던 니스 해변은 아무것도 아니었습니다. 이스라엘과 맞닿아 있는 지중해는 입이 딱 벌어지게 정말로 아름다웠습니다. '관광 수입도 많고 참 좋겠다'고 생각할 수 있겠지만, 그건 오늘날의 이야기입니다. 그 당시의 이스라엘 사람들에게 지중해는 전혀 도움이 안 되는 바다였습니다. 바닷가가 순 모래 사장이어서 수영하거나 선탠하기에는 좋지만, 항구를 만들 수 없어서 배가 드나들 수 없는 곳이기 때문입니다.

때문에 구약에는 어떤 인물이 배를 타고 지중해에 나가서 유럽을 누볐다는 말이 한 군데도 없습니다. 유일하게 배 타고 떠난 사람이 요나였습니다. 하나님이 앗수르의 수도인 니느웨에 가서 전도하라고 말씀하셨을 때, 요나는 하나님 명령에 불순종해서 배를 타고 도망쳤습니다. '배 타고 나가면 하나님이 계시지 않겠지' 했지만, 풍랑을 만나 물고기 뱃속에 들어가서 죽을 뻔했습니다. 성경에 나오는 '동해'는 가나안 동쪽에 있는 사해를 말하고, '대해'는 요나가 도망간 지중해를 말합니다. 이 외에 성경에는 바다에 관한 이야기가 없습니다. 갈릴리는 바다같이 넓어서 바다라고 불릴 뿐, 실은 호수입니다. 그러니 하나님은 결국 이스라엘을 지중해와 사해 사이에 가둬 놓으신 셈입니다.

다시 말하면 도망갈 곳이 전혀 없는 사방이 막힌 땅입니다. 아래에 애굽과 위에 아람(수리아)이 진을 치고 있었고, 요단 강 오른편에도 암몬·모압·에돔 족속이 있습니다. 서쪽은 항구 없는 바다 지중해뿐입니다. "너희들이 나 여호와 앞에 무릎 꿇고 나오지 않으면 살아갈 방법이 없다"는 것입니다. 어디로도 도망갈 곳이 없는 이 갇힌 땅은 오직 여호와 하나님께 나아올 때만 젖과 꿀이 흐르는 땅이 됩니다.

세상에서 가장 낮은 곳

해변을 따라서는 평야가 펼쳐집니다. 이 평야를 셋으로 나누면 제일 위가 야코 평야, 그다음이 샤론 평야, 마지막이 블레셋 평야입니다.

야코 평야에서는 채소가 많이 재배됩니다.

샤론 평야는 옛날부터 꽃이 많은 곳입니다. 그래서 〈샤론의 꽃 예수〉라는 찬송가가 있기도 합니다. 참고로 예수님이 "백합화를 생각하여 보라 실도 만들지 않고 짜지도 아니하느니라 그러나 내가 너희에게 말하노니 솔로몬의 모든 영광으로도 입은 것이 이 꽃 하나만큼 훌륭하지 못하였느니라"(눅 12:27) 하고 말씀하셨는데, 이 '백합화'는 우리가 생각하는 백합이 아니고 샤론 평야에 있는 아네모네라는 아름다운 빨간색의 '샤론의 꽃'입니다.

블레셋 사람들이 살고 있던 블레셋 평야는 보리가 많이 생산됩니다. 그래서 맥주가 제일 먼저 생산된 곳이 블레셋이라고 주장하는 사람도 있습니다.

지중해 연안에서 바다로 들어가면 깊이가 낮고 대부분 모래사장으로 이루어져 있습니다. 이 땅은 평야가 조금 있을 뿐 그 외는 전부 높은 산과 계곡이었습니다. 하나님이 "너희가 건너가서 차지할 땅은 산과 골짜기가 있어서"(신 11:11)라고 말씀하신 이유가 여기에 있습니다. 그래서 이 가나안 북부 지역을 갈릴리 산지라고 말하기도 합니다.

재미있는 것은 지중해에서 동쪽으로 가면 산지가 계속되다가 요단 강이 가까워지면 지형이 아래로 푹 꺼진다는 겁니다. 가나안 중서부인 사마리아 산지와 가나안 남쪽 지역인 유다 산지도 지중해 쪽에서 요단 강이 가까워지면 밑으로 푹 내려갑니다. 산지가 갑자기 계곡이 되는 것입니다. 이것은 갈릴리 호수와 사해의 구조 때문입니다.

세계의 모든 강들은 지도에 해발이 표시되어 있습니다. 해발은 해수면을 기준으로 잰 지형지물의 높이입니다. 그 강이 바다 위에 있나, 바다 아래 있나 알 수 있는 기준입니다. 그런데 갈릴리 호수와 요단 강과 사해는 땅 밑에 있습니다. 갈릴리 호수는 212m나 내려가고 사해는 400m나 땅 밑으로 들어갑니다. 그러니 갈릴리 호수와 사해 밑으로 흐르는 요단 강은 세계에서 가장 낮게 흐르는 강입니다. 그러니까 요단 강은 지구상에 나타나 있기는 하지만, 사실은 땅속으로 흐르는 강입니다. 어떤 분은 이러한 지리적 위치를 근거로 예수 그리스도는 물리적으로도, 지리적으로도 세상에서 가장 낮은 곳으로 오셨다고 말하기도 합니다. 이렇게 낮은 곳이기 때문에, 산지가 계속되다가 요단 강 가까이만 오면 땅 밑으로 푹 꺼지면서 계곡으로 이어집니다. 갈릴리 호수와 요단 강물이 아무리 맑고 아름다울지라도 해저 200m나 깊숙한 계곡 아래 있는 물을 끌어올려 농사를 짓는 것은 당시에는 불가능한 일이었습니다.

그래서 이 땅은 "네 하나님 여호와께서 돌보아 주시는 땅"(신 11:12)입니다. "연초부터 연말까지 네 하나님 여호와의 눈이 항상 그 위에 있느니라"(신 11:12). 하나님이 때를 따라 이른 비, 늦은 비를 주고 돌봐 주시는 땅이 축복의 땅입니다.

하나님의 말씀 대 인간의 지혜

하나님이 비로 다스리시니까, 사람들은 인간의 지혜와 방법을 동원해서 물웅덩이(cistern)를 생각해 냈습니다. 운동장 크기로 파고 여기에 회칠을 합니다. 비가 많이 오는 우기 때 물을 채워 두었다가, 비가 오지 않을 때 이 물을 사용하자는 것입니다.

그런데 하나님은 이것을 기뻐하지 않으셨습니다. 남유다 왕국이 멸망할 시점에 나타난 선지자 예레미야는 유다 백성들을 향해서 다음과 같이 외쳤습니다. "내 백성이 두 가지 악을 행하였나니 곧 그들이 생수의 근원되는 나를 버린 것과 스스로 웅덩이를 판 것인데 그것은 그 물을 가두지 못할 터진 웅덩이들이니라"(렘 2:13). 그들은 웅덩이에 물을 모으면 살 수 있다고 생각했지만, 하나님은 그것이 터진 웅덩이기 때문에 그것으로 살 수 없다고 말씀하십니다.

성경공부를 하다 보면 간혹 이런 질문을 받습니다.

"참으로 이스라엘 백성들은 어리석네요. 창세기부터 구약 39권에서 계속 '너희들이 여호와 하나님의 말씀을 청종하면 복을 주고, 말씀을 떠나서 전에 알지 못하던 바알 우상을 섬기면 저주를 내리고 심판하겠다'고 하셨는데 왜 그 말씀을 듣지 않는지 모르겠어요. 그 바알 우상이 뭐 그리 대단한가요? 그들을 이해할 수 없어요."

천만의 말씀입니다. 그것이 우리 인간의 모습입니다. 이스라엘 백성들은 '사람의 지혜로 살아갈 것인가, 아니면 하나님의 말씀으로 살아갈 것인가? 이 땅에 비를 내려 주는 신이 보이지 않는 여호와 하나님인가, 눈에 보이고 인간의 음란한 행위의 대가로 비를 내려 주는 바알 신인가?' 하는 문제로 날마다 투쟁했습니다. 문제는 사람의 지혜로 살아가기가 훨씬 쉽기 때문에, 이스라엘 백성이 생수의 근원이신 하나님을 버린 적이 너무나 많았다는 것입니다.

바알 신앙은 바알 신화입니다. 신화는 사람들이 만들어 낸 것입니다. 원래 있는 것이 아니라 인간들의 필요에 따라 자신들의 지혜로 만들어 낸 우상입니다. 이스라엘 백성들은 바알 우상 때문에 생수의 근원이신 하나님을 버리고 터진 웅덩이를 팠습니다. 인간의 지혜로 무엇인가를 하려고 했기 때문에 말씀과 계속 충돌하며 대립했습니다. "육체의 소욕은 성령(의 소욕)을 거스르고 성령은 육체를 거스르나니 이 둘이 서로 대적함으로 너희가 원하는 것을 하지 못하게 하려 함이니라"(갈 5:17). 여기서 사람이 원하는 것은, 바로 육신이 원하는 것입니다. 말씀은 성령님의 소욕입니다. 이스라엘의 역사는 성령님의 소욕을, 하나님의 말씀을 따라 살기가 얼마나 힘든지를 잘 보여 주고 있습니다.

✚ 성경 전체의 줄거리

구약의 줄거리: 오실 메시아

구약 39권의 내용을 요약하면 무엇입니까? 하나님은 사랑의 대상인 사람을 지으시고, 이 땅에 하나님의 나라를 이루기 위해 에덴동산을 만드셨습니다. 그런데 얼마 못 가 에덴동산에서 인간이 타락합니다. 결국 구약 성경은 인간의 타락으로 이 땅에서 하나님 나라가 사라지고 세상 나라가 시작됨에 따라, 하나님이 이스라엘을 통해 이 땅에 하나님 나라를 다시 만들고 회복해 나가시는 이야기입니다.

이러한 이야기를 통해 우리에게 주시려는 구약의 메시지는 오실 메시아, 예수 그리스도에게 모든 초점이 맞추어져 있습니다. 하나님의 아들 예수님의 오심을 설명하기 위해서 구약이 존재하는 것입니다. 구약에 신약이 어떻게 예표되어 있습니까? 먼저 창세기에서 아담과 하와가 뱀의 유혹으로 말미암아 선악과를 따먹고 타락했을 때 하나님이 뱀을 저주하면서 이렇게 말씀하십니다.

"내가 너로 여자와 원수가 되게 하고 네 후손도 여자의 후손과 원수가 되게 하리니 여자의 후손은 네 머리를 상하게 할 것이요 너는 그의 발꿈치를 상하게 할 것이니라 하시고"(창 3:15).

뱀을 저주한 말씀이지만 이것은 사람에게 하신 큰 축복의 약속이기도 합니다. 앞으로 사탄의 세력을 완전히 멸하실 예수 그리스도가 여인의 후손으로 오실 것을 예언하고 있습니다. 그래서 이 말씀을 에덴의 복음이라고도 합니다. 그러니까 구약의 전 과정은 뱀의 머리를 완전히 상하게 할 메시아 예수를 보내시겠다는 창세기의 약속을 성취해 나가시는 과정이라고 할 수 있습니다. 이러한 예를 구약 성경의 각 권에서 확인할 수 있습니다.

- 출애굽기: 유월절 어린양의 피와 성막 제사법으로 십자가의 대속을 미리 말하고 있음.
- 레위기: 피의 대속을 통한 제사법으로 예수님을 증거함.
- 민수기: 광야의 놋뱀을 바라보는 자마다 구원을 얻음으로써 예수님을 증거함.
- 신명기: 축복과 저주를 몸으로 다 이루실 분이 예수님이심을 증거함.
- 여호수아: 약속의 땅으로 인도할 지도자가 예수님이심을 말하고 있음.
- 사사기: 진정한 사사는 오실 예수님뿐임을 증거함.
- 사무엘상·하, 열왕기상·하: 하나님 나라 왕으로, 다윗의 자손으로 예수님을 증거함.

그런데 예언서를 보면, 구약의 결론은 오실 메시아의 증거로 끝나지 않고 십자가의 죽음과 부활로 말미암아 우리 안에 오실 성령님을 증거하고 있습니다. "또 새 영을 너희 속에 두고 새 마음을 너희에게 주되 너희 육신에서 굳은 마음을 제거하고 부드러운 마음을 줄 것이며, 또 내 영을 너희 속에 두어 너희로 내 율례를 행하게 하리니"(겔 36:26-27). 부활하신 주님의 승천으로 말미암아 오실 성령님은 성도들의 돌밭 같은 마음을 좋은 밭으로 만드실 것이며, 우리는 그때 비로소 말씀에 순종할 수 있게 된다는 것입니다.

신약의 줄거리: 오신 메시아

그러면 신약의 줄거리는 무엇입니까? "아브라함과 다윗의 자손 예수 그리스도의 계보라"(마 1:1)로 시작되는 복음서는 모든 율법과 선지자들을 통해 하나님이 하신 약속(구약), 그러니까 아브라함과 다윗 언약을 통해 약속하신 메시아가 오셨음을 선포합니다. 신약은 보이지 않던 아버지 하나님의 형상과 사랑이 예수님의 탄생과 3년의 공생애를 통해서 나타나는 과정입니다. 십자가의 대속과 부활과 승천을 통해 성령님을 이 땅에 보내심으로 교회가 탄생하고, 모든 족속을 제자로 삼아 나가는 선교 사역이 계속되고 있음을 보여 줍니다. 이것이 신약의 역사서(사복음서와 사도행전)의 줄거리입니다.

그렇다면 실제로 신약에서 말씀하시는 하나님의 메시지는 무엇입니까? 한마디로 "예수의 형상을 닮아 변화되라"는 것입니다. 어떤 율법사가 예수님께 나와서 물었습니다. "계명 중에 가장 큰 것이 무엇입니까?" 이 질문은 구약을 한마디로 요약하면 무엇이냐고 묻는 것입니다. 그랬더니 예수님이 대답하셨습니다. "네 마음을 다하고 목숨을 다하고 뜻을 다하여 주 너의 하나님을 사랑하라 하셨으니 이것이 크고 첫째 되는 계명이요 둘째도 그와 같으니 네 이웃을 네 자신과 같이 사랑하라 하셨으니"(마 22:37-39). 예수님은 이 땅에서 사셨던 공생애 동안 어느 누구보다도 마음을 다하고 목숨을 다하고 뜻을 다해서 하나님을 사랑하셨습니다. 그래서 십자가에서 죽기까지 복종하셨습니다. 이처럼 하나님 사랑과 이웃 사랑의 본을 보여 주신 예수님의 삶을 본받아(롬 8:29) 변화되는 삶을 살라는 것이 신약 전체의 메시지입니다.

나를 벗어나기

결국 성경 66권을 한마디로 요약하면, '나를 부인하기'이며 '나를 비우기'입니다. 나를 벗어던지고 예수님의 형상으로 변화되라는 것입니다. 예수님이 제자들에게 말씀하셨습니다. "누구든지 나를 따라오려거든 자기를 부인하고 자기 십자가를 지고 나를 따를 것이니라"(마 16:24). 주님이 행하신 이적과 모든 선한 일들은 그분의 명예나 유익을 위한 것이 아니고 아버지의 영광을 위해서, 그리고 이웃을 불쌍히 여기는 마음에서 베푸신 것입니다. 오병이어의 기적을 행하신 뒤에 주님은 사람들이 열광하는 소리를 뒤로 하고 오히려 혼자서 산속으로 기도하러 가셨습니다. 아버지 앞에 무릎 꿇으셨습니다. 주님은 죽기까지 자기를 낮추고 부인하셨습니다. 예수님처럼 나를 벗는 것이 구원받은 성도가 나아갈 목표입니다.

날마다 자신을 부인하고 십자가를 지라고 하면 세상 사람들은 말합니다. "아, 나도 마음 비웠다." 하지만 이렇게 말하고는 더 욕심을 부리는 것이 인간의 속성입니다. 그 냥은 절대 비워지지 않습니다. 사랑만이 나를 벗어나게 하고, 나를 부인하게 할 수 있습니다. 그래서 영원한 사랑이신 주님이 내 안에 성령으로 찾아오신 것입니다. 성령님의 능력을 힘입어 세상을 이기고 나를 벗고 주의 형상을 나타내라는 것이 바로 성경의 메시지입니다.

성경은 창세기 1장에서 천지를 창조하는 이야기로 시작해서 요한계시록 21장에서 새 하늘과 새 땅을 창조하는 이야기로 끝이 납니다. 새 하늘과 새 땅의 창조를 위해 반드시 필요한 과정이 십자가의 대속 사건입니다. 결국 창세기 1장에서 하나님이 말씀으로 창조하신 우주 세계는 예수님의 십자가의 대속이 이루어지는 무대 장치로, 주님 다시 오시는 날 우리에게 주실 새 하늘과 새 땅을 위한 서곡에 지나지 않습니다. 이 사실을 알면 세상 것에 일희일비하지 않습니다. 날마다 말씀과 기도를 통해 내 안에 찾아오신 주님의 임재와 사랑을 체험하고, 그 사랑에 힘입어 나를 벗어나 주님을 닮은 모습으로 살 수 있습니다. 이것이 우리가 날마다 성경을 읽고 배우고 묵상해야 하는 이유입니다.

하나님의 의는 무엇인가?

아브라함은 인류 최초로 '나'를 벗은 사람입니다. 100세에 낳은 독자 이삭까지 번제로 드리며 '나'를 부인했습니다. '내 것'을 붙잡고는 결코 은혜를 끼칠 수 없습니다. 내가 받은 은혜를 이방에 전하기 위해 선택받았다는 것이 선민사상의 본뜻인데 이스라엘 백성은 내 것만 추구하다가 망했습니다.

"너희는 먼저 그의 나라와 그의 의를 구하라 그리하면 이 모든 것을 너희에게 더하시리라"(마 6:33). 하나님의 나라와 의를 구하면, 먹고 마시는 것을 구하지 않아도 이 모든 것을 다 주시겠다는 것입니다. 여기서 하나님 나라의 의는 '옳다'(righteousness)라는 뜻인데 이것은 도덕적으로 옳거나, 권선징악의 의미가 아닙니다. "오직 정의를 물 같이, 공의를 마르지 않는 강같이 흐르게 할지어다"(암 5:24)라는 말씀처럼, 받은 은혜와 복을 나보다 낮은 곳으로, 나보다 가난하고 어려운 이웃에게 물같이 흘려보내라는 뜻입니다. 높은 곳에서 낮은 곳으로 흐르는 물을 하나님의 은혜에 비유했습니다.

하나님의 은혜를 받으려면 먼저 나를 비워야 합니다. 내 것을 비울 때에 하나님은 당신의 은혜로 우리를 채워 주십니다. 내 것을 버리고 나의 자유의지를 내려놓지 않고는 하나님의 은혜가 내게 올 수 없습니다. 내 것을 자꾸 내려놓음으로써 받는 데 성공하라는 것입니다. 받지 않고는 줄 수 없기 때문입니다. 하나님 나라의 의는 하나님의 은혜를 우선적으로 내가 받고, 그 받은 은혜로 이웃을 대속하라는 것입니다.

그래서 하나님 나라의 의는 은혜와 대속입니다. 대속은 이웃의 짐을 대신 지는 것입니다. 이웃의 짐을 진다는 것은 내가 손해를 본다는 뜻입니다. 이것이 대속입니다. 복음은 내가 받은 은혜로 내 이웃에게 축복의 통로를 여는 것입니다.

하나님은 이스라엘 백성이 하나님 나라의 의가 무엇인지를 깨달으라고 갈릴리 호수와 사해를 주셨습니다. 그것을 보고 배우라는 것입니다. 이것은 정말로 특별한 시청각 교육 자료입니다. 갈릴리 호수 위에는 헤르몬 산이 있습니다. 이 산에서 눈 녹은 맑은 물이 흘러와서 해발 약 2m 되는 곳에 있는 훌레 호수에 전부 모입니다. 이 훌레

호수의 물이 해저 212m나 밑으로 푹 꺼져 있는 갈릴리 호수에 펑펑 쏟아집니다. 무려 200m가 넘는 낙차 때문에 밑으로 흐르는 이 물의 속도는 굉장하다고 합니다. 이렇게 맑은 물을 받은 후에 갈릴리 호수는 하루에 60만 톤의 물을 밑으로 흘려보냅니다. 바로 이처럼 생명수를 받아서 밑으로 흘려보내는 것이 하나님 나라의 의입니다. 하나님의 은혜를 받아서 아래로 대속하는 것을 갈릴리 호수가 보여 줍니다.

갈릴리 호수는 맑은 물을 받아서 밑으로 흘려보내기도 하지만, 동시에 밑바닥에서 샘이 솟아납니다. 우리가 기도할 때도 은혜의 샘이 솟아납니다. 말씀으로 내 안에 있는 악한 생각들을 먼저 쓸어 내고, 밑으로 가라앉아 있는 죄와 허물과 상처들을 기도를 통해 걸러 내야 합니다. 성령님의 인도를 받아 기도할 때, 말씀을 입으로 시인할 때 은혜의 샘이 솟아오릅니다. 이렇게 자신을 정결케 하고, 받은 생명수를 아래로 흘려보내면 우리 주변이 아름다워집니다. 이것이 갈릴리 호수 주변이 아름다운 이유입니다.

반면 사해는 무엇을 보여 줍니까? 사해는 죽은 바다라는 뜻입니다. 사해는 생명수를 받기만 합니다. 받기만 하고 주지 않습니다. 부흥회, 성경공부, 말씀 테이프 등 열심히 은혜받으러 쫓아다녀도 그냥 받기만 하면 죽은 것입니다. 내가 받은 축복을 이웃에게 흘려보내지 않으면 여기서 쓴 뿌리가 납니다. 그래서 우리는 열심히 흘려보내야 합니다. 이웃에게 축복의 통로를 열지 않았는데 어떻게 주변이 아름답겠습니까? 예수님이 시험받으신 곳, 다윗이 도망 다니던 유다 광야는 바로 사해 옆에 있습니다. 은혜를 받아서, 축복을 받아서 나누지 않고 혼자 자신의 것만을 붙들고 있으면 바로 우리 옆에 광야가, 사막이 생겨납니다.

기도도 많이 하고 성경공부도 많이 하고 방언의 능력도 가졌는데, 주위에 친구가 없고 삭막한 사람이 있습니다. 이런 사람은 하나님이 주신 놀라운 은사를 받아서 자기 혼자만 즐기고 사는 것과 같습니다. 자기 의만 주장하면 이웃한테 따돌림 받고 주변이 삭막해집니다.

우리는 축복의 사람들입니다. 때문에 우리는 성령님의 은사를 사모해야 합니다. 내가 가진 것은 얼마 없지만 하나님은 쓰면 쓸수록 은사를 더욱 풍성하게 채워 주십니다. 이 성령님의 은사를 받아 이웃을 섬기고 봉사하며 구제하는 일에 쓰는 것, 이것이 바로 하나님 나라의 의입니다.

PART **2**

구약의 맥잡기와
뼈대 세우기

03 | 구약은 한 편의 대하드라마

성경을 순서대로 읽기가 힘들다면, 성경의 역사서를 중심으로 큰 흐름을 잡아 한 편의 이야기로 읽으면 됩니다. 이러한 방식으로 먼저 역사서로 뼈대를 잡아 성경을 읽어 나갑니다.
그러면 성경을 읽을 때 살아 계신 하나님의 일하심이 실감 납니다.

✚ 세상을 창조한 하나님의 이야기, 성경

기원후 100년 무렵, 사도 바울이 죽고 복음이 그 당시 땅 끝이라고 여겨진 서바나(오늘의 스페인)까지 퍼졌을 때, 유대교의 랍비들이 얌니아라는 곳에 모여서 회의를 했습니다. 여기서 그들이 믿었던 성경 중에서 무엇을 경전으로 채택할지 회의를 거쳐 현재 우리가 가지고 있는 구약 39권을 정했습니다(하지만 실제로 유대인이 믿고 있는 경전은 우리와 많이 다릅니다).

구약 39권은 기본적으로 역사서 17권, 시가서 5권, 예언서 17권으로 나눌 수 있습니다. 그 중 역사서는 구약의 근간입니다. 하나님이 어떻게 섭리해 나가시는가를 보여 주기 위해 역사서라는 빔(beam)을 박아 놓고, 거기에 시가서와 예언서를 걸쳐 놓은 것과 같습니다. 역사서를 보충하기 위해서 시가서와 예언서가 옆에 있다고 생각하면 됩니다.

✚　역사서 _ 17권

먼저, 역사서는 창세기, 출애굽기, 레위기, 민수기, 신명기, 여호수아, 사사기, 룻기, 사무엘상·하, 열왕기상·하, 역대상·하, 에스라, 느헤미야, 에스더까지입니다. 여기서 에스라, 느헤미야, 에스더를 선지서로 착각할 수 있지만 역사서에 포함되는 것에 유의해야 합니다. 창세기, 출애굽기, 레위기, 민수기, 신명기 이 다섯 권은 모세가 기술한 까닭에 '모세오경'이라고 부릅니다. 이 모세오경은 율법서의 모체입니다. 우리가 구약을 말할 때 '모든 율법과 선지자'라고 하는 것은 율법서(역사서) 17권과 예언서 17권을 말합니다. 하지만 유대인은 모세오경만 율법서라고 하고, 여호수아부터 에스더까지를 전선지서, 그 이후를 후선지서라고 하여 예언서로 구분하고 있습니다.

표 1 구약 성경의 시대 구분

시대 구분	역사서(17권)		시가서 (5권)	예언서(17권)
	주류(11권)	비주류(6권)		
1. 창조 시대	창세기 1-11장			
2. 족장 시대	창세기 12-50장		욥기	
3. 출애굽과 광야 시대	출애굽기, 민수기	레위기, 신명기		
4. 정복 시대	여호수아			
5. 사사 시대	사사기	룻기		
6. 단일왕국 시대	사무엘상·하 열왕기상 1-11장	역대상	시편, 잠언 전도서, 아가서	
7. 분열왕국 시대	열왕기상 12-22장 열왕기하	역대하		이사야, 예레미야, 예레미야 애가, 호세아, 요엘, 아모스, 오바댜, 요나, 미가, 나훔, 하박국, 스바냐
8. 포로 시대				에스겔, 다니엘
9. 포로귀환 시대	에스라, 느헤미야	에스더		학개, 스가랴, 말라기
10. 침묵 시대				

구약의 뼈대, 구약의 시대 나누기

역사서 17권 가운데에도 주류(mainstream, 뼈대)가 있습니다. 그 주류가 11권인데, 이것이 구약의 뼈대입니다. 이것을 **표 1**과 같이 10개의 시대로 구분합니다. 그 외 6권은 뼈대를 보조하는 것이므로 이 부분은 나중에 읽으면 됩니다. 성경을 읽을 때는 먼저 뼈대가 되는 11권을 읽고 성경의 구조와 흐름을 잡아 나가는 것이 중요합니다.

창세기에는 ① **창조 시대**와 ② **족장 시대**가 담겨 있습니다. 창세기를 읽었다면 그 뒤에 나오는 출애굽기를 그대로 연결해서 읽습니다. 그러면 출애굽 사건과 시내 산 신앙 훈련을 다루고 있는 ③ **출애굽과 광야 시대**로 넘어갑니다. 그다음 줄거리는 국민들의 숫자를 세는 민수기로 연결됩니다.

출애굽기에 이어 나오는 레위기는 '출애굽과 광야 시대'에 해당하지만 주류가 아니므로 옆으로 밀쳐 두십시오. 중요하지 않다는 것이 아니라 매우 중요하지만 일단 뼈대를 잡으려고 미루는 것입니다. 다음에 나오는 신명기도 '출애굽과 광야 시대'에 해당하지만 이것 역시 주류가 아니므로 일단 옆으로 빼놓습니다. 신명기는 출애굽 후 이스라엘 백성들이 광야를 지나서 시내 산에 들어가 훈련받고 약속의 땅에 들어가기 전까지의 회고록이며 율법을 설명하는 책입니다. '신명'(申命)이라는 말 자체가 하나님의 명령을 풀이해 준다는 뜻입니다. 하나님의 말씀을 풀어서 설명해 주는 것이 신명기입니다. 신명기 또한 레위기처럼 출애굽기와 민수기를 보조하는 설명서입니다.

민수기는 ④ **정복 시대**, 여호수아서로 연결됩니다. 여호수아가 이스라엘 백성을 이끌고 약속의 땅을 정복하는 이야기입니다.

그리고 ⑤ **사사 시대**가 시작됩니다. 이 땅에 들어가고 난 후에 일어나는 일을 다룬 것이 사사기입니다. 사사 시대에 있었던 의로운 여인의 이야기가 룻기인데 이것도 옆으로 빼놓습니다.

그리고 ⑥ **단일왕국 시대**가 시작됩니다. 사무엘상·하에 걸쳐서 다윗 왕국이 세워지는 과정과 열왕기상 1-11장에서 솔로몬 왕 때에 왕국이 분열하는 내용까지입니다. 솔로몬 왕의 범죄 때문에 하나님이 "내가 반드시 이 나라를 네게서 빼앗아 네 신하에게 주리라"(왕상 11:11) 하시며 이스라엘 땅을 둘로 가르시는 사건이 나옵니다. 역대상에는 같은 시대에 해당하는 내용이 나오므로 옆으로 제쳐 둡니다.

이제 ⑦ **분열왕국 시대**가 됩니다. 열왕기상 12장에서 마지막 장까지와 열왕기하가 분열왕국 시대가 됩니다. 단일왕국 솔로몬 왕의 이야기가 담긴 부분을 제외하고 열왕기상·하를 분열왕국 시대라고 생각하면 됩니다. 분열왕국 시대의 남유다만을 다룬 역대하 역시 보조 역할을 합니다.

열왕기상·하는 읽기가 참으로 어렵습니다. "르말랴의 아들 베가 제십칠년에 유다의 왕 요담의 아들 아하스가 왕이 되니"(왕하 16:1) 이렇게 나옵니다. 분열왕국을 이야기하면서 반드시 (북)이스라엘의 왕이 누구일 때 (남)유다에서는 왕이 누구이고, (남)유다 왕 아무개 때 (북)이스라엘 왕은 누구라고 말합니다. 게다가 오늘날 사용하는 '남유다', '북이스라엘'이란 말을 언급하지 않습니다. 그러니까 '이스라엘이 전에 있었는데 유다는 또 뭐야?' 헷갈리기 시작합니다.

또한 성경은 왕 이름을 1세, 2세처럼 친절하게 알려 주지 않습니다. 예를 들어서 여로보암 왕이라는 말이 열왕기상에 몇 번씩이나 등장합니다. 다윗이 블레셋으로 망명했을 때 블레셋의 아기스 왕이 의심했다고 했는데, 두 번째로 도망갔을 때는 매우 환대했다고 나옵니다. 이것은 한 사람의 마음이 변해서 그런 것이 아니라, 두 번째 언급된 왕은 아기스 왕 2세를 말하는 것입니다. 이것이 우리가 성경을 읽을 때 교사가 꼭 필요한 이유입니다.

열왕기상·하는 읽기 너무 어려워 북이스라엘의 왕들과 남유다의 왕들을 분리했습니다. 북이스라엘의 왕들이 어떻게 하나님을 배역해 나갔는지를, 남유다에서는 어떤 왕들이 예배를 회복했고 어떤 왕들이 바알 우상으로 나라를 더럽혔는지를 나누어 설명할 것입니다. 북이스라엘과 남유다의 역사로 깨끗이 나누어 열왕기상·하를 보면 분열왕국 시대의 남북의 역사가 분명하게 대조됩니다. 그리고 이 나라가 어떻게 망했는지 알 수 있습니다. 열왕기상·하의 초점은 죄입니다. 대부분의 신학자들은 열왕기의 저자를 예레미야로 추정합니다.

역대기는 남유다의 역사만을 기록했습니다. 역대기의 저자는 에스라라고 추정합니다. 에스라는 70년 만에 포로에서 귀환한 유다 백성들에게 그들의 정체성을 알려 주려고 했습니다. 그들의 조부모도 다 죽었지만, '왜 우리가 70년 동안 바벨론에서 포로 생활을 해야 했는가?' '과연 우리는 누구인가?' 하는 이야기를 들려주었습니다. 그래서 "우리는 다윗의 후손이다. 더 나아가서는 하나님이 직접 지으신 아담의 후손이다"라는 사실을 강조했습니다. 그러면서 하나님이 유다 왕국의 다윗에게 주신 영원한 다윗 언약, 그러니까 다윗의 왕위가 영원할 것이며 그를 통해 메시아가 올 것임을 전해 주는 보조서입니다.

나라가 분열되고 나니 이 땅에서 하나님을 찬송하는 소리가 끊어졌습니다. 시가서가 더 이상 나오지 않습니다. 이때 하나님은 선지자들을 보내기 시작하십니다. 이것이 하나님의 은혜입니다. 분열왕국 시대에 해당하는 선지자는 11명이고 예언서는 이사야서를 비롯해 12권입니다. 예레미야가 예레미야서 외에 예레미야 애가를 쓴 것으로 추정되기 때문입니다. 예언서는 역사서와 연결되지 않으면 해석이 되지 않습니다.

분열왕국 시대 다음이 ⑧ **포로 시대**입니다. 결국 선지자들의 예언을 듣지 않은 이스라엘 백성들은 "내가 너희를 세계 여러 나라 가운데에 흩어지게 할 것이며"(렘 34:17) 하신 말씀대로 흩어집니다. 이스라엘 백성은 지금도 늦지 않았으니 돌아오라는 하나님의 부르심에 응답하지 않았고 결국은 바벨론에 포로로 끌려갑니다.

포로 시대에 해당하는 역사서는 없습니다. 그러면 이스라엘 사람들의 포로 생활과 그때 하나님이 하신 일을 어떻게 알 수 있습니까? 좋으신 하나님은 포로 시대에도 예언자를 보내셔서 이스라엘 백성들과 함께 포로로 끌려가게 하셨습니다. 바로 에스겔과 다니엘입니다.

포로 시대에 기록된 역사서는 없지만 포로 생활의 실상은 그때 포로 생활을 했던 에스겔과 다니엘의 예언을 통해 분명히 알 수 있습니다. 두 사람은 이스라엘 백성과 함께 포로 생활을 하면서 하나님의 말씀을 전합니다. "오직 시온이 이르기를 여호와께서 나를 버리시며 주께서 나를 잊으셨다 하였거니와 여인이 어찌 그 젖 먹는 자식을 잊겠으며 자기 태에서 난 아들을 긍휼히 여기지 않겠느냐"(사 49:14-15). 하나님은 에스겔에게 예언하게 하십니다. 죽음과 같은 포로 생활을 하는 이스라엘 백성들에게 하나님은 아직도 희망이 있다고 말씀하십니다. 마치 골짜기에 있는 마른 뼈다귀처럼 아무 소망 없는 그들이 하나님의 성령으로 말미암아 살이 붙고 피가 돌고 가죽이 붙어 큰 군대로 되살아나는 장면을 보여 주십니다(겔 37장).

이제 ⑨ **포로귀환 시대**가 됩니다. 이스라엘 백성들은 포로로 끌려갔지만 예레미야 선지자가 예언한 대로 70년 만에 예루살렘으로 귀환합니다. 하나님은 이스라엘을 끝까지 버리지 않으셨습니다. 느헤미야와 에스라는 이스라엘 백성이 포로에서 귀환하여 무너진 성전을 다시 짓고 없어진 율법과 말씀을 다시 회복하는 내용을 전합니다.

포로귀환 시대에 유대인으로 바사 왕국의 왕비가 된 에스더의 이야기가 나옵니다. 바사 왕국의 한 장관이 유다 백성들을 멸절시키려 하자, 에스더는 "죽으면 죽으리이다"(에 4:16)라는 마음으로 왕 앞에 나가 그의 계략에서 유다 백성을 살려 냅니다. 이 에스더서는 뼈대가 아니기 때문에 옆으로 빼놓습니다.

포로귀환 당시 선지자는 학개, 스가랴, 말라기입니다. 학개와 스가랴는 포로에서 귀환해서 성전을 건축하고 성벽을 재건하는 일을 독려했고, 말라기는 이들보다 80년 후에 일어나 예수님 오시기 400년 전까지 살면서 예배의 회복을 외쳤던 선지자입니다.

말라기부터 예수님이 오시기까지 하나님이 침묵하셨던 시기가 ⑩ **침묵 시대**입니다. 하나님이 이 땅에 말씀 주시기를 그치셨다고 해서 침묵 시대라고 이름을 붙인 것입니다. 이제 구약의 뼈대는 창세기를 비롯한 11권으로 이어진다는 것을 알았습니다. 구약의 뼈대가 되는 11권의 주류 역사서를 중심으로 순서대로 읽으면서 정독하기를 권합니다. 이 전체의 구조와 흐름을 잡아 놓고 나면, 나머지는 그냥 쭉 읽힙니다. 이 뼈대를 중심으로 살을 붙여 나가면 구약 39권을 완독할 수 있습니다.

✚ 시가서 _ 5권

하나님을 찬양하는 시가서는 욥기, 시편, 잠언, 전도서, 아가서 5권입니다.

"욥기가 왜 시가서입니까?" 하는 분들도 있습니다. 유대인은 욥기를 운율에 따라 시로 낭송하기 때문에 시로 분류했습니다. 족장 시대에 살던 의로운 사람 욥을 통해 하나님의 절대 주권을 찬양하는 서사시라고 보면 됩니다. 욥기를 이해하려면 강해 설교를 듣는 것이 도움이 됩니다.

시편은 출애굽 이후부터 단일왕국 시대에 걸쳐 쓰였습니다. 출애굽한 모세가 먼저 하나님을 찬양하는 시를 썼고, 정복 시대와 사사 시대를 거쳐 다윗과 솔로몬이 하나님을 찬양하는 시를 씁니다. 시편 150편 중에서 다윗의 시가 무려 80편이나 되어, 다윗의 시편이라고도 합니다. 시편은 하루에 5편씩 읽으면 매달 한 번씩 묵상할 수 있습니다. 만약 10월 9일이라면 41편부터 45편까지 읽습니다. 못 읽은 날은 건너뛰고 다음 날에 해당하는 장을 읽으면 됩니다.

솔로몬은 잠언, 전도서, 아가서 3개의 시가서를 썼습니다.

잠언은 당시의 격언들을 하나님의 관점에서 정리한 것입니다. 잠언은 31장이므로 그 날짜에 해당하는 장을 하루에 한 장씩 읽으면 됩니다.

전도서는 자신의 체험을 통해 왜 청년의 때에 창조주 하나님을 기억해야 하는지를 고백한 것입니다. 이것은 세상의 사람들을 향한 기록입니다.

아가서는 솔로몬이 술람미 여인과의 사랑을 통해 이스라엘을 향하신 하나님의 사랑을 표현한 것입니다.

✚ 예언서 _ 17권

예언서는 이사야, 예레미야, 예레미야 애가, 에스겔, 다니엘, 호세아, 요엘, 아모스, 오바댜, 요나, 미가, 나훔, 하박국, 스바냐, 학개, 스가랴, 말라기까지 17권입니다.

다윗왕국 시대 이후 나라가 분열되고 멸망을 향해 곤두박질치는 시기에는 하나님을 찬양하는 시가 이스라엘에서 아주 사라졌습니다. 찬양이 없어지고 하늘 바라보는 것을 잊자 사탄은 육을 자극해서 이스라엘 백성들이 땅의 것만 추구하도록 만들었습니다. 우리는 이스라엘의 역사를 통해 사탄이 어떻게 사람들을 땅의 것만 보게 하는지 알 수 있습니다.

사람들이 하나님을 찬양하지 않으니까, 하나님 쪽에서 먼저 사람을 보내 하나님의 말씀을 선포하십니다. 이렇게 해서 예언서가 등장합니다. 하나님을 향한 찬양이 끊어지자 이때부터 하늘에서 말씀이 내려옵니다. 분열왕국 시대 내내 이스라엘에 선지자를 보내 "지금도 늦지 않았으니 돌아오라"고 외치게 하셨고, 포로 시대에는 선지자를 함께 포로로 보내서 이스라엘 백성들을 위로하셨습니다. 포로에서 돌아왔을 때도 학개, 스가랴, 말라기를 통해 그들을 격려하고 성전과 성벽을 다시 짓고 율법의 말씀을 회복하도록 하셨습니다.

다시 강조하지만, 가장 중요한 것은 성경의 뼈대를 잡아 가는 것입니다. 뼈대를 잡을 때 살아 계신 하나님의 숨소리가 들리고 그분의 사랑과 그분의 일하심이 우리에게 전달될 것입니다.

하나님과 인간의 통로, 말씀

하나님은 사람에게 세 가지 통로를 주셨습니다

첫 번째는 다른 사람과의 통로입니다. 살다 보면 마음이 통하는 사람이 있고 통하지 않는 사람이 있습니다. 서로 마음을 주고받으면서 잘 통하면 행복합니다.

　두 번째는 자연 환경과의 통로입니다. 하나님은 사람에게 자연 환경을 주고 생육하고 번성하여 이 땅에 충만하라고 하십니다. 사람은 자연 환경을 흡수해야 합니다. 우리는 이 땅에 있는 동물, 식물, 광물질(칼슘 등)을 먹습니다. 이것을 우리 몸이 흡수하고 잘 배설해야 합니다. 이럴 때 사람은 건강합니다.

　세 번째는 하나님과의 통로입니다. 사람은 사람과 자연과도 잘 통해야 하지만, 무엇보다도 하나님과 가장 잘 통해야 합니다. 하나님과 잘 통하는 것을 믿음이라 하고, 하나님과 불통인 상태를 죄라고 합니다.

　하나님과의 통로는 하나님이 이 우주를 어떻게 지으셨는가를 통해서 확인할 수 있습니다. 우주의 구조를 살펴보면 우주 속에 있는 사람의 위치를 알 수 있습니다. 하나님이 우주를 지으실 때, 하늘과 땅을 지으셨습니다. 땅의 가장 밑면에는 광물질이 있습니다. 대표적인 광물질이 흙과 물입니다. 우주를 지으시기 전 땅의 상태는 혼돈하고 공허하며 흑암이 깊음 위에 있는 상태였습니다(창 1:2). 하나님의 영, 성령님은 수면 위에 운행하고 계셨습니다.

　그때부터 말씀으로 빛이 내려오고, 물에는 물고기를 만드시고, 텅 비어 있는 공중에는 새를 지으면서 이 땅을 채우셨습니다. 그다음은 식물로, 하나님이 보기 좋은 나무와 먹기 좋은 열매들을 이 땅에 지으셨습니다. 그리고 그 위에 있는 존재가 동물입니다. 땅에는 광물과 식물과 동물이 있습니다. 이처럼 하나님은 과학적으로 우주를 창조하셨습니다.

땅의 존재들은 특성이 있습니다

첫 번째는 '변하는 속성'입니다. 단단해 보이는 광물질도 시간과 온도에 따라서 변합니다. 변하는 데는 목적이 있습니다. 하나님이 지으신 모든 존재는 반드시 자기 위에 있는 존재를 위해 변합니다. 광물질이 시간과 온도에 따라서 변하는 것은 흙에 뿌리를 박고 있는 식물을 자라게 하기 위함입니다. 식물도 형체가 생기면서 시간과 공간에 따라서 변합니다. 처음에는 조그마한 겨자씨가 점점 자라 나물이 되고, 더 커서 나무가 됩니다. 식물은 환경에 반응하면서 변합니다. 추운 지방에 있는 나무는 침엽수가 더운 지방에 있는 나무는 활엽수가 됩니다. 동물은 움직이면서 변합니다. 강아지가 자라서 큰 개가 되어 움직이고, 달걀에서 깨어난 병아리는 하루 종일 열심히 모이를 쪼아 먹어서 큰 닭이 됩니다. 그리고 그 위에 존재하는 사람에게 에너지를 공급합니다.

두 번째는 흙으로 되어 있다는 것입니다. 그래서 눈에 보이는 존재이며, 영원하지 않으며, 한계가 있습니다.

세 번째는 모두 빛에 반응하도록 지으셨다는 것입니다. 사람의 육도 빛에 반응할 뿐만 아니라, 사람의 영은 말씀의 빛에 반응할 때 되살아나도록 지으셨습니다.

표 2 우주의 구조

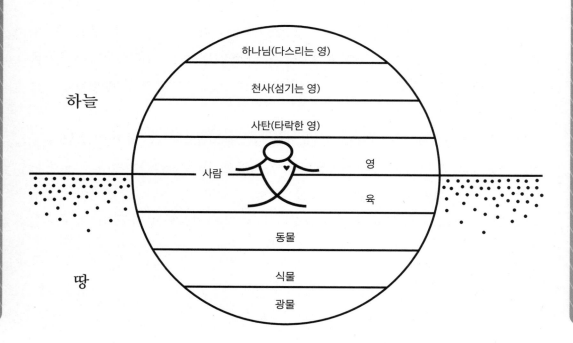

하늘에 있는 존재들도 특성이 있습니다

첫 번째는 영으로 되어 있다는 것입니다. 이것이 땅에 있는 존재와 분명히 구별되는 점입니다. 흙으로 지음 받지 않았습니다. 그러므로 형체가 없습니다. 사람들은 눈에 보이지 않는다는 이유만으로 하나님이 없다고 말합니다. 하지만 하나님은 영이셔서 보이지 않을 뿐입니다. 하나님은 다스리는 영이시요, 천사는 섬기는 영이요, 사탄은 타락한 영입니다. 사람에게도 영이 있습니다.

두 번째는 하늘에 있는 존재는 영이기 때문에 변하지 않는다는 것입니다. 땅에 있는 존재는 흙으로 되어 있기에 반드시 변합니다. 변하지 않는 것을 우리는 '영원하다'고 말합니다. 하나님은 영원하십니다. 하나님을 섬기는 천사도 하나님이 계시는 한, 영원토록 변하지 않고 하나님을 섬기게 되어 있습니다. 사탄은 주님이 다시 오셔서 심판하실 때까지 하나님의 허락하에 공중 권세를 잡고 사람으로부터 하나님의 축복을 빼앗으려 합니다.

그런데 사람은 하늘과 땅을 연결하는 통로입니다. 예수님을 믿는 성도는 때가 되면 흙을 털고 하나님이 계신 천국으로 가게 됩니다. 고통도 없고 근심도 없고 걱정도 없고 영원히 기쁨만 있는 하늘나라에 갈 수 있습니다. 그 영원한 하늘나라를 이 땅에서부터 누릴 수 있도록 성령님이 우리 안에 찾아오셔서 변화시켜 주시는 과정이 성화입니다.

세 번째는 영으로 되어 있는 존재는 반드시 말을 한다는 것입니다. 천사도 섬기는 영이기에 하나님의 말씀을 땅의 사람들에게 전합니다. 타락한 천사의 영, 사탄도 에덴 동산에서 말로 하와를 유혹합니다. 사람도 영이 있기에 말을 하는 것입니다. 말은 영의 전달 수단이며 통로입니다. 믿음은 들음에서 나고, 들음은 말씀에서 비롯됩니다.

복음(말씀)을 아멘으로 받아들여 영이신 성령님을 모신 사람이 성도입니다. "살리는 것은 영이니 육은 무익하니라 내가 너희에게 이른 말은 영이요 생명이라"(요 6:63). 하나님은 흙으로 사람을 지으셨지만 하나님과 의식(영)이 서로 통하도록 말씀이라는 매개체를 통로로 주셨습니다.

일상생활에서 말씀을 붙잡기 시작할 때 하나님의 의식과 사람의 의식이 통하게 되어 믿음이 자랍니다. 그리고 하나님의 사랑을 주변에 나타내고 싶은 거룩한 소원이 생깁니다. 거룩하게 변화되어 새로운 시작을 체험하게 됩니다.

04 | 창조 시대와 족장 시대

◇ **창세기 1-11장, 창세기 12-50장**

구약의 10개 시대 중에서 먼저 창조 시대와 족장 시대에 걸친 주요 사건들로 뼈대를 세우고 맥을 잡겠습니다. 창세기에는 우주와 인류, 죄와 고통, 세상 나라와 하나님 나라 등 모든 이야기의 시작이 담겨 있습니다. 하나님이 만물을 어떻게 시작하셨는가를 아는 것은 참 중요합니다. 창세기에 의문이 생기면 성경의 많은 부분이 믿어지지 않기 때문입니다. 이 책에서 창세기를 유독 강조하는 것도, 구약의 열 개 시대 구분에서 창세기가 두 개의 시대를 차지하는 것도 이런 이유 때문입니다.

창조 시대 _ 창세기 1-11장

창조 시대는 크게 하나님의 천지창조(창 1-2장), 인간의 타락(창 3-5장), 타락한 후 홍수 심판(창 6-9장), 바벨탑 사건(창 10-11장)이라는 네 부분으로 나눌 수 있습니다.

✚ 하나님의 천지창조_ 창 1-2장

창세기는 "태초에 하나님이 천지를 창조하시니라"(창 1:1)고 시작합니다. 하나님이 천지를 창조하시기 전, 아직 질서가 없고 텅 비어 있으며 캄캄했던 이 땅의 상태를 먼저 이야기합니다. 그다음 창조가 시작됩니다. "하나님이 이르시되 빛이 있으라 하시니 빛이 있었고"(창 1:3). 하나님의 말씀이 땅에 내려오면서 그 캄캄한 어둠을 가르는 장면! 천지창조의 멋진 서막입니다. 무대 커튼을 활짝 여는 것처럼 그때부터 혼돈이 사라지고 질서가 잡히고 공허가 채워졌습니다. 이처럼 하늘에서 말씀이 떨어질 때, 보이지 않던 것이 보이는 것으로 나타납니다. 이것이 창조입니다.

하나님은 말씀으로 천지를 창조하셨을 뿐만 아니라, 말씀으로 천지만물을 붙들고 계십니다. "이는 하나님의 영광의 광채시요 그 본체의 형상이시라 그의 능력의 말씀으로 만물을 붙드시며 죄를 정결하게 하는 일을 하시고 높은 곳에 계신 지극히 크신 이의 우편에 앉으셨느니라"(히 1:3). 많은 사람들은 시멘트가 굳어 있어서 건물이 무너지지 않는다고 생각합니다. 하지만 하나님이 능력의 말씀으로 만물을 붙잡고 계셔서 빌딩이 무너지지 않는 것입니다.

하나님은 창세기에서 제일 먼저 말씀으로 세상을 창조하심과 말씀으로 만물을 붙들고 계심과 사람들이 보고 먹고 입고 마시고 구하는 모든 것을 만드시고 다스리심을 밝히셨습니다. 하나님이 창조주이심과 주권자이심을 선포하신 것입니다.

✚ 인간의 타락 _ 창 3-5장

창세기는 시작부터 이 땅에 일어난 비극을 말합니다. 2장에서 에덴동산을 이야기했는데, 3장에서는 인간의 타락한 모습이 나타납니다. 사람은 하나님이 먹지 말라고 명령한 선악과를 따먹고 에덴동산에서 쫓겨납니다. 그때부터 이 세상에서 영적 대결이 시작됩니다.

가인과 아벨의 제사는 인간의 나라, 세상의 나라, 죄의 나라가 어떻게 시작되고, 발전했는지 설명합니다. 세상은 불행하게도, 하나님이 지으시고 "보시기에 심히 좋았더라"고 하신 아담과 하와의 첫 아들, 살인자 가인으로 시작합니다. 가인은 자신의 제사를 받지 않고 동생 아벨의 제사를 받으신 하나님을 미워합니다. 결국 그 질투심 때문에 아벨을 죽입니다. 죄의 결과 가인은 에덴 동쪽으로 쫓겨나서 자기 아들 에녹의 이름을 딴 에녹 성을 쌓고 사람의 나라를 시작합니다. 이 나라의 초대 왕이 라멕이었습니다.

　창조 시대에서 중요한 것은 '세상 나라'입니다. 성경의 족보는 언제나 세상에 속한 자의 족보가 먼저 나오고, 그다음에 하나님 백성의 족보가 등장합니다. 이것이 성경의 일관된 순서입니다. 창조를 하실 때도 혼돈하고 공허하며 캄캄한 땅부터 먼저 언급하셨습니다.

✚　홍수 심판 _ 창 6-9장

이렇게 가인의 후예로부터 시작된 세상 나라를 하나님은 그냥 두고 보실 수 없으셨습니다. 하나님의 아들들이 세상의 딸들한테 반해서 결혼한 것, 통혼이 문제였습니다. 이것으로 미루어 보면 하나님의 나라는 아직 시작되지 않았지만, 가인의 계열과 하나님을 섬기는 자들의 계열이 형성되어 있었음을 알 수 있습니다. 통혼은 하나님의 백성이 순결함과 거룩함을 잃고, 세상과 하나가 되는 것입니다. "여호와께서 사람의 죄악이 세상에 가득함과 그의 마음으로 생각하는 모든 계획이 항상 악할 뿐임을 보시고"(창 6:5). 하나님은 인간을 사랑의 대상으로, 하나님의 형상을 닮도록 지으셨습니다. 하지만 선악과를 따먹음으로써 타락한 아담과 하와의 피가 흐르고 있었기 때문에 사람은 계속해서 죄를 지었습니다.

　인간이 시작부터 죄를 지으니까 하나님은 세상 나라를 심판하시기로 작정하셨습니다. "이르시되 내가 창조한 사람을 내가 지면에서 쓸어버리되 사람으로부터 가축과 기는 것과 공중의 새까지 그리하리니 이는 내가 그것을 지었음을 한탄함이니라 하시니라"(창 6:7).

　그런데 완전히 쓸어버리지 않으시고, 노아와 그의 가족을 남겨 두셨습니다. 성경에서는 이들을 '남은 자'라고 합니다. 하나님은 심판하실 때 반드시 '그루터기'를 남겨 두십니다. 예언서에도 그루터기가 나오는데 이 그루터기에서 싹이 납니다. 이것은 하나님의 놀라운 섭리요, 하나님이 심판 때 모두를 싹 쓸어버리지 않으시는 이유입니다. '남은 자'의 개념은 성경의 흐름을 잡을 때 아주 중요한 개념이기도 합니다.

✦ 바벨탑 사건 _ 창 10-11장

그런데 홍수에서 살아남은 의인의 자녀들도 또 죄를 짓습니다. 대를 쌓아 하늘 끝까지 닿게 하고, 거기에 자신들의 이름을 새겨서 하나님이 되자고 모의합니다. 바로 바벨탑 사건입니다. 이렇듯 인간들은 끊임없이 '나'를 내세우며 하나님께 도전합니다. 이것이 '죄성'입니다. "너 아침의 아들 계명성이여 어찌 그리 하늘에서 떨어졌으며 너 열국을 엎은 자여 어찌 그리 땅에 찍혔는고 네가 네 마음에 이르기를 내가 하늘에 올라 하나님의 뭇 별 위에 내 자리를 높이리라 내가 북극 집회의 산 위에 앉으리라 가장 높은 구름에 올라가 지극히 높은 이와 같아지리라 하는도다"(사 14:12-14). 이처럼 천사는 타락해서 '나'를 주장하는 사탄이 되었습니다.

하나님이 처음에 이 땅을 어떻게 심판하셨습니까? 홍수로 모두 쓸어버리셨습니다. 하지만 무지개를 보여 주시며 앞으로 다시는 쓸어버리지 않겠다고 약속하셨습니다. 때문에 이번에는 지면에서 흩으셨습니다. 언어를 흩어 버리고, 민족을 흩어 버리십니다. 이렇게 심판을 하시니까 구약 하면 무서운 하나님을 떠올립니다. 하지만 하나님은 사랑과 자비의 하나님이십니다. 창세기 12장부터 하나님의 나라를 회복하시는 하나님의 사랑 이야기가 시작됩니다. 이제 창세기 안에서 기원전(B.C.)과 기원후(A.D.)가 나뉘는 것입니다.

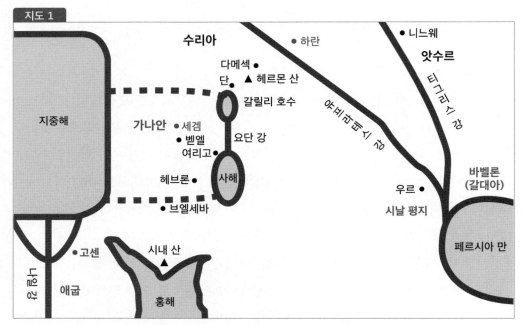

지도 1

수리아

• 니느웨

• 하란

앗수르

다메섹 •

단 • ▲ 헤르몬 산

지중해

갈릴리 호수

가나안 • 세겜

• 벧엘

여리고

요단 강

헤브론

사해

우르 •

바벨론
(갈대아)

시날 평지

브엘세바 •

• 고센

시내 산 ▲

페르시아 만

애굽

홍해

창조 시대 에덴동산이 어디쯤인지는 알 수 없습니다. 미국의 부시 전 대통령은 에덴을 복원하겠다고 의회에 12억 달러 예산을 신청한 적도 있었습니다. 그것은 어디까지나 상징적인 이야기입니다. 에덴에서 발원한 강의 지류가 유프라테스라는데, 이것만으로는 알 수 없습니다. 창세기 11장부터 지명이 등장합니다. 바벨탑이 들어섰던 시날 평지를 찾아봅시다.

족장 시대 _ 창 12-50장

우리는 창세기 때부터 이 세상에 소망이 없다는 것을 알게 됩니다. 하나님은 처음부터 '왜 하나님이 다스려야 하는가? 왜 하나님의 나라가 필요한가?'를 깨닫게 하십니다.

세상 사람들이 뭉치면 하나님께 도전하고 반역하지만, 하나님의 사람들이 모이면 교회가 형성됩니다. 하나님 나라가 됩니다. 하나님은 아브라함의 후손들을 통해 하나님 나라의 3대 요소를 이루시겠다는 약속을 주십니다. 이것이 하나님의 엄청난 구원의 법칙이요, 창세기 12장 1~3절에서 말씀하고 있는 내용입니다. "너는 너의 고향과 친척과 아버지의 집을 떠나 내가 네게 보여 줄 땅으로 가라."(영토의 약속), "내가 너로 큰 민족을 이루고 네게 복을 주어."(국민의 약속), "너를 축복하는 자에게는 내가 복을

50

내리고 너를 저주하는 자에게는 내가 저주하리니"(주권의 약속). 사람들은 이 땅에 소망이 없다고 하지만, 하나님은 소망이 있다고 선포하십니다. 이 땅에 하나님 나라를 세우실 것을 약속하시기 때문입니다.

✚　하나님의 관심

창세기 12-50장을 편의상 족장 시대라고 합니다. 아브라함, 이삭, 야곱의 시대에 하나님은 이 땅에 하나님 나라를 선포하셨습니다. 아직 하나님 나라가 정식으로 이루어지지 않았지만, 하나님 나라를 만드시겠다는 의지를 보여 주십니다. "너희들은 타락해서 끊임없이 내게 도전했지만, 그 결과는 심판이다. 소망을 잃어버리는 것이었다. 너희들은 이 세상에 소망이 없고 매일 심판과 고통만 있다고 생각하지만 그렇지 않다. 이 세상이 소망이 있는 곳으로 바뀔 것이다. 이제 내가 나의 나라를 세우겠다"고 하십니다.

　그런데 하나님은 왜 사람을 하늘나라에 영으로 짓지 않으시고, 땅에 흙으로 지어 놓으셨을까요? 하늘은 축복을 내리는 곳이요, 땅은 축복을 받는 곳입니다(표 2 참조). 예를 들어 자녀가 하버드 대학에 입학했다고 하면 "정말 축복받으셨네요" 합니다. 딸이 아주 좋은 신랑을 만나서 결혼했다고 하면, "그 집은 왜 그렇게 축복을 많이 받아요?"라고 말합니다. 이처럼 사람들이 축복을 느끼는 곳이 어디입니까? 땅입니다. 땅에서 육으로 축복을 느낄 때, 영으로 하나님을 찬양합니다. 감사를 올립니다. 기쁨과 평강이 있습니다. 이것이 하나님이 땅에 우리를 흙으로 지으신 목적입니다.

　하나님은 사랑의 대상으로 지은 사람에게 하나님 나라를 주고자 하십니다. 하나님은 땅을 지으셨고(창 1장), 에덴동산을 지으셨습니다(창 2장). 이것이 하늘나라입니다. 이 땅에서 천국을 누리며 하나님을 찬양하며 살다가 죽어서 영원한 하늘나라에 가는 것이 우리에게 주신 소망입니다. 그래서 하나님의 임재가 있는 곳이면 "초막이나 궁궐이나 내 주 예수 모신 곳이 그 어디나 하늘나라!"입니다. 지금 이 땅은 왜 하늘나라가 아닐까요? 이 땅의 하늘나라는 하나님과 사람이 동역해서 이루기 때문입니다. 하나님은 사람을 통해 이 땅에 하나님 나라를 세우십니다. 사람이 어떻게 하느냐가 대단히 중요하다는 말입니다.

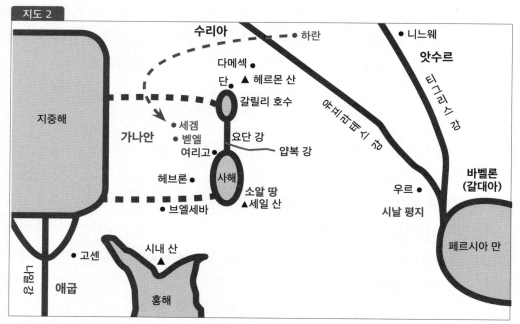

족장 시대 바벨탑 사건의 현장에서 아브라함을 불러내어 이스라엘의 씨가 되는, 믿음의 조상으로 세우시는 새로운 시작(하나님 나라의 시작, 구원의 시작)을 주십니다.

✚ 하나님 나라의 선포 _ 창 12:1-3

하나님은 하나님 나라를 선포하려고 한 사람, 아브라함을 불러내십니다(창 12장). 하나님이 한 사람을 만나 주실 때, 하나님의 나라가 열립니다. 하나님은 아브라함을 갈대아 우르에서 불러내셨습니다(창 12:1-3). 갈대아는 바벨론의 다른 이름입니다. 하나님이 아브라함을 불러내신 곳은 사람들이 바벨탑을 쌓았던 바벨론입니다. 하나님은 심판의 현장에서 한 사람을 부르셨습니다.

하나님은 아브라함이 집안이 좋거나, 신앙 배경이 좋거나, 명문대 출신이어서 부르신 것이 아닙니다. 아브라함의 아버지 데라는 우상 장사하는 사람이었습니다. 아브라함은 동키 카라반(donkey caravan, 당나귀를 끌고 다니며 무리지어 여행하는 상인)으로 돈을 벌려고 당나귀들을 끌고 다니면서 장사하던 사람입니다. 게다가 하나님이 불렀을 때 아브라함의 나이는 75세였습니다. 그런데 아브라함은 부르심을 받았을 때 믿음으로 순종했습니다. "믿음으로 아브라함은 부르심을 받았을 때에 순종하여 장래의 유업으로 받

52

을 땅에 나아갈새 갈 바를 알지 못하고 나아갔으며"(히 11:8). 그때 하나님은 그분의 나라를 세우기 시작하셨습니다.

성경에서 하나님을 만난 사람은 하나님의 음성을 들은 사람입니다. 하나님은 보이지 않는 영이시기 때문에 그분의 음성을 들려주십니다. 처음 말씀하신 후 25년 동안 하나님은 아브라함의 삶에 깊이 개입하셔서 "너는 이리로 가라, 저것도 버려라. 이스마엘도 버려라. 마지막으로 눈에 넣어도 아깝지 않은 100세에 낳은 아들도 버려라" 하셨습니다. 아브라함이 아들마저 버리고 자신을 완전히 비웠을 때, 하나님의 것으로 가득 채워 주시고 믿음의 조상으로 세우셨습니다. 아브라함을 통해 믿음의 씨가 뿌려졌습니다. 하나님은 아브라함과 이삭과 야곱 3대에 걸쳐 똑같은 언약을 주셨습니다.

야곱이 선해서 하나님이 약속을 주셨습니까? 아닙니다. 야곱은 눈이 어두워 보이지 않는 아버지와 형을 속이고 축복을 가로채서 야반도주했습니다. 며칠을 도망가다가 기진맥진하여 돌을 베개 삼아 잠든 곳에서 하나님의 음성을 들었습니다. "나는 여호와니 너의 조부 아브라함의 하나님이요 이삭의 하나님이라 네가 누워 있는 땅을 내가 너와 네 자손에게 주리니 네 자손이 땅의 티끌같이 되어 네가 서쪽과 동쪽과 북쪽과 남쪽으로 퍼져나갈지며 땅의 모든 족속이 너와 네 자손으로 말미암아 복을 받으리라"(창 28:13-14). 하나님은 아브라함에게 하신 약속, 특히 임마누엘의 약속을 야곱의 때에 와서 분명히 하십니다. "내가 너와 함께 있어 네가 어디로 가든지 너를 지키며 … 내가 네게 허락한 것을 다 이루기까지 너를 떠나지 아니하리라"(창 28:15).

그러나 땅과 민족에 관한 하나님의 약속이 실제로 성취되는 것은 수백 년 후의 일입니다. 약속을 이루려고 하나님은 아브라함에게 자녀를 몇 명 주셨습니까? 하나밖에 안 주셨습니다. 이삭에게는 둘을 주셨습니다. 이것은 하나님의 백성 만들기 과정입니다. 이 땅에 하나님 나라를 이루려면 시간이 필요하다는 것입니다. 3대째 이르러서야 야곱에게 12명의 아들을 주시고, 결국 이들이 12지파가 됩니다. 이 12지파를 중심으로 드디어 하늘의 별같이, 바닷가의 모래같이 하나님의 백성들을 번성시키십니다. 3대에 걸쳐서 동일한 약속을 주시고 하나님 나라를 이루어 가시는 과정이 족장 시대의 이야기입니다.

창세기 뒷부분은 요셉의 이야기입니다. 왜 우리는 아브라함과 이삭과 야곱의 하나님이라고 하면서 요셉을 생략합니까? 하나님이 요셉과는 직접 언약을 맺지 않으셨기 때문입니다. 하나님께 직접 약속을 받은 사람, 하나님의 음성을 들은 사람은 아브라함, 이삭, 야곱 세 사람이었습니다. 대신 요셉은 믿음을 물려받았습니다. 야곱이 그토록 사랑했던 라헬이 아들 요셉에게 좋은 신앙의 유산을 물려주었을 것입니다. 요셉은 하나님을 직접 만나지 못했지만, 하나님을 믿는 믿음으로 아브라함과 이

지식탐구 1

하나님의 간섭과 공평

성경 강의를 하다보면 종종 이런 질문을 받습니다. "아니, 하나님은 이스라엘 백성들만 선택받은 선민이라고 하고, 가나안 일곱 족속은 '무릇 사람이든 짐승이든 호흡 있는 자는 하나도 남기지 않고 완전히 다 죽여라' 하시는데 너무 불공평하신 것 아닙니까?"

하지만 가나안 일곱 족속들의 더럽고 음란한 죄를 심판하신 것이지 이유 없이 그들을 멸하신 게 아닙니다. 아브라함에게 주신 축복에서 분명히 드러나듯 하나님의 마음은 세상 모든 사람들을 향하십니다. 그래서 하나님은 이 세상을 위해 독생자를 아끼지 않고 주셨습니다(요 3:16). 그렇다면 왜 유독 이스라엘만 사랑하실까요? 하나님은 하늘에서 이 세상을 둘러보다가 중동 땅에 이르러 "아, 그래. 이스라엘이구나, 너 내 백성이다. 내 나라라고 해" 하신 것이 아닙니다. 그랬다면 얼마나 불공평합니까? 하나님은 세상에 있는 많은 나라 중에서 하나를 뽑은 것이 아니라 이 세상에 없었던 이스라엘을 친히 만드셨습니다.

하나님은 이스라엘을 통해 세계 만민에게 축복을 나누어 주시려고 이스라엘이라는 예배 공동체를 만드신 것입니다. 그들이 선민으로 택함 받은 것은 온 인류를 구원하시기 위한 것입니다. 이것이 중요합니다. 가끔 어떤 분들은 이렇게 말합니다. "하나님이 우리 한 민족을 선민으로 삼으셨더라면 얼마나 좋을까?" 그렇지 않은 것이 다행입니다. 이스라엘 백성을 보십시오. 그들은 축복도 많이 받았지만, 얼마나 많이 얻어터지고 혼났습니까?

삭과 야곱이 하나님께 받은 약속이 이 땅에서 성취될 수 있도록 멋지게 조연 역할을 해냈습니다.

그런데 요셉은 조연이라고 하기에는 예수님과 많이 닮았습니다. 요셉은 고통과 고난 가운데서도 끝까지 자신의 정욕을 죽이고, 오직 하나님의 이름만 바라고 믿어서 애굽의 총리라는 높은 지위에 오를 수 있었습니다. 하나님은 3대에 걸친 하나님 나라의 약속을, 요셉을 통해 이루어 가셨습니다. 창세기 12장에서 50장까지는 하나님의 사람을 만드시려고(하나님 나라의 기반 구축) 하나님이 어떻게 그들의 삶 가운데서 구체적으로 간섭하고 일하셨는지를 자세히 설명해 줍니다. 이것은 이스라엘 백성들이 애굽으로 들어가게 된 배경이기도 합니다.

◇ **출애굽기, 민수기**

오늘은 출애굽과 광야 시대의 뼈대를 잡아 보고, 이어서 정복 시대, 사사 시대의 큰 뼈대를 세우도록 하겠습니다. 우선 뼈대만 잡고 뒤에서 살을 붙여 나갈 것입니다.

출애굽과 광야 시대 _ 출애굽기, 민수기

출애굽 사건, 시내 산 훈련, 가데스 바네아 시험, 광야 생활이라는 네 가지 대표 사건을 중심으로 출애굽과 광야 시대를 살펴보려고 합니다.

✚ 출애굽 사건

애굽에서 총리가 된 요셉은 기근 때에 아버지 야곱과 그 형제들을 포함한 약 70명의 가족들을 애굽으로 불러들여 비옥한 고센 땅에서 바로 왕의 가축들을 기르게 했습니다. 이들이 처음 애굽 땅에 총리의 가족으로 들어갈 때에는 어려움이 없었는데 요셉이 죽은 후 새로운 바로 왕이 등극하자 상황이 바뀝니다.

　바로 왕은 이스라엘 사람들이 똑똑하고 유능한 데다가 그 수가 엄청나게 늘어나자 자신의 나라를 빼앗길지도 모른다는 위협을 느끼고 그들을 노예로 만들었습니다. 그때부터 이스라엘 백성들은 400년 동안 노예 생활을 하게 되었습니다. 이스라엘 백성이 처음 애굽에 들어갈 때는 70명이었지만, 나중에는 하늘의 별같이, 바닷가의 모래같이 200만 명으로 늘어났습니다.

바로 왕은 자신의 마음을 점차 완악하게 하며 이스라엘 백성들을 더욱 어렵고 힘들게 했습니다. 그는 벽돌을 만들라고 명령하면서도 필요한 진흙과 지푸라기를 주지 않았습니다. 이때 이스라엘 백성들의 고통이 얼마나 컸겠습니까?

결국 그들은 하나님께 부르짖었습니다. 이에 하나님은 모세를 세워서 이스라엘 백성의 430년 종살이를 끝내 주셨습니다. 이것이 출애굽입니다. 출애굽은 애굽으로부터 불러냈다는 뜻입니다. 해방이며 구원입니다. 출애굽에는 반드시 출발지 'from'과 목적지 'to'가 있어야 합니다. 출애굽은 '애굽으로부터 가나안까지'라는 분명한 출발지와 목적지가 있습니다. 하나님은 아브라함에게 하신 약속을 지키기 위해 이들을 출애굽시키신 것입니다.

애굽이 상징하는 것은 세상, 욕망, 죄악입니다. 애굽은 죄와 욕망의 노예로 살도록 하는 곳입니다. 여기서부터 하나님은 우리를 구원해 주셨고 그 길을 분명하게 인도하셨습니다. 우리가 들어가야 할 약속의 땅 가나안의 출입구는 이 땅에 있습니다. 이것을 우리가 중요하게 생각해야 합니다. 우리는 죽어서 천당 가는 것이 목적이 아니라 이 땅에서 천국을 이루어야 합니다. 그래야 영원한 천국에 들어갈 수 있습니다.

문제는 '이 땅에서 어떻게 하나님 나라를 이루어 갈까?' 하는 것입니다. 하나님이 아브라함에게 하나님 나라를 세우라고 하신 것은 자기 혼자, 이스라엘만 잘 먹고 잘살라는 뜻이 아니었습니다. 족장 시대의 진정한 핵심은 "세계 만민의 복의 근원이 되라"는 것이며, 이것이 이스라엘이라는 하나님 나라를 세우신 이유입니다. 하나님은 이스라엘에게 말씀을 주시고 그들이 하나님 나라의 축복의 통로가 되어 모든 이방인에게, 모든 세상에 축복을 전하게 하셨습니다. **맥잡기🗝** 제자들이 예수님께 기도를 가르쳐 달라고 찾아왔을 때 주님이 가르쳐 주신 기도는 "나라가 임하시오며"(마 6:10)였습니다. 보이지 않는 하나님 나라가 우리 몸을 통해서 우리 안에 이루어지고, 우리가 축복의 통로가 되어서 이웃과 온 땅에 이루어지도록 하는 것이 선교와 전도의 사명입니다.

세상에서 출애굽하는 것은 우리 힘으로 할 수 없는 일입니다. 하나님은 이 세상과 욕망의 죄에서 우리를 구원해 주시려고 나오라고 하시지만 우리 힘으로 탈출할 수는 없습니다. 반드시 하나님이 끌어내 주셔야 합니다. 그분이 의롭다 하시는 믿음으로 말미암아 죄에서 구원받게 되는 것입니다.

구원을 받고 가는 곳이 바로 광야입니다. 가나안에 들어가려면 광야 생활을 거쳐야 하며 가나안에 들어가서도 하나님 나라를 계속 이루어 가야 합니다. 광야에는 물도 없고, 풀도 없고, 먹을 것도 없고, 입을 것도, 아무것도 없습니다. 하나님만 쳐다보지 않으면 살 수 없는 곳입니다. 하늘에서 만나를 내려 주시고 하나님의 명령에 따라 반석을 칠 때 물이 나오고 하나님만 바라볼 때 먹을 것, 입을 것, 마실 것 등이 주어집니다. 그러니까 아무것도 없는 광야에서 겪는 고통은 축복의 시작입니다.

저는 중국에서 근무할 때, 위암 수술을 받고 항암 치료를 하는 과정에서 살아 계신 하나님을 분명하게 체험했습니다. 음부 밑바닥까지 떨어지는 엄청난 죽음의 고통을 겪었지만, 이때 말씀을 붙잡게 되었습니다. 그리고 하나님은 엄청난 말씀의 선물을 쏟아 부어 주시고 말씀 전하는 은사를 주셨습니다. 일부러 성경구절을 외우지 않아도 두세 번만 보면 가슴에 와서 박혔습니다. "말씀을 내가 너희 마음에 새겨 주리라"(렘 31:33).

고통은 축복의 시작입니다. 예수님만 붙잡으면 광야를 통과할 수 있습니다. 중요한 것은 광야 생활 동안 불평하느냐, 순종하느냐 하는 것입니다. 이스라엘 백성은 출애굽하는 순간 하나님 나라의 백성이 되었습니다. 하나님의 백성, 하나님의 자녀, 이 얼마나 놀라운 변화입니까? 신분이 변화되었기 때문에 우리의 내면세계도 변해야 합니다. 내 안이 변화되어야 하나님 나라를 이룰 수 있습니다. 이렇게 변화되면 말씀을 전하지 않고는 견딜 수 없게 됩니다. 이때 능력이 나옵니다.

✚ 시내 산 훈련

애굽에서 14일이면 가나안 땅에 갈 수 있습니다. 그런데 하나님은 홍해를 건너게 하시고 시나이 반도 맨 남쪽에 있는 시내 산으로 이들을 이끄십니다. 그리고 시내 산에서 1년 동안 훈련을 시키십니다. 가나안 일곱 족속을 징벌하기 위해 칼이나 창 쓰는

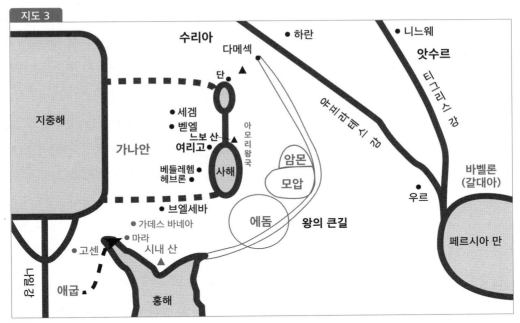

출애굽과 광야 시대 이스라엘 백성들은 애굽 땅에서 처음에는 총리의 가족으로 대접받으며 잘 지냈지만, 결국 노예가 되고 말았습니다. 하나님은 이들을 끌어내 가나안으로 인도하십니다.

법을 훈련시키신 것이 아니라, 율법을 주고 성막을 짓게 하셨습니다. 이것이 출애굽기의 가장 중요한 핵심입니다. 먼저 출애굽시키고 시내 산에서 말씀을 주고 성막을 짓게 하셨습니다. 신앙 훈련을 시키신 것입니다.

구약 성경에서 이스라엘 백성들이 가장 중요하게 여기는 책은 단연 출애굽기입니다. 출애굽기에는 하나님의 백성들을 죄와 사망의 권세에서 빼내어 젖과 꿀이 흐르는 땅으로 인도하신다는 약속의 말씀이 있기 때문입니다. 하나님의 말씀과 축복이 이스라엘 백성들을 통해 이방인들에게 전달되도록, 세계 만민의 축복의 통로가 되게 하셨습니다. 그리고 특별히 이스라엘 백성들에게 율법을 주셨습니다.

구약 율법의 핵심은 십계명입니다. 출애굽기 20장에 나오는 십계명은 구체적인 여러 상황 가운데서 지켜야 할 열 가지 법입니다. 레위기, 민수기, 신명기에 모두 들어 있는 말씀입니다. 십계명은 이스라엘 백성에게만 주신 것이 아니라 하나님의 성도 모두에게 주신 것이며, 우리가 붙잡고 열매 맺어야 할 씨앗입니다. 이 씨앗은 구약에서는 십계명이고, 신약에서는 산상수훈입니다. 하나님이 율법의 말씀, 십계명을 주셨지만 이스라엘 백성들은 광야 생활 40년 훈련 기간 내내 지키지 못했고, 가나안 땅에 들어가서도 끝까지 지키지 못했습니다. 하나님은 이 율법을 반드시 지키되, 순종하면 축복을 주고 거역하면 저주하겠다고 하셨습니다. 이것이 신명기 사관의 핵심입니다. 신명기 사관은 구약 내내 흐르는 구약의 맥이기도 합니다. 신약도 마찬가지입니다.

이 두 갈래 길을 삼척동자도 다 아는데 왜 못 지키는 겁니까? 유행가 가사처럼 "안 되는 줄 알면서 왜 그랬을까?" 이것이 우리의 모습입니다. 사람들은 죄를 지을 수밖에 없기 때문입니다. 하나님은 우리가 연약하여 율법을 지킬 수 없는 것을 아시기 때문에 성막을 주셨습니다. 이스라엘 백성들을 시내 산에서 훈련시키면서 성막을 주지 않으셨다면 이스라엘 백성들은 전부 광야에서 죽고 심판만 받았을 것입니다. 인간이 죄 지을 수밖에 없는 존재임을 깨닫고 은혜의 성막으로, 하나님 앞에 나오라는 것입니다.

성막의 의미는 바로 십자가 보혈의 은혜입니다. 구약에서는 예수님이 아직 오지 않으셨으므로 짐승의 피로 대신했습니다. 출애굽기에서 율법과 성막의 관계를 잘 알아야 합니다. 물론 은혜만 강조해도 안 되고, 그렇다고 해서 율법만 강조하면 하나님의 은혜가 가려집니다. 하나님의 은혜, 십자가 보혈의 은혜와 율법의 말씀 이 두 가지를 다 붙들어야 합니다. 이것이 말씀과 기도의 관계입니다.

출애굽기 40장은 성막 건설을 마친 후 "낮에는 여호와의 구름이 성막 위에 있고 밤에는 불이 그 구름 가운데에 있음을 이스라엘의 온 족속이 그 모든 행진하는 길에서 그들의 눈으로 보았더라"(출 40:38)로 마칩니다. 구름기둥과 불기둥은 성령님의 인도하심(임재하심)을 말하며 우리의 오감으로 분명히 체험할 수 있는 것입니다. 이제 이스라엘 백성들은 그들에게 임재하신 성령님의 인도하심을 따라 시내 산을 떠나서 출발합니다. 하나님은 그들을 가데스 바네아라는 장소로 인도하십니다.

✚ 가데스 바네아 시험

하나님은 과연 이스라엘 백성들이 시내 산에서 1년 동안 훈련받은 대로 믿음 위에 제대로 섰는지 가데스 바네아에서 시험하셨습니다. 말씀(율법)과 성막(은혜)을 주시고, 이들이 약속의 땅에 들어가서 하나님 나라를 이룰 자격이 있는가를 시험하신 것입니다. 하나님은 이스라엘 백성 중에서 12명을 뽑아 가나안에 정탐을 보내셨습니다. 하지만 12명의 정탐꾼 중 여호수아와 갈렙만이 "다만 여호와를 거역하지는 말라 또 그 땅 백성을 두려워하지 말라 그들은 우리의 먹이라 그들의 보호자는 그들에게서 떠났고 여호와는 우리와 함께하시느니라 그들을 두려워하지 말라"(민 14:9)고 말했습니다.

그러나 백성들은 여호수아와 갈렙의 말을 듣지 않았고 밤새 목 놓아 울며 모세와 아론을 원망했습니다. "이스라엘 자손이 다 모세와 아론을 원망하며 온 회중이 그들에게 이르되 우리가 애굽 땅에서 죽었거나 이 광야에서 죽었으면 좋았을 것을 어찌하여 여호와가 우리를 그 땅으로 인도하여 칼에 쓰러지게 하려 하는가 우리 처자가 사로잡히리니 애굽으로 돌아가는 것이 낫지 아니하랴 이에 서로 말하되 우리가 한 지휘관을 세우고 애굽으로 돌아가자 하매"(민 14:2-4). 심지어 여호수아와 갈렙을 돌로 쳐서 죽이려고까지 했습니다. 결국 이스라엘 백성들은 가데스 바네아 시험에서 떨어졌습니다.

✚ 광야 생활

하나님은 시험에서 실패한 이스라엘 백성들에게 정탐 일수 하루를 1년으로 쳐서, 40년 광야 생활이라는 혹독한 벌을 내리십니다. 가데스 바네아 시험 후 모세가 마지막까지 한 일은 요단 동편을 정복하는 것이었습니다. 이때 모세도 하나님 말씀에 불순종해서 결국 약속의 땅에 들어가지 못한다는 하나님의 심판을 받았습니다. 그럼에도 모세는 끝까지 하나님의 말씀에 복종해서 이 백성들을 가나안 땅으로 인도합니다. 하나님은 모세를 통해 요단의 동편을 정복하게 하시고, 그 후에는 모세의 후계자인 여호수아를 통해 가나안 땅을 정복해 나가십니다.

애굽에서 나왔던 믿음 없는 1세들은 모두 광야에서 죽었습니다. 하나님이 가나안 족속들을 물리치고 약속의 땅을 주실 것이라는 믿음을 갖지 못하고 끊임없이 원망하며 불평하는 불신자들은 약속의 땅에 들어가지 못했습니다. 다만 그 자녀들이 38년 동안 광야에서 헤매다가 때가 되어 여호수아의 인도로 약속의 땅으로 들어갑니다. 이제 정복 시대입니다.

정복 시대 _ 여호수아

모세는 지면에서 가장 온유한 자(민 12:3)요 리더십의 상징이었습니다. 하지만 결국 가나안 땅에 들어가지 못했습니다. 하나님은 그의 제자요 시종이었던 여호수아를 통해서 이스라엘 백성들을 약속의 땅으로 인도하셨습니다. **맥잡기❢** '여호수아'는 히브리어인데(구약은 히브리어로, 신약은 헬라어로 쓰였습니다), 이 말을 신약의 헬라어로 읽으면 '예수'입니다(그래서 예수님이 태어나실 때쯤에는 메시아 대망 사상 탓에 예수라는 이름이 아주 많았다고 합니다). 그 여호수아가 무엇을 했습니까? 바로 하나님 나라로, 가나안 땅으로 이스라엘 백성들을 인도했습니다. 여호수아, 곧 예수는 바로 "내가 곧 길이요 진리요 생명이니 나로 말미암지 않고는 아버지께로 올 자가 없느니라"(요 14:6)는 말씀처럼, 하나님 나라로 인도하는 자입니다.

이 정복 시대에는 하나님이 요단 강을 갈라 주셔서 가나안 땅으로 들어가게 하신 사건, 여리고 성을 점령하는 사건 등이 나옵니다. 여호수아서는 가나안 일곱 족속을 정복해 가는 과정이 어떠했는지를 보여 줍니다.

여호수아서의 주제는 '예배의 능력'입니다. 예배를 통한 영적 전쟁의 승리입니다. 가나안 땅을 차지한 일곱 족속은 매우 음란한 족속입니다. 하나님은 이들을 심판하고 멸하려고 이스라엘 백성들을 이 땅으로 인도하셨습니다. 그리고 이 영적 전쟁에서 하나님은 예배를 통해 승리하게 하십니다. 여호수아가 이스라엘 백성들과 예배드렸을 때 "여호와의 군대 대장"(수 5:14)이 그야말로 갑옷을 입고, 전신 무장을 하고 나타났습니다. 그래서 영적 전쟁에서 악한 세력을 무찌르고 전쟁을 이기는 것은 여호수아가 아니라 하나님의 군대 대장입니다. 하나님이 천사를 통해 친히 싸워 주셨습니다. 여호수아는 가나안 땅을 모두 정복한 후에 이스라엘 12지파에게 땅을 기업으로 분배합니다.

우리가 이 땅에서 살아가는 일이 모두 영적 전쟁입니다. 하나님은 더럽고 음란하며 온갖 술수와 모략으로 가득 찬 이 땅에서 그리스도인들이 참이스라엘로, 하나님 나라를 이룬 자로, 이웃의 축복의 통로로 하나님 나라를 확장해 나가길 원하십니다. 이것이 성도의 사명입니다. 중요한 것은 악한 세력과의 전쟁에서 내가 싸우는 것이 아니라 여호와의 군대 장관이 일하도록 해야 한다는 것입니다. 하나님이 "이 전쟁은 너희에게 속한 것이 아니요 하나님께 속한 것이니라"(대하 20:15)고 말씀하시지 않습니까? 전쟁은 하나님께 속해 있어서 내가 싸우려고 하면 넘어질 수밖에 없습니다.

정복 전쟁을 승리로 이끄신 하나님의 계획은 가나안 땅을 하나님의 기업으로 분배받은 이스라엘 12지파가 공동체를 이루는 것이었습니다. 그 공동체가 하나님만을 예배하는, 하나님이 주권자로 친히 다스리시는 하나님 나라를 이루도록 하시는 것이었습니다. 그러나 기업 분배 뒤에 시작된 사사 시대는 하나님 뜻에서 벗어난 죄가 악순환됩니다.

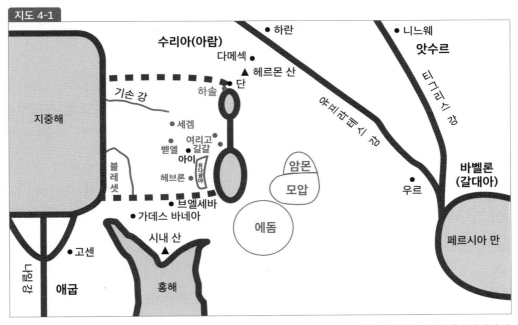

정복 시대 예배로 승리한 이스라엘 백성들은 가나안 땅을 기업으로 분배받았습니다. 하나님은 이 땅에서 하나님 나라를 이루도록 하십니다.

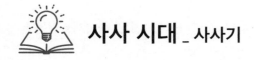

✦ 정복은 부분적이다

사사기 1-2장은 여호수아서를 계속 읽는 것 같습니다. 정복이 다 끝나지 않았기 때문입니다. 그때 이스라엘 백성들은 병거나 말 또는 칼이나 창이 없었지만 정복 전쟁을 치렀습니다. 여호와의 군대 장관이 앞에서 싸워 주었기에 가능했습니다. 정복 전쟁 후 여호수아가 이스라엘의 12지파에게 기업을 분배했지만, 아직 평지나 계곡에 있는 가나안 족속을 정복하지 못했습니다. 또한 가나안 땅 지중해 서남쪽에 자리 잡고 있는 블레셋이라는 종족 또한 정복하지 못했습니다.

블레셋 사람들은 유럽 계통입니다. 이들은 지중해 그레데 섬에서 쫓겨 온 자들로 원래는 애굽에 정착하려고 했지만 실패하고 가나안 땅 일부를 차지해서 들어온 민족입니다. 그 시기를 대략 여호수아가 가나안 땅을 정복해 들어갈 무렵으로 추정하지만 확실히 아는 사람은 아무도 없습니다.

블레셋을 필리스틴(Philistines)이라고 합니다. 이스라엘 백성이 나중에 이들을 제압해서 가나안 땅을 완전히 이스라엘의 땅으로 만듭니다.

그런데 기원후 70년 무렵 로마 시대 때, 이스라엘 백성들이 로마에서 반란을 일으키자 로마 군대가 이스라엘을 다 파괴하고 성전도 무너뜨렸습니다. 그때 이스라엘은 로마에 의해 완전히 멸망당하고 전 세계에 흩어졌습니다. 이스라엘 백성들은 디아스포라(diaspora)가 됐습니다. 당시 이스라엘을 황폐화시킨 로마의 디도 장군은 조그마한 이스라엘 백성들이 엄청난 로마제국에 항거했다 해서 이 땅을 가나안도 아니요 이스라엘도 아닌, 이방 족속 블레셋의 땅이라는 뜻으로 팔레스타인(Palestine)이라고 이름을 붙입니다. 이 지명에는 이스라엘 백성을 모욕하고 경멸하는 뜻이 담겨 있습니다. 그래서 아직도 유대인들은 '팔레스타인' 하면 흥분합니다. 팔레스타인 해방 기구(PLO, Palestine Liberation Organization)는 지금도 문제 되고 있습니다.

이스라엘이 가나안을 완전히 정복하지 못했다는 것은 우리에게 무엇을 말해 줍니까? "교회는 그의 몸이니 만물 안에서 만물을 충만하게 하시는 이의 충만함이니라"(엡

1:23)는 말씀처럼, 구약에서 예언한 메시아 예수 그리스도가 오시고 그로 말미암아 보혜사 성령님이 오셔야 완전히 정복(충만하게 채우심)할 수 있다는 뜻입니다. 교회는 모든 방법으로 성도를 충만하게 채워 주시는 성령님으로, 예수님으로 가득한 곳입니다. 충만하게 채워 주시는 성령님이 아니고는 어떤 경우에도 완전한 정복은 없습니다. 그렇기 때문에 예수님이 오셔야 한다는 것을 여호수아서는 우리에게 알려 줍니다. 이스라엘 백성은 여호와의 군대 장관의 능력에 힘입어 이 땅을 차지했지만, 완전한 하나님 나라로 만들 수는 없습니다. 여호수아 시대의 가나안 정복은 부분적이었습니다. 예수님을 믿고 성도의 육이 완전히 깨어져 우리 안에 오신 성령님으로 충만하게 채워지기까지는 우리 몸이 부분적으로 정복된 상태입니다. 성령 체험(세례)이 중요한 이유가 여기에 있습니다. 그래서 주님은 니고데모에게 "물과 성령으로 나지 아니하면 하나님의 나라에 들어갈 수 없느니라"(요 3:5)고 하셨습니다. 성령세례를 받기 위해서는 기도해야 합니다.

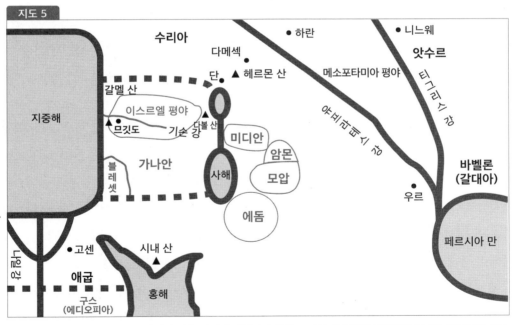

사사 시대 이스라엘 백성들은 가나안 땅을 완전히 정복하지 못했고 죄의 악순환을 되풀이했습니다. 하나님은 이스라엘 백성의 징벌의 도구로 가나안 땅 안팎에 사는 여러 이방 족속들을 준비하고 계셨습니다.

✢ 선택하라, 말씀이냐 세상이냐

사사는 재판관이라는 뜻입니다. 사사는 왕, 제사장 그리고 선지자의 역할을 해야 했습니다. 사사는 전쟁이 나면 장군의 역할을 하며 앞에 나아가서 싸우고, 전쟁이 끝나면 재판관으로 돌아왔습니다. 전시에 장군이 되고 평시에는 재판관이 된다는 말은 상비군을 두지 않았다는 말입니다. 하나님이 세우신 사사는 전쟁이 끝나면 반드시 12지파를 각자의 기업으로 돌려보냈습니다. 군대를 해체했습니다. 하나님이 그렇게 하라 하셨습니다. 왕을 삼지 않기 위해서입니다. 하나님은 왕을 세우는 것을 원하지 않으셨습니다. 왜냐하면 이 땅은 아브라함과 이삭과 야곱에게 약속하신, 하나님이 왕 되신 나라이기 때문입니다.

아브라함에게 주신 국가의 3대 요소가 뭡니까? 영토, 국민, 주권입니다. 하나님은 이들에게 애굽 종살이 기간 동안 200만 명이라는, 하늘의 별과 같이 바닷가의 모래같이 많은 국민을 주셨습니다. 가나안 정복 전쟁에서 승리하게 하셔서 영토를 주셨습니다. 하지만 왕을 세우지 않으셨습니다. 주권은 하나님께만 있기 때문입니다. 하나님이 왕이십니다. 이것이 하나님이 가나안을 정벌하고 그 땅에 세우고자 하셨던 나라입니다. 하나님이 주권자가 아니라면 이방 나라와 다를 것이 없습니다. 하나님은 그분께만 예배하는 공동체를 만들려고 이스라엘 백성들을 시내 산에서 훈련시켰고 그들에게 율법과 성막도 주셨습니다.

여호수아는 죽기 전에 이스라엘 백성들과 세겜 언약을 맺습니다. "만일 여호와를 섬기는 것이 너희에게 좋지 않게 보이거든 너희 조상들이 강 저쪽에서 섬기던 신이든지 또는 너희가 거주하는 땅에 있는 아모리 족속의 신들이든지 너희가 섬길 자를 오늘 택하라 오직 나와 내 집은 여호와를 섬기겠노라"(수 24:15). 참으로 중대한 말입니다. 이 약속의 땅에 들어왔으니 하나님만 섬겨야 한다고 하지 않고, "택하라!"고 합니다. 하나님은 우리에게 절대적인 자유의지를 주셨고 그것을 존중하셨습니다.

이제부터 이 땅이 "진짜 하나님 나라가 되느냐, 이방 나라가 되느냐?"하는 것은 이스라엘의 선택에 달려 있다는 것입니다. 이것이 세상 나라와 다른 방법입니다. 세상의 주권자는 힘센 자가 나와서 칼로 무찌르고 밟아서 "내가 왕이다. 너희들은 나에게 복종하라"고 하지만, 하나님은 사랑이기 때문에 절대로 강요하지 않으십니다. 하나님은 완전히 퍼부어 주고, 충만하게 채워 주며, 내 안에서 만나 주심으로 말미암아 100%의 자유의지로 하나님의 사랑에 응답하도록 하십니다. 이것이 하나님의 방식입니다.

물론 우리가 예수님을 믿게 된 것은 기적입니다. "성령으로 아니하고는 누구든지 예수를 주시라 할 수 없느니라"(고전 12:3). 이것이 바로 하나님의 은혜입니다. 성령님의 역사 없이는 우리는 하나님을 믿을 수 없습니다. 복음을 듣고 믿었을 때 성령님이 내 안에 임재하십니다. "너희 안에서 착한 일을 시작하신 이가 그리스도 예수의 날까지 이루실 줄을 우리는 확신하노라"(빌 1:6). "두렵고 떨림으로 너희 구원을 이루라 너희 안에서 행하시는 이는 하나님이시니"(빌 2:12-13). 하나님은 은혜로 일하며, 끝까지 믿지 않고 도망가는 사람에게 때로는 강제력을 동원하십니다. 이 강제력도 하나님의 은혜요, 하나님의 능력입니다. 출애굽 사건과 같은 것입니다.

여호수아는 이 땅에 하나님 나라가 이루어질 것인지, 이방 나라가 생길 것인지는 너희의 선택에 달렸다는 말을 남기고 죽었습니다. 사사기에는 처음부터 끝까지 400년 동안 이스라엘 백성이 저지른 범죄가 기록되어 있습니다. 죄라는 것은 말씀에서 벗어났다는 것입니다. 이들은 율법을 벗어났다는 것을 알면서도 죄임을 깨닫지 못합니다. 이때 하나님은 이방 족속들을 징벌의 도구로 삼으셨습니다. 남쪽에는 애굽, 북쪽에는 아람이라고도 하는 수리아, 또한 요단 강 동편에는 암몬 족속, 사해 오른쪽에는 모압 족속, 사해 남쪽에는 에돔 족속, 정착하지 않고 유랑하며 살았던 미디안 족속, 가나안에 남아 있는 가나안 족속들과 블레셋 족속 등 이방 족속들을 포진시키셨습니다.

하나님이 우리를 육으로 만들어 놓은 이유가 있습니다. 두들겨 맞을 때 아픔을 느끼게 하시려는 것입니다. 흙이 아니면 아픔을 느끼지 못합니다. 우리가 고통을 겪는 까닭은 90% 이상이 죄 때문입니다. 때로는 하나님이 욥처럼 우리의 믿음을 더 강하게 하시려고 고통을 주시지만, 대부분은 내가 죄를 선택했기 때문입니다. '하나님의 말씀이냐, 세상이냐?' 하는 두 갈래 길에서 끊임없이 세상을 택하다가 징벌을 받습니다. 아프니까 부르짖게 되고 하나님 앞으로 나옵니다. 그래서 고난은 축복의 시작입니다.

✚ 악순환의 고리

사사는 하나님의 영이 임재한 사람입니다. 절대 자기가 잘나서, 힘이 좋아서 지도자가 된 것이 아닙니다. 성령님이 기름 부은 자였기에 사사가 될 수 있었습니다. "여호와의 영이 기드온에게 임하시니"(삿 6:34) "여호와의 영이 입다에게 임하시니"(삿 11:29). 모두 하나님의 영이 임했다고 기록되어 있습니다. "오직 성령이 너희에게 임하시면 너희가 권능을 받고"(행 1:8). 성령이 임한 자는 능력, 권한, 카리스마를 얻습니다. 그 사람이 사사가 되어 싸우면 백전백승합니다. 징벌의 도구인 이방 족속들과의 전쟁에서도 반드시 이깁니다.

그래서 그 땅에 평화가 왔습니다. "그 땅이 팔십 년 동안 평온하였더라"(삿 3:30) "그 땅이 사십 년 동안 평온하였더라"(삿 5:31). "기드온이 사는 사십 년 동안 그 땅이 평온하였더라"(삿 8:28). 하지만 인간은 등 따숩고 배부르고 편안하면 또 죄를 짓습니다.

이스라엘 백성은 사사 없이 한참 동안 지내다가 다시 죄를 짓습니다. 사사 시대 400년 동안 "그때에 이스라엘에 왕이 없으므로 사람이 각기 자기의 소견에 옳은 대로 행하였"(삿 21:25)습니다. 전부 제멋대로 각기 제 소견에 옳은 대로 행해서 고통받고, 그 고통 때문에 부르짖고 구원을 받았습니다. 이 악순환이 400년 동안 지속되었다는 것이 사사기의 내용입니다(범죄⇨징벌⇨부르짖음⇨구원(사사)⇨범죄).

사사 시대 말기에 블레셋이라는 도시국가연합이 일어나기 시작합니다. 약속의 땅, 가나안이 블레셋에게 빼앗길 지경에 이르렀습니다. 하나님은 이때 삼손에게 엄청난 힘과 능력을 주시면서 그 힘과 능력으로 블레셋을 막으라고 하셨습니다. 하지만 그는 기생 들릴라에게 빠져 자신의 책임을 다하지 못했고, 결국 가나안 땅은 블레셋의 손에 넘어갈 위기에 처했습니다. 삼손을 끝으로 사사 시대는 막을 내립니다. 이 위기는 하나님이 이스라엘 백성들에게 왕을 세워 주시는 계기가 됩니다.

06 | 단일왕국 시대부터 침묵 시대까지

◇ **사무엘상·하, 열왕기상·하, 에스겔, 다니엘, 에스라, 느헤미야**

오늘은 단일왕국 시대, 분열왕국 시대, 포로 시대, 포로귀환 시대, 침묵 시대의 뼈대를 세웁니다.

 ## 단일왕국 시대 _ 사무엘상 · 하

✚ 사울 왕과 다윗

블레셋이 워낙 막강해지니까 백성들이 왕을 달라고 아우성이었습니다. 결국 하나님은 왕을 주셔서 단일왕국 시대가 열립니다. 그 내용이 사무엘상·하에 기록되어 있습니다. 다윗 왕국이 세워져 가는 험난한 과정입니다.

사무엘상은 다윗이 왕으로 세워지기까지 겪은 엄청난 고난을 보여 줍니다. 다윗은 13년 동안 사울의 칼에 쫓겨 다니는 신세였습니다. 아침에 눈만 뜨면 "어젯밤에 안 죽었군요. 오늘도 하나님의 은혜로 살겠습니다"라고 고백할 수밖에 없었을 것입니다. 당대 최고의 권력자 사울 왕이 13년 동안 눈에 불을 켜고 군대를 동원해서 자신을 죽이려고 쫓아다녔으니 얼마나 두려웠겠습니까?

이 기나긴 고통의 세월 속에서 다윗은 오직 하나님만을 붙잡았습니다. "여호와는 나의 반석이시요 나의 요새시요 나를 건지시는 이시요 나의 하나님이시요 내가 그 안에 피할 바위시요 나의 방패시요 나의 구원의 뿔이시요 나의 산성이시로다"(시 18:2).
고난은 축복입니다. 고난 없이는 우리가 절대 하나님 앞에 무릎을 꿇을 수 없습니다.
하나님이 고난을 통해 다윗을 만들어 가신 내용이 사무엘상입니다. 다윗 왕국은 고난
을 바탕으로 세워진 나라입니다. 하나님은 앞으로 오실 메시아가 다윗의 후손으로 이
땅에 태어나 고난을 겪고 왕이 되실 것을 예언했습니다.

사무엘하는 다윗 왕국의 변천사를 내용으로 합니다. 여기서 우리는 사울 왕과 다
윗 왕의 믿음의 차이를 분명하게 알 수 있습니다. 사울 왕은 하나님에 대한 상당한 열
심이 있었습니다. 하나님을 의지하려고 했습니다. 하지만 사울 왕의 신앙은 기복 신
앙이었습니다.

사울 왕뿐만 아니라 대부분의 이스라엘 백성들은 하나님을 전쟁의 신으로만 생각
했습니다. 전쟁에서는 승리하게 해 주고 내가 원할 때는 친구가 되어 주고 평강도 주
는 신, 말이 신이지 '권능을 가진 종'이 하나 필요했던 것입니다.

기복 신앙은 내 필요만 채울 뿐 내가 믿는 상대에 대해서는 아무 관심이 없습니다.
사람들에게 전도하다 보면 이런 말을 자주 듣게 됩니다. "아, 맞습니다. 사람한테는
신이 하나 필요하지요. 그래야 어려울 때 의지하고 평강도 얻고요" 기복 신앙이란 나
를 위해서 신이 존재해야 하고, 내가 필요할 때 그 신이 언제든지 나를 도와주어야 한
다는 신앙입니다.

그래서 인간들은 우상 만들기를 좋아합니다. 우상은 내가 만들었기에 나한테 명령
하지 않습니다. 하지만 하나님은 말씀하십니다. "거룩해져라. 간음하면 안 돼. 도둑질
하지 마" 그러니까 사람들이 싫어합니다. "제발 나에게 어떤 요구도 하지 마세요. 싫어
요. 그저 내가 필요하다고 할 때 내가 원하는 대로 해 주시고, 전쟁할 때 싸워 주시고,
가난해서 먹고 살 것이 없을 때 만나를 내려 주세요" 합니다. 이것이 기복 신앙입니다.

사울은 하나님을 생각(知)하고, 기뻐하며 하나님께 삶을 의존(情)했으나, 하나님의
말씀에 순종(意)하기를 거부했습니다. 사랑은 모든 인격(知情意, 지정의)을 통해 나타나
야 합니다. 하나님을 생각하고 마음으로 기뻐하기만 한다고 해서 사랑이 되는 것은 아
닙니다. 사랑하는 상대를 위해 의지적으로 행동(순종)해야 사랑할 수 있습니다.

반면에 다윗은 예배, 성전 신앙이었습니다. 다윗은 "내가 여호와께 바라는 한 가지
일 그것을 구하리니 곧 내가 내 평생에 여호와의 집에 살면서 여호와의 아름다움을 바

라보며 그 성전에서 사모하는 그것이라"(시 27:4)고 고백했습니다. 이것이 다윗의 기도 제목이요, 믿음입니다. 사울에게 쫓기면서 하나님만을 바라본 다윗이 왕이 되었을 때 하나님께 무엇을 더 바라겠습니까? 다윗은 오로지 "하나님의 집을 지어 드리겠습니다" 하고 말합니다. 하나님의 집을 지어서 그곳에서 매일 거하며 하나님만 사랑하겠다는 것입니다. 하나님이 자신을 얼마나 사랑하는지 알았기에 하나님만 사모하는 것이 그의 유일한 소원이었습니다.

하나님의 사랑에 응답하고자 하는 다윗의 믿음을 보시고, 하나님은 거꾸로 다윗에게 집을 지어 주겠다고 하십니다. "그러므로 이제 내 종 다윗에게 이와 같이 말하라 만군의 여호와께서 이와 같이 말씀하시기를 내가 너를 목장 곧 양을 따르는 데에서 데려다가 내 백성 이스라엘의 주권자로 삼고 … 네 집과 네 나라가 내 앞에서 영원히 보전되고 네 왕위가 영원히 견고하리라 하셨다 하라"(삼하 7:8-16). 이것을 '다윗 언약'이라고 합니다. 하나님이 다윗에게 지어 주시겠다는 집, 바로 다윗 왕조가 영원하리라는 약속입니다. 이것이 하나님이 우리를 축복하시는 방식입니다. 내 것을 버리고 하나님 나라와 의를 구하면 하나님이 대신 채워 주십니다. 그 약속을 믿고 하나님 앞에 내 것을 내려놓을 때 엄청난 축복을 받게 됩니다.

하나님은 우리를 이 땅에 흙으로 지으시고 "하나님이 그들에게 복을 주시며 하나님이 그들에게 이르시되 생육하고 번성하여 땅에 충만하라, 땅을 정복하라, 바다의 물고기와 하늘의 새와 땅에 움직이는 모든 생물을 다스리라"(창 1:28)고 하셨습니다. 이 땅에서 모든 것을 누리고 살도록 축복을 주셨습니다. 그런데 하나님이 "무엇을 먹을까 무엇을 마실까 무엇을 입을까 하지 말라 … 너희는 먼저 그의 나라와 그의 의를 구하라"(마 6:31-33)고 하신 이유가 무엇이겠습니까? 우리에게는 순서가 있다는 것입니다. 입고 먹고 마시는 것은 하나님이 믿는 자에게 다 주시는 것이니, 그것을 구하지 말고 하나님 나라와 의를 구하라는 것입니다. 이것이 하나님의 축복의 방식입니다.

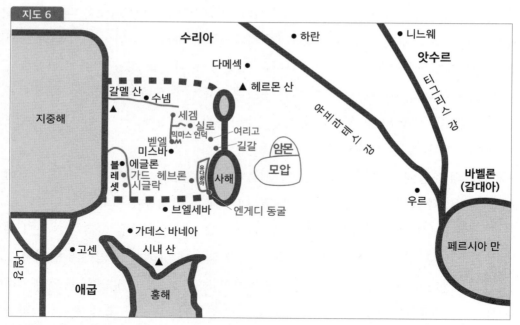

단일왕국 시대 하나님은 눈에 보이는 왕을 달라고 하는 이스라엘 백성들의 요구를 들어주셔서 사울 왕과 다윗 왕을 세우셨습니다. 그렇게 해서 단일왕국 시대가 열립니다.

✚ 헛된 축복과 왕국의 분열

솔로몬이 죄를 범해서 단일왕국이 분열됩니다. 열왕기상 1-11장에 단일왕국 이야기가 기록되어 있지만, 보통은 열왕기상·하 전체를 분열왕국 시대로 봅니다. 역대하도 분열왕국의 이야기를 기록하고 있습니다.

어머니 밧세바에게서 좋은 신앙 교육을 받은 솔로몬이 일천 번제를 마치자 하나님이 그에게 내려오셨습니다. "하나님이 이르시되 내가 네게 무엇을 줄꼬 너는 구하라"(왕상 3:5). 그때 솔로몬은 사람을 재판하는 지혜를 구했습니다. 왕 노릇을 잘하려면 지혜로워야 하니까, 하나님은 이 소원을 기쁘게 들어주셨고, 솔로몬이 구하지 않은 부와 장수하는 축복까지도 주셨습니다. 흔히 사람들이 구하는 모든 축복을 주신 것입니다.

하지만 세상의 온갖 부귀와 영광을 누렸던 솔로몬은 고백합니다. "헛되고 헛되며 헛되고 헛되니 모든 것이 헛되도다"(전 1:2). 세상의 온갖 낙을 다 누려 보았으나 그것으로는 채워지지 않았습니다. 솔로몬은 이방 여인들을 취하면서 그녀들이 가져온 우상을 섬겼습니다. 하나님이 선지자를 통해 경고하셨지만 솔로몬은 듣지 않았습니다. 하나님은 결국 "내가 반드시 이 나라를 네게서 빼앗아 네 신하에게 주리라"(왕상 11:11)고 말씀하셨습니다.

솔로몬은 전도서, 아가서, 잠언을 통해 다른 사람에게는 은혜를 주었지만 자신은 파멸의 길로 갔습니다. 이 땅의 것을 구하면 하나님은 주실 것입니다. 그러나 그 영광은 결국 헛되고 헛될 뿐입니다. 이것이 오직 "여호와의 아름다움을 바라보며 사모"(시 27:4)한, 하늘나라를 구한 아버지 다윗의 믿음과의 차이입니다.

 ## 분열왕국 시대 _ 열왕기상·하

여로보암의 길과 다윗의 길

예레미야가 쓴 것으로 추정되는 열왕기상·하는 남, 북이스라엘의 죄상을 폭로하는 내용입니다. 지금이라도 회개하면 하나님이 구원하신다는 사실을 알려 주려고 기록되었습니다. 제목이 열왕기라서 왕들의 이야기를 다룬 줄 알지만, 사실은 선지자들을 통해 이스라엘에게 말씀하시는 하나님의 다급한 음성이 기록되어 있습니다. 왕들의 역사와 예언자들의 활동이 함께 기록되었고, 유명·무명의 선지자들이 무수히 등장합니다. 열왕기상에 나오는 선지자들은 별도로 예언서를 남기지 않았지만, 열왕기하 시대에 활약했던 선지자들은 구약 뒷부분 17권에 달하는 예언서를 기록했습니다. 따라서 성경 전체의 뼈대를 잡을 때는 예언서도 역사서와 함께 알아야 합니다.

분열왕국 시대를 보조하는 역대기의 저자는 에스라입니다. 그는 이스라엘 민족이 비록 범죄했으나, 그들은 선택받은 백성이고 아브라함과 다윗의 자손일 뿐만 아니라 하나님이 직접 지으신 아담부터 내려오는 약속의 자손이라는 사실을 가르쳐 줍니다. 하나님의 백성이라는 긍지를 심어 주어 성전과 성벽을 재건하게 했던 것입니다. 역대기는 성벽을 다시 짓도록 격려하려고 쓰였습니다. 그래서 역대기에는 다윗의 '밧세바

범죄' 같은 사건이나 솔로몬의 죄도 기록하지 않았습니다. 열왕기상·하를 통해 남북 역사를 조명해 보고 나서, 역대기를 통해 남유다 왕들의 행적을 보충하면 당시의 실상을 정확하게 볼 수 있습니다.

열왕기상·하는 하나님의 말씀에 반응하는 남북 왕들의 자세와 그에 따른 민족의 흥망성쇠를 기록하고 있습니다. 그러니까 '여로보암의 길로 행했느냐, 다윗의 길로 행했느냐?'만 이야기하고 있습니다.

솔로몬의 범죄 때문에 이스라엘이 분열되고 나서, 북이스라엘의 첫 왕이 된 사람이 여로보암입니다. 그는 이스라엘 중 가장 작은 베냐민 지파 사람이요, 솔로몬의 말단 신복 출신이었습니다. 그러나 그에게 열 지파(북이스라엘)를 주십니다. 여로보암이 북이스라엘의 초대 왕이 되었을 때는 수도가 아직 사마리아가 아니고 디르사라는 조그만 마을이었습니다. 그러다가 나중에 북이스라엘의 7대 왕 오므리 때에 이르러 수도를 옮깁니다.

유다 지파(남유다)만이 예루살렘을 중심으로 다윗의 언약을 이루어 나갑니다. 인구

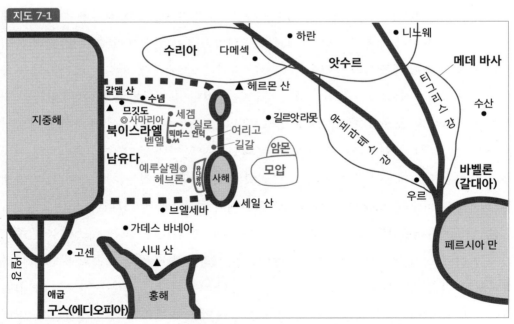

분열왕국 시대 우상을 섬기는 북이스라엘의 여로보암의 길과, 하나님을 섬기는 남유다 다윗의 길, 이 분열왕국의 모습은 우리의 모습과 같습니다.

비례로 보나 크기로 보나, 북이스라엘보다 미미했던 유다 지파에서 예수님이 탄생하십니다. 하나님이 남북 왕국 모두를 서로 징계의 도구로 사용하셔서 남북 왕조 사이에는 전쟁이 많이 있었습니다.

✚ 인간이 만들어 낸 방식 _ 여로보암의 길

이스라엘 백성들은 명절만 되면 예루살렘 성전으로 성지순례를 갑니다. 북이스라엘의 첫 왕이 된 여로보암의 입장에서는 끊임없이 정통성을 생각할 수밖에 없는 문제였습니다.

'내 신하들과 백성들이 나를 버리고 남쪽 예루살렘으로 가면, 이 나라의 정체성이 흔들리지 않겠는가? 그래, 12지파는 야곱에서 나왔고 하나님이 야곱의 이름을 이스라엘로 바꾸어 주셨지. 우리는 이스라엘이야. 이스라엘은 하나님 때문에 존재하지.'

여로보암 왕도 사울 왕처럼 자신을 위해 신이 필요했습니다. 오직 자신만을 위해서 움직여 줄 수 있는 하나의 신, 알라딘 램프의 지니처럼 힘센 종을 거느리고 싶었습니다. 그래서 여로보암은 금송아지 산당을 만듭니다. 여로보암은 속으로 이렇게 생각했을 것입니다.

'예루살렘 성전이 별거냐? 대수냐? 우리도 만들면 되는 거지.'

여로보암은 북이스라엘 땅 단과 벧엘 두 곳에 금송아지 단을 쌓고, 제사장이 그 위에 양의 피를 흘리면 하나님이 임재하신다며 스스로 산당을 만듭니다. 이들은 이곳에서도 예루살렘 성전에서처럼 제사장이 제사장복을 입고 양의 머리에 안수하여 죄를 전가시킨 다음, 양의 목을 따서 피를 흘리게 하고 나머지를 태워 제사 지내고 피를 뿌렸습니다. 또한 하나님의 말씀, 모세오경을 지키려고 애쓰기도 했습니다. 모세오경(창세기, 출애굽기, 레위기, 민수기, 신명기)을 사마리아오경이라고 해서 그대로 가르쳤고, 제사장이 성전 앞에서 말씀을 전하기도 했습니다. 이 여로보암을 따라간 왕들은 '여로보암의 길'로 행했다고 말합니다.

그런데 예루살렘 성전과 여로보암 산당의 차이가 무엇입니까? 예루살렘 성전에 있는 성소와 지성소는 하나님이 시내 산에서 직접 만들도록 명령하신 것입니다. 하나님의 말씀에 따라서, 하나님의 설계도대로 지었을 때 하나님의 영이 구름기둥과 불기둥으로 임재하셨습니다. 차이는 결국 하나님의 말씀대로 순종했느냐, 인간이 만들어 냈느냐는 것입니다.

맥잡기♡ 북이스라엘과 남유다가 분열(기원전 920년 무렵)되고 약 천 년이 흐른 뒤, 요한복음 4장에 보면 예수님이 예루살렘에서 갈릴리로 가십니다. 사마리아를 지날 때 예수님은 우물가의 한 여인을 만나 주십니다. 여인은 예수님께 물었습니다. "우리 조상들은 사마리아에 있는 산당에서 계속 제사를 드려 왔습니다. 우리 조상들은 이 산당이 진짜라고 합니다. 그런데 당신네 유대인들은 남쪽에 있는 예루살렘 성전에서 제사를 드려야 한다고 하는데, 과연 어디서 예배를 드려야 진짜입니까?" 그러자 예수님은 대답하십니다. "이 산에서도 말고 예루살렘에서도 말고 … 하나님은 영이시니 예배하는 자가 영과 진리로 예배할지니라"(요 4:21-24). 사랑의 본체이시며 영으로 계시는 아버지 하나님의 사랑을 이 땅에 드러내기 위해, 육신이 되어 이 땅에 내려오신 아들 하나님 예수님이 성전임을 밝히신 것입니다(요 2:19-21). 더 이상 예루살렘 성전 건물이 중요하지 않고, 영이신 하나님께 말씀과 성령 안에서 예배드려야 한다고 말씀하셨습니다.

'다윗의 길'은 성전 신앙입니다. "내가 여호와께 바라는 한 가지 일 그것을 구하리니 곧 내가 내 평생에 여호와의 집에 살면서 여호와의 아름다움을 바라보며 그의 성전에서 사모하는 그것이라"(시 27:4). 다윗은 영과 진리로 예배하는 믿음을 가졌기에 하나님이 축복하신 것입니다. 하나님은 이스라엘의 왕들이 '다윗의 길'과 '여로보암의 길' 가운데 어느 쪽 길로 행했느냐에 따라 믿음을 판단하셨습니다. 오늘날도 예수님의 피값으로 사신 교회에서, 교회 무용론을 주장하며 사람이 정한 방식으로 예배하려는 여로보암 추종자들이 있는 것이 문제입니다.

✚ 북이스라엘 왕과 남유다 왕의 행적

북이스라엘에는 19명의 왕이 등장하는데, 그들 모두 바알을 숭배하거나 여로보암의 길을 갔습니다. 결론적으로 북이스라엘의 왕은 초대 왕 여로보암부터 시작해서 나라가 망할 때까지 아무도 하나님을 제대로 믿지 않았습니다. 북이스라엘은 기원전 722년에 멸망했습니다. 약 200년 동안 19명이 통치를 했는데 쿠데타와 모반과 살인이 벌어져서 6개월, 심지어 한 달도 채 안 되어 왕의 자리에서 쫓겨나기도 했습니다. 결국 북이스라엘은 하나님을 버리고 사람이 만들어 낸 것으로 종교 행위를 하다가 망하고 말았습니다.

다윗의 뿌리를 계승한 남유다 왕국은 약 350년 동안, 북이스라엘보다 136년을 더 버텼습니다. 두 나라 모두 공통적으로 바알 숭배라는 뿌리 뽑기 힘든 우상이 있었습니다. 그러나 남유다 왕국에는 종교 개혁과 예배 개혁을 행한 히스기야나 요시야 같은 선한 왕들이 있어서, 약 136년 동안 더 축복을 받을 수 있었습니다.

하지만 유다 왕국이 더 오래갈 수 있었던 것은 '다윗 언약' 때문입니다(삼하 7:8-16). 이 약속 때문에 솔로몬이 그렇게 범죄했어도 하나님은 그 왕위를 폐하지 않으셨습니다. 하나님은 신실하게 다윗 언약을 지켜 주십니다. 메시아가 다윗의 뿌리에서 나와야 하기 때문에 유다를 지켜 주신 것입니다.

✚　왕국의 멸망과 성령님을 주신다는 새 언약

히스기야 왕과 요시야 왕은 예배 개혁 운동을 펼쳤지만 이스라엘 백성들의 마음을 변화시키지는 못했습니다. 결국 예레미야는 유다의 멸망을 눈으로 목도하게 됩니다. 눈물의 선지자인 예레미야가 아무리 말씀을 전해도 사람들은 비웃었고, 아무리 예언해도 듣지 않았습니다. 결국 유다는 멸망하고 시드기야 왕은 두 눈이 뽑혀 눈에 피를 질질 흘리면서 쇠사슬에 묶여 바벨론으로 끌려갔습니다.

그때 하나님은 예레미야에게 기막힌 소망의 말씀을 주십니다. 이것이 바로 새 언약입니다. "내가 이스라엘 집과 유다 집에 새 언약을 맺으리라 이 언약은 내가 그들의 조상들의 손을 잡고 애굽 땅에서 인도하여 내던 날에 맺은 것과 같지 아니할 것은 내가 그들의 남편이 되었어도 그들이 내 언약을 깨뜨렸음이라 여호와의 말씀이니라 그러나 그날 후에 내가 이스라엘 집과 맺을 언약은 이러하니 곧 내가 나의 법을 그들의 속에 두며 그들의 마음에 기록하여 나는 그들의 하나님이 되고 그들은 내 백성이 될 것이라"(렘 31:31-33).

새 언약은 구약의 율법을 버리고 또 하나의 새로운 율법을 주겠다는 말씀이 아닙니다. 우리가 언뜻 생각하기에는 새 율법이 신약이구나 생각할 수 있겠지만, 예수님은 분명히 "내가 율법이나 선지자를 폐하러 온 줄로 생각하지 말라 폐하러 온 것이 아니요 완전하게 하려 함이라"(마 5:17)고 말씀하셨습니다. 새 언약의 말씀은 하나님이 성령님을 통해 새로운 능력을 주시겠다는 것입니다.

보혜사 성령님은 우리를 보호해 주고 우리에게 아버지 하나님의 모든 것을 전해 주십니다. 그분은 우리가 은혜받은 말씀을 입으로 시인하고 고백함으로 말미암아, 말로 영의 통로를 열 때 역사하십니다. "그는 진리의 영이라 세상은 능히 그를 받지 못하나니 이는 그를 보지도 못하고 알지도 못함이라 그러나 너희는 그를 아나니 그는 너희와 함께 거하심이요 또 너희 속에 계시겠음이라"(요 14:17). "살리는 것은 영이니 육은 무익하니라 내가 너희에게 이른 말은 영이요 생명이라"(요 6:63). 기도할 때, 보이지 않는 하나님의 사랑(영)이 내 안에서 벅차도록 솟아납니다. 예수님의 영이 우리 안에서 일하시면서 나도 모르게 그분의 성품을 느끼고 닮아 조금씩 그분의 형상으로 변화됩니다. "그가 밤낮 자고 깨고 하는 중에 씨가 나서 자라되 어떻게 그리 되는지를 알지 못하느니라"(막 4:27).

✚ 선지자들의 활동 무대, 분열왕국 시대

하나님은 북이스라엘에서 아합 왕조를 제거하시려고 엘리야와 엘리사를 보내 이적 기사를 일으켜 하나님이 살아 계심을 증거하게 하셨습니다(열왕기상·하는 두 선지자의 활동을 부각시키고 있습니다). 다른 한편으로는 아모스와 호세아를 통해 야훼의 날을 선포하셨습니다. 호세아를 통해서는 바람난 아내(이스라엘)를 끝까지 사랑하는 남편의 모습을 보이시며 다급한 심정으로 "지금도 늦지 않았으니 돌아오라"고 외치셨습니다.

다윗 언약 때문에 남유다에는 훨씬 많은 선지자를 보내셨습니다. 이사야 선지자는 주로 12대 왕인 아하스와 13대 왕인 히스기야 때 활동했고, 14대 왕인 므낫세에 의해 산 채로 톱에 잘려 순교한 것으로 알려집니다. 아하스와 므낫세는 남유다에서 가장 극악했던 왕으로 권력·돈·섹스를 밝혔고 바알 우상을 가장 극심하게 섬겼습니다. 그것도 자기 혼자만 아니라 백성 모두에게 섬기게 했습니다. 온 동네에 바알 신전을 짓게 했고, 그것도 모자라서 푸른 산당을 만들어 대낮에 그 아래서 남녀들이 독초(마약)를 마시고 성관계를 맺게 했습니다.

하나님은 이때 이사야 선지자를 보내 악한 아하스 왕과 대결해서 메시아 탄생을 선포하게 하셨습니다. 그리고 히스기야 왕 같은 믿음의 소유자를 도와서 앗수르의 공격을 물리치게 하셨습니다. 히스기야 왕 때에는 미가 선지자도 보내셨습니다. 이사야 선지자와 미가 선지자 모두 메시아의 탄생을 예언합니다. 특히 미가 선지자는 메시아가 베들레헴에서 탄생할 것을 구체적으로 밝혔습니다.

예레미야는 남유다가 사실상 망하는 시점인 16대 요시야 왕의 종교 개혁 때 등장합니다. 요시야 왕과 3개월 만에 사라진 17대 여호아하스 왕 때는 별다르게 활동하지 않았지만, 악하기로 소문난 18대 여호야김 왕과 대결하게 됩니다. 여호야김 때 하나님은 하박국 선지자도 보내셨습니다.

요엘 선지자는 성령님에 대해서 말했습니다. "너희는 옷을 찢지 말고 마음을 찢고 너희 하나님 여호와께로 돌아올지어다"(욜 2:13). "그 후에 내가 내 영을 만민에게 부어 주리니 너희 자녀들이 장래 일을 말할 것이며 너희 늙은이는 꿈을 꾸며 너희 젊은이는 이상을 볼 것이며"(욜 2:28). 그래서 요엘서 2장을 '구약의 성령장'이라고 합니다.

스바냐 선지자는 사실 시대적으로 보면 한참 위로 올라갑니다. 그는 '남은 자들의 축복'을 말했습니다. "너의 하나님 여호와가 너의 가운데 계시니 그는 구원을 베푸실 전능자시라 그가 너로 말미암아 기쁨을 이기지 못하시며"(습 3:17). 모두가 바알 우상을 좇아갔지만 끝까지 하나님 붙들고 성전 신앙을 지킨 남은 자들에 대한 축복을 말씀하고 있습니다.

이와 같이 분열왕국 시대에 하나님은 멸망(심판)을 늦추려 많은 선지자들을 보내서 하나님의 사랑을 나타내셨습니다. 예언서를 이해하려면 역사서의 뼈대에 해당하는 분열왕국 시대를 알아야 합니다.

포로 시대 _ 에스겔, 다니엘

포로 시대에 해당하는 역사서는 없지만 이때에 보내신 에스겔과 다니엘 같은 예언자들을 통해 포로 시대의 실상을 볼 수 있습니다. 포로 시대에 나라를 잃고 소망이 없어진 이스라엘에게 하나님은 에스겔 선지자를 보내서 성령님에 의한 새 창조의 놀라운 소망을 주십니다. "또 새 영을 너희 속에 두고 새 마음을 너희에게 주되 너희 육신에서 굳은 마음을 제거하고 부드러운 마음을 줄 것이며"(겔 36:26). 하나님은 에스겔을 통해 유다가 멸망한 시점에서 예레미야를 통해 약속하신 새 언약이 무엇인지를 분명히 밝혀 주십니다. 이스라엘 왕국은 실패했지만, 망국의 설움에 젖어 포로로 끌려가 있는 이스라엘에게 놀라운 약속을 주십니다. 다윗의 자손으로 오실 메시아가 죽으시고 부활하셔서 우리에게 성령님을 보내 주실 것이며, 그 성령님이 돌밭을 제거하고 율법을 지킬 수 있는(순종의 삶) 새로운 피조물로 우리를 재창조해 주시겠다는 것입니다.

포로귀환 시대 _ 에스라, 느헤미야

포로귀환 시대에 해당하는 역사서인 에스라서와 느헤미야서는 이스라엘 백성들이 바벨론 포로에서 돌아와 성전을 짓고 말씀과 예루살렘 성을 회복하는 과정을 알려 줍니다.

이스라엘 백성이 바벨론 포로 생활을 한 지 70년이 지났을 때, 하나님은 바벨론 옆에 있는 바사 왕국을 사용하셔서 바벨론을 치셨습니다. 이것이 지금부터 2500년 전에 있었던 사건으로, 이란·이라크 전쟁의 효시입니다. 예레미야가 예언한 대로 유다 백성들은 70년 만에 예루살렘으로 돌아가 약 500~600년 후에 예수님이 오실 때 필요한 성전과 예루살렘 성을 회복해야 하는데, 바벨론 왕이 보내지 않았습니다. 그래서 바사 왕을 일으켜 이라크를 치신 것입니다. "여호와께서 그의 기름 부음을 받은 고레스에게 이같이 말씀하시되 내가 그의 오른손을 붙들고 그 앞에 열국을 항복하게 하며 내가 왕들의 허리를 풀어 그 앞에 문들을 열고 성문들이 닫히지 못하게 하리라"(사 45:1). 전쟁은 정말 하나님께 속한 것입니다. 이 전쟁에서 하나님은 바사(이란) 왕 고레스의 손을 들어주심으로써 고레스의 칙령을 통해 포로들을 바벨론(이라크)에서 예루살렘으로 돌려보내십니다. 이들에게 성전을 다시 짓고, 율법을 회복하고, 성벽을 복구하게 하십니다.

[맥잡기♬] 예수님이 공생애를 마치기 전 재림하실 것을 말씀하실 때, 제자들이 묻습니다. "그때가 이스라엘의 주권이 회복될 때입니까?" 그러자 예수님은 답변하십니다. "이르시되 때와 시기는 아버지께서 자기의 권한에 두셨으니 너희가 알 바 아니요 오직 성령이 너희에게 임하시면 권능을 받고"(행 1:7-8). 여기서 예수님의 관심은 무엇입니까? '내가 이렇게 십자가를 지고 피 흘리고 부활해서 하나님 아버지께로 돌아가는 것은, 오직 내가 가지 않으면 보혜사 성령이 너희에게 올 수 없기 때문이다'라는 것입니다. 예수님의 관심은 이스라엘의 정치적 주권 회복이 아니라, 성령님이 임하셔서 그 권능을 받은 예수의 증인들이 하나님 나라를 이 땅에 회복하는 것입니다. 하나님이 포로 생활 후, 예루살렘을 회복하신 이유는 다윗 언약(삼하 7:8-16)을 이루시기 위해서입니다. 구체적으로는 "다윗을 위하여 예루살렘에서 그에게 등불을 주시되 그의 아들을 세워 뒤를 잇게 하사 예루살렘을 견고하게" 하시기 위한 것입니다. 공생애 말기에 주님은 아버지의 약속을 이루시기 위해 예루살렘으로 입성하셔서 십자가를 지시고 그곳에서 부활하십니다.

결국 하나님은 사사 시대, 단일왕국 시대, 분열왕국 시대를 통해 이스라엘에게 "참 사사는 누구인가? 참왕은 누구인가?"를 기대하게 해 주십니다. 그래서 이스라엘 백성들은 메시아(기름 부은 자), 진짜 왕을 기다렸습니다. 이것이 바로 '메시아 대망 사상'입니다.

[맥잡기♬] 진짜 왕 예수님은 마침내 이 땅에 오셨습니다. 3년 동안 이 땅에 살면서 그 사랑을 몸소 보여 주고 십자가에 달려 죽으심으로 약속하신 성령님을 보내 주셨습니다. 성령님이 우리 안에서 일하실 때 그분의 성품이 우리에게 전달됩니다. 그분의 사랑이 우리 속에 넘치게 솟아나서 우리가 변화하기 시작합니다. 그리고 천국을 이

루어 갑니다.

창세기 12장의 인간 타락 이후 하나님이 우리 안에 이루고자 하셨던 하나님 나라를 성령님이 오셔서 우리를 통해, 교회를 통해 회복시키겠다는 약속이 바로 구약의 결론입니다.

 # 침묵 시대

포로에서 돌아온 이스라엘은 성전과 성벽을 재건하고, 율법을 회복하고 오실 메시아를 기다렸습니다. 그러나 100여 년이 지나도 메시아가 오지 않자 예배(제사)를 소홀히 했습니다. 하나님은 마지막으로 말라기 선지자를 보내서 "예배를 회복하라"는 말씀을 주신 뒤 400년 동안 침묵하셨습니다. 그래서 이 기간을 침묵 시대라고 합니다. 이 시대는 '그리고 하나님이 아무 말도 하지 않으셨던 시기'입니다. 그러나 하나님은 다니엘 선지자를 통해 메시아를 이 땅에 보내시기 위해 400년 동안 어떻게 준비하실지 미리 나타내셨습니다.

침묵 시대로 구약과 신약이 연결되기에, 한 권의 대하드라마처럼 성경을 읽을 수 있고 읽고 나면 또 다시 읽고 싶어지는 것입니다.

진정한 '나'는 누구인가

나는 진정 누구일까요? 내 몸, 내 집, 내 자산, 내 자녀가 내 것일까요?

사람들은 내가 노력해서 얻었다고 생각하기 때문에 이것들을 '내 것'이라고 합니다. 그런데 성경을 보면 내 몸도 내 것이 아닙니다. 우리 몸은 하나님이 흙으로 만드신 것입니다. 내 몸뚱이나 다른 사람의 몸뚱이나 똑같이 흙입니다. 최근 의학지에 발표된 연구 결과에 따르면 사람과 쥐의 유전인자가 99%가 동일하다고 합니다. 사람이 사람 된 것은, 불과 1%의 차이 때문입니다. 사람 같지 않은 사람을 보고 우리가 흔히 쥐새끼 같은 놈이라고 하는데, 그 말이 참말이라는 것입니다.

그렇다면 체험한 것이 나일까요? 손으로 만지고 코로 냄새 맡고 귀로 듣고 입으로 맛보는 것이 진짜 나라고 생각하는데, 이것은 내 몸이 환경을 느낀 것뿐입니다. 주위 환경이 '나'는 아닙니다.

사람하고 쥐는 영이 있느냐, 없느냐로 달라집니다. 흙으로 된 몸뚱이만 가지고는 쥐나 다름이 없습니다. 그러니까 뽐낼 것이 없습니다. 사람은 영을 담는 그릇이므로 그 안에 하나님의 영을 담느냐, 사탄의 영을 담느냐에 따라서 나라는 사람이 다르게 형성됩니다. "하늘에 속한 모든 신령한 복을 우리에게 주시되 곧 창세전에 그리스도 안에서 우리를 택하사 우리로 사랑 안에서 그 앞에 거룩하고 흠이 없게 하시려고 그 기쁘신 뜻대로 우리를 예정하사"(엡 1:3-5). 사도 바울은 '우리'라는 용어를 사용하고 있습니다. 우리에게 속한 '나'는 절대 '나 혼자만의 나'가 아닙니다.

그렇기 때문에, 야곱은 라헬만 예뻐했지만 하나님은 라헬과 레아를 똑같이 축복해 주셨습니다. 오히려 야곱에게 사랑받지 못하는 레아를 불쌍히 여기셔서 그의 태를 활짝 열고 많은 아들을 주셔서 위로받게 하셨습니다. 하나님은 우리를 축복해 주고, 구별해 주고, 사랑 안에서 우리를 품어 주십니다. 그래서 '우리'가 아니라, '나'만 있으면 지옥입니다. 계속해서 나를 주장하고, 나 혼자 나서려고 하는 사람은 그 안에 사탄이 열심히 일하고 있는 것입니다.

우리가 지금 구약의 이스라엘 역사를 무엇 때문에 배우는 겁니까? 출애굽해서 성막을 짓고, 그다음에 성전을 짓고, 진짜 성전이신 예수님이 하늘에서 내려오십니다. 그 예수님이 십자가를 지시고 부활하심으로 말미암아 교회의 머리 되셨으니 구원의 최종 단계는 결국 교회를 통해서 이루어집니다. 이 교회는 부활하신 주님이 머리 되시고, 성도들이 지체 된 곳입니다. 이 지체들이 모여서 그리스도 안에 있는 '우리'를 이루게 됩니다. 그래서 예수님은 "두세 사람이 내 이름으로 모인 곳에는 나도 그들 중에 있느니라"(마 18:20)고 하신 것입니다.

구원은 절대로 혼자 받는 것이 아닙니다. 부부간에도 먼저 구원받았으면 신앙생활을 반대하는 배우자를 위해 기도해야 합니다. "아무리 기도해도 안 되는 것을 내가 어떻게 하겠느냐?" 하는 태도는 곤란합니다. 무슨 수를 써서라도 같이 가야 합니다. 그래야 '우리'가 구원받는 것입니다. 하나님의 복음은 말에 있는 것이 아니라 능력에 있습니다. 복음은 말장난이 아니라 삶입니다. 아무리 말로 전도해 보았자, 절대 안 됩니다. 만약 '내 아내가 나보다 낫다. 저 안에 정말 기쁨이 있구나. 저 안에 평안이 있구나. 나는 술을 그렇게 먹어도 골치만 아프고 문제가 해결되지 않는데, 내 아내를 보니까 저 안에는 천국이 있다.' 그러면 믿지 말라고 해도 믿습니다.

나 혼자서도 성령님을 느끼면서 기도할 수 있지만, 교회에 나와서 기도하십시오. 그럴 때 그리스도 안에 있는 '우리'가 됩니다. 성령님이 역사해 주십니다. 그리스도 안에 있는 우리에게 속한 '나'가 될 때, 그리스도 예수의 생명으로 살게 되고 그분의 형상을 닮게 됩니다. 그럴 때, 창세전에 우리를 구별해 주신 하나님이 우리에게 속한 나의 미래를 열어 주시는 것입니다. 그 천국을, 그 기쁨을 누려야 합니다. 그 기쁨을 모르니까 "뭐 하러 새벽에 힘든데 굳이 교회까지 기를 쓰고 나가느냐?"라는 말이 나오는 겁니다.

구원은 절대로 혼자 받는 것이 아닙니다.
나 혼자서도 성령님을 느끼면서 기도할 수 있지만,
교회에 나와서 기도하십시오.
그럴 때 그리스도 안에 있는 '우리'가 됩니다.

PART 3

구약의 뼈대에
살 붙이기

◊ **창세기 1-2장**

우리는 구약을 열 개의 시대로 나누었습니다. 이제부터 좀 더 구체적으로 살을 붙여 나갈
것입니다. 창조 시대는 창세기 1-11장까지로, 첫째 하나님의 천지창조(만물의 시작),
둘째 인간의 타락(죄와 고통의 시작), 셋째 홍수 심판(심판의 시작),
넷째 바벨탑 사건(흩으심의 시작)이 담겨 있습니다.

✚ 삼위일체 하나님의 창조 분업

"태초에 하나님이 천지를 창조하시니라"(창 1:1). 하나님은 어떤 분이십니까? "우리의
형상을 따라 우리의 모양대로 우리가 사람을 만들고"(창 1:26). 하나님은 자신을 '우리'
라고 표현하셨습니다. 태초에 천지를 창조하신 하나님은 단수의 하나님이 아니라 복
수의 하나님이십니다. "태초에 말씀이 계시니라 이 말씀이 하나님과 함께 계셨으니 이
말씀은 곧 하나님이시니라 그가 태초에 하나님과 함께 계셨고"(요 1:1-2).

합리적 사고, 냉철한 이성, 논리적 기술 등에 기초를 둔 헬레니즘에 입각해 보면 말
도 안 되는 이야기입니다. 동일한 존재가 함께 있었다는 말은 성립되지 않습니다. "만
물이 그로 말미암아 지은 바 되었으니 지은 것이 하나도 그가 없이는 된 것이 없느니
라"(요 1:3). 이 세상에 있는 모든 만물은 말씀에 의해서 지어졌다고 하시는데, 이 말씀
이 '언어'를 뜻하는 게 아니라 어떤 존재를 뜻한다는 것을 알 수 있습니다. "말씀이 육신

이 되어 우리 가운데 거하시매 우리가 그 영광을 보니 아버지의 독생자의 영광이요"(요 1:14). 그러니까 말씀은 독생자 예수 그리스도이십니다. 태초에 아버지 하나님과 함께 계셨던 아들은 아버지 하나님과 같은 분이라는 것입니다. 그래서 삼위일체입니다.

삼위일체 하나님은 절대 서로 모순되지 않습니다. 삼위가 합력해서 선을 이루어 창조하셨습니다. 성경은 삼위일체 하나님이 어떻게 서로 합력해서 창조 사역을 하셨는지를 기가 막히게 잘 설명하고 있습니다. 아버지 하나님을(사랑의) 본체 하나님이라고 합니다. 아들 하나님을 말씀 하나님이라고 합니다. 성령 하나님은 '보혜사'(Helper)라고 합니다. 이제부터 하나님이 삼위로 계시면서 어떻게 창조 역사를 이루어 나가셨는지 살펴보겠습니다.

주인공이며 말씀이신 아들 하나님

삼위일체 하나님 중에서 창조 사역의 실제적인 주인공은 말씀 하나님, 예수님이십니다. 예수님이 창조의 주역이라는 사실을 성경은 여러 군데에서 전하고 있습니다. "이 아들을 만유의 상속자로 세우시고 또 그로 말미암아 모든 세계를 지으셨느니라"(히 1:2). "만물이 그에게서 창조되되 하늘과 땅에서 보이는 것들과 보이지 않는 것들과 혹은 왕권들이나 주권들이나 통치자들이나 권세들이나 만물이 다 그로 말미암고 그를 위하여 창조되었고"(골 1:16).

아버지 하나님은 아들 하나님에게 모든 것을 다 주시고 그로 말미암아 큰 기쁨을 느끼셨습니다(요 3:35). 아들 하나님은 모든 존귀와 영광을 아버지 하나님께 돌려 드리고, 죽기까지 복종하셨습니다(빌 2:6-8). 아버지 하나님은 이렇게 자신을 낮추고 비운 아들에게 주는 기쁨뿐만 아니라 존귀와 영광을 받는 기쁨을 주고 싶어 하셨습니다. 아버지 하나님은 아들을 영화롭게 할 만물(사람)을 만드셨습니다. 사람은 삼위일체 하나님의 사랑의 대상으로 지어졌습니다. 하나님은 삼위 중에서 특별히 아들 하나님이 우리 인간을 사랑의 대상으로 창조하도록 하셨습니다. 아들 하나님은 사람에게 필요한 모든 것을 공급해 주시며, 사람들에게 존귀와 영광을 받도록 하셨습니다. 아들 하나님은 이 존귀와 영광을 전부 아버지께 돌려 드렸습니다(요 5:19-20).

예수님은 "세상 중에서 내게 주신 사람들에게 내가 아버지의 이름을 나타내었나이다"(요 17:6) 하고 기도하셨습니다. '세상 중에서 내게 주신 사람들'은 세상 사람들 중에서 복음을 믿고 예수님을 영접하여 하나님의 자녀로 부르심을 받은 자들을 가리킵니다. 실제로 아버지 하나님이 아들을 통해 창조하셨으나 예수님을 통해 변화받은 자들입니다. 예수님은 '내가 전도한 사람' '내 말을 듣고 뒤집어져서 내게 온 사람'이라고 하지 않으셨습니다. '세상 중에서 아버지께서 내게 주신 사람들'이라고 하며 자신을 완전히 낮추셨습니다.

그런데 그 주님이 왜 우리를 위해 죽으셨습니까? 주님은 죄악과 음부의 권세와 사탄의 영에 휘둘려 고통받는 자녀들을 보시고, 어두움 속으로 직접 내려오셨습니다. 음부로 내려가시려면 육신이 필요했기에 이 땅에 오신 것입니다. 어머니는 아이를 살리기 위해서라면 죽음을 무릅씁니다. 물과 불속에라도 뛰어듭니다. 태에서 열 달을 품으며 모든 사랑을 쏟아붓고 출산 후에도 눈동자처럼 지켜 왔기에, 아이가 위험에 처할 때는 자신의 목숨을 던져서라도 구합니다. 이처럼 예수님은 우리를 잉태해 생명을 주신 분이어서 그 사랑 때문에 우리를 위해 죽으실 수 있습니다. 어찌 주님의 사랑을 말로 표현할 수 있겠습니까?

"믿음은 바라는 것들의 실상이요"(히 11:1). '실상'은 우리의 영적 실상을 말합니다. 저는 1949년에 모태를 통해 태어나서 '현재'에 존재하지만, 수천 년 수만 년 전, 창세 전부터 제 영적 실상은 예수 안에 있었습니다. "곧 창세전에 그리스도 안에서 우리를 택하사"(엡 1:4). 아버지 하나님은 창세전에, 세상 만물을 지으시기도 전에 아들 예수 안에서 우리를 택하셨습니다(잉태하셨습니다). 그분은 어미가 아이를 품듯이 그렇게 사랑하다가, 제가 육신의 어머니의 몸을 통해 이 땅에 나온 이후로도 줄곧 눈동자처럼 지키고 계십니다. 이스라엘 백성들을 약속의 땅에 들어가게 하신 뒤, 하나님은 한 번도 졸거나 주무시지 않으시며 그 눈을 항상 땅에 두고 돌보셨다고 성경은 기록합니다. 그러므로 창조의 주인공은 주님이십니다. "나의 생명이 되신 주, 밤낮 불러서 찬송을 드려도 늘 아쉬운 마음뿐일세." 예수님은 창세전에 우리를 택하고 육신의 부모를 통해 이 땅에 태어나게 하셨을 뿐 아니라, 우리의 육을 먹이고 입힐 동물·식물·광물도 함께 지으셨습니다.

창조의 감독자이신 아버지 하나님
예수님은 창조의 주역이셨습니다. 감독은 본체이신 아버지 하나님이십니다. 하나님은 창조를 계획하셨고, 필요한 모든 재료들을 준비하셨습니다. 때문에 예수님은 모든 것을 다 아버지께서 하셨다며 영광을 하나님께 돌립니다. "아들이 아버지께서 하시는 일을 보지 않고는 아무것도 스스로 할 수 없나니 아버지께서 행하시는 그것을 아들도 그와 같이 행하느니라"(요 5:19). 영화를 볼 때 우리는 감독의 이름은 잘 모르지만 주인 공의 이름은 잘 압니다. 하지만 이 주인공이 꼼짝 못하는 사람이 바로 감독입니다. 영화를 소개할 때는 어느 감독의 작품이라고 말하지, 영화배우 누구의 작품이라고 말하지는 않습니다. 이처럼 예수님이 창조의 주역이지만, 우리는 감독 하나님이 이 세상을 지으셨다고 하는 것입니다.

아들을 도우시는 성령 하나님

도우시는 성령 하나님은 조연 역할을 하십니다. 아버지의 모든 계획을 아들에게 알려 주신 분은 성령 하나님이십니다. 성령님은 감독의 계획과 영화 시나리오를 주인공에게 알려 주어서 예수님의 말씀이 형체화되도록 도우시는 역할을 하셨습니다. 주인 공은 시나리오를 따라서 움직이기 때문입니다. 조연의 역할은 드러나지 않게 주인공을 도와준 것입니다.

그런데 어떻게 성령님은 아버지 하나님의 시나리오를 다 아실 수 있을까요? 성령님은 하나님의 깊은 곳이라도 총괄하시기 때문입니다(고전 2:10). 하나님은 말씀으로 천지를 창조하셨습니다. 하나님이 창조하시기 전에는 "땅이 혼돈하고 공허하며 흑암이 깊음 위에 있고 하나님의 영은 수면 위에 운행"(창 1:2)하셨습니다. 이 말씀의 뜻은 성령님이 수면에서 대기하면서(하나님의 임재하심), 예수님의 "가라사대" 하는 말씀이 떨어지기를 기다리셨다는 것입니다. 말씀이신 예수님이 "땅 위 하늘의 궁창에는 새가 날으라"(창1:20) 하시면, 수면 위에 대기하고 있던 성령님이 아버지 하나님의 계획하신 대로 그 말씀 안에 있는 활력(에너지)이 형체화[무(無)에서 유(有)로 변화]되도록 도우신 것입니다. "오직 하나님이 성령으로 이것을 우리에게 보이셨으니 성령은 모든 것 곧 하나님의 깊은 것까지도 통달하시느니라 사람의 일을 사람의 속에 있는 영 외에 누가 알리요 이와 같이 하나님의 일도 하나님의 영 외에는 아무도 알지 못하느니라"(고전 2:10-11). 성령님은 스스로 일하지 않고 아들 하나님의 말씀에 따라 일하십니다.

✚ 말씀으로 창조하심

하나님의 말씀이 내려오기 전에 이 땅은 어떠했습니까? 땅이 혼돈하고 공허하며 흑암이 깊은 곳에 있었습니다(창 1:2). 하나님의 말씀으로 인하여 빛이 이 땅에 내려오기 전까지 땅은 어떠했습니까? 혼돈하고 공허하며 캄캄했습니다. 이처럼 하나님은 무질서(혼돈)하고 텅 비어(공허) 있고 캄캄한 어둠(흑암) 가운데 있는 이 땅에 기초를 놓기 시작하셨습니다. 욥기에서 하나님은 이렇게 질문하십니다.

"내가 땅의 기초를 놓을 때에 네가 어디 있었느냐 누가 그것의 도량법을 정하였는지, 누가 그 줄을 그것의 위에 띄웠는지 네가 아느냐 … 바다가 그 모태에서 터져 나올 때에 문으로 그것을 가둔 자가 누구냐?"(욥 38:4-5,8).

하나님의 창조 사역에서 우리는 복음이란 "말씀을 입으로 시인하고 고백해야 한다"는 것을 깨닫습니다. 불교의 참선은 혼자서 머릿속으로 생각하는 것입니다. 면벽 3년의 참선을 하고 나온 수도승이 "인생은 무(無)다"라고 말했답니다. 왜 그렇습니까? 흙으로 지어진 인간, 자신의 지혜로 무엇을 깨달아 보려고 하지만 구원에 이르지 못하는 것입니다. "그 안에 생명이 있었으니 이 생명은 사람들의 빛이라"(요 1:4). 말씀 안에 빛이 있기에 말씀의 빛이 이 흙덩이 안(사람 머릿속)으로 내려오기 전까지 땅은 혼돈하고 공허하며 흑암에 있는 것입니다.

인간의 지혜는 하나님의 말씀과 원수입니다(갈 5:17). 하나님과 원수가 되는 인간의 지혜를 사랑하는 일이 철학입니다. 하나님의 말씀을 철학으로, 학문으로 깨닫는다는 것은 불가능한 일입니다. 생명(인생)의 이치를 알 수 있는 방법은 오직 말씀입니다. 성령님의 깨우침이 아니고는 그 말씀을 결코 알 수 없습니다.

하나님은 "가라사대" 하시며 말씀으로 창조를 하셨다고 했습니다. 자연 과학자들은 세상 만물은 전부 "에너지로 구성되어 있다"라고 말합니다. $E=mc^2$(에너지=질량×빛의 속도2)처럼 이 세상의 모든 만물은 에너지 결합 법칙으로 설명할 수 있습니다. 에너지가 없으면 절대로 창조 역사가 일어나지 않습니다. 어떤 물체가 하나 생기는 것, 예를 들어 땅에서 싹이 나오고 가지가 뻗어나고 나무가 만들어지는 것, 이것은 모두 에너지 때문입니다.

과학자들은 이 에너지가 어디서 나왔는지 모르기 때문에 "처음부터 있었다" 아니면

"어디서 나오는지 모른다"라고 말합니다. 빅뱅(Big Bang)이론이 이것입니다. 태초에 엄청나게 큰 폭발이 있으면서, 어디선가 에너지가 날아와서 핵분열이 일어나서 천지가 생겼다고 주장하는 것입니다. 또한 분자를 분석하면 원자가 있고 그 밑에 중성자와 양성자 등이 있는데, 가장 작은 단위인 쿼크(Quirk)가 몇 개 모여서 중성자를 구성한다고 합니다. 그런데 중성자는 절대 자기네들끼리는 결합할 수 없고 어떤 외부의 에너지가 붙들고 있어야 한다는 것입니다. 그렇다면 그 에너지는 어디서 나왔을까요? 이에 대해서도 과학자들은 "모르겠다"고 합니다.

하지만 성경에서는 이 에너지가 어디서 나왔는지를 분명하게 설명하고 있습니다. "하나님의 말씀은 살아 있고 활력이 있어 좌우에 날선 어떤 검보다도 예리하여 혼과 영과 및 관절과 골수를 찔러 쪼개기까지 하며"(히 4:12). 창조에서 가장 중요한 하나님의 말씀은 살아 있으며 활력이 있습니다. 영어 성경에서 '활력'에 해당하는 단어는 'active'인데, 헬라어 원어는 '에네르게스'입니다. 에네르게스는 '에너지'입니다.

하나님의 말씀에는 에너지가 있기 때문에, 이 말씀(에너지)이 내려올 때마다 땅의 공허가 채워졌습니다. "하나님이 이르시되 물들은 생물을 번성하게 하라 땅 위 하늘의 궁창에는 새가 날으라 하시고 하나님이 큰 바다 짐승들과 물에서 번성하여 움직이는 모든 생물을 그 종류대로, 날개 있는 모든 새를 그 종류대로 창조하시니 하나님이 보시기에 좋았더라"(창 1:20-21). 하늘에서 내려온 말씀 에너지 때문에 흙 안에 있는 유기 원소와 무기물질이 분열하며 우리 눈에 보기 좋은 나무들, 아름다운 각종 꽃들이 생겼습니다. 기는 짐승, 두 발 달린 짐승, 나는 짐승, 네 발 달린 짐승 등 모든 동물들이 텅 비어 있던 땅을 채우기 시작합니다. 얼마나 멋있습니까? 얼마나 놀랍습니까?

하나님의 말씀이 하늘에서 내려올 때 이 세상의 모든 것(공허)을 채웠을 뿐만 아니라, 그 만물들을 하나님의 말씀으로 붙드셨습니다. "그의 능력의 말씀으로 만물을 붙드시며"(sustain)(히 1:3). 하나님의 능력의 말씀이, 그 에너지가 만물을 붙잡고 있어서 물질들이 특정 형태를 유지하며 살아가는 것입니다.

하나님은 우리 육을 비롯해 눈에 보이는 것과 보이지 않는 모든 것을 채울 수 있는 분이십니다. 하나님은 이스라엘 백성들이 광야 생활을 할 때 만나와 메추라기를 하늘에서 내려 주셨습니다. 하나님이 말씀으로 주신다는 것을 이스라엘 백성들이 삶에서 깨닫게 하시기 위해서입니다.

✚   천지창조의 순서

시간의 창조 _첫째 날
"하나님이 이르시되 빛이 있으라 하시니 빛이 있었고"(창 1:3). 하나님의 말씀이 내려오면서 그 안에 있는 빛이 어둠을 가르는 모습이 천지창조의 첫 장면입니다. 창조 이전에 땅은 혼돈하고 공허하며 흑암이 깊은 상태였으므로(창 1:2), 하나님의 천지창조 과정은 무질서(혼돈)를 질서로 바꾸고 텅 비어 있는 곳(공허)을 채우며 캄캄한 곳(흑암)에 빛을 내려 보내시는 과정입니다.

천지창조 이전의 세상은 크게 혼돈과 공허의 문제를 가지고 있었습니다. 하나님은 이 두 가지 문제를 어떻게 해결하셨을까요? 먼저 혼돈은 무질서하다는 문제입니다. 그래서 하나님은 창조 셋째 날까지는 질서를 부여하셨습니다. 첫째 날에는 빛을 창조하시고 빛과 어두움을 나누어 질서를 만드셨습니다. "하나님이 빛을 낮이라 부르시고 어둠을 밤이라 부르시니라 저녁이 되고 아침이 되니 이는 첫째 날이니라"(창 1:5). 이때 창조된 또 하나의 커다란 창조물이 "저녁이 되고 아침이 되니 이는 첫째 날"이라는 '시간'입니다. 하나님은 그분의 말씀으로 지으신 시간에 따라, 시간 안에서 인류의 역사 가운데 구속 사역을 행하십니다.

시간을 지으신 하나님은 시간 속에서 일하십니다. 사람들은 보통 "성경공부할 시간이 없다", "기도할 시간이 없다"라고 말하는데, 시간은 하나님의 말씀으로 지어졌다는 것을 기억해야 합니다. 시간이 없어서 말씀을 못 보는 것이 아닙니다. 말씀을 붙들면 거꾸로 시간이 창조됩니다. 중요한 것은 바쁘더라도 말씀을 놓지 않는 것입니다. 바쁘지만 길 가는 시간, 차 타고 가는 시간, 잠자는 시간을 아껴서 하나님의 말씀을 사모할 때 오히려 말씀이 시간을 만들어 줍니다. 우리는 주님 앞에 절대 바쁘다는 핑계를 댈 수 없습니다. 시간의 주인은 하나님이시기 때문입니다.

창세기 1장 1절과 요한복음 1장 1절의 "태초"는 같은 시간대일까요?

창세기 1장 1절의 "태초에 하나님이 천지를 창조하시니라"의 '태초'와, 요한복음 1장 1절의 "태초에 말씀이 계시니라"의 '태초'는 같은 것처럼 보입니다. 하지만 같은 시간대가 아닙니다. 창세기보다 요한복음의 태초가 더 먼저입니다. 왜냐하면 말씀이신 예수님이 창조 과정의 주인공이시기 때문입니다. 요한복음의 태초는 창세기에 기록된, 보이는 우주 창조의 태초보다 훨씬 이전의 태초, 즉 영원 이전의 태초를 뜻합니다.

삶의 공간 창조 _ 둘째 날

"하나님이 이르시되 물 가운데에 궁창이 있어 물과 물로 나뉘라 하시고"(창1:6). 하나님은 둘째 날에는 공간을 창조하셨습니다. 말씀 안에 있는 에너지로 우주 속에 흩어져 있는(혼돈) 수분들을 위아래로 끌어모으셨습니다. 그렇게 해서 가운데 궁창이 생기고, 궁창 위의 물과 궁창 아래의 물로 나누셨습니다. 궁창이란 큰 공간(expanse)을 뜻합니다. 하나님은 이렇게 생긴 궁창을 '하늘'(sky), 궁창 아래 물을 '바다'(sea)로 부르셨습니다. 혼돈 상태의 우주에 말씀으로 공간을 내셔서 질서를 부여하신 것입니다.

영이신 하나님은 시간과 공간의 제약을 받지 않지만, 우리는 하나님이 지으신 시공간의 제약을 받으며 그 법칙 안에서 살아가도록 만들어졌습니다. 우리는 눈에 보이는 시간과 공간이 인생을 전적으로 지배하는 것처럼 생각하지만 현재 내가 이 공간 안에서 겪는 문제들은 영으로만 해결할 수 있습니다. "아무것도 염려하지 말고 다만 모든 일에 기도와 간구로, 너희 구할 것을 감사함으로 하나님께 아뢰라 그리하면 모든 지각에 뛰어난 하나님의 평강이 그리스도 예수 안에서 너희 마음과 생각을 지키시리라"(빌4:6-7). 모든 지각에 뛰어나신 하나님의 말씀과 성령의 위로가 내 영에 충만할 때 시간과 공간 안에서 부딪치는 모든 문제들을 극복할 수 있습니다. 시간과 공간이 하나님

하늘 위에 있는 물은 무엇일까요?

궁창 아래의 물은 바다라는 것을 아시겠지요? 그렇다면 하늘 위의 물은 무엇입니까? 홍수 심판 때에 보면, 하늘의 창이 열리면서 물이 위에서 쏟아지고 밑에서도 나와 이 땅의 모든 것을 덮었다고 합니다. 이처럼 궁창 위의 물은 홍수 심판 때 쓰였습니다. 창조 과학자들에 의하면 그 후 생태계의 변화로 인류의 수명이 짧아졌다고 합니다.

말씀으로 창조되었기 때문입니다.

형체의 창조 _ 셋째 날

"하나님이 이르시되 천하의 물이 한곳으로 모이고 뭍이 드러나라 하시니 그대로 되니라"(창 1:9). 세 번째는 형체의 창조입니다. 땅 위에 있는 물을 말씀의 에너지로 쫙 끌어모으니까, 물속에 있던 형체(육지)가 드러났습니다. 물과 육지를 가르신 것입니다.

　하나님은 바로 이 육지에 아름다운 나무와 식물과 채소를 지으셨습니다. 유대인의 세례 의식은 이런 창조관에서 비롯되었습니다. 유대인은 오늘날까지도 창조를 하나님이 물속에 있던 것을 끄집어낸 사건이라고 믿습니다. 유대인은 하나님이 하늘에 계시고, 사탄이 있는 음부는 물밑에 있다고 생각해서 '저 물밑의 음부에서 건져 내는 것'을 세례라고 합니다. 장로교에서는 세례 의식이 간소화되어 목사님이 물을 찍어 주는 것으로 대신하지만, 침례교에서는 세례를 줄 때 사람을 물속에 집어넣었다가 건져 냅니다.

공허를 채우는 창조 _ 넷째, 다섯째, 여섯째 날

넷째, 다섯째, 여섯째 날의 창조는 시간과 공간의 공허를 채우시는 과정입니다. "하

96

나님이 이르시되 하늘의 궁창에 광명체들이 있어 … 두 큰 광명체를 만드사 큰 광명체로 낮을 주관하게 하시고 작은 광명체로 밤을 주관하게 하시며 또 별들을 만드시고"(창1:14-16). 하나님은 넷째 날에 말씀 에너지로 해와 달과 별을 만드시고, 빛과 어두움(시간)을 주관하도록 하셨습니다.

지구는 지금도 하루에 24시간 동안 돌고 있습니다. 지구는 공중에 떠 있습니다. 해도 마찬가지입니다. 무겁고 이글거리는 태양에서 엄청난 물질이 폭발하면서 열을 발산하고 있는데, 이 불덩어리가 왜 지구에 떨어지지 않습니까? 하나님의 말씀이 지구와 태양을 붙들고 있기 때문입니다(히 1:3). 잡아당기는 힘은 태양에도 있습니다. 하나님은 태양을 떨어뜨리지 않기 위해 지구뿐만 아니라 달도 서로 끌어당기게 하셨습니다. 달을 위해 화성, 수성, 목성, 금성, 토성까지 지어서 붙들어 놓았고 또한 이름도 없는 많은 은하수들을 만들어 놓으셨습니다. 빛의 속도로도 몇만 년을 지나가야 하는 이 엄청난 우주를 말씀의 에너지로 창조하셨습니다. 그 말씀의 능력으로 이들을 붙들고 계십니다.

다섯째 날에는 새와 물고기를 지어 공간과 물속을 채우셨습니다. "하나님이 이르시되 물들은 생물을 번성하게 하라 땅 위 하늘의 궁창에는 새가 날으라 하시고"(창 1:20).

지식탐구 4

태양의 빛과 말씀의 빛은 다른가요?

하나님의 창조 순서를 보면, 먼저 하나님의 말씀의 빛이 내려왔습니다. 하나님의 말씀의 빛이 먼저 있었고, 넷째 날에 해를 지으셨습니다. 사울이 예수님을 믿는 사람들을 핍박하기 위해 다메섹으로 가는 도중에 분명히 해가 중천에 떠 있는 밝은 대낮에 큰 빛을 만납니다. "홀연히 하늘로부터 빛이 그를 둘러 비추는지라"(행 9:3). 바로 이 빛이 태양의 빛과는 다른, 하나님의 말씀을 좇아 내려온 빛입니다.

여섯째 날에는 육지에 각종 짐승들을 만드셨습니다. "하나님이 이르시되 땅은 생물을 그 종류대로 내되 가축과 기는 것과 땅의 짐승을 종류대로 내라 하시니"(창 1:24). 그리고 가장 마지막에 인간을 만드셨습니다. 하나님은 모든 무질서(혼돈)를 해결하고 빈 공간(공허)을 채운 다음에야, 이 땅에 사람을 지으십니다. 공중의 새와 물고기, 보기 좋은 나무, 먹기 좋은 나무, 모든 짐승들은 바로 '우리'를 위해 창조하신 것입니다.

사람 창조

하나님은 사람을 지으실 때 다른 짐승이나 존재들과는 다르게 사랑의 대상으로 지으셨습니다. 사람은 하늘과 땅을 연결하는 유일한 존재입니다. 하늘은 영으로 하나 되는 곳이고, 땅은 말씀의 활력으로 형체가 이루어지는 곳입니다. 하늘과 땅을 연결하는 사람은 보이지 않는 하나님을 영원토록 찬양하고, 그분에게 영광을 돌려야 합니다.

사람의 특징은 다음과 같습니다.

첫째, 사람은 하나님의 형상을 따라 지음 받았습니다. 그래서 영(성령)을 담을 수 있는 그릇입니다(고전 6:19). 하나님은 사람을 유일하게 흙으로 지으시고, 그 다음에 하나님의 생기를 불어넣으셨습니다. 하나님의 숨인 생기를 불어넣으니 생령이 되었다고 했습니다. 영어로는 '살아 있는 존재'(living being)라는 뜻인데, 선교사님들이 더 정확하게 '살아 있는 영'이라고 번역해 놓았습니다.

예수님을 믿든 그렇지 않든 사람은 영이 임하는 현장(생령)입니다. 그래서 짐승은 생각 없이 본능대로 움직이지만 사람은 반드시 생각에 따라 움직입니다. 도둑질하는 사람이나 기도하는 사람이나 똑같이 영이 활동하고 있는 것입니다. 믿음이 있는 사람은 반드시 하나님의 말씀을 따라 움직이며 말씀에 순종하게 됩니다. 그 움직임 때문에 은혜의 말씀이 성령으로 내 안에 임재하시는 것입니다. 도둑질하는 사람은 '이웃의 것을 빼앗아 궁핍을 채우라'는 사탄의 말을 따라 사탄의 영을 받아들인 것입니다. 그래서 우리 인간의 삶은 몸을 계속 움직여 영의 임재를 축적해 가는 과정입니다.

세상(사탄)의 영에 따라 움직이는가, 하나님의 말씀으로 움직이는가? 이것이 영적 전쟁의 실상입니다. 말씀에 따라 움직여서 성령님의 임재를 확장하고 궁극적으로 예수님의 형상을 이루어 가는 것이 그리스도인들이 걸어야 할 성화의 과정이요, 성령님으로 채워 가는 성령 충만의 과정입니다.

둘째, 사람에게는 하나님의 성품을 닮을 수 있는 소질을, '사랑'을 주셨습니다. 사람의 사랑은 필리아(Philia)입니다. 부활하신 예수님은 십자가에 달리기 전 주님을 세 번이나 저주하며 부인했던 베드로를 갈릴리 호수에서 만나 주셨습니다. "네가 다른 모든 사람들보다도 나를 사랑하느냐?" 베드로는 주님께 판단을 맡기는 것으로 대답을 대신합니다. "내가 주를 사랑하는 줄 주님께서 아시나이다"(요 21:16). 베드로는 예수님이 죽으면 따라 죽겠노라고 큰소리쳤지만 막상 위기 상황에서 배신했던 자신의 나약함을 보았습니다. 베드로는 자신이 아무리 예수님을 사랑한다 해도, 필리아 사랑밖에 할 수 없고, 주님의 아가페에는 결코 도달할 수 없다는 것을 깨달았습니다. 사람이 예수님처럼 될 수는 없습니다. 하지만 예수님의 형상(image)을 나타낼 수 있는 존재로 서로 사랑할 수 있는 사랑의 능력이 있습니다. 그래서 주님은 우리에게 사랑의 기초 단위인 가족을 주셨습니다.

셋째, 하나님은 유일하게 사람에게만 완벽한 자유의지를 주셨습니다. 선악과를 따먹으라는 유혹을 따르든지, 하나님의 말씀을 따르든지 두 갈래 길에서 선택할 수 있는 선택권을 사람에게 허락하신 것입니다. 하나님은 아담이 유혹을 참지 못하고 드디어 선악과를 따먹는 순간에도 절대로 막지 않고, 잠잠히 눈물만 흘리셨습니다. 하나님은 사랑하는 자녀가 완벽하게 자신의 의지로 아버지의 품으로 돌아올 때까지, 그분의 시간 안에서 오래 참고 기다리십니다. 대단한 특권이자, 위험한 선택권인 자유의지를 어떻게 사용하느냐에 따라 사람이 하나님의 형상을 닮을 수도 있고, 사탄이 될 수도 있습니다.

넷째, 사람에게 돕는 배필을 주셨습니다. '돕는 배필'은 히브리어로 '에제르'(Ezer)인데, 이는 '영적으로 돕는 자'라는 뜻입니다. 사람이 혼자서 독처하면 자신밖에 모르는 존재가 되기 때문에 사탄의 영에 끌려다니게 됩니다. 그래서 하나님이 하와를 아담의 돕는 배필로 지으셨습니다. 하나님이 하와를 데려오신 뒤에 시간이 흘러(성경에는 시간의 흐름이 없는 듯 표현되어 있지만, 사실은 어느 정도 시간이 경과했다고 봐야 합니다) 아담이 하와를 자기의 사랑의 상대로 생각하고 "아담이 이르되 이는 내 뼈 중의 뼈요 살 중의 살이라"(창 2:23)고 고백하는 순간, 하와를 정말 사랑하는 아내로서 자신 안에 담았습니다. 이 사랑의 고백 때문에 아담은 '나'를 벗어날 수 있게 되었습니다.

그런데 불행하게도 성경에는 하와가 아담을 향해 "내 뼈 중의 뼈요 살 중의 살이

6일 만에 천지를 창조하셨다!

성경에 의하면 지구의 나이는 약 6천 년 정도 됩니다. 아담부터 아브라함까지 약 2천 년, 아브라함 때부터 예수님까지 2천 년, 예수님부터 오늘날까지 2천 년으로 봅니다.

　하지만 과학자들은 지구의 나이를 6억 5천만 년으로 추정합니다. 또 어떤 이들은 성경에 나오는 첫째 날, 둘째 날이라는 시간 개념이 오늘날과 같은 하루가 아니라고 합니다. 첫째 날에서 둘째 날 사이의 간격이 약 2억 5천 만 년이라 보기도 합니다. 하지만 우리가 성경대로 6일 동안 천지를 창조하셨다는 하나님의 말씀을 그대로 믿는 것은, 하나님의 모든 창조 역사, 더 나아가 구원을 이루시기 위한 하나님의 계획을 믿는 믿음입니다. 우리는 하나님의 계시를 믿어야지, 나의 지식과 경험을 믿어서는 안 됩니다.

라"고 고백하는 장면은 없습니다. 하와는 영적으로 돕는 배필로서 아담을 사랑해서 그를 위해 좋은 일을 다해 주었습니다. 그런데 하와가 아담을 완벽한 사랑의 대상으로 자기 안에 담을 시간을 갖기 전에, 사탄은 하와에게 "선악과를 따먹으라"고 말합니다.

　선악과를 따먹지 말라는 명령은 에덴동산에서 유일하게 아담에게만 하셨습니다. 하와를 짓기 전에 하신 명령입니다. 그래서 아담은 "동산 나무의 열매를 우리가 먹을 수 있으나 동산 중앙에 있는 나무의 열매는 하나님의 말씀에 너희는 먹지도 말고 만지지도 말라"(창 3:2-3)고 하신 하나님의 말씀을 그대로 하와에게 전했습니다. 그랬는데도 하와에게는 사탄의 유혹이 더 달콤하게 들렸습니다. 그래서 하와가 선악과를 따먹고 그것을 아담에게 주었습니다. 문제는 "뼈 중의 뼈요 살 중의 살"이라고 고백할 만큼 사랑하는 아내가 주었기 때문에, 아담은 선악과를 받아먹었습니다. 사랑하면 상대방의 말에 순종하게 됩니다. 하와는 불행하게도 사탄을 돕는 역할을 하고 말았습니다. 아담이 '나'에서 벗어나게 하시려고 여자를 지으셨는데, 여자는 오히려 '나'를 주장하게 하는 사탄의 종노릇을 하고 말았습니다.

때문에 여인의 후손으로 오신 예수님이 우리의 진정한 돕는 배필이 되셨습니다. 부활하신 예수님이 우리 안에 오셔서 도와주지 않으셨다면, 우리는 영원히 죄에서 구원받을 수 없는 진노의 대상이 될 수밖에 없었을 것입니다.

천사 창조

하나님은 천사를 창조하셨습니다. 하나님은 사람을 위해 천하 만물을 지으셨을 뿐만 아니라 천사도 지으셨습니다.

에스겔에는 두로 왕에 대한 이야기가 나옵니다. "인자야 두로 왕을 위하여 슬픈 노래를 지어 그에게 이르기를 주 여호와의 말씀에 너는 완전한 도장이었고 지혜가 충족하며 온전히 아름다웠도다 네가 옛적에 하나님의 동산 에덴에 있어서"(겔 28:12-13). 두로 왕은 두로의 신으로 구약 성경 내내 이스라엘 민족을 괴롭히는 바알 우상의 파트너인 아세라 목상을 말합니다. 타락한 천사를 이야기하고 있는 것입니다.

"네가 지음을 받던 날에 너를 위하여 소고와 비파가 준비되었도다"(겔 28:13). 이 말씀으로 미루어 볼 때 천사의 기본 임무는 하나님을 찬양하는 것임을 알 수 있습니다. 이 천사는 처음 창조될 때 수호천사였습니다. "너는 기름 부음을 받고 지키는 그룹임이여"(겔 28:14). 언약궤 위에 날개를 펴고 서 있는 두 그룹 천사, 불검과 함께 생명나무를 지키는 천사를 말합니다. 이 수호천사가 창조된 시기는 성경에서 구체적으로 말씀하고 있지 않으나, 분명한 것은 사람보다 먼저 창조하셨다는 것입니다. "내가 땅의 기초를 놓을 때에 네가 어디 있었느냐 … 그때에 새벽 별들이 기뻐 노래하며 하나님의 아들들이 다 기뻐 소리 질렀느니라"(욥 38:4-7). 여기서 '하나님의 아들들'은 잘못 번역된 것이며 원어로는 '천사들'을 말합니다. '새벽 별들'도 '천사들'을 가리킵니다. 땅의 기초를 놓을 때에 천사들이 찬양했다고 하는 것을 보니, 땅의 기초를 놓기 전 천사들을 지으셨음을 알 수 있습니다.

천사의 역할은 다음과 같습니다.

첫째, 하나님께 예배드립니다. 계시록(5:11)과 이사야(6장)에서 천사들이 여호와 하나님의 성전 앞에서 찬양하는 것을 볼 수 있습니다.

둘째, 선한 일을 합니다. 다니엘서에 나오는 미가엘 천사는 대적을 물리쳤습니다.

결국 천사는 피조물 중에서 가장 선한 일을 하는 존재입니다. 우리도 정말 착한 사람을 '천사표'라고 말하지 않습니까?

그 외에 천사가 하는 역할은 너무나 많습니다. "모든 천사들은 섬기는 영으로서 구원받을 상속자들을 위하여 섬기라고 보내심이 아니냐"(히 1:14). 내 옆에는 나를 돕는 천사들이 반드시 한 명씩 붙어 있습니다. 우리가 성령님의 인도하심에 따라 기도할 때, 천사가 그것을 형체화해 줍니다. 이것을 보고 사람들은 기적이 일어났다고 말합니다. 천사는 하나님의 부리는 종이기 때문에 영원토록 보상도 없이, 상급도 없이 일합니다.

그런데 땅의 기초를 놓기 전에 천사들이 이미 타락했습니다. 천사의 타락을 에스겔 28장에서 자세히 설명하고 있습니다. 타락한 천사는 완벽하게 아름다웠지만 교만해서 에덴동산에서 쫓겨났습니다. "네 무역이 많으므로 네 가운데에 강포가 가득하여 네가 범죄하였도다 너 지키는 그룹아 그러므로 내가 너를 더럽게 여겨 하나님의 산에서 쫓아냈고 불타는 돌들 사이에서 멸하였도다 네가 아름다우므로 마음이 교만하였으며"(겔 28:16-17).

천사가 심부름꾼으로서 하나님의 능력을 행하다 보니까 '내가 신이다' 하는 마음이 생겼습니다. "인자야 너는 두로 왕에게 이르기를 주 여호와께서 이같이 말씀하시되 네 마음이 교만하여 말하기를 나는 신이라 내가 하나님의 자리 곧 바다 가운데에 앉아 있다 하도다 네 마음이 하나님의 마음 같은 체할지라도 너는 사람이요 신이 아니거늘"(겔 28:2). "너 아침의 아들 계명성이여 어찌 그리 하늘에서 떨어졌으며 너 열국을 엎은 자여 어찌 그리 땅에 찍혔는고 네가 네 마음에 이르기를 내가 하늘에 올라 하나님의 뭇 별 위에 내 자리를 높이리라 내가 북극 집회의 산 위에 앉으리라 가장 높은 구름에 올라가 지극히 높은 이와 같아지리라 하는도다"(사 14:12-14). 역시 '나'가 하나님이 되겠다고 하는 것입니다.

천사들은 하나님이 택하신 이스라엘 백성들을 섬기고 도우며 보호하고 지키는 사역(히 1:14)을 감당하지 못했습니다. 하나님은 천사의 사역, 하나님만을 예배하고 말씀을 전하고 위로하고 치유하는 사역을 하나님만 예배하는 공동체, 이스라엘 백성들에게 맡기기를 원하셨습니다. 그러나 이스라엘의 실패로 이 사명은 예수님이 부활하신 뒤에 주님을 머리 삼고 교회의 지체 된 우리 성도들에게 맡겨졌습니다. 그래서 성령님의 은사를 받은 사람들은 하나님만을 예배하고 찬양하며 말씀을 전하고 위로하며 치유하는 일들을 해야 합니다. 이렇게 할 때, 우리는 세상의 피조물들 중 가장 선한 일을 하는 존재가 되며, 하나님이 주시는 커다란 축복을 받게 됩니다. 하지만 불행하게도 천사가 자신의 아름다움과 선함 때문에 '내가!' 하고 주장했듯이 은사를 받고 천사의 사역을 했던 주의 종들이 능력의 종이라고 칭송받고 나서 '나'를 주장하다가 사탄의 종으로 전락하는 것을 많이 볼 수 있습니다.

사탄의 영

성경은 성도의 몸을 하나님의 영을 받은 "성령의 전"(고전 6:19)이라고 말합니다. 성령님 외에 사람 속에 들어오는 또 다른 영적 존재가 있는데 그것이 사탄입니다. 우리는 사탄의 영에 대하여 반드시 알아야 합니다. 사탄의 존재를 무시하면, 우리의 삶은 황폐해지고 처절한 결과를 경험하기 때문입니다. 사람보다 앞서 창조된 선한 피조물인 루시퍼 천사는 하나님보다 더 높아지려고 했다가 결국 타락해서 사탄이 됐습니다.

사탄의 영의 첫 번째 특징은, '나'를 주장케 하는 것입니다. 대부분의 그리스도인은 자신에게는 사탄의 영이 없다고 생각합니다. 하지만 사탄의 영이란 것이 별것 아닙니다. 제 잘난 맛에 사는 것이 바로 사탄의 영에 이끌려 사는 것입니다. 내가 가장 잘났고, 제일 예쁘고, 가장 능력 있다고 생각하는 것입니다. 그렇기 때문에 예수를 믿지 않는 사람한테 예수님 믿으라고 하면 "내 주먹을 믿으라, 나를 믿으라"고 합니다.

사탄의 영의 두 번째 특징은, 변하고 썩어질 땅의 것에만 관심을 갖게 하는 것입니다. 사탄이 이끄는 대로 따라가면 내 생각과 감정과 의지가 동물처럼 됩니다. 먹고 마시고 번식하는 것 외에 관심이 없습니다. 오늘날 많은 사람들은 재산을 늘리고 높은 자리로 올라가는 것에만 관심을 갖습니다. 본능과 환경의 노예로 전락하여 눌린 자, 포로 된 자가 되어 땅의 것에만 관심을 갖게 되니 동물과 다름없는 상태로 살게 됩니다. 다윗은 고백합니다. "여호와여 나의 영혼이 주를 우러러보나이다"(시 25:1). 다윗은 위를 바라보았습니다. 다윗이 이렇게 위를 바라볼 수 있었던 것은 날마다 말씀을 주야로 묵상했기 때문입니다. 하나님의 말씀 외에 나의 삶을 동물적 본능에서 하나님 쪽으로 틀어 주는 것은 아무것도 없습니다.

사탄의 영의 세 번째 특징은, 내 궁핍만을 채우게 만든다는 것입니다. 내가 지금 배가 고프고 아프고 힘들고 억울한데 어떻게 이웃을 생각하느냐는 생각을 심어 주는 것입니다. 심지어 내 이웃이 가지고 있는 것을 빼앗아서라도 내 것을 채우게 만듭니다. 이것이 에로스입니다. 성적인 의미 이전에, 에로스의 뜻은 내 궁핍만을 채우는 것입니다. 사탄은 나만 찾게 해서 이웃을 바라보지 못하게 만들고, 결국 관계를 차단해서 지옥을 경험하게 합니다.

호세아는 화덕과 같이 인간의 정욕이 불일 듯 일어나는 것을 경고했습니다. 북이스라엘은 여로보암 2세 때 매우 번성하고 화려했습니다. 궁성도 새로 지었습니다. 그러나 성적으로 엄청난 죄를 범했습니다. 호세아는 이러한 북이스라엘 백성들을 향해, 너희들의 지금 상태는 정욕이 불일 듯해서 벌겋게 달구어진 화덕 같다고 했습니다. 육적인 욕구를 좇아 세상을 살면 즐거운 것 같으나, 반드시 지옥을 경험하게 됩니다.

많은 사람들이 죽으면 혼(지정의로 표현되는 겉사람)이라고 하는 센서가 없어진다고 생각합니다. 하지만 '육혼'이라고는 하지 않고 영혼이라고 합니다. 혼(겉사람)은 영(속사람)에 붙어 있기 때문에 사람이 흙으로 돌아가더라도 영혼은 없어지지 않습니다. 한평생 사탄의 뜻대로 육신의 궁핍을 채우는 데 급급하게 살았던 사람은 육을 털어 버려도 영혼에 화덕같이 시뻘겋게 달은 정욕이 그대로 저장되어 있습니다. 육체의 정욕을 발산하고 싶어도 하나님이 이미 육을 털어 버리셨기 때문에 비벼 댈 몸이 없으니까 해결할 방도가 없습니다. 그래서 영원히 고통을 느끼는 것입니다. 이것이 지옥입니다. 지옥을 펄펄 끓는 유황불이라고 설명하는 이유가 거기에 있습니다.

사탄의 영의 네 번째 특징은, 선악과를 따먹게 하는 것입니다. 하나님은 에덴동산에서 아담과 하와에게 하나님의 말씀을 먹고 살라고 하셨습니다. 그리고 하나님의 말씀에 따라 행동하지 않고, 자기 생각에 좋은 것을 하고 싫은 것을 하지 않는 것이 죄라고 알려 주셨습니다. 선악과를 따먹는다는 것은 내가 판단의 기준이 되는 것입니다. 아담과 하와가 최초에 범죄한 이후 우리 모두는 선악과를 따먹고 살고 있습니다. 사사기는 죄짓고 구원받고 회개하고 다시 죄짓기를 반복하는 400년의 역사입니다. "각기 자기의 소견에 옳은 대로 행"(삿 21:25)했기 때문입니다. 이것이 선악과입니다. 우리가 하나님의 말씀인 생명과를 먹지 않고 자기 생각대로 살면 사망에 이르게 됩니다. 그것이 죄의 결과입니다.

그런데 사탄의 영을 물리치려면, 물론 말씀과 기도도 필요하지만 무엇보다 내가 손해 보는 훈련을 해야 합니다. 저는 미국 사람들이 축복받은 중요한 이유가 팁 문화, 바로 '손해 보는 훈련'을 했기 때문이라고 생각합니다. 부자들이 식당에 가서 거드름을 피우고 음식은 먹지만, 십분의 일을 없는 사람을 위해 흘려보내는 것이야말로 손해 보는 훈련입니다. 저는 오대양 육대주에서 근무해 보았지만 팁 제도가 있는 나라는 미국밖에 없었습니다. 이것은 하나님이 청교도들을 미국 땅에 보내실 때, '나'를 벗어나 사탄을 이기라고 주신 지혜라고 생각합니다.

사탄의 활동을 허락하시는 이유

하나님은 직접 사탄과 싸우시지 않습니다. 사탄은 하나님의 사랑을 더 이상 받을 수 없는 쫓겨난 자입니다. 그런데 하나님이 이 사탄을 제거하지 않고 그대로 허용하신 이유가 있습니다.

욥기에 보면 하나님은 욥을 이렇게 평가하십니다. "그와 같이 온전하고 정직하여 하나님을 경외하며 악에서 떠난 자는 세상에 없느니라"(욥 1:8). 이에 사탄은 "주께서 그와 그의 집과 그의 모든 소유물을 울타리(산울)로 두르심 때문이 아니니이까 주께서 그의 손으로 하는 바를 복되게 하사 그 소유물이 땅에 넘치게 하셨음이니이다"(욥 1:10) 합니다. '산울'은 천사 울타리를 뜻합니다. 기도하면 천사의 울타리로 우리를 보호해 주시는 겁니다. 그러니까 사탄이 요구합니다. "이제 주의 손을 펴서 그의 모든 소유물을 치소서 그리하시면 틀림없이 주를 향하여 욕하지 않겠나이까"(욥 1:11). 그래서 하나님이 허락하셨습니다. "그래 네가 한 번 해 봐라." 사탄은 활동을 시작했습니다.

왜 하나님이 사탄의 활동을 허락하셨을까요? 이유는 간단합니다. 사람(흙)은 체험해야 선한 것(좋은 것)과 악한 것(나쁜 것)을 구분할 수 있기 때문입니다. 반드시 어두움의 터널을 거쳐야 '밝음'을 알 수 있습니다. 어두움 때문에 한 줄기 빛에 감사함을 느낄 수 있습니다. 나쁜 것을 체험해 봐야 좋은 것을 알 수 있습니다.

사탄의 시험을 받아 욥은 자신의 수하에 있는 종들, 엄청난 재산, 심지어 자녀들마저 모두 잃었습니다. 사탄의 시험을 받아 아내까지도 저주하며 도망갔습니다. 욥에게는 너무나 참혹한 현실이었습니다. 하지만 고통 뒤에는 놀라운 축복과 기쁨, 감격, 즐거움과 충만함이 있었습니다.

어두움을 주관하는 자, 나쁜 것을 주관하는 자는 바로 세상의 영이요, 공중 권세를 잡은 사탄입니다. 이 공중 권세를 하나님이 사탄에게 허용하셨습니다. 죄를 범한 아담과 하와가 에덴에서 추방됐다는 것은 사탄의 권세하에 들어갔다는 뜻입니다. 하나님이 허락한 일이지만, 하나님이 아담과 하와를 버리신 것이 아닙니다. 하나님은 이 일을 통해 구속 사역과 구원 사역을 이루시려는 것입니다.

하나님은 고독 대신 하나님과 동행하는 기쁨을, 질병 대신 영원한 생명을, 하나님이 주시는 사랑과 평강을 자유의지로 선택하라고 하십니다. 하나님이 인간에게 완전한 자유의지를 주셨기에 나쁜 것을 선택했을 때는 에덴동산에서 추방당합니다. 그러나 사탄의 권세하에서 어려움을 경험하면 드디어 크신 하나님의 축복을 깨닫고, 하나님께 영원토록 감사와 찬양을 돌릴 수 있는 것입니다.

욥기 전체가 이 과정을 설명하고 있습니다. 욥은 말할 수 없는 고통을 겪지만, 하나님을 원망하지 않고, 끝까지 하나님만을 붙잡고 견뎌 내어 고난 뒤에 오는 놀라운 축복을 붙잡았습니다. 하나님은 전보다 훨씬 많은 두 배의 자녀를 주었을 뿐만 아니라 재산도 전보다 더 많이 주었고, 종들도 몇 배나 많이 주셨습니다. 이것이 사랑의 시련입니다. 천국과 지옥의 그림자를 경험하는 것입니다. 하나님은 죄 지은 사람에게 이 과정을 통과하게 하십니다. 그러나 통과하되, 혼자가 아니라 지금도 보좌 옆에 앉으신 주님이 동행하며 말할 수 없는 탄식으로 기도해 주십니다. 끝까지 이겨 내는 자에게는 "하나님 성전에 기둥이 되게"(계 3:12) 하시겠다고 말씀하셨습니다. 우리는 사랑의 시련을 믿음으로 통과해야 합니다.

우리는 이 세상에서 천국과 지옥의 그림자를 체험하면서, 영원하신 여호와 하나님의 선하심과 인자하심을 찬양하고 감사할 수 있도록 훈련받고 있습니다. 이 땅은 훈련장입니다. 우리가 하나님의 약속을 믿을 때, 그 말씀을 믿음으로 붙잡고 기도할 때, 지옥의 그림자가 우리 삶에서 사라지고 천국을 체험할 수 있습니다. 천국은 죽어서만 가는 곳이 아닙니다. 하나님은 천국의 그림자를 이미 우리에게 보여 주셨습니다. 예수 그리스도, 그분의 말씀과 성령의 인도하심을 따라서 이 땅에서 천국을 누리며 큰 기쁨과 감격으로 살아갈 수 있습니다.

사탄은 하나님이 허용하시는 범위에서만 활동합니다. 그러나 주님은 재림하실 때 사탄을 영원한 불 못에, 무저갱에 집어넣을 것이라고 요한계시록에서 약속하셨습니다. 마지막 심판의 날은 분명히 있습니다.

◇ **창세기 3-11장**

하나님의 명령에 따를 것인가, 선악과를 따먹을 것인가. 하나님을 택할 것인가,

나의 정욕을 채울 것인가 하는 영적 전쟁은 창세기 때부터 시작됩니다.

동시에 가죽옷으로 인류의 허물을 가려 주시는 하나님의 구속 사역이 시작됩니다.

 인간의 타락_ 창 3-4장

✛   태초에 받은 축복

'타락' 하면 우리는 원죄를 생각하거나 선악과를 떠올립니다. 하지만 하나님은 인간의 타락 전에 이미 축복을 주셨습니다. 원죄 이전에 '원축복'(original blessing)이 있었다는 것입니다.

먼저 원축복에 대해 알아보겠습니다. 하나님은 아담과 하와를 지으신 후 "생육하고 번성하여 땅에 충만하라, 땅을 정복하라, 바다의 물고기와 하늘의 새와 땅에 움직이는 모든 생물을 다스리라"(창 1:28, '하나님의 문화명령')고 말씀하십니다. 하나님은 인간에게 이 땅에 지으신 모든 것을 다스리고 누리며 살도록 엄청난 축복을 주셨습니다. 우리는 이 모든 것을 누리고 살 권리가 있습니다.

에덴동산은 대단했던 것 같습니다. 영어로 보면 우리가 알고 있는 모든 보석들이 다 나와 있습니다. 다이아몬드(금강석), 홍보석(루비), 황옥(토파즈), 에메랄드, 벽옥(재스퍼), 사도닉스(홍마노), 청옥(사파이어), 터키석, 묘안석(크리소베릴), 오닉스 등으로 단장했다고 했습니다.

그런데 원죄로 말미암아 에덴의 환경이 거두어졌습니다. 하나님은 에덴동산에서 인간이 타락하고 나서부터 구속 사역을 시작하셨고, 예수 그리스도를 통해 완성하셨습니다. 이로써 원죄의 문제를 해결하고 원축복을 회복해 주셨습니다. "네 영혼이 잘 됨같이 네가 범사에 잘되고 강건하기를 내가 간구하노라"(요삼 1:2). 영혼만 축복받는 것이 아니라, 영혼이 축복받아 모든 일이 잘되고 육신까지도 건강한 것이 하나님이 주신 원래의 축복입니다.

현대 교회가 오해하는 **축복에 대한 극단적인 두 가지 견해**가 있습니다.

하나는 "예수 믿으면 무조건 축복받는다"면서 지나치게 외형적인 축복에 관심을 갖는 것입니다. 자녀, 가정, 건강, 사업, 잘 먹고 잘사는 것에만 관심을 갖습니다. 예수 안에서 영혼이 살아나고 마음에 평강이 넘쳐 나면 먼저 내면이 구원받아 변화됨으로 환경의 축복이 따라옵니다. 그런데 환경의 축복 자체에만 관심을 갖는 것입니다. 이렇게 우선순위가 바뀐 것이 기복 신앙입니다.

또 다른 하나는 "예수님을 믿고 구원받았으니 이 골치 아픈 세상에서 아옹다옹하지 말고, 산속에 들어가서 예수님이 오실 날만 기다리자"라는 극단적인 경건주의입니다.

"너희는 가서 모든 족속을 제자로 삼아 아버지와 아들과 성령의 이름으로 세례를 베풀고 내가 너희에게 분부한 모든 것을 가르쳐 지키게 하라"(마 28:19-20)는 사명을 받았기 때문에 우리는 세상을 피하면 안 됩니다.

이 두 가지 태도 모두 문제가 있습니다. "하나님 곧 우리 주 예수 그리스도의 아버지께서 그리스도 안에서 하늘에 속한 모든 신령한 복을 우리에게 주시되"(엡 1:3). 하늘의 모든 신령한 복은 말씀과 예배를 통해 우리에게 영적인 축복으로 내려옵니다. 말씀의 고백인 기도를 할 때 형체(외형적 축복)가 이루어지는 것입니다.

✚ 선악과

인류의 조상인 아담과 하와가 지은 원죄가 무엇입니까? 아담과 하와는 하나님의 말씀을 어기고 선악과를 따먹습니다.

이단이었던 박태선 장로는 복숭아를 선악과라고 하며, 복숭아밭을 모두 쓸어버리고 그곳에 신앙촌을 세웠습니다. 그러나 선악과는 열매 그 자체가 아니라, '내가 모든 판단의 주체가 되어서 선악을 구분하고 판단하는 것'입니다. 사람은 하나님의 사랑의 대상으로서 모든 특권을 부여받았고 모든 것을 누리도록 창조되었습니다. 바닷물이 육지까지 들어오지 못하게 하는 방파제처럼, 선악과는 창조주 하나님과 피조물인 인간을 구분하는 방파제였습니다. '따먹지 말라'는 하나님의 명령은 넘어서는 안 될 선이라는 뜻입니다.

선악과를 따먹은 첫 번째 결과, 내 인생은 나의 것

우리는 흔히 "내 인생은 내 것이지 다른 사람이 어떻게 내 인생을 살아 주느냐?"고 말합니다. 하지만 하나님은 우리 인간에게 완벽한 자유의지를 주시고, "형제들아 너희가 자유를 위하여 부르심을 입었으나 그러나 그 자유로 육체의 기회를 삼지 말고"(갈 5:13)라는 말씀을 주셨습니다. 내가 내 인생의 주체가 되어 선악을 판단하며 사는 것은, 선악과를 매일 따먹고 사는 것이나 마찬가지입니다.

자신의 판단 기준에 따라서 선한 일을 하고 악한 일을 하지 않아도 결국은 파멸로 나아가게 됩니다. "파멸과 고생이 그 길에 있어 평강의 길을 알지 못하였고 그들의 눈앞에 하나님을 두려워함이 없느니라"(롬 3:16-18). "너희가 육신대로 살면 반드시 죽을 것이로되 영으로써 몸의 행실을 죽이면 살리니"(롬 8:13). 여기에서 "육신대로 살면"이라는 말은 내가 주체가 되어 내 육신이 원하는 대로 산다는 뜻입니다.

예수님은 "수고하고 무거운 짐 진 자들아 다 내게로 오라 내가 너희를 쉬게 하리라"(마 11:28)고 말씀하셨습니다. 왜 사람들은 수고하고 무거운 짐을 지는 것일까요? 내가 인생의 주체가 되어 내 생각으로 선악을 구분하기 때문입니다. 그렇게 살면 인생이 고달픕니다. 주님은 우리를 무엇으로 쉬게 하십니까? "나는 마음이 온유하고 겸손하니 나의 멍에를 메고 내게 배우라 … 내 멍에는 쉽고 내 짐은 가벼움이라"(마 11:29-30). '멍에'는 짐승들의 목에 걸어서 사람들이 이끄는 대로 따라가게 하는 농기구입니다. 내 의지의 결단으로 주님께 내 멍에를 드릴 때, 그분은 가장 편하고 선한 길로 나를 인도해 가십니다.

인간은 예수님의 멍에(말씀)에서 벗어나는 것을 자유라고 생각합니다. 사탄의 유혹대로 선악과를 먹는 것, 내 생각과 판단대로 사는 것은 예수님의 '멍에'를 벗어던져 버리는 것입니다. 그런데 우리는 예수님의 멍에를 메지 않으면 세상의 멍에를 메게 됩니다. 세상의 멍에를 메면 진짜 죄인이요, 종이 되는 것입니다.

주님은 "이제부터 내가 너를 모든 사랑 안에서 흠 없고 거룩한 존재로, 내 성품을 닮고 내 마음을 닮은 그런 사람으로 변화시켜 주겠다"라고 말씀하십니다. 이것이 우리에게 축복입니다. 우리는 기쁘게 주님의 멍에를 메야 합니다. 선악과를 따먹지 말고 날마다 하늘에서 내려오는 생명의 떡인 생명과(말씀)를 먹고 그 말씀에 순종할 때 진정한 자유함을 누리게 되는 것입니다.

선악과를 따먹은 두 번째 결과, 은혜를 거절하다

사탄은 하나님의 은혜를 거절하게 만듭니다. 내가 내 인생의 주인이 되어 내 마음대로 하는데 하나님이 필요하겠습니까? 세상 사람들은 "나는 절대로 누구한테 주지도 않을 것이고 절대로 공짜로 받지도 않을 거야. 내가 노력하는데 무엇이 부족해서 도움을 받아! 난 나로 충분해"라고 말합니다. 동양에서는 안 받는 것이 미덕이라고 합니다. 하지만 성경은 계속해서 이웃에게 나누어 주라고 말씀합니다. 주는 것이 사랑이라고 합니다. 그런데 중요한 것은 주기 위해서는 먼저 받는 데 성공해야 합니다. 받지못하면 줄 수도 없습니다. 자신이 인생의 주체가 되어서 '내가 얼마나 노력해서 모은 돈인데'라고 생각하면 어떻게 이웃에게 줍니까? 절대 주지 못합니다. '지금 내게 있는 돈은 하나님의 은혜로 온 것이다' 하고 생각할 때 남에게 줄 수 있습니다. 욥의 고백처럼, 모든 것을 하나님이 주셨는데 주지 못할 이유가 어디 있겠습니까?

모든 피조물은 창조주이신 하나님의 사랑을 공급받지 않고는 존재할 수 없습니다. 하지만 사탄은 하나님의 사랑에서 쫓겨나 가진 것이 하나도 없기 때문에, 도둑질하는 자요 빼앗는 자입니다(요 10:10). 사탄의 영이 역사하면 모든 것이 없어집니다. 죽고 파멸합니다.

사탄은 하와를 유혹할 때 선악과를 따먹으라고 했지 자기가 따서 주지 않았습니다.

사탄은 절대 줄 수 없는 자, 공급할 수 없는 자이기 때문입니다. 사탄은 광야에서 예수님을 시험할 때도 "네가 만일 하나님의 아들이어든 명하여 이 돌들로 떡덩이가 되게 하라"(마 4:3)면서 스스로 떡을 만들어 먹으라고 했습니다. 사탄이 떡을 만들어 입에 넣어 준 것이 아닙니다.

"우리는 다 양 같아서 그릇 행하여 각기 제 길로 갔거늘"(사 53:6). 저는 뉴질랜드에서 살았기에 양을 많이 보았습니다. 양의 눈은 가늘게 찢어져서 제대로 사물을 쳐다보지 못해 자기 멋대로 갑니다. 하지만 귀가 밝아 제 주인의 음성을 압니다. 예수님은 "귀 있는 자는 들을지어다"(마 11:15)라고 말씀하십니다. 우리는 양처럼 제대로 볼 수 없지만, 귀 있는 자는 듣고(생명과인 말씀을 먹고) 예수님을 따라갈 수 있습니다.

✚ 죄의 시작 _ 창 3장

타락의 과정

"여자가 그 나무를 본즉 먹음직도 하고 보암직도 하고 지혜롭게 할 만큼 탐스럽기도 한 나무인지라 여자가 그 열매를 따먹고 자기와 함께 있는 남편에게도 주매 그도 먹은지라"(창 3:6). 사탄은 우리를 눈에 보이는 것이나 말로 유혹합니다. 실제로 우리가 죄를 짓는 과정을 보면, 먼저 말이 들어오고 그다음 눈으로 봅니다. 사탄의 말이 들어왔을 때, 믿음의 방패요 성령의 검인 말씀으로 물리치지 못하면 말을 되뇌게 됩니다. '그것을 먹으면 진짜 지혜가 생기겠구나. 매우 탐스럽다' 자꾸 되뇌니까 욕망이 생깁니다. 그 순간, 욕망이라는 탱크가 확 밀고 들어와서 내 몸이 그대로 행동으로 옮깁니다. 이것이 타락하는 과정입니다.

우리는 하나님의 말씀인 성령의 검과 믿음의 방패, 예수님의 생명 없이는 결코 사탄의 유혹을 물리칠 수 없습니다. 사도 요한은 이 세상에 있는 먹음직스럽고 보암직하고 탐스러운 모든 것을 육체의 정욕, 안목의 정욕, 이생의 자랑으로 설명합니다. 이것은 전부 하나님으로부터 나온 것이 아니라 이 세상으로부터 나온 것입니다(요일 2:16). 육체의 정욕, 안목의 정욕, 이생의 자랑을 충족시켜 주는 것이 돈(money)입니다. 그래서 세상은 돈의 힘으로 움직입니다.

그런데 이 세상과 전혀 반대로 움직이는 곳이 교회입니다. 교회는 돈이 아니라 말씀(생명과)의 에너지로 움직이는 곳입니다. 새벽부터 밤늦게까지 애써서 번 돈을 교회에서는 버릴 수 있습니다. 교회에서는 세상의 자랑도 버릴 수 있습니다. 네로 황제 이후 세상의 왕과 권세가들이 교회를 그렇게 핍박했지만, 교회는 영원합니다. 교회는 말씀의 에너지로 움직이기 때문에 세상을 이길 수 있습니다.

에베소 교회에서 사역하고 있는 디모데에게 보낸 편지에서 사도 바울은 "돈을 사랑함이 일만 악의 뿌리가 되나니"(딤전 6:10)라고 했습니다. 믿는 사람들 중에서도 돈을 따라가며 좇다가 하나님의 사랑에서 떠나는 자들이 많다는 것입니다.

아담은 죄를 유산(원죄)으로 남겼습니다. 그 때문에 우리는 사는 동안, 계속해서 여러 죄를 범합니다. 이 모든 죄의 문제를 해결하기 위해 둘째 아담으로 예수 그리스도가 이 땅에 오셨습니다. 예수님은 가장 먼저 요단 강에서 요한에게 세례를 받으신 뒤에 성령님에 이끌려 유다 광야에서 마귀의 시험을 받으셨습니다. 바로 첫 아담의 죄 문제를 해결하시기 위해서였습니다.

타락의 결과, 저주

가장 먼저 뱀은 살아 있는 동안 흙을 먹어야 했습니다. "네가 이렇게 하였으니 네가 모든 가축과 들의 모든 짐승보다 더욱 저주를 받아 배로 다니고 살아 있는 동안 흙을 먹을지니라"(창 3:14). 사람의 육신, 짐승이 모두 흙으로 만들어졌습니다. 사탄도 흙을 무대로 살아갑니다. 예수님이 무덤가에 있는 귀신 들린 자를 쫓아낼 때, 그 귀신이 "저기 있는 돼지 떼에다가 집어넣어 달라"고 합니다. 사탄이 우는 사자와 같이 인간을 좇는 이유는 육이 없으면, 흙이 없으면 존재할 수 없기 때문입니다. 말 그대로 사탄은 존재하는 동안 흙을 먹고 또 흙바닥을 배로 기어다녀야 합니다. 그래서 주님은 "영으로 몸의 행실을 죽이면", 영으로 흙을 죽이면 살리라고 말씀하셨습니다.

죄의 결과, 여자는 해산의 고통을 겪게 되었습니다. 해산의 고통이란 출산의 고통뿐만 아니라 실제로 일생 동안 자녀로 인해 겪는 고통까지를 말합니다. 남자는 평생 수고하고 땀을 흘려야만 음식을 먹을 수 있게 됩니다. 에덴동산은 이제는 단지 먹기 위해서 고통 가운데 일하는 곳이 되었습니다.

지식탐구 6

예수님의 시험 과목

예수님의 시험 과목 세 가지는 바로 아담이 따먹었던 선악과의 문제(육체의 정욕: 먹음직, 안목의 정욕: 보암직, 이생의 자랑: 탐스러움)를 이겨 내는 것이었습니다.

첫 번째, 사탄은 40일을 금식하신 예수님께 "돌을 떡으로 만들어 먹으라"(육체의 정욕)고 합니다. 예수님은 "사람이 떡으로만 사는 것이 아니요 여호와의 입에서 나오는 모든 말씀으로 사는 줄을 네가 알게 하려 하심이니라"(신 8:3)는 생명과(말씀)로 이기셨습니다.

두 번째, 사탄은 천하만국과 영광을 보여 주며, "내게 엎드려 경배하면 보이는 모든 것을 다 주리라"(안목의 정욕)고 합니다. 그러자 예수님은 "사탄아 물러가라 기록되었으되 주 너의 하나님께 경배하고 다만 그를 섬기라 하였느니라"(마 4:10) 하셨습니다.

세 번째, 사탄은 주님을 성전 꼭대기에 세우고 "뛰어내리라 … 그들이 손으로 너를 받들어 발이 돌에 부딪치지 않게 하리로다"(마 4:6)라고 합니다. 이것은 곧 십자가를 지지 말고 영광 가운데 메시아로 인정받으라는(이생의 자랑) 유혹이었습니다. 그러나 주님은 고통과 멸시 속에서 낮아짐으로, 오직 십자가를 통해서만 메시아가 될 것을 선포하셨습니다.

이렇게 예수님은 아담이 실패한 시험 과목들에서 멋지게 승리하심으로써 원죄의 유산을 청산하고 구원의 길을 여셨습니다.

✚   구속 사역의 시작

타락 후 구속 사역의 시작 _ 에덴의 복음 선포

참으로 놀라운 것은 하나님의 구속 사역이 타락의 현장에서 출발했다는 것입니다. "네 후손도 여자의 후손과 원수가 되게 하리니 여자의 후손은 네 머리를 상하게 할 것이요 너는 그의 발꿈치를 상하게 할 것이니라"(창 3:15). 여인의 후손으로 오는 메시아가

114

사탄의 머리를 상하게 하리라는 이 말씀이, 하나님이 인류에게 주신 첫 복음(에덴의 복음)입니다.

하와는 '산 자의 어미'라는 뜻입니다. 하와는 영적으로 돕는 배필의 역할을 제대로 못했고 오히려 남편이 사탄의 유혹을 받도록 했지만, 산 자의 어미가 됩니다. 예수님은 밧모 섬에 있는 요한에게 이르기를 "곧 살아 있는 자라 내가 전에 죽었었노라"(계 1:18)고 하십니다. 이것은 주님이 십자가에서 죽으시고 부활하신 것에 대한 말씀입니다. 하와는 산 자의 어미로서, 메시아의 어머니가 된 것입니다.

가죽옷을 입히시다

아담과 하와가 자신들의 허물을 나뭇잎으로 가린 것처럼, 사람은 죄를 짓고 나면 눈에 보이는 것으로 자신을 가리려고 합니다. 그러나 허물은 보이는 것으로 결코 가려지지 않습니다.

하나님은 이들의 허물을 가죽옷으로 가려 주셨습니다. "육체의 생명은 피에 있음이라 내가 이 피를 너희에게 주어 제단에 뿌려 너희의 생명을 위하여 속죄하게 하였나니 생명이 피에 있으므로 피가 죄를 속하느니라"(레 17:11). 피 흘림이 없으면 죄 사함이 없습니다. "율법을 따라 거의 모든 물건이 피로써 정결하게 되나니 피 흘림이 없은즉 사함이 없느니라"(히 9:22). 왜냐하면 생명은 피에 있기 때문입니다. 그래서 예수님이 어린양으로 죽으신 것입니다. 예수님은 양의 피를 흘리고 그 가죽으로 옷을 입혀 주신 분이시며, 죄의 현장에서 구속 사역을 시작하신 분입니다. 하와는 나뭇잎을 가죽옷으로 바꿔 입어 에덴에서 벌어진 인류 최초의 패션쇼 모델이 된 셈입니다.

에덴동산에서 쫓아내시다

죄 지은 자를 에덴에서 쫓아내는 것, 이것이야말로 진정한 구속 사역의 축복이며 은혜입니다. 죄인을 에덴에 그대로 둔다면, 이들은 결코 하나님을 찾을 기회가 없을 것입니다. 그렇기 때문에 죄 지은 자를 에덴동산에서 추방하셨습니다. 하나님의 구속 사역은 이때부터 시작됩니다.

추방된 죄인들은 세상에 나와서 죄를 증폭시킵니다. 아담과 하와 부부의 아들인 가인이 엄청난 살인죄를 짓는 것을 보면 충분히 알 수 있습니다.

그러나 죄의 삯은 사망이라서 에덴에서 추방된 인간은 죗값으로 엄청난 고통을 치르게 되며, 그 고통 속에서 구원해 줄 이를 찾게 됩니다. 하나님의 구원 방식은 아버지 품을 떠난 탕자가 자신을 구원해 줄 아버지를 기억해 내고 스스로 아버지의 사랑의 품으로 돌아오게 하는 것입니다(눅 15:20).

✚ 영적 전쟁의 시작 _ 창 4장

가인의 제사와 아벨의 제사

첫 번째 영적 전쟁은 가인의 제사와 아벨의 제사에서 시작됩니다. "믿음으로 아벨은 가인보다 더 나은 제사를 하나님께 드림으로 의로운 자라 하시는 증거를 얻었으니 하나님이 그 예물에 대하여 증거하심이라 그가 죽었으나 그 믿음으로써 지금도 말하느니라"(히 11:4). 하나님은 믿음으로 양의 첫 새끼를 드린 아벨의 제사를 매우 기쁘게 받으셨습니다. 그러나 가인이 드린 땅의 소산, 곡식은 받지 않으셨습니다. 아벨은 양치는 자였고, 가인은 농사꾼이었습니다. 그들은 땅에서 자신의 노력으로 얻은 결실을 바쳤는데 무엇이 잘못되었을까요? 성경이 말씀하는 것은, 아벨은 믿음으로 드렸다는 것입니다.

가인은 하나님이 자신의 예물을 받지 않으시는 것을 보고 원망과 분노가 극에 달합니다. 하나님이 가인에게 말씀하십니다. "네가 분하여 함은 어찌 됨이며 안색이 변함은 어찌 됨이냐 네가 선을 행하면 어찌 낯을 들지 못하겠느냐"(창 4:6-7). 그가 진정으로 선한 동기로 예물을 드렸다면 분노할 이유가 없을 것입니다. 가인은 이미 마음에 악한 마음을 품고 있었습니다.

왜 그럴까요? 아벨은 양의 새끼를 믿음으로 드렸다고 했습니다. 이 믿음이 어디서 나왔겠습니까? 바로 에덴동산에서 하나님이 지어 주신 가죽옷에서 나왔습니다. 가인과 아벨은 아담에게서 분명히 에덴의 복음을 들었을 것입니다. 아벨은 그 아버지의 말씀을 믿고 양의 첫 새끼를 드렸습니다. 양의 피를 드린 것입니다. 피를 드렸다는 것은 "나는 죄인입니다. 우리 아버지 어머니가 하나님 아버지의 말씀에 불순종했습니다. 나는 바로 그 죄를 지은 자의 자식입니다. 이 죄인을 용서해 주옵소서" 하는 뜻입니다.

양의 피라는 제물 자체가 바로 아벨이 믿음으로 드렸다는 것을 뜻합니다.

반면에 가인은 땅의 소산을 드립니다. 땅의 소산이 나쁘다는 것이 아니라, 이것이 이방인의 제사이기 때문에 문제입니다. 이방인의 제사는 "내가 피땀 흘려 노력한 결과를 창조주 당신께 드리니 당신도 그에 합당한 것을 내게 주시오" 하는 교환 개념에서 출발합니다. 가인은 기복 신앙의 함정에 빠진 것입니다.

인간이 누군가에게 정성을 바칠 때는 반드시 '나'의 목적이 있습니다. 하나님은 이것을 '죄'라고 하십니다. 하나님이 원하시는 것은 믿음의 고백입니다. "나는 부족한 죄인입니다. 나는 하나님의 은혜 없이 결코 죄 사함 받을 수 없습니다" 하는 고백이야말로 하나님의 사랑과 은혜를 구하는 귀한 기도입니다.

아벨의 죽음과 셋의 탄생

결국 가인은 아벨을 죽입니다. 하나님이 주신 아름다운 에덴동산에서 아담과 하와가 선악과를 따먹고 타락했을 뿐만 아니라, 그들의 장자인 가인이 하나님 앞에 죄인임을 고백하는 동생 아벨을 죽였습니다. 하나님은 죽은 아벨 대신에 셋을 주십니다. 아벨의 피로 셋과 그 후손들을 대속해 주십니다. 아벨의 피와 셋의 대속은 예수 그리스도 십자가 사건의 예표입니다.

성경에는 셋의 계보를 설명하고 있습니다. 우선 셋의 첫 아들 에노스가 에덴동산에서 사람이 창조된 이래 처음으로 하나님께 예배를 드립니다. 에노스의 후손 에녹은 65세에 므두셀라를 낳고, 평생을 하나님과 동행하다가 죽음을 보지 않고 하늘로 들려 올라갔습니다. 에녹의 아들 므두셀라 역시 하나님과 동행했으며, 성경에 기록된 사람 중에서 969세로 가장 장수했던 사람입니다. 므두셀라의 손자가 바로 의인 노아입니다. 셋의 계보는 하나님의 아들들의 계보입니다.

가인의 성

가인은 에덴 동쪽으로 나와 놋 땅으로 갑니다. 가인은 그곳에서 아들 에녹을 낳고, 자신의 아들 이름을 따서 에녹 성을 건축합니다(셋의 후예 에녹과 헷갈리면 안 됩니다).

가인이 자신의 아들 이름을 따서 지은 에녹 성은 하나님이 없으면, 사람끼리 뭉치게 된다는 것을 보여 줍니다. 그들은 성을 쌓고 자기들의 문화를 만들고 스스로 살 공간을 만듭니다. 이것은 내 힘으로 돌을 쌓아서 나를 지키겠다는 의지입니다. 내가 나의 주인이 되겠다는 의지입니다.

반면 아브라함과 이삭과 야곱, 그 믿음의 족장들은 성을 쌓지 않았습니다. 그들은 하나님이 약속한 땅을 주셨음에도, 그 땅에 들어가서 이방인처럼 텐트를 들고 다녔습니다. 텐트란 임시로 머무는 곳이지, 집이나 성이 아닙니다. 이들은 하나님이 계획하시고 세워 주실 예루살렘 성을 바라보면서 성을 쌓지 않았습니다(히 11:9-10).

세상 문명의 시작

인류 문명의 효시는 '라멕의 칼의 노래'입니다. 가인이 세상에 나간 이후로, 가인의 후손인 라멕이 등장합니다. 라멕은 장군이었던 것 같습니다. 어떤 소년 하나가 라멕에게 원한을 품었는지, 라멕을 창으로 찔러 죽이려고 했습니다. 약간의 상처만 입었던 라멕은 그 소년을 무자비하게 칼로 죽인 다음에 일부다처제를 시작합니다. 라멕 때문에 인간의 죄가 증폭되는, 인간의 문명이 시작됩니다.

라멕의 세 아들 중 두 아들은 인류 문화와 문명의 시조입니다. 유발은 세상 음악을 만들고, 두발가인은 무기를 만들었습니다. 두발가인의 무기 때문에 강한 자가 약한 자를 잡아먹는, 약육강식의 시대가 시작됩니다. 고대에는 무기를 가진 자가 이웃을 착취하고 다른 사람을 지배하는 지도자가 되었습니다.

언뜻 보기에 인간들이 만들어 낸 문화와 문명이 우리에게 편리함과 풍성함을 주는 것 같지만, 마지막은 비참할 뿐입니다. 가인의 후손들은 세상의 문명과 문화를 이루고 이끌면서, 셋의 후예들, 즉 하나님께 처음으로 예배드린 셋의 아들 에노스와 그 후 하나님과 동행했던 에녹, 므두셀라, 노아와 같은 하나님의 사람들과 영적 대결을 벌입니다.

 **홍수 심판** _ 창 6-9장

✤　　**세상의 딸들과 결혼하다** _ 양심 시대

시간이 흘러 하나님의 아들들, 하나님과 동행하며 하나님만을 예배했던 셋의 후예들이 세상의 딸들 미모에 빠져서 그들과 결혼했습니다. 그래서 성경은 에녹과 므두셀라와 에노스와 동행했던 하나님의 성령이 그 자손들에게서 떠나 버렸다고 기록하고 있습니다. 결국 이들에게 남은 것은 심판이었습니다.

　하나님은 사람을 지으신 것을 한탄하셨습니다. 세상에 죄악이 가득했기 때문입니다. 인간의 죄가 너무 커져서 팽배해진 것입니다. 사람이 생각하고 계획하는 것이 악해서 하나님이 인간들을 쓸어버리기로 결심하십니다. "만물보다 거짓되고 심히 부패한 것은 마음이라"(렘 17:9). 이것이 하나님이 설명하시는 홍수 심판의 이유입니다.

　모든 만물들은 하나님의 선하신 뜻에 따라 움직입니다. 그러나 사람은 자유의지가 있어서 하나님 영의 말씀을 따라서 움직이든지, 세상 영의 말을 따라서 움직이든지 둘 중 하나를 선택할 수 있습니다.

　홍수 심판이 일어나기 전까지는 양심의 시대입니다. 하나님이 모세를 통해 율법을 주시기 전까지 이 땅에는 하나님의 말씀이라는 기준이 없었습니다. 그래서 사람들의 양심에 맡겨 놓았습니다. 하나님의 말씀이 없는 인간의 양심은 시간과 공간에 따라서 변화합니다. 그렇기 때문에 양심은 부패할 수밖에 없고, 더러워질 수밖에 없습니다.

✤　　**깊음의 샘들이 터지다**

하나님이 세상을 쓸어버리려고 하실 때, 노아는 하나님의 은혜를 입어서 의인이라 칭함을 받습니다. 노아와 그의 아내, 세 아들들인 셈, 함, 야벳과 그들의 부인까지 모두 8명이 남은 자가 됩니다.

노아는 하나님의 명령에 순종해서 방주를 120년 동안 지었다고 사람들은 추정합니다. 하나님은 왜 120년 동안이나 방주를 짓도록 하셨을까요? 이 기간에 사람들이 회개하고 돌아오길 기다리신 것입니다.

120년 동안 참으신 하나님은 노아가 600세 되던 해에 결국 홍수로 이 땅을 쓸어버리기로 작정하시고 40일 동안 비를 내리셨습니다. 천지창조의 둘째 날에 나오는 궁창은 위의 물과 아래의 물로 나뉘는데, 이 홍수 때 궁창 위에 있던 물을 아래로 부으신 것으로 추정합니다. "그날에 큰 깊음의 샘들이 터지며 하늘의 창문들이 열려"(창 7:11). 땅속에 품고 있던 물까지도 전부 뿜어내 육지를 모두 덮어 지구상에는 어떤 물체도 보이지 않았습니다. 세상은 완전히 물속에 잠겼습니다.

하나님은 말씀으로 궁창을 위와 아래로 나누어 혼돈을 질서로 바꾸셨는데, 인간이 악한 생각과 계획으로 죄를 짓자 홍수 심판을 통해 세상을 다시 혼돈 속으로 집어넣으셨습니다.

혼돈의 문제를 해결하는 것은 오직 하나님의 말씀과 그 말씀의 활력입니다. 기도할 때, 말씀을 고백할 때 나오는 에너지로만 혼돈을 해결할 수 있습니다. 너무 힘들고 어려워 앞이 보이지 않을 때일수록 은혜의 말씀 앞에 엎드려 회개하고 기도하면 내 안의 하늘이 뻥 뚫립니다. 하늘이 뚫릴 때 드디어 내 안에 한줄기 빛, 하나님의 생명의 광채가 비춥니다. 문제가 해결됩니다.

노아의 방주는 7개월 동안 표류했으며 물이 빠지는 데는 4개월이나 걸렸습니다. 처음에는 까마귀를, 다음에는 비둘기를 내보냅니다. 비둘기가 물어 온 종려나무 잎사귀를 보고, 노아의 가족들은 드디어 방주에서 나옵니다. 이들은 방주 속에 갇혀서 약 1년 동안을 헤매야 했지만 지구상에서 심판을 면한 유일한 생존자(남은 자)였습니다.

✚   홍수 뒤에 베푸신 하나님의 은혜

물이 빠지고 나서 노아의 가족들은 방주에서 나왔습니다. 이제부터는 지도가 필요합니다. 인류의 역사는 홍수 심판 후부터 시작되기 때문입니다. 기억을 다시 더듬어서, 30초 만에 성경 지도를 그려 봅시다. 빵 하나, 포크 하나를 그린 다음에 닭 다리를 그립니다. 그 밑에 돼지 족발이 있고, 그다음에 코브라의 머리에서 혀가 날름거리는 모양이 구약 지도의 전부라고 했습니다. 최근 노아의 방주가 발견된 곳이 아라랏 산입니다. 아라랏 산은 티그리스 강 저 위쪽, 오늘날 터키에 있는 산입니다. 이 아라랏 산 위에 방주가 걸렸습니다.

에덴의 언약을 재확인해 주심

방주에서 나온 노아의 가족은 하나님과 언약을 맺습니다. "하나님이 그들에게 복을 주시며 하나님이 그들에게 이르시되 생육하고 번성하여 땅에 충만하라, 땅을 정복하라, 바다의 물고기와 하늘의 새와 땅에 움직이는 모든 생물을 다스리라 하시니라"(창 1:28). 에덴동산에서 아담과 하와에게 주신 축복의 말씀을, 방주에서 나온 노아와 가족들에게 동일하게 하신 것입니다.

그리고 이때 육식을 허용하십니다. 하나님은 6일 동안 천지창조를 하신 후 사람에게 식물만 허용하셨지만, 홍수 심판이 있은 후에는 육식을 허용하십니다.

노아 가족이 방주에 있는 1년 동안 세상은 완전히 물속에 잠겨 있는 상태였습니다. 그러니 아라랏 산에 도착해서 배에서 나온 노아의 가족 여덟 명은 무엇을 먹고 살았을까요? 1년간 물에 잠겼던 땅에서 농사가 가능했을까요? 식물은 찾아볼 수가 없었을 것입니다. 이들의 유일한 식량은 방주에서 함께 생활했던 동물들이었습니다. 동물들이 그 안에서 새끼를 낳고 번성했기 때문에, 하나님은 육식을 허용하신 것입니다. 때를 따라 도우시는 은혜의 하나님이시요, 자비의 하나님이십니다. 이때부터 동물들은 사람을 두려워하게 됩니다(창 9:2).

최초의 율법을 주심

처음에 가인은 살인죄를 지었지만, 하나님이 은혜를 베풀어 살려 주셨습니다. 그런데 노아 홍수 심판 이후에 하나님은 최초의 율법으로 "살인하지 말라"는 말씀을 주십니다(창 9:6). 이제는 구체적으로 살인한 자는 반드시 처형하라고 하십니다. 하나님이 사람을 하나님의 사랑의 대상으로, 하나님의 형상으로 지으셨기에 사람을 죽이는 것은 곧 하나님을 죽이려 한 것이기 때문입니다. 나중에 모세를 통해 주시는 6계명 "살인하지 말라"는, 이미 노아를 통해 인류에게 주신 첫 계명이었습니다.

이때부터 경찰 제도와 재판 제도가 생깁니다. 그래서 홍수 심판 이후의 시대를 '인간 정부 시대'라고 이름 붙일 수 있습니다. 인간의 정부가 들어서서 경찰이 살인자를 잡고 재판하는 제도가 생겨난 것입니다.

무지개 언약을 주심 _ 창 9:11-16

방주에서 나온 노아 식구들에게 하나님은 무지개를 증표로 주십니다. 하나님은 때마다 심판하지 않으시고, 메시아 재림 이후로 모든 죄인의 심판을 연기하겠다고 약속해 주십니다. 이 언약을 무지개 언약이라 합니다. 맥잡기🏁 알곡이 다칠까 봐 추수 때까지 가라지를 뽑지 말라는 마태복음 13장의 가라지 비유는 무지개 언약을 말씀하는 것입니다.

✚   노아의 범죄

첫 열매를 드리지 않음

노아는 홍수 후에 은혜의 언약을 받았는데도 범죄를 저지릅니다. 하나님이 땅을 마르게 하셔서 하나님의 은혜로 농사를 짓고 첫 열매를 수확했지만, 그것을 하나님께 드리지 않았습니다. 성경에서는 하나님께 첫 열매 드리는 것을 계속 강조하고 있습니다.

예루살렘에 있는 통곡의 벽에 가면, 유대인들이 까만 옷을 입고 이마에 성냥갑처럼 생긴 까만 것을 붙이고 팔에도 까만 성냥갑 같은 것을 매달아 묶어서 흔들며 기도하는 것을 볼 수 있습니다. 성냥갑처럼 생긴 이것은 하나님의 말씀을 깨알같이 써 놓은 것입니다. 유대인들은 신명기 말씀에 따라 기도하고 있는 것입니다. "너는 또 그것을 네 손목에 매어 기호를 삼으며 네 미간에 붙여 표로 삼고"(신 6:8). 제가 호기심으로 하나 사서 보니, 그 안에 쓰여 있는 대부분의 말씀의 내용은 "첫 열매를 하나님께 드리라"였습니다. 물론 그 이외의 다른 말씀도 있었지만, 그 정도로 유대인은 율법에서 하나님께 첫 열매 드리는 것을 가장 중요하게 여깁니다.

그런데 노아는 농사의 첫 열매를 하나님께 드리지 않고 술을 담가 먹었습니다. 그러고는 술에 취해서 하의를 벗었습니다. 자기 의지를 사탄에게 맡겨 버리고 범죄했습니다(창 9:20-21). "의인은 없나니 하나도 없으며"(롬 3:10). 참으로 옳은 말씀입니다.

가나안의 남색

노아의 범죄는 하체를 드러낸 것입니다. '아니 술 먹고, 혼자서 옷을 벗든 말든 이것이 왜 죄인가?' 하고 생각할 수도 있지만 성경은 죄라고 말씀합니다. 그 이유는 다음과 같습니다.

노아의 벗음을 가나안의 아비 함이 보고 자기 형제들에게 고합니다. 이 일로 함이 저주를 받습니다. 그런데 어찌하여 다른 형제들은 셈과 야벳이라고 하고 함의 경우에만 가나안의 아비라고 불렀을까요? 이 가나안은 누구입니까? 함의 막내아들입니다. 성경은 반드시 '가나안의 아비 함'이라고 합니다. 첫아이도 아닌 막내아들의 이름을 붙여서 가나안의 아비 함이라고 하는 이유는 막내아들이 죄를 지었기 때문입니다.

노아는 술 깬 후에 함이 아비의 하체를 보고 나와서 형제들에게 고한 것을 알고는 분노하며 저주합니다. 노아의 저주는 가나안을 향합니다. 가나안은 종들 중에서도 가장 낮은 종이 되어 형제들을 섬겨야 한다는 아주 심한 저주를 받습니다. 왜 그랬을까요? '하체를 드러냈다'는 것은 히브리어에서 '남색'을 뜻한다고 합니다. 남색을 영어로 하면 'gay', 동성연애를 말합니다.

이 범죄 사건을 정리해 보면 다음과 같습니다. 노아가 하나님께 첫 열매를 드리지 않고, 술을 먹고 자기의 의지를 사탄에게 주었을 때, 손자인 가나안이 들어가서 이상한 짓을 했다고 해석할 수 있습니다. 이것을 가나안의 아비 함이 우연히 보고 놀라 "이것을 어쩌나" 하며 형제들에게 고했을 때 셈과 야벳이 옷을 들고 뒷걸음질 쳐서 덮어 준 것입니다.

그래서 노아는 셈, 함, 야벳 세 형제 중에 두 형제인 셈과 야벳에게는 축복을 주면서, 가나안의 아비 함과 그 후손에 대해서는 저주했습니다.

저주받은 가나안은 가장 먼저 아라랏 산을 떠나 가나안 땅에 들어갑니다. 젖과 꿀이 흐르는 이 땅을 가나안이 제일 먼저 차지합니다. 가나안의 일곱 족속이 머문 땅은 나중에 이스라엘 백성들, 하나님의 백성들이 차지할 땅입니다. 하나님은 바로 이 가나안 땅에 호흡이 있는 것은 사람이든 짐승이든 하나도 남기지 말고 멸절하라고 명하셨습니다.

왜 그런 심판을 명했을까요? 가나안이 아라랏 산에서 성범죄를 짓고 도망간 곳이기 때문입니다. 가나안 땅에서 섬겼던 바알 신화는 이 세상에서 유래 없는 그룹 섹스를 신격화한 것입니다. 성은 인간에게 있어서 가장 나약한 부분이며 유혹받기 쉬운 부분입니다. 이스라엘 백성들이 가나안 땅에 들어가게 되면 이러한 죄를 범하기 쉽기 때문에 하나님은 가나안 사람들을 가만둘 수 없었습니다.

가나안은 동으로 만든 바알 우상뿐만 아니라, 바알 우상의 파트너인 아세라 목상도 섬겼습니다. 아세라 목상은 나무를 깎아서 여인의 몸처럼 만든 기둥같이 생긴 것입니다. 여자의 가슴과 엉덩이 부분을 두드러지게 강조해서 이것을 만지면서 음란한 생각을 키우게 했습니다. 분열왕국 시대에 아달랴 여왕, 아합 왕의 아내 이세벨과 같은 여인들이 아세라 목상을 철저히 섬겼습니다. 동성연애도 여기서 나온 것이라고 추정할 수 있습니다.

노아의 범죄는 인류에게 죄의 유산을 남겼습니다. 의인은 없으되 하나도 없습니다. 하지만 하나님은 노아가 의인이었기 때문에 홍수 심판에서 구해 주신 것이 아니라, 하나님의 은혜로 구해 주신 것입니다.

노아는 범죄 이후 "셈의 하나님 여호와를 찬송하리로다"(창 9:26)라고 말합니다. 물론 셈이 옷으로 아버지를 덮어 주었기도 하지만, 그것보다는 평소에 셈이 하나님을 찬양하고 섬겼던 것을 알았기 때문에 셈의 하나님을 찬양했던 것입니다. 그리고 셈과 야벳을 축복합니다. "하나님이 야벳을 창대하게 하사 셈의 장막에 거하게 하시고"(창 9:27)라고 합니다. 하나님은 야벳의 영토를 넓혀 주실 뿐 아니라 영적 축복도 주셨습니다.

✚ 민족의 기원

홍수 심판 후에 노아의 세 아들 셈, 함, 야벳에 의해 민족이 시작됩니다. 세 아들 중에 셈이 장자입니다. 그런데 성경은 죄인의 족보를 먼저 쓰고, 하나님의 사람을 나중에 기록합니다.

함은 오늘날 흑인의 조상입니다. 함의 장자 구스가 정착한 곳은 오늘날 에티오피아

그리스도인이 술 마시는 것은 죄인가?

예전에 저는 예수님을 믿으면서도 술 마시는 것에 전혀 가책을 느끼지 않았습니다. "성경에 술 취하지 말라고 그랬지(엡 5:18), 술 먹지 말라고 그랬나?" 제게 참으로 위로가 됐습니다.

그런데 '술 먹는 것'은 문제가 있습니다. 우리가 술을 먹으면 술만 먹는 것이 아닙니다. 술을 마시면 반드시 식욕과 성욕이 따라오게 되어 있습니다. 안주와 함께 먹고, 이성과 함께 마시려고 합니다. 술은 육의 것에만 관심을 갖게 하는 사탄의 계략에 끌려가게 합니다.

술 취한다는 말은 무슨 뜻입니까? 술을 마신다는 것은 내 자유의지를 사탄에게 주는 것입니다. 자유의지를 알코올과 함께 던져 버리면, 사탄이 얼마든지 농락합니다. 옆 사람을 주먹으로 때리기도 하며, 발로 부숴 버리기도 하고, 다른 사람의 육체를 착취하기도 하는 것입니다. 그래 놓고는 다음 날 일어나서 "나는 전혀 모르겠는데"라고 말합니다. 자신의 자유의지를 스스로 포기해 버렸기 때문에 모르는 것입니다. 그러니 술을 마시면, 성령님이 내 안에 오셔서 사탄에게 빼앗겼던 자유의지를 회복하기 전까지는 사탄이 끄는 대로 끌려다닐 수밖에 없습니다.

"그는(성령은) 진리의 영이라"(요 14:17). "진리가 너희를 자유롭게 하리라"(요 8:32). "술 취하지 말라 이는 방탕한 것이니 오직 성령으로 충만함을 받으라"(엡 5:18). 믿음은 의지의 결단입니다. 내 완벽한 자유의지로 주님 앞에 나를 드리는 것입니다. 술 취하면 썩을 것밖에 거둘 수 없다는 사실(합 2:5)을 잊지 마십시오.

로 애굽의 나일 강 하류 부분, 홍해가 있는 곳입니다. 둘째 아들 미스라임은 애굽 사람들의 조상이 되었다고 성경은 기록하고 있습니다. 그리고 애굽 옆에 있는 것이 리비아인데, 셋째 아들 붓이 리비아의 조상이 됩니다. 넷째 아들은 가나안입니다.

야벳은 오늘날의 백인입니다. 노아는 야벳을 창대케 하리라고 축복합니다. 성경은 야벳이 지중해 해변을 따라서 쭉 뻗어 나갔다고 했습니다. 지중해 위쪽에 있는 것이 유럽입니다. 유럽에 엄청난 물질의 축복을 주시고 이들을 창대하게 해서 영토를 넓혀 주시겠다는 것입니다. 헬라에 의한 지배, 로마에 의한 전 세계의 지배, 19세기 영국의 지배, 오늘날 미국의 지배는 바로 노아가 야벳을 축복했기 때문이라고 해석할 수 있습니다.

야벳은 셈의 장막에 거할 것이라고 했습니다. 셈은 동양 사람입니다. 성경에서는 셈의 셋째 아들 아르박삿에 대해 이야기하고 있습니다. 아르박삿의 손자 에벨이 모든 히브리 족속의 조상이 되었다고 설명합니다. 라틴어 계통에서는 'H'가 묵음입니다. 모든 히브리인의 조상이 된 에벨에 'H'를 붙여 히브리가 된 것으로 추정할 수 있습니다. 에벨에서 데라와 아브라함이 나옵니다. 그러므로 셈은 동양인, 중동 사람을 말합니다. 특히 히브리 사람들, 이스라엘 백성들을 이야기하는 것입니다.

성경에 나오지는 않지만, 고대사에 수메르 족이 나오는데 이것이 셈에서 나온 말입니다. 이 수메르 족이 바벨론 근처에 있다가 니므롯에게 동쪽으로 쫓겨 가다 동아시아에서 소멸했다고 나옵니다. 이에 근거해 볼 때 극동의 동양인은 수메르 족속의 후예가 아닌가 생각됩니다. 우리 동양인은 모두가 셈 족인 것입니다. 이 세 민족이 노아 홍수 후에 흩어져서 오늘날과 같은 인류의 계보로 정해졌다고 봅니다. 하나님은 셈의 후예, 히브리인 아브라함을 세계 모든 민족의 복의 근원이 되게 하셨습니다. 아브라함의 후손으로 오신 예수 그리스도를 통해 복음이 전 세계에 퍼지게 된 것입니다.

맥잡기! 신약 시대 사도 바울은 안디옥 교회에서 출발해 소아시아 지역의 갈라디아 지방을 향해 전도여행을 떠납니다. 바울은 아시아 지역을 전도하려 했지만, 예수의 영이 이를 막으시고 건너편에 거하는 유럽, 빌립보에 있는 마게도냐 사람이 나타나 "마게도냐로 건너와서 우리를 도우라"(행 16:9) 하는 환상을 봅니다. 결국 사도 바울은 2차 전도여행 때 복음을 들고 유럽으로 가서 빌립보 교회를 세우고, 복음화를 이루었습니다. 그야말로 야벳이 셈의 장막에 거하는 것을 봅니다. 갈라디아(소아시아) 다음으로 유럽이 복음화되었고, 이들이 복음을 가지고 지구를 한 바퀴 돌아 미국을 거쳐서 우리나라까지 복음이 전해진 것입니다.

바벨탑 사건 _ 창 11장

✛ 인류 문명의 발전

성경에서는 바벨탑을 시날 평지에 쌓았다고 했는데, 시날 평지는 유프라테스 강과 티그리스 강이 만나는 지점입니다. 시날 평지는 니므롯 제국의 중심지였습니다. 이곳에 바로 바벨론 제국이 세워집니다. 니므롯은 함의 첫째 아들 구스의 막내아들입니다. 니므롯은 아라랏 산에서 내려와서 멀리 가지 않고 유프라테스 강과 티그리스 강이 만나는 메소포타미아 평야 아래 시날 평지에 정착합니다.

창세기에는 니므롯을 용감한 사냥꾼이라고 설명하고 있습니다(창 10:8-9). 어떤 사냥꾼일까요? 바로 사람 사냥꾼이었습니다. 니므롯은 무기를 가지고, 약육강식의 시대를 열고, 에녹 성을 쌓고 살다간 가인의 후예입니다. 나중에 니므롯이 중심이 되어 앗수르와 시리아도 점령해서 바벨론 제국을 형성합니다. 이로 비추어 볼 때, 바벨탑 사건의 주동 인물은 니므롯입니다. 비옥한 메소포타미아 평야에서 인간 중심으로 살아가다 보니, 인본주의가 발달합니다. 인본주의가 발달해서 소위 인류의 문명이 탄생하고 발전한 것입니다.

인류 문명 중에서도 기하학이 발달했는데, 당시 바벨론의 기하학은 대단했습니다. 기하학의 기초는 점이 모여 선이 되고, 선이 모여 면이 되는 것입니다. 면이 쌓이면 입체가 되는데, 그래서 벽돌이 만들어졌습니다. 때문에 바벨탑의 벽돌은 기하학에 기초하고 있습니다. 그들은 벽돌을 모아서 계속 쌓으며 하늘까지 나아가 "성읍과 탑을 건설하여 그 탑 꼭대기를 하늘에 닿게"(창 11:4) 했습니다. 이 탑에 이름을 적어서 "우리 이름을 내고 온 지면에 흩어짐을 면하자"(창 11:4)고 합니다. 그러니까 하나님이 되자는 겁니다.

사람의 이름을 적어 탑을 아무리 높이 쌓는다고 한들 하늘 끝에 닿을 수 있겠습니까? 하늘에 닿을 수는 없습니다. 하나님은 '사람들의 생각과 계획이 정말로 악한 것뿐이로구나' 하시고는 친히 내려와서 이 탑을 무너뜨리고 언어를 혼잡케 하십니다. "온 땅의 언어가 하나요 말이 하나였더라"(창 11:1). 바벨탑 사건의 결과로 하나였던 언어가 여러 가지의 언어가 되었습니다.

맥잡기⁺ 구약이 끝나고 말라기 선지자가 왔을 때, 400년 동안 이 땅에 하나님의 말씀이 끊어졌습니다. 예수님이 오실 때까지 하나님은 왜 침묵하셨을까요? 사실 하나님은 그 기간 동안 엄청난 일을 하셨습니다. 그 중 하나가 헬라어를 예비하신 것입니다. 메시아가 이 땅에 오셨을 때, 복음이 전 세계로 퍼져 나갈 수 있도록 로마 시대 헬라어로 언어를 통일하신 것입니다. 헬라어에 능숙했던 바울을 통해 전광석화처럼 전 세계로 복음이 퍼져나가는 놀라운 역사가 일어났습니다. 바벨탑에서 언어를 흩으신 다음에 복음이 전파될 때를 위해서 하나님은 헬라어를 준비하셨고, 오늘날은 영어를 세계 공용어가 되게 하셨습니다. 또한 성령을 통해 방언을 공용어로 주셨습니다.

하나님은 인류의 범죄 현장, 하나님을 대적하려고 쌓은 바벨탑이 있는 자리에서 한 사람을 부르셨습니다. 바로 아브라함입니다. 이 아브라함을 통해 하나님은 구속 사역

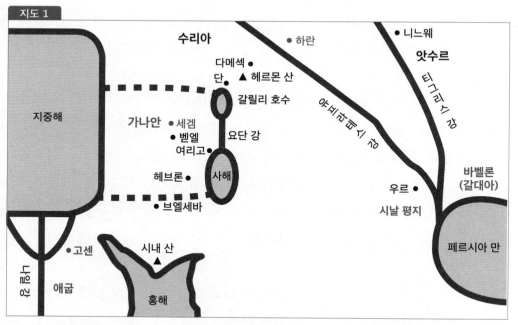

창조 시대 바벨론 시날 평지에서 사람들은 자신의 이름을 빛내고자 하나님을 반역하며 바벨탑을 쌓았습니다. 이곳은 심판의 현장이 되었습니다.

을 시작하십니다. 메시아이신 예수 그리스도를 이 땅에 보내시기 위해 하나님만 예배하는 공동체, 특별한 민족, 구별된 민족을 준비하시는 것입니다. 한 나라와 한 민족을 선택하신 것이 아니라, 아브라함이라는 한 믿음의 씨앗을 불러내십니다.

바로 바벨탑이 있었던 곳에서 "너는 너의 고향과 친척과 아버지의 집을 떠나 내가 네게 보여 줄 땅으로 가라"(창 12:1)고 말씀하십니다. 갈대아는 바벨론의 다른 명칭입니다. 하나님은 사람들끼리 뭉쳐 있을 때가 아니라 흩으신 다음에 한 사람을, 한 영혼을 만나 주십니다. 그때부터 아브라함의 하나님, 이삭의 하나님, 야곱의 하나님, 믿음의 족장 시대가 펼쳐집니다.

살인자에게 은혜를 베푸시는 주님

성경은 살인자였던 가인의 후손에 대하여 이야기하고 있습니다. 하나님은 살인자인 가인에게도 은혜를 베푸셨습니다. 살인자 가인이 "이제 내가 이 동산에서 쫓겨나서 에덴의 동편으로 가게 되면, 누군가가 나를 죽일 것 같습니다. 그러니까 저를 죽지 않도록 이 두려움을 면하게 하여 주십시오"(창 4:13-14 참조)라고 간구합니다.

가인은 아벨을 돌로 쳐 죽이고 나서 하나님이 "가인아, 네가 어디 있느냐? 네 동생이 어디 있느냐?"고 물으셨을 때 "제가 동생을 지키는 자입니까?"라고 항의했던 사람입니다. 이런 살인자에게 하나님은 은혜를 베푸십니다. "너는 절대로 죽지 않을 것이다. 가인을 죽이는 자에게는 벌이 일곱 배나 더할 것이다"(창 4:15 참조)는 말씀과 함께 징표를 주십니다.

이 성경 말씀을 읽고 다음과 같이 반문하는 사람들이 종종 있습니다. "아니, 당시에는 분명 아담과 하와, 가인밖에 없었을 텐데 누군가가 나를 만나면 죽일 것이라는 말은 이 세상에 다른 사람들이 있었다는 것입니까?"

히브리 사람들의 사고는, 오늘날 헬라 사고방식을 가진 우리와는 다릅니다. 그렇기 때문에 우리는 자꾸 성경을 합리적·이성적·논리적으로 보려고 합니다. 그래서 모순이 너무 많다고 느낍니다. 가인이 동생을 죽이고 도망갈 당시 이 땅에는 사람이 없었습니다. 심리학자에 의하면, 사람이 살인을 하고 나면 제일 먼저 마음에 드는 생각이 다른 사람이 자기를 죽일 것 같은 공포라고 합니다. 그러니까 가인이 느낀 것은 살인자들이 일반적으로 느끼는 죽음에 대한 두려움이었습니다. 이러한 맥락에서 가인을 죽인 자는 벌이 일곱 배라고 말씀하신 것도 그 당시에 누가 있어서가 아니라, "너는 결코 죽지 않고 하나님의 은혜로 살 것이다"라는 하나님의 은혜를 강조한 것입니다.

하나님은 살인자에게도 은혜를 베푸십니다. 하나님은 우리를 단 한 번의 실패로 심판하지 않고, 한 번의 범죄로 우리를 멸망시키지 않으신다는 것입니다. 가인은 쫓겨났지만 그를 죽이지 않으셨을 뿐만 아니라, 그에게 은혜를 베푸시고 징표까지 주셨습니다. 하나님은 우리가 잘못했을 때 기회를 주고 오래 참으며 기다리신다는 것을 알 수 있습니다.

성경에 예수님을 배반한 대표적인 두 사람이 있습니다. 가룟 유다는 예수님을 팔았고, 예수님을 가장 사랑했다고 자처하는 베드로는 세 번씩이나 예수님을 저주하면서 부인했습니다. 그러나 이 두 사람의 결과는 다릅니다. 범죄 이후 어떤 선택을 했는가가 인생을 달라지게 합니다.

가룟 유다는 엄청난 양심의 가책을 느끼고 결국 자살을 선택합니다.

그렇다면 베드로는 어떻게 했습니까? 베드로는 회개했습니다. 세 번이나 예수님을 부인했지만 그는 예수님의 사랑을 누구보다도 잘 알고 있었기에 예수님의 사랑을 바라봄으로 회개할 수 있었습니다. 부활하신 주님은 오히려 갈릴리 호수에서 베드로를 만나 "네가 이 사람들보다 나를 더 사랑하느냐"(요 21:15)고 물으시면서 베드로를 회복시키십니다. "주님, 내가 주님을 사랑하는 줄을 주님께서 아십니다." 이렇듯 죄지은 뒤에 어떤 선택을 하느냐에 따라 그 사람의 인생이 달라진다는 것을 알 수 있습니다.

구약 성경에서는 다윗을 보면 알 수 있습니다. 역대 왕들의 삶을 판단할 때, "다윗의 길로 행하였느냐? 아니면 여로보암의 길로 행하였느냐?"라고 물을 만큼 다윗은 하나님 마음에 맞는 사람이었습니다. 그러나 그 역시 간음죄와 고의적인 살인죄라는 엄청난 범죄를 저질렀습니다. 다윗은 범죄 결과, 눈물을 흘리면서 반역을 일으킨 친아들의 칼을 피해 늦은 비가 내리는 예루살렘 궁을 맨발로 도망쳐야 했습니다. 다윗을 따라오면서 저주하는 시므이를 다윗의 군대 장관이 "그를 쳐서 죽일까요?"라고 질문했을 때 다윗은 이렇게 말합니다. "그냥 두어라. 내 범죄로 인해서 여호와 하나님께서 그로 하여금 나를 저주하게 하는 것이요, 그가 나를 저주하는 것이 아니다"(삼하 16:10 참조). 다윗은 이렇게 회개하는 모습을 보였습니다.

우리도 순간적으로 큰 죄를 범할 수 있습니다. 그러나 그 범죄 때문에 절대로 좌절하거나 낙망해서는 안 됩니다. 회개하고 돌아올 때 자비의 하나님은 우리를 붙들어 주고 일으키십니다. 우리는 어떠한 경우에도 예수님만 바라보아야 합니다.

09 | 믿음의 조상, 아브라함

◇ **창세기 12-23장**

사람들을 흩으시고 하나님은 한 사람을 만나 주십니다. 그가 바로 아브라함입니다.

그로부터 믿음의 족장 시대가 펼쳐집니다. 왜 하나님은 그를 선택하셨을까요? 우리는

지금부터 아브라함이 어떻게 믿음의 조상이 될 수 있었는지, 그의 삶을 따라가 볼 것입니다.

✚   왜 하필 아브라함이었을까?

하나님은 이스라엘 민족의 조상으로 아브라함을 부르셨습니다. 하나님은 자신이 계획하신 섭리를 이 땅에 이루어 가시려고 특정한 사람을 불러서(calling) 쓰십니다. 누구를 택하는지는 하나님의 주권적 선택입니다. 이러한 하나님의 주권적 선택을 '예정'이라고 합니다. 예정론을, "예수님을 믿을 사람과 믿지 않을 사람을 하나님이 미리 예정해 놓으셨다"고 해석하는 경우가 있습니다. 하지만 이것은 잘못된 해석이라고 생각합니다. 어떤 사람은 믿게 되어 있고 어떤 사람은 죽어도 믿지 않게 정해졌다면, 땅 끝까지 전도하라는 주님의 지상명령이 무색해집니다.

"찬송하리로다 하나님 곧 우리 주 예수 그리스도의 아버지께서 그리스도 안에서 하늘에 속한 모든 신령한 복을 우리에게 주시되 곧 창세전에 그리스도 안에서 우리를 택하사 우리로 사랑 안에서 그 앞에 거룩하고 흠이 없게 하시려고 그 기쁘신 뜻대로 우리를 예정하사 예수 그리스도로 말미암아 자기의 아들들이 되게 하셨으니"(엡 1:3-5).

하늘의 모든 신령한 복을 주고, 그분의 사랑 안에서 흠이 없는 거룩한 존재로 예수님의 형상을 닮게 하려고, 아버지 하나님은 창세전에 우리 모두를 택하신(예정) 것입니다. 다시 말하면 하나님 나라의 확장을 위해 특정한 사람을 불러서 하나님의 일을 하게 하시는 부르심(예정)은 성경에 많이 등장하지만, 지옥에 갈 사람을 처음부터 예정해 놓으시고 지옥문에서 기다리시는 것은 아니라는 것입니다.

하나님의 축복을 전하게 하시려고

이스라엘 백성들은 하나님이 특별히 구별해서 세운 백성이요, 거룩한 백성이라는 선민의식이 있었습니다. 그들은 자신들만 구별되었고, 자신들만 선택받았고, 자신들만 거룩하다고 생각했습니다. 그래서 이방인들을 개 취급했습니다.

하지만 하나님은 이스라엘 백성과 시내 산에서 언약을 맺으면서 "세계가 다 내게 속하였나니"(출 19:5)라고 분명히 말씀하셨습니다. 하나님은 모든 나라, 모든 사람을 세상이라고 말씀하셨습니다(요 3:16). 그래서 독생자를 주셨습니다. 하나님은 나만 사랑하신 것이 아닙니다. 하나님은 창세전에 그리스도 안에서 우리 모든 사람을 사랑의 대상으로 선택하셨습니다. 우리는 땅 끝까지 이르러 예수의 증인이 되어야 합니다(행 1:8). 모든 민족을 제자로 삼아 먼저 받은 구원의 은혜와 축복을 전해야 합니다(마 28:19).

그러면 "그게 무슨 예정이냐?"라고 물을 것입니다. 하나님은 사람을 지으실 때, 자유의지를 주셨습니다. 그 범위 내에서의 예정입니다. 하나님은 끝까지 자유의지로 내가 선택하기를 바라십니다. 그리고 실제로 우리의 자유의지로 선택할 수 있는 환경을 허락하십니다. 이것이 예정론의 본질입니다. 하나님은 각각의 상황과 형편 가운데서 나만이 선택할 수 있는 여건을 주십니다.

하나님은 "내가 문 밖에 서서 두드리노니 누구든지 내 음성을 듣고 문을 열면 내가 그에게로 들어가 그와 더불어 먹고 그는 나로 더불어 먹으리라"(계 3:20) 하십니다. 하나님은 강제로 우리를 붙잡아 끌지 않으십니다. 두드리실 뿐입니다. 예수님께 문을 여는 선택은 내가 해야 합니다. "그를 믿는 자마다 멸망하지 않고 영생을 얻으리니"(요 3:16).

하나님을 의지하는 히브리식 사고방식 때문에

아브라함을 믿음의 조상으로 선택하신 것은 하나님의 주권적 선택이지만 하나님은 히브리 사람들의 히브리식 사고방식이 믿음을 가지는 데(믿음의 조상으로 변화되는 데) 도움이 된다는 판단이 작용했으리라고 봅니다. **헬라 사상과 히브리 사상은 큰 차이가 있습니다.**

첫 번째 히브리 사상은 하나님 중심적입니다. '하나님이 우주의 중심이며 우리는 그저 우주를 움직이시는 그분을 따라가는 것이다'라는 수동적 사고를 합니다. 반대로 헬레니즘은 사람이 모든 것의 중심이며 내 힘으로 할 수 있다고 생각합니다. 그래서 믿지 않는 사람은 "새벽부터 가게 문 열고 열심히 일해야지. 새벽기도를 왜 가?" 하며 부지런히 뛰어다닙니다. 하지만 새벽기도에 가는 사람은, "하나님이 우주의 중심이시다. 하나님이 우주를 움직이시며, 내게 필요한 모든 것을 주신다. 그래서 하나님만을 바라본다"고 생각합니다. 여기에 엄청난 차이가 있습니다.

두 번째, 히브리 사상은 관계 중심 사상입니다. 구약 성경은 히브리어로 쓰였고 신약은 헬라어로 쓰였지만, 대부분 히브리 사람들이 저자로서 쓴 것이기 때문에 그들의 사고를 그대로 반영하고 있습니다. 성경을 보면 그냥 '아무개'라고 하지 않습니다. 베드로의 형제 안드레, 아브라함의 아들 이삭, 누구의 형제, 누구의 아들, 누구의 손자, 누구의 동생이라고 반드시 관계를 얘기합니다. 절대 혼자가 아닙니다. 왜 그렇습니까? 나 혼자로는 천국이 이루어지지 않기 때문입니다. 나 혼자만 예수님을 믿고 구원받는 것은 아무 소용없다는 것입니다. 우리는 반드시 '예수 안에 있는 우리'가 되어야 합니다.

하나님은 우리를 위해 희생하고 부활하신 아들을 높이 세우셔서 교회의 머리로 삼으셨습니다. 기본적으로 구원은 한 사람, 한 사람의 영혼 구원(칭의의 구원)을 통해서 일어납니다. 왜냐하면 내 안에 예수님, 성령님이 들어오시기 때문입니다. 하지만 실제로 우리가 두렵고 떨림으로 이뤄 가야 할 성화의 구원은 예수님의 영을 받은 사람들이 함께 평안의 줄에 연결하여 성전을 이루어 가는 것입니다. "그의 안에서 건물마다 서로 연결하여 주 안에서 성전이 되어 가고"(엡 2:21). 구원은 교회를 통해서 옵니다. 교회를 회복시켜서, 예수 안에서 하나 된 우리를 구원하시는 겁니다.

그렇기 때문에 우리에게는 다른 사람과의 관계가 중요합니다. "네 마음을 다하고 목숨을 다하고 뜻을 다하여 주 너의 하나님을 사랑하라"(마 22:37). 하나님과의 관계, 하나님 중심 사상이 먼저 정립되어야 합니다. 그다음에 "네 이웃을 네 자신과 같이 사랑하라"(마 22:39). 평안의 줄로 매고 눈물과 겸손으로 나보다 남을 낮게 여기면서 예수님 중심으로 성전을 이루어야 예수 안에 있는 나, 우리가 됩니다. 이때에 천국을 누릴 수 있습니다.

세 번째, 히브리 사상은 체험 중심입니다. 이것이 헬레니즘 사상을 가진 현대인들이 가장 비웃는 부분입니다. 성경은 냉철한 이성과 과학으로는 증명하기 어려운 느낌과 체험 중심입니다. "태초에 하나님이 천지를 창조하시니라"(창 1:1). "처녀가 잉태하여 아들을 낳을 것이요"(마 1:23). "힘의 위력으로 역사하심을 따라 믿는 우리에게 베푸신 능력의 지극히 크심이 어떠한 것을 너희로 알게 하시기를 구하노라 그의 능력이 그리스도 안에서 역사하사 죽은 자들 가운데서 다시 살리시고 하늘에서 자기의 오른편에 앉히사"(엡 1:19-20). 창조, 동정녀 탄생, 십자가의 부활 등을 어떻게 논리적으로 설명할 수 있겠습니까? 반면, 헬라 사상은 냉철한 이성을 강조하는 소위 합리주의, 논리주의입니다. 합리적이지 않으면 받아들이지 않습니다.

성경을 읽다 보면 이해되지 않는 부분이 많습니다. 우리가 지금까지 배운 세상 학문이 헬레니즘 사상에 기초하고 있기 때문입니다. 그러나 성경은 분명 체험 중심, 느낌 중심입니다. 오늘날 기독교에 생명력이 없는 것은 성경 말씀을 냉철한 이성이나 신학적으로 파악하기 때문입니다. 복음은 이론도, 학문도, 철학도, 신학도 아닙니다. 복음은 체험입니다. 어둠 가운데 헤매던 나를 십자가의 보혈로써 기이한 빛 가운데로 불러내신 주님이 그냥 믿어지는 것입니다. 찬양하고 기도할 때, 말할 수 없는 사랑과 감격으로 나에게 임재하시는 주님을 느끼며 체면 따지지 않고 마냥 눈물 흘리고 기뻐하는 것입니다. 이런 체험과 느낌 없이 세상에서 배운 학문을 가지고 성경을 분석하고 이해하려니까, 머리로는 알겠는데 믿어지지 않는 겁니다.

그래서 사도 바울은 고린도 교인들에게 "율법 조문은 죽이는 것이요 영은 살리는 것이니라"(고후 3:6)고 했습니다. 글자는 죽이는 것이요, 영은 살리는 것입니다. 영은 합리적인 것도 냉철한 이성도 아닙니다. 냉철한 이성은 세상 학문일 뿐입니다. 사도 바울은 세상 학문을 초등 학문이라고, 초등 학문을 하는 사람을 젖먹이 신앙이라고 했습니다.

인간이 가진 미각, 후각, 청각, 촉각, 시각의 오감은 짐승도 가지고 있습니다. 짐승은 오감으로만 살아가기 때문에 오감으로 사는 것은 짐승의 단계에 머물러 있는 것입니다. 하지만 여섯 번째 감각, 육감은 사람만이 갖고 있는 특성입니다. 히브리 사람들은 일곱 번째 감각으로 생활했습니다. 이것은 하나님의 말씀이며 하나님의 생각입니다. 기도가 어렵고 제대로 안 되며 응답도 받지 못하는 이유는 우리가 오감이나 육감으로 기도하기 때문입니다. 진짜 기도는 일곱 번째 감각으로 하는 것입니다. 이것이 성령님의 인도하심을 받는 기도입니다.

✚ 아브라함과의 언약 _ 하나님 나라를 만드시겠다는 약속

아브라함에게 주신 언약은 다음과 같습니다(나라의 3대 요소).

첫째, 애굽 하수부터 큰 강 유브라데까지 눈에 보이는 모든 땅을 주겠다고 하셨습니다(영토).

둘째, 하늘의 별같이 바닷가의 모래알같이 땅의 티끌같이 셀 수 없이 많은 민족을 주겠다고 하셨습니다(국민).

셋째, 항상 함께하신다는 임마누엘의 약속을 하셨습니다(주권).

하나님은 아브라함의 언약을 창세기 12장, 13장, 15장, 17장에서 반복해서 말씀하십니다. 아브라함이 이 말씀을 온전히 믿을 때까지 계속 확신을 주십니다.

임마누엘의 약속은 "너를 축복하는 자에게는 내가 복을 내리고 너를 저주하는 자에게는 내가 저주하리니"(창 12:3)입니다. 결국 내가 네 편이 되어 주겠다는 뜻입니다. 야곱의 때에는 더 구체적으로 말씀하십니다. "내가 너와 함께 있어 네가 어디로 가든지 너를 지키며 너를 이끌어 이 땅으로 돌아오게 할지라 내가 네게 허락한 것을 다 이루기까지 너를 떠나지 아니하리라"(창 28:15). 얼마나 놀라운 말씀입니까? 결국 하나님이 주권자로서 통치하는 하나님 나라를 조성하시겠다는 것입니다. 바로 이스라엘이라는 특별한 나라를 만드시겠다는 약속입니다.

바벨탑 사건으로 모든 민족과 언어가 흩어질 때 인류는 홍수 심판에 이어 흩어짐과 혼란(바벨)의 심판을 받아 이 세상에 더 이상 소망이 없다고 한탄했을 것입니다. 그러나 하나님은 "이 세상에 진짜 소망이 있다"고 선언하십니다. 아브라함을 통해 이 땅에 하나님 나라(천국)를 이루어 주겠다고 선포하십니다. 아브라함을 통해 이스라엘을 하나님만 예배하는 공동체로 만든 다음에, 이들로 세계 열방에 복 주는 복의 근원이 되게 하시겠다는 약속입니다(창 12:2-3).

맥잡기▷ 실제로 아브라함과의 언약을 통해 하나님은 메시아 예수 그리스도를 이 땅에 보내셨습니다. 아브라함으로 이루어진 이스라엘 민족이 세계 모든 민족의 복의 근원이 되었고, 예수 그리스도는 세계 만민의 진정한 복의 근원이 되셨습니다. 주님이 부활 승천하신 후, 12제자들이 마가의 다락방에서 기도할 때 성령을 받았고, 이들은 목숨을 걸고 예수님의 증인이 되기 위해 땅 끝까지 다녔습니다. 사도 바울도 결국은 아브라함의 후손입니다. 하나님은 오늘날 우리 성도들을 통해 세계 만민의 복의 근원이 되게 하십니다.

✚ 아브라함의 생애

아브라함의 생애는 자신을 벗는 훈련 과정이자 하나님이 예정하고 훈련시키는 과정입니다. "너의 고향과 친척과 아버지의 집을 떠나 내가 네게 보여 줄 땅으로 가라"(창 12:1). 아브라함은 이 명령에 순종했습니다. "믿음으로 아브라함은 부르심을 받았을 때에 순종하여 장래의 유업으로 받을 땅에 나아갈새 갈 바를 알지 못하고 나아갔으며"(히 11:8). 먼저 하나님의 명령(말씀)이 있었고, 아브라함이 말씀에 순종했을 때 하나님의 언약이 임했습니다.

나는 어떤 선교사님이 소개한 언더우드 선교사의 기도 내용을 듣고 큰 은혜를 받은 적이 있습니다. 언더우드 선교사는 하버드 대학을 졸업하고 20대에 전혀 알지도 못하는 조선 땅에 선교를 왔습니다. 말씀을 전파하려고 하는데 남자들은 들으려 하지도 않고 여자들은 가마를 타고 다녀 얼굴조차 볼 수 없었습니다. 그는 어둠이 내리는 광화문 큰길에 서서 조선의 마음이 보이지 않는다고 한탄하며 기도할 수밖에 없었습니다.

"그러나 순종하겠습니다. 겸손하게 순종할 때 주께서 일을 시작하시고 … 저들이 우리 영혼과 하나인 것을 깨닫고 눈물로 기뻐할 날이 있음을 믿나이다."

바로 그 언더우드의 기도(순종)가 우리 민족을 변화시켰습니다. 오늘날 우리가 예수 안에서 저들과 한 영혼임을 깨닫고 함께 주를 찬양하게 된 것을 생각하고 얼마나 기쁨의 눈물을 흘렸는지 모릅니다. 그래서 성경은 "너희는 사도들과 선지자들의 터 위에 세우심을 입은 자라"(엡 2:20)고 말씀하십니다.

아브라함을 만나 주신 하나님

하나님은 하란 땅에 있는 아브라함에게 떠나라고 하십니다. 아브라함이 75세에 이곳을 떠나는 것을 보아 수십 년을 하란 땅에서 살았던 것 같습니다. 본토라는 것은 내가 지금까지 살아온 땅과 사람들을 말합니다. 지금까지 의지해 왔고 나를 보호하고 필요한 것을 채워 주었던 친척과 부모와 살아왔던 방식과 습관들입니다. 그러니까 하나님은 지금까지 일궈 온 것을 모두 버리고 이제는 하나님의 말씀만을 붙들고 따라가는 삶을 살라는 명령입니다. 앞으로 어떤 일이 벌어질지 전혀 알지 못하지만 지시하신 땅으로 가라는 것입니다. 수백km가 되는 멀고 험한 길입니다. 표지판도 없습니다. 너무나 험한 길이기에, 오직 하나님이 인도하시는 대로 따라갈 뿐입니다.

아브라함이 순종해서 도착한 곳은 세겜 땅의 작은 동네 모레에 있는 상수리나무 아래였습니다. 한숨을 돌리고 주변을 살펴보았더니 가나안 사람들이 있었습니다. "아브람이 그 땅을 지나 세겜 땅 모레 상수리나무에 이르니 그때에 가나안 사람이 그 땅에 거주하였더라"(창 12:6). 아무도 살지 않는 주인 없는 땅이 아니었습니다. 하나님은 그때, 그곳을 주시겠다는 말씀을 하십니다. 이미 사람들이 살고 있는 남의 땅이지만, 주시겠다는 것입니다. 아브라함은 '하나님의 은혜로 이 땅을 얻게 되는구나!' 하며 하나님께 단을 쌓습니다.

단을 쌓는다는 것은 예배드렸다는 것입니다. 하나님의 은혜를 받은 자는 하나님께 예배드립니다. 예배는 내 것을 하나님께 내려놓고 그분을 찬양하는 것입니다. 이때 가치가 창조됩니다.

세겜의 현재 지명은 '네블루스'(Nabulus)입니다. 아브라함은 세겜에서 점점 남방쪽으로 향합니다. 약속의 땅에 들어간 그는 어딘가에 정착하여 산 것이 아니라 그냥 흐르는 대로 흘러갑니다. 하나님이 가나안 땅 어느 도시에서 살라고 지시하지 않으셨기 때문에 갈 바를 알지 못하고, 점점 남방으로 가다가 결국 애굽 땅으로 가게 됩니다. 애굽 땅으로 가게 된 이유는 기근 때문이었습니다.

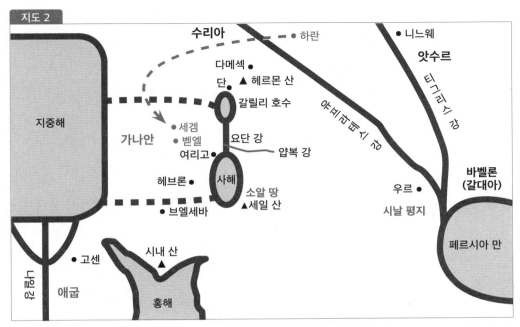

지도 2

수리아

하란

다메섹

단 ▲ 헤르몬 산

니느웨

앗수르

갈릴리 호수

지중해

가나안

세겜
벧엘
여리고

요단 강

얍복 강

티그리스 강

유브라데 강

헤브론

사해

소알 땅
▲세일 산

바벨론
(갈대아)

우르

브엘세바

시날 평지

나일 강

고센

시내 산 ▲

애굽

홍해

페르시아 만

족장 시대 _ 아브라함 아브라함은 하나님의 명령을 따라 하란 땅을 떠나 세겜에서 하나님께 예배드렸습니다. 아브라함은 기근이 들자 애굽으로 내려갑니다.

애굽에서 얻은 교훈

애굽 땅은 나일 강이 흘러 물질적 풍요가 넘치는 곳입니다. 인간의 노력으로 능히 살아갈 수 있는 곳입니다. "그 땅에 기근이 들었으므로 아브람이 애굽에 거류하려고 그리로 내려갔으니 이는 그 땅에 기근이 심하였음이라"(창 12:10). 아브라함은 먹고 살려고 약속의 땅을 버리고 풍요의 땅, 애굽으로 내려갔습니다. 아직까지 믿음의 확신을 갖지 못한 아브라함은 환경을 따라갈 수밖에 없었습니다.

그런데 애굽에서 엄청난 재앙이 일어났습니다. 누이동생이라고 속여 데리고 간 아내 사라를 바로 왕에게 빼앗긴 것입니다. 바로 왕이 사라를 데리고 동침하려 할 때 하나님은 재앙을 내리셨습니다. 바로 왕은 이 재앙이 아브라함의 아내를 빼앗은 일 때문에 생겼다는 것을 알고 많은 재물을 주어 아브라함을 내보냅니다. 하나님은 아브라함에게 약속의 땅을 버리고 떠나면 엄청난 재앙이 온다는 것을 알려 주셨습니다.

성경에는 약속의 땅을 버리고 떠난 모든 사람들이 재앙을 받았다고 기록되어 있습니다. 아브라함의 조카 롯도 요단 동편 소돔과 고모라가 있는 소알 땅으로 내려갔다가 멸망했습니다. 에서도 야곱이 하란 땅에서 돌아왔을 때, 헤브론 자기 집을 버리고 사해 밑에 있는 세일 산으로 떠나 이방 종족이 되었습니다. 룻기에 나오는 나오미의 남편도 기근이 되자 두 아들을 데리고 베들레헴을 떠나서 옆 나라 모압 땅에 갔다가 죽었고, 두 아들마저 죽어 나오미와 두 며느리는 모두 과부 신세가 됐습니다. 요나는 니느웨에 가서 말씀을 전하라는 하나님의 명령에 불순종해서 도망갔으나 결국 고래 뱃속으로 들어가게 됩니다.

하나님이 약속의 땅을 주시는 이유는 선택받은 백성을 통해 이루시려는 특별한 뜻이 있기 때문입니다. 하늘나라의 모형으로써 이스라엘을 이 땅에 세우시려 했던 것입니다. 예수님이 오신 뒤로 약속의 땅은 교회입니다. 그러므로 우리가 교회를 떠나는 것은 하나님이 주시는 축복으로부터 우리 스스로를 단절하는 것입니다. 이것이 우리가 교회를 떠나서는 안 되는 이유입니다.

아브라함이 애굽에 들어가서 깨달은 것은, 하나님이 약속하신 땅을 떠나면 안 된다는 것과 하나님이 자기에게 주신 약속이 진실로 자신의 삶 가운데서 일어나고 있다는 것이었습니다. 임마누엘의 약속대로 하나님이 애굽에서 함께하셨던 것을 알게 됩니다. 바로 왕에게 아내를 빼앗겼는데도 하나님이 돌보아 주고 은혜를 주셔서 돌아올 수 있었던 것입니다.

롯과의 결별 _ 창 13장

애굽에서 큰일을 치르고 돌아온 아브라함은 벧엘과 아이 사이에 제단을 쌓고 여호와의 이름을 불렀습니다. 이때 하나님은 "이제 네가 의지하는 롯과 헤어지라"고 말씀하십니다. 애굽에서 받은 많은 가축과 예물 때문에 롯과 아브라함의 종들이 서로 싸우자, 두 사람은 헤어질 수밖에 없었습니다.

여기서 예정론을 다시 이야기할 수 있습니다. 예정론은 내가 선택할 수 있는 환경을 주시는 것입니다. 자연스러운 인도하심입니다. 그래서 성경은 "범사에 감사하라"(살전 5:18)고 합니다. "네 앞에 온 땅이 있지 아니하냐 나를 떠나가라 네가 좌하면 나는 우하고 네가 우하면 나는 좌하리라"(창 13:9). 아브라함은 롯에게 선택권을 줍니다. 롯은 애굽에 내려갔을 때 넘실거리는 강과 풍성한 먹을 것을 보았습니다. 그래서 요단 강 건너편에 보이는 소알 땅, 물이 많은 곳을 선택합니다(이 지역에 소돔과 고모라가 있었던 것으로 추정됩니다).

롯은 약속의 땅에는 관심이 없었습니다. 물이 많은 곳, 농사가 잘되고 풍요로운 곳에서 자신의 노력으로 살아가겠다는 것입니다. 그런데 '내가 힘써서 내 힘으로 살아가겠다' 하며 모은 것은 반드시 빼앗기게 되어 있습니다. 결국 롯은 모든 것을 잃어버립니다.

북방 왕들의 침입 _ 창 14장

시날 왕을 비롯한 북방의 왕들이 요단 강 남쪽으로 진격하여 남방의 왕들을 전부 포로로 삼고 재산을 탈취해 갔습니다. 소돔과 고모라의 왕도 잡혀갔습니다. 그곳에 살던 롯도 포로로 잡혀갔으며 그동안 일궈 놓은 모든 재산을 빼앗겼습니다. 아브라함은 롯을 구해야겠다는 마음으로 자기 집에서 함께 생활하던 318명을 데리고 북방의 왕들을 추격했습니다. 이들의 무술 실력이 얼마나 허술했겠습니까? 반면, 북방의 군대는 정규 군대였습니다.

그러나 아브라함과 318명은 단과 다메섹까지 추격하여 북방의 왕들을 죽이고 모든 것을 도로 빼앗아 왔습니다. 불과 300명의 비정규군이 북방의 정규 군대와 싸워서 왕들을 죽이고 빼앗긴 물건을 찾아왔다는 것은, 이들이 얼마나 최선을 다해 치열하게 싸웠는지를 알려 줍니다. 조카를 구하려고 목숨을 걸었던 것입니다. 북방의 왕들을 물리치고 승전하여 돌아오는 길에, 아브라함은 살렘 왕 멜기세덱을 만납니다. 멜기세덱은 아브라함에게 떡과 포도주를 주었습니다. 아브라함은 그에게 십일조를 바쳤습니다. 아브라함은 조카 롯의 짐을 대신 졌습니다. 롯을 구하려고 목숨 걸고 싸웠을 때, 아브라함은 의의 왕이요 평강의 왕인 멜기세덱(예수님)을 직접 만나게 됩니다.

그 일이 있은 후 아브라함은 헤브론에 정착했습니다. 헤브론은 매우 척박한 땅이었지만 아브라함과 이삭과 야곱의 근거지가 되는, 구약 시대의 아주 중요한 곳입니다. 다윗은 통일왕국의 왕이 되기 전에 사울 왕의 칼을 피해 13년 동안 도망 다니다가, 헤브론에서 유다 지파의 왕이 되었습니다. 헤브론은 이스라엘 백성이 가나안 땅을 정복한 다음, 갈렙이 하나님의 기업으로 받은 땅이기도 합니다.

살렘 왕 멜기세덱은 누구일까?

멜기세덱에 대하여 히브리서는 5장에서 7장까지 걸쳐서 말씀하고 있습니다. 멜기세덱은 누구입니까? 살렘 왕 멜기세덱은 승전하고 돌아오는 아브라함을 영접하고 아브라함에게 떡과 포도주를 주었습니다. 그리고 아브라함은 멜기세덱에게 십일조를 드렸습니다. 이것은 매우 중요하고 놀라운 사건입니다. 멜기세덱은 예수님처럼 이웃을 위해 자기 목숨을 아끼지 않은 아브라함에게 떡과 포도주를 주면서 "내가 너와 함께하리라"고 약속합니다. 예수님은 제자들에게 떡과 포도주를 주시면서 "내 살을 먹고 내 피를 마시는 자는 내 안에 거하고 나도 그 안에 거하나니"(요 6:56)라고 말씀하셨습니다.

아브라함은 멜기세덱에게 십일조를 드렸습니다. 구약에서 십일조는 제사장인 레위 족속에게 드립니다. 어찌하여 레위 족속의 조상인 아브라함이 멜기세덱에게 십일조를 드렸습니까? 멜기세덱이 롯을 대속하고 돌아오는 아브라함을 축복했기 때문입니다.

멜기세덱은 살렘 왕이라고 했습니다. 살렘은 평화, 평강이라는 뜻이니까 살렘 왕 멜기세덱을 번역하면, 의의 왕이요 평강의 왕입니다. "의의 왕이요, 평강의 왕이요"(히 7:1-7) 이분이 누구입니까? 바로 예수님입니다. "그리로 앞서 가신 예수께서 멜기세덱의 반차를 좇아 영원히 대제사장이 되어 우리를 위하여 들어가셨느니라"(히 6:20).

"너희 조상 아브라함은 나의 때 볼 것을 즐거워하다가 보고 기뻐하였느니라"(요 8:56). 예수님이 직접 "멜기세덱이 바로 예수님이었다"고 말씀하십니다. 그러니까 당시 바리새인들과 서기관들이 반문합니다. "네가 아직 오십 세도 못되었는데 아브라함을 보았느냐"(요 8:57). 그러자 예수님이 말씀하십니다. "진실로 진실로 너희에게 이르노니 아브라함이 나기 전부터 내가 있느니라"(요 8:58). 이 말씀은 틀림없습니다. "태초에 말씀이 계시니라 이 말씀이 하나님과 함께 계셨으니 이 말씀은 곧 하나님이시니라"(요 1:1). 태초부터 아버지 하나님과 함께 계셨던 그 예수님은 "내가 아브라함보다 먼저 있었고, 아브라함은 나의 때 볼 것을 즐거워하다가 보았고 만났고 기뻐했다"고 하시는 것입니다.

구약 성경에는 소돔과 고모라를 심판하시기 전 아브라함을 미리 찾아오신 일, 아브라함이 100세에 이삭이 태어날 것을 미리 알려 주신 일 등 하나님이 사람의 모습으로 이 땅에 천사들과 함께 나타나신 일을 여러 번 말씀하십니다. 사람들은 하나님이 천사의 모습으로 나타나신 것을 당연하게 받아들이나, 예수 그리스도가 구약 시대에 잠깐 등장한 사실에 대해서는 매우 이상하게 생각합니다. "멜기세덱에 관하여는 우리가 할 말이 많으나 너희가 듣는 것이 둔하므로 설명하기 어려우니라"(히 5:11). 그래서 히브리서를 쓴 사람은 멜기세덱에 대해 할 말이 많지만 우리가 아직 그런 믿음에 이르지 못했기 때문에, 이분이 예수님이었다고 말하지 않겠다고 했습니다.

언약의 재확인 _ 창 15장

아브라함은 소돔과 고모라 왕이 바친 모든 재물을 거절하고, 헤브론 자기 장막에 들어왔습니다. 그런데 갑자기 무서워졌습니다. 하나님의 은혜로 318명을 데리고 쫓아가서 이기고 돌아왔지만 거대한 북방의 왕들이 언제 보복하러 올지 모르기 때문입니다. 그때 하나님이 나타나셔서 "나는 네 방패요 너의 지극히 큰 상급이니라"(창 15:1)고 말씀하셨습니다.

이때 아브라함은 오히려 불평합니다. "하나님이 약속한 시간이 10년이나 지났으나 제게는 자식이 한 명도 없는데 무슨 상급을 주시겠다는 말씀입니까?" 벌써 나이가 85세가 되어 정력이 사라지고 아내는 이미 폐경이 되었다는 것입니다. 자신이 데리고 있는 종, 엘리에셀을 자식으로 삼겠다고 합니다. 그러자 하나님은 텐트 밖으로 아브라함을 이끌어 내어 자손에 대한 약속을 거듭 확인해 주십니다.

첫째, 민족에 대한 언약을 재확인하셨습니다.

"하늘을 우러러 뭇별을 셀 수 있나 보라 … 네 자손이 이와 같으리라"(창 15:5). 아브라함이 그제야 믿었다고 성경은 이야기합니다. "아브람이 여호와를 믿으니 여호와께서 이를 그의 의로 여기시고"(창 15:6). 이것이 바로 칭의의 구원입니다. 하나님의 축복의 말씀에 대해 불평하는 아브라함을 텐트 밖으로 불러내 자손의 약속을 믿게 하고 그것을 믿은 아브라함을 의롭다고 칭해 주신 것입니다. 의롭다고 칭해 주시는 말이 우리도 모르게 예수 그리스도의 생명줄에 연결되는 것입니다. 믿음은 들음에서 나며, 들음은 하나님의 말씀에서 비롯되기 때문에 하나님의 말씀이 우리의 생각 속에 들어오면 이것이 믿음이 되는 것입니다.

사탄도 말로 유혹합니다. 다른 말로 하면 세상 생각입니다. 미디어, 뉴스, 세상 사람들의 이야기 등이 생각 속에 들어와 믿음이 되고 욕망이 됩니다. 욕망은 탱크처럼 밀고 나가는 힘이 있기 때문에 파멸을 낳습니다.

하나님의 말씀이나 사탄의 말이나 모두 우리의 생각에 들어와서 믿음이 되든지 죄가 되든지 하는 것입니다. 결국 선택의 문제입니다. 우리는 믿음으로 하나님의 말씀을 선택해야 합니다. 의지적 결단으로 시간이 날 때마다 생명과를, 하나님의 말씀을 먹어야 합니다.

사탄은 우리의 혼에 우상을 넣습니다. 우상은 어리석은 상, 가짜 이미지라는 뜻입니다. 우상은 우리를 염려하게 하고, 걱정하게 하며, 불안하게 합니다. "너희 중에 누가 염려함으로 그 키를 한 자라도 더할 수 있느냐"(마 6:27). 이 말씀은 영어 성경에는 "네가 염려한다고 네 수명을 한 시간이라도 더 보탤 수 있느냐?"라고 쓰여 있습니다. 염려한다고, 밤새 근심한다고 내 생명이 한 시간 더 연장되지 않는다는 것입니다.

"너희 염려를 다 주께 맡기라 이는 그가 너희를 돌보심이라"(벧전 5:7). "천부여 의지 없어서 손 들고 옵니다" 하며 모든 염려를 주님께 맡기는 것이 근심과 걱정을 없애는 비결입니다. 말씀의 인도를 받고 말씀을 계속 먹으며 기도할 때, 엄청난 힘이 나타나고 주님의 임재를 그대로 느끼게 됩니다. 그분의 임재는 만물을 충만하게 하시는 이의 충만함으로 나를 채우고 불안과 근심을 제거하시며 기쁨과 감격을 주십니다.

둘째, 땅에 대한 언약을 재확인해 주셨습니다(창 15:7).

아브라함은 애굽 하수에서부터 유프라테스까지 엄청난 땅을 주겠다는 하나님의 말씀에, 처음으로 증거를 요구합니다. 그러자 하나님은 소와 양과 염소의 배를 가르고 그 가운데로 횃불이 지나가게 하십니다. 아브라함은 다시 한 번 감동과 감격으로 하나님을 따릅니다. 동키 카라반이었던 아브라함은 좋게 말하면 대상(大商), 나쁘게 말하면 행상(行商)이었습니다. 당시 중동 상인들에게는 나름대로 계약 의식이 있었습니다. 특히 아주 큰 계약을 할 때는 손으로 사인하는 것이 아니라, 염소의 가운데를 쪼개어 놓고 계약 당사자 중 한 사람이 그 피 흘리며 갈라진 짐승의 사이를 지나갔습니다.

내가 이 계약을 안 지키면 이렇게 피를 흘리겠다는 맹세였습니다. 한국 사람은 "내가 이 계약 어기면 손에 장을 지지겠다" "내가 이 약속 안 지키면 성을 갈겠다"며 엉터리로 약속하지만 중동 사람들의 계약 의식은 아주 진지했습니다.

하나님의 맹세는 이 땅에 살고 있는 가나안 일곱 족속들을 다 멸하시겠다는 의미입니다. "이는 아모리 족속의 죄악이 아직 가득 차지 아니함이니라"(창 15:16). 그런데 가나안 족속들의 대표적인 종족인 아모리 족속의 죄악이 '아직' 심판에 이를 정도로 크지 않았습니다. 하나님은 이유 없이 이들을 멸하지 않으십니다. 아모리 족속들의 죄가 심판에 이른 후에야, 그러니까 이스라엘 백성이 애굽에서 400년 동안 종살이한 후에야 "하나도 남기지 아니하고 호흡이 있는 모든 자는 다 진멸"(수 10:40)하라고 하십니다.

사람들은 종종 질문합니다. "하나님은 사랑의 대상으로, 그것도 하나님의 형상으로 사람을 지으셨다면서 왜 지옥의 심판을 하십니까? 자비의 하나님이시라면 왜 죄인이든 의인이든 모두 천국에 보내지 않습니까?" 여기서 중요한 것은 하나님이 그들을 지옥으로 보내는 것이 아니라, 그들 스스로 영원한 생명을 거부했다는 것입니다.

누구든 예수 그리스도를 주님으로 영접하는 사람은 천국에 갑니다. 하나님의 영이 있는 사람, 그 영원한 생명을 따라서 움직이는 사람은 천국에 들어갑니다. 하나님의 영원한 생명을 받아들이기를 거부하는(거부하기로 선택하는) 사람은 지옥에 갑니다. 우리가 자유의지로 천국과 지옥을 선택하는 것입니다. "그러므로 그들이 핑계하지 못할지니라"(롬 1:20).

결국, 아모리 족속은 하나님의 심판을 받았습니다. 하지만 "하나님은 모든 사람이 구원을 받으며 진리를 아는 데에 이르기를 원하시느니라"(딤전 2:4)고 분명히 말씀하십니다. 예정된 사람만 구원받는다는 것은 예정론을 잘못 이해한 것입니다. 우리는 땅 끝까지 복음을 전파해야 합니다.

아브라함의 실수, 이스마엘의 탄생 _ 창 16장

아브라함은 "네 몸에서 날 자"(창 15:4)라고 말씀하신 하나님의 약속을 믿었습니다. 그러나 사라는 이 말씀을 믿지 않았습니다. 아브라함에게 권합니다. "나는 이미 월경이 끊어졌기 때문에 아무리 생각해도 내 몸에서 아이가 태어나는 것은 있을 수 없는 일입니다. 하나님이 당신 몸에서 날 자라고 하셨으니, 내 종 하갈을 데려다가 취하여 아들을 낳으세요." 아브라함은 사라의 말을 듣고 여종 하갈을 취해서 이스마엘을 낳았습니다. 그러니 기세등등해진 여종 하갈이 사라를 무시하기 시작했습니다. 건방지게 굴었습니다.

이를 견디지 못한 사라가 하갈을 쫓아내라고 하자, 아브라함은 "당신이 좋을 대로 하라"며 여종 하갈을 쫓아냅니다. 하갈이 쫓겨나서 광야를 헤맬 때 하나님의 사자가 나타나서 묻습니다.

"네가 왜 여기 있느냐?"

"내가 주인한테 학대를 받아서 쫓겨났습니다."

"너는 주인에게 돌아가라. 하나님은 너를 사랑하신다. 네가 낳을 자는 하나님의 은혜로 낳은 자다."

하나님의 자비로 태어난 하갈의 아들, 이스마엘의 이름은 '하나님의 은총 받은 자'라는 뜻입니다. 하나님은 하나님이 지으신 모든 인류를 다 구원하기를 원하십니다(딤전 2:4). 그래서 이스마엘에게도 "엄청난 축복을 주어서 큰 민족을 이루게 하겠다. 이방 백성들의 열두 왕국이 될 것이다"라고 약속하십니다. 오늘날 아랍 국가들은 열두 개가 더 됩니다. 이렇게 하나님은 이스마엘을 축복해 주셨습니다.

그러나 아브라함의 실수는 어떤 결과를 가져왔습니까? 이스마엘이 태어났을 때, 하나님은 "가나안 땅 동편에 거하리라" 하셨습니다. 가나안 땅 동편은 오늘날 사우디입니다. 사우디 땅에서 기원후 7세기 무렵 이슬람교의 창시자 마호메트가 나타납니다. 아브라함의 후손이요 하나님이 아브라함을 통해 이루고자 하셨던 예배하는 공동체 이스라엘은, 이스마엘 때문에 지금까지 얼마나 고통을 받고 있는지 모릅니다. 한 번 실수한 결과가 이렇게 큽니다.

소돔과 고모라 심판 _ 창 18:16-19장

하나님과 두 천사가 사람의 모습으로 나타나서 아브라함에게 말씀하시고, 두 천사들은 소돔과 고모라의 심판을 위해 먼저 떠납니다. 하나님은 혼자 남아서 아브라함에게 "아브라함은 강대한 나라가 되고 천하 만민은 그로 말미암아 복을 받게 될 것이 아니냐"(창 18:18)라고 하시고, "소돔과 고모라에 대한 부르짖음이 크고 그 죄악이 심히 무거우니"(창 18:20) 하며 이들을 심판하겠다고 말씀하십니다. 이때 아브라함이 소돔

유대교와 이슬람교와 기독교 비교

	유대교	이슬람교	기독교
믿음의 대상	여호와 하나님	알라	삼위일체 하나님
경전	구약, 모세오경	코란	성경 66권
구원론	율법의 행위로	인샬라(신의 뜻이다)	복음을 믿음으로
지리적 배경	예루살렘	예루살렘과 메카	예루살렘

1. 유대교의 문제

"영접하는 자 그 이름을 믿는 자들에게는 하나님의 자녀가 되는 권세"를 주셨습니다. 따라서 삼위일체 하나님이 아니고는 구원에 이를 수 없습니다. 유대인들은 예수님의 이름을 영접하지 않았기 때문에 결국 예수님을 신성모독죄로 처형했습니다. 율법으로는 구원에 이를 수 없습니다.

2. 이슬람교의 문제

회개가 없는 종교에는 구원이 있을 수 없습니다. 이슬람교가 입에 달고 사는 말이 "인샬라"(하나님의 뜻이다)입니다. 내가 지나가다가 남의 발을 밟아도 인샬라이고, 교통사고가 나서 상대방을 죽여도 인샬라입니다. 모든 것이 하나님의 뜻이라는 겁니다. 사실 예수님을 믿는 사람들 중에도 이런 사고방식을 가진 사람이 있습니다. 저도 거듭나기 전에 '내가 죄짓고 사는 것도 하나님의 뜻이 아니냐, 하나님이 나를 이렇게 만들어 놓았으니 내가 이렇게 하는 거지' 하고 생각한 적이 있었습니다. 너무나 위험한 생각입니다.

이슬람교의 창시자 마호메트는 자신보다 7년 연상이며 대단한 부자인 과부를 부인으로 맞이합니다. 부인이 돈이 많기 때문에, 마호메트는 카라반으로서 중동의 각 지역을 다니면서 그 지역에 있는 문물과 신앙을 종합하고 연구합니다.

마호메트는 우선 아브라함의 육적 장자 이스마엘이 아브라함의 장자라며, 모리아 산에 바쳐진 아들도 이삭이 아니라 이스마엘이라고 주장합니다. 오늘날 예루살렘에 가 보면 솔로몬 성전 터, 예루살렘이 한눈에 내려다보이는 곳에 '바위 사원'이라는 황금색 이슬에 살고 있는 조카 롯을 위해 중보기도합니다. "하나님이 심판하신다고 하면 저는 어떻게 할 수 없습니다. 그러나 그곳에 의인이 있습니다. 내 조카 롯이 거기 있습니다."

그런데 이 중보기도가 재미있습니다. 아브라함은 동키 카라반, 사업가이니까, 하나님께도 협상하듯 접근합니다. "의인 50명만 있으면 심판을 그만두시겠습니까?" 하나님이 이렇게 말씀하십니다. "의인 50명만 있으면 내가 심판하지 않겠다." 그러니까 아브라함이 계속해서 다섯 명씩 잘라 나갑니다. 45명만 있으면, 40명만 있으면, 35명만 있으면…. 마지막에는 "의인이 10명만 있으면 심판하지 않으시겠습니까?" 하고 물었습니다. 하나님은 의인 10명만 있어도 심판하지 않겠다고 하십니다. 그런데 의인 10명이 없었습니다. 결국 하나님은 "심판하겠다"고 말씀하십니다.

대신 하나님은 아브라함의 기도를 들으시고, 롯을 구해 주십니다. 소돔과 고모라를 심판하는 천사들을 시켜 롯에게 경고하십니다.

"너와 너의 가족은 피하라"

롯은 의로운 사람이 아니었지만, 아브라함의 중보기도 때문에 하나님께 의로운 사람으로 여김 받아 구원에 이르렀습니다. 두 천사의 경고를 듣고 롯과 두 딸은 구원받지만 천사의 경고를 비웃은 두 사위는 죽었습니다. 도망치다가 재물에 대한 미련을 버리지 못하고 뒤를 돌아본 롯의 아내는 소금기둥이 되었습니다. 유황불이 막 떨어지기 시작하니까, 천사가 롯에게 소리쳤습니다.

"빨리 달려서 저쪽 높은 산으로 피하라."

그러자 롯은 애원합니다.

"내 달음질로는 두 딸과 함께 그렇게 먼 산으로 못 갑니다. 그 옆에 있는 소알 땅으로 들어가게 해 주십시오."

천사는 그렇게 하라고 합니다.

사실 소돔과 고모라의 심판이 끝났을 때, 이들은 약속의 땅으로 들어가야 했습니다. 그것만이 살 길입니다. 그러나 이들은 하나님이 약속하신 땅에 마음이 없었던 것 같습니다. 이들은 소알 땅에 머물다가 성경에서 가장 부도덕한 일을 저지릅니다. 세상에 남자는 아무도 없고 자손을 번식해야 하니까, 두 딸이 아버지에게 술을 먹여 첫째 날은 큰딸이, 둘째 날은 작은딸이 아버지와 동침해서 자손을 만들었습니다. 이들이 모압 족속과 암몬 족속입니다. 모압 족속은 사해 오른쪽에, 암몬 족속은 요단 동편에서 살았습니다.

나중에 이스라엘 백성들이 출애굽해서 가나안 땅에 들어가려고 요단 강을 건너려고 할 때, 모압과 암몬 사람들이 필사적으로 막았습니다. 그뿐 아니라 사사 시대와 분열왕국 시대에는 이스라엘 백성을 매우 괴롭혔습니다. 아브라함은 롯을 위해 중보기도했지만 롯은 신앙 없이 부도덕한 짓을 했고, 나중에는 나쁜 이방 족속으로 전락해서 사탄의 종노릇을 한 셈입니다.

이스라엘 백성들이 출애굽할 때 열 가지 재앙을 통해 살아 계신 여호와 하나님을 만난 중다한 잡족들과 함께 출애굽합니다. 출애굽기에서는 이 중다한 잡족들을 '이스라엘 총회'라고 부릅니다. 그런데 이스라엘 총회에 결코 들어갈 수 없는 족속이 있었는데, 바로 모압 족속과 암몬 족속이었습니다.

이삭의 출생 _ 창 17장

아브라함이 99세가 되었을 때, 드디어 하나님이 나타나셔서 이삭이 출생할 것을 예고하셨습니다. 하나님은 먼저 할례를 명령하십니다. 할례는 아브라함 때에 주신 첫 번째 율법입니다. 할례는 남자의 성기 끝부분의 표피를 자르는 것입니다. 성경에서는 이것을 포피라고 했습니다. 쉽게 말하면, 포경수술입니다. 아이가 출생하고 8일째 되면 포피를 베라고 하셨습니다. 아브라함은 이미 99세가 된 할아버지였지만, 하나님은 아브라함과 그의 가족과 데리고 있는 모든 남자 종들에게 할례를 명하셨습니다. 할례는 무엇을 뜻합니까? 할례는 몸에 새겨 준 율법입니다. 다른 모든 십계명과 율법들은 언약궤 안에 넣어 지성소에서도 볼 수 없지만, 할례만큼은 모든 남자들이 하루에도 몇 번씩 소변을 보며 "나는 하나님이 선택한 백성입니다"라고 되새길 수 있도록 해 주신 것입니다.

맥잡기! 이스라엘 백성들은 선민사상이 대단했습니다. 할례를 통해 이스라엘을 선택받은, 부름받은 백성으로 구별해 주셨기 때문입니다. 다윗은 골리앗 앞에 섰을 때에 "저 할례받지 못한 개와 같은 자!"라고 말합니다. 이스라엘 사람들은 이방인들이 할례를 받지 않았다며 '개'처럼 취급했습니다. 신약 시대에 사도 바울은 예수님을 믿지 않으면서 할례받은 것만을 강조하는 자들에게 "너희는 손할례당이다"라고 합니다. 할례로 구원받는 것이 아니라는 것입니다. 구약의 성령장인 요엘서에서 하나님은 "너희는 옷을 찢지 말고 마음을 찢고 너희 하나님 여호와께로 돌아올지어다"(욜 2:13)라고 말씀하십니다. 마음의 할례를 받으라는 것입니다.

하나님은 구체적인 약속을 주셨습니다. 지금까지는 막연하게 "하늘의 별같이, 땅의 티끌같이, 바닷가의 모래같이 많은 자손들을 너에게 주겠다"고 하셨지만, 이제는 아브라함에게 아들의 이름을 미리 지어 주십니다. 이름만 주신 것이 아니라, 아브라함에게 주셨던 언약과 똑같은 언약을 그 아들과 함께 맺겠다고 하십니다. "네 아내 사라가 네게 아들을 낳으리니 너는 그 이름을 이삭이라 하라 내가 그와 내 언약을 세우리니 그의 후손에게 영원한 언약이 되리라"(창 17:19). 이것은 놀라운 일입니다.

하나님의 이 말씀을 듣고, 믿음의 조상 아브라함은 웃었습니다. 로마서에서는 당시 아브라함의 상태를 이렇게 기록하고 있습니다. "그가 백 세나 되어 자기 몸이 죽은 것 같고 사라의 태가 죽은 것 같음을 알고도"(롬 4:19). 살아 있지만 남자로서의 기능을 전혀 못하고 있다는 것입니다. 그래서 웃었습니다. 당시 아브라함은 '그거 불가능한 일인데'라고 생각한 것입니다.

하나님은 아브라함을 고향과 친척과 아버지의 집에서 떠나게 한 뒤 계속해서 한 단계씩 그의 생애를 인도해 오셨습니다. 아브라함에게 자기의 것을 벗어나게 하고, 목숨을 걸고 롯을 구하고 중보기도하게 하셨습니다. 온전히 하나님만 바라보게 하셨습니다. 그런 과정을 통해 하나님은 아브라함을 믿음의 조상으로 만들어 가셨습니다. 그렇게 24년 동안 하나님의 인도함을 받았지만 하나님의 예언에 아브라함은 웃고 말았습니다. 아브라함만 웃은 것이 아니라 텐트 밖에서 듣고 있던 사라도 웃었습니다. "아니, 내 월경이 끊어진 지가 언제인데 내가 새삼스럽게 아기를 낳을 수 있겠어?" 하며 믿지 않았습니다. 육에 속한 우리는 이처럼 하나님이 약속을 주셔도 믿기가 어렵습니다.

하지만 그로부터 1년 후, 신실하신 하나님은 창조의 역사를 이루어 내셨습니다. 우리는 연약해서 믿지 못해도 하나님은 약속을 이루십니다. 아브라함은 나이 100세에 약속대로 아들을 얻습니다. 얼마나 큰 감격과 기쁨이었겠습니까? 죽음을 방불케 하는 남녀의 몸에서 아들이 태어난 것입니다.

믿음의 조상이 되다 _ 창 22장

이삭은 어느새 자라나 소년이 되었습니다. 그때 하나님은 아브라함에게 이삭을 번제로 드리라고 명령하셨습니다. 번제란 제물의 목을 칼로 찔러서 피를 흘린 다음에, 각을 떠서 태우는 것입니다. 기가 막힐 노릇 아닙니까? 그런데 성경은 아브라함이 순종했다고 기록했습니다. 얼마나 대단한 순종입니까! 믿음의 절정입니다. 아브라함은 하나님을 "죽은 자를 살리시며 없는 것을 있는 것으로 부르시는 이"(롬 4:17)시라고 믿었습니다. 아브라함은 자기와 아내 사라가 웃었을 만큼, 100세에 죽은 자와 같던 몸에서 새 생명을 주신 창조주 하나님에 대한 믿음이 있었기 때문에 순종할 수 있었을 것입니다.

아브라함이 아들을 번제로 드리라는 말씀에 순종하여 아들을 죽이려는 순간, 하나님은 번제 제물을 예비해 주시고 공급해 주셨습니다. 이것은 2천 년 전에 믿음의 조상, 아브라함을 통해 하나밖에 없는 자신의 아들을 죽이시는 아픔을 온 인류에게 깨닫게 하신 사건입니다. 아브라함은 이 명령에 복종함으로 믿음의 조상이라는 상급을 얻습니다. 아브라함은 믿음의 절정을 보여 주었습니다. 아브라함은 예수 그리스도의 오실 통로가 됩니다. "아브라함과 다윗의 자손 예수 그리스도의 계보라"(마 1:1). 이 사건은 생명을 드리는 대속의 십자가 사건을 예표합니다.

하나님의 축복으로 아브라함도 장수했지만, 끝이 좋지는 않았습니다. 이삭이 태어나기 전, 하갈을 통해 이스마엘이라는 아랍 족속이 나왔습니다. 아내 사라가 죽은 후에는 후처 그두라를 두어서 175세까지 살았고, 그 후처의 아들들 중에 미디안 족속이 나옵니다. 후처들을 통해 얻은 자녀들은 하나님이 주신 이삭의 후손들을 괴롭히는 역할밖에 하지 않았습니다. 맥잡기! 늘 뒤끝이 문제입니다. 지혜를 구했던 솔로몬도 구하지 않은 장수의 축복까지 받았지만 늘그막에 가서 타락했습니다. 열왕기에 나오는 히스기야 왕도 다 죽게 되었을 때에 기도해서 생명을 연장받지만 교만해져서 그 15년 동안 허튼 짓만 했습니다. 너무 오래 사는 게 복이 아닙니다. 그저 오래오래 살게 해 달라는 기도는 현명한 기도는 아닌 것 같습니다.

족장들의 특징

하나님을 따르려고 자신의 것을 모두 버린 사람들

하나님은 한 사람을 부르셔서 하나님 나라를 예표하는 이스라엘을 창조하시려고, '내 것'을 포기하는 훈련을 시키십니다. 이것이 족장들의 훈련 과정입니다.

아브라함

아브라함은 처음부터 대단한 믿음을 가진 사람이 아니었습니다. 그의 아버지 데라는 우상을 만들어 파는 평범한 사람이었습니다. 아브라함이 어떻게 믿음의 조상이 되었습니까? 그는 25년 동안에 걸쳐 '내 것'을 내려놓는 훈련 과정을 거쳤습니다.

첫째, 아브라함은 고향과 친척과 아버지의 집을 떠났습니다. 하나님이 창세기 12장에서 아브라함에게 명하신 장소는 갈대아 우르가 아니라 하란 땅이었습니다. 아브라함이 75세가 되었을 때 하나님은 '너는 너의 고향과 친척과 아버지의 집을 버리고, 내가 네게 보여 줄 땅으로 가라'고 하셨습니다. '친척과 아버지의 집'은 내가 의지하고 있는 아버지, 형제, 친척, 내게 필요한 모든 것을 공급해 주는 재물입니다. 75년 동안 이루어 놓은 모든 것들, 의지하던 사람들을 전부 버리고 떠나야 했습니다. 하나님 말씀에 순종하여 아브라함은 가나안 땅으로 떠났습니다.

둘째, 아브라함은 사랑하는 조카 롯과 이별해야 했습니다. 아브라함은 하란 땅을 떠날 때 유일하게 자기 조카 롯을 데리고 나왔습니다. 머나먼 길, 험한 길을 다니면서, 무슨 일이 있으면 상의하고 이야기할 수 있는 상대 롯을 아브라함은 버렸습니다. 하나님이 마음에 의지하는 사람을 버리라고 하셨을 때 아브라함은 순종했습니다.

셋째, 아브라함은 하갈에게서 낳은 이스마엘을 버렸습니다. 비록 서자라도 친자식을, 더군다나 늦둥이로 낳은 자식을 버린다는 것은 정말 힘든 일입니다. 하지만 아브라함은 14세 된 소년을 그 어미와 함께 집에서 사막으로, 광야로 쫓아 버렸습니다. 하나님은 아브라함이 의지할 수 있는 모든 것을 다 버릴 때까지 내려놓으라고 하셨습니다.

넷째, 아브라함은 마지막으로 100세 때 낳은 아들 이삭도 버렸습니다. 이 아들은 아브라함 자신이나 마찬가지였는데, 하나님은 그 아들을 번제로 바치라고 하셨습니다. 75세에 부름받아서 100세가 될 때까지, 아브라함이 지닌 믿음의 클라이맥스는 독자 이삭을 버리는 순간이었습니다. "누구든지 나를 따라오려거든 자기를 부인하고 자기 십자가를 지고 나를 따를 것이니라"(마16:24). 아브라함이 마지막으로 사랑하는 아들까지 버렸을 때, 하나님은 드디어 아브라함을 믿음의 조상이라고 불러 주십니다.

이삭

아브라함의 아들, 이삭은 내 생각을 버린 사람입니다. 이삭은 절대 좋다, 나쁘다를 이야기하지 않고 오직 모든 것을 아버지께 맡겼습니다. 아버지께 순종했습니다. 이것은 바로 예수님의 삶이었습니다. "내가 너희에게 이르는 말은 스스로 하는 것이 아니라 아버지께서 내 안에 계셔서 그의 일을 하시는 것이라"(요 14:10). 이삭은 어느 정도까지 자신의 생각을 버렸습니까? 결혼마저도 완전히 아버지께 맡겼습니다. 젊은 청년들이라면 다른 것은 몰라도 결혼만큼은 절대 양보하지 않습니다. 그러나 아브라함의 종이 하란에 가서 히브리 여자 리브가를 아내로 데려오는데, 이삭은 밭에서 말씀을 묵상하며 온전히 아버지의 결정에 순종했습니다. 이삭은 족장들 중에서 두드러지는 역할은 아니었지만 언약의 징검다리 역할을 했습니다.

야곱

야곱이라는 이름의 뜻은 "속이는 자"입니다. 야곱은 내 것에 대한 집착이 강했습니다. 얼마나 끈질기게 내 것을 붙잡으려 했는지, 형을 속이고 아버지를 속이고 집을 떠나 결국 자신보다 몇 배나 더 잘 속이는 삼촌 밑에서 20년 동안 순종하는 훈련을 받아야 했습니다. 보통 사람 같으면 벌써 포기하고 도망갔을 텐데, 야곱은 삼촌 라반의 집에서 20년 동안 속고 또 속으면서도 인내하며 열심히 일했습니다. 이것이 야곱의 큰 장점입니다. 그 때문에 야곱은 마지막에 엄청난 물질의 축복을 받았습니다.

애굽 총리가 된 요셉의 초청으로 애굽에 들어가 바로 왕을 만난 자리에서 야곱은 이런 고백을 했습니다. "내 나그네 세월이 130년인데, 험한 세월을 살았습니다." 130세가 되어 먹을 것이 떨어진 거지 노인이 되었고, 하나밖에 없는 딸 디나는 세겜 추장한테 강간을 당했습니다. 내 것에 집착하며 속이면서 살아온 결과가 이것입니다. 야곱은 '나'는 아무것도 아니었음을 깨닫고 헤브론 땅을 떠나기 전 브엘세바에서 하나님께 단을 쌓고 겸손하게 물어봅니다. "하나님, 제가 이 약속의 땅을 떠나서 애굽으로 들어가도 됩니까?" 믿음의 조상들은 결국 자신을 부인하는 것이 어떤 것인지를 삶으로 보여 주었습니다.

요셉

아브라함, 이삭, 야곱의 하나님이라고 부르지만, 요셉의 하나님이라고는 하지 않습니다. 하나님은 아브라함과 이삭과 야곱에게는 직접 약속을 주셨지만, 야곱의 열한 번째 아들 요셉에게는 직접 주지 않으셨기 때문입니다. 요셉은 언약을 이루어 가는 과정에서 충실하게 조연 역할을 합니다.

약속과 현실의 차이를 믿음으로 채워 간 사람들

하나님은 아브라함과 이삭, 야곱에게 엄청난 약속을 주셨지만, 약속과 현실은 엄청난 차이가 있었습니다. "이 사람들은 다 믿음을 따라 죽었으며 약속을 받지 못하였으되"(히 11:13). 이것은 믿음을 따라 죽었는데, 언약의 약속은 실제로 이루어지지 않았다는 말씀입니다. 하나님은 아브라함에게 "너는 너의 고향과 친척과 아버지의 집을 떠나 내가 네게 보여 줄 땅으로 가라"고 하셨지만, "너 그 땅 어디에서 살아라" 하는 말씀은 하지 않으셨습니다. 때문에 아브라함은 갈 바를 알지 못하고 정처 없이 떠돌았습니다. 아내 사라가 죽었을 때, 자기 아내를 묻을 땅조차 없었습니다. 현실은 전혀 달랐지만, 아브라함은 하나님의 약속을 믿었습니다. "믿음은 바라는 것들의 실상이요 보이지 않는 것들의 증거니"(히 11:1). 실제로 하나님이 아브라함에게 하신 약속은 약 천년 후에 솔로몬 왕 때 이루어집니다. 아브라함에게 약속하신 대로 애굽 하수에서 유프라테스 강까지 이스라엘 땅이 되었습니다.

믿음의 족장들은 자기의 공간을 포기했습니다. "믿음으로 그가 이방의 땅에 있는 것 같이 약속의 땅에 거류하여"(히 11:9). 하나님이 아브라함과 이삭과 야곱의 후손들에게 약속의 땅을 주겠다고 하셨는데도, 마치 외국에 거하는 듯이 이리저리 옮겨 다녔습니다. 하나님이 진짜로 주실 때까지 기다렸습니다. 한곳에 주저앉지 않고 왔다 갔다 하다가 나중에 헤브론에 정착했습니다. 그렇다고 아무 목적 없이 이리저리 끌려다닌 것은 아닙니다. "하나님의 계획하시고 지으실 터가 있는 성을 바랐음이라"(히 11:10)고 했습니다. 이들도 성을 바라고 있었지만 자기 손으로 쌓지 않고, 하나님이 설계해서 지어 주실 성을 기다렸던 것입니다. 이 성이 바로 천 년 후 다윗이 세운 시온 성입니다.

예수님이 사도 요한에게 "너희가 내 말을 인내하며 끝까지 지켰으므로 내가 너를 끝까지 지켜 마지막 날에 환난의 시험으로부터 건져 주겠다"(계 3:10 참조)고 말씀하십니다. "끝까지 말씀을 지켜서 이기는 자는 성전의 기둥으로 삼을 뿐만 아니라, 그 이마에다가 하나님의 이름과 하늘의 도성, 내 하나님께로부터 앞으로 내려올 새 예루살렘 성의 이름과 내 이름을 써주겠다"(계 3:12 참조)고 말씀하십니다. 끝까지 말씀을 지키는 자에게는 이 땅에 내려올 새 예루살렘 성을 주시겠다는 약속입니다.

◇ **창세기 22-50장**

이삭은 아브라함의 축복을 야곱에게 전달하는 징검다리 역할을 했습니다.

욕심 많은 야곱은 장자권의 축복을 얻기 위해서 파란만장한 일생을 보냈지만,

그의 아들 요셉을 통해 민족과 시대를 구원하는 믿음의 조상이 되는 축복을 받았습니다.

 ## 징검다리 이삭

이삭은 아버지 아브라함이 자신을 번제로 드릴 때 순종했습니다. 아버지가 하는 대로, 하나님의 뜻을 이루는 것에 아무런 거역도, 저항도 하지 않았습니다. 이것은 대단한 순종입니다. 이삭은 순종함으로 큰 축복을 받았습니다.

아브라함이 이삭을 하나님께 번제로 드리려고 할 때, 하나님은 "이제 됐다"고 하시며 진짜 숫양을 보내 주셨습니다. "네가 백 세에 얻은 하나밖에 없는 아들을 아끼지 않았으므로 내가 네 믿음을 보았고 이제 네게 약속했던 언약을 다시 재확인해 주겠다"고 축복하십니다. "자, 하늘의 별같이 땅의 모래알같이 많은 백성, 큰 민족을 이룰 것이며, 내가 또한 애굽 하수에서 유프라테스 강까지 많은 땅을 너에게 줄 것이며, 너는 세계 만민의 복의 근원이 될 것이다."(창 22:16-18 참조)

이삭은 농사를 지어 부를 축적했습니다. 한때 기근 때문에 애굽으로 내려가려고 했

으나 하나님은 이삭에게 경고하며 막으셨습니다. 그리고 아브라함에게 주셨던 언약의 말씀을 다시 주셨습니다. 이삭은 야곱에게 아브라함의 언약을 이어 주는 징검다리 역할을 했습니다.

 ## 속이는 자, 야곱 _ 창 25-50장

✚ 야곱은 왜 둘째로 태어났을까

창세기 25장부터 끝까지는 전부 야곱에 대한 이야기입니다. 창세기의 절반을 야곱의 생애로 할애한 까닭은 야곱이 바로 이스라엘이 되기 때문입니다. 뒷부분에 나오는 요셉 이야기도 야곱 이야기의 한 부분에 지나지 않습니다. 요셉은 어디까지나 조연입니다.

야곱은 어머니 뱃속에 있을 때부터 장자가 되려고 에서와 다투었습니다. 야곱은 성경에 나오는 인물들 중에서 가장 자아가 강했던 사람입니다. 하나님은 리브가에게 "두 국민이 네 태중에 있구나" 하셨습니다(창 25:23). 실제로 이들로부터 두 국민이 나옵니다.

야곱은 태어날 때 형 에서의 발꿈치를 붙잡고 나왔습니다. 이 때문에 '반칙하는 자, 속이는 자'라는 뜻의 '야곱'이라는 이름을 얻었습니다. 당시 중동 지방에는 오늘날 올림픽 종목의 하나인 레슬링(한글 성경은 씨름이라고 번역함)이 성행했는데, 이 경기의 유일한 반칙이 발목을 잡는 겁니다. 발목을 잡아당기면 넘어지지 않을 사람이 없기 때문입니다.

이름대로 야곱은 속이고 반칙해서라도 모든 축복을 차지했습니다. 야곱은 남의 것을 빼앗는 데 명수입니다. 팥죽 한 그릇에 형의 장자권을 빼앗았습니다. 히브리 사람들은 장자에게는 유산을 두 배로 주는데, 이것이 장자권입니다. 야곱은 장자권을 뺏기 위해서 형을 속였고, 아버지 이삭의 장자 축복을 가로챘습니다.

아버지 이삭이 축복한 내용은 결국 먹고사는 것이었습니다. 먹고살 양식과 포도주

158

가 떨어지지 말고 풍성하라는 축복과, 형제의 섬김을 받는 권리였습니다 (창 27:27-29).

형의 축복을 빼앗은 야곱은 헤브론을 떠나 밧단아람으로 달아났습니다. 에서가 축복을 빼앗긴 것을 알고 이를 갈면서 자신을 죽이려 했기 때문입니다. 야곱의 어머니는 야곱을 죽음에서 구하기 위해, 히브리 족속과 결혼시킨다는 핑계를 대고 본토 친척이 있는 곳으로 달아나게 했습니다.

벧엘의 하나님 _ 창 28장

야곱은 괴나리봇짐을 싸서 정처 없이 달아나다가 피곤해서 돌베개를 베고 잠이 들었는데, 천사(하나님의 사자)가 사닥다리 끝에서 왔다 갔다 하는 꿈을 꾸었습니다. 천사들이 오르락내리락 할 때 하늘에서 하나님이 말씀하십니다. "나는 여호와니 너의 조부 아브라함의 하나님이요 이삭의 하나님이라"(창 28:13).

야곱은 형과 아버지를 속인 엄청난 죄를 짓고 형의 칼을 피해 달아나는 극도로 불안한 상황입니다. 그런데 놀랍게도 하나님이 축복의 약속을 주십니다. "네가 누워 있는 이 땅, 네가 돌베개 베고 누워 있는 이 땅을 내가 너와 네 자손들에게 주리라. 내가 너로 큰 백성을 이루고, 하늘의 별같이 땅의 티끌같이 많은 백성을 줄 것이며, 내가 너의 후손으로 하여금 세계 만민의 복의 근원이 되게 하겠다." 아브라함에게 "내가 너를 축복하는 자를 축복할 것이며, 너를 저주하는 자를 저주하겠다"고 간접적으로 말씀하셨다면, 야곱에게는 "내가 정녕 네 평생에 너와 함께 있을 것이며, 내가 네게 이른 약속을 다 이룰 때까지 정녕 너를 떠나지 아니하리라"라고 직접적으로 약속해 주셨습니다 (창 28:15).

약속을 받고 야곱이 벌떡 일어나 앉습니다. 야곱은 "여호와께서 과연 여기 계시거늘 내가 알지 못하였도다 이에 두려워하여 이르되 두렵도다 이곳이여 다름 아닌 하나님의 집이요 이는 하늘의 문이로다"(창 28:16-17) 하고 그곳을 '벧엘'이라고 이름 지었습니다. '벧'은 '장소'라는 뜻이고, '엘'은 '하나님'이라는 뜻입니다. 야곱은 자기가 베고 잤던 돌로 단을 쌓고 그 위에 기름을 붓습니다. 그러고는 하나님께 고백합니다.

"하나님은 죄를 짓고 정처 없이 달아나고 있는 나에게 엄청난 약속을 주셨습니다. 만약 내가 가는 길에 하나님이 동행해 주셔서 내게 먹을 것과 입을 것이 떨어지지 않고, 무사히 삼촌 집에서 고향으로 돌아올 수 있게만 해 주신다면, 꿈속에서 나타나서 약속하신 하나님을 여호와 하나님으로 섬길 것입니다. 돌단을 쌓은 이곳은 하나님의 집이 될 것입니다."

야곱이 돌단에 부은 기름은 올리브기름입니다. 당시 올리브기름은 화폐나 마찬가지여서 어디를 가도 올리브기름만 주면 무엇이든 교환할 수 있었습니다. 음식을 만드는 데 필수 품목이고, 밤에 불을 켤 때도 꼭 필요했습니다. 그러니 자신이 언제까지 여행해야 할지 모르는 상황에서 올리브기름을 돌단에 부었다는 것은 대단한 일입니다. 하나님이 함께하실 것이며 정녕 떠나지 않으시리라는 믿음으로 기름을 부을 수 있었던 것입니다.

야곱은 평생 처음으로 하나님을 직접 만났지만, 먹을 것이나 입을 것을 주시는 분으로만 알았습니다. 야곱은 아버지와 형을 속이고 물질과 섬김의 축복을 빼앗았지만, 하나님은 야곱이 빼앗은 것을 하나님 나라를 세우시려는 아브라함의 언약으로 바꾸어 주셨습니다.

기가 막힌 직장 상사, 삼촌 라반 _ 창 29-31장

하나님이 동행하며 먹을 것과 입을 것을 떨어지지 않게 해 주겠다고 하시니까 야곱은 자기가 가진 것을 다 버리고 기쁜 마음으로 벧엘을 떠나 밧단아람으로 갔습니다.

하란 땅에 거의 다 왔을 때 야곱은 우물가에서 라헬을 만나고 그녀의 아리따운 모습에 이끌려 삼촌 집으로 갑니다. 야곱의 삼촌 라반은 어머니 리브가의 친오빠로서, 아브라함의 집으로 떠나는 여동생을 축복하면서 보냈던 사람입니다.

라반은 그렇게도 예뻐하던 누이동생이 낳은 아들 야곱이 건장한 청년이 되어 나타났을 때, 너무 감격해서 붙잡고 울었습니다. 이런 감격이 몇 달이나 갈 것 같습니까? 잠깐이면 모르겠지만 함께 살기 시작하면서 상황은 달라집니다. 삼촌 라반이 처음에는 울고불고했지만 한 달쯤 지나고 나니까 이렇게 이야기합니다.

"야, 너! 젊은 놈이 삼촌 집에서 얻어먹고만 있을 거야? 일해야지."

"예, 일해야죠."

야곱은 삼촌과 계약을 맺습니다. 이 계약은 옛 영화 〈OK목장의 결투〉보다 더한 대결입니다. 왜입니까? 야곱은 속이는 자요 사기꾼인데, 그보다 수십 배 더한 사기꾼 라반을 만났기 때문입니다. 우리가 잘 속이는 사람이면 하나님은 우리에게 사기꾼 사부를 소개해 줍니다. 야곱은 삼촌 라반에게 20년 동안이나 속임을 당합니다.

처음 7년 계약을 맺을 때 연봉은 라헬이었습니다. 야곱은 꿈속에서도 못 잊는, 우물가에서 보았던 라헬을 아내로 얻고자 열심히 일했습니다. "야곱이 라헬을 위하여 칠년 동안 라반을 섬겼으나 그를 사랑하는 까닭에 칠 년을 며칠같이 여겼더라"(창 29:20). 드디어 7년 후에 결혼식을 하게 되었는데, 첫날밤이 지나고 아침에 눈을 떠 보니 라헬 대신 라헬의 언니 레아가 누워 있습니다. 장인이 될 삼촌 라반이 저지른 일입니다. 야곱은 땅을 칩니다. 남을 속이면, 그 상대방이 얼마나 땅을 치고 통곡하는지 하나님은 알게 하십니다. 그때 야곱은 땅을 치면서 형 에서의 통탄한 심정을 깨달았어야 했는데 깨닫지 못한 것 같습니다.

이것은 시작에 불과했습니다. 야곱은 그 뒤로도 끊임없이 '내 것'을 만들려고 하고, 하나님은 대단한 야곱 위에 더 대단한 사기꾼 라반을 두어서 야곱을 하나님의 사람으로 만들어 가기 시작합니다. 하나님이 야곱을 훈련시키시는 방법이었습니다.

야곱이 일어나서 삼촌 라반에게 항의합니다.

"아니, 이럴 수가 있습니까? 어떻게 이런 것을 가지고 속입니까?"

라반은 미안하다는 말 한마디 없이 이렇게 설명합니다.

"이 지방에서는 언니보다 동생이 먼저 시집가는 법은 절대 없어."

야곱은 속았지만 할 말이 없습니다. 그러면 진작 그렇게 이야기를 했어야죠. 이것이 사기꾼의 속성입니다. 야곱은 어쩔 수 없이 계약을 7년 연장합니다. 물론 연봉은 라헬이었습니다. 라반은 야곱에게 7년을 또 기다리라고 하기 어려우니까, 7년을 더 일한다는 약속을 받고 일주일 후에 라헬과 결혼시켜 줍니다. 결국 야곱은 두 자매를 아내로 얻은 셈입니다. 야곱은 삼촌의 속임수로 두 아내를 얻게 되었지만, 이것을 통해 하늘의 별같이 땅의 모래알같이 많은 자손을 주겠다고 아브라함에게 하신 약속이 이루어집니다.

야곱은 라헬과 레아에게서 열한 명의 아들을 낳고 엄청난 가족을 일구었습니다. 그런데 삼촌이 번번이 약속을 어기고 계속 착취만 했기 때문에 재산이 하나도 없었습니다. 14년이 지나서 야곱이 삼촌에게 말합니다.

"나도 이제 자식도 많아지고 한 가정을 일구었는데 내 재산이 있어야 할 게 아닙니까? 그동안 삼촌이 약속한 것을 하나도 안 지켰으니 이제 진짜로 내게 재산을 주십시오."

삼촌도 할 말이 없습니다. 야곱은 하나님이 꿈속에서 말씀해 주신 대로 삼촌과 계약을 맺습니다. "오늘 내가 외삼촌의 양 떼에 두루 다니며 그 양 중에 아롱진 것과 점 있는 것과 검은 것을 가려내며 염소 중에 점 있는 것과 아롱진 것을 가려내리니 이 같은 것이 내 품삯이 되리이다"(창 30:32). 이것이 무엇입니까? 유전자 법칙입니다. 오늘날은 유전자 공학이 많이 발달했지만 지금으로부터 3천 년 전에는 유전자 법칙이 없었습니다. 이렇게 나올 확률이 얼마나 될까요? 몇 천 마리 중 하나 나올까 말까 할 겁니다.

삼촌 라반은 야곱의 제안을 듣고 속으로 그랬을 것입니다. '야, 이거 똑똑한 줄 알았더니 정말 바보네. 이렇게 계약하면 6년이 지나 봐야 몇십 마리 나오는 것도 기적일 텐데, 이 친구 게임도 안 되는 걸 제안하네.' 라반은 야곱의 제안을 받아들였습니다. 라반은 이제부터 얼룩소나 검은 반점 가진 양이 나오면 주겠다고 계약하고 나서, 지금 있는 모든 가축들 중에서 이미 얼룩이 진 것, 검은 반점이 있는 것을 빼서 자기 아들들한테 맡겼습니다. 라반은 참 지독한 사람입니다. 둘의 대결이 대단합니다.

야곱은 아무것도 없는 상태에서 시작했습니다. 하지만 하나님이 주신 말씀의 지혜로 얼룩지고 반점 있는 짐승들을 많이 얻었습니다. 유프라테스 강가에서 목축업을 하는 야곱이 살구나무와 복숭아나무 가지를 칼로 싹 베어 보니 영롱한 천연색이 나왔습니다. 나뭇가지를 대롱대롱 매달아 놓고 양 떼, 소 떼, 염소 떼를 데리고 왔습니다. 비실비실한 양과 염소들에게는 안 보여 주고, 살찌고 튼튼한 짐승들이 올 때는 영롱한 천연색 나뭇가지를 보면서 강에서 물을 마시도록 했습니다. 그러면 그것을 보고 교미한 암컷들에게서 돌연변이가 나왔습니다. 하얀 양에게서 검은 반점이 있는 양이 나왔습니다. 이게 도대체 말이나 되는 일입니까? 하나님은 야곱을 이렇게 도우셨습니다.

중동 최대의 사기꾼끼리 벌인 대결에서 하나님은 야곱이 삼촌을 이기지 못할 것을 잘 아셨습니다. 야곱이 14년 동안 까다로운 상사에게 한 번도 달려들지 않고 섬긴 것, 하나님의 말씀에 순종하고 산 것을 아셨기에, 하나님이 야곱을 축복하십니다. 하나님이 세우신 윗사람에게 순종할 때 축복을 주십니다. 물질의 축복을 받으려면 야곱처럼 해야 합니다. 직장인이라면 상사에게, 사업가라면 고객에게 끝까지 순종하고 머리 숙여야 합니다. 그래야 '나'라는 사탄을 죽일 수 있습니다. '나'를 죽일 때 하나님이 축복하십니다.

이렇게 6년이 지나자 삼촌 라반과 그 아들들이 야곱을 보는 눈빛이 달라졌습니다.

아들들이 라반에게 이야기했습니다.

"아버지, 이제 우리 재산 다 빼앗겼습니다. 들에 나가 보세요. 전부 점 있는 것, 반점 있는 것, 얼룩진 것밖에 없습니다. 우리 것이 없습니다."

이렇게 되니까 야곱이 야반도주합니다. 하나님의 은혜로 받았고 계약한 내용이니까 삼촌하고 결판을 지으면 되는데, 야곱은 그걸 못합니다. 그동안 너무 많이 당한 겁니다.

이때 라헬이 라반의 드라빔을 훔칩니다. 드라빔은 요즘으로 말하면 인감도장입니다. 재산권을 행사하려면 없어서는 안 되는 표식입니다. 당시 중동 지방에서는 집안의 우상이 되기도 했습니다. 라반이 이것을 눈치채고 사흘 길을 뒤쫓아 와서 야곱을 마구 나무랍니다.

"네가 어찌하여 내 딸들과 내 사랑하는 손자들과 작별 인사도 못하게 하느냐?"

라반이 먼저 쫓아온 핑계를 댑니다. 그 말을 듣고 야곱이 항변합니다.

"삼촌이 20년 동안 얼마나 약속을 어겼습니까? 내가 삼촌을 대면해서 '이제 떠나겠

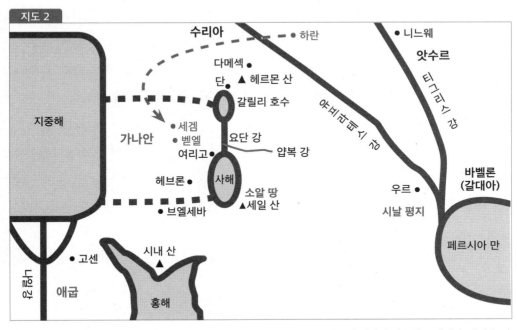

족장 시대 _ 야곱 벧엘은 야곱이 천사의 사닥다리를 본 곳이고, 얍복 강은 야곱이 천사와 씨름한 곳입니다. 세겜은 디나 강간 사건이 일어났던 곳입니다. 세겜에서 벧엘은 내려가는 곳이지만 성경에서는 올라간다고 합니다. 벧엘이 고지대이기 때문입니다.

습니다'라고 하면 보내 줄 것 같지 않아서 할 수 없이 도망쳤습니다."

"그래, 그것까지는 좋다. 그러나 내 드라빔을 내놓아라."

라헬은 낙타 안장 밑에 드라빔을 감추고 그 위에 앉아서 마침 월경 중이라서 못 내려간다고 말합니다. 라반은 결국 드라빔을 찾지 못하고 그들을 보내 주었습니다.

지식탐구 10

야곱의 사닥다리를 유대교에서는 어떻게 해석할까요?

야곱은 사닥다리 끝에 하나님의 천사가 왔다 갔다 하는 꿈을 꾸었고, 하나님께 '이스라엘'이라는 이름을 받습니다. 야곱의 사닥다리는 유대교 복음의 핵심입니다. 실제로 이스라엘 성지순례를 가면, 대도시 공원 어디든지 사닥다리 조형물이 있을 정도입니다. 유대교 랍비들은 '야곱의 사닥다리'를 '하나님 나라의 문'이라고 해석하며, 하나님이 이스라엘에게 주신 율법을 통하지 않고는 하늘나라에 들어갈 수 없고, 구원받을 수도 없다고 가르쳤습니다. 예수님이 오셨을 때까지 유대 랍비들은 이렇게 굳게 믿고 있었습니다. 이 때문에 예수님과 충돌했습니다.

이렇게 율법주의가 심했기 때문에 사도 바울이 1차 전도 여행을 마치고 돌아왔을 때, 심지어 12사도조차도 하나님의 백성은 최소한 할례를 받아야 한다고 생각했습니다. 결국 사도 바울은 구원이 율법의 행위로 되는 것이 아니라, 예수 그리스도를 믿는 믿음으로 되는 것이라는 사실을 알리려고 갈라디아서를 썼습니다.

요한복음에 빌립이 나다나엘을 데리고 예수님 앞에 나오는 장면을 기억하십니까? 예수님이 먼저 나다나엘에게 말씀하십니다(요 1:47-51).

"보라 이는 참으로 이스라엘 사람이라. 그 속에 간사한 것이 없도다."

"랍비여, 어찌하여 나를 아십니까?"

"빌립이 데리고 오기 전에 네가 무화과나무 아래 앉아 있는 모습을 내가 보았다."

"당신은 하나님의 아들이시요, 이스라엘의 왕이십니다."

"내가 무화과나무에 앉아 있는 것을 보았다 한 그 사실을 가지고 네가 나를 메시아라고 고백하느냐? 네가 앞으로 더 큰일을 볼 것이다."

이 내용이 이해되십니까? 사실 이 대화는 야곱의 사닥다리에 관한 것입니다. 대화의 행간의 의미를 한번 옮겨 보겠습니다. 무화과나무 아래서 나다나엘은 이렇게 생각하고 있었을 것입니다.

'우리는 지금까지 야곱의 사닥다리를 통하지 않고는 하나님 나라에 들어갈 수가 없다고 배웠는데, 어찌하여 저분은 자신이 길이요, 진리요, 생명이니 자신을 말미암지 않고는 아버지 나라에 들어갈 자가 없다고 말씀하실 수 있는가?'

비록 처음에는 친구인 빌립이 자꾸 예수님더러 메시아라고 하니까 일단 따라왔습니다. 주님이 그 마음을 아시고 간사한 것이 없다고 하셨고, 나다나엘은 구약의 메시아 예언이 이루어진 것을 알고 "당신은 이스라엘의 왕이다"라고 고백했습니다. 그래서 주님이 "이제 너는 야곱의 사닥다리가 아니라, 내가 바로 하나님 나라로 가는 길이요, 문이요, 진리요, 생명인 것을 보게 될 것이다"라고 말씀하시는 것입니다.

브니엘의 하나님 _ 창 32-33장

야곱은 밧단아람에서 삼촌하고 헤어져 엄청난 재산을 가지고 고향으로 돌아오지만 일생일대의 위기를 만납니다. 복수심에 불타는 형을 만나야 하는 것입니다. 가족과 재산뿐 아니라 자신의 생명마저도 위험한 지경에 이르렀습니다. 삶과 죽음의 갈림길에 놓였습니다.

야곱은 먼저 선발대를 보냅니다. 20년이 지났지만 형이 자신을 용서했는지, 아니면 아직도 자신을 죽이려고 하는지 확인하기 위해서입니다. 선발대가 돌아와서 형 에서가 장정 400명을 데리고 오고 있다고 보고합니다. 에서가 동생을 진짜 용서했다면 20년 만에 만나는 동생을 어떻게 대해야 합니까? 자기도 아내와 가족들을 데리고 나와서 환영해야 정상입니다. 그런데 장정 400명을 데리고 온다는 이야기는 야곱을 죽이겠다는 것입니다.

공포에 휩싸인 야곱은 그제야 20년 전 벧엘에서 만난 하나님께 기도합니다.

"야곱이 또 이르되 내 조부 아브라함의 하나님, 내 아버지 이삭의 하나님 여호와여 주께서 전에 내게 명하시기를 네 고향, 네 족속에게로 돌아가라 내가 네게 은혜를 베풀리라 하셨나이다 나는 주께서 주의 종에게 베푸신 모든 은총과 모든 진실하심을 조금도 감당할 수 없사오나 내가 내 지팡이만 가지고 이 요단을 건넜더니 지금은 두 떼나 이루었나이다 내가 주께 간구하오니 내 형의 손에서, 에서의 손에서 나를 건져 내시옵소서 내가 그를 두려워함은 그가 와서 나와 내 처자들을 칠까 겁이 나기 때문이니이다"(창 32:9-11).

야곱은 하나님께 아브라함 언약을 지켜 달라고 간절히 기도해 놓고서도 그 응답을 믿지 않았습니다. 우리도 기도해 놓고 하나님의 응답을 믿지 않을 때가 많습니다. 옛날에 어떤 교회 성도들이 마을 한가운데 있는 술집에 벼락을 내려 달라는 기도를 열심히 했다고 합니다. 그런데 정말 벼락이 떨어져 술집에 불이 났습니다. 불신자인 술집 주인이 교회 성도들이 기도해서 벼락이 떨어졌다고 소송을 제기하자, 교회 성도들이 이렇게 말했답니다. "설마, 그런 일이 있겠어?" 야곱은 이들처럼 믿음이 없었습니다.

야곱이 생각해 낸 묘안은 가족과 재산을 두 떼로 나누는 것이었습니다. 먼저 두 여종에게서 낳은 아들 4명을 선두에 세우고 뒤에는 두 아내 라헬과 레아, 거기서 낳은 아들 7명, 외동딸 1명을 세웁니다. 둘로 나누어 "이르되 에서가 와서 한 떼를 치면 남은 한 떼는 피하리라"(창 32:8)고 말합니다. 그것도 불안해서 세 떼로 나누어 맨 뒤에 라헬과 요셉을 두었습니다. 야곱은 이른 새벽 동이 트기 전에 아내들과 아이들을 강 건너로 보내고 홀로 남습니다.

혼자 살겠다고 얍복 강가에 남아 밤을 맞았는데, 갑자기 씨름꾼이 야곱에게 달려들었습니다. "야곱은 홀로 남았더니 어떤 사람이 날이 새도록 야곱과 씨름하다가"(창 32:24). 당시 중동에서 씨름꾼은 강도였다고 합니다. 중동의 강도들은 낭만적이었던 것 같습니다. 칼을 들이밀며 "다 내놔" 하지 않고, 밤에 갑자기 확 덮쳐 씨름을 걸어서 이기면 "있는 것 다 내놔" 하고 빼앗아 갔다고 합니다.

지금 야곱의 상황은 어떻습니까? 죽기 아니면 까무러치기 아니겠습니까? 내일이면 형 에서의 칼에 죽을지도 모르는 절박한 상황이고, 가족들과도 헤어진 마당에 20년 동안 피땀 흘려 모은 재산을 어떻게 강도한테 빼앗기겠습니까? 목숨 걸고 싸울 수밖에 없습니다.

그때 하나님은 야곱의 허벅지 관절을 치셨습니다. "자기가 야곱을 이기지 못함을 보고 야곱의 허벅지 관절을 치매 야곱의 허벅지 관절이 그 사람과 씨름할 때에 어긋났더라"(창 32:25). 하나님이 야곱을 이길 수 없어서 이렇게 만드신 것일까요? 아닙니다. 하나님은 허벅지 관절을 쳐서 야곱의 마지막 의지를 꺾으셨던 것입니다. 절름발이로 만드셔서 가족까지 버리고 도망가는 길을 막고 하나님 앞에 무릎 꿇게 하셨습니다. 그제야 야곱은 씨름꾼이 하나님(하나님의 사자)임을 깨닫고, 자신의 문제를 해결해 주시기 전에는 절대로 놓아 줄 수 없다며 필사적으로 매달렸습니다. 허벅다리가 골절이 돼서 절룩절룩하면서도 말입니다.

야곱의 믿음을 보시고 하나님은 야곱을 축복하셨습니다. 이제 더 이상 속이는 자 '야곱'이라 하지 말고 '이스라엘'이라고 하라 하셨습니다. '이스라엘'이라는 말은 '싸운다'는 뜻의 '이스라'와 '하나님'이라는 뜻의 '엘'이 합쳐진 말입니다. 하나님과 싸워서 이겼다는 뜻입니다. 야곱은 하나님과 겨루어 이긴 자로 하나님께 인정을 받았습니다. 하나님과 겨루어 이길 사람이 있다는 게 말이 됩니까? 아빠가 사랑하는 자녀에게 져 주면서 "네가 아버지를 이겼어" 하고 말하는 것처럼, 하나님이 야곱을 자녀 삼아 주시겠다는 약속입니다. 야곱은 이곳을 '하나님을 보았는데 죽지 않았다'라는 뜻의 '브니엘'이라고 불렀습니다.

그 뒤에야 야곱은 도망가지 않고 에서를 만나러 갔습니다. 에서는 야곱을 보자 달려와서 끌어안았습니다. 야곱이 에서에게 말합니다. "내가 형님의 얼굴을 뵈온즉 하나님의 얼굴을 본 것 같사오며"(창 33:10). 하나님을 만나고 나서 20년 동안 원수였던 형 에서와 감격적인 화해가 이뤄졌습니다.

세겜 사건 _ 창 34장

야곱은 에서와 상봉하고 고향 땅으로 돌아갑니다. 그가 하나님을 진짜 섬겼다면 고향에 도착하자마자 벧엘로 가야 합니다. 벧엘은 형의 칼을 피해 달아나다가 하나님을 처음 만났던 곳, 돌베개를 베고 자던 곳입니다. 야곱은 20년 전에 벧엘에서 "이곳에 무사히 돌아오게 해 주시면, 이 돌을 성전의 기둥으로 삼고 하나님을 섬기겠습니다" 하고 약속했습니다. 그런데 야곱은 20년 전 약속을 까맣게 잊어버리고, 요단 강을 건너서 세겜 땅으로 갑니다. 성경에는 야곱이 세겜 땅에 거주하고자 땅을 샀다고 했습니다(창 33:19). 재산도 많아졌고 자식들도 많으니까, 이 땅을 사서 자신의 힘으로 살겠다고 생각했던 것입니다.

이때 야곱이 하나님을 다시 찾을 수밖에 없는 엄청난 일이 일어납니다. 강간 사건입니다. 야곱의 가족이 세겜 땅에 들어왔을 때, 가나안 일곱 족속 중 하나인 세겜의 추장(하몰의 아들)이 야곱의 외동딸 디나를 짝사랑합니다. 그러다 디나를 강간했습니다. 분개한 야곱의 아들들에게는 다음과 같은 세겜 추장의 말이 들리지 않았습니다.

"비록 강간했지만 이 여인을 정말 사랑하니 결혼을 허락해 주기 원합니다. 그러면 내가 섬기는 신도 포기하고 당신들이 섬기는 여호와 하나님을 믿겠습니다."

야곱의 둘째 아들과 셋째 아들인 시므온과 레위는 거짓 언약을 합니다.

"네가 정말 우리 누이동생과 결혼하기 위해서 우리가 섬기는 여호와 하나님을 섬기겠다면 우리가 행하는 할례를 행하라."

이것은 할례를 통해 하나님을 믿게 하려는 것이 아니라 세겜의 추장을 죽이기 위한 계략이었습니다. 세겜 족속 남자들이 할례를 받고 전부 드러누워 있을 때 시므온과 레위가 다니면서 모조리 죽였습니다. 하나님께 선택받은 민족이지만, 인간의 육체적인 정욕대로 행해 스스로 원수를 갚은 것입니다.

야곱이 참으로 놀라고 실망해서 아들들에게 말합니다. "너희가 내게 화를 끼쳐 나로 하여금 이 땅의 주민 곧 가나안 족속과 브리스 족속에게 악취를 내게 하였도다 나는 수가 적은즉 그들이 모여 나를 치고 나를 죽이리니 그러면 나와 내 집이 멸망하리라"(창 34:30). 야곱의 말에 시므온과 레위는 항변합니다. "하나밖에 없는 여동생을 창녀 취급했는데, 어떻게 그대로 살려 둘 수 있습니까?" 하나님이 하늘의 별같이, 땅의 모래알같이 많은 자손을 주겠다고 하셨는데 야곱은 이 일 때문에 여기서 다 죽게 될 것이라고 생각했습니다.

이때 하나님이 야곱에게 말씀하셨습니다. "하나님이 야곱에게 이르시되 일어나 벧엘로 올라가서 거기 거주하며 네가 네 형 에서의 낯을 피하여 도망하던 때에 네게 나타났던 하나님께 거기서 제단을 쌓으라 하신지라"(창 35:1). 지도를 보면 세겜에서 벧엘은 내려가는 곳이지만 성경에서는 올라가라고 합니다. 벧엘이 고지대이기 때문입니다. 맥잡기♬ 예루살렘도 마찬가지입니다. 지방 어디에서든지 예루살렘으로 올라간다고 말합니다. 중요한 곳을 향해서 가기 때문이기도 하지만 예루살렘도 벧엘처럼 실제로 고지대이기 때문입니다.

이제야 야곱은 벧엘로 갑니다. 형의 칼을 피해서 마구 달아나다가 피곤해서 돌베개를 베고 잤던 그곳으로 올라갑니다. '지금까지 이 환난 날에 나를 돌아보시며, 나의 가는 길에 동행해 주신 그 하나님께로 돌아가자. 하나님을 만났던 그곳으로 돌아가자'(창 35:3 참조). 야곱은 벧엘에서 제단을 쌓고 하나님께 드디어 무릎을 꿇습니다. "내가 지금까지 가지고 있던 모든 것들이 아무것도 아님을 이제야 깨달았습니다" 하고 하나님께 고백합니다.

그러자 하나님은 야곱에게 약속하신 말씀 "내가 네게 이른 모든 것을 이룰 때까지 너를 떠나지 않겠다" 말하신 대로, 주변 고을들로 하여금 두려워 떨게 만들어서 야곱의 가족에게 접근하지 못하도록 돌보셨습니다.

✚ 야곱의 12아들, 이스라엘 12지파의 탄생

야곱은 하나님의 은혜를 체험하고 벧엘에서 제단을 쌓은 다음 헤브론으로 돌아옵니다. 그런데 베들레헴을 지날 때, 임신 중이던 라헬이 너무 과로해서 출산 도중에 죽습니다. 그때 태어난 아들이 야곱이 가장 사랑하는 열두 번째 아들 베냐민입니다.

야곱이 헤브론 땅에 돌아왔을 때 에서는 집을 나갈 이유가 하나도 없었는데, 사냥터인 세일 산으로 떠났습니다. 털이 붉은 에서의 별명은 '붉다'는 뜻의 에돔이었는데, 진흙같이 붉은 세일 산에서 에서는 에돔 사람의 조상이 됩니다.

이로써 야곱의 이야기가 끝난 것 같지만, 끝난 것이 아니라 요셉의 이야기로 연결됩니다.

 **지식탐구 11**

야곱의 12아들이 이스라엘의 12지파는 아니다

야곱의 12아들을 기초로 이스라엘의 12지파가 형성되는 것은 맞지만, 야곱의 12아들이 모두 이스라엘의 12지파가 된 것은 아닙니다. 창세기 49장에 있는 야곱의 축복기도에서 이 사실을 알 수 있습니다.

　시므온과 레위는 세겜에서 칼부림을 했다는 이유로 저주를 받았습니다. 나중에 시므온은 땅을 기업으로 받지만, 얼마 지나지 않아 블레셋에게 빼앗깁니다. 레위는 기업 분배에서 완전히 제외된 제사장 족속입니다. 레위 지파라는 말을 가끔씩 쓰기는 하지만, 흔히 레위 족속이라고 표현합니다(엄밀한 뜻에서 지파가 아닙니다).

　요셉도 지파가 없습니다. 야곱이 요셉에게 주려 했던 장자권을 요셉의 두 아들 에브라임과 므낫세에게 주었기 때문입니다. 사실상 요셉이 기업의 2배를 얻는 '장자권'을 받은 것이라고 볼 수 있습니다. 레위와 요셉 대신, 에브라임 지파와 므낫세 지파가 들어가서 이스라엘의 12지파가 완성됐습니다. 12지파를 중심으로 하나님만 예배하는 이스라엘 공동체를 만드시려는 하나님의 구원 사역이 시작됩니다.

 꿈쟁이 요셉 _ 창 37-48장

✦　하나님의 꿈을 이루는 요셉

창세기 37장부터는 요셉의 이야기가 나오지만, 이것은 야곱 이야기의 연장이라고 할 수 있습니다. 요셉은 어디까지나 조연입니다.

성경은 '아브라함의 하나님, 이삭의 하나님, 야곱의 하나님'이라고 합니다. 이것은 시간을 초월해 대를 이어 가면서 축복과 구원과 사랑을 주시는 하나님을 증언하는 말입니다. 딱 한 사람의 하나님이 아닙니다. '우리'의 하나님이십니다.

그런데 '아브라함의 하나님, 이삭의 하나님, 야곱의 하나님'이라고는 하면서 요셉의 하나님이라고 하지 않는 것은 하나님이 요셉에게는 아브라함에게 주신 약속을 주지 않으셨기 때문입니다. 이것이 바로 요셉을 조연이라고 말하는 까닭입니다. 요셉은 아브라함과 이삭과 야곱이 받은 언약이 이어지도록 충실하게 조연 역할을 합니다.

많은 성경학자들은 요셉을 이야기할 때 "구약에서 예수님의 삶을 살아간 의로운 사람이다"라는 칭송을 아끼지 않습니다. 요셉은 처음부터 끝까지 고난의 길을 걸었으며, 고난 가운데서 하나님을 바라보고, 여호와의 이름을 붙잡고 축복을 받았기 때문입니다.

요셉은 어린 시절, 형제들 사이에서 왕따를 당했습니다. 장자에게 주는 채색 옷을 입었을 만큼 아버지의 사랑을 독차지했기 때문입니다. 게다가 요셉은 형들한테 욕 얻어먹을 꿈만 꾸었습니다. 요셉은 열한 개의 볏단이 자신에게 절하는 꿈을 꿉니다. 열한 형제가 요셉한테 다 무릎 꿇는다는 이야기니까 형제들이 좋아할 리 없습니다. 이보다 더한 꿈도 꿉니다. "해와 달과 열한 별이 내게 절하더이다"(창 37:9). 이제는 아버지 야곱이 막 야단쳤습니다. 해와 달은 아버지와 어머니를 말하는 것이기 때문입니다.

나중에 형들은 요셉을 죽이려고까지 했고, 결국은 애굽 무역 상인들한테 팔아 버립니다. 요셉은 애굽에서 비참한 노예 생활을 시작합니다. 어려운 세월을 잘 견디고 바로 왕의 군대 장관 보디발의 종노릇을 잘해서 종들을 다스리는 사람이 되었는데, 보디발의 아내가 유혹합니다. 청년 요셉은 여호와의 이름으로 유혹과 육체의 정욕을 이깁니다. 사실 보디발의 아내가 유혹했을 때 그냥 적당히 넘어갔으면 세상의 온갖 좋은 것을 누릴 수 있었을 것입니다. 요셉이 유혹을 이길 수 있었던 것은 여호와 하나님의 이름을 귀하게 여겼기 때문입니다.

맥잡기 여호와의 이름을 귀히 여김으로써 세상을 이긴 또 한 사람이 있습니다. 소년 다윗입니다. 소년 다윗이 사울 왕 앞에 서서 "내가 저 골리앗을 치겠습니다" 했을 때 사울 왕이 물어보았습니다. "너는 아직 얼굴에 핏기도 가시지 않은 어린애가 아니냐?" 그러나 소년 다윗은 믿음의 고백을 합니다. "사실 나는 목동인데, 내가 체험한 하나님은 대단하십니다. 양 새끼를 입에 움켜 넣는 사자의 이빨 속에서 양을 끄집어 낼 때, 사자의 이빨로부터 나를 지켜 주신 여호와 하나님을 믿습니다." 이것이 여호와의 이름을 귀히 여긴 사람들의 믿음입니다. 믿음으로 여호와의 이름을 귀하게 여기는 사람에게는 능력이 나타납니다.

보디발의 아내가 요셉에게 죄를 뒤집어씌우는 바람에 요셉은 감옥에 갇혔습니다. 감옥에서 두 관원의 꿈을 해석해 주었는데, 요셉의 해석대로 떡 맡은 관원은 사흘 만에 교수형을 당하고 술 맡은 관원은 복직됩니다. 그러나 복직된 관원은 "당신은 살아날 것인데, 당신이 영광을 받을 때에 내 이름을 기억해 주십시오"라고 했던 요셉의 부탁을 잊어버립니다. 술 맡은 관원에게 억울하게 옥살이하던 자신의 처지를 잊지 말아 달라고 부탁하던 당시 요셉의 나이는 28살이었습니다.

2년 후, 바로 왕이 꿈을 해석하지 못해 괴로워하는 것을 보고 술 맡은 관원은 요셉을 떠올립니다. 요셉은 7년 풍년이 있은 후에, 7년 흉년이 있을 것이라고 바로 왕의 꿈을 해석해 줍니다. 바로 왕은 요셉을 애굽의 총리 자리에 앉힙니다. 요셉이 꿈 해석을 잘 해서라기보다는 요셉이 믿고 있는 여호와 하나님의 능력으로 7년 흉년을 이겨 낼 수 있을 것이라고 믿었던 것 같습니다.

애굽의 법에 의하면 나이 삼십이 넘은 자만 총리가 될 수 있었다고 합니다. 그러니까 28세 때, 술 맡은 관원이 요셉을 잊어버린 것은 하나님의 뜻입니다. 그때 요셉이 감옥에서 나온다 해도 총리가 될 수 없었을 것입니다.

총리가 된 요셉은 드디어 가족을 만납니다. 요셉의 꿈 해석대로 7년 풍년 후에 7년 흉년이 들자 가나안 땅에도 기근이 들어서 먹고살 것이 없었습니다. 그러자 요셉의 형제들이 식량을 구하러 애굽에 왔습니다. 요셉은 자신을 죽이려다가 팔아넘긴 형제들을 용서합니다. 요셉이 형제들을 용서할 때, 형들이 얼마나 창피했겠습니까? 하지만 요셉은 형들을 향해서 이것은 하나님의 구원이라고 합니다. "하나님이 큰 구원으로 당신들의 생명을 보존하고 당신들의 후손을 세상에 두시려고 나를 당신들보다 먼저 보내셨나니"(창 45:7). 요셉은 형제들을 용서하고 베냐민을 끌어안으며 눈물을 흘립니다.

✚ 야곱의 가족들이 애굽으로 이동하다 _ 창 46 - 47장

요셉의 이야기를 끝내면서 마지막으로 야곱을 살펴봅니다. 야곱은 요셉의 초청으로 식량을 구하러 애굽으로 가게 됩니다. 애굽 땅으로 식량을 얻으러 가면서 130세 노인이 브엘세바에서 하나님께 제단을 쌓고 예배드리며 무릎 꿇습니다. 130년 동안 욕심 많고 남을 속이면서까지 자신만을 챙겼던 야곱을 하나님이 변화시키신 것입니다. 지금까지 야곱은 스스로 제단을 쌓은 적이 한 번도 없었습니다. 항상 자신이 위태할 때만 제단을 쌓았습니다. 이때 처음으로 아무 일도 일어나지 않았는데 스스로 하나님 앞에 무릎 꿇었습니다. 그러면서 하나님께 물어봅니다. "하나님, 이 땅을 떠나도 되겠습니까?" 할아버지 아브라함은 약속의 땅을 떠나서 애굽으로 들어가다가 아내를 빼앗길 뻔했고, 아버지 이삭은 기근 때문에 애굽으로 내려가려고 하는 것을 하나님이 막으셨고, 이제는 야곱이 약속의 땅을 떠나야 하는 순간이 되었습니다. 하나님 앞에 무릎 꿇을 수밖에 없는 상황입니다.

야곱의 물음에 하나님이 응답하셨습니다. "애굽에 들어가는 것을 두려워 말라. 내가 너와 함께하리라"(창 46:1-4 참조). 야곱과 가족 70여 명은 애굽으로 떠납니다. 애굽으로 간 야곱은 초라한 행색이었지만, 아주 당당했습니다. 감히 바로 왕의 머리에 손을 얹고 축복했습니다. 그 당시 머리에 손을 얹을 수 있는 사람은 왕 아니면 제사장이었습니다. 바로 왕은 웬 늙수그레한 노인이 자기한테 축복하려고 하니까 "당신의 연세가 몇입니까?" 하고 나이를 묻습니다(창 47:8 참조).

야곱이 대답합니다. "130년이라는 세월을 살았지만 참으로 험한 세월을 살았습니다. 험한 세월을 살아서 비록 거지꼴로 왔지만, 내 질그릇에는 하나님이라는 보배를 담고 있습니다. 그렇기 때문에 당신을 축복할 수 있는 겁니다." 이것이 그의 신앙고백입니다. "은과 금은 내게 없거니와 내게 있는 이것을 네게 주노니"(행 3:6). 우리는 비록 질그릇이지만 내면에 엄청난 보배를 담고 있습니다.

그들은 애굽에서 400년 동안 이방을 섬기게 되지만, 그들의 수는 그동안 하늘의 별 같이, 바닷가의 모래알같이 많아져서 200만이나 되는 큰 민족을 이룹니다. 하나님은 민족을 이루시려고 야곱 가족을 애굽으로 들이셨습니다.

✚ 창세기는 왜 기록되었을까

신앙생활을 할 때 창세기를 아는 것은 매우 중요합니다. 모세오경(창세기, 출애굽기, 레위기, 민수기, 신명기) 중에서 유대인들이 가장 중시하는 것은 출애굽기입니다. 하나님이 친히 시내 산에서 율법을 주시고, 성막을 짓게 하시고, 구름기둥과 불기둥으로 이스라엘 백성들을 인도하신 놀라운 사건이 기록되어 있기 때문입니다. 유대인은 출애굽기에서 하나님의 놀라운 구원 역사를 보았습니다. 하지만 그리스도인에게는 창세기가 중요합니다. 모든 만물의 시작을 창세기가 설명하기 때문입니다(Day 7 참조).

창세기는 왜 기록되었을까요? 애굽에서 나와 광야 생활을 한 이스라엘 백성들은 스스로 돌이켜 보며 궁금했습니다. "히브리 족속인 우리가 왜 애굽에서 400년이나 종살이를 했는가? 또 지금 이렇게 출애굽한 이유는 무엇인가?" 모세는 애굽에서 종살이한 이유, 출애굽한 이유, 가나안 땅에 들어가게 된 이유를 설명할 필요가 있었습니다.

히브리 사람이 애굽에서 종살이한 이유를 설명하다 보니, 요셉이 총리가 된 사건을 이야기하지 않을 수 없었고, 요셉을 이야기하려니 야곱과 12아들 이야기를 해야 했습니다. 언약을 이야기하다 보니 '아브라함의 하나님, 이삭의 하나님, 야곱의 하나님'을 설명하지 않을 수 없었고, 아브라함을 왜 불러내셨는지를 말하려다 보니 바벨탑 사건을 설명해야 했습니다. 그러다 보니 하나님의 천지창조를, 창세기를 설명하지 않을 수 없었던 것입니다.

의식의 교정

육을 쓰고 있는 우리는 손해 보는 일을 당했을 때 이웃을 쉽게 미워합니다. 교회 안에서 자기 의견과 다르다고 해서 목사님들과 여러 사람들 앞에서 자기에게 망신 주었던 그 집사를 보며 속을 부글부글 끓입니다. 성령 충만하게 예배를 드렸는데 그 집사를 보는 순간 속이 뒤집혀서 받은 은혜를 다 까먹습니다. 이것이 우리들의 모습입니다.

주님은 "너희는 원수를 사랑하고 너를 박해하는 자를 위해서 기도하라"고 하십니다(마 5:44 참조). 하지만 나를 박해하는 자를 위해 어떻게 기도합니까? 욕이나 나오지 않으면 다행입니다. 하나님은 의인과 악인을 구별하지 않고 햇빛을 주십니다. 악한 사람에게는 햇빛을 가리고, 의로운 사람한테만 햇빛을 비추시는 분이 아닙니다. 싫어하는 사람이 있으면 미움을 참아 내느라 어쩔 줄 모르는 우리와 '전혀' 다른 분이십니다. 상대방을 미워할 때는 '내가 미워하는 거야'라고 생각할지 모르지만, 영적으로 보면 거꾸로 나의 영혼이 상대방의 영에 꽁꽁 묶이는 셈입니다. 이것은 지옥을 체험하는 것입니다. 아프면 의사가 치료해 주고, 배고프면 농부가 거둬들인 쌀로 밥을 지어 먹습니다. 이처럼 하나님의 신령한 축복은 말씀을 통해 오지만, 말씀은 목사님을 통해서 내게 전달됩니다. 결국 우리의 모든 축복은 사람을 통해 옵니다. 사람을 미워하면 내게 오는 축복의 통로를 스스로 꽉 막는 것이나 마찬가지입니다.

"만일 우리가 하나님과 사귐이 있다 하고 어둠에 행하면 거짓말을 하고 진리를 행하지 아니함이거니와"(요일 1:6), "빛 가운데 있다 하면서 그 형제를 미워하는 자는 지금까지 어둠에 있는 자요"(요일 2:9). 이 두 구절을 합해 보면, 형제를 미워하는 것은 어둠에 있는 것이요, 어둠에 행한다는 것은 하나님께 거짓말하고 있는 것입니다. 마음에 미움이 있으면 자신도 모르게 마음에 어둠이 드리웁니다. 어둠이 드리우면 그 가운데 두려움이 역사합니다. "사랑 안에 두려움이 없고 온전한 사랑이 두려움을 내쫓나니 두려움에는 형벌이 있음이라 두려워하는 자는 사랑 안에서 온전히 이루지 못하였느니라"(요일 4:18).

그러면 어떻게 하면 미워하는 마음을 고칠 수 있습니까? 어떤 사람은 '미워하는 마음을 꼭 고칠 필요가 있을까?'라고 생각할지도 모릅니다. 하지만 죽기 직전까지 마음에 미움이 가득 차 있는데, 죽으면 그 생각이 없어지면서 갑자기 '짠' 하고 환한 천국이 나타나는 걸까요? 그렇지 않습니다.

예수님이 "내가 곧 길이요 진리요 생명"(요 14:6)이라고 말씀하신 것은 예수님이 내 안에 오셔서 의식을 변화시키지 않고는 결코 천국을 경험할 수 없다는 뜻입니다. 예수님이 아니고는 내 안에 있는 미움을 천국의 의식으로 절대로 변화시킬 수 없습니다. 내 안에 오신 주님을 사랑하는 마음으로 미움을 고치지 않고는 절대로 천국을 누릴 수 없습니다.

그래서 예수님은 "항상 기도하며 깨어 있으라"(눅 21:36)고 말씀하십니다. 사도 바울은 고백합니다. "그러므로 내가 한 법을 깨달았노니 곧 선을 행하기 원하는 나에게 악이 함께 있는 것이로다"(롬 7:21). 내 안에 두 개의 법이 있다는 사실 자체가 바로 죄를 인식하게 한다는 것입니다. 불신자들에게는 육체의 법밖에 없습니다. 하지만 믿는 사람들에게는 육체의 법과 생명의 법이 있습니다. 성령의 법이 나의 의식을 사망에서 생명으로 옮기도록 인도하신다는 것입니다. 우리 안에 빛으로 오신 나의 생명이자 전부이신 예수님을 통해서만 죄를 깨달을 수 있고 회개할 수 있습니다.

말씀만 잘 외우고 잘 알고 있는 것으로는 부족합니다. 반드시 먼저 우리의 의식이 교정되고, 그 결과로 우리의 행위가 변화되어야 합니다. 우리의 삶이 변하지 않고는 그리스도인이라 할 수 없습니다. 말씀대로 산다는 것은 어려운 일입니다. 하지만 말씀대로 살려고 몸부림칠 때, 성령님이 우리와 함께하셔서 우리 의식이 바뀝니다. 참 어렵지만, 성령님께 의지해서 날마다 우리 죄를 회개하고 고백하면 말씀에 순종해서 살게 됩니다. 이렇게 할 때 하나님은 우리를 변화시켜 주십니다. 이렇게 하지 않고서는 천국에 들어갈 수 없다는 사실을 꼭 기억하십시오. 예수님을 믿으니까 천국이 '짠' 하고 열린다는 착각에서 벗어나시기 바랍니다.

믿음의 조상들도 하나님이 찾아오시기 전까지는 '나'만 생각하는 육체의 법을 따라 살았습니다. 하지만 하나님을 만나 그들의 후손을 통해 하나님 나라를 이루시겠다는 약속을 받은 다음부터 하나님의 말씀(성령의 법)에 의해 의식 교정을 받았습니다. 내 것을 포기하고 내려놓았습니다. 요셉처럼 자기를 애굽에 팔아넘긴 형들을 용서할 때 세상을 이기고 하나님 나라를 이룰 수 있습니다.

애굽의 고기 가마를 떠나다

◇ **출애굽기 1-18장**

이제 출애굽기입니다. 중요한 것은 출애굽만 있지 않다는 점입니다. '출애굽과

광야 시대'입니다. 요셉의 초청으로 애굽에 간 야곱의 가족, 이스라엘 사람들이

애굽의 노예가 된 경위와 출애굽을 하게 된 과정을 살펴봅니다. 요셉의 가족들이 고센 땅에서

풍요함을 누리던 '그때로부터 430년 뒤'의 이야기입니다. 바로 출애굽의 시작입니다.

✛ 이스라엘 백성들은 왜 노예가 됐을까

요셉의 역사적 기록을 찾아서

요셉이 애굽의 총리가 되었을 때, 야곱과 그의 가족 70여 명은 헤브론을 떠나 애굽 땅으로 이주했습니다. 요셉의 가족들은 나일 강 오른쪽에 있는 고센이라는 비옥한 땅에 정착했습니다. 총리의 가족으로서 좋은 대우를 받으며 바로 왕의 말들을 키우는 일을 하며 풍요를 누렸습니다.

　오늘날 고대 이집트 역사책에는 요셉에 대한 기록이 없습니다. 때문에 일부 자유주의 신학자들은 "출애굽기는 사실이 아니다. 단지 미화해서 근사하게 써 놓은 이야기다"라고 주장하기도 합니다.

　애굽은 강성한 나라여서 고대 국가들 중에서 매우 자존심이 강했습니다. 그래서 전쟁에 패하거나 외세에 정복당했던 것처럼 자기들에게 불리한 사실은 기록하지 않았

고, 다른 나라를 점령했거나 전쟁에서 승리한 이야기는 상세히 기록했습니다. 외세에 의해 정복당했던 시기는 기록에서 삭제했던 것입니다. 기원전 16세기에서 14세기에 이르는 약 150년 동안의 기록이 없어서 애굽 역사를 연구한 학자들이 이 기간에 어떤 일이 있었는지 찾아보니 외세가 침입한 시기였다고 합니다.

이 외세는 오늘날 아프가니스탄 부근에 사는 중앙아시아 족속들입니다. 그들은 당시 처음으로 병거를 만들었는데 애굽 왕 바로가 탔던 병거는 중앙아시아의 힉소스 족이 만들었다고 보는 추정도 있습니다. 힉소스 족이 병거를 만들어 성난 파도처럼 지중해 연안으로 침략해서 애굽을 점령했습니다.

힉소스 족은 셈 족이었습니다. 애굽은 노아의 세 아들, 셈, 함, 야벳 중에 함의 둘째 아들인 미스라임 족속입니다. 함 족속의 후예들이니까 애굽 족속은 피부가 검습니다. 아프리카 땅에, 아시아에 있는 셈 족인 힉소스 족이 침략해 들어와 애굽을 점령하고 파라오(바로 왕)의 자리를 차지한 것입니다. 이때 요셉이 종으로 팔려 갔고 꿈 해석을 잘해서 총리로 임명됩니다. 노예 신분이었던 요셉을 총리로까지 임명한 것은 같은 셈 족이기 때문에 가능했으리라 생각됩니다.

요셉이 총리로 있는 동안 힉소스 족이 애굽을 다스렸다는 것은 여러 가지로 증명됩니다. 애굽에 7년 풍년이 든 후에 7년 기근이 들었을 때, 애굽 땅에 있는 많은 사람들이 총리인 요셉에게 와서 식량을 사려고 했습니다. 식량을 사려면 돈을 받아야 하는데, 창세기 후반에 보면 요셉이 지방 영주들에게 땅을 받았다고 했습니다. 자기 나라 땅이라면 바로 왕이 땅을 받을 이유가 있겠습니까? 힉소스 족이 침입해 들어와 중앙 정부를 장악했지만 아직 애굽 땅 전체를 장악하지 못했기 때문으로 추측할 수 있습니다.

신분 하락의 이유

요셉 덕분에 귀족 생활을 하던 이들이 왜 갑자기 노예 신분으로 하락했을까요? 성경은 "요셉을 알지 못하는 새 왕이 일어나서 애굽을 다스리더니"(출 1:8)라고 기록하고 있습니다. 요셉이 총리까지 했는데 바로 왕이 요셉을 모를 리가 있겠습니까?

요셉을 알지 못하는 바로 왕이 일어났다는 것은 원래 애굽의 주인인 함 족속이 힉소스 족속을 쫓아냈다는 이야기입니다. 애굽 족속들이 바로 왕의 지위를 회복하고 보니까 히브리 사람들인 요셉의 후손들은 완전 이방 족속이었습니다.

게다가 히브리 족속의 인구는 급격히 팽창해 있었습니다. 70명이 애굽에 들어갔는데, 출애굽할 때는 장정만 60만, 여자들과 아이들을 합하면 약 200만이었습니다. 70명이 200만이 되었다는 것은 인구가 크게 증가했다는 말입니다. 학자들이 계산해 보니까 70명이 이 엄청난 인구를 만들려면, 400년 동안 한 가정에서 평균 12명의 자녀를 낳아서 한 명도 죽지 않아야 한다고 합니다. 히브리인들이 얼마나 번성했는지를 알 수 있습니다. 바로 왕이 히브리 아기들을 다 죽이라고 명령하자 산파들은 "히브리 여인들이 너무 강해서 우리가 도와주러 가기도 전에 이미 아기를 낳아 버립니다" 하고 대답했습니다. 워낙 힘이 세고 건강해서 아기를 쑥쑥 잘 낳는다는 것입니다. 하나님은 정말 하늘의 별같이, 바닷가의 모래알같이 셀 수 없이 많은 자손을 주셨습니다. 하나님이 아브라함과 이삭과 야곱에게 하셨던 약속이 애굽에서 400년 종살이하는 동안에 이루어졌습니다.

뿐만 아니라 히브리 사람들은 머리가 좋았습니다. 애굽 사람들은 히브리 사람들을 보고 당연히 위협을 느꼈을 것입니다. 결국 애굽 사람들은 히브리 사람들을 노예 신분으로 전락시킵니다.

그러자 이스라엘 백성들이 하나님께 부르짖습니다. 왜 부르짖었습니까? 고통 때문입니다. 노예 생활이 처음부터 고통스러웠던 것은 아니었습니다. 바로 왕이 히브리 족속에게 점점 중노동을 시켰던 것 같습니다. 나중에는 진흙이나 지푸라기 같은 재료도 주지 않고 벽돌을 만들라고 시킬 정도였습니다.

신분이 어느 날 갑자기 하락하는 것은 우리 삶에도 닥치는 현실입니다. 부유하게 잘 살다가 부도가 나면 집도 명예도 다 사라집니다. 우리는 이것을 IMF 외환위기 때 겪었습니다. 그러나 고통에 빠졌을 때, 절대로 낙심하거나 주저앉아서는 안 됩니다. 고통은 하나님께 부르짖으라는 신호입니다. 만약 이스라엘 백성들이 계속 귀족 생활을 했다면 출애굽의 역사는 없었을 것입니다. 애굽에서 잘 먹고, 잘사는데 그들이 하나님을 왜 찾겠습니까? 10개가 넘는 애굽의 우상을 섬기며 나일 강의 풍성한 물을 이용해서 농사짓고 살면 됩니다. 그곳을 떠나야 할 이유가 하나도 없습니다.

예상치 못한 고통과 신분의 변화가 올 때는 하나님의 구원 섭리가 기다리고 있음을 바라보고 감사해야 합니다. 사도 바울은 "범사에 감사하라"(살전 5:18)고 말합니다. 어떠한 일이 일어나더라도 감사하라고 합니다. 하나님의 구원이 기다리고 있기 때문입니다. 고통이 아니고는 어두움 가운데 있는 우리가 죄와 사망의 권세에서 출애굽할 수 없습니다. 그렇기에 하나님이 명퇴, 부도, 질병 등을 통해 엄청난 신분의 변화(하락)를 주신다는 사실을 기억해야 합니다.

✚ 출애굽의 지도자, 모세

이스라엘 족속이 하나님께 부르짖었을 때, 하나님이 들으셨습니다. 하나님이 이들의 조상인 아브라함과 이삭과 야곱에게 했던 언약을 기억하셨기 때문입니다. 이 백성은 다른 백성들하고는 다릅니다. 왜 그렇습니까? 하나님이 아브라함을 갈대아 우르에서 불러내서 하늘의 별같이 바다의 모래알같이 많은 백성을 주고, 하나님만 예배하는 공동체로 세계 만민에게 복을 전할 민족이 되게 하겠다고 약속하셨기 때문입니다. 노예 생활을 끝낼 때가 찼기에, 히브리 사람들을 가나안 땅으로 보내시려고 하나님은 출애굽 사건을 주십니다.

하나님은 히브리 사람들을 불러내기 전에 먼저 지도자를 세우십니다. 지도자는 바로 공주의 아들로 40년 동안 왕궁에서 생활했던 모세입니다. 나일 강에 목욕하러 나왔던 바로의 공주가 갈대상자에 있던 모세를 건져서 아들로 삼았다는 이야기는 많이들 알고 있습니다. 공주가 갈대상자를 건지는 걸 보고 엄마를 유모로 데려간, 눈치 빠른 누이 덕분에 모세는 40년 동안 왕자로, 게다가 친엄마의 보살핌을 받으며 살 수 있었습니다.

모세는 남부러울 것 없이 잘살았는데, 어느 날 유대 사람들끼리 싸움하는 것을 말리다가 실수로 애굽 사람을 죽이는 바람에 살인자가 되었습니다. 모세는 이 일이 들통나자 미디안 광야로 도망쳤습니다. 40년 동안 왕자로 생활하다가, 40년 동안 광야 생활을 하게 된 것입니다. 모세가 왕자의 신분을 버린 것은 이 세상 쾌락을 느끼고 사는 것보다 동족들과 함께 고통을 나누는 것을 더 즐거워했기 때문이라고 성경은 기록하고 있습니다(히 11:24-26). **맥잡기** 이것은 우리 주님, 독생자 예수, 하나님의 아들이 하늘의 자리를 버리고 이 땅으로 오신 것과 마찬가지입니다. 로마의 바티칸 미술관에 가면 모세와 예수님을 동일한 선상에서 표현한 그림을 볼 수 있습니다.

시내 산은 매우 긴 산입니다. 그 산의 한 자락이 호렙 산입니다. 하나님이 거기서 모세를 만나 지도자로 세우십니다. 모세는 미디안에서 40년 동안 광야 생활을 했습니다. 모세는 누구보다도 그 지역 지리를 잘 알고 있었습니다. 이스라엘 백성들을 인도해 나가기에 알맞은 사람입니다. 하나님이 부르셨을 때 모세는 자신이 말을 잘 못한다는 핑계를 댑니다. 하나님은 모세에게 말 잘하는 사람, 모세의 형 아론을 붙여 주십니다. 인류 최초로 대변인(Spokesman) 제도를 인정하셨습니다. 그다음 하나님은 모세에게 지팡이를 주셨습니다. 지팡이를 던지면 뱀이 되고, 손을 집어넣었다 꺼내면 나병이 걸렸다가 낫는 표적을 보여 주며 지도자로 삼으셨습니다. 그래서 모세는 대속의 십자가를 지게 됐습니다.

하나님이 이스라엘 백성을 출애굽시키시려는 이유는 단 하나입니다. 아브라함과 이삭과 야곱에게 약속하셨던 언약, 이 땅에 하나님 나라를 세우실 때가 찼기 때문입니다. 아모리 족속의 죄악이 관영했으므로 이스라엘 민족을 통해 이들을 심판하실 때가 된 것입니다.

✚　열 가지 재앙의 의미

이스라엘 백성들을 애굽에서 이끌어 내시려고 하나님은 모세를 바로 왕 앞에 보내서 '열 가지 재앙'을 내리십니다. 하나님은 바로 왕의 마음을 점점 완악하게 하십니다. 바로 왕은 마지막 재앙, 자신의 장자부터 시작해서 모든 사람의 장자와 모든 가축의 첫새끼까지도 다 죽게 되는 엄청난 재앙 후에야 비로소 무릎을 꿇습니다. 바로 왕은 이스라엘 백성들에게 금붙이까지 주면서 내보냅니다.

하나님은 왜 처음부터 장자 죽음이라는 재앙을 내리지 않으셨을까요? 왜 한 번에 끝내지 않고 그렇게 많은 재앙을 내리셔야 했을까요? 그 이유는 열 가지 재앙이 모두 애굽의 우상이었기 때문입니다. 하나님은 열 가지 재앙을 통해 애굽의 우상들은 아무것도 아니며 여호와 하나님만이 살아 계시며 유일한 구원자라는 것을 보여 주셨습니다.

맥잡기☞ 하나님은 창세기 12장에서도 인간이 바벨탑 우상을 세운 자리, 언어를 나누고 민족을 흩으셨던 현장에서 아브라함을 불러내셨습니다. 만든 우상이 아무것도 아니며 하나님만이 영원한 능력자라는 것을 알려 주시는 것입니다.

첫 번째 재앙은 '나일 강이 피로 물드는 재앙'입니다

나일 강은 '호피'라고 하는 신인데 희망이라는 단어와 비슷하지만, 사실 풍요의 신입니다. 애굽 사람들은 나일 강을 사람들을 먹여 살리고 모든 것을 생산해 내는 신으로 섬겼습니다. 나일 강에게 제사도 지냈습니다. 농사를 풍요롭게 하는 원천인 나일 강은 충분히 우상으로 섬길 만했습니다. 하나님이 그 나일 강을 피로 변하게 했을 때 이것을 보는 애굽 사람들과 히브리 백성들은 무엇을 느꼈을까요? 하나님은 나일 강을 피로 변해 냄새나게 하시며 '하나님 앞에서 아무것도 아님'을 보여 주셨습니다.

두 번째 재앙은 '개구리'였습니다

이들이 신이라고 믿은 개구리는 '핵트' 신이라고 해서 다산이나 많은 소출을 뜻하는 우상이었습니다. 배가 볼록하게 생겼고 알이 많아서 개구리는 풍요를 상징했습니다. 개구리가 침대와 식탁 위 할 것 없이 집안을 다닌다고 생각해 보십시오. 얼마나 더럽고 지저분하고 끔찍하겠습니까?

외교관 생활을 하다 보면 여러 나라를 다니게 되는데 항상 잘사는 나라에만 갈 수 없습니다. 젊었을 때 아프리카로 발령이 났습니다. 저는 그때까지만 해도 아프리카 사람들은 타잔처럼 잎사귀로 만든 옷을 입고 사는 줄 알았습니다. 막상 가 보니 우리하고 똑같이 남자는 넥타이를 메고, 여자도 옷을 잘 입고 곱게 화장하고 있었습니다. 비록 못 살기는 하지만 사람 사는 건 비슷했습니다. 그런데 집 안에 도마뱀이 있는 것이 달랐습니다. 몸집이 매우 크고 보기 싫을 정도로 울긋불긋하고 징그러운 도마뱀이 방 안을 누비고 다니면 아내와 아이들은 보기만 해도 기절초풍합니다. 소리를 꽥꽥 질러 댑니다.

이스라엘 백성들도 그랬을 겁니다. 잠자고 있는데 개구리가 얼굴 위로 쓱 올라온다고 생각해 보세요. 밥 먹는 식탁이며 거실에도 불쑥불쑥 나타난다고 생각해 보세요. 개구리를 신이라고 섬겼는데, 이제 개구리가 신처럼 보이겠습니까? 하나님은 개구리가 신이 아니라는 것을 이렇게 알려 주셨습니다.

세 번째 재앙은 '이'였습니다

애굽 사람들은 송아지를 신으로 섬겼기 때문에 송아지에 붙은 '이'까지 섬겼습니다. 그런데 '이' 재앙이 내리니까 사람들은 엄청 괴로워했을 것입니다.

네 번째 재앙은 '파리 떼'였습니다

파리 떼를 신으로 섬기는 사람들을 이해할 수 없겠지만, 당시에는 그랬습니다. 왜 파리 떼가 신일까요? 시골에 가면 어떻습니까? 뒷간 같은 데를 보면, 파리가 새까맣게 떼를 지어서 '웅웅' 하면서 움직입니다. 옛날 사람들은 이 모습을 신비스럽게 보고, 보이지 않는 하나님보다 힘이 있다고 생각한 것 같습니다. 하나님이 파리 떼를 뒤집어 쓸 만큼 주시니 사람들이 기겁을 합니다. 그래서 이것도 신이 아니라는 것을 보여 주십니다.

맥잡기 사실은 예수님이 오셨을 때까지 사람들은 파리 떼 신을 믿었습니다. 신약에 보면 예수님이 간질병 환자를 고치셨을 때 사람들은 말했습니다. "바리새인들은 듣고 이르되 이가 귀신의 왕 바알세불을 힘입지 않고는 귀신을 쫓아내지 못하느니라 하거늘"(마 12:24). 여기서 말한 바알세불이 바로 파리 떼 신입니다. 구약에 보면, 파리 떼를 섬기는 이야기가 많이 나옵니다(왕하 1:2-3).

다섯 번째 재앙은 '가축의 죽음'이었습니다

이들이 열심히 섬기는 송아지 신이 전염병이 돌자 픽픽 쓰러집니다. 그래서 송아지도 신이 아니라는 것을 보여 주십니다. 지금도 힌두교에서는 소가 지나가면 차가 다 설 만큼 소를 신으로 섬기고 있습니다.

맥잡기 하나님이 이렇게 직접 송아지가 신이 아니라는 것을 보여 주셨음에도 400년 동안 배어 있는 송아지 우상은 쉽게 무너지지 않습니다. 모세가 40일 금식하고 시내 산에 올라가서 하나님 말씀을 돌판에 받고 있을 때도 이스라엘 백성들은 금송아지를 만들지 않습니까? 진짜 송아지가 없으니까 금송아지를 만들 정도였습니다. 사람들은 하나님이 일일이 우상이 헛됨을 보여 주셨는데도 결국 금송아지를 또 만듭니다.

맥잡기 이처럼 우리가 예수님을 믿고 나서 이전에 가졌던 습관이 빠져나가는 데는(성화되기까지는) 엄청난 시간이 걸립니다. 죄짓기는 쉽지만 죄의 습관을 버리는 데는 오랜 시간이 필요합니다.

여섯 번째는 '악성 종기'입니다

악성 종기는 발진티푸스입니다. 발진티푸스에 걸리면 몸의 살갗이 툭 튀어나오며 엄청나게 가려워 고통스럽습니다. 일종의 피부병입니다. 그런데 이 악성 종기를 블레셋 사람들이 우상으로 섬겼습니다. 오늘날 우리가 보기에는 우습지만 그 당시 사람들은 심각했습니다.

맥잡기! 사무엘상에 보면, 무능한 엘리 선지자가 블레셋과 전쟁할 때 언약궤를 들고 나갔다가 빼앗깁니다. 그때 하나님이 악성 종기를 퍼트리시자, 블레셋이 언약궤를 이스라엘에 돌려보내면서 그 수레에 금으로 만든 악성 종기를 함께 보냅니다. 사람들은 그 정도로 악성 종기를 우상으로 믿었습니다.

일곱 번째 '우박'입니다

농사가 잘돼서 풍성한 수확을 기대했는데 갑자기 골프공만 한 우박이 떨어져서 농사를 다 망쳐 놓았습니다. 하나님은 이스라엘 백성들에게 이 세상의 것들이 자신의 노력으로 얻어지는 것이 아니라는 사실을 가르치셨습니다.

여덟 번째 '메뚜기'입니다

펄 벅의 소설 《대지》를 영상화한 영화를 보면 수백만 마리의 새까만 메뚜기 떼가 날아오면 30분도 채 안 되어 순식간에 넓디넓은 황금 들판이 전부 황무지로 변해 버리는 장면이 나옵니다. 메뚜기 떼가 갑자기 덮쳤을 때 사람들이 얼마나 두려워했을지 상상해 보십시오. 하나님은 메뚜기 떼를 보내서 "내 힘으로 살 수 있는데, 하나님의 은혜는 무슨 은혜냐?" 하는 인본주의 사상을 없애려 하셨습니다. **맥잡기!** 예언서인 요엘서에서는 심판의 상징인 메뚜기의 이름이 다양하게 등장합니다.

아홉 번째는 '흑암'입니다

애굽 사람들은 태양 신을 섬겼습니다. 다른 나라에서도 태양 신을 섬겼지만, 특히 애굽은 '태양 신과 코브라의 나라'라고 불릴 정도로 태양을 숭배했습니다. 이집트는 1년 동안 비가 거의 오지 않습니다. 오더라도 잠깐 왔다가 그칩니다. 사시사철 항상 태양이 이글거리는 곳이기 때문에 태양 신을 섬겼습니다. 이집트와 관련된 영화를 보면 피라미드와 스핑크스가 나오고 태양이 이글거리고 있는 장면을 흔히 볼 수 있습니다.

애굽 사람들이 얼마나 태양을 섬겼는가는 피라미드를 보더라도 알 수 있습니다. 피라미는 꼭대기에 있는 구멍으로 햇빛이 들어가서 정확하게 각도를 맞춰 왕의 미이라가 있는 곳까지 비치도록 설계되어 있습니다. 1970년대 초반에 아스완 댐 공사를 위해 스웨덴의 과학자들이 피라미드를 옮겼습니다. 컴퓨터 기술로 각도를 재서 그대로 옮겼는데도 1cm 정도 오차가 생겼다고 합니다. 당시의 기하학, 물리학이 얼마나 발달했는지 알 수 있습니다.

그런데 태양을 하나님이 가리셨습니다. 사람들이 얼마나 공포에 떨었을지 생각해 보십시오. 하나님은 이렇게 그들이 섬기는 태양도 신이 아니라는 것을 보여 주셨습니다.

열 번째는 '장자의 죽음'입니다

애굽 사람들은 태양 신을 제일로 섬겼는데, 태양 신보다 더 위대하게 여기는 신이 바로 왕입니다. 그래서 하나님은 장자에게 죽음의 재앙을 내리십니다. 바로 왕이 될 황태자를 포함해서 모든 장자와 첫 새끼가 죽었을 때, 애굽 사람들은 바로 왕이 신이 아니라는 사실을 절감했을 것입니다. 결국 바로 왕은 하나님께 두 손을 들었습니다. 금붙이까지 쥐어 주며 이스라엘 백성들을 떠나보냅니다.

하나님이 장자를 치실 때 죽음의 천사들이 모든 집을 지나가며 첫아들을 전부 죽입니다. 곡하는 소리가 여기저기서 들리기 시작합니다. 하지만 문설주에 양의 피가 있는 유대인의 집은 죽음의 사자가 그냥 지나갔습니다. 그래서 유대 민족들은 이날을 '넘어서 지나간다'(pass over)는 뜻의 유월절로 지킵니다.

열 가지 재앙을 통해 얻은 교훈

중요한 것은 열 가지 재앙이 애굽 사람들에게만 내려졌다는 것입니다. 이스라엘 백성들은 한 사람도 피해를 입지 않고 전부 구원받았습니다.

여기에서 **이스라엘 백성들이 얻은 교훈**이 두 가지가 있습니다.

첫 번째 교훈은 '이스라엘 백성은 하나님의 선택받은 민족'이라는 것입니다.

두 번째 교훈은 구별된 백성들도 불순종하면 하나님이 재앙을 내리신다는 것입니다. 참으로 무서운 경고입니다.

맥잡기! 이스라엘 백성들과 애굽 백성들은 어떻게 구별되었습니까? 양의 피를 문설주에 발라 구원을 얻은 것은 무엇을 상징합니까? 바로 예수님의 십자가입니다. 하나님은 십자가 보혈로 당연히 죽어야 할 성도들을 구원하셨습니다. 그 은혜를 우리가 다시 한 번 깨달을 필요가 있습니다. "그러나 너희는 택하신 족속이요 왕 같은 제사장들이요 거룩한 나라요 그의 소유가 된 백성이니 이는 너희를 어두운 데서 불러내어 그의 기이한 빛에 들어가게 하신 이의 아름다운 덕을 선포하게 하려 하심이라"(벧전 2:9).

말하자면 출애굽 사건은 칭의의 구원을 뜻합니다. 하나님이 바로 왕의 압제에서 고통받고 울부짖는 이스라엘 백성들의 부르짖음을 들으시고 자유를 주신 것처럼 우리를 구하십니다. 하나님은 우리를 애굽에서 구원하십니다. 어두움 가운데, 사망 권세 가운데 있는 우리를 빛 가운데로 끌어내십니다.

그러나 끌어내신 것으로 끝이 아닙니다. 약속의 땅에 들어가려면 이제부터 광야를 거쳐야 합니다. 인간의 노력으로는 물도 양식도 입을 것도 아무것도 얻을 수 없고, 오직 하나님이 내려 주시는 만나와 반석의 물이 있어야만 살 수 있는 광야 생활을 통해 우리를 낮추고 거룩하게 하십니다. 출애굽기는 이 변화의 과정을 이스라엘 백성들의 삶으로 보여 주고 있습니다.

✚ 출애굽의 경로

시내 산으로 인도하심 _ 출 13장

하나님은 출애굽한 이스라엘을 바로 약속의 땅으로 인도하지 않으시고 시나이 반도에 있는 시내 산으로 인도하셨습니다. 시내 산으로 가는 길은 고난의 길입니다. 하나님이 그들을 시내 산으로 인도하는 이유는 말씀(율법)을 주고 하나님만을 예배하는 공동체로 훈련하시기 위해서입니다.

하나님이 이스라엘 백성들을 1년 동안 시내 산 훈련소로 보내신 명목상 이유는 블레셋 족속이 그들의 길목을 지키고 있었기 때문입니다. 그러면 전쟁이 벌어지기 십상인데, 이스라엘 백성들이 무서워서 애굽으로 다시 돌아가고 싶은 마음이 들 것을 아시고 가까운 길이 있지만 보내지 않으셨습니다 (출 13:17).

하지만 이보다 더 중요한 이유는 하나님이 아브라함과 맺으신 언약을 이루기 위해서입니다. 아브라함과 이삭과 야곱에게 주신 약속과 상관없이 그들이 왕성하고 가나안 땅을 차지하는 것은 의미가 없었습니다. 그 언약이 이루어지려면 이스라엘 백성들은 하나님을 섬기는 공동체가 되어야 했습니다.

이처럼 예수님이 어둠 가운데서 빛으로 불러내신 사실을 믿는 것만으로는 안 됩니다. 예수님을 믿었다면, 이제부터는 예수님의 형상을 닮아 거룩하게 되는 과정을 밟아야 합니다.

홍해를 건너다 _ 출 13-14장

출애굽한 이스라엘 백성들이 제일 먼저 겪은 일은 홍해가 갈라지는 사건입니다. 이스라엘 백성들이 파도가 넘실거리는 홍해에 이르렀을 때, 뒤에는 애굽 군대 수십만이 쫓아오고 있었습니다. 당시 사람들은 바다 밑을 음부라고 생각했으니, 이스라엘 백성들이 오죽 겁에 질렸겠습니까? 이스라엘 백성들이 원망하고 불평하며 말합니다.

"우리를 저 땅에서 죽게 할 것이지, 왜 여기까지 끌고 와서 바다에 수장하려고 하느냐?"

원망하느라 정신이 없는 이스라엘 백성들과 달리, 하나님을 만나고 성령님을 체험한 모세는 중보기도를 합니다.

중보기도는 하나님을 일하시게 합니다. "하나님이 알아서 다 해 주시겠지"라고요? 천만의 말씀입니다. 나의 의지를 드려 하나님께 부르짖을 때 하나님이 역사하십니다. 사랑의 하나님이기에 그렇습니다. 우리가 계속해서 하나님께 응답하고 찬양을 드리고 갈구할 때 하나님은 주십니다. 이것은 하나님과 우리 사이의 영원한 사랑의 방정식(공식)입니다. 사랑의 회로는 쌍방이지 일방이 아닙니다.

졸지도 주무시지도 않고, 피곤치도 곤비치도 않으시는 하나님은 모세의 기도를 들으시고 밤새도록 동풍을 불게 해서 홍해를 가르셨습니다. 무슨 뜻입니까? 아무것도 없는 상태에서 우주 공간에 만물을 채우신 창세기 1장의 말씀 에너지가 홍해를 갈랐다는 것입니다. 하나님이 처음 창조하실 때처럼 땅 아래 있는 물들이 한쪽으로 모이고 육지가 드러났습니다. 창세기 1장과 달라진 것이 있다면, 모세의 기도를 받아서 기도의 에너지로 일하셨다는 것입니다.

맥잡기 이스라엘 백성들이 홍해의 밑바닥을 밟고 바다를 건너간 것은 빛으로 인도받아 음부에서 구원받은 사건입니다. 이것은 앞으로 신약 시대에 행해질 '세례'의 예표였습니다. 세례는 예수 그리스도를 믿는 표시로, 음부에서 건져 내는 것을 상징하는 의식입니다.

마라의 쓴 물 _ 출 15장

홍해 사건을 통해 이스라엘 백성들은 하나님이 모세와 함께하시고 모세에게 리더십을 부여하셨음을 분명히 믿게 되었습니다. "이스라엘이 여호와께서 애굽 사람들에게 행하신 그 큰 능력을 보았으므로 백성이 여호와를 경외하며 여호와와 그의 종 모세를 믿었더라"(출 14:31). 예수님을 믿고, 하나님의 사람으로서 헌신한 사람에게는 성령님의 기름 부으심이 있습니다. "우리를 너희와 함께 그리스도 안에서 굳건하게 하시고 우리에게 기름을 부으신 이는 하나님이시니"(고후 1:21).

그러나 이스라엘 백성들은 하나님이 시내 산이 있는 시나이 반도 남단으로 인도해 가실 때도 불평을 멈추지 않습니다. 출애굽한 지 사흘 만에 물이 떨어졌기 때문입니다. 간신히 마라에 이르렀는데, 쓴 물밖에 없었습니다. 200만 이스라엘 백성들의 원망은 더욱 커졌습니다. 이때도 모세는 이스라엘 백성들을 위해 하나님께 부르짖으며 중보기도합니다. 생각해 보면 이런 상황에서 모세라고 불평하고 싶지 않겠습니까? "하나님! 이렇게 하시면 내가 이 사람들을 어떻게 데리고 갑니까?"라고 불평할 수 있었습니다. 하지만 모세는 하나님이 이스라엘 백성들을 위해 일하고 계시다는 것을 알았기 때문에 기도할 수 있었습니다.

그러자 하나님이 모세에게 마라에 나뭇가지를 집어넣으라고 명하셨습니다. 모세가 그대로 했더니 쓴 물이 단물로 변했습니다. 이스라엘 백성들이 단물을 먹고 힘을 얻었습니다. 모세 한 사람 때문에 200만이 구원을 받은 것입니다. 이처럼 한 사람이 중요합니다. 나로 인해서, 나 한 사람의 믿음으로 세상을 구원할 수 있습니다. 그 사실에 감격하고 하나님께 감사해야 합니다. 광야는 아무것도 없는 것 같지만 쓴 물을 단물로 변하게 하는 나뭇가지(십자가)가 숨겨져 있는 곳입니다.

마라에서 엘림으로 _ 출 15장

마라를 지나 이스라엘 백성들은 12개의 샘이 있고 70개의 종려나무가 있는 아름다운 엘림의 오아시스에 도착합니다.

감사한 것은 광야에는 사막뿐 아니라 오아시스도 있다는 사실입니다. 인생에서 쓴 물을 맛볼 때, 고난이 왔을 때, 그러니까 회사가 부도나고, 실연당하고, 빚쟁이들이 찾아올 때 대부분의 사람들은 어떻게 합니까? 골방에 들어가 통곡을 하면서 '세상에 나같이 불쌍한 자가 누가 있느냐?'며 자신을 불쌍하게 여깁니다. 그런데 이것이 바로 사탄의 음성입니다.

고난이 닥치기 전 사탄은 거울 앞에 설 때마다 속삭였습니다. '나처럼 예쁘게 생긴 사람 있으면, 잘난 사람 있으면, 나만큼 머리 좋은 사람 있으면 나와 봐' 그랬는데 어느 날 갑자기 '너같이 불쌍한 사람이 또 어디 있니? 너같이 못난 사람이 어디 있니?'라고 속삭이는 것입니다. 사탄은 우리를 하늘 꼭대기까지 올렸다가 도로 음부에 내려 꽂습니다(사 14:12-15).

사탄이 시키는 대로 자신을 불쌍히 여기고 있으면, 당연히 위에 계신 하나님이 원망스러워집니다. 이스라엘 백성들은 광야 생활 동안 끊임없이 사탄의 음성에 이끌려 하나님께 불평합니다. "이게 뭐냐? 차라리 종살이를 계속했으면 물이라도 실컷 마실 수 있었는데, 이런 고통을 당하며 사막에서 죽게 하느냐?"

하나님을 믿는 사람들은 이럴 때일수록 자신의 불쌍한 처지를 바라보지 말고 "하나님, 무엇을 위해 내게 이런 쓴 물을 주십니까?" 하고 기도해야 합니다. 자기 연민에 빠지지 말고 하나님께 부르짖어야 합니다. 그러면 하나님이 나를 불쌍히 여기고 긍휼히 여기십니다. 우리에게 쓴 물이 왔을 때 그 뒤에 올 축복을 믿어야 합니다. 이 약속을 믿지 못하는 것이 불신앙입니다.

이 약속을 믿지 못하니까 억울한 생각이 드는 겁니다. "예수도 잘 믿고 교회에서 성가대로 열심히 봉사했는데 이게 뭡니까?"라고 원망합니다. 하나님은 쓴 물을 주신 다음에는 반드시 오아시스를 주십니다. 이것이 성경의 약속입니다. 기쁨을 누리기 위해서는 슬픔이 있어야 하고, 단맛을 알기 위해서는 쓴맛이 있어야 합니다. 단 것만 있으면 달다는 것을 느끼지 못합니다. 하나님은 우리에게 오아시스와 같은 좋은 것을 주시기 전에 반드시 쓴 물을 통과하게 하십니다. 삶에 고난이 닥쳤을 때는, 하나님이 내게 귀한 것을 주려 하신다는 사실을 믿고 하나님 앞에 나아가 고백해야 합니다. 그러면 하나님이 불쌍히 여기시고 엘림으로 인도해 주십니다. 물론 이것은 이 세상에서 고난 뒤에 축복이 있음을 약속하는 의미일 뿐 아니라 영원한 천국을 약속하는 것이기도 합니다.

하나님이 계신 곳이 천국이요, 평강과 희락과 기쁨이 충만한 곳입니다. 그분은 아브라함에게 땅과 민족을 약속하셨듯이 우리에게 하나님의 나라, 천국을 약속하고 계십니다. 하나님이 우리를 위해 쓴 물 뒤에 오아시스를, 엄청난 천국을 예비하고 계심을 믿음으로 바라보아야 합니다. 내가 달음박질해서 달려가는 것이 아니요, 그분의 인도하심으로 가는 것입니다. "오직 내가 그리스도 예수께 잡힌 바 된 그것을 잡으려고 달려가노라"(빌 3:12).

똑같이 어렵고 힘든 상황인데 모세는 왜 기도할 수 있었습니까? 하나님을 만났기 때

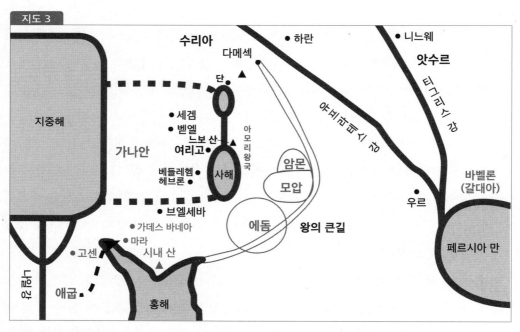

출애굽과 광야 시대 블레셋의 거점이 되는 곳이 오늘날의 가자 지구(Gaza Strip)입니다. 블레셋은 다섯 개의 도시로 이루어진 도시국가입니다.

190

문입니다. 호렙 산 가시떨기나무 불꽃 가운데 임하신 주님을 만났기 때문입니다. 하나님을 만난 사람은 하나님의 약속을 믿습니다. 어떠한 고난이 와도, 어떠한 고통이 닥쳐와도, 200만 명이 모두 원망하고 불평해도, 하나님을 알고 그분의 약속을 믿는 사람은 원망하지 않고 불평하지 않고 하나님을 따라갈 수 있습니다.

만나를 주시다 _ 출 16장

이스라엘 백성들이 시내 산으로 가는 모습은 한국전쟁 때 우리 민족이 피난 가는 모습과 같았을 것입니다. 이스라엘 백성들은 이불 보따리, 옷 보따리를 잔뜩 짊어지고 애굽에서 도망쳐 나왔는데, 신 광야에서 식량이 떨어졌습니다. "이스라엘 자손의 온 회중이 엘림에서 떠나 엘림과 시내 산 사이에 있는 신 광야에 이르니 애굽에서 나온 후 둘째 달 십오 일이라"(출 16:1). 두 번째 달 15일이니까, 출애굽한 지 45일이 지나니 식량은 동이 났습니다.

그 정도면 꽤 오래 버틴 셈이지만, 이스라엘 백성들은 왼쪽이나 오른쪽 또는 앞이나 뒤 어디를 봐도 모래만 펄펄 날리는 사막에서 식량이 떨어지니까 또 원망을 합니다. "우리를 이곳에서 굶겨 죽이려고 데리고 나왔느냐?" 이렇게 불평하는 것도 무리는 아닙니다.

그러자 하나님은 이스라엘 백성들에게 만나를 내려 주십니다. 하나님은 광야에서 양식을 주시되 일용할(하루치) 양식만 주셨습니다. 욕심을 부려서 이틀 치를 광주리에 담아 놓으면 썩어서 먹을 수 없었습니다. 다만 7일째 안식일에는 쉬어야 하기 때문에, 6일째는 이틀 치를 광주리에 담아도 썩지 않게 해 주셨습니다.

예수님은 기도를 가르쳐 주실 때, 하루 먹을 양식을 구하라고 하셨습니다. 생각해 보면 우리는 1년 먹을 양식, 10년 먹을 양식을 주시지 않는다고 하나님께 불평합니다. 그 때문에 고민하고 걱정합니다. 딱 일용할 양식만 생각한다면 걱정할 일이 있습니까? 하나님은 분명히 일용할 양식을 주겠다고, 하루 양식을 꼭 채워 주겠다고 약속하셨으니까, 우리는 믿기만 하면 됩니다.

반석의 물 _ 출 17장

하나님은 이스라엘 백성들을 르비딤으로 인도하셨습니다. 여기서 또 물이 떨어졌습니다. 처음엔 마라에서, 그다음에는 신 광야에서, 이번에는 르비딤에서 하나님을 원망합니다. 그러자 모세는 또 하나님께 기도했고, 하나님은 모세에게 반석을 치라고 명하십니다. "내가 호렙 산에 있는 그 반석 위 거기서 네 앞에 서리니 너는 그 반석을 치라 그것에서 물이 나오리니 백성이 마시리라"(출 17:6). 모세가 반석을 치자 물이 나왔습니다. 반석에서 물을 내시는 하나님이십니다.

맥잡기! 이처럼 반석이신 예수님은 영원히 목마르지 않는 생명수를 주십니다. "내가 주는 물을 마시는 자는 영원히 목마르지 아니하리니 내가 주는 물은 그 속에서 영생하도록 솟아나는 샘물이 되리라"(요 4:14).

아말렉의 침입 _ 출 17장

200만 명이나 되는 이스라엘 백성들이 간신히 시내 산까지 이르렀습니다. 그런데 시내 산에 도착하자마자 아말렉 족속이 이스라엘 백성들을 공격했습니다.

우리가 하나님의 말씀을 듣고자 할 때 반드시 아말렉 족속의 침략 같은 사건이 일어납니다. 말씀을 들으러 갈 때 비라도 오면 발걸음이 잘 떨어지지 않습니다. 기도하는 사람만이 보이는 상황을 극복하고 주님 앞에 나올 수 있다는 사실을 잊지 마십시오.

당시 모세의 몸종이었던 여호수아를 장군으로 내세워서 이스라엘 백성들은 처음으로 전투를 벌입니다. 그때 모세가 두 손을 들고 기도하면 이스라엘이 승리하고, 손을 내리고 있으면 이스라엘이 패했습니다. 모세는 이스라엘 백성들이 전쟁에서 이기도록 두 손을 들고 기도했습니다. 그러다가 팔이 아파서 내리려고 하면 아론과 훌이 양옆에서 받쳐 주었는데, 이것은 합심기도의 능력을 말해 줍니다. 두세 사람이 모여 기도할 때, 주님은 우리와 함께하겠다고 하셨습니다. 합심기도할 때 하나님의 놀라운 역사가 일어납니다.

기도하지 않고는 절대로 영적 전쟁에서 승리할 수 없습니다. 우리가 기도의 손을 내리면 지고, 기도의 손을 들면 이깁니다. 이것은 우리 삶에서 그대로 적용됩니다.

지금 이스라엘 백성들은 어디로 가고 있습니까? 신앙 훈련소를 향해 가고 있습니다. 입영 열차를 타고 논산 훈련소에 들어가 본 사람들은 더 잘 이해할 수 있을 것입니다. 논산행 기차를 타고 있을 때만 해도 맥주를 마시고 떠들고 소란을 피울 수 있습니다. 하나님도 이스라엘 백성들이 훈련소에 도착할 때까지는 원망하고 불평해도 가만

두셨습니다. 모세 혼자서 눈물로 기도하는 것을 들으시고 그 기도를 실체화하셔서 이스라엘 백성들에게 필요한 것을 채워 주시고는 내버려두셨습니다.

이스라엘 백성들은 드디어 신앙 훈련소인 시내 산에 도착했습니다. 그들은 이곳에서 십계명을 비롯한 계명들을 받고 신앙 훈련을 통과하여 하나님만 예배하는 특별한 공동체로, 구별받은 백성으로 다듬어지기 시작합니다.

응답받는 기도란

평소에 기도하십시오

평소에 기도하십니까? 위기가 닥쳐야만 기도하십니까? 주님은 위기가 닥쳤을 때 기도하면 너무 늦기 때문에 평소에 항상 성령님 안에서 기도하라고 말씀하십니다. "항상 기뻐하라 쉬지 말고 기도하라"(살전 5:16-17). 그리스도인이라면 이 말씀을 귀에 못이 박히도록 들었을 것입니다. 그런데도 우리는 평소에 기도하지 않았으면서 무슨 일이 닥치면 하나님께 원망부터 합니다. 구하지 않으면 못 얻고, 찾지 않으면 못 찾고, 두드리지 않으면 문은 절대로 열리지 않습니다.

날마다 성령님의 인도하심을 따라 기도하십시오. 보이지 않는 영으로 계시는 하나님이, 섬기는 영인 천사를 통해 내 기도를 받아 형체화하십니다. 천사는 우리 성도들을 섬기는 영이라고 신약 성경은 말하고 있습니다(히 1:14). 우리가 기도할 때 섬기는 영인 천사가 내 앞에 기다리고 있습니다. 천사는 보이지 않는 영이기 때문에 사람들은 천사가 우리의 기도를 받아 사역하여 이루어낸 결과를 기적이라고 말합니다.

믿고 기도하는 성도에게는 엄청난 능력이 따릅니다. 보통 사람은 5개 노력하면 5개밖에 얻지 못하지만, 믿는 성도는 하나만 노력해도 몇천 배의 일을 천사를 통해 이룰 수 있습니다. 우리 뒤에는 엄청난 응원군이 있다는 것을 믿어야 합니다. 내 힘으로 어떻게 할까 걱정하지 마십시오. 하나님은 우리의 엄청난 백그라운드입니다.

평소에 기도할 때는 하나님을 찬양하십시오

"그러므로 염려하여 이르기를 무엇을 먹을까 무엇을 마실까 무엇을 입을까 하지 말라"(마 6:31). "너희는 먼저 그의 나라와 그의 의를 구하라 그리하면 이 모든 것을 너희에게 더하시리라"(마 6:33).

평소에 기도할 때는 하나님 나라를, 그분의 임재를 구해야 합니다. 하나님을 예배하는 것입니다. 특별한 일이 없어도 늘 하나님을 찬양하고 하나님의 이름을 높여 드리는 것입니다. "하나님! 감사합니다. 주님! 찬양합니다. 주님을 신뢰합니다"라고 고백하는 것입니다. 이럴 때 하나님의 임재를 체험할 수 있습니다.

외교관들은 평생 여러 나라를 다니니까, 다음은 어느 나라에 가게 될지 관심이 많습니다. 저도 사실은 "어느 나라에 보내 주십시오" 하고 기도하고 싶을 때가 있습니다. 그렇지만 "주님이 어디를 보내시더라도 제가 가는 곳을 변화시키는 소금의 역할을 하겠습니다. 그런 일을 할 수 있는 곳으로 보내 주십시오. 제 마음에 들지 않는 곳에 보내신다 할지라도 주님의 인도하심 따라 어디든지 가며 주님을 찬양하겠습니다"라고 기도합니다. 제가 이렇게 하나님의 뜻을 구할 수 있는 것은, 하나님의 뜻을 구할 때 더욱 넘치도록 채워 주시는 하나님의 은혜를 이미 경험했기 때문입니다.

제가 주미 정무공사를 역임한 다음이었습니다. 주미 정무공사는 외교부에서 소위 출세 코스여서 저는 다음에는 그보다 더 좋은 자리로 발령나기를 기대하고 있었습니다. 하지만 새 정부 인사 정책에 따라 무보직으로 한국에 돌아오게 되었습니다. 정말 참담했습니다. 그래도 하나님께 감사하며 하나님을 찬양하며 귀국했습니다. 그때 가장 즐겨 부르던 찬송이 "예수 나를 오라 하네 … 어디든지 주를 따라 주와 같이 가려네…"(찬송가 324장)입니다. 이 찬송을 부르며 그분을 높여 드렸더니, 주님은 생각지도 않게 두란노서원의 요청으로 《새벽형 크리스천》(2004년)이라는 새벽기도에 관한 책을 출간하게 하셨습니다. 갑자기 모든 교단을 막론해서 평신도 지도자로서 유명 인사가 되게 하셨습니다. 전국적으로 집회 요청이 쇄도해서 책 출간 후 주뉴욕총영사로 부임하기까지 6개월 동안 팔도강산 200여 주요 교회에서 교단을 초월하여 새벽을 깨우는 집회를 열며, 주님을 증거하는 영광을 누렸습니다.

위기가 닥쳤을 때는 무조건 감사하십시오

대부분의 사람들은 위기가 닥치면 '어찌하여 나를 이 지경으로 만드셨습니까?'라고 불평합니다. 하지만 하나님을 원망하면 하나님과 내가 분리되어 오히려 사탄이 역사합니다.

위기가 닥쳤을 때는 무조건 감사해야 합니다. "범사에 감사하라"(살전 5:18)는 말씀은 무슨 일이 일어나도, 무조건 감사하라는 말씀입니다. "주님이 제게 행하신 일은 완전하십니다"라고 고백해야 합니다.

고구마 전도왕 김기동 집사님은 부도가 났을 때 이렇게 기도했다고 합니다.

"주님! 감사합니다. 제가 만일 부도가 안 났으면 여기저기 뛰어다니며 마음속으로 얼마나 스트레스를 받았겠습니까? 몸은 지칠 대로 지쳐서 간에 이상이 생겨 간암으로 죽었을 텐데, 하나님이 여기에서 멈추게 하시니 감사합니다."

다들 무얼 먹고 살지 자식 교육을 어떻게 시킬지 걱정했지만, 부도가 나도 굶지 않았고 아이들 스스로 나아갈 수 있도록 하나님이 이끌어 주셨다는 것입니다. 하나님은 하나님의 방법으로 회복시켜 주십니다.

평소에 기도 생활을 잘하는데도 현실이 나아지지 않는다고, 절대로 불평해서는 안 됩니다. 선한 길로 인도하시려는 하나님의 계획이 있음을 믿고 감사함으로 나아가야 합니다. 그럴 때 공허와 흑암 속에서 역사하시는 주님을 만날 수 있습니다. 위기가 닥쳤을 때 "더 크게 혼날 수 있지만 평소에 기도했다고 이 정도로 막아 주시니 감사합니다"라고 기도할 수 있기를 축원합니다.

"모든 일에 기도와 간구로 너희 구할 것을 감사함으로 하나님께 아뢰라 그리하면 모든 지각에 뛰어난 하나님의 평강이 그리스도 예수 안에서 너희 마음과 생각을 지키시리라"(빌 4:6-7). 1991년에 제네바에서 부부 성경공부 모임에 참여할 때 리더가 이 구절을 외우라고 했습니다. 하지만 저는 내용이 마음에 들지 않아 외우지 않으려고 했습니다. "감사함으로 주님 앞에 간구하면 문제가 시원하게 해결된다"고 하지 않으시고, "하나님의 평강이 내 마음과 생각을 지켜 줄 뿐"이라는 것이 불만이었습니다. 그 뒤로 10여 년이 지나서 성령님의 인도하심에 따라 기도하면서, 주님은 이 말씀의 귀중함을 비로소 깨닫게 해 주셨습니다.

하나님은 잘못된 선택(죄)의 결과로 우리가 어둠의 터널(고통)을 어느 기간 동안 통과하게 하십니다. 하지만 그 기간 중에 원망하거나 불평하지 않고 감사함으로 기도하면 하나님은 먼저 우리의 마음과 생각을, 세상이 알 수 없는(beyond our knowledge) 평강으로 지켜 주십니다. 고난의 터널을 무사히 통과하게 하시고, 우리도 모르는 사이에 문제들을 해결해 주십니다. 할렐루야! 위기에 닥쳤을 때 무조건 "감사합니다" 하고 기도하십시오.

시내 산에서 율법을 받다

◇ **출애굽기 19-20장**

하나님은 시내 산에 도착한 이스라엘 백성들에게 하나님의 율법을 주시고 1년 동안

신앙 훈련을 시키십니다. 이스라엘 백성을 제사장 나라로, 거룩한 백성으로 세우셔서

전 세계 만민에게 복의 근원이 되게 하시기 위해서였습니다.

 ## 하나님의 율법, 십계명 _ 출 19-20장

✚   십계명은 사명과 함께 주어졌다

시내 산에서 하나님은 제일 먼저 율법을 주는 목적을 설명하십니다. "세계가 다 내게
속하였나니 너희가 내 말을 잘 듣고 내 언약을 지키면 너희는 모든 민족 중에서 내 소
유가 되겠고"(출 19:5). 말씀에 순종하고 그것을 잘 지키면, "너희가 내게 대하여 제사장
나라가 되며 거룩한 백성이 되리라"(출 19:6)고 하십니다.

  '제사장 나라'는 여러 민족들, 여러 나라 중에서 구별되었다는 뜻입니다. 하나님은
이스라엘을 통해 세계를 구원하실 것을 분명히 밝히셨습니다.

  '제사장 나라'로 구별하셨다는 뜻은 무엇입니까?

  첫째, 다른 나라를 대속하기 위해 십자가를 지라는 뜻입니다.

제사장은 백성들을 위해 대속하는 삶을 삽니다. 제사장으로 구별된 사람들은 이웃을 대속하기 위해 십자가를 져야 합니다. 대속의 삶을 살라는 것입니다. 나의 것을 추구하지 말고 이웃의 짐을 지는 제사장 나라가 되라고 하십니다. "제사장 나라"와 "거룩한 백성"(출 19:6)의 삶은 사도 베드로가 오늘날 우리 성도들에게 주는 말씀과 같습니다. "너희는 택하신 족속이요 왕 같은 제사장들이요 거룩한 나라요 그의 소유가 된 백성이니"(벧전 2:9).

둘째, 하나님의 말씀을 가르치고 전하라는 뜻입니다.

제사장이 하는 일은 성전에서 하나님의 말씀을 가르치는 것입니다. '거룩한 백성'의 뜻은 무엇입니까? '거룩하다'는 것은 땅에 속하지 않았다는 뜻입니다. 땅에 속한 이방인들은 보이지 않는 하늘의 것을 추구하지 않고, 눈에 보이는 땅의 것만 추구합니다. 이웃을 짓밟고 남의 것을 빼앗고 내 욕구만 채우려 합니다. 거룩한 사람은 하늘에 속한 사람이므로 하나님의 사랑을 이웃에 나타냅니다.

제사장 나라와 거룩한 백성, 이것은 사명입니다. 하나님은 이렇게 이스라엘 백성들을 시내 산에 두고 사명을 주셨습니다. 이스라엘의 역사를 보면, 제사장 나라와 거룩한 백성으로서 맡은 사명을 다하지 못하고 이방 나라들과 똑같이 땅에 속한 자들이 되어 육체적인 욕구만을 추구했던 적이 많았습니다. 끝까지 바알 우상을 숭배하다가 결국 남북으로 분열되고 망했습니다. 이스라엘이 사명을 감당하지 못했기 때문에 참 이스라엘로 오신 예수 그리스도가 십자가를 지고 제사장 나라와 거룩한 백성의 사명을 완수하셨습니다.

맥잡기! 예수님은 택한 민족이며, 왕 같은 제사장이며, 거룩한 나라와 그의 소유 된 백성을 '성도'라고 하십니다. 예수님은 성도들을 부르고 사명을 주십니다. 세계가 다 하나님께 속했으니 땅 끝까지 말씀을 전파하라고 하십니다. "그러므로 너희는 가서 모든 민족을 제자로 삼아 아버지와 아들과 성령의 이름으로 세례를 주고"(마 28:19). 예수님의 이 말씀은, 하나님이 시내 산에서 이스라엘 백성들에게 주셨던 말씀과 똑같은 메시지입니다.

우리는 하나님께 사명을 받은 사람들입니다. 어떤 분이 "우리가 살아 있으면 사명이요, 죽으면 천국입니다"라고 간증했습니다. 참으로 맞는 말입니다. 우리가 건강하게 살아 있는 동안에는 주님이 주신 사명을 잘 감당하면 됩니다. 우리의 병이 낫고, 생명이 연장되고, 우리가 오래 사는 것은 사명을 감당하기 위해서입니다.

✚ 십계명은 사랑이다

하나님은 율법을 주신 목적을 먼저 설명하고 그다음에 십계명을 주십니다. 십계명은 모두 '하지 말라'로 끝납니다. 그래서인지 우리는 '십계명' 하면 지키기 어려운 것들을 모아 놓은 것이라고 생각합니다.

　이스라엘 백성들이 시내 산 훈련소를 나오면서부터 하나님의 심판이 시작됩니다. 말씀대로 지키지 않으면 하나님이 꽉꽉 쳐서 죽이셨습니다. 군대 가서 훈련소 생활을 마치고 군복을 입었는데 사고 치면 어떻게 됩니까? 두들겨 맞았습니다. 폭행이 당연시 여겨지던 때가 있었습니다. 그러다 보니 우리는 '십계명' 하면 왠지 모르게 무시무시합니다. 하지만 전혀 그렇지 않습니다.

　예수님은 두 가지 큰 계명을 이야기하셨습니다. 어떤 사람이 와서 예수님께 물었습니다. "계명 중에서 가장 큰 계명이 무엇입니까?" 예수님은 이렇게 대답하십니다. "네 마음을 다하고 목숨을 다하고 뜻을 다하고 힘을 다하여 주 너의 하나님을 사랑하라 하신 것이요 둘째는 이것이니 네 이웃을 네 자신과 같이 사랑하라 하신 것이라 이보다 더 큰 계명이 없느니라"(막 12:30-31). 주님이 율법의 핵심을 잡아 주신 것입니다. 이처럼 십계명은 두 가지로 크게 나눌 수 있습니다. 1계명부터 4계명까지는 주 너의 하나님만을 사랑하라는 것이고, 5계명부터 10계명까지는 이웃을 사랑하라는 것입니다. 요한복음에는 이 말씀이 하나로 압축됩니다(요 13:34-35). 바로 '사랑'입니다. 하나님 사랑이 먼저이고, 그다음이 이웃 사랑입니다.

　마음을 다하고 목숨을 다하고 뜻을 다해 하나님을 사랑하는 것은 바로 '십자가'를 지는 것입니다. "저 높은 곳을 향하여 날마다 나아"가는 것(찬송가 491장)입니다. 우리가 주님을 사랑하기 위해 말씀을 읽고 기도하며 보좌에 계신 주님을 향해 날마다 나아가는 것입니다.

　그러려면 '올라가는 십자가'를 져야 합니다. '올라가는 십자가'는 '나를 내려놓는 것'을 말합니다. '나'를 내려놓지 않고는, 내 위의 존재에게 순종하지 않고는 하나님 앞에 나아갈 수 없습니다. 올라가는 십자가를 지지 않고는, 내 마음을 다하고 목숨을 다하고 뜻을 다해서 하나님을 사랑하지 않고는 결코 이웃을 사랑할 수 없습니다. 사탄이 계속 '나'를 내세우는 마음을 심어 주고 그러면 흙으로 지어져 생기로 움직이는 내 몸은 '나'한테 유리하게 움직이게 마련입니다. 그런데 어떤 자선단체에서는 하나님 사랑을 빼놓고 이웃 사랑을 할 수 있는 것처럼 강조합니다.

사도 바울은 갈라디아서에서 이 두 가지 계명이 한 말씀에 다 이루어졌다고 이야기합니다(갈 5:14). 이웃을 사랑하는 사람이면, 하나님을 향해 올라가는 십자가를 진 사람이요, 자기를 부인하고 하나님께로만 나아가는 사람입니다.

오늘날을 사는 성도들은 주님의 형상을 닮아 가기 위해 반드시 십계명을 붙잡아야 합니다. 십계명은 나 자신의 삶을 매일 비추어 봄으로써 죄를 깨닫고 회개로 이끄는 초등교사입니다. 또한 인간이 십계명을 하나라도 어길 수밖에 없는 연약한 존재임을 깨닫고 주님 앞에 날마다 엎드려 회개하도록 만들어 주는 인생의 길잡이입니다.

 ## 1-4계명: 하나님을 사랑하라

✚ 1계명: 나 외에 다른 신을 섬기지 말라

"나 외에 다른 신을 섬기지 말라." 이것이 무엇입니까? "주 너의 하나님만을 마음을 다하고, 목숨을 다하고, 뜻을 다해서, 정성을 다해서 사랑하라"는 이야기입니다. 하나님께만 집중하라는 뜻입니다.

믿음이 좋은 사람은 한 가지 일에 반드시 집중합니다. 믿음 없는 사람은 늘 주위가 산만하고 한군데 가만있지 못합니다. 자꾸 바꿉니다. 자동차도 바꾸고 집도 자꾸 바꿉니다. 아내까지 바꾸기도 합니다. 그다음에 무엇을 많이 바꿉니까? "이 교회 갔더니 사랑이 없어. 목사님 설교가 시원치 않네. 김 장로가 꼴불견이야" 하고 불평하면서 교회를 자꾸 바꿉니다. 하나님께만 집중하는 마음을 가진 사람은 무엇을 바꾸려고 하지 않습니다. 행동을 보면 믿음이 있는 사람과 없는 사람이 분명히 드러납니다. "나는 예수도 믿지만 불경도 믿습니다. 딴 데도 관심을 가져야 합니다. 예수쟁이들은 마음이 좁고 편협해서 다른 종교들을 이해하려고 안 하잖아요." 이런 태도가 주위가 산만한 것입니다. 사탄은 하나님께 집중하지 못하도록 이렇게 명분을 내세웁니다.

예수님을 믿고 교회에 다닌다는 사람들 중에서도 주위가 산만한 사람이 많습니다. 예수님을 믿는다고 하면서 연예 뉴스만 보고, 앉으면 스포츠 이야기만 합니다. 그것이 예수님을 믿는 것과 무슨 상관이 있습니까? 공중 권세 잡은 자가 우리 위에 딱 버티고 서서 하나님께 집중하지 못하도록 계속 훼방을 놓습니다.

사람은 공중 권세 잡은 사탄의 밑에 있기 때문에 포위망을 뚫지 않고는, 우리 영이 하나님과 교통하기 힘듭니다. 사탄의 포위망을 뚫는 것은 보통 일이 아닙니다. 사탄은 우리가 포위망을 뚫지 못하도록 자꾸 '나'를 주장하게 하고, 짐승같이 땅을 향해 움직이도록 만듭니다. 전쟁할 때 포위당하면 어떻게 해야 합니까? 한곳으로 전력을 집중해야 포위망이 뚫립니다.

가끔 교회에서 '금식성회'를 엽니다. 우리는 왜 금식을 합니까? 만약 누군가가 "예수님이 십자가 고통을 받으셨는데, 우리도 고통을 당하면 조금 더 예수님 앞에 가까이 나아갈 수 있습니다"고 말한다면 틀렸습니다. 우리가 육체적인 고통을 당해서 신 앞에 더 나아갈 수 있다는 생각은 이방 종교의 것입니다. 어떤 사람은 "예수님이 40일 금식했으니까 나는 41일 금식해야 된다"고 합니다. 이 또한 내가 하나님보다 더 높아지겠다고 하는 크게 잘못된 생각입니다. 엘리야 선지자는 바알 신을 섬기는 제사장들과 하나님이 진짜인가, 바알 신이 진짜인가 대결을 벌였습니다. 바알 신을 믿는 제사장들은 신이 내려오지 않으니까 몸을 자해했습니다. 이처럼 이방 신을 믿으면 육에 고통을 줘야 보이지 않는 영의 세계로 가까이 다가갈 수 있다고 생각합니다.

금식이 중요한 이유는, 산만하게 흩어져 있는 모든 관심을 안으로 집중할 수 있다는 것입니다. 바깥에 있는 쓸데없는 관심들을 끄고 내 안에 계신 주님께 집중하려고 금식하는 것입니다. 배가 고프면 그렇게 궁금하던 사람들 소식도, 평소 즐기던 스포츠 게임에도 관심이 없어집니다. 모든 세상 관심에서 자연스럽게 멀어집니다. 우리는 하나님께 집중해야 합니다.

✚　2계명: 우상을 만들지도 말고, 섬기지도 말라

하나님은 "우상을 만들지도, 섬기지도 말라"고 하십니다. 하나님의 형상이라고 생각되는 것이나 이 땅에 있는 어떤 피조물의 형상이든지 만들지 말라고 하셨습니다.

우상이 뭡니까? 우상을 아주 작게 만드는 것 봤습니까? 우상은 크게 만들어서 사람을 두렵게 하고 억누릅니다. 이스라엘 백성들이 가데스 바네아에서 가나안을 정탐하고 돌아왔을 때 낙망해서 말합니다. "그 땅에는 거인 아낙 자손들이 있는데, 그들 앞에 서니 우리는 메뚜기 같아." 보이는 것에 눌려서 사람들은 돌상 앞에 엎드리는 것입니다.

하나님은 보이지 않는 영이십니다. 사랑의 하나님이십니다. 하나님은 우리 눈에 보이지 않기 때문에 보이는 외양으로 우리를 누르지 않으십니다. 보이지 않는 영이며 사랑의 영인 하나님은 우리 안에서 조용히 우리를 감동시키십니다. 바로 이것이 세상 신과 하나님과의 차이입니다. 사랑은 보이지 않습니다. 마음속에서 조용하게 감동으로 전달되는 것이 진정한 사랑입니다. 때문에 하나님은 보이는 것에 눌리지 말라고 형상을 만들지 않도록 명령하셨습니다.

예로부터 우상은 셀 수 없이 많았습니다. 오늘날의 가장 대표적인 우상은 무엇일까요? 바로 영상 콘텐츠와 인터넷입니다. 드라마를 볼 시간은 있어도, 기도할 시간과 말씀 볼 시간은 없다고 합니다. 이것이 오늘날 우리들의 모습입니다.

우상은 '어리석은 이미지'(偶像: false image)입니다. 피조물인 사람들이 만들어 낸 것입니다. 우상은 사람의 욕구, 욕망을 투사(project)해 놓은 것입니다. 욕망을 표현해 놓았기 때문에, 사람들은 쉽게 받아들입니다. 드라마의 주된 내용은 살인, 불륜, 간음, 폭력입니다. 이것은 사람들이 하고 싶은 욕망입니다. 많은 사람들이 드라마를 통해 이러한 욕망을 즐기고 있습니다. 드라마를 통해서 상식, 돈, 권력, 섹스, 욕망, 야심, 질투, 배신, 살인 등 공중 권세 잡은 자가 공급하는 세상의 온갖 더러운 것이 우리의 의식 속을 파고들어 옵니다. 세상이 어떻게 돌아가고 있는지 정도는 알아야겠지만 세상소식과 세상 문화(생각)에 사로잡히지는 말아야 합니다.

그래서 성경은 계속해서 두 갈래 길을 말씀하고 있습니다. "내가 오늘 복과 저주를 너희 앞에 두나니"(신 11:26)라고 말씀하십니다. 하나님을 섬기겠는가, 아니면 전에 알지 못하던 우상을 섬기겠는가, 우리의 자유의지로 선택하라고 하십니다(신 11:27-28).

때문에 여호수아는 "너희는 믿어야 한다"고 이야기하지 않았습니다. 선택하라고 했습니다. "만일 여호와를 섬기는 것이 너희에게 좋지 않게 보이거든 너희 조상들이 강저쪽에서 섬기던 신들이든지 또는 너희가 거주하는 땅에 있는 아모리 족속의 신들이든지 너희가 섬길 자를 오늘 택하라 오직 나와 내 집은 여호와를 섬기겠노라"(수 24:15). 그런데 이스라엘 백성들은 축복과 저주의 두 갈래 길에서, 하나님 대신에 자신들의 욕망을 충족시켜 주는 우상을 택했습니다. 이스라엘 백성이 실패한 이유입니다.

맥잡기 오늘날 신약에서 말하는 두 갈래 길이 무엇입니까? 좁은 문과 넓은 문입니다. "좁은 문으로 들어가라 멸망으로 인도하는 문은 크고 그 길이 넓어 그리로 들어가는 자가 많고 생명으로 인도하는 문은 좁고 길이 협착하여 찾는 자가 적음이니라"(마 7:13-14). 바울 서신서를 비롯해 신약의 모든 서신서는 육신을 따라가는 자와 성령의 인도하심을 받는 자, 이 두 갈래 길을 보여 주고 있습니다. 예수님을 믿는다고 하면서도 육신을 따라 사는 사람들이 많기 때문에 성경은 계속해서 우리에게 두 갈래 길 중 하나를 선택하라고 하십니다.

눈에 보이는 것만 좋아하고 쫓아다니면 자신도 모르게 우상 숭배에 빠져들 수밖에 없습니다. 그래서 주님은 항상 깨어 있으라고 하셨습니다. 그러려면 새벽을 깨우며 날마다 눈 감는 훈련(기도 훈련)을 해야 합니다(골 3:1-2). 성도는 눈을 뜨자마자 눈을 감는 연습이 필요합니다.

✦ 3계명: 여호와의 이름을 망령되이 여기지 말라

다른 말로 하면 하나님의 이름을 귀히 여기라는 것입니다. 하나님의 이름을 귀히 여겨서 내 육을 죽이면 하나님이 나를 귀히 여기고 높여 주십니다. 하나님의 이름을 귀히 여겨서 자신을 죽였더니 요셉은 노예에서 총리가 되었고, 다윗은 통일 이스라엘 왕국의 왕과 메시아 예수 그리스도의 조상이 되었습니다.

이스라엘 백성들은 보이지도 않고 만질 수도 없고 느낄 수도 없는 하나님을 어떻게 믿었겠습니까? 여호와의 이름만 믿었습니다. 성경은 야훼, 엘로힘, 여호와 이레,

여호와 닛시 등 여호와의 이름을 여러 가지로 소개합니다. 성막을 지으라고 하실 때에도 "하나님의 이름이 너희 가운데 거할 처소를 지으라"고 말씀하셨습니다. 솔로몬이 성전을 지었을 때는 "내가 너의 건축한 이 전을 거룩하게 구별하여 나의 이름을 영영히 그곳에 두며"(왕상 9:3)라고 말씀하십니다. **맥잡기!** 신약 시대에 살고 있는 우리도 마찬가지입니다. 우리는 예수님의 이름으로 병 고치고, 귀신 쫓고, 아버지 하나님께 기도합니다.

✚ 4계명: 안식일을 거룩히 지키라

하나님은 6일 동안 천지를 창조하고 일곱째 날을 축복하셨습니다. 하나님이 특정한 시간을 축복하셨다는 말입니다. 시간을 축복하셨다는 것은, 시간을 지키는 사람을 축복하셨다는 것입니다.

이스라엘 백성이 지키는 안식일은 금요일 저녁부터 토요일 저녁까지입니다.

그리스도인은 주님이 부활하신 날을 주일로 지킵니다. 주님은 "안식일이 다 지나고 안식 후 첫날이 되려는 새벽에"(마 28:1) 부활하셔서 영원한 안식에 들어가셨습니다. 그렇기 때문에 주일 새벽을 주일로 지키는 것입니다. 보혜사 성령님이 우리 안에 들어오심으로써 영원한 안식에 거할 수 있도록 엄청난 은혜를 주신 날이 주일입니다.

'영원한 안식'이란 요한계시록에서 이야기하는 새 하늘과 새 땅입니다. 주님이 부활하셔서 새 하늘과 새 땅이 우리 안에 이루어졌습니다(계 21:1). 성령님이 어두웠던 의식을 밝은 의식으로, 천국으로 변화시켜 주십니다.

"찬송하리로다 하나님 곧 우리 주 예수 그리스도의 아버지께서 그리스도 안에서 하늘에 속한 모든 신령한 복을 우리에게 주시되"(엡 1:3). '하늘에 속한 모든 신령한 축복'은 말씀을 통해서 우리를 위로하고 치유하며 풍성하게 채워 주시는 축복입니다.

우리가 안식일, 주일을 지키는 이유는 이날 목사님의 말씀을 통해서 하늘의 신령한 축복을 받아 교회에서 세상으로 나아가기 위해서입니다. 이웃을 사랑하기 위해서, 대속의 십자가를 지기 위해서입니다. 때문에 진정한 예배는 주일 대예배가 아니라 월요일부터 토요일까지 실제로 세상에 나가서 살아가는 모습입니다. "너희 몸을 하나님이 기뻐하시는 거룩한 산 제물로 드리라"(롬 12:1). 이것이 진정한 예배입니다.

주일 낮 예배를 대예배라고 하는데 정말 그럴까요? 주일 낮 예배는 소예배입니다. 주일 낮 예배에는 이제 막 예수님을 믿고 감격에 차서 나온 사람들, 건성으로 왔다 갔다 하는 선데이 크리스천들, 온갖 어중이떠중이가 다 나옵니다. 주일에 드리는 예배는 예표입니다. 주님 앞에 나아가 목사님의 말씀을 통해 신령한 축복을 받는 예표입니다.

사실은 말씀을 먹고 쉬지 않고 깨어 기도해서 하늘의 신령한 축복을 날마다 받아야 합니다. 왜 하늘의 신령한 축복을 주일날 하루만 받습니까? 하늘의 신령한 축복을 매일 받는 사람과 주일 하루만 받는 사람의 삶 가운데 임하는 축복은 엄청난 차이가 있습니다. 보이지 않는 신령한 축복이 말씀의 에너지를 통해서 삶 가운데 실제로 펼쳐질 때 우리가 상상할 수 없는 엄청난 일들이 전개되는 것을 믿으시기 바랍니다.

새벽예배를 나갈 때마다 하루도 예외 없이 주시는 은혜의 단비를 체험하게 됩니다. 살아가면서 우리는 얼마나 속이 더러워지고 딱딱해집니까? 딱딱한 마음 밭에 어김없이 일정하게 늦은 비를 내려 적셔 주시는 하나님을 만나는 감격을 아십니까? 우리 안의 딱딱하고 교만한 마음에 매일 새벽마다 은혜의 단비를 부어 아주 좋은 밭으로 만들어 주시는 하나님을 왜 매일 체험하려고 하지 않으십니까?

이것을 믿으면 대예배인 새벽예배를 안 드릴 수 없습니다. 눈이 와도 비가 와도 새벽을 깨웁니다. 눈에 보이는 것에 좌우되지 않고 보이지 않는 신령한 축복을 간구하는 사람에게는 진짜 인생이 열리게 돼 있습니다. "그러므로 우리가 여호와를 알자 힘써 여호와를 알자 그의 나타나심은 새벽빛같이 어김없나니 비와 같이, 땅을 적시는 늦은 비와 같이 우리에게 임하시리라"(호 6:3). 진짜 대예배는 새벽예배입니다. 무슨 일이 있어도 새벽을 깨우면 우리의 지친 영혼을 부활의 생명력으로 충만하게 채워 주십니다.

하나님의 영

사람 속에 들어오는 가장 복된 영적 존재는 하나님의 영입니다. 하나님의 영은 기본적으로 사랑입니다(요일 4:8). 하나님의 영을 알기 위해 먼저 하나님의 사랑 법칙을 이해해야 합니다. 하나님의 사랑의 법칙은 다음과 같습니다.

사랑은 상대를 갖습니다

사랑은 절대로 혼자서 할 수 없습니다. 하나님은 유일신이지만 삼위일체 하나님이십니다. 하나님이 말씀으로 우주를 지으시기 전에 아버지 하나님이 계셨습니다. 아버지 하나님은 아들 하나님을 사랑하셔서 그분의 모든 것을 다 주셨습니다. 그래서 예수님은 아버지가 모든 것을 다 내게 주셨다는 것을 계속해서 고백하십니다. "내 것은 다 아버지의 것이요"(요 17:10).

예수님은 아버지 하나님과 동등하시나 자기를 비어 종의 형체를 가지고 낮추시면서 죽기까지 복종하셨습니다. "너희 안에 이 마음을 품으라 곧 그리스도 예수의 마음이니 그는 근본 하나님의 본체시나"(빌 2:5-6). 그러니까 아버지 하나님은 아들 하나님에게 모든 것을 다 주셨고, 아들 하나님은 아버지께 모든 존귀와 영광을 드렸습니다. 이것이 우주를 창조하시기 전에 아버지 하나님과 아들 하나님 사이에 있었던 너무나도 아름다운 사랑의 회로입니다. 만약에 천국에서 예수님이 아버지 하나님께 "아버지, 나하고 맞먹읍시다"라고 했다고 가정해 보십시다. 하늘나라가 어떻게 되었겠습니까?

성령 하나님은 아버지 하나님의 속사정을 가장 잘 아시기에(고전 2:11), 아버지 하나님의 모든 계획을 아들 하나님에게 가르쳐 주십니다. 예수님은 이 땅에 오실 때도 성령님으로 잉태되었고, 요단 강에서 세례 요한에게 세례를 받으실 때(메시아 취임식 때)도 성령님이 비둘기같이 강림하셨습니다. 예수님이 유다 광야에서 40일 동안 금식하고 사탄의 시험에서 승리하셨을 때도 성령님이 천사들을 보내 도우셨다고 했습니다. 이처럼 성령님이 아니고는 아들 하나님은 절대로 아버지의 뜻을 행하실 수 없습니다.

세 분은 완전한 사랑의 회로 가운데서, 전혀 모순 없이 하나의 존재가 되십니다. 사랑의 회로만이 영원하므로 하나님은 영원히 스스로 존재하시는 것입니다.

아버지 하나님은 "네가 어찌하여 이 모든 존귀와 영광을 다 내게 돌리느냐?"(요 14:13-15 참조) 하시며 모든 기쁨을 아들에게 주기 원하셨습니다. 그래서 아들 하나님이 사랑의 대상으로 사람을 창조하도록 하셨습니다. 하나님은 예수님이 성도들에게 모든 것을 다 주시고, 성도는 예수님께 모든 존귀와 영광을 돌려 드리도록 만드신 것입니다. 하나님이 이 땅에 우리 성도를 창조하신 이유는 영원토록 그리스도 안에서 찬미와 영광을 하나님께 돌리기 위해서입니다(엡 1:6).

그래서 성도들은 예수님으로 말미암지 않고는 결코 하나님을 의식할 수도, 깨달을 수도, 만질 수도, 느낄 수도 없습니다. 그래서 성도를 그리스도인, 그리스도를 믿는 사람들이라고 합니다. "내가 곧 길이요 진리요 생명이니 나로 말미암지 않고는 아버지께로 올 자가 없느니라"(요 14:6). 삼위일체의 원리는 창세기에서 설명한 바 있습니다.

주님은 마음을 다하고, 목숨을 다하고, 정성을 다해서 아버지 하나님을 섬기고 존귀와 영광을 돌릴 뿐만 아니라, 이웃을 우리 몸과 같이 사랑하라고 하십니다(마 22:37-40). 이 세상을 살아가는 동안에 내 인생을 나눠 주는 것이 예수님의 형상을 닮아 가는 것입니다. 이웃에게 나눠 주면 감사를 받습니다. 모든 것이 하나님의 은혜로 내게 주어진 것이라고 한다면 감사함으로 받을 수 있습니다. 감사함으로 받고 감사함으로 나눕니다. 내게 감사한 이웃이 또 다른 이웃에게 나눠 주어서 사랑이 점점 번져 나갈 때 예수님께 영광을 돌릴 수 있습니다. 사랑은 반드시 상대를 갖습니다. 이웃에게 줄 것이 없는 사람은 고독하며 자신 안에 갇혀 지옥을 경험하게 됩니다.

주님은 우리에게 가르쳐 주신 '주기도문'에서 "뜻이 하늘에서 이룬 것같이(창세전부터 하늘나라에서 아버지와 아들 간에 완벽한 사랑의 회로가 이루어진 것같이) 땅에서도 이루어지"도록, 성도를 통해 이웃과 사랑의 회로가 이루어지도록 기도하라고 하셨습니다.

하나님은 창세전에 우리를 미리 택하셨다고 하십니다(엡 1:4). 우리가 예수님을 믿게 된 것도 하나님이 우리를 택하셨기 때문입니다. 하나님의 존재는 우리의 사고와 판단의 대상이 아닙니다. 창조주, 토기장이의 자유이기 때문에 우리는 판단할 수 없습니다. 우리는 예수님이라고 하는 모태 속의 태아입니다. 태아는 엄마로 말미암아 존재할 수 있고, 엄마 때문에 움직일 수 있지만, 엄마를 의식할 수 없습니다. 그럼에도 엄마는 계속해서 태아에게 사랑을 쏟아붓습니다. 일방적인 사랑입니다. 우리는 창세전에 나를 택하신 그분으로 말미암아 존재하는 것입니다. "내 안에 거하라"(요 15:4). 우리는 예수님 안에 거하지 않고는 절대로 존재할 수 없습니다.

사랑은 상대를 채워 줍니다

하나님은 사랑의 상대를 가질 뿐만 아니라 상대를 채워 주십니다. 이 세상에는 주고, 받는다는 말밖에 없지만, 오직 하나님만이 채워 주신다고 말씀하십니다.

그럼 주님은 무엇을 채워 주실까요? 주님은 먼저 하늘의 신령한 축복(눈에 보이지 않는 생명의 축복)으로 우선 바깥 것을 채워 주십니다. 주님은 "만물 안에서 만물을 충만하게 하시는"(엡 1:23) 분입니다. 우리의 안을 채워 주신 후 바깥에 필요한 의식주로 채워 주십니다. 부모가 자녀의 필요를 모두 채워 주듯, 주님은 우리의 모든 것을 채워 주십니다.

우리를 미리 아셨기 때문입니다. "내가 너를 모태에 짓기 전에 너를 알았고"(렘 1:5). 창세전에 우리를 사랑의 상대로 택하셨을 뿐만 아니라, 우리를 미리 아셨다는 말입니다. 하나님은 우리를 어머니의 뱃속에 짓기도 전에 어떤 사람인지, 어떻게 살아갈지, 어떤 사람으로 쓰일지 아셨으므로, 자녀에게 베푸실 축복으로 채워 주시게 되어 있다는 것입니다. 그래서 아무것도 염려하지 말라고 하신 것입니다.

작가는 작품을 쓸 때 주인공을 미리 압니다. 주인공을 중심으로 모든 것을 써 내려갑니다. 하나님은 우리를 주인공으로 미리 아셨기에 우리를 중심으로 '인생'이라는 작품을 써 내려가십니다. 돈도 없고 삶에 찌든 한 소년이 주인공으로 등장하는 작품이 있다고 합시다. 작품 속에서는 권력 많은 왕도 잠깐 등장했다가 사라지고, 돈 많은 사업가도 나왔다 사라질 것입니다. 하지만 소년은 소설이 끝나기 전까지는 절대 죽지 않습니다. 소년은 어려운 환경 속에서도 학비가 마련되며 굶어 죽지 않습니다. 전부 채워집니다. 소년이 주인공이기 때문입니다. 이처럼 하나님은 우리들을 끝까지 돌보십니다.

하나님이 이렇게 우리를 성별해서 세우시는 이유가 무엇입니까? 사랑 안에서 하나님 앞에 거룩하고 흠 없는 존재로 변화되기 위해서입니다. 세상을 살아가는 동안에 항상 축복만을 받지는 않습니다. 욥처럼 '사랑의 시련'도 찾아옵니다. 하지만 시련을 겪으면서 탕자처럼 깨닫고, 이제는 스스로 하나님 아버지를 선택해서 그 사랑의 품으로 돌아갈 수 있습니다. 이것이 '하나님이 우리를 미리 아신 축복'입니다.

사랑은 내 안에서 만나 주시는 것입니다

진정한 사랑은 안에서 만나는 것입니다. 남편이 직장에서 힘들어도, 상사한테 야단맞고 기분이 나빠도, 자신 안에 담고 있는 사랑하는 아내를 생각하면 기쁘게 참아 낼 수 있습니다. 눈에 보이지 않는 사랑 때문에 눈에 보이는 힘든 환경을 이겨 낼 수 있습니다. 예수님이 이 땅에 오신 이유는 "피 흘림이 없은즉 사함이 없느니라"(히 9:22)는 말씀 때문이기도 하지만, 또 다른 중요한 이유는 우리를 안에서 만나 주시기 위해서입니다.

유대인과 무슬림은 하나님이 하늘(삼층천)에만 계시다고 생각합니다. 우리가 볼 수도, 만질 수도, 느낄 수도, 가까이할 수도 없는 하나님입니다. 이들이 말하는 하나님은 늘 머릿속에만 있습니다. 그래서 이스라엘 백성들은 하나님을 믿기가 어려웠습니다. 메시아, 아들 하나님이 육신이 되어 이 땅에 오시기 전까지 하나님을 우리 안에 담을 수 없었습니다.

보이지 않는 하나님, 아주 크신 존재여서 나와는 상관없을 것 같은 하나님이 육신이 되어 이 땅에 오셔서 우리에게 눈으로 직접 보여 주셨습니다. 사복음서는 하나님이 어떤 분인지 예수님의 구체적인 삶으로 알려 줍니다. 예수님은 우리 인간과 똑같이 아프고 굶주리면서, 우리의 죄를 위해 십자가에서 완전히 자신을 버리는 사랑을 보여 주셨습니다. 예수님은 사람에게 자신의 모든 것을 다 주셨습니다. 보좌에 오르신 후에는 보혜사 성령님을 우리 안에 보내 주셔서 성령님을 통해 우리와 만나 주셨습니다.

구약의 예언자들을 통해서도 하나님은 우리와 만나 주실 것을 예언하셨습니다. "또 새 영을 너희 속에 두고 새 마음을 너희에게 주되 너희 육신에서 굳은 마음을 제거하고 부드러운 마음을 줄 것이며 또 내 영을 너희 속에 두어 너희로 내 율례를 행하게 하리니"(겔 36:26-27). 북이스라엘과 남유다가 모두 망한 후 유다가 바벨론의 포로로 끌려갔을 때, 하나님이 에스겔에게 주신 말씀입니다. 이제 성전 예배(제사를 통해서 드리는 예배), 밖에서 하나님을 만나는 것은 끝났다는 것입니다. 이 말씀은 "이스라엘 역사 속에서 너희는 하나님의 말씀을 지키지 못하고 우상 숭배로 저주와 심판을 받지만, 너희들 힘으로는 지킬 수 없다는 것을 안다. 이제는 내 영을 너희 속에 두어서 내 말씀을 지키게 하겠다"는 것입니다. 새 영, 성령이 내 안에 들어오지 않고는 우리의 굳은 마음, 자갈밭이 절대로 부드럽게 변할 수 없다는 말씀입니다.

사랑은 안에서 만나기 때문에 기도할 때 눈을 감는 것입니다. 성도가 말씀을 붙들고 기도하면 성령님이 마음속을 주님의 사랑으로 채워 주십니다. 기도할 때 하나님의 사랑을 체험할 수 있습니다. 주님의 사랑을 체험한, 위로부터 능력을 입은 성도는 주님을 위해 자신의 것을 헌신합니다. 주님은 그 성도를 사랑하고, 귀히 여기며 기쁨의 눈물을 흘리십니다. 이것이 바로 "그가 내 안에, 내가 그 안에"(요 15:5)라고 하신 말씀의 뜻입니다.

◇ **출애굽기 20-40장**

하나님이 이스라엘 백성들을 곧바로 약속의 땅으로 인도하지 않으시고 시내 산으로
인도하신 이유는 하나님의 말씀인 율법으로 그들과 언약을 맺으시기 위해서였습니다.

 ## 5-10계명: 네 이웃을 사랑하라

시내 산에서 하나님이 모세를 통해 주신 열 가지 계명은 한 개도 빼놓을 수 없는 너무
나도 귀한 계명입니다. 십계명은 예수님을 믿는 우리가 어떻게 살아야 하는지를 자세
하게 말씀해 주셨습니다. "하나님은 세상의 '소금과 빛'이 되라고 하셨는데 과연 나는
어떻게 살아가야 할까?" 하는 고민이 들 때 십계명을 떠올리시면 됩니다.

"십계명은 전부 '하지 말라'로 돼 있는데, 그것을 다 어떻게 지킵니까?" 하고 고민하
는 사람도 있습니다. 하나님이 하지 말라고 말씀하신 이유가 무엇입니까? 내게 유익
이 있기 때문입니다. 하나님은 은혜를 주시려고, 내 삶을 채워 주시려고 "하지 말라"
고 하십니다. 뿐만 아니라 우리가 이 계명을 지킬 수 있는 능력도 주셨습니다. 우리는
십계명을 지키도록 기를 써야 합니다.

기도 제목이 생각나지 않을 때는 "이웃에게 거짓 증거하지 않게 해 주세요. 이웃에
게 화내거나 살인하지 않게 해 주세요. 이웃의 것을 탐내지 않게 해 주세요. 제게 주

신 것에 감사할 수 있게 해 주세요" 하고 십계명으로 기도하시기 바랍니다. 십계명을 주신 주목적은 우리가 죄인임을 깨닫고 주님 앞에 나오게 하기 위해서입니다. 하나님은 우리가 이 계명을 다 지킬 수 없다는 것을 아시고 성막을 통해 죄 사람의 길을 열어 주셨습니다.

✚   5계명: 네 부모를 공경하라

제일 가까운 이웃이 부모와 가족입니다. 그래서 이웃 사랑에 대한 계명을 말할 때 "네 부모를 공경하라"는 말씀이 먼저 나옵니다.

'부모'는 히브리어로 '아부'인데, 모든 윗사람을 통칭하는 말입니다. "네 부모를 공경하라"는 계명은 부모를 비롯해서 모든 윗사람을 공경하라는 뜻입니다. 하나님은 왜 우리에게 윗사람을 주셨을까요? 가정에서는 부모, 직장에서 상사, 교회에서 목사님, 이들은 축복의 통로입니다. 인생의 모든 축복은 가정, 직장, 교회를 통해서 오게 돼 있습니다.

교회에서 목사님께 머리 숙이지 못하는 사람은 절대로 하늘의 신령한 축복을 받을 수 없습니다. 목사님께 무조건 순종해야 합니다.

직장에서 상사가 마음에 들지 않는다고 복종하지 않는 사람도 있습니다. 직장 상사와 싸우고 "확 받아 엎어 버리겠다"고 말합니다. 그러고 나면 무슨 축복이 올 것 같습니까? 상사에게 불순종해 봐야 직장에서 쫓겨나고 물질의 통로만 닫힐 뿐입니다. 직장 생활을 하다 보면 속에서 분이 올라올 때가 얼마나 많습니까? 하지만 불순종은 사탄이 주는 마음입니다. 세상에 있는 상전들의 권세도 하늘 아버지께서 주신 것이라고 성경은 이야기하고 있습니다. "종들아 두려워하고 떨며 성실한 마음으로 육체의 상전에게 순종하기를 그리스도께 하듯 하라"(엡 6:5). 세상 권세자가 어떤 사람이든 간에, 그가 집안이 좋아서 나보다 형편없는 실력으로 그 자리에 있다 할지라도 그 앞에 머리 숙일 때 하나님이 축복해 주십니다. "예수 잘 믿는데 왜 승진을 못하는가?" 하고 하나님께 원망할 이유가 없습니다.

개인 사업하는 사람의 윗사람, 축복의 통로는 고객입니다. 마음에 안 든다고 고객에게 소리를 지르면 손님이 다 떨어져 나갑니다. 화를 내는 것이 나를 위하는 일 같지만 사실은 나를 죽이는 일입니다.

집에서도 마찬가지입니다. 부모의 말씀에 순종하지 않는 아이의 장래가 밝을 리 없습니다. 자녀들의 인생은 누구에 의해 좌우됩니까? 자수성가하는 사람도 있지만, 대부분은 부모에 의해 좌우됩니다. 자녀들이 집을 나가고 삐뚤어져서 비행 청소년이 되는 것은 전부 부모 때문입니다. 아무리 가난하더라도 부모가 화목하게 살면 자녀는 성공합니다.

우리는 사탄 때문에 늘 '나'를 스스로 높이려는 속성이 있습니다. 하나님은 '나'를 부인하도록 우리 삶의 현장에 내 윗사람을 주셔서 그에게 순종할 때 축복의 통로가 열리도록 하셨습니다. "왜 제게 혹독한 시어머니를 주셨습니까?" 하고 원망하지 말고, 시어머니가 아니면 절대 '나'를 죽이지 못하는 나를 위해 그런 시어머니를 주신 것을 감사해야 합니다.

윗사람에게 순종하는 것은 해도 되고 안 해도 되는 일이 아닙니다. 이 말씀에 순종하지 않고 '나'를 주장해서 사탄에게 굴복하면 결국 내 축복이 사라져 버립니다. 사탄의 영은 내 안에 들락거리면서 우는 사자와 같이 나를 주장하도록 만듭니다. 그래서 윗사람에게 순종하기가 쉽지 않습니다. 말씀에 순종해서 윗사람에게 고개 숙일 때 우리는 사탄을 이길 수 있습니다. 하나님은 세 가지 축복의 통로를 지키고 사탄을 이기도록 이웃 사랑의 제1항목으로 "네 위의 사람을 공경하라"고 말씀하십니다.

✚   6계명: 살인하지 말라

하나님의 형상을 닮은 자를 죽이는 것은 하나님께 도전하는 일입니다. 살인하는 것은 하나님을 죽이겠다고 하는 것입니다. 홍수 심판 이후에 하나님은 노아에게 "살인한 자는 절대로 살려 두지 말지라"(창 9:6 참조)고 명령하셨습니다.

예수님은 산상수훈에서 이렇게 말씀하셨습니다. "옛사람에게 말한 바 살인하지 말라 누구든지 살인하면 심판을 받게 되리라 하였다는 것을 너희가 들었으나 나는 너희에게 이르노니 형제에게 노하는 자마다 심판을 받게 되고 형제를 대하여 라가라 하는 자는 공회에 잡혀가게 되고 미련한 놈이라 하는 자는 지옥 불에 들어가게 되리라"(마 5:21-22). 형제에게 노하는 것도 살인입니다. '라가'라는 말은 '바보 천치'라는 뜻입니다. 이웃에게 "저 병신, 저 바보!" 하면서 멸시하는 것도 살인이라는 것입니다.

그런데 이웃에게 화내고 멸시하는 일이 왜 살인일까요? 이것은 육을 죽이는 살인이 아니요, 속사람을 죽이는 살인입니다. 상대방의 인격을 죽이는 일입니다. 그리스도 인이라면 화가 나는 대로 화를 내고 입을 삐죽거리면서 남을 멸시해서는 안 됩니다.

"오직 겸손한 마음으로 각각 자기보다 남을 낫게 여기고"(빌 2:3). 하지만 이 말씀에 진짜 순종하기는 얼마나 어렵습니까? 사탄은 "내가 제일 잘났다. 나같이 똑똑한 놈, 나같이 잘난 놈 있으면 나와 보라고 그래" 하는 마음을 부추기기 때문에 될 수 있으면 상대방을 나보다 깎아내리고 자꾸 나를 세우려고 합니다. 저를 비롯해서 예수님 믿는 모든 사람들은 공중 권세 잡은 자로부터 피할 수 없기 때문에, 어쩔 수 없이 날마다 이런 일을 겪는 것입니다.

"이제 화를 안 내야겠구나!" 하고 아무리 결심해도 결심만 가지고는 절대 나를 다스릴 수 없습니다. 의식은 흘러가기 때문에 오늘 말씀을 들었다 해도 흘러가 버리면 그만입니다. 평소처럼 화나면 또 화냅니다. 하나님의 심판을 날마다 내 안에 쌓아 가니까 사는 일이 얼마나 지옥입니까? 같이 일하는 사람들, 친구들, 가족들, 성도들 다 꼴 보기 싫고 못마땅하니 지옥이 따로 없습니다. 그렇게 사는 것이 바로 심판받는 것입니다.

우리는 분노와 교만을 스스로 다스릴 수 없습니다. 오직 성령님이 우리 마음을 다스려 주셔야 합니다. 주일 하루, 일주일에 한 번 목사님 말씀을 듣는다고 해서 우리의 속사람이 변화되지 않습니다. 날마다 깨어 기도하면서 화내지 않도록, 남을 업신여기지 않고 나보다 더 낫게 여길 수 있도록 간구해야 합니다. 계속해서 성령님의 인도하심에 따라 기도할 때, 부어 주시는 주님의 사랑만이(롬 5:5) 내 속사람을 변화시킵니다. 다른 사람의 속사람을 죽이는 사람이 아니라 살리는 사람이 될 수 있습니다.

✚   7계명: 간음하지 말라

흙으로 지음 받은 사람의 육은 이 땅에 있는 것들을 흡수할 때 쾌감을 느낍니다. 사람은 먹을 때 기뻐합니다. 친한 사람들끼리 "우리 식사나 한번 합시다"라는 말을 자주 합니다. 하지만 슬픈 일을 당했을 때는 이런 말을 못합니다. 식사(흡수)는 즐거운 일이기 때문입니다. 사람은 배설을 할 때도 쾌감을 느낍니다. 아침에 배설을 잘하면 기분이 아주 좋습니다. 사람 육의 성질이 그렇기 때문입니다. 그래서 사람은 간음을 합니다. 간음할 때는 맛있는 것을 먹습니다. 여관방, 호텔방에 가면 음식을 시켜 먹은 그릇들이 잔뜩 쌓여 있습니다. 배가 고프면 절대 간음할 생각을 못합니다.

하나님은 "간음하지 말라"는 계명을 주셨습니다. "음행을 피하라 사람이 범하는 죄마다 몸 밖에 있거니와 음행하는 자는 자기 몸에 죄를 범하느니라 너희 몸은 너희가 하나님께로부터 받은 바 너희 가운데 계신 성령의 전인 줄을 알지 못하느냐 너희는 너희 자신의 것이 아니라 값으로 산 것이 되었으니 그런즉 너희 몸으로 하나님께 영광을 돌리라"(고전 6:18-20). 간음은 내 몸에 죄를 범하는 것이며, 내 몸을 더럽히는 행위입니다. 우리 몸은 하나님의 성령이 거하시는 전으로 내 것이 아니라 주님이 피값으로 사신 것입니다. 우리는 몸으로 산제사를 드려야 합니다. "창녀와 합하는 자는 그와 한 몸인 줄을 알지 못하느냐 일렀으되 둘이 한 육체가 된다 하셨나니"(고전 6:16). 간음은 사탄의 영에 완전히 사로잡히는 것을 말합니다.

예수님을 믿으면서도 계속 간음하면 어떻게 됩니까? "이런 자를 사탄에게 내주었으니 이는 육신은 멸하고 영은 주 예수의 날에 구원을 받게 하려 함이라"(고전 5:5). 사탄에게 내주었다는 것은 사람의 육을 멸하겠다는 뜻입니다. 계속 간음죄를 범해서 성령님의 전인 몸을 더럽히면 그 몸을 하나님이 치십니다. "육신대로 살면 반드시 죽을 것이로되"(롬 8:13).

예수님을 믿는 사람들은 간음죄가 얼마나 큰 것인지를 깨달아야 합니다. 우리 몸을 거룩하게 구별되도록 하기 위해 날마다 새벽을 깨우고, 우리 안에 임재하신 성령님과 교통해서 육을 이겨 내야 합니다. 말씀만 밤낮 들었다고 몸이 움직이지 않습니다. 기도를 해서 성령님이 우리 안에서 일하실 때만 말씀대로 살 수 있습니다. 예수님은 마음속에 음욕을 품어도 간음죄를 지은 것이라고 하셨습니다. 우리는 성령 충만함으로 음욕을 다스릴 수 있습니다.

✚　8계명: 도둑질하지 말라

아브라함은 세계 만민의 복의 근원이 되어 이웃에게 축복의 통로가 되라는 하나님의 축복을 받았습니다. 이것이 아브라함과 이스라엘뿐 아니라 예수님을 믿는 자가 받은 사명입니다. 그런데 내 궁핍을 채우려고 이웃의 것을 빼앗으면 어떻게 됩니까? 하나님이 그 육신을 치십니다.

야곱의 경우를 보십시오. 야곱은 하나님이 주신 많은 재산과 가축을 이끌고 하란 땅에서 도망 나오면서, 장인의 재산 증명 1호 드라빔까지도 훔쳐 나왔습니다. 이때 하나님은 어떻게 하셨습니까? 그의 목숨을 위협하셨습니다. 얍복 강에서 20년 전에 헤어진 형 에서가 복수의 칼을 갈며 자신을 죽이려 해서, 야곱은 재산은 물론이고 가족들도 잃을 뻔했습니다.

대부분의 사람들은 정말로 가난해서 도둑질을 합니다. 그러나 이유가 어떻든 간에 도둑질은 남의 것을 빼앗아 나의 궁핍을 채우는 것입니다. 내 육의 궁핍함을 육으로 채우려니까 문제가 생깁니다. 내 육이 궁핍할 때는 또 다른 양식을 쳐다봐야 합니다. 예수님은 광야에서 시험받을 때 이렇게 말씀하셨습니다. "사람이 떡으로만 살 것이 아니요 하나님의 입으로부터 나오는 모든 말씀으로 살 것이라 하였느니라"(마 4:4). 진짜 떡은 육신의 떡이 아니라고 했습니다. 내 육신이 궁핍하면 하나님의 말씀으로 채워야 합니다. 세상에 보이는 모든 것이 하나님 말씀의 활력으로 창조되었다고 했습니다. 예수님은 분명히 사람이 하나님의 말씀으로 살 수 있다고 하셨습니다(마 4:4). 짐승은 일주일 동안 굶기면 죽지만 사람은 40일 동안 굶어도 살 수 있습니다. 하늘의 양식으로 사는 것입니다. 지금 내 육신은 배고프지만 말씀으로 채우면 분명히 창조가 일어나서 육의 양식이 따라오게 되어 있습니다.

선교사들을 보십시오. 이분들은 고향과 친척과 아버지 집을 버리고 땅 끝으로 간 사람들입니다. 내 것을 버리고 갔으니 육을 채울 수 있겠습니까? 육이 궁핍할 수밖에 없습니다. 그런데 이분들은 도둑질하지 않고도 살아갑니다. 말씀을 붙들고 있기에 누군가 꼭 채워 줍니다. 이것이 바로 말씀의 형체화요, 창조입니다. 믿음입니다. 믿음이 있으면 말씀을 붙듭니다.

풍족한데 더 가지려 하면 도둑질입니다. 짐승은 절대 과식하지 않습니다. 짐승이 소화불량으로 소화제 먹는 것 봤습니까? 아무리 맹수라도 배불리 채웠으면 다른 먹이가 있어도 쳐다만 봅니다. 그런데 사람은 배가 잔뜩 부른데도 또 먹습니다. 짐승은 과음(過淫)하지 않습니다. 먹고 마시고 싸는 것이 짐승이지만 발정기 때 새끼를 낳으려고 딱 한 번 교미합니다. 하나님 말씀의 활력으로 만들어 놓은 짐승은 하나님이 입력해 놓은 그대로 본능에 따라 움직이니까 죄가 없습니다. 그런데 사람은 시도 때도 없고, 밤도 낮도 없이 죄를 짓습니다.

하나님은 "만물 안에서 만물을 충만하게 하시는"(엡 1:23) 분이십니다. 하늘은 충만한데 땅은 공허하고 비어 있습니다. 사람은 공허합니다. 하나님은 사람을 충만하게 채워 주기 원하십니다. 하나님이 사람의 공허를 채워 주시는 방법은 물질이 아닙니다. 하나님은 보이지 않는 말씀을 통해서 하늘의 신령한 축복으로 채워 주십니다. 하나님의 신령한 축복이 우리 안에 들어올 때 우리는 평안과 기쁨으로 채워져 더 이상 다른 것이 필요 없습니다. 남의 것을 도둑질할 필요도 없을뿐더러 오히려 남에게 나눠 줄 수 있게 됩니다. 하나님은 우리 안을 채워 주실 뿐만 아니라 우리의 육을 채워 주십니다.

사람은 하나님의 형상대로 지음 받았다고 했습니다. 이렇게 말하면 "참 이상하다. 하나님의 형상은 좋은 것으로만 생각했는데" 하는 분들이 많습니다. 그렇습니다. 하나님의 형상을 닮았다는 것은 좋은 것입니다. 다만 우리가 하나님의 형상대로 살기 위해서는 말씀으로 늘 충만해야 합니다. 하나님의 형상을 닮은 사람이 말씀과 신령한 축복으로 자신을 채우려 하지 않고, 육으로 채우려고 과음하고 과식하니까 문제가 생기는 것입니다.

✚   9계명: 네 이웃에게 거짓 증거하지 말라

이 계명은 재판정에서 거짓 증거하지 말라는 문자 그대로의 뜻도 있지만, 여기서는 무의식중에 이웃을 험담해서 자기 유익을 구하지 말라는 것입니다. 사람들은 모여 앉기만 하면 "저 사람 뭐가 틀려먹었다"고 이웃을 험담하기 일쑤입니다. 이것이 바로 거짓 증거입니다. 이웃을 험담하는 데는 목적이 있습니다. 내 유익을 얻기 위해서입니다. 남을 헐뜯으면서 '나는 저 사람하고 다르다'고 하면서 '저 사람은 저렇게 못됐고 나쁘지만 나는 착해. 거룩해' 하고 자신을 높이는 것입니다.

이것이 죄의 속성입니다. 에덴동산에서 시작된 선악과 때문에 그렇습니다. 사탄은 하와를 유혹하면서 이렇게 말했습니다. "네가 이것을 먹으면 네 눈이 밝아져" 선악과를 먹으면 눈이 밝아져 옆 사람의 허물이 보입니다. 내가 선한 것과 악한 것을 구분하니까 당연히 남은 틀렸고 나는 옳습니다. 그래서 우리는 날마다 죄짓고 살아갑니다. 주님은 "선한 사람은 그 쌓은 선에서 선한 것을 내고"(마 12:35)라고 말씀하셨습니다. 선악과가 아니라 생명의 말씀인 생명과를 따먹어야 합니다. 생명의 말씀을 내 안에 은혜의 감동으로 받아들일 때, 남의 허물이 아니라 내 죄가 느껴집니다. 내 죄가 느껴지면 회개가 터져 나오니까 험담할 틈이 없습니다. 말씀을 먹지 않고 선악과를 먹고 사니까 모든 문제가 발생합니다.

십계명 중에 성도들이 가장 쉽게 저지르는 범죄가 바로 거짓 증거하지 말라는 계명입니다. "너희는 모든 악독과 노함과 분 냄과 떠드는 것과 비방하는 것을 모든 악의와 함께 버리고 서로 친절하게 하며 불쌍히 여기며 서로 용서하기를 하나님이 그리스도 안에서 너희를 용서하심과 같이 하라"(엡 4:31-32). 말씀을 머리로 알아서는 절대 삶이 변하지 않습니다. "주님! 제가 모든 악독과 노함과 떠드는 것, 비방하는 것, 모든 악의를 다 버리고, 서로 친절하게 하옵소서. 저 사람이 제게 한 짓을 생각하면 받아 버리고 싶지만 서로 불쌍히 여겨 용서하게 하소서. 주님이 저 같은 죄인을 용서하셨는데 저도 저 사람을 용서해야 하지 않겠습니까" 이렇게 고백하는 사람이 예수님을 믿는 것입니다. "나 예수 믿네" 하고 떠들고 다닐 필요 없습니다. 예수님을 믿는다는 것은 주님이 나 같은 죄인을 용서해 주셨다는 것을 믿고, 내 친구가 내게 잘못하거나 마음에 상처를 줘도 불쌍히 여기고 용서하는 것입니다.

✚ 10계명: 네 이웃의 것을 탐내지 말라

"네 이웃의 집을 탐내지 말라 네 이웃의 아내나 그의 남종이나 그의 여종이나 그의 소나 그의 나귀나 무릇 네 이웃의 소유를 탐내지 말라"(출 20:17). '탐내지 말라'는 '도둑질하지 말라'와 비슷한 것 같은데 조금 다릅니다. 이웃의 것을 탐내는 사람은 남의 것을 계속 부러워하는 사람입니다. 계속 남을 부러워하면 내게 주신 축복을 보지 못하고 남의 떡만 크게 보이게 됩니다. 하나님이 자신에게 주신 것을 보지 못하니까 은혜를 누리지 못합니다. 감사가 없습니다.

남과 비교하는 것도 결국은 탐심입니다. 저도 옛날에 그런 적이 있습니다. 어떤 집에 초청을 받아서 갔는데 그 집 김치가 매우 맛있었습니다. 김치 맛있다고 한두 번 말했으면 좋았을 텐데, 나중에 "당신도 좀 이렇게 만들어 봐" 이랬다가 아내한테 크게 혼났습니다. 마찬가지로 부인들도 "누구네 집 아빠는 그렇게 똑똑하고 잘났는데 당신은 이것밖에 못하냐"고 하면 안 됩니다. 자식들한테도 마찬가지입니다. "누구네 집 자식은 공부도 잘하고 엄마 말도 잘 듣는데 너는 뭐니?" 이런 태도가 이웃의 것을 탐하는 것입니다.

이웃의 것만 자꾸 탐내는 사람은 늘 원망하고 불평합니다. 이스라엘 백성들은 광야 생활 40년 내내 원망하고 불평을 일삼았습니다. 애굽에 있을 때 가마솥 옆에서 고기 구워 먹던 일만 생각하니까 그렇습니다. 이스라엘 백성들처럼 예수쟁이라고 하면서도 끊임없이 불평하는 사람들이 있습니다. 그들은 가짜 그리스도인입니다.

하나님은 어떤 분입니까? 먹을 물도 열매도 아무것도 없는 광야를 거닐지만 매일 만나로 배를 채워 주셨고, 반석을 쳐서 물을 먹여 주셨습니다. 신명기에서 모세가 고백한 것과 같습니다. "주께서 사십 년 동안 너희를 광야에서 인도하셨거니와 너희 몸의 옷이 낡아지지 아니하였고 너희 발의 신이 해어지지 아니하였으며"(신 29:5). 하나님이 현재 내려 주신 축복을 보아야 합니다. 지금 내가 가지고 있는 것이 하나님이 내게 주신 것입니다. 하나님이 주신 것에 정말로 감사한다면 이웃의 것을 잠깐 부러워할 수는 있어도 탐내지 않습니다.

하나님이 오늘 내게 주신 것에 감사할 줄 알아야 합니다. 저는 집에 들어갈 때마다 감사합니다. "하나님, 저 같은 사람에게 과분한 집을 주셨네요. 이렇게 바깥이 추운데 안에 들어오니까 참 따뜻하고 아늑해요. 이런 집을 주신 것을 감사합니다" 관사는 제 것이 아니지만 이런 집에 살 수 있도록 허락하신 하나님께 감사가 절로 나옵니다. 어떤 환경 속에서도 "초막이나 궁궐이나 내 주 예수 모신 곳이 그 어디나 하늘나라"(찬송가 438장)입니다. 어느 곳에 있든지 정말 주님이 내 안에 계시다면 감사할 수 있습니다.

사람들이 처한 환경은 다 다릅니다. 절대로 똑같을 수 없습니다. 그런 환경 속에서도 다니엘처럼 권력이 바뀔 때마다 총리로 발탁되는 사람이 있습니다. 엄청난 권력을 누리면서도 일편단심으로 하나님만 섬기는 사람이 있습니다. 어떤 사람은 부잣집 옆에서 살아가는 거지 나사로같은 사람이 있습니다. 하지만 나사로처럼 평생을 얻어먹고 살면서도 하나님만 붙잡는 사람이 있다는 것입니다. 하나님이 보실 때는 겉이 중요하지 않고 영이 중요합니다. 우리가 어떤 상황에 처해 있든지 예수님을 모시고 살면 기뻐하고 감사할 수 있습니다.

 ## 언약 백성들의 삶

✚   **각종 생활 규례** _ 출 21-24장

열 가지 계명을 주신 다음에 하나님은 각종 생활 규례를 주십니다. 생활 규례는 요즘으로 말하면 민법, 상법, 형법 같은 법들입니다. 신앙적이고 종교적인 계명만 주신 것이 아니라 살아가는 법도 일러 주신 것입니다. 바로 왕의 종노릇하다가 독립했으니 각종 생활 규례가 필요했습니다.

이스라엘 백성은 하나님이 천하 만민에게 복의 근원이 되게 하려고 세우셨으니, 다른 이방 민족하고 달라야 하지 않겠습니까? 이스라엘의 법은 이 세상의 법처럼 내 것을 지켜 주는 법도 있지만 사실 이웃을 긍휼히 여기는 법입니다. 이 법은 출애굽기뿐 아니라 레위기와 신명기에 걸쳐 기록되어 있습니다.

이스라엘의 법, 하나님 백성들의 법은 세상의 법과는 확실히 다릅니다. 이삭을 주울 때는 일부러 다 줍지 말고 흘려서 남겨 둬야 합니다. 포도 열매를 수확할 때도 다 따지 말고 남겨 둬서 가난한 과부나 고아들이 먹을 수 있도록 해야 합니다. 그리고 희년이라는 제도를 두었습니다. 6년에 한 번씩 안식년을 맞이하고, 일곱 번째 안식년을 치른 다음 해를 희년이라고 합니다. 그러니까 50년마다 한 번씩 희년이 돌아옵니다. 희년이 되면 모든 종들을 다 풀어 줍니다. 모든 상법상의 계약도 본인에게 돌려주게 돼 있습니다.

유대인이 세상 어디에서도 잘사는 이유는 하나님이 이런 법을 주셨기 때문입니다. 유대인처럼 기부 잘하는 민족이 없다고 합니다. 유대인은 소금이 기절할 만큼 짜게 돈을 벌지만, 기부할 때는 팍팍 씁니다. 이웃을 생각하고 긍휼히 여기기 때문입니다. 그뿐 아니라 하나님이 그렇게 태어나게 하신 이유가 있다고 믿어서 장애를 가지고 태어난 사람들을 불쌍히 여기고 정성껏 돌봐 줍니다. 이 세상의 부자들이 다 유대인인 이유가 있습니다. 하나님이 그들의 삶을 부유하게 지켜 주시기 때문입니다.

'도네이션'(donation, 기증, 기부)이라는 말이 '돈 내시오'라는 한국말에서 나왔다는 우스갯소리를 들은 적이 있습니다. 한국 사람들만큼 돈 내는 일에 인색한 사람들도 없습니다. 예수님을 믿는다면 우리의 삶은 세상 사람들의 삶과는 달라야 합니다.

✚ 언약식을 치르다 _ 출 24:4-8

십계명과 각종 생활 규례, 율법을 주신 다음 하나님은 이스라엘 백성들과 언약서를 낭독하며 언약 의식을 맺습니다. 언약서는 하나님이 주신 모든 말씀, 언약의 글입니다. 돌판에 새긴 것은 상징이고 실제로는 파피루스 같은 것에 기록했을 것입니다. 하나님은 주신 말씀을 전부 낭독해서 백성들이 듣고 알게 하셨습니다.

그리고 12지파를 상징하는 12기둥을 세우고 번제와 화목제를 드림으로써 하나님께 헌신할 것과 하나님 앞에 피로써 나아갈 예식을 치렀습니다. 피로 언약을 세웠습니다. 엄청난 수의 양을 잡아서 양의 피를 큰 양푼에 담은 다음, 반은 제단에 뿌리고 나머지 반은 백성들에게 뿌렸다고 했습니다. 피를 제단에 뿌린 것은 하나님이 책임을 지시겠다는 뜻입니다. 하나님이 언약을 지키지 않으면 이렇게 죽으시겠다는 겁니다. 마찬가지로 피의 반은 백성에게 뿌렸으니 이스라엘 백성들이 언약을 지키지 않을 때는 피로써 갚겠다는 뜻입니다. 피로 세운 언약을 통해서 이스라엘 백성은 하나님의 언약 백성이 됐습니다. **맥잡기**🎣 결과는 어땠습니까? 약속을 누가 어겼습니까? 이스라엘 백성들이 어겼습니다. 언약대로 이들은 심판을 받아 많은 피를 흘렸습니다. 그래도 계속해서 언약을 어기고 아무리 피를 흘려도 언약을 지키지 못하니까 하나님이 대신 피를 흘려주셨습니다. 예수 그리스도를 대속의 제물로 삼으신 것입니다.

언약 백성이 되고 나면 "이제부터 내 삶의 상대는 하나님입니다. 약속했으니까 하나님만 바라보고 살겠습니다" 하는 약속을 지켜야 합니다. 하나님과 생활 상대가 되었다는 것은 하나님과만 마음을 통하겠다는 것입니다. 언약 백성은 선과 악을 구분하려고 하지 않고 하늘과 땅만 구분하려 합니다. 생명과 생명 없음을 구분합니다. 머릿속에 항상 '이것이 하나님 뜻에 합당한 일인가? 아니면 땅에 합당한 일인가?' 구분하면서 살아갑니다.

언약 백성이 아닌 이방인의 생활 상대는 누구입니까? 땅입니다. "이게 좋다. 저건 나빠. 그 집은 틀렸어. 이 집이 맛있어" 사람들은 전부 좋고 나쁜 것, 선악과에만 관심이 있습니다. 아침에 일어나자마자 "하나님, 참 감사합니다" 하면서 하나님을 생각합니까, 아니면 "오늘 백화점에서 뭘 판다던데 보러 가야지!" 하면서 땅의 것을 생각합니까? 스스로 영의 상태를 분별할 수 있을 것입니다.

✚ 돌판을 주심 _ 출 30-34장

하나님은 성막 지을 것을 명령하고 설계도를 주신 다음, 말씀이 새겨진 돌판을 주셨습니다. 모세가 시내 산에서 40일 금식기도를 할 때 하나님이 직접 새겨서 주신 말씀의 돌판입니다. 돌판의 크기는 신학자들 사이에 논란이 있습니다. 모세가 팔에 받아들고 내려왔다가 아니라 "손에 받아 들고 내려왔다"고 성경에 기록되어 있으니까 작았던 것 같습니다.

돌판을 받았을 때 하나님은 모세에게 "급히 내려가라"고 명령하십니다. 지도자가 금식기도하면서 하나님의 말씀의 판을 받고 있는 동안에 이스라엘 백성들은 금송아지 우상을 만들어 섬기는 엄청난 죄악을 하나님 앞에 범했기 때문입니다. "하늘에 있는 것이나 땅에 있는 것이나 어떤 것이든지 모양을 만들어서 우상을 섬기지 말라"는 십계명의 두 번째 계명을 어긴 것입니다. 모세는 화가 나서 하나님이 주신 돌판을 깨뜨려 버렸습니다.

말씀으로 1년 동안 훈련받았지만, 사막 가운데에 있는 시내 산에 200만 명을 두고

40일 동안이나 지도자가 없어졌을 때 이스라엘 백성들은 불안했습니다. 이들은 보이지 않는 하나님을 믿을 수 없었던 것입니다. 보이지 않는 영이신 하나님을 믿기는 이처럼 어렵습니다.

맥잡기 사람들이 보이지 않는 하나님을 믿지 않았기 때문에, 말씀이신 주님이 육신을 입고 이 땅에 오셔야 했습니다. 그런데 예수님을 따라다닌 제자들마저도 주님의 부활을 의심하기도 했습니다. 예수님의 명령에 순종해서 120명이 마가의 다락방에 모여 기도할 때, 성령님이 임하셨습니다. 제자들은 그때야 비로소 예수님을 메시아로 믿었습니다. "오직 성령이 너희에게 임하시면 너희가 권능을 받고 예루살렘과 온 유대와 사마리아와 땅 끝까지 이르러 내 증인이 되리라"(행 1:8)는 말씀대로 제자들이 목숨 걸고 예수님의 증인이 될 수 있었습니다. 우리가 아무리 말씀을 많이 듣고 알아도, 말씀만 알 때는 금송아지를 만들 수밖에 없습니다. 받은 말씀을 입으로 시인하고 날마다 고백할 때만 말씀 안에 있는 활력, 성령님이 역사하십니다. 그래서 우리는 날마다 기도해야 합니다.

하나님은 금송아지를 만든 주동자들 약 3천 명을 죽이셨습니다. 하나님이 말씀을 주시기 전까지는 불평하는 대로 놔두셨지만, 하나님과 피의 언약을 세운 다음에는 이렇게 처벌하셨습니다. 약속을 지키지 않으면 피 흘리겠다고 언약을 세웠기 때문입니다. 하나님은 신실하고 공의로운 분이기 때문에 약속을 그대로 지키십니다.

원래 하나님은 주동자뿐 아니라 모두 쓸어버리겠다고 하셨습니다. 아론도 결국은 우상을 만드는 데 앞장섰으니, 모세 이외에는 이스라엘 백성들 모두가 우상을 섬겼던 셈입니다. 하나님은 말씀하십니다. "너희가 아브라함의 자손이라고 잘난 줄 알지만 나는 여기 있는 돌을 가지고 200만 명을 새로 만들어 낼 수 있다" 그때 모세가 중보기도를 합니다. "여기서 이들을 다 죽이신다면 '하나님을 섬기려고 출애굽한다더니, 그 하나님이 산에서 다 죽여 버리려고 이스라엘 사람들을 데리고 나왔다'고 애굽 사람들이 조롱할 것입니다" 하나님은 모세의 이 기도를 들으시고 언약을 지키기 위해서 주동자만 처벌하셨습니다. 그리고 모세에게 돌판을 다시 새겨 주십니다. 믿음 있는 한 사람의 기도 때문에 이스라엘 백성이 살아났다는 사실을 잊지 마십시오.

✚ 성막의 은혜 _ 출 25-40장

성경을 통독할 때 출애굽기 1장에서 24장까지는 잘 읽습니다. 그러다가 출애굽기 25장부터 숨이 콱콱 막히기 시작합니다. 성막의 설계도가 나오기 때문입니다. 번제단은 몇 규빗이라거나 꼰 실로 휘장을 제작하는 방법 등은 참으로 읽기가 쉽지 않습니다. 그런데 이렇게 어려운 출애굽기 25-31장이 사실은 엄청난 은혜의 보고입니다.

말씀을 청종하고 지키면 축복이 있지만 우리의 육신은 연약해서 이것을 다 지킬 수 없습니다. 십계명을 비롯한 모든 율법을 삶 속에서 다 지키고 살아갈 수 있습니까? 아무리 노력해도 다 지킬 수 없습니다. 사람은 육신의 오감을 따라 '자신'을 위해 움직이게 마련이며, 우리의 오감으로는 하나님을 도저히 느낄 수 없기 때문입니다. "율법 조문은 죽이는 것이요 영은 살리는 것"(고후 3:6)입니다. 율법을 어기면 하나님의 저주와 심판을 받을 수밖에 없는데, 사람은 율법을 모두 지킬 수 없습니다.

하나님의 살아 계심과 함께하심을 보여 주려고 우리에게 말씀을 주셨습니다. 하지만 하나님은 우리가 그 말씀을 지킬 수 없다는 한계를 아셨습니다. 그래서 하나님은 은혜의 성막을 주셨습니다. 성막은 이스라엘 백성들을 구원하고 살리기 위해 지으신 것입니다. 출애굽기 25장에서 하나님은 모세에게 "성막을 지으라"고 하시며 성막의 설계도를 주셨습니다. 백성들이 말씀에 순종해서 지은 성막이 완성되었을 때 하나님이 성막 위에 "구름기둥과 불기둥으로 임재"(성령님의 임재)하셨습니다.

맥잡기 구약 시대의 성막이 신약 시대에는 성전으로 바뀝니다. 성전은 성육신하신 예수님입니다. 말씀이 육신이 되어 주님이 직접 사람의 모습으로 이 땅에 우리를 찾아오셨습니다. 육신으로 오신 그분이 십자가를 지고 부활해서 성령님으로 우리 속에 오신 것입니다. 이제 성전은 바로 성도들 자신입니다. 얼마나 큰 은혜요, 축복입니까? 모세 때는 산에 찾아온 하나님이 이제는 우리 안으로 직접 찾아오십니다. 하나님은 우리에게 복을 주고 사랑을 베풀어 주려고, 충만함으로 채워 주려고 점점 더 가까이 날마다 우리 안으로 찾아오십니다.

성막은 땅 사방에 나무기둥을 박아서 천으로 둘러싼 것입니다. 성막을 장막(텐트)으로 지은 이유는 약속의 땅 가나안에 들어갈 때까지 이스라엘 백성들은 광야 생활을 해야 했기 때문입니다. 하나님은 성막의 크기가 얼마인지를 모세에게 정확하게 말씀하셨습니다.

성막의 문은 하나입니다. 우리가 구원으로 들어가는 문입니다. 이 문으로 들어가면 성막 뜰이 있고 성소와 지성소가 있습니다. 그런데 왜 성막 안으로 들어갑니까? 지성소에 계신 하나님을 만나기 위해서입니다. 그런데 오늘날 많은 사람들이 성막 뜰에만 머물며 "나 예수 믿고 구원 얻었다. 그러니까 천당은 당연히 가게 되어 있다. 적당히 살겠다"고 하면서 하나님을 만나러 지성소에 들어갈 생각을 하지 않습니다. "너희가 내 앞에 보이러 오니 이것을 누가 너희에게 요구하였느냐 내 마당만 밟을 뿐이니라"(사 1:12). 예배를 통해 하나님이 임재하시는 지성소 안으로 들어가야 합니다. 그래서 성소와 지성소가 있는 것입니다.

성막 구조는 신앙 성장의 5단계를 보여 줍니다.

1단계 번제단: 칭의의 구원. 성막 뜰에 들어가면 제일 먼저 번제단이 나옵니다. 번제단은 바비큐를 굽는 석쇠처럼 생겼습니다. 피를 뺀 양이나 소, 염소 같은 제물을 번제단 위에 놓고 태웁니다. 제물을 태울 때 성냥불로 불을 붙이지 않습니다. 번제단의 불은 하늘에서 내려 주시는 불입니다. 구약 시대에는 성령 강림을 불이 내려오는 것으로 표현했습니다. **맥잡기!** 구약 시대에는 하늘에서 불이 자주 내려왔습니다. 증거를 요구하는 기드온에게 하나님의 사자는 젖은 염소 고기를 바위 위에 올려놓게 하고 불을 붙여 완전히 태우십니다. 예수님을 믿지 않다가 성막 뜰로 들어가서 번제단 앞에 섰을 때, 예수님의 피로 말미암아 성령님이 우리 안에 임재하십니다. 예수님은 "성령으로 아니하고는 누구든지 예수를 주시라 할 수 없느니라"(고전 12:3)고 말씀하셨습니다. 이것이 바로 칭의의 구원입니다. 내가 원해서 예수님을 믿은 것이 아니요 성령님이 감동시켜서 믿게 하셨습니다. 이것이 하늘에서 온 불입니다. 하늘에서 불이 내려 제물을 태우면 하나님이 제물을 흠향하십니다. 하나님께로 나아가는 첫 번째 단계입니다.

2단계 물두멍: 회개. 번제단을 지나면 놋쇠로 만든 물두멍이 있습니다. 물두멍은 '씻다'라는 뜻입니다. 성소에 들어가려면 물두멍에서 반드시 손발을 씻어야 합니다. 씻지 않고 성소에 들어가면 죽습니다. 왜 손과 발을 씻을까요? 이것은 회개를 뜻합니다. **맥잡기!** 예수님을 믿고 나면 제일 먼저 회개가 터져 나옵니다.

3단계 진설병 상: 말씀. 성막 앞에 있는 성소에 들어가면 먼저 진설병 상이 있습니다. 진설병 상은 생명의 떡을 상징합니다. 매일 아침에 따뜻한 떡을 가져다 놓고 저녁에 물립니다. 진설병 상은 바로 말씀입니다. **맥잡기⚡** 예수님을 믿고 회개한 다음에는 성소로 들어가 진설병 상에서 날마다 말씀을 대해야 하는 것입니다. 날마다 말씀을 먹지 않는 사람은 성소에 들어가지 않은 사람입니다. 처음에 예수님을 믿고 말씀을 먹을 때는 지식의 말씀밖에 보지 못합니다.

4단계 등잔대: 성령. 진설병 상 옆에는 등잔대가 있습니다. 신선한 올리브를 돌로 으깨서 얻은 기름으로 성소의 불을 하루도 빠짐없이 밝히도록 했습니다. 등잔대는 바로 성령님을 가리킵니다. **맥잡기⚡** 예수님의 말씀을 더 깊이 깨달아 성령님의 기름으로 날마다 삶을 밝혀야 합니다.

5단계 향단: 기도. 성소와 지성소를 가르는 두꺼운 휘장 바로 앞으로 나가면 향단이 있습니다. **맥잡기⚡** 요한계시록에 의하면 향단은 성도들의 기도를 뜻합니다. 성령님의 인도하심을 받아 기도의 향기를 올려드릴 때 비로소 하나님이 임재하시는 지성소 안으로 들어갈 수 있습니다. 지성소에는 십계명을 비롯한 율법의 말씀을 넣어 둔 언약궤가 있고, 언약궤 위에는 두 천사가 날개를 펴고 지키고 있습니다. 그곳을 '속죄소'(시은좌), 하나님이 은혜를 베푸는 자리라고 합니다. 대제사장은 짐승의 피를 가지고 들어가 이곳에 뿌립니다. 우리가 나아갈 곳은 여기입니다. 하나님이 임재하시는 자리에 하나님을 만나기 위해 나아가야 하는 곳입니다.

나라가 임하시오며

"나라가 임하시오며"

주님은 우리에게 주기도문을 가르쳐 주며 하나님 나라가 삶 가운데 매일 임하기를 먼저 간구해야 한다고 하셨습니다. 주님은 계속해서 "너희 삶 가운데 임하는 하늘나라는 이와 같은 것이다"라고 말씀하십니다(마 13장 참조). 죽어서 갈 나라가 아니라 이 땅에 임하는 하늘나라, 영원 전부터 있었고 오늘도 임하는 하늘나라입니다. 하나님이 통치하시고, 움직이시는 하나님 나라가 임하도록 우리는 기도해야 합니다. 우리 안에 하나님 나라가 임재하지 않고는 인생의 문제가 해결되지 않습니다.

세상 나라는 천국의 그림자와 지옥의 그림자가 교차하는 곳이며, 영원한 실상의 나라가 있다는 것을 깨닫게 해 줄 뿐입니다. 예를 들어 이웃집 나무의 그림자가 우리 마당에 드리워져 있는데, 뱀이 칭칭 감고 있는 모양의 그림자라고 합시다. "우리 마당 그림자에 뱀이 있네. 아이쿠, 징그러워" 하면서 그림자를 없애려고 삽으로 마구 파헤치면 그림자가 없어집니까? 없어지지 않습니다. 그림자를 밟고 파헤치면 지옥만 넓어지는 겁니다. 진짜 변화를 원한다면 이웃집 나무를 휘감고 있는 뱀(실상)을 없애야 합니다. 이처럼 세상에 있는 것은 다 그림자입니다.

"항상 기뻐하라 쉬지 말고 기도하라 범사에 감사하라"(살전 5:16-18)는 말씀은 "내게 일어나는 모든 일에 감사하라"는 것입니다. 좋은 일이 일어나건 나쁜 일이 일어나건 모든 일에 감사하라는 말씀입니다. 승진하거나 자녀가 명문 대학에 입학하는 일처럼 우리 삶에 좋은 일이 일어났을 때는 천국의 그림자가 내게 비쳤을 때입니다. 좋은 일이 일어났을 때는 "지금 저 보이지 않는 천국에 참 좋은 일이 있군요! 어떻게 저같이 부족한 죄인에게 그 그림자를 비춰 주십니까? 감사합니다. 하나님께 영광 돌립니다" 하고 감사해야 합니다. 하나님께 감사를 드릴수록 하나님은 내 삶에 천국의 그림자가 점점 커지게 해 주십니다. 감사야말로 30배, 60배, 100배로 열매를 맺을 수 있는 비결입니다.

하지만 언제나 좋은 일만 생기는 것은 아닙니다. 곧 나쁜 일이 일어납니다. 우리에게 나쁜 일이 일어났을 때는 "지옥의 그림자가 내게 드리웠구나" 하고 깨달아야 합니다. 지옥의 그림자가 비쳤다고 해서 절대 하나님을 원망해서는 안 됩니다. 아무리 고통이 크다 해도 영원한 고통은 없기 때문입니다. 고통 뒤에는 반드시 좋은 일이 있고 좋은 것 그다음에는 또 나쁜 일이 생깁니다. 이 땅의 삶은 잠깐입니다. 영원한 것은 없습니다.

이 땅에 천국과 지옥의 그림자가 교차되는 현상은 잠깐뿐인 이 땅의 것을 보지 말고 영원한 세계를 보라는 하나님의 신호입니다. 이것이 하나님 나라가 임하기를 기도해야 하는 이유입니다. "두드리라 그리하면 너희에게 열릴 것이니"(마 7:7). 하나님 나라와 의를 구하는 기도는 언제나 하나님의 뜻을 묻는 기도입니다. "하나님, 지금 제게 드리워진 지옥의 그림자를 통해서 무엇을 하기 원하십니까?" 하고 기도하십시오. 하늘 나라를 두드리고, 하늘나라에 투자할 때가 구원받을 만한 때요, 믿을 만한 때라고 성경은 말씀하십니다. "믿음은 바라는 것들의 실상이요 보이지 않는 것들의 증거니"(히 11:1). 믿음 있는 사람은 실상을 바라보고 하늘나라를 두드립니다.

"뜻이 하늘에서 이루어진 것같이 땅에서도 이루어지이다"
하나님 나라가 임할 때만 뜻이 하늘에서 이루어진 것같이 땅에서도 이루어질 수 있습니다. 이것은 진리입니다. 이를 위해서 하나님은 아들 하나님이 아버지 하나님과 성도와 교통해서 이루신 사랑의 회로를 "땅에서도 이루어"지도록 기도하라고 하십니다. 하나님 나라에는 아버지 하나님이 계십니다. 아버지 하나님은 말씀이신 아들 하나님에게 모든 것을 다 주셨고, 아들은 모든 영광을 아버지께 돌려드리고 죽기까지 순종하셨습니다. 아들 하나님은 아버지께 영광을 돌릴 뿐만 아니라 받은 모든 것을 성도에게 다 주십니다. 성도는 아들 예수님께 영광을 돌립니다. 이것이 사랑의 회로입니다.

무엇이 땅에서 이루어져야 합니까? 하나님 나라와 '하나님의 의'의 나라입니다. 내가 받은 축복을 이웃에게 흘려보내는 것이 하나님의 의라고 했습니다. 하나님 나라가 내게 임하면 나보다 어려운 이웃에 흘려 줄 수 있는 능력(사랑)을 힘입게 됩니다. 나보다 낮은 자에게만 흘려보낼 수 있습니다. 그래서 하나님은 주변에 나보다 낮은 사람을 많이 준비해 놓으셨습니다.

◇ **민수기**

민수기의 광야 시대로 들어갑니다. 하나님은 이스라엘 백성들을 시내 산에서 1년 동안

신앙 훈련을 시키고 말씀을 주며 성막도 짓게 하셨습니다. 그다음 이스라엘 백성들의 수를

세게 하셨는데 그래서 민수기입니다. 하나님은 아브라함과 이삭과 야곱에게 약속하신 가나안

땅에 들어가기 전에 그들에게 믿음이 있는지 시험하십니다. 이것이 가데스 바네아 시험으로,

가나안 땅을 정탐하는 것이 시험 과목입니다. 이 시험의 실패로 믿음이 없는 1세대들은

광야에서 40년을 보내며 죽어 가야 했습니다.

가데스 바네아에서 시험을 치르다

✚ 탐욕의 사건들 _ 민 11-12장

이스라엘 백성들은 가데스 지역에 있는 바네아라는 마을로 인도됩니다. 앞서 말했다
시피 이 지역은 낮에는 40도가 넘어서 10분만 걸어도 목이 마를 만큼 더위를 이겨 내
기 힘든 곳입니다. 사막에서 이스라엘 백성 200만 명이 살아남을 수 있었던 것은 성막
을 중심으로 12지파가 세 지파씩 동서남북으로 둘러싸고 구름기둥을 따라 움직였기
때문입니다. 성막 위에 임재한 구름기둥이 차양처럼 햇볕을 막아 주었습니다. 구름기

둥이 움직이지 않으면, 하나님이 앞서서 인도해 나가시지 않으면 한 발자국도 움직일 수 없어서, 한 달이고 일 년이고 그곳에 머물 수밖에 없습니다.

구름기둥과 불기둥은 성막 위에 임재한 까닭에 광야 생활에서 이스라엘 백성에게 무엇보다 중요한 것은 성막이었습니다. 나중에 성전이 되는 이 성막은 이스라엘 백성의 전부입니다. 성령님(구름기둥과 불기둥)은 말씀(언약궤)이신 아들 하나님(예수)과 동행하십니다. 성막이 빠지면 하나님의 임재하심과 인도하심이 없어지는 것입니다.

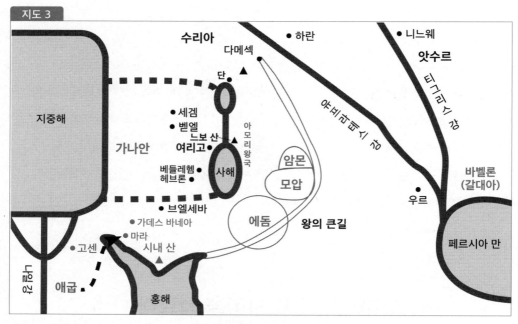

출애굽과 광야 시대 이스라엘 백성들은 가데스 바네아에서 실패하고 광야를 40년 동안이나 떠돌아야 했습니다. 약속의 땅에 들어가기 위해서는 이처럼 철저한 신앙 훈련이 필요합니다.

고기에 대한 탐욕

하나님은 이스라엘 백성들의 믿음을 시험하시려고 구름기둥으로 인도해서 가데스 바네아로 데리고 가셨는데, 가는 도중에 이들은 다시 하나님을 원망합니다. 고기를 달라는 원망입니다. 어처구니없어 보이지만 이해가 되기도 합니다. 이스라엘 백성들은 출애굽하여 지난 1년 동안 시내 산에서 만나만 먹고 살았습니다. 만나는 매일 이른 아침에 하늘에서 내려오는데 진주알같이 동그랗게 생겨 갓씨같기도 하고 과자를 볶은 것 같기도 했습니다. 그것을 아침마다 거두어 일 년 내내 먹고 살았으니 얼마나 지겨웠겠습니까.

하나님이 주신 물과 만나로 충분히 먹고 살 수 있어도 더 좋은 것을 찾습니다. 탐욕에 빠진 자들이 "차라리 애굽에서 종살이할 때가 훨씬 낫다. 그때는 비록 종살이했지만 가마솥에다 고깃국을 끓이면서 맛도 보고 얻어먹고 했는데 이것이 무슨 생고생이냐? 지도자를 새로 뽑아 돌아가자"고 소동을 벌였습니다. 정도가 지나쳤는데 모두 통곡까지 했습니다.

그러자 모세 같은 사람도 하나님께 이렇게 말합니다.

"내가 이들을 잉태하였나요? 이 200만 명이 내 자식입니까? 왜 나한테 이런 고통을 주십니까? 도저히 못 견디겠으니 나를 죽여 주십시오."

"너희들 고기 먹고 싶다고? 그럼 고기를 주겠다. 하루 분량도, 일주일 분량도 아니고 한 달 정도 고기에 신물이 날 정도로 먹여 주겠다."

"하나님, 200만 명이 먹으려면 엄청난 양 떼와 소 떼가 필요한데 여기는 아무것도 없는 사막입니다. 그것을 어떻게 구합니까?"

"여호와의 손이 짧아졌느냐?"

하나님은 홍해 끝 오른쪽에 있는 아카바 만에서 바람으로 메추라기 떼들을 날려서 이스라엘 백성들 앞에 떨어뜨리셨습니다. 메추라기 떼들이 떨어졌을 때 주동자들, 탐욕에 빠진 자들이 고기를 입에 넣어 이빨 사이에서 씹히기도 전에 하나님이 이들을 치셨습니다. 주동자들을 처벌하셨으므로 그들은 고기를 못 먹었지만, 나머지 사람들은 한 달 동안 실컷 고기를 먹었습니다. 이 사건은 우리의 육이 얼마나 약한가를 보여 주는 것입니다.

LA에 있는 어떤 목사님이 부흥회에서 이렇게 말씀하시는 것을 들었습니다. 교회의 성도들을 18년 동안이나 말씀으로 훈련시켰는데 교회 성전을 짓고 있던 중에 IMF가 터졌답니다. 그러니까 믿음 좋던 장로·집사들이 육이 앞서서 목사님 집에 들어와 목사님 가족을 가두어 놓고 빌려준 돈을 내놓으라고 협박했다는 것입니다. "아무리 말씀을 많이 들어도 급하니까 육이 먼저 나오더라"는 것입니다. 인간의 육은 이렇게 약합니다.

미리암의 반역

미리암이 모세에게 반역하는 사건이 일어납니다. 미리암은 갈대상자에 담긴 모세를 본 바로의 공주에게, 친어머니를 유모로 소개해 주었던 누이입니다. 오늘날의 모세를 있게 한 일등공신입니다. 그런 미리암이 모세에게 대들었습니다. 원수는 가장 가까운 사이에서 나옵니다.

미리암이 왜 반역을 했을까요? "모세가 구스 여자를 취하였더니"(민 12:1). 가데스 바네아로 가는 광야 길에 십보라가 죽은 것 같습니다. 구스는 애굽 밑에 있는데, 지금의 에티오피아를 말합니다. 모세가 구스 여인을 취했다는 것은 에티오피아로 가서 그 지역의 여인을 취해 왔다는 말이 아닙니다. "수많은 잡족과 양과 소와 심히 많은 가축이 그들과 함께 하였으며"(출 12:38). 이스라엘이 출애굽할 때 함께 나온 이방인들을 '이스라엘 총회'(Assembly of Israel)라고 불렀는데 거기에 속한 구스 여인이었습니다.

미리암은 "하나님이 이방 사람과 결혼하지 말라고 했던 말씀을 잊었느냐?"라고 불만을 토로한 것 같지만, 앞뒤 행간을 살펴볼 때 평소에 모세에게 불만이 많았던 것 같습니다. 따지고 보면 약점이 많은 동생인데, 200만 명의 리더 역할을 하고 있으니 늘 못마땅하지 않았겠습니까? 미리암이 이야기하고 싶었던 속마음은 '왜 너만 왕 노릇 하느냐. 나도 하나님의 음성을 듣고 백성들의 신앙생활을 인도하는 대단한 사람인데'였습니다. '나'를 내세우는 것은 언제나 사탄의 일입니다.

모세는 기가 막혀서 할 말이 없었을 것입니다. 직장에서 아랫사람이 대들면 윗사람은 할 말이 없습니다. 심판을 누가 합니까? 하나님이 하십니다. 윗사람을 반드시 공경하라는 하나님의 말씀을 거역했기 때문입니다. 하나님은 미리암에게 나병을 내리십니다.

미리암은 아론의 요청으로 모세가 중보기도 해서 나병을 고침 받지만, 결국 시름시름 앓다가 죽고 맙니다. 나중에 반역을 일으킨 고라당 역시 하나님이 죽이십니다. 이처럼 하나님이 친히 기름 부어 세우신 영적 지도자에게 대들면 반드시 심판받습니다.

제가 세계 여러 곳을 다니면서 집회하다 보면, "그러고 보니 우리 교회에서 목사님을 쫓아내는 데 앞장섰던 장로님들이 비참하게 쓰러져서 평생을 반신불수로 있습니다" 하는 이야기를 많이 듣습니다. 인도자를 대적하는 것은 엄청난 죄입니다. 목사님을 거역해서는 안 됩니다. 많은 성도들이 따집니다. "아무리 그래도 목회자가 하나님의 기름 부음 받은 자라면 그에 맞는 인격으로 행동을 해야지, 그렇지 못하니까 비난하는 것 아닙니까?" 시비 걸면 걸수록 구렁텅이 속으로, 사탄이 잡아끄는 대로 끌려가는 것을 알아야 합니다. 그렇게 따지면 인도자가 될 수 있는 사람은 이 세상에 단 한 사람도 없습니다. 이 세상에 완벽한 사람, 의인은 하나도 없기 때문입니다.

인도자든 아니든 우리는 모두 예수님의 형상을 닮아 가는 과정에 있습니다. 같은 길을 가고 있는 사람일 뿐입니다. 다만 그 중에 하나님이 기름 부어 지도자로 세우고 그에게 순종하라고 하셨기에 우리는 순종해야 합니다. 성전에서 사용되는 그릇들은 세상 것과 다름없는 그릇이지만, 하나님이 기름 부어 거룩하게 구별했기 때문에 거룩한 것으로 여길 뿐입니다. 그릇 자체가 거룩하지 않다고 바꾸어 보았자 의미 없는 일입니다.

인도자의 인간적인 약점이 맘에 걸릴 때는 험담하지 말고 자신부터 회개해야 합니다. 다른 사람의 결함이 보이는 것은 선악과를 먹은 결과(내 마음대로 판단한 결과) 내 눈이 밝아졌기 때문입니다(창 3:5). "주여, 제가 얼마나 선악과를 따먹고 살면 목사님의 결함이 보입니까? 왜 남의 결함이 자꾸 보입니까? 선악과를 따먹고 있습니다. 주여, 도와주시옵소서" 하고 기도해야 합니다. 믿음이 좋은 사람은 "세상과 나는 간 곳 없고 구속한 주"만 보입니다(찬송가 288장). 구속한 주님만 보이면 다른 사람의 결함이 보이지 않습니다.

✚ 가나안 정탐 _ 민 13-14장

가데스 바네아의 실패

가나안 정탐의 실패가 불 보듯 뻔하지 않습니까? 40일 동안 가나안을 정탐하고 돌아온 12명 중에 10명은 이렇게 증언합니다. "과연 그곳에 가 보니 젖과 꿀이 흐르는 땅인 것은 분명합니다. 그런데 그곳에는 네피림의 후손인 아낙 자손이 있는데 어마어마한 거구여서 그 앞에서 우리는 메뚜기 같았습니다." 이들은 눈에 보이는 것을 두려워했습니다. "우리는 능히 올라가서 그 백성을 치지 못하리라 그들은 우리보다 강하니라"(민 13:31).

그런데 정탐꾼 중 여호수아와 갈렙 두 명만은 다르게 말했습니다. "우리가 두루 다니며 정탐한 땅은 심히 아름다운 땅이라 여호와께서 우리를 기뻐하시면 우리를 그 땅으로 인도하여 들이시고 그 땅을 우리에게 주시리라 이는 과연 젖과 꿀이 흐르는 땅이니라 다만 여호와를 거역하지는 말라 또 그 땅 백성을 두려워하지 말라 그들은 우리의 먹이라 그들의 보호자는 그들에게서 떠났고 여호와는 우리와 함께하시느니라 그들을 두려워 말라"(민 14:7-9). 이때 백성들은 여호수아와 갈렙을 돌로 쳐 죽이려고 했습니다.

10명의 정탐꾼들이 왜 실패했습니까? 눈에 보이는 현상에 집착했기 때문입니다. 그들은 믿음이 없었습니다. "믿음은 바라는 것들의 실상이요 보이지 않는 것들의 증거"(히 11:1)라는 말씀을 NIV 영어 성경으로 보면 뜻이 더 분명합니다. "Now faith is being sure of what we hope for and certain of what we do not see(믿음은 우리가 바라는 것이 실현될 것과 우리가 보지 못한다 할지라도 존재하는 것을 확신하는 것입니다)." 우리가 바라는 것이 분명히 이루어질 것과, 우리 눈에 보이지는 않지만 존재하는 것이 확실하다고 하는 것이 믿음입니다. 보이는 현상만 보고, 보이지 않는 실상을 보지 못하는 것은 불신입니다. 보이는 것에 눌리지 않고 보이는 것에 쫓기지 않는 것을 믿음이라고 합니다. 실상은 말씀입니다. 보이지 않는 말씀은 결국 현상으로 나타납니다. 말씀은 보이지 않지만 말씀의 활력을 따라서 반드시 현상으로 나타납니다(히 4:12). 믿는 자는 보이지 않는 실상을 믿기 때문에 두렵지 않습니다.

맥잡기 아람 군대가 엘리사를 잡으려고 엘리사의 집을 포위했습니다. 엘리사의 집은 산 위 언덕에 있었는데, 엘리사의 몸종이 아침에 세수하러 나갔다가 보니 아람 군대가 새카맣게 깔려 있었습니다. "아이고, 선생님! 큰일 났습니다. 다 죽게 되었습니다." 몸종이 이렇게 말하니까, 엘리사가 기도했습니다. "저 아이의 영안을 열어 주시옵소서." 그때 게하시의 영적인 눈이 뜨여 불 말과 불 병거가 엘리사의 집 주위를 가득 메우고 있는 실상을 보았습니다. 살아 계신 주님을 믿는 자라면 눈에 보이는 현상을 보고도 두려움을 이겨 낼 수 있습니다.

그런데 10명의 정탐꾼들은 두려워한다는 것이 문제였습니다. 두려워하는 것은 하나님을 향한 온전한 사랑이 없다는 뜻입니다. 사랑하면 두려움이 없어집니다. 사랑하는 사람을 위해서 전철에 뛰어들기도 하고, 물속이나 불속에 들어가기도 합니다. "사랑 안에 두려움이 없고 온전한 사랑이 두려움을 내쫓나니 두려움에는 형벌이 있음이

234

라 두려워하는 자는 사랑 안에서 온전히 이루지 못하였느니라"(요일 4:18).

오직 예수님께 잡힌 사람은 두려움이 없습니다. 성령님이 임하시면 권능을 받아서 어디를 가도 예수님의 증인이 됩니다. "누가 우리를 그리스도의 사랑에서 끊으리요 환난이나 곤고나 박해나 기근이나 적신이나 위험이나 칼이랴"(롬 8:35). 사랑이 있으면 절대 두렵지 않습니다. "하나님이 우리를 사랑하시는 사랑을 우리가 알고 믿었노니 하나님은 사랑이시라 사랑 안에 거하는 자는 하나님 안에 거하고 하나님도 그 안에 거하시느니라"(요일 4:16). 하나님의 영이 우리 안에 들어오면 하나님의 사랑이 절절히 느껴집니다. 초대교회 사도들이 불구덩이 속에서 엄청난 고문을 받으면서도 어떻게 말씀을 전할 수 있었겠습니까? 바로 믿음 때문입니다. 그들은 천국을 봤기 때문에 앞에 있는 지옥 같은 현실에서도 주님이 함께하심을 고백할 수 있었습니다. 스데반은 돌을 맞아 고통스러우면서도 일그러지지 않았습니다. 오히려 보좌 옆에 계신 주님을 보았습니다. 이것이 믿음입니다.

예수님을 믿는다고 하면서도 하나님의 사랑을 느끼지 못하는 것이 문제입니다. 하나님의 사랑을 느끼지 못하기 때문에 10명의 정탐꾼처럼 낙심할 때가 많습니다. 왜 하나님의 사랑을 느끼지 못합니까? 기도하지 않아서입니다. 성령님의 인도를 받아 기도할 때 하나님의 사랑을 뜨겁게 느낄 수 있습니다.

믿음 없음의 심판

하나님은 이스라엘 백성들의 믿음 없음을 보시고 하루를 1년으로 계산해서 40년 동안 광야에서 떠돌 것을 명령하십니다. 40년 광야 생활은 출애굽 당시 20세 이상의 성인들, 믿음 없는 1세들이 죽어 가는 기간입니다. 믿음 없이 현상에 굴복했던 이들, 10명의 정탐꾼들의 말을 듣고 울고불고하던 사람들을 하나님이 싹 쓸어버리셨습니다. 이들은 약속의 땅에 들어가지 못했습니다. 그러나 여호수아와 갈렙만은 제외하셨습니다. 믿음 있는 자들만이 약속의 땅에 들어가는 것입니다.

하나님의 원칙은 다수결이 아닙니다. 하나님은 믿음 없이 떼로 몰려다니는 다수의 손을 들어 주지 않으십니다. "생명으로 인도하는 문은 좁고 길이 협착하여 찾는 자가 적음이라"(마 7:14). 믿음 있는 소수가 중요합니다.

이스라엘 백성들은 38년 동안 가데스 바네아 주위를 맴돌았습니다. 광야 생활은 참담했습니다. 시내 산에서 하나님의 율법을 받고, 성막을 짓고, 구름기둥과 불기둥으로 하나님의 인도하심을 따라간 백성들이 어떻게 광야 생활 내내 하나님을 원망하고 배역했을까요? 믿음 없는 출애굽 세대들이 다 죽고 나서 민족의 지도자가 모세에서 여호수아로 바뀐 뒤에야 이스라엘의 모습이 달라집니다.

 광야 생활

✚　　**고라당의 반역** _ 민 16-17장

가데스 바네아의 시험에서 불합격 판정을 받은 이스라엘 백성들은 40년 동안 광야 생활을 불평만 하며 보냈습니다. 제일 먼저 레위 족속의 고라 자손들이 반역을 일으킵니다.

"하나님이 이스라엘 총회에 항상 임재해 계신다고 약속하셨는데 왜 모세 네가 혼자서 지도자 역할을 독점하느냐? 우리도 레위 족속인데 어찌하여 너희 형인 아론의 후손들로만 제사장을 삼느냐? 고라 자손들도 제사장 노릇을 하게 해 달라."

아론의 자손들만 성막에서 직접 섬기게 한 것은 모세가 임의로 결정한 것이 아닙니다. 이것은 하나님의 명령이요, 지시입니다. 그래서 모세는 말합니다.

"레위 족속이 제사 드리기 위해서 짐승의 껍질을 벗기고 기름 골라내는 일을 하지 않느냐? 너희들은 이미 하나님의 일에 참여하고 있다. 어찌 그 직분을 가볍게 여기고 제사장직을 요구하느냐? 너희들이 제사장 직분을 감당할 수 있을지 향로를 들고 너희 장막 앞에 서 있어 보아라. 하나님이 판단해 주실 것이다."

그들이 향로를 들고 자신들의 장막 앞에 섰을 때 하나님이 지진을 일으키셨습니다. 고라당이 서 있던 곳만 땅이 꺼져서 그들은 생매장되었습니다. 제사장 직분은 사람이 주는 것이 아니라 하나님의 부르심(Calling)이 있어야 한다는 것을 몰랐던 것입니다.

제사장은 하나님의 부르심이 있어야 합니다. 제사장직은 오늘날의 목회자나 선교사입니다. 많은 사람들이 직장에 잘 다니다가 은혜받았다고 갑자기 모든 것을 때려치우고 신학교에 들어가서 "선교사 되겠다. 목사 되겠다"고 합니다. 참 위험한 생각입니다. 놀랍게도 선교사의 70% 정도가 실패한다고 합니다. 하나님의 부르심 없이 자기 열정만 따른 것은 아닌지 생각해 볼 일입니다. 제사장직은 하나님의 부르심이 있는 자가 아니면 감당할 수 없습니다. 반드시 "내 양을 먹이라", "선교에 헌신하라"는 하나님의 부르심이 있어야 합니다.

뉴질랜드에 있을 때 제 강의를 열심히 듣던 한 청년이 찾아왔습니다. 유수한 대학을 나오고 대학원 박사과정을 밟고 있는데 상담할 것이 있다고 했습니다.

"집사님, 제가 학위를 포기하고 신학대학에 가서 목회자의 길을 걷기로 결심했습니다."

이 말을 듣고 잠깐 기도하자고 하면서 청년에게 물었습니다.

"하나님의 부르심이 분명히 있었습니까?"

"그런 건 없었지만 대사님 말씀을 듣고 은혜받아서요. 목사님이 되면 좋을 것 같아요."

"왜 목회자가 되려고 합니까?"

"교수가 되는 것도 좋겠지만 말씀 듣고 은혜를 받으니까 좀 더 거룩하게 살고 싶어요. 제가 놀기 좋아하고 술을 좋아해서 직장 생활하면 거룩하게 살 자신이 없어요. 목회자가 되면 남들보다 거룩해 보여야 하니까 제 생활이 달라지지 않을까 해서요."

제가 "절대로 하지 말라"고 했습니다. 실망한 청년이 이렇게 말했습니다.

"저는 집사님이 매우 기뻐하실 줄 알았어요. 우리 목사님도 '잘했다' 주변에서도 모두들 '참 잘했다'고 했어요. 그런데 저는 대사님한테 허락을 받고 싶었거든요."

고라당이 반역했을 때, 하나님이 말씀하셨습니다. "너희 12지파들 중에서 내가 왜 레위 족속을 택했는지 봐라. 왜 아론의 자손만 제사장으로 삼았는지 봐라. 각 지파별로 지팡이를 다 가져와 봐라" 지성소의 언약궤 앞에 아론의 지팡이부터 각 지파별로 지팡이 12개를 갖다 놓았습니다. 아론의 지팡이는 광야 생활 내내 쓰던 오래된 것이었고, 다른 지팡이들은 방금 만들어 왔을 겁니다. 오히려 다른 지파들의 지팡이에서 싹이 날 가능성이 훨씬 많았습니다. 그러나 아론의 지팡이에서만 싹이 나고 잎이 나고 꽃이 피고 열매가 열렸습니다.

나무는 자신이 먹으려고 열매를 맺지 않습니다. 열매를 맺으면, 짐승들이 와서 먹고 사람들이 따먹습니다. 열매를 맺는 것은 다른 사람들에게 헌신하기 위해서이지 자신의 유익을 위한 것이 아닙니다. 이것이 제사장의 역할입니다. 하나님은 왜 아론의 지팡이에만 열매를 보여 주셨습니까? 열매를 맺으라는 겁니다. 내 것을 포기하라는 것입니다. 내 것을 구하는 것이 아니라 내가 노력한 모든 것, 그 열매를 이웃을 위해 쓰라는 것입니다. 부르심 없는 사람이 목회하면 내 것만 추구하니까 이웃을 위해 대속하지 못합니다. 그래서 하나님이 막으시는 겁니다. 하나님의 부르심이 없다면 함부로 나서지 말아야 합니다.

✚ 모세의 범죄 _ 민 20장

모세도 범죄를 합니다. 모세의 '실수'라고 하지 않고, '범죄'라고 한 것은 하나님이 범죄했다고 말씀하셨기 때문입니다. 38년 동안 신 광야 주변을 뺑뺑 돌았던 이스라엘 백성들의 생활은 참담했습니다. 하지만 하나님은 때마다 이들에게 기적을 베풀어 주셨습니다. 그런데도 이들은 하나님을 믿지 못하고 물이 떨어졌다고 또 불평합니다. 기적을 경험한다고 믿음이 생기는 것은 아닌 모양입니다. 이스라엘 백성들의 삶을 보면, 기적은 우리의 믿음이나 구원과 아무 상관없음을 알 수 있습니다.

모세가 반석을 칠 때 물이 나오는 것을 당연하게 여기는 이스라엘 백성들 때문에 하나님은 모세에게 이렇게 명령하십니다. "지팡이를 가지고 네 형 아론과 함께 회중을 모으고 그들의 목전에서 너희는 반석에게 명령하여 물을 내라 하라 네가 그 반석이 물을 내게 하여 회중과 그들의 짐승에게 마시게 할지니라"(민 20:8). 무엇으로 치지 말고 하나님의 말씀으로 물이 나오게 명령하라고 하셨습니다.

그런데 모세가 어떻게 합니까? "내가 너희를 위하여 반석에서 물을 내랴." 하고 화를 내면서 두 번씩이나 반석을 쳤습니다. 모세가 이렇게 화낸 것은 반석을 쳐서 물 내는 것을 으레 해 왔기에 자신이 할 수 있다고 생각했기 때문입니다. 물은 나왔지만 하나님은 모세에게 범죄했다고 지적하셨습니다. 하나님이 하셨던 것을, 자신의 능력으로 했다고 착각한 죄 때문에 하나님은 모세도 약속의 땅에 들어갈 수 없다고 청천벽력 같은 말씀을 하십니다.

하나님은 40년 동안 모세에게 약속의 땅으로 인도할 리더의 책임을 맡기셨습니다. 그런데 단 한 번 하나님께 불순종해서 약속의 땅에 들어갈 특권을 박탈당한 것입니다.

모세 입장에서는 얼마나 억울한 일입니까? "사랑은 오래 참고 … 성내지 아니하며"(고전 13:4-5). 성내는 것을 의분이라고 표현하는 경우가 많습니다. 교회에서 분을 내는 사람들 마음에는 '나는 의로운데, 너희는 의롭지 못하다'는 마음이 깔려 있습니다. 예수님을 믿는 사람은 절대로 화를 내서는 안 됩니다.

비록 자신은 못 들어가지만, 모세는 하나님이 자기 목숨을 거둬 가시는 순간까지 하나님을 원망하고 배역하는 이들을 이끌고 신실하게 약속의 땅을 향해서 나아갑니다. 모세의 위대함이 여기서 드러납니다. 성경은 이 세상에서 모세만큼 온유한 자가 없다고 했습니다(민 12:3). 모세처럼 온유하고, 모세처럼 중보기도하는 사람이 없었습니다. '나는 가나안에 들어가지 못하지만 하나님이 주신 사명을 호흡 주시는 그 순간까지 다 하겠다'는 모세의 지도력 앞에 고개가 숙여질 뿐입니다.

✚　에돔의 거부 _ 민 20장

사해 밑에는 에돔 족속이 있습니다. 에돔은 붉다는 뜻으로, 야곱의 형 에서의 후예들입니다. 따지고 보면 이스라엘 백성들에게 육신적으로 형이 되는 민족입니다. 홍해 옆에 있는 아카바 만에서 에돔을 거쳐 갈릴리 호수 북쪽에 있는 수리아의 다메섹까지는 도로가 있는데, 이것을 '왕의 큰길'(King's Highway)라고 불렀습니다. 중동 지방의 모든 물건들은 '왕의 큰길'을 거쳐 홍해를 통해 무역이 이루어졌습니다.

왕의 큰길은 약속의 땅으로 가는 지름길이었기 때문에, 모세는 이 길을 따라 이스라엘 사람들을 인도하려 했습니다. 모세는 에돔 사람들에게 말했습니다. "우리에게 당신의 땅을 지나가게 하소서 우리가 밭으로나 포도원으로 지나가지 아니하고 우물물도 마시지 아니하고 왕의 큰길로만 통과하고 당신의 지경에서 나가기까지 왼쪽으로나 오른쪽으로나 치우치지 아니하리이다"(민 20:17). 중동 지역에서 물이 제일 귀하니까 건드리지 않겠다는 겁니다. 그런데 에돔 사람들은 거부했습니다. "만약에 우리의 말을 어기고 이 땅을 조금이라도 통과해서 지나간다면 우리가 칼로 맞서서 너희를 다쳐 죽이겠다"(민 20:18 참고)고 말합니다.

모세는 가데스 바네아 근처에 있는 호르 산으로 200만 명이나 되는 이스라엘 백성들을 이끌고 들어가서 진정시키려고 노력합니다. 이스라엘 백성들은 어찌할 바를 모릅니다. 낙심이 이만저만이 아닙니다. 산 너머 산입니다. 모세의 대변자 노릇을 하던 아론도 여기에서 죽었습니다. 하나님은 모세가 의지할 수 있는 것을 하나도 남겨 두지 않으셨습니다. 모세의 좌절은 얼마나 컸을까요.

✚ 이스라엘 백성의 세대교체 _ 불신 1세대 → 믿음 2세대

불뱀 사건 _ 민 21:4-9

이때 광야 생활의 전환점이 되는 사건이 벌어집니다. 백성들의 원망이 하늘 높은 줄 모르고 치솟습니다.

"당신이 무슨 지도자라고 우리를 여기로 끌고 와서 사막 한가운데서 죽게 하는가?"

모세도 앞이 캄캄합니다. 이때 하나님은 광야 한가운데에 불뱀을 보내 믿음 없이 하나님을 원망한 사람들이 다 불뱀에 물리도록 하셨습니다. 백성들이 고쳐 달라고 애원하자 모세는 하나님께 중보기도합니다. 그러자 하나님은 놋으로 뱀을 만들어 나무에 매달라고 명령하십니다. 모세가 매단 놋뱀을 쳐다보는 자는 다 구원받고 살아납니다.

하나님은 왜 뱀을 만들게 하셨습니까? 출애굽한 이후로 계속해서 원망하고 하나님을 배역하는 이스라엘 백성들이 '목이 곧은' 코브라와 같다는 것입니다. 코브라의 모습이 어떻습니까? 목을 쭉 빼고, 아래로 눈을 깔고 보는데 이것이 바로 '나'의 모습입니다. 목이 곧은 자는 불뱀에 물리고 나서야 하나님의 구원을 바라본다는 것입니다. 놋뱀을 나무에 단 것은, '나'를 십자가에 단 것입니다. 이 사건은 신약 십자가 사건의 예표입니다. 우리 주님이 지신 십자가를 쳐다보고 살라는 것입니다.

병들었을 때 예수님 앞에 나오는 사람이 얼마나 많습니까? 사람은 자기가 연약할 때 십자가를 바라봅니다. 육신이 연약해서 병든 사람들을 위해 이렇게 기도해야 합니다. "주의 백성이 고통받고 있는 이때에 육이 깨져서 주님을 만날 수 있도록 허락하옵소서." 기적으로 육이 사는 것보다는 이 사건 때문에 영이 살아야 합니다. 이것이 진짜 구원이요, 진짜 하나님의 축복입니다.

아플 때 "하나님, 왜 나를 이렇게 아프게 하셨습니까?" 하고 하나님께 따지면, 이스라엘 백성처럼 목이 곧은, 원망하는 자가 되는 겁니다. 이런 사람은 약속의 땅에 들어갈 자격이 없습니다. 육이 깨졌을 때 이렇게 기도해야 합니다. "주님, 제 육이 깨지게 하시니 감사합니다. 이 사건 때문에 주님께 나아갈 수 있도록 도와주옵소서. 저는 아무것도 아님을 주님 앞에 고백합니다. 이제는 주님 앞에 나아갈 때입니다. 주님, 저를 만나 주옵소서. 고통받는 때에 도와주시는 주님을 만날 수 있도록 귀한 축복을 허락해 주옵소서."

요단 동편 정복

가나안 땅 정복은 여호수아 때가 아니라 모세 때부터 시작됩니다. 모세는 가나안 땅에 들어가지 못할 게 분명하지만 자신을 부인하고 끝까지 신실하게 이스라엘 백성들을 인도합니다.

모세와 이스라엘 백성들은 가나안의 일곱 족속 중 하나인 아모리 족속을 쳐서 요단 동편을 차지했습니다. 하나님은 더 위로 올라가서 갈릴리 호수 오른쪽에 있는 바산이라는 곳도 치게 하셨습니다. 당시 아모리 왕 시혼과 바산 왕 옥은 요단 동편에서 가장 강력한 세력이었습니다. 이 둘을 무찌른 사건은 주변에 있는 다른 이방 족속들에게 엄청난 충격을 주었습니다. **맥잡기▣** 사해 옆에는 모압 족속이, 요단 강 동편에는 암몬 족속이 있었습니다. 이들은 롯과 그의 딸들의 관계에서 얻어진 백성이라 이스라엘 총회에도 들지 못하는 이방 족속이라는 것 아시지요? 두 민족이 합쳐진 것이 오늘날의 요르단입니다. 요르단의 수도 암만을 우리말 성경에서는 암몬으로 번역했습니다. 바산은 헤르몬 산 옆에 있는, 수리아에 붙어 있는 땅으로 오늘날의 골란 고원입니다. 바산은 전략적 요충지로서 고지대입니다. 여기서는 갈릴리 호수뿐 아니라 가나안 팔레스타인 땅이 전부 보입니다. 무척 비옥한 땅입니다. 아모스서에서는 이스라엘의 믿음 없고 나태한 상태를 바산에 있는 암소들 같다고 표현했습니다. 살만 뒤룩뒤룩 쪄서 풀밭에 뒹굴고 있는 모습에 비유한 것입니다.

이스라엘 백성들은 이제 모압 평지에 진을 쳤습니다. 이들이 모압 족속을 압박하자 모압 왕 발락이 박수무당 발람을 불러 이스라엘을 저주하라고 합니다. 그때 이솝우화에서나 볼 수 있음직한 일이 벌어집니다. 발람이 가서 이스라엘을 저주하려고 당나귀를 탔는데, 20년 동안 타고 다녔던 당나귀가 골목길에서 더 이상 가지 않고 담벼락에 기대어 주저앉은 것입니다. 발람이 화가 나서 당나귀를 회초리로 마구 때렸더니 당나귀가 입을 열고 발람한테 말합니다. 하나님이 말하게 하신 것입니다.

"내 주인이여, 당신도 알다시피 내가 몇십 년 동안 당신을 섬기면서 당신 말을 거역한 적이 있습니까? 하지만 지금은 여호와의 사자가 내 앞을 가로막고 있어서 더 이상 앞으로 나아갈 수 없습니다. 그런데 당신이 나를 자꾸 때리니 어떡하란 말입니까?"(민 22:22-28 참조).

하나님이 발람의 눈을 열어서 여호와의 사자가 손에 칼을 들고 길에 서 있는 것을 보게 하셨습니다. 발람이 가던 길을 돌이키려 하자 여호와의 사자가 "모압 귀족들을 따라가되 내가 네게 이르는 말만 하라"고 명했습니다(민 22:35). 발람은 모압 왕 발락과 함께 바알의 산당에 오릅니다. 발람은 저만치 떨어져서 일곱 개의 단에 수송아지 하나와 숫양 하나를 드려 제사를 드리고 나서 이스라엘을 저주하는 대신 축복의 노래를 불렀습니다.

"하나님은 사람이 아니시니 거짓말을 하지 않으시고 인생이 아니시니 후회가 없으시도다 어찌 그 말씀하신바를 행하지 않으시며 하신 말씀을 실행하지 않으시랴 내가 축복할 것을 받았으니 그가 주신 복을 내가 돌이키지 않으리라 야곱의 허물을 보지 아니하시며 이스라엘의 반역을 보지 아니하시는도다 여호와 그들의 하나님이 그들과 함께 계시니 왕을 부르는 소리가 그 중에 있도다 하나님이 그들을 애굽에서 인도하여 내셨으니 그의 힘이 들소와 같도다 야곱을 해할 점술이 없고 이스라엘을 해할 복술이 없도다"(민 23:19-23).

모압 왕은 놀라운 하나님의 축복의 말씀을 듣고 화가 나서 따져 물었습니다. "너는 어찌하여 이스라엘을 저주하라고 했는데 오히려 축복하느냐?" 하나님은 이렇게 모압 족속을 치셨습니다. 하지만 암몬 족속은 진멸하지 않고 옆으로 몰아내 버리기만 하셨습니다.

하나님이 왜 그렇게 하셨는지 나중에 그 뜻을 알게 됩니다. 여호수아의 인도로 가나안 정복 전쟁을 하고 12지파는 기업을 분배받았습니다. 그 이후 여호수아가 죽고 사사 시대가 시작됩니다. 사사 시대 400년 동안 이스라엘이 죄를 범할 때마다 하나님은 암몬 족속을 회초리로 사용하셨습니다.

요단 동편 기업 분배 _ 민 32장

이스라엘 백성들은 아모리와 바산을 정복할 때 가축을 많이 빼앗았습니다. 그러니까 이중 세 지파는 약속의 땅에 들어가는 것보다는 가축을 데리고 요단 동편에서 사는 것이 좋겠다고 생각한 겁니다. 그래서 모세에게 이 땅을 달라고 했습니다. 하나님이 허락하셨으므로 모세는 요단 동편의 땅을 두 지파 반에게 나누어 주었습니다. 땅을 분배하되 조건이 있었습니다. "너희들은 이 땅에서 살되 하나님이 약속하신 땅에 들어가서 정복 전쟁을 할 때 무장하고 앞장서서 싸울 것을 약속하라." 이스라엘의 장자 르우벤 족속은 원래 모압 땅이었던 요단 동편의 사해 오른쪽 땅을 차지합니다. 그다음 아모리 족속의 땅이었던 곳을 갓 지파에게 줍니다. 므낫세 지파 중 절반에게는 북쪽 바산 땅을 나눠 줍니다.

요단 동편의 기업을 분배하고 나서 하나님은 모세를 요단 강 건너편 느보 산에 세우십니다. 느보 산은 해발 800m쯤 됩니다. 요단 강은 계곡이어서 땅 밑으로 200~300m 내려가고, 여리고는 해저 400m 정도로 낮은 곳이므로 느보 산에 올라서면 가나안 땅 전체가 다 보입니다. 그곳에 모세를 세우고 하나님이 말씀하십니다.

"너는 들어갈 수 없다."

이 땅이 너무 아름다우니까 모세가 말합니다.

"저도 좀 붙여 주실 수 없습니까?"

하나님은 안 된다고 하십니다. 참 야속한 하나님입니다. 모세는 산을 내려와서 하나님의 말씀, 율법, 명령을 설명하는 신명기를 쓰고 죽습니다. 모세는 약속의 땅을 밟지 못했지만 죽을 때까지 하나님께 순종했습니다. 하나님은 모세를 약속의 땅보다 더 좋은 곳으로 데려가셨습니다.

모세가 신명기에서 우리에게 말하는 것은 무엇입니까?

첫째, 하나님을 선택할 것인가 우상을 숭배할 것인가, 축복과 저주의 두 갈래 길을 설명하고 있습니다. 신명기는 율법을 하나하나 설명해 줄 뿐만 아니라 두 갈래 길을 자세히 보여 줍니다.

둘째, 출애굽 이후 광야 생활 40년을 회고합니다. 바람과 모래와 사막밖에 없는 광야 길을 40년 동안 가면서 우리가 목이 말라서 죽은 적이 있느냐, 먹을 것이 없어서 고통받은 적이 있느냐, 신발이 떨어져서 못 걸은 적이 있느냐, 의복이 없어서 헐벗은 적이 있느냐고 질문합니다. 얼마나 큰 하나님의 은혜입니까? 하나님이 이스라엘 백성 200만 명을 먹이고, 마시게 하고, 입히신 것입니다.

하나님은 신명기의 광야 생활을 통해 오늘날의 광야를 사는 우리에게 말씀하십니다. "너희는 광야 생활 동안 끊임없이 패역하게 행동하고 나를 배반했다. 그래도 나 여호와는 사람이 아니니 가볍게 말하지 않는다. 나는 후회하지 않고, 야곱의 허물을 기억하지 않고, 패역을 보지 않고, 제사장이 양의 피를 들고 지성소에 들어갈 때마다 용서해 주겠다."

출애굽과 광야 시대의 기나긴 여정을 지켜보면서 우리는 믿음의 족장들에게 하신 약속(아브라함 언약)을 신실하게 이행해 나가시는 하나님의 사랑의 음성을 들어야 합니다.

사탄과 천사의 다른 점

사탄과 천사를 구분하는 것은 간단합니다. 사탄은 교만하기 때문에 무조건 다스리려고 하고, 천사는 무조건 섬기려고 합니다. 이것이 사탄과 천사의 차이입니다.

부부 싸움을 왜 합니까? 정치 파벌 싸움이 왜 있습니까? 내가 다스리려고 하기 때문입니다. 교회에서도 "내가 다스리겠다"고 하니까 당회와 제직회에서 목소리가 높아지는 겁니다. 어디에서나 싸움이 일어나는 까닭은 서로가 다스리려고 하기 때문입니다.

주님은 "인자가 온 것은 섬김을 받으려 함이 아니라 도리어 섬기려 하고 자기 목숨을 많은 사람의 대속물로 주려 함이니라"(마 20:28)고 말씀하셨습니다. 주님은 십자가를 지시기 전, 마지막 만찬 때 무릎을 꿇고 몸소 제자들의 발을 씻겨 주셨습니다. 섬기는 종의 도를 몸소 행해 보이셨습니다. 이것이 대속의 십자가입니다.

우리는 기도하면서 십자가를 바라보고 "저 높은 곳을 향하여 날마다" 나아가야 합니다. 그렇지만 하나님을 만난 성도는 반드시 내려와야 합니다. 내려가는 십자가가 대속의 십자가입니다. 대속의 십자가를 지지 않고 올라가기만 하는 사람은 문제가 있습니다.

"내가 너를 인도해서 예수 믿게 했으니까 내 이야기만 들어야 해."

"내가 너 병 고쳐 줬으니까, 하라는 대로 해야 해."

상대방을 마치 자기의 예속물인 것처럼 다스리려고 하는 사람들이 있습니다. 자신을 낮추고 예수님의 사랑으로, 예수님의 피로, 예수님의 생명으로 섬기는 것이 아니라 "나 은사 받았어. 나 대단한 사람이야. 너 이런 것 할 줄 알아? 당신 방언할 줄 알아?" 하는 태도가 문제입니다.

사도 바울이 2차 전도여행 때 사역했던 고린도 교회는 성령님의 역사가 많이 일어났습니다. 거의 모든 사람들이 방언을 했습니다. 예배도 방언으로 드리고, 찬송도 방언으로 하고, 누군가 일어나서 방언을 말하면 예언 은사 받은 이가 통역해 주었습니다. 그러다 보니 고린도 교회 은사자들 간에 많은 문제가 발생했습니다. 세상의 교회에서 생기는 모든 문제가 다 발생한 곳이 고린도 교회입니다. 장로들끼리 소송을 하고, 서로 간음하면서도 은사 받았다고 자랑하는 일들이 고린도 교회에서 일어나고 있었습니다. 그래서 사도 바울은 은사에 대해 고린도전서 12-14장에 걸쳐 자세히 써 놓았습니다.

예수님은 은사의 문제에 대해 "그들의 열매로 그들을 알리라"(마 7:20)고 하셨습니다. 이 세상에는 많은 은사자와 거짓 선지자들이 있습니다. 능력을 행하는 사람을 보고 판단하지 말고 열매로 판단해야 한다고 말씀하십니다. 은사가 정말 예수의 영에서 왔는지 사탄에게서 왔는지는 열매를 보면 알 수 있습니다. 성령의 열매는 사랑과 희락과 화평과 오래 참음과 자비와 양선과 충성과 온유와 절제라고 했습니다(갈 5:22-23). 성령의 열매에는 다스리려 하는 것, 잘났다고 하는 것, 은사가 있다고 폼 잡는 것이 없습니다. 사탄도 방언하고 예언하고 능력을 행합니다. 겉으로 나타나는 현상은 비슷하기 때문에, 우리가 육안으로 구별하기가 어렵습니다. 오직 열매를 보고 판단할 수 있습니다.

우리는 성령의 열매를 맺도록 끊임없이 기도하고 훈련받고 대속의 십자가를 져야 합니다. 십자가는 그 자체가 고난이요, 나를 죽이는 것입니다. 대속의 십자가를 질 때만 영광의 자리에 올라갈 수 있습니다. 그리스도인은 다른 사람 섬기는 종의 도를 실천해야 합니다. 이것이 제일 어려운 것 같습니다. 하지만 이렇게 하지 않고는 예수님의 사랑으로 구속되어 택함 받았다거나 예수님의 생명으로 살아가는 성도라고 말할 수 없습니다.

전쟁은 하나님께 속했다

◇ **여호수아 1-6장**

이스라엘 백성들은 약속의 땅 가나안에 들어가려고 힘센 가나안 일곱 족속과 정복 전쟁을 벌입니다. 정복 전쟁은 하나님께 속해 있습니다. 이 전쟁은 칼싸움이 아니라 영적인 예배를 통해 치르는 영적 전쟁임을 여호수아서는 잘 보여 줍니다. 이 땅에서의 영적 전쟁은 사람의 지혜와 능력으로 이길 수 없으며 예배를 통해 주시는 은혜와 능력으로만 감당할 수 있습니다.

✚ 새로운 지도자 여호수아 _ 수 1장

하나님은 새로운 지도자 여호수아를 세우셨습니다. 여호수아는 헬라어로 '예수', 즉 '하늘나라로 인도할 자'라는 뜻입니다. 여호수아는 이스라엘의 민족적 영웅이었던 모세의 몸종이었습니다. 하나님은 왜 하필 여호수아에게 리더십을 주신 것일까요? 여호수아는 자나 깨나 하나님과 통했기 때문입니다. 하나님이 세우시는 사람은 늘 하나님과 통하는 사람입니다. 기도의 사람입니다.

모세와 여호수아는 이스라엘 진영 앞에 회막을 치고 날마다 함께 기도했습니다. "모세는 진으로 돌아오나 눈의 아들 젊은 수종자 여호수아는 회막을 떠나지 아니하니라"(출 33:11). 하나님은 모세의 뒤를 잇는 지도자로 기도하는 사람을 세우셨습니다. 모세만큼 이스라엘을 위해 중보기도를 많이 한 사람이 없습니다. 하나님은 모세에게 여호수아가 "그 안에 성령이 머무는 자"이므로 그에게 안수하고 이스라엘 온 회중이 그에게 복종하게 하라고 하셨습니다(민 27:18-20).

하나님은 여호수아를 새로운 지도자로 세우시고 이렇게 말씀하십니다. "네 평생에 너를 능히 대적할 자가 없으리니 내가 모세와 함께 있었던 것같이 너와 함께 있을 것임이니라 내가 너를 떠나지 아니하며 버리지 아니하리니"(수 1:5). 하나님이 주시는 리더십은 항상 "내가 너와 함께하리라"입니다. 하나님은 아브라함 이래로 이스라엘의 지도자들에게 "너와 함께하리라"는 리더십을 주셨습니다.

맥잡기🖐 이 말씀을 붙잡고 일어섰다는 간증을 우리는 많이 듣습니다. "두려워하지 말라 내가 너와 함께 함이라 놀라지 말라 내가 네 하나님이 됨이니라"(사 41:10). 이 말씀은 이스라엘이 망해서 바벨론 포로로 끌려갔을 때 주신 것입니다. 신약 시대에 사도 바울은 캄캄한 감옥 속에 있으면서 감옥 밖에 있는 사람들에게 "주 안에서 항상 기뻐하라 내가 다시 말하노니 기뻐하라"(빌 4:4)고 말합니다.

어떻게 사도 바울은 그런 상황에서도 기뻐할 수 있었을까요? 주 안에 있었기 때문입니다. 하나님이 이스라엘 백성에게 주신 엄청난 약속과 위로의 말씀은 일관되게 "너는 내게 속한 자다"라는 것입니다. "내가 너와 같이하겠다"는 하나님의 말씀은 우리의 원소속감을 회복시켜 주십니다. "창세전부터 그리스도 안에서 택함 받은 자"(엡 1:4)로서 원래부터 우리의 소속은 예수 그리스도였으나, 인류 조상의 원죄로 사탄에 속한 자로 살아오다가 아들을 영접함으로 원소속감을 회복합니다.

백성들의 화답

새로운 지도자 여호수아가 먼저 요단 강 동편을 차지한 르우벤 지파와 갓 지파와 므낫세 지파의 절반에게 무장하여 정복 전쟁에 참여할 것을 물어보았습니다. 이들은 하나님이 세우셨기에 여호수아를 지도자로 따르겠다면서 전에 약속한 대로 무장하고 싸우겠다고 합니다. 두 지파 반뿐만 아니라 모든 백성이 화답합니다. 이스라엘 백성들이 참으로 오랜만에 지도자의 말에 화답했습니다.

성도들이 지도자와 하나 될 때 하나님이 그 가운데 계십니다. 우리는 말로만 "우리 교회에 성령님이 함께하시기를 원합니다" 하는 것보다 성도들이 진심으로 그리스도 안에서 목사님을 중심으로 하나 될 때 성령님이 임재하십니다. 지도자는 늘 하나님과 통한다고 했습니다. 하나님과 늘 통하는 지도자와 막힌 담이 생겨서는 안 됩니다. 새

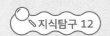

이슬람의 지하드와 가나안 정복 전쟁은 어떻게 다른가

이슬람에서는 지하드라는 말을 많이 사용합니다. 뉴스에 자주 오르내리기도 하는 이 말은 '거룩한 전쟁'(聖戰)을 뜻하는 이슬람어입니다. 원래 지하드는 이슬람교도들이 평화를 지키기 위해서 어쩔 수 없이 비이슬람교도와 싸우는 것을 뜻했으나, 요즘은 이슬람의 자살 테러를 떠올리게 합니다.

사실 가나안의 정복 전쟁에서 '거룩한 전쟁'이 비롯되었습니다. 하나님이 여호수아에게 말씀하신 '거룩한 전쟁'은 어떤 뜻입니까? 하나님은 아브라함에게 가나안 땅을 주겠다고 하셨으나 아모리 족속의 죄악이 관영치 않아서 심판의 때가 되지 않았기에 400년 후에야 이 땅을 주겠다고 하셨습니다. 가나안 정복 전쟁은 가나안 족속들의 범죄로 말미암은 하나님의 심판입니다. 무슬림들이 자신들의 비합리적인 목적 수행을 위해 이웃을 없애 버리려는 자살 테러와 차원이 다릅니다.

로운 지도자 여호수아와 함께 이스라엘 백성들은 여리고 정탐에 나섭니다.

✚ 여리고 정탐과 기생 라합 _ 수 2-6장

정복하려면 반드시 먼저 정탐을 해야 합니다. 여호수아는 여리고 성에 정탐꾼 두 명을 보냅니다. 여호수아는 모세 때에 가데스 바네아의 가나안 정탐에 참여했습니다. 그래서 그는 눈에 보이는 현상을 보지 않고 믿음의 실상을 볼 수 있는, 기도하는 두 사람이면 정탐하는 데 충분하다고 판단했습니다. 예전에 12명의 정탐꾼 중 10명이 눈에 보이는 현상에 겁을 먹고 보이지 않는 하나님의 약속을 믿지 못해서 불신앙을 선동했던 기억이 생생했을 것입니다.

　두 사람이 여리고 성으로 몰래 잠입해서 들어가 보니 사람들이 잔뜩 겁을 먹고 경계하고 있었습니다. 아모리 왕국과 바산 왕국과 모압 족속이 히브리 족속들한테 다 패배했다는 소식을 들었던 것입니다. 정탐꾼들은 몰래 여리고 성의 기생 라합 집에 숨어 들어갔습니다. 이를 눈치챈 군사들이 쫓아오자 기생 라합은 두 사람을 지붕 위에 있는 삼대 밑에 숨겨 주었습니다. 정탐꾼은 눈으로 합니다. 그런데 삼대 밑에 숨어 뭘 정탐했겠습니까? 하나님은 예전처럼 눈으로 보고 겁먹지 않게 이들의 눈을 가리고, 대신 믿음의 사람 기생 라합을 통해서 성 안의 소식을 듣게 하십니다.

　라합은 옛날 우리나라로 치면 주막 같은 곳에서 일하던 여성일 것입니다. 기생 라합은 한 번도 이스라엘 백성들을 만난 적이 없지만 출애굽부터 지금까지 이스라엘 백성들과 함께하셨던 하나님의 행적을 다 들었을 것입니다. 믿음은 들음에서 난다고 했습니다. 라합은 들어서 하나님을 믿고 있었습니다. 기생 라합이 정탐꾼들에게 이렇게 말합니다.

　"하나님이 이 땅을 당신들에게 반드시 주실 것을 믿습니다. 이 백성들은 마음이 녹아 버렸고 정신을 잃었습니다."

　또한 이스라엘이 그 땅을 차지할 때 자신과 가족을 구원해 달라고 요청했습니다. 정탐꾼들은 그녀의 믿음을 보고 "붉은 줄을 문에다 내리고 있으면 여리고 성을 전부 멸할 때 너희 집만은 살려주겠다"고 말합니다(수 2:18-19 참조).

　실제로 여리고 성이 정복당했을 때 기생 라합의 믿음으로 그 집안 식구들은 모두 구원을 얻었습니다. "주 예수를 믿으라 그리하면 너와 네 집이 구원을 받으리라"(행 16:31). 정탐꾼들은 왜 '붉은 줄'을 매달라고 했습니까? 그것이 유월절 어린양의 피, 십자가의 보혈을 상징하는 것을 알 수 있습니다. ▇맥잡기▇ 성경학자들은 기생 라합이 여리고 정탐을 갔던 두 명 중 한 사람인 살몬과 결혼해서 보아스를 낳았다고 해석합니다. "살몬은 라합에게서 보아스를 낳고"(마 1:5).

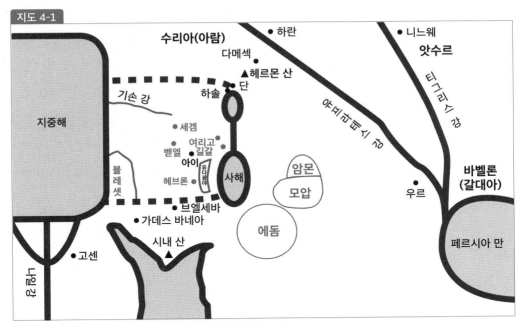

지도 4-1

수리아(아람)
하란
니느웨
앗수르
다메섹
헤르몬 산▲
기손 강
하솔
단
지중해
세겜
여리고
벧엘 길갈
아이
유다광야
사해
헤브론
브엘세바
가데스 바네아
시내 산▲
고센
나일 강
블레셋
티그리스 강
유브라데 강
암몬
모압
에돔
우르
바벨론
(갈대아)
페르시아 만

정복 시대 요단 강을 건너서 사해를 안에 끼고 있는 도시가 여리고 성입니다. 사해의 왼쪽 어깨를 쥐고 있는 곳이 앞으로 예루살렘이 될 도시입니다. 이스라엘이 남부연합군을 격퇴했던 아얄론 골짜기는 텔아비브에서 예루살렘으로 가는 길에 있습니다. 지금 이스라엘의 국제법상 수도는 옛날에 욥바 항구였던 텔아비브입니다.

✚ 요단 강을 건너다 _ 수 3장

여리고를 정탐한 여호수아와 이스라엘 백성들은 본격적으로 가나안 정복 전쟁을 시작하기 위해 요단 강을 건너야 했습니다.

여호수아 시대에 요단 강의 위세는 대단했습니다. 요단 강의 근원은 갈릴리 호수 뒤 만년설이 있는 헤르몬 산입니다. 이 산의 눈이 녹아내린 물이 갈릴리 호수로 펑펑 쏟아져 들어갔고, 갈릴리 호수는 하루에 65만 톤의 물을 요단 강으로 흘려보냈습니다. 당시 요단 강은 하류의 강폭이 약 800m쯤 되는 매우 큰 강이었습니다. 추수 절기 직전에 오는 늦은 비가 폭우로 바뀌면 요단 강물이 범람해서 강 옆에 있는 밀밭이 다 잠길 정도였습니다. 당시에는 강폭이 1km가 넘었다고 합니다. 여호수아서에서 이스라엘 백성들이 비장하게 요단 강을 건넌 것을 생각하고 성지순례를 다녀오는 사람들은 어지간히 실망을 합니다. 지금 요단 강은 한 발자국만 폴짝 뛰면 건널 수 있는 실개천처럼 물이 현저하게 줄었기 때문입니다. 갈릴리 호수에서 요단 강으로 흐르던 물은 현재 땅속 배수관을 통해 네게브 사막 개발 용수로 사용되고 있다고 합니다.

여호수아 시대 이 대단한 요단 강을 이스라엘 백성은 어떻게 건넜을까요? 하나님은 홍해 때는 밤새도록 동풍을 불게 해서 바다를 가르셨습니다. 그 기적의 광경을 보고 이스라엘 백성들은 소고 치며 찬양했지만 금세 잊어버렸습니다. 그래서 하나님은 이번에는 요단 강을 그냥 갈라 주시지 않았습니다.

하나님의 작전 명령

요단 강에서 이적을 행하시기 전에 하나님은 이스라엘 백성을 준비시키셨습니다. 여호수아를 통해 준비할 것을 미리 일러 주고 믿음을 가지라는 작전 명령을 내리셨습니다. 가나안 땅에 들어가 정복 전쟁을 시작하기 전에 이스라엘 백성은 먼저 하나님이 그들과 함께하셔서 가나안 일곱 족속을 진멸하실 것을 믿어야 했습니다.

하나님은 이 믿음을 주시려고 이렇게 준비시키셨습니다.

첫째, 제사장들이 언약궤를 메고 물속으로 들어가면 백성들은 "어느 정도 거리를 두고 따라가기만 하라"고 하셨습니다. 언약궤에 임재하신 하나님의 뒤를 따르되 가까이 가지는 말라고 하십니다. 오늘날 성도는 예수님의 보혈의 공로로 아버지께 바로 나아갈 수 있으나, 구약의 백성들은 멀리서 바라보며 따라가야 했습니다.

둘째, "스스로 성결하게 하라"고 하십니다. 요단 강을 가르시는 하나님의 능력을 체험하고 약속의 땅에 들어가려면 영육이 정결해야 한다는 것입니다. 마지막 날 주님 앞에 설 때 어린양의 혼인 잔치에 참여하려면 "사랑 안에서 주님 보시기에 흠 없고 거룩하게"(엡 1:4) 서야 합니다. 물과 성령으로 거듭나야 하나님 나라를 체험할 수 있습니다.

셋째, "살아 계신 하나님의 임재"를 확신하라고 하십니다. 언약궤를 멘 제사장들이 요단 강물을 밟는 즉시 하나님은 위에서 흘러내리던 요단 강물을 끊어지게 하셨습니다. 이로써 모세의 리더십을 여호수아에게 주셨음을 깨닫게 하시려는 것입니다. 또한 가나안 땅의 이방 족속을 진멸해 주심을 확신하라는 것입니다.

말씀으로 요단 강을 밟아라

몸을 성결하게 한 뒤, 하나님이 함께하신다는 믿음으로 언약궤를 멘 제사장들이 강물을 밟았습니다. 이것이 홍해를 건널 때와 다른 점입니다. 홍해를 건널 때는 이스라엘 백성들이 빨리 도망가야 했기 때문에 하나님이 밤새 동풍을 불게 해서 전적으로 혼자 일하셨지만, 요단 강 앞에서는 제사장들과 이스라엘 백성들과 함께 일하셨습니다.

하나님 명령에 순종하여 언약궤를 멘 제사장들이 요단 강물을 밟는 순간, 요단 강물이 "솟구쳐 올랐다"고 했습니다. 요단 강이 홍해처럼 양편으로 갈라진 것이 아니라 위에서 내려오는 물이 솟구쳐 올라 거슬러 갔다는 것입니다. 낙차가 있는 강물, 약 300km나 되는 길을 구불구불 힘차게 흘러내리던 강물을 막으신 것입니다. 어떻게 보면 홍해를 가르신 것보다 더 큰 기적입니다.

다른 사람이 아니라 언약궤(말씀)를 멘 제사장들이 요단 강물을 밟을 때 길이 열렸습니다. 이것은 무슨 뜻입니까? 약속의 땅은 하나님 말씀의 활력에 의해서 열린다는 것입니다. 하나님이 천지창조 셋째 날에 말씀으로 물과 육지를 가르신 것처럼, 하나님의 말씀을 가진 제사장들만이 요단 강을 가르고 약속의 땅으로 인도할 수 있다는 뜻입니다.

길갈에서의 예배 _ 수 4-5장

요단 강을 건넌 다음 여호수아와 이스라엘 백성들은 길갈에 진을 칩니다. 이스라엘 백성들은 제일 크고 오래된 여리고 성을 정복해서 약속의 땅을 차지해야 합니다. 그들은 길갈에서 12지파를 상징하는 12개의 돌을 가져다가 축복의 기둥을 쌓았습니다. 적진을 앞에 두고 하나님을 기념하고 찬양하는 예배를 먼저 드린 것입니다.

또 할례를 행했습니다. 군사 작전상 이것은 정말 말도 안 되는 행위입니다. 앞에 큰 성이 있고, 그 성에서 적들이 지켜보고 있는데, 장정들이 할례를 받고 전부 드러누워 있으면 어떡합니까? 적진 앞에서 나를 잡아가 달라고 하는 것과 다름없습니다. 만약 이때 여리고 성 사람들이 쳐들어왔다면 이스라엘 백성들은 전멸했을 것입니다.

할례는 믿음의 표현이었습니다. 가나안 일곱 족속을 멸하고 이 땅을 주실 것이라는 하나님의 약속을 믿고 "전쟁에서 내 힘으로 싸우지 않겠습니다"는 고백이었습니다. 몸으로 드리는 예배 의식이었습니다. 아브라함의 후손이요, 이방 민족과 구별된 하나님의 백성이라는 고백입니다.

이어서 이스라엘 백성들은 유월절 의식을 치릅니다. '넘어가다'(pass over)라는 뜻의 유월절은 출애굽할 때 죽음의 권세에서 건져 냈던 대속의 은혜를 기념하는 의식입니다. 출애굽 후 시내 산에서 훈련받고 가데스 바네아로 떠날 때 유월절 의식을 치른 뒤로 40년 동안에는 유월절 의식을 한 번도 치르지 못했습니다.

이 모든 일들이 예배입니다. 오직 주님만 높여 드리고 찬양과 존귀와 영광을 주님께 드렸습니다.

여호와의 군대 대장 출현 _ 수 5:13-15

이스라엘 백성들이 여리고 성 앞에서 하나님께 영과 진리로 예배드렸을 때 여리고 성에서 장수가 길갈 쪽을 향해 걸어옵니다. 여호수아가 그를 향해 묻습니다. "당신은 누구냐? 우리 편이냐, 적 편이냐?" 그 사람은 말합니다. "나는 여호와의 군대 대장이라. 지금 막 왔노라." 하나님의 군대 대장이 누구입니까? 하나님이 보낸 천사입니다. 하나님이 전쟁에서 싸워 주시겠다는 것입니다. "아무것도 염려하지 말고 다만 모든 일에 기도와 간구로, 너희 구할 것을 감사함으로 하나님께 아뢰라"(빌 4:6).

정복해야 할 어려운 문제들이 앞을 가로막고 있을 때 우리가 할 수 있는 일은 하나님께 무릎 꿇고 예배드리는 것뿐입니다. 울고불고할 필요가 없습니다. 예배를 드릴 때 하나님의 천사가 '지금 막' 옵니다. 인생의 모든 문제가 풀립니다.

✚ 여리고 성이 무너져 내리다

이스라엘 백성들은 여리고 성을 점령하기 위해 제일 먼저 대열을 정비했습니다. 군대의 제일 앞에 누가 섰습니까? 여호와의 군대 대장이 앞장섰습니다. 그 뒤에는 요단 동편의 기업을 분배받은 두 지파에서 차출된 무장한 5천 명, 그 뒤에는 양의 뿔로 된 나팔을 가진 제사장 일곱 명, 그 뒤에 언약궤를 멘 제사장이 섭니다. 그 뒤에는 호위군이 섰습니다. 그리고 제일 뒤에 오합지졸이나 다름없는 백성들이 섰습니다. **맥잡기**

당시는 구약 시대이기 때문에 여호와의 군대 대장인 천사가 앞장을 섰습니다. 그러나 오늘날에는 찬송가 351장의 가사처럼 우리 대장 예수님이 기를 들고 제일 앞장서 십니다.

여호수아는 대열을 정렬해서 가되 양각 나팔만 불라고 했습니다. "여호수아가 백성에게 명령하여 이르되 너희는 외치지 말며 너희 음성을 들리게 하지 말며 너희 입에서 아무 말도 내지 말라"(수 6:10). 왜 그랬을까요? 200만 명이나 되는 사람들이 지금까지 광야에서 한 일은 수군수군 불평하는 것이었습니다. "모세 말이야, 우리를 죽게 만들려고 하는 거 같아. 아낙 자손의 칼에 죽게 하려고 먹을 것도 없고 물도 없는 이곳에 우리를 끌고 왔잖아." 불평하면서 따라왔기 때문에 백성들에게 잠잠하라고 한 것입니다. 이 말씀에 백성들은 순종했습니다. 오직 일곱 개의 양각 나팔만 뚜뚜 불면서 하루에 한 바퀴씩 돌고, 7일째 일곱 번 돈 후에 함성을 지르자 성이 와르르 무너졌습니다.

여리고 성이 무너진 것에 대한 과학적 분석은 '공명'과 '지진'으로 압축할 수 있습니다. 그러나 하나님이 이스라엘 백성들에게 처방해 주신 방법은 백성들이 쥐 죽은 듯이 소리 내지 않고 말씀대로 순종하여 '성벽 돌기'를 하는 지극히 단순한 것이었습니다.

예배의 능력 때문이었다

어쨌든 성이 무너졌는데 여리고 군대는 칼을 들고 이스라엘과 싸우려 하지 않았습니다. 여호와의 군대 대장이 앞서 있었기 때문입니다. 이것이 중요합니다. 바로 예배의 능력입니다. 싸움은 사람이 합니다. 사람은 단순한 흙덩이가 아니라 영이 들어가 있는 존재입니다. 영은 누가 주관합니까? 정탐할 때 기생 라합이 말했습니다. "말하되 여호와께서 이 땅을 너희에게 주신 줄을 내가 아노라 우리가 너희를 심히 두려워하고 이 땅의 주민들이 다 너희 앞에서 간담이 녹나니"(수 2:9).

이것은 하나님이 기생 라합의 입에 넣어 주신 말씀입니다. 하나님이 하신 것입니다. 간담이 녹았다는 것은 마음이 푹 꺼져 버렸다는 뜻입니다. 정신을 잃었다는 뜻입니다. 하나님이 여리고 성 사람들의 속마음을 꽉 쥐신 것입니다. 이들의 마음이 녹았고 결국 정신을 잃었기 때문에 감히 나와서 대항하지 못했습니다.

그냥 성 주위를 빙빙 돌아서 무너진 것이 아닙니다. 여호와의 군대 대장이 일해서 여리고 성이 무너진 겁니다. 하나님은 이스라엘 백성이 길갈에서 드린 예배를 받으시고 여호와의 군대 대장을 보내셨습니다. 성이 함락된 것은 예배의 능력 때문이었습니다.

공명의 위력, 지진으로 무너졌다?

여리고 성이 어떻게 해서 무너졌겠습니까? 발굴에 참여했던 전문가와 창조 과학자들의 공통된 견해에 의하면 여리고 성은 '공명'과 '지진'에 의해 무너졌다고 합니다.

첫째, 여리고 성이 무너진 원인은 '공명'입니다. '공명'의 위력은 실로 상상을 초월합니다. 1940년 11월 7일에 미국 워싱턴의 타코마 해협에 놓인 다리가 무너진 것이 그 예입니다. 세상에서 가장 아름다운 다리라고 격찬을 받았던 타코마 다리는 미국 현대 엔지니어링 기술의 자존심이라고 할 만큼 시속 190km의 강풍에도 견딜 수 있는 신공법으로 건축되었습니다. 하지만 완공 3개월 만에 그것도 산들바람이나 다름없는 시속 70km의 바람에 맥없이 무너졌습니다.

타코마 다리가 무너진 원인을 밝혀내려고 당시 워싱턴 대학의 파퀴하슨 교수를 비롯, 미국에서 내로라하는 공법 전문가들이 동원됐습니다. 조사해 보니 붕괴 원인은 강풍이 아니라 진동에 의한 공명이었습니다. 강철이나 콘크리트 등 세상에 존재하는 모든 물체는 저마다 고유한 진동수를 갖고 있다고 합니다. 그런데 어떤 물체의 진동수가 외부에서 가해지는 진동수와 일치하게 되면 진폭이 걷잡을 수 없이 증가하는데, 이를 공명이라고 합니다. 공명이 계속 반복되면 아무리 강한 물체라 해도 파괴될 수밖에 없다고 합니다. 타코마 다리는 현수교였던 만큼 바람이 불 때마다 약간의 진동이 생겼는데 이 진동이 다리 자체가 지니고 있던 진동수와 일치해서 맥없이 무너졌다는 설명입니다.

사실 공명 현상 때문에 무너진 다리는 현수교뿐만 아닙니다. 1831년 영국 캘버리 부대가 맨체스터 근교 브로스턴교를 행진하고 있었는데, 갑자기 다리가 무너졌습니다. 부대원의 행진 박자가 다리 고유의 진동수와 일치했던 것입니다. 여성 성악가의 소프라노 목소리가 크리스털 컵을 깨는 것도 이런 원리라고 합니다.

둘째, 여리고 성이 무너진 원인은 '지진'입니다.

지질학자들은 이미 요단 계곡이 거대한 단층으로 이뤄졌다는 것을 밝혀냈습니다. 특히 여리고 성 근처의 땅은 서로 반대 방향으로 움직이는 2개의 판구조 사이에 끼여 있는 지진 다발 지역입니다. 발굴 팀은 당시 지금의 리히터 규모 6.0의 지진이 발생해서 여리고 성이 붕괴됐음을 보여 주는 지질 구조를 발굴했다고 주장했습니다.

출애굽 당시 이스라엘 인구는 남자 성인만 60만 3,550명(민 1:46)이었습니다. 여자와 어린이까지 합하면 200만 명쯤 될 것으로 추정합니다. 이렇게 볼 때 여리고 성 전투에 투입된 이스라엘 전사들은 대략 100만여 명일 것입니다. 그 많은 전사들이 여리고 성을 하루에 한 바퀴씩 엿새 동안 돌았을 때, 여리고 성의 지반은 반복적인 공명 현상 때문에 서서히 약해졌을 것입니다. 7일째 되던 날 "제사장들이 나팔을 불 때에 여호수아가 백성에게 이르되 외치라"(수 6:16)고 할 때 진동이 극에 달해 마침내 지반이 갈라지면서 난공불락의 여리고 성이 무너져 내렸다는 것이 전문가와 창조 과학자들의 견해입니다.

소속감

영의 본질은 사랑입니다. 영은 사랑하는 속성을 가지고 있습니다. 사람의 영은 사람을 사랑하게 되어 있고 반드시 상대가 있어야 합니다. 그래서 하나님이 아담의 독처하는 것이 좋지 못해서 '에제르'(Ezer)로서, 돕는 배필 하와를 지어 주셨습니다.

나의 영은 나를 사랑합니다. 자기를 사랑하는 것은 중요합니다. 그렇지 않으면 자신을 포기하게 됩니다. 하지만 '나만' 사랑하게 되면 나의 영은 사탄의 영, 세상의 영이 됩니다. 나를 사랑하는 바탕에서 이웃 사랑이 시작되어야 합니다.

세상의 영인 사탄은 세상을 사랑하게 합니다. 결국 나만 사랑하고, 나만 생각하게 만듭니다. 내 주변에 있는 이웃을 생각하지 않고 남이 어떻게 되든 상관없이 내 필요만 채우면 됩니다. 나만 사랑하고 나만 생각하다 보니까 고독에 빠집니다. 세상의 영은 고독의 영입니다. 낙엽을 밟으며 고독을 씹는 것은 절대 좋은 것이 아닙니다. 영원히 고독한 곳이 지옥입니다. 이웃이 없고 나 혼자만 있는 것이 지옥입니다.

예수의 영이 우리 안에 담기면 주님의 사랑이 내 안에 가득 채워집니다. 내가 주님을 사랑하는 것이 아니요, 내가 주님을 붙드는 것이 아닙니다. 주님이 나를 붙들고 채워 주시는 겁니다. 그래서 하나님의 영이 우리 안에 들어오면 충만해지고 부족함이 없어집니다.

자신밖에 모르는 사람들을 독선주의자라고 합니다. 남의 말을 듣지 않습니다. 은사자들 가운데 독선주의자들이 종종 있습니다. 성령의 은사를 받은 사람들이 은사를 행할 때 종으로서 섬긴다고 생각하면 천사의 사역이 되고, 사탄에게 속아 스스로 대단하다고 자만하면 독선주의에 빠지는 것입니다. 독선주의에 빠진 사람은 성령의 은사를 행하고 있으면서도 남의 말을 들으려 하지 않습니다. 목사님 말씀도 거역하고 직접 하나님의 음성을 듣고, 직접 하나님의 일을 하고 있다고 생각하기 때문에 성도의 권면도, 말씀의 권면도 무시합니다.

권위주의도 마찬가지입니다. 출세를 하다 보니 이웃과의 소속감이 깨집니다. 왜 그렇습니까? 먼 나라에 떨어져 있어서 전혀 보지도 못하고 알지도 못하는 사람과 원수가 될 수 있습니까? 친하고 가까웠던 사람과의 소속감이 깨지면서 배신감과 적대감 속에 "나밖에 없다"는 사탄의 생각에 빠질 때 원수가 되는 것입니다. 그래서 원수는 부부 사이, 친구나 동업자 사이에서 나옵니다.

사람은 이웃 없이 살 수 없기 때문에 반드시 소속감이 필요합니다. 하나님은 십계명에서 먼저 하나님을 사랑하고, 이웃을 사랑하라고 하셨습니다. 그러나 진정한 소속감은 예수 안에 속할 때만 갖게 됩니다. 예수의 영이 우리 안에 왔을 때, 예수의 사랑이 우리 안에 느껴질 때 진정한 소속감을 누리는 것입니다. 이 사랑은 영원히 변함이 없는 것이요, 오감으로 움직이지 않기 때문에 무한하고 영원하며 충만하게 채워 주시는 영입니다. 오직 예수의 사랑이 우리 안에 느껴질 때 우리가 모든 분 냄과 악독과 떠드는 것과 비방하는 것과 이 모든 것을 모든 악의와 함께 버리고, 오직 긍휼히 여기고, 서로를 친절하게 대하고, 서로를 용서할 수 있습니다(엡 4:31-32).

그래야만 우리가 진정한 평안과 화평과 기쁨을 누릴 수 있습니다. 예수님을 모르는 사람들은 이런 기쁨을 알 수가 없습니다. 세상에서 살다가 소속감이 깨어질 때 배신감 속에서 화를 터뜨리다가 결국 고독 속으로 빠져 버리는 것입니다. 영원한 지옥으로 빠지는 것 이외에는 방법이 없습니다. 예수의 영을 우리 안에 담지 않고는 구원이 있을 수 없습니다.

예수님이 "마음을 다하고 목숨을 다하고 뜻을 다해서 주 너의 하나님을 사랑하라"고 하신 것은 우리에게 예수의 영이 없으면 부모를 공경하고 이웃을 사랑할 수 있는 마음이 생길 수 없기 때문입니다.

축복과 저주의
두 갈래 길에 선 사람들

◇ **여호수아 7-24장**

이스라엘 백성은 가나안에서 가장 큰 여리고 성 전투에서는 승리했는데 하찮은 아이 성 전투에서는
실패했습니다. 불신 세대가 죽고 믿음의 세대만 가나안 땅을 밟았는데도 이런 일이 벌어집니다.
이 일로 이스라엘 믿음의 세대는 더 굳건해집니다. 드디어 가나안을 정복하고 기업을 분배받습니다.

아이 성 사건

+ 아이 성의 패배 _ 수 7-8장

아간의 실수, 내 뜻대로

여리고 성은 가나안 땅에서 가장 크고 오래된 성입니다. 고고학자는 여리고 성이 5천
년 정도 된 것으로 봅니다. 여리고 성은 세계에서 제일 오래된 도시 중 하나이고 지금
도 성벽이 조금 남아 있습니다. 여리고 성을 점령한 시기를 기원전 1250년이나 기원
전 1350년으로 보는데, 기원전 13-14세기니까 지금으로부터 약 3천여 년 전의 일입니
다. 어쨌든 이스라엘 백성이 당시 제일 큰 성을 점령했습니다.

그 위 벧엘 옆에 아이라고 하는 아주 작은 성이 있었습니다. 작은 성이니까 3천 명
정도 병력을 보내면 깨끗이 쓸어버릴 것 같다고 백성들이 말했습니다. 그러니까 여호

수아는 하나님께 기도하지 않았습니다. 사람들은 엄청난 기적을 경험한 뒤라 "이렇게 하찮은 것 가지고 하나님께 기도할 게 뭐 있어. 그냥 3천 명만 보내"라고 어리석은 말을 한 겁니다. 이것이 인간의 생각입니다. 이것이 선악과이지요.

그런데 놀랍게도 대패했습니다. 이 소식이 가나안에 있는 다른 족속들에게 알려지면 그야말로 이스라엘의 운명은 풍전등화가 됩니다. 지옥의 그림자가 비쳤을 때는 하나님 나라를 두드려야 합니다. 그때 여호수아는 하나님의 언약궤 위에 쓰러져서 통곡하면서 기도합니다.

"이 땅을 주시겠다고, 가나안 일곱 족속을 멸하겠다고 약속하신 하나님! 하나님의 이름을 앞으로 어떻게 하시겠습니까?"

그러자 하나님은 응답하셨습니다.

"이스라엘이 범죄하여 내가 그들에게 명령한 나의 언약을 어겼으며 또한 그들이 온전히 바친 물건을 가져가고 도둑질하며 속이고…".

여호수아는 하나님의 명령을 어긴 자를 제비 뽑아 색출해 냈습니다. 신명기에 나오는 하나님의 명령을 어긴 자는 아간이었습니다.

신명기에서 하나님은 가나안 땅에 들어갔을 때 '삼중살'을 명령했습니다. 삼중살은 세 번 죽이라는 것이 아니라 세 가지를 죽이라는 것입니다. 첫 번째는 호흡이 있는 모든 것들입니다. 사람이든 짐승이든 호흡이 있는 것은 모두 죽이라고 하셨습니다. 왜 이와 같은 엄청난 심판을 내리셨습니까? 아모리 족속의 죄악이 가득 차여 하나님의 심판의 때가 됐으므로 하나도 남김없이 죽여야 했던 것입니다. 이들이 남아 있으면 바알 우상이 들어오기 때문입니다. 두 번째는 모든 성읍들을 불태워 없애라는 것입니다. 성읍 안에 바알 우상의 신전들이 있기 때문입니다. 세 번째는 전쟁에서 빼낸 모든 전리품을 불태우라고 하셨습니다. 단, 금과 은은 나중에 성소 그릇 만드는 데 쓸 수 있으니까 성소에 보관하도록 하셨습니다.

그런데 이 말씀을 어기고 아간이 전리품을 챙겼습니다. 아간이 챙긴 전리품은 요즘으로 말하면 밍크코트 같은 바벨론에서 만든 가죽옷입니다. 금 50세겔과 은 200세겔도 취했습니다. 성소에 가져가지 않고 자신의 장막에 감추었습니다. 대단한 것은 아니지만 이 사람한테는 엄청난 부자가 될 수 있는 기회였습니다. 이스라엘 백성들은 말씀에 순종하지 않고 자기의 것을 챙겼던 아간을 하나님의 지시대로 아골 골짜기에서 돌로 쳐 죽였습니다. 그러고 나서 그 자리에 저주의 기둥을 쌓았습니다.

승리를 원한다면 작은 것도 하나님 뜻대로

저는 유년 주일학교 시절에는 "아골 골짝 빈들에도 복음 들고 가오리다"(찬송가 323장) 하는 찬송 가사가 "아! 골골짝 빈들에도"인 줄 알았습니다. 나중에 어른이 되어 아골 골짜기가 하나님의 말씀보다는 세상 물질을 따라갔던 아간을 처형했던 골짜기라는 사실을 알았습니다. 이 찬송가의 내용은 "물질이 만연한 곳에도 복음 들고 가겠습니다"입니다. 아이 성에서 왜 패했습니까? '작은 곳이니까 3천 명만 보내면 되겠지'라고 스스로 생각했기 때문입니다. 아이 성은 작은 성이지만, 하나님의 작전 지시를 따를 때 이길 수 있습니다. 이것이 하나님의 방식입니다. 아이 성 패배의 교훈은 '작은 것도 내 생각대로 하면 안 된다' 입니다.

여호수아는 출애굽해서 시내 산에 들어가기 직전에 아말렉과 전쟁했을 때 장군으로서 백성들과 함께 싸웠습니다. 그때 모세가 전쟁에 나간 이스라엘 백성을 위해 손을 들고 기도했습니다. 모세가 손을 들고 있으면 전쟁에서 이기고, 손을 내리면 졌습니다. 그래서 아론과 훌이 옆에서 모세의 두 손을 받쳐 주어 기도로 승리했습니다. 여호수아가 그것을 깨닫고 하나님의 방식대로 전쟁을 치릅니다.

하나님이 모세에게는 리더십의 상징으로 지팡이를 주셨지만 여호수아에게는 단창을 주셨습니다. 전쟁을 하는 내내 여호수아는 단창을 계속 들고서 기도하고 지휘했습니다. "아이 주민들을 진멸하여 바치기까지 여호수아가 단창을 잡아 든 손을 거두지 아니하였고"(수 8:26). 기도 없이는 아무것도 일어나지 않습니다. 승리하기를 바란다면 기도해야 합니다.

가나안 전역을 점령하다

✚   기브온 족속의 사기 사건 _ 수 9장

기브온 족속은 예루살렘 성이 생기기 전, 예루살렘 성의 서북쪽에 있는 조그마한 언덕 위에 살았던 가나안 일곱 족속 중 한 족속입니다. 기브온 족속은 이스라엘 백성이 요단 강을 건너온 이래로 요단 동편과 여리고 성과 아이 성을 점령한 것, 하나님이 그들과 함께하신 것을 보았습니다. 특히 하나님이 가나안 족속에게 속한 것은 무릇 사람이든 동물이든 호흡하는 자는 하나도 남김없이 다 죽이라고 명하셨다는 소식을 들었습니다. 기브온 족속은 자기네들이 싸워 봤자 죽을 것이 뻔하다는 것을 알고 살아남으려고 속임수를 씁니다.

이들은 곰팡이 슨 떡과 다 해진 포도주의 가죽 부대를 가지고 마치 자신들이 저 멀리 페르시아에서 온 것처럼 위장했습니다. 그리고 이스라엘 백성을 찾아가 말합니다.

"우리는 먼 데서 왔는데 싸울 의사가 전혀 없다. 당신들과 화해하기 원한다. 우리의 소원은 이스라엘 민족의 종이 되는 것이니 우리를 종으로 삼아 달라."

여호수아는 아무 의심 없이 이들의 제의를 받아들였습니다. 기브온 족속과 하나님의 이름으로 언약을 맺어 이들을 물 긷고 빨래하고 발 씻어 주는 천한 종으로 삼습니다. 나중에 기브온 족속의 배신을 알게 된 가나안의 나머지 족속들은 연합(가나안 남부 연합군)해서 이스라엘을 쳐들어옵니다.

✚   남부연합군의 격퇴 _ 수 10장

남부연합군은 가나안 남쪽 지방 헤브론을 비롯한 여러 지역에 있던 가나안 족속들이 연합한 군대입니다. 이들이 기브온을 향해 쳐들어옵니다. "이 전쟁은 너희에게 속한 것이 아니요 하나님께 속한 것이니라"(대하 20:15)는 말씀대로 여호와의 군대 대장이 싸위 주셨기 때문에 이스라엘은 승전가를 부르면서 전쟁을 했습니다. 하나님이 우레로 내리치셨기 때문에 가나안 남부연합군은 계속 뒤로 물러납니다. 기브온 산 위에서 이스라엘군이 그들을 따라 내려가면서 추격합니다. 가나안 남부연합군이 아얄론 골짜기를 타고 달아나는데, 하나님은 "저들 중 호흡이 있는 자는 모두 죽이라고 명령"하셨습니다.

이스라엘의 백성들이 저들을 다 쫓아가면서 죽이려고 해도 엄청난 시간이 걸립니다. 오늘날같이 포탄으로 한꺼번에 여러 명을 죽일 수 없으니 일일이 칼이나 창으로 쳐야 하는데 그러자니 시간이 없습니다. 여호수아가 급하니까 태양과 달을 향해 명령합니다. "태양아 너는 기브온 위에 머무르라 달아 너도 아얄론 골짜기에서 그리할지어다"(수 10:12). 실제로 해와 달이 24시간 멈추었습니다.

아시다시피 해와 달이 도는 것이 아닙니다. 지구가 돕니다. 실제로는 하나님이 말씀의 에너지로 붙들고 있는 겁니다(히 1:3). 지구가 24시간 멈췄다고 했는데 그러면 생태계가 완전히 파괴됩니다. 이것은 불가능한 일입니다. 그리니치 천문대에서 조사해 보니까 지구가 24시간 동안 돌아야 할 것을 48시간 만에 한 바퀴 돈 적이 있다고 합니다. 고대 중국과 애굽의 달력에는 만 하루가 빠져 있는 것을 발견할 수 있다는 것입니다. 성경은 하나님이 여호수아의 말을, 인간의 말을 들어 주신 인류 최초이자 최후의 자연현상이라고 기록하고 있습니다. "여호와께서 사람의 목소리를 들으신 이 같은 날은 전에도 없었고 후에도 없었나니 이는 여호와께서 이스라엘을 위하여 싸우셨음이니라"(수 10:14).

이스라엘 백성들이 아얄론 골짜기에서 남부연합군을 격퇴하자 다음에 북부연합군이 달려들었습니다. 북부연합군은 갈릴리 호수 북쪽에 있는 하솔이라는 곳의 하솔 왕이 들고 일어나서 모인 군대입니다. 이번에도 여호와의 군대 대장이 싸워 주셔서 이스라엘 백성은 승리했습니다. 가나안 남부연합군과 북부연합군을 다 격퇴함으로써 이스라엘 백성은 가나안 땅을 전부 차지했습니다.

기업 분배

✚ 언약이 이루어지다 _ 수 13-21장

가나안 땅을 전부 점령한 뒤에 기업 분배가 시작됐습니다. 창세기에서 아브라함과 이삭과 야곱에게 약속하셨던 아브라함의 언약이 이루어지는 순간입니다. 아브라함이 세겜 땅에 도착했을 때 "내가 이 땅을 너에게 주겠다"(창 12:7)고 하셨고, 야곱이 외삼촌 집으로 도망하다가 벧엘에서 돌베개 베고 잘 때 "네가 돌베개 베고 누운 이 땅을 너에게 주겠다"(창 28:13)고 하셨습니다. 그 언약이 500년 만에 이루어진 것입니다. 성경에서 말하는 기업은 '그 업'이라는 뜻입니다. '그 업'(inheritance)은 유산이요, 유업으로 받는 것입니다. 하나님이 아브라함과 이삭과 야곱에게 약속하신 땅을 유업으로 주신 것입니다.

이미 모세 때 요단 동편을 분배받은 갓 지파와 르우벤과 므낫세 두 지파 반을 제외하고 나머지 아홉 지파 반이 기업을 분배받아야 했습니다. 12지파에게 땅을 나누어 줄 때 하나님은 **기업 분배의 세 가지 원칙**을 세우셨습니다.

첫째는 창세기 49장의 야곱의 축복입니다. 야곱이 죽기 전에 12아들에게 선포한 축복과 저주가 땅 분배에서 분명하게 나타나고 있습니다.

둘째는 지파의 규모에 따른 분배입니다. 각 지파별로 사람들 수가 다릅니다.

셋째는 지파 간의 관계입니다. 지파 간에 형제들이 서로 어떤 관계를 가지고 있는가를 보고 원칙에 따라서 기업을 분배했습니다. 장자 르우벤은 아버지의 침상을 더럽혔다고 했습니다(창 49:4). 그래서 요단 동편의 땅을 얻었지만 나중에 모압 족속에게 흡수되고 맙니다.

셋째 아들 레위는 누이 강간 사건 때 세겜 족속을 모두 죽였기 때문에 기업을 받지 못했으나, 하나님은 이들에게 제사장 직분을 주어 대속하는 일을 맡기셨습니다. "내가 그들을 야곱 중에서 나누며 이스라엘 중에서 흩으리로다"(창 49:7) 하신 대로 둘째 아들 시므온은 네게브 사막 남쪽의 땅을 조금 받았으나 나중에 흐지부지 사라집니다.

넷째 아들 유다 지파가 가장 많은 축복을 받습니다. 지파 수도 제일 많을 뿐 아니라 사해 옆에 제일 큰 땅을 받습니다. 야곱이 제일 많이 축복해 주었기 때문입니다. 유다 지파는 다윗과, 예수 그리스도의 조상이 됩니다. "유다야 너는 네 형제의 찬송이 될지라"(창 49:8).

다섯째 아들 단 지파는 유다 지파의 약간 위쪽 땅을 받았으나, 그 땅 아래쪽에 거하던 블레셋이 두려워서 사사기 때 갈릴리 호수 북쪽 땅으로 도망갑니다.

여섯째 아들 납달리 지파는 갈릴리 호수 옆을 차지합니다. 예수님이 자라셨던 나사렛 동네가 납달리 지경에 있습니다.

일곱째 아들 갓 지파는 요단 동편 땅을 이미 얻습니다.

여덟째 아들 아셀 지파가 지중해 연안의 좋은 땅을 차지합니다.

아홉째 아들 잇사갈 지파와 열째 아들 스불론 지파는 북부 내륙 지방의 땅을 받습니다.

열한 번째 아들 요셉은 장자의 축복을 받아 두 지파 몫을 가집니다. 므낫세 지파는 요단 강 양 옆의 땅을, 에브라임 지파는 여리고 위쪽의 땅을 받았습니다.

야곱이 제일 사랑했던 라헬의 친아들이 열한 번째 아들 요셉과 열두 번째 아들 베냐민이었기 때문에, 에브라임 지파와 베냐민 지파를 묶어서 땅을 분배받았습니다. 나중에 베냐민 지파는 유다 지파에 흡수되어 버립니다(남유다 왕국은 유다 지파와 베냐민 지파로 구성됩니다).

이스라엘 백성들은 자신들이 받은 기업을 끝까지 붙듭니다. 그것을 절대 팔지도 않고 넘기지도 않고, 하나님께 받은 기업을 지키며 살아갑니다. 맥잡기📖 그래서 나중에 나봇이 왕에게도 자기 기업(포도원)을 팔지 않았던 것입니다. "나봇이 아합에게 말하되 내 조상의 유산을 왕에게 주기를 여호와께서 금하실지로다 하니"(왕상 21:3).

✚   세겜 언약 _ 수 24장

여호수아의 임무는 여기까지입니다. 모세의 후계자로서 여호수아는 요단 강을 건너 하나님의 은혜로 정복 전쟁을 마치고, 아브라함과 이삭과 야곱에게 약속하셨던 기업을 분배했습니다. 여호수아는 죽기 전에 에브라임에 있는 세겜 땅에 이스라엘 장로들

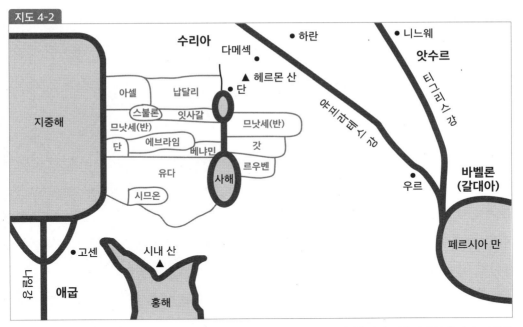

지도 4-2

수리아
지중해
앗수르
하란
니느웨
다메섹
▲ 헤르몬 산
아셀 납달리
단
스불론 잇사갈
티그리스 강
므낫세(반) 므낫세(반)
단 에브라임
베냐민 갓
유다 사해 르우벤
바벨론
(갈대아)
우르
시므온
페르시아 만
나일강
고센
시내 산 ▲
애굽
홍해

정복 시대 _ 기업 분배 정복 전쟁 후 이스라엘 12지파는 하나님의 기업을 분배받습니다. 야곱의 축복에 따라 12지파의 기업이 정해집니다. 레위 대신, 요셉의 두 아들 므낫세와 에브라임 두 지파가 몫을 받습니다.

을 모아 놓고 선포합니다. "만일 여호와를 섬기는 것이 너희에게 좋지 않게 보이거든 너희 조상들이 강 저쪽에서 섬기던 신들이든지 또는 너희가 거주하는 땅에 있는 아모리 족속의 신들이든지 너희가 섬길 자를 오늘 택하라 오직 나와 내 집은 여호와를 섬기겠노라"(수 24:15). 자신은 오직 여호와를 섬길 테니 "너희들이 너희 신을 선택하라" 그러자 모든 장로들이 화답합니다. "우리도 여호와를 섬기리니 그는 우리 하나님이심이니이다"(수 24:18). 이 언약이 세겜 언약입니다(수 24:15-25). 이렇게 여호수아는 사명을 다하고 죽습니다. 그리고 이 땅에서 새로운 시대가 시작됩니다.

하나님은 절대로 상대에게 사랑의 응답을 강요하지 않습니다. 사랑을 일방적으로 주고 자발적인 응답을 기다리십니다. 그래서 여호수아가 완벽한 자유의지로 섬길 신을 "선택하라"고 한 것입니다. 장로들도 여호와를 섬기겠다고 응답해서 세겜 언약을 맺었으나, 여호수아와 그를 섬기던 장로들이 죽고 난 뒤 이스라엘 백성들은 여호와를 버렸습니다. 이것이 사사 시대 비극의 시작입니다. "이스라엘 자손이 여호와의 목전에 악을 행하여 자기들의 하나님 여호와를 잊어버리고 바알들과 아세라들을 섬긴지라"(삿 3:7).

헌금통은 마귀 담는 바구니?

"돈을 사랑함이 일만 악의 뿌리가 되나니 이것을 탐내는 자들은 미혹을 받아 믿음에서 떠나 많은 근심으로써 자기를 찔렀도다"(딤전 6:10). 돈에 매인 사람은 부모도 자식도 예수님도 필요 없습니다. 돈이 육체의 정욕, 안목의 정욕, 이생의 자랑을 다 충족시켜 줄 수 있다고 생각합니다. 돈을 사랑하는 사람의 마음에는 예수님이 들어서실 자리가 없습니다.

교회에서 헌금하는 이유는 헌금할 때 '나'만 생각하는 마귀가 빠져나가기 때문입니다. 그래서 헌금통을 마귀 담는 통이라고 비유하는 목사님도 계십니다.

헌금을 많이 할수록 나의 이기적인 죄성이 빠져나갑니다. 그렇다고 능력도 없는데, 억지로 하는 것은 옳지 않습니다. 사도행전에 아나니아와 삽비라 사건이 나옵니다. 그 부부는 누가 시키지도 않았는데 전 재산을 드리겠다고 해놓고 아까운 생각이 들자 돈을 일부 숨겨 놓았다가 죽습니다. 헌금은 자원하는 마음에서 내가 드릴 수 있는 만큼만 하는 것입니다.

사람과 사람 사이에는 영이 역사합니다. 돼지 떼, 닭 떼들이 모여 있는 곳에는 아무 영도 역사하지 않지만 사람들이 모여 있는 곳에는 하나님의 영이든, 사탄의 영이든 둘 중 하나가 반드시 역사합니다. 돈을 끝까지 붙들면 마귀가 역사합니다. 돈을 많이 모으면 인생에 문제가 없고 잘살 수 있을 것 같았는데 갑자기 생각지도 못한 이상한 병에 걸린다든지, 돈을 많이 벌어서 자식들한테 다 주었더니 자식이 가출해서 일을 저지릅니다.

진정한 물질의 축복은 하나님 말씀대로 살 때 옵니다. 하나님이 이 땅을 얼마나 크게 창조하셨는지 보십시오. 사람이 아무리 먹어도 먹을 것이 있고, 아무리 땅을 차지하려고 해도 아직도 밟아 보지 못한 땅이 있을 만큼 하나님은 세상을 무한하게 창조하셨습니다.

하나님은 능력의 말씀으로 만물을 붙들고 계신다고 했습니다(히 1:3). 이 세상의 모든 물질은 하나님의 말씀에 의해서 움직이고 있습니다. 이 말씀을 고백할 때(기도할 때) 창조주이신 하나님이 말씀으로 찾아오십니다. 우리 안에 오신 주님께 우리 사건과 환경을 연결시켜 드리면 됩니다. 우리가 할 수 있는 일은 이것입니다. 기도하면 그분이 처리하십니다.

부자는 신용카드 한 장만 들고 다닙니다. 마찬가지로 성도는 내 안에 계신 주님만 확인하면 됩니다. "주님, 감사합니다. 제가 거지같이 먹을 것 끌고 다니지 않아도 필요할 때 언제든지 주시는 주님을 찬양합니다. 감사합니다." 언제든 이렇게 기도하십시오.

축복과 저주의 두 갈래 의식

구약은 신약의 그림자이기 때문에 의식(ceremony)이 많이 나옵니다. 이 의식은 하나님께 어떻게 예배드려야 하는지, 우리가 어떻게 살아야 하는지를 가르쳐 주고 있습니다.

여호수아는 아이 성의 패배를 통해 하나님이 주신 생명과가 아니고서는 아무리 작은 것도 성공할 수 없음을 알았습니다. 그래서 여호수아는 모세가 죽기 전에 명한 두 갈래 길의 의식(신 11:26-28)을 에발 산과 그리심 산 가운데서 행할 것을 이스라엘에 명합니다(수 8:33).

세겜은 벧엘 위에 있습니다. 세겜 아래에 있는 산이 그리심 산이고 위쪽에 있는 산이 에발 산입니다. 에발 산은 '악'이라는 뜻의 영어 'evil'과 발음이 비슷합니다. 그리심 산에서는 축복을 선포하고, 에발 산에서는 저주를 선포하도록 했습니다. 세겜 땅에 언약궤를 놓고 12지파를 반으로 나눠, 여섯 지파는 그리심 산으로 올라가고 다른 여섯 지파는 에발 산으로 올라가게 합니다.

두 갈래 길이란 축복과 저주의 길입니다. "내가 너희에게 준 여호와의 말씀을 순종하고 청종하면 너희에게 축복이 있을 것이요, 너희가 하나님의 말씀을 떠나 지금까지 알지 못하던 우상을 숭배하면 너희에게 심판과 저주가 있으리라." 이것이 신명기

사관입니다.

신명기 사관은 신구약 성경 전체에 흐르는 중요한 맥입니다. 모세는 이렇게 말합니다. "네 하나님 여호와께서 네가 가서 차지할 땅으로 너를 인도하여 들이실 때에 너는 그리심 산에서 축복을 선포하고 에발 산에서 저주를 선포하라"(신 11:29). 약속의 땅에 들어가면 이것을 지켜서 행하라고 했습니다. 그러나 아는 것만으로는 행하지 못하기 때문에 하나님은 예식을 통해 보여 주시고 마음속에 새겨 넣으라고 하십니다.

예언서 17권 역시 이 두 갈래 길을 이야기하고 있습니다. "하나님의 말씀을 붙들면 축복이고 말씀을 떠나면 저주다" 하는 것이 역사서에 있는 신명기 사관이라면, 예언서의 두 갈래 길은 이스라엘 백성에게 지금도 늦지 않았으니 축복의 길인 하나님의 말씀으로 돌아오라고 촉구하는 것입니다. 예언서가 기록된 시기는 이스라엘 백성이 하나님의 말씀을 버리고 우상 숭배의 죄악에 빠져 국가가 멸망으로 치닫던 때였습니다.

신약 시대 복음서에서도 두 갈래 길을 말씀합니다. "좁은 문으로 들어가라 멸망으로 인도하는 문은 크고 그 길이 넓어 그리로 들어가는 자가 많고 생명으로 인도하는 문은 좁고 길이 협착하여 찾는 자가 적음이라"(마 7:13-14).

마태복음에는 좀 더 강도 높은 말씀이 나옵니다. 우리는 예수님을 믿으면 다 천국 가는 줄 알았는데, 주님은 "나더러 주여 주여 하는 자마다 천국에 다 들어갈 것이 아니요 다만 하늘에 계신 내 아버지의 뜻대로 행하는 자라야 들어가리라"(마 7:21)고 말씀하십니다. 주님은 아버지의 말씀대로 행하는 자(영에 속한 자)와 행하지 않는 자(육에 속한 자), 이 두 갈래 길을 구분해 주셨습니다.

복음서에 나오는 예수님의 비유들은 모두 이 두 갈래 길을 분명하게 보여 줍니다. 열 처녀의 비유에서는 등불의 기름을 준비한 다섯 처녀와 등불의 기름을 준비하지 못한 다섯 처녀가 나오는데, 기름을 준비하지 못한 다섯 처녀에게는 문이 닫힙니다(마 25:1-13 참조). 혼인잔치에 예복을 입은 자와 입지 않은 자의 예에서도 분명하게 두 갈래 길을 설명하십니다. "어찌하여 예복을 입지 않고 여기 들어왔느냐 … 그 손발을 묶어 바깥 어두운 데에 내던지라 거기서 슬피 울며 이를 갈게 되리라"(마 22:12-13).

또 마지막 날에 양과 염소를 구분하겠다고 말씀하십니다(마 25:31-46). 작은 자가 주릴 때에 먹이고, 목마를 때에 마시게 하고, 병들었을 때에 간호하고, 감옥에 있을 때에 돌아보는 자들과 그렇지 않은 자로 구분하시는 것입니다.

사도행전부터 신약의 대부분을 차지하는 서신서는 성령님을 따라 행하는 자와, 육체의 소욕을 따라 행하는 자로 두 갈래 길이 나뉩니다. 믿는 자와 믿지 않는 자의 구분이 아니라 믿는 자들 중에서 성령님을 따라 행하는 성도와 육에 속한 성도로 나뉘는 것입니다.

신구약 성경의 최종 결론은 성령님을 따라 행하는 자와 육체의 소욕을 따라 행하는 자, 이 두 갈래 길이 있다는 것입니다. 육체의 소욕을 좇는 것은 내 몸이 하라는 대로, 사탄의 영이 이끄는 대로 끌려다니는 것입니다(고전 12:2). 성경은 우리에게 성령님을 따라 행하는 그리스도인이 되라고 말씀합니다. 대부분의 그리스도인이 이러한 사실을 알면서도 성령님을 따라 행하지 못하는 이유는 "항상 성령 안에서 기도"(엡 6:18) 하지 않기 때문입니다. 날마다 성령님의 인도하심을 따라 기도하는 성도라야 성령님을 따라 행하는 영에 속한 그리스도인이 될 수 있습니다. 이런 성도에게 성령의 열매(갈 5:22-23)가 나타납니다.

◇ **사사기**

이스라엘 백성은 젖과 꿀이 흐르는 땅으로 들어갔습니다. 이 땅을 정복하고 12지파가

기업을 분배받았습니다. 이제 그들에게는 이 땅을 하나님의 나라로 만들어 가야 할 사명이

맡겨졌습니다. 그런데 이스라엘 백성은 처음부터 범죄를 저질렀습니다. 사사 시대 이스라엘

백성의 범죄는 하나님을 왕으로 선택하지 않은 것입니다.

 죄의 악순환

✚ 　 자기의 소견에 옳은 대로 행하였더라 _ 삿 21:25

이스라엘 백성들이 들어가서 정복하고 기업으로 분배받았다고 해서, 가나안 땅에 하
나님 나라가 이루어진 것은 아닙니다. 진정한 하나님 나라는 하나님께 주권을 드린
나라, 하나님이 통치하시는 나라입니다. 이것이 이스라엘 백성들이 이뤄야 할 과제
입니다.

　국가의 3대 요소는 영토(땅), 국민(백성), 주권입니다. 하나님은 먼저 이들이 큰 민족
이 되도록 하셨습니다. 하늘의 별같이 바닷가의 모래알같이 땅의 티끌같이 많은 백성
을 주셨습니다. 그리고 이들에게 약속하신 땅을 주셨습니다. 이제 남은 것은 하나님

이 통치하시는 주권입니다. 하나님은 주권을 일방적으로 선포하지 않으시고, 세겜 언약을 통해 백성들이 100% 자유의지로 하나님을 왕으로(이 땅의 주권자로) 선택하도록 하셨습니다. 그럴 때 하나님 나라가 이뤄지는 것입니다.

맥잡기 하나님이 애굽의 죄와 사망 권세에서 신음하며 부르짖는 이스라엘 백성을 긍휼히 여기시고 구속해서 광야를 거쳐 약속의 땅을 기업으로 주신 것까지는 하나님의 절대적 주권으로, 이스라엘에 주신(칭의의) 구원입니다. 가나안 정복이 칭의의 구원이라면 실제로 이 땅에서 하나님 나라를 이루어 가는 과정은 성화의 구원 과정이라고 할 수 있습니다.

그런데 불행하게도 사사기는 처음부터 끝까지 "그때에 이스라엘에 왕이 없으므로 사람이 각기 자기의 소견에 옳은 대로 행하였더라"(삿 21:25)고 기록합니다. 하나님께 왕위를 돌려 드려야 하는데 각자 '제 소견대로' 행했다는 겁니다.

약속의 땅 가나안에 들어왔으니 이제는 하나님 나라를 이루는 것이 올바른 순서입니다. 그런데 가나안 땅에 들어가자마자 죄를 반복하며 죄의 역사가 이어집니다. 오늘날 그리스도인이 예수를 믿음으로 의롭다 칭함을 받기는 했지만 성화의 구원에서 실패하는 것과 똑같습니다. 사사 시대 400년은 죄가 악순환하는 시대입니다. 왜 그랬을까요? 사람들은 하나님이 직접 통치하시는 것을 원하지 않았기 때문입니다.

하나님은 신정정치(Theocracy)를 원했습니다. 하나님이 직접 통치하신다는 것은 중간 통치자를 두지 않으시겠다는 겁니다. 중간 통치자는 왕입니다. 그런데 사탄은 우리에게 'Theo'(신) 대신에 'Demo'(민중)를 집어넣었습니다. 이것이 'Democracy'(민주주의)입니다. 백성이 주인이 되는 통치입니다. 하나님 대신 자신이 주인이 되었습니다. 계속 죄를 지으며 제 소견대로 하니까 성화의 구원, 하나님 나라가 이루어지지 않았습니다. 민중이 다스리면 하나님 나라가 이뤄지지 않습니다. 하나님은 소수결입니다. 하나님의 뜻이 다수결이 아니라 소수결에 있다는 것을 가나안 정탐에서 분명히 보았습니다. 다수가 전체의 의사를 결정하는 민주주의 방식대로 하면 하나님은 10명의 불신 정탐꾼들의 손을 들어줘서 이스라엘 백성을 애굽으로 돌려보냈어야 합니다. 하지만 하나님은 믿음의 두 사람 여호수아와 갈렙의 손을 들어주셨습니다.

표 3 사사 시대 죄의 악순환 패턴

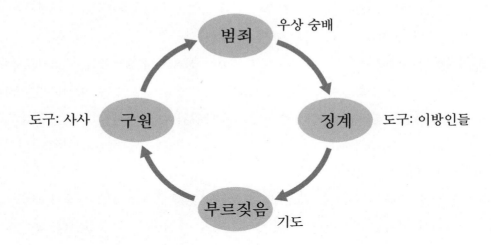

✚ 구원의 도구와 범죄의 도구

하나님이 가나안 일곱 족속을 하나도 남김없이 죽이라고 하신 까닭은 바알 우상이 이스라엘 백성들에게 전염되는 것을 막기 위해서였습니다. 그런데 이스라엘 백성들은 이들을 다 전멸시키지 못했습니다. 남은 가나안 족속은 깊은 골짜기 밑 평야 지대에 거했는데 이들은 철 병거를 가지고 있었기 때문에 이스라엘 백성들이 이들과 싸울 용기를 내지 못하고 남겨 둔 것입니다. 가나안 족속들과 같이 살다 보니 이스라엘 백성들도 자연스럽게 바알 우상을 섬기게 됐습니다. 여호수아가 "너희가 섬길 자를 오늘 택하라"(수 24:15)고 했는데, 이스라엘 백성들은 하나님을 왕으로 선택하지 않고 전부 바알 우상을 좇아갔습니다. 하나님을 버리고 범죄하니까 신명기 28장의 두 갈래 길에서 예고한 대로 저주가 왔습니다.

죄를 지으면 하나님이 징벌하십니다. 하나님은 이스라엘 백성들이 범죄할 때마다 주변의 이방 민족을 징벌의 도구로 사용하셨습니다. 하나님이 징벌하시면 우리는 병들고 빼앗기고 부도나고 망하고 빚져서 도망 다니게 됩니다. 하나님의 주권을 인정해 드리지 않고 내가 하겠다고 하면, 우리의 몸을 치신다는 것입니다. 이것이 사사기를 통해서 우리에게 들려주시는 말씀입니다.

몸을 치실 때 그제야 아프니까 "아이고, 살려주세요!" 하고 부르짖습니다. 그나마 사사기 말기에 가면 부르짖지도 않습니다. 하나님을 완전히 잊어버렸기 때문입니다. 신앙이 자꾸 떨어지면 나중에는 다급해도 하나님께 부르짖지 않습니다. 하지만 그제 라도 하나님을 기억하고 부르짖으면, 하나님이 구원해 주십니다.

당시 하나님은 구원의 도구로 사사들을 사용하셨습니다. 사사는 하나님의 영이 임재한 사람입니다. "내가 내일부터 사사가 되겠습니다. 힘이 세니까, 이방 족속과 싸우는 장군이 되겠습니다." 이렇게 결단했다고 사사가 되는 것이 아닙니다. 사사(Judges)는 영어로 '재판관'이라는 뜻이지만, 재판만 하지 않았습니다. 왕의 대리자로서 이방 족속의 침입으로 전쟁해야 할 때는 장군의 역할을 했습니다. 평시에 사사들은 재판관으로서의 직무를 하고, 제사장으로서 백성들을 대속해서 제사를 드리고, 선지자로서 하나님의 말씀을 받아서 대언했습니다. 이 세 가지 역할을 맡은 사람이 사사입니다. 사사는 어디까지나 왕의 대리자일 뿐 왕이 아니었습니다. 사사는 세습되지 않았습니다.

이스라엘 백성들이 부르짖으면 하나님은 한 사람의 사사를 세워 하나님의 성령을 부어 주셨습니다. 이스라엘은 하나님의 영이 임한 사사 때문에 이방 족속들을 무찌를 수 있었습니다. 이때 구원이 임하고 평화가 옵니다. 그런데 사사가 죽으면 이스라엘 백성들은 또 범죄합니다. 이것이 인간의 한계입니다. 성령님이 문제를 해결하고 평화를 주시면 그 뒤에 반드시 죄를 짓습니다. 우리는 우리에게 힘들고 어려운 문제가 해결되는 순간부터 죄지을 거리를 찾기 시작합니다. 만약 해결이 되지 않고 시간을 오래 끄는 문제가 있다면 하나님이 우리를 죄짓지 못하게 붙들고 계시는 것이라는 사실을 깨닫고 감사드리기 바랍니다. **맥잡기!** 이 내용이 구약의 요약입니다. 출애굽 이후로 사사 시대, 단일왕국, 분열왕국, 나중에 포로 시대를 지나 구약이 막을 내리기까지 모든 시대마다 죄의 악순환이 이어집니다.

12명의 사사들

사사 시대에 세워진 사사는 모두 12명으로 보는 것이 좋습니다. 13명으로 보는 사람

이스라엘 백성이 바알을 버리지 못한 이유는?

하나님의 살아 계심을 경험한 이스라엘 백성들이 그토록 바알을 섬긴 이유는 무엇일까요?

첫째, 이스라엘 백성은 하나님을 전쟁의 신이라고만 생각했습니다.

그들은 원래 유목민이었습니다. 아브라함은 동키 카라반이었습니다. 이삭 때 잠깐 농사를 짓기도 했지만, 야곱은 목축업을 해서 대단히 성공한 사람입니다. 애굽 고센 땅에서도 야곱의 가족들은 바로 왕의 가축을 쳤습니다. 이들은 출애굽해서 광야 생활할 때 하나님이 자신들을 먹여 주는 분이라는 것은 알았지만, 시내 산에 들어갈 때 아말렉과의 첫 전쟁을 치르면서 하나님이 전쟁에 뛰어난 분이라는 사실을 알게 됐습니다. 여호수아 시대와 사사 시대 때도 이스라엘은 큰 전쟁에서 져 본 적이 없을 정도입니다. 그러다 보니 이들은 하나님을 전쟁의 신이라고 생각했습니다.

그래서 하나님이 농사짓는 것, 열매 맺는 것은 못 하신다고 생각한 것입니다. 땅의 풍요를 가져다주는 신은 가나안에 비를 내리는 폭풍의 신 바알이라고 생각했습니다. 가나안 사람들은 폭풍의 신 바알에게 제사를 드리면 언제든지 비가 내리고 이 땅에 풍요를 가져올 수 있다고 믿었습니다(왕상 18장 갈멜 산에서의 바알 제사장과 엘리야의 850:1의 대결 참고).

둘째, 바알 신을 섬기는 제사법은 짜릿했고 하나님의 제사법은 고통스러웠기 때문입니다. 바알 신의 아버지는 '엘'(하나님이라는 뜻)입니다. '엘'에게는 아들이 몇 명 있는데, 바알도 그 중 하나입니다. 가나안 사람들은 비가 오지 않으면, 폭풍의 신 바알이 바다의 신에 밟혀, 죽음의 영역에 갇혀 있기 때문이라고 생각했습니다. 이때는 어떤 수단과 방법을 써서라도 바알 신이 죽음에서 벌떡 일어나서 일하게(비가 내리게 하도록) 해야 했습니다.

가나안 사람들은 바알 신을 깨우려면 성욕을 돋우어야 한다고 생각했습니다. 다른 사람들이 성관계하는 것을 보는 것이 가장 성욕을 돋운다는데, 바알 신을 깨울 정도면 한두 사람이 해서는 안 되고 수많은 사람들이 한꺼번에 성관계를 해야 했습니다. 그래서 이들은 바알 신전 중앙에 동상을 만들어 놓고 그 앞에서 그룹 섹스를 벌였습니다. 바알 신이 벌떡 일어나서 정자를 뿌리는 것을 비가 내린다고 생각한 것입니다. 가나안 사람들은 이러한 일들을 바알에게 제사 지내는 신성한 의식으로 여겼습니다. 그래서 신전에서 일하는 여자는 창녀가 아니라 신관이라 불렸습니다. 맨 정신에는 이런 일을 할 수 없으니까 독초(오늘날의 마약)를 마시고 이런 일을 벌였습니다. "그들은 다 간음하는 자라 과자 만드는 자에 의해 달궈진 화덕과 같도다"(호 7:4).

이것에 비하면 하나님께 드리는 제사(예배)는 어떠합니까? 보이지 않는 하나님께 예배 드려야 했습니다. 본인이 직접 염소와 양 같은 제물의 목을 따야 했습니다. 옷에 피를 잔뜩 묻히면서 하루 종일 땀을 뻘뻘 흘려 동물의 껍질을 다 벗겨 내며 모든 과정을 스스로 해야 했습니다. 하루 종일 피투성이가 되어 피비린내 나는 제사를 하나님 앞에 드렸습니다. 엄청난 헌신이 필요합니다.

하나님께 제사 드리는 것에 비하면 바알 신에게 제사 드리는 것은 아주 쉽습니다. 내가 원하는 때에 육체의 정욕을 채우면 만사형통한다니 얼마나 좋습니까? 그래서 하나님이 오랫동안 훈련시키고 경고하셨음에도 이스라엘 백성들은 바알 신을 버리지 못했습니다. 보이지 않는 영을 택하는 것보다 보이는 인간의 육을 택하는 것이 쉽기 때문입니다.

땅을 주관하는 남자 신은 바알, 여자 신은 아스다롯(바알릿)이라고 불렸습니다. 바알 신화가 동양으로 퍼지면서 인도에 더러운 성문화를 낳았습니다. 인도 사원에 가 보면 남자의 성기를 크게 그려 놓고 섹스하는 장면을 많이 볼 수 있습니다. 또한 라마 불교 사원에서도 흔히 볼 수 있습니다. 바알 우상은 유럽으로도 전파되어 그리스신화에 영향을 주었습니다. 그리스신화에 나오는 아프로디테, 로마신화의 비너스는 바알 신전의 신관입니다. 올림픽 때 얇은 옷을 입은 여자가 성화에 불을 붙이는데 이 여자는 바알 신전의 신관을 상징합니다. 그러니 이 불은 거룩한 불이 아니고 더러운 불입니다. 세상의 더러운 성문화는 바알 신화에서 비롯된 것입니다.

'누가 비를 내리느냐?' 하는 문제는 구약 시대에 계속되는 문제입니다. 그렇기 때문에 성경에서는 끊임없이 하나님이 비를 내리신다고 말씀하고 있습니다(신 11:8-17). 결국 인간의 육체를 먹여 살리는 것이 "하나님인가 바알인가" "내가 하는 것인가 하나님이 하는 것인가" 하는 문제입니다. 사탄은 끊임없이 내가 열심히 뛰어야 먹고살 수 있다는 생각을 주입시켜서 하나님의 은혜로 사는 것을 거절하도록 만듭니다. 바알 신을 좇아간 남북 왕조는 결국 전부 망했습니다. 우리는 이 사실을 기억합시다.

도 있는데 이는 여사사 드보라와 함께했던 바락 장군을 사사로 간주하느냐 여부에 따라 차이가 생깁니다. 간단히 12지파에서 1명씩 나왔다고 생각하면 쉽습니다. 실제로 12지파에서 1명씩 나온 것이 아니고, 어떤 지파에서는 사사가 1명도 안 나왔고 어떤 지파에서는 2명씩이나 나오기도 했습니다.

사사기에는 12사사들의 일대기가 나오지만 주로 4명의 사사에 대해 자세히 기록하고 있습니다. 나머지는 이름과 행적을 몇 줄로 간단하게 써 놓았습니다. 행적을 자세히 기록한 사사를 소위 대사사라고 부릅니다. **맥잡기** 어떤 성도는 사사기에서 옷니엘, 삼갈, 돌라, 야일 등의 이야기는 한 줄로 기록되었다고 해서 "나는 기드온이나 입다 같은 대사사가 되겠다"고 말합니다. 저는 오히려 하나님의 큰일을 감당하고 조용히 사라진 사사들이 행복한 성도가 아닐까 생각합니다. 사사기 전체를 깊이 읽고 묵상해 보면 대사사라고 해서 결과가 좋은 것은 아니기 때문입니다. 큰일 한 사람들이 사고도 많이 쳤습니다. 사사기는 참사사이신 예수님이 오시지 않고는 진정한 사사는 없다는 사실을 말하고 있습니다. 정복의 역사를 기록한 여호수아서가 그리스도가 오지 않고는 온전한 정복이 없음을 말하는 것과 마찬가지입니다. 그래서 사사기 1장은 아직도 정복 전쟁이 계속되는 모습을 그리고 있습니다.

사사기에 제일 먼저 나오는 사사는 옷니엘, 에훗, 삼갈입니다. 초대 사사 옷니엘은 갈렙의 조카였으며 용맹스러운 사람이었습니다. 에훗은 오른손의 능력에 제한을 받는 자여서 왼손잡이라고 기록되어 있습니다. 삼갈은 소 모는 농부였으나 막대기로 블레셋 사람 600명을 죽이고 이스라엘을 구했습니다. 사사들의 직업과 사회적 지위는 매우 다양했습니다. 하나님은 당대에 대단한 인물들이 아닌 농부나 지체부자유자 등 남녀를 가리지 않고 필요한 사람에게 성령을 부어 이스라엘의 구원자로 사용하셨습니다.

✚ 가나안 연합군과 여사사 드보라 _ 삿 4-5장

가나안 연합군의 진격 _ 삿 4:1-3
하나님은 가나안 족속들을 진멸하기 위해, 또 한편으로는 바알 우상에 빠져 계속 범죄하는 이스라엘 백성들을 징벌하기 위해 전쟁을 일으키십니다. 약속의 땅에서 여전히 혈기 왕성하게 살고 있는 가나안 연합군을 징벌의 도구로 사용하십니다. 하나님이 주신 약속의 땅에서 가나안 족속들을 다 멸한 줄 알았는데, 이들은 오히려 병거 900대를 가지고 20년 동안이나 이스라엘 백성을 압제해 오고 있었습니다. 가나안 연합군은 이스르엘 골짜기 옆 므깃도라는 곳에 집결해서 기손 강을 건너 이스라엘 군이 집결해 있는 다볼 산으로 진격해 옵니다. 그제야 이스라엘 백성들이 하나님께 부르짖으며 회개합니다(삿 4:1-3).

"하나님, 살려주세요. 저희 죄를 용서해 주세요."

바락 장군의 믿음

이때 하나님이 여사사 드보라를 세우십니다. 드보라는 갈릴리 호수 위쪽에 있는 스불론 지파에 속한 바락 장군에게 지원을 요청합니다. 드보라가 바락 장군에게 말합니다. "이스라엘의 하나님 여호와께서 이같이 명령하지 아니하셨느냐 너는 납달리 자손과 스불론 자손 만 명을 거느리고 다볼 산으로 가라 내가 야빈의 군대 장관 시스라와 그의 병거들과 그의 무리를 기손 강으로 이끌어 네게 이르게 하고 그를 네 손에 넘겨 주리라 하셨느니라"(삿 4:6-7). 그러자 바락 장군이 말합니다. "당신이 나와 함께 가면 내가 가려니와 만일 당신이 나와 함께 가지 아니하면 나도 가지 아니하겠노라"(삿 4:8). 드보라는 이렇게 말합니다. "내가 반드시 너와 함께 가리라 그러나 네가 이번에 가는 길에서는 영광을 얻지 못하리니 이는 여호와께서 시스라를 여인의 손에 파실 것임이니라"(삿 4:9).

이런 바락의 태도를 보고 믿음이 부족했다고 보는 견해가 많습니다. 하지만 오히려 하나님의 사람인 드보라가 동행할 때 하나님이 함께하실 것이라는 믿음과, 승전의 공로가 자신에게 돌아오지 않음을 알고도 참전한 겸손을 볼 수 있습니다.

사실 이 전쟁은 상대도 안 되는 것이었습니다. 이스라엘 백성들은 아직까지 무기를 별로 갖추지 못했는데, 가나안 연합군은 병거 900대를 가지고 달려들었습니다. 하지만 전쟁은 하나님께 속해 있습니다. 하나님이 늦은 비를 내리시자 기손 강이 범람해서 병거들의 바퀴가 진흙탕에 모조리 빠지는 바람에 병거 900대가 무용지물이 됐습니다. 이때 이스라엘 백성들이 다볼 산에서 내려가 가나안 연합군을 공격했고, 강이 범람해서 퇴로가 막힌 가나안 병사들은 다 죽었습니다(삿 4:12-16). 드보라와 바락 장군은 전쟁에서 승리했습니다.

가나안 연합군의 장군이었던 '시스라'는 도망가다가 요단 강 옆에 있는 장막에 숨어들었습니다. 그 장막에 있던 야엘이라는 여인이 시스라를 맞이하며 침대에서 쉬라고 해 놓고는 장막에 있는 말뚝을 관자놀이에 박았습니다. 잠자고 있는데 말뚝을 관자놀이에 박았으니 얼마나 피가 튀었겠습니까? 시스라는 그렇게 죽었습니다.

전쟁에서 이긴 이스라엘 사람들이 이스르엘 곡창 지대를 차지합니다. "그 땅이 40년 동안 평온하였더라"(삿 5:31). 그런데 잘 먹고 잘살게 되니까 금방 죄를 짓습니다. 이스르엘 평야를 장악한 이스라엘 백성들은 타락하기 시작합니다.

✚ 미디안과 기드온 _ 삿 6-9장

하나님은 우리와 함께하신다

이스라엘 백성이 타락하니까, 이번에 하나님은 징벌의 도구로 미디안 족속을 사용하

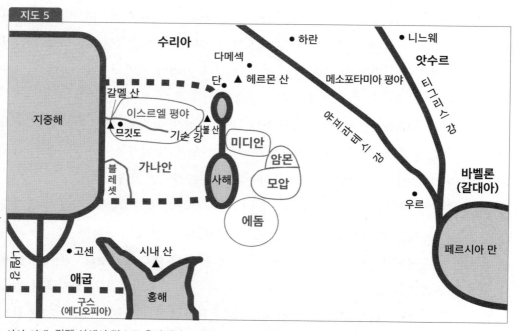

사사 시대 갈멜 산에서 밑으로 흘러내리는 강이 기손 강인데, 기손 강을 중심으로 계곡이 있고 밑으로 기름진 이스르엘 평야가 있습니다. 이곳에는 가나안 족속들이 살았습니다.

셨습니다. "이스라엘 자손이 또 여호와의 목전에 악을 행하였으므로 여호와께서 칠년 동안 그들을 미디안의 손에 넘겨 주시니"(삿 6:1). 미디안 족속은 요단 동편의 유랑 민족인데 요단 강을 건너 삽시간에 들어와 이스라엘 백성이 파종해 놓은 들판을 마구 쓸어버리고 수확한 것을 모두 탈취해 갔습니다. 곡식 한 톨, 양 한 마리 남겨 두지 않았습니다. "이스라엘이 미디안으로 말미암아 궁핍함이 심한지라 이에 이스라엘 자손이 여호와께 부르짖었더라"(삿 6:6).

이때 하나님은 기드온을 구원의 도구로 세우십니다. 하나님이 기드온을 부르실 때, 그는 포도즙 짜는 틀에서 탈곡하고 있었습니다. 당시 미디안 족속들은 추수 때마다 침략해 와서는 이스라엘 백성이 조금이라도 숨겨 둔 것이 발견되면 그 자리에서 사람을 죽이고 빼앗아 갔습니다. 당시 기드온은 감추어 놓았던 볏단을 몰래 탈곡하려고 탈곡기가 아닌 포도즙 짜는 틀에서 탈곡하고 있었습니다. 하나님의 사자(천사)가 나타나 기드온에게 말했습니다.

"큰 용사여 여호와께서 너와 함께 계시도다"(삿 6:12).

기드온은 깜짝 놀랐지만 감격하지는 않았습니다. 오히려 화를 냈습니다.

"기드온이 그에게 대답하되 오 나의 주여 여호와께서 우리와 함께 계시면 어찌하여 이 모든 일이 우리에게 일어났나이까 또 우리 조상들이 일찍이 우리에게 이르기를 여호와께서 우리를 애굽에서 올라오게 하신 것이 아니냐 한 그 모든 이적이 어디 있나이까 이제 여호와께서 우리를 버리사 미디안의 손에 우리를 넘겨 주셨나이다"(삿 6:13). "하나님이 계시는데 왜 이 모양 이 꼴입니까? 1년 내내 죽어라 농사지어 놓으면 수십만의 유랑 민족이 와서 곡식과 짐승을 싹쓸이해 가는데, 과연 하나님은 살아 계십니까?"라고 항의한 겁니다.

기드온은 하나님이 살아 계시다는 표적을 구합니다. "기드온이 그에게 대답하되 만일 내가 주께 은혜를 얻었사오면 나와 말씀하신 이가 주 되시는 표징을 내게 보이소서 내가 예물을 가지고 다시 주께로 와서 그것을 주 앞에 드리기까지 이곳을 떠나지 마시기를 원하나이다 하니 그가 이르되 내가 너 돌아올 때까지 머무르리라 하니라"(삿 6:17-18).

기드온이 천사의 말대로 염소 고기와 무교병을 바위 위에 올려놓고 국을 부었습니다. 그때 하늘에서 내려온 불이 반석에서 나와서 제물에 옮겨 붙었습니다. 이것을 보고 기드온은 하나님이 함께하심을 믿었습니다. 하나님을 만난 사람에게는 사명이 주어집니다. 기드온은 하나님의 말씀에 순종합니다. "네 아버지에게 있는 수소 곧 칠 년 된 둘째 수소를 끌어 오고 네 아버지에게 있는 바알의 제단을 헐며 그 곁의 아세라 상을 찍고 또 이 산성 꼭대기에 네 하나님 여호와를 위하여 규례대로 한 제단을 쌓고 그 둘째 수소를 잡아 네가 찍은 아세라 나무로 번제를 드릴지니라"(삿 6:25-26).

기드온의 아버지는 제일 거대한 바알 신전의 제사장이었지만, 기드온은 아버지를 두려워하지 않고 밤에 가서 우상들을 다 부숴 버렸습니다. 하나님의 음성을 들은 사람은 이렇게 행동합니다. 다음날 난리가 났습니다. 이 사실을 안 바알 숭배자들이 거세게 항의합니다. "네 아들을 끌어내라 그는 당연히 죽을지니 이는 바알의 제단을 파괴하고 그 곁의 아세라를 찍었음이니라"(삿 6:30). 희한한 일은 하나님이 기드온의 아버지를 하룻밤 새 믿음의 사람으로 만드셨다는 것입니다. 기드온의 아버지가 말합니다. "너희가 바알을 위하여 다투느냐 너희가 바알을 구원하겠느냐 그를 위하여 다투는 자는 아침까지 죽임을 당하리라 바알이 과연 신일진대 그의 제단을 파괴하였은즉 그가 자신을 위해 다툴 것이니라"(삿 6:31). 바알 신이 살아 있으면 바알 신이 심판할 것인데 왜 당신들이 난리를 치느냐는 것입니다. 그래서 다들 아무 소리도 못 하고 흩어졌습니다.

이 일이 있은 뒤 하나님은 기드온을 통해 미디안 족속을 치십니다. 수십만이나 되는 유랑 민족의 군대를 어떻게 사람의 힘으로 처치하겠습니까? 기드온은 하나님께 또 표적을 구합니다. "기드온이 하나님께 여쭈되 주께서 이미 말씀하심같이 내 손으로 이스라엘을 구원하시려거든 보소서 내가 양털 한 뭉치를 타작마당에 두리니 만일 이슬이 양털에만 있고 주변 땅은 마르면 주께서 이미 말씀하심같이 내 손으로 이스라엘을 구원하실 줄을 내가 알겠나이다 하였더니"(삿 6:36-37). 땅에다 양털을 놓고 그곳에만 비가 내리고, 그 옆은 젖지 않게 해 달라는 겁니다. 하나님이 그의 기도대로 해 주셨습니다. 다음에는 양털은 마르고 땅에만 비가 내리게 해 달라고 요청합니다. 그러자 하나님이 그대로 해 주셨습니다(삿 6:39-40).

기드온과 300명의 용사 _ 삿 7장

두 번의 표적을 보고 기드온이 일어납니다. 백성을 모았더니 3만 2천 명이었습니다.

상대는 수십만이니까 군사가 모자라도 한참 모자랍니다. 그런데 하나님은 겁내는 사람들을 돌려보내라 하십니다. 그랬더니 만 명이 남았습니다. 하나님은 만 명도 많다고 하십니다.

"백성이 아직도 많으니 그들을 인도하여 물가로 내려가라 거기서 내가 너를 위하여 그들을 시험하리라"(삿 7:4).

대부분의 사람들은 목이 마르던 차에 그 자리에 엎드려서 입으로 마셨습니다. 하나님은 이런 사람들은 다 불합격시키셨습니다. 육이 힘들 때 그대로 가서 엎드리는 사람, 먹고 마시는 일에 무릎 꿇는 사람은 하나님 일에 합당치 않다고 판단하신 것입니다. 물을 손으로 핥아서 먹은 사람들만 뽑았더니 300명이었습니다.

300명이 수십만 미디안 족속과 싸워야 하는 것입니다. 하나님은 300명에게 질그릇 항아리를 하나씩 준비시키셨습니다. 왼손으로 질그릇 항아리를 들고, 그 안에 횃불을 집어넣었으며 오른손에 나팔을 들게 했습니다. 그렇지만 전쟁에 칼도 없이 횃불과 나팔만 가지고 나갈 용기가 기드온에게는 없었습니다. 그러자 하나님은 기드온에게 몰래 적진에 들어가 그들의 꿈 이야기를 엿듣게 해서 승리를 믿게 하십니다. 밤중에 300명의 용사가 질그릇을 깨서 횃불을 들고 나팔소리로 에워싸며 수십만의 미디안 군대를 포위했습니다. 그들은 공포에 질려 소리만 듣고 자기들끼리 서로 쳐서 싸웠습니다. 이렇게 해서 기드온과 300용사는 승리를 얻습니다.

이처럼 성령님은 우리 질그릇 안에 횃불처럼 오셨습니다. 성령님이 우리 안에 빛으로 찾아와 "너희는 세상의 빛이라"(마 5:14)고 하셨는데, 질그릇(흙, 육)으로 되어 있는 '내'가 깨지지 않아서 빛을 발하지 못하는 겁니다. 내가 깨지지 않으면 결코 성령님이 역사하실 수 없습니다. 질그릇은 기도 없이는 절대로 깨지지 않습니다. 부흥회에 많이 쫓아다닌다고 깨지지 않습니다. 질그릇을 깨는 지름길은 자신의 생각대로가 아닌 성령님의 인도하심을 따라 기도하는 것입니다.

돈, 권력, 그리고 여자 _ 삿 8-9장

전쟁에서 승리하고 돌아오자 사람들이 기드온을 추켜세우기 시작합니다. "당신, 대단합니다. 진짜 우리 왕입니다. 이스라엘에 왕이 없어서 이방 족속이 들어오면 매일 당했는데 이제 우리가 당신을 왕으로 섬기겠습니다." 이때 기드온은 말했습니다. "내가 너희를 다스리지 아니하겠고 나의 아들도 너희를 다스리지 아니할 것이요 여호와께서 너희를 다스리시리라"(삿 8:23). 그랬는데도 사람들이 계속 왕이 되라고 하니까 기드온이 말합니다. "내가 너희에게 요청할 일이 있으니 너희는 각기 탈취한 귀고리를 내게 줄지니라 하였으니 이는 그들이 이스마엘 사람이므로 금귀고리가 있었음이라"(삿 8:24). 원래 금과 은은 성소에 갖다 바치게 되어 있습니다. 그런데 그것을 가져오라고 합니다. 아마도 기드온은 '내가 권력은 취하지 않겠지만, 그 대신에 돈을 챙겨야 되겠다'고 생각한 모양입니다.

이스라엘 백성들이 금덩어리를 다 기드온에게 가져왔습니다. 그것으로 기드온은 에봇을 제작했습니다. 제사장의 겉옷인 에봇은 이스라엘 백성들이 앞으로 어떻게 행해야 할지, 하나님의 뜻을 물어볼 때 쓰였습니다. 기드온은 금으로 만든 에봇을 집에 가져다 놓았는데, 사람들은 그것을 점치는 데 사용했습니다. 기드온은 이렇게 타락합니다. 기드온의 모습은 오늘날 은사자의 타락한 모습과 같습니다.

또 기드온은 여자들을 취했습니다. "기드온이 아내가 많으므로"(삿 8:30). 처첩을 많이 두다 보니 자식이 70명이나 됐습니다. 자식이 많다 보면 문제를 일으키는 자식이 꼭 하나씩 있는데, 바로 아비멜렉이었습니다. 아비멜렉은 성경에 많이 나오는 흔한 이름입니다. 아비멜렉은 자기 아버지가 이스라엘 백성들이 와서 왕으로 등극하라고 강권하는데도 그에 응하지 않는 모습을 보고 '만일 내 형제들 70명만 죽이면 내가 왕을 할 수 있겠다'고 생각했습니다. 그리고 자신의 형제들 70명을 다 죽이고 "이제 내가 왕이다"라고 선포했습니다. 이렇게 해서 기드온의 자식들은 모두 죽었습니다. 성령받은 하나님의 종이 범죄하면 하나님이 이렇게 치십니다.

그러나 아무도 아비멜렉을 왕이라고 받들어 주지 않았습니다. 그러자 말 타고 칼 들고 다니면서 이스라엘 백성들을 힘으로 강압하려 했습니다. 이 어리석은 자가 이스라엘을 다스린 지 3년 정도 지났을 때, 군사들을 데리고 세겜 근처에 갔습니다. 거기에 높은 망대가 있었는데, 아비멜렉에게 반역한 사람들이 다 망대 위로 피신해 있었습니다. 아비멜렉이 망대 앞에 이르러 이를 불사르려 할 때 한 여인이 던진 맷돌에 맞아 두개골이 깨져 즉사합니다. **맥잡기☝** 그 사건 이후 이스라엘의 군인들은 남의 성을 치러 가면 성 밑에 서지 않는 것을 불문율로 삼았습니다. 나중에 요압은 다윗에게 보내는 편지에 이렇게 적었습니다. "너희가 어찌하여 성에 그처럼 가까이 가서 싸웠느냐 그들이 성 위에서 쏠 줄을 알지 못하였느냐 여룹베셋의 아들 아비멜렉을 쳐 죽인 자가 누구냐 여인 하나가 성에서 맷돌 위짝을 그 위에 던지매 그가 데벳스에서 죽지 아니하였느냐 어찌하여 성에 가까이 갔더냐"(삼하 11:20-21).

위대한 사사였던 기드온과 그의 가계는 비극적인 종말을 맞이했습니다. 기드온의 잘못은 하나님이 하신 일을 자신의 공으로 가로챘다는 것입니다. 여기서 우리가 깨달아야 할 것은 하나님이 세우신 목자인 목사님을 너무 영웅시하거나 절대시하지 말아야 한다는 것입니다. 분명 교회의 머리 되신 주님이 기름 부어 세운 대리자이지만, 그 모습에 너무 연연하지 말아야 합니다. 특히 이 본문은 성령님을 체험하고 하나님께 크게 쓰임받은 지도자들도 얼마든지 무너지고 타락한다는 것을 분명히 보여 주고 있습니다. 목회자도 실수할 수 있는 연약한 존재라는 사실을 인정하면 목회자를 비난할 필요도, 대단히 실망해서 교회를 떠날 필요도 없습니다. 오히려 그 연약함을 위해 기도하는 것이 성도의 책임입니다.

✚ 암몬 족과 입다 _ 삿 10-12장

조폭 출신 입다, 사사 되다

요단 동편에 길르앗 야벳이라는 곡창 지대가 있는데, 암몬 족속이 와서 이곳을 쳤습니다. 하나님이 암몬 족속을 징벌의 도구로 사용하신 것입니다. 그러자 길르앗 야벳의 장로들이 하나님께 부르짖지만 하나님이 듣기를 거부하십니다.

"여호와께서 이스라엘 자손에게 이르시되 내가 애굽 사람과 아모리 사람과 암몬 자손과 블레셋 사람에게서 너희를 구원하지 아니하였느냐 또 시돈 사람과 아말렉 사람과 마온 사람이 너희를 압제할 때에 너희가 내게 부르짖으므로 내가 너희를 그들의 손에서 구원하였거늘 너희가 나를 버리고 다른 신들을 섬기니 그러므로 내가 다시는 너희를 구원하지 아니하리라 가서 너희가 택한 신들에게 부르짖어 너희의 환난 때에 그들이 너희를 구원하게 하라"(삿 10:11-14).

하나님의 응답에 장로들이 부르짖습니다. "이스라엘 자손이 여호와께 여쭈되 우리가 범죄하였사오니 주께서 보시기에 좋은 대로 우리에게 행하시려니와 오직 주께 구하옵나니 오늘 우리를 건져 내옵소서 하고 자기 가운데에서 이방 신들을 제하여 버리고 여호와를 섬기매 여호와께서 이스라엘의 곤고로 말미암아 마음에 근심하시니라"(삿 10:15-16). 회개하는 모습을 보이기 위해 장로들이 직접 동네마다 찾아다니며 바알 신전을 때려 부숩니다.

그때 하나님이 "입다라는 사람을 찾아가라"고 명령하십니다. 성경은 입다를 "길르앗 사람 입다는 큰 용사였으니"(삿 11:1)라고 소개합니다. 말이 좋아서 길르앗 용사이지 요즘 말로 하면 조직폭력배나 다름없습니다. 입다는 기생의 아들로 태어나서 어릴 때부터 구박과 천대를 받아왔습니다. 그는 동네 깡패 노릇하다가 요단 동편에서 유명한 조폭 두목이 되었습니다. 그런데 하나님은 장로들에게 입다를 찾아가라고 말씀하신 것입니다.

장로들은 입다에게 사사가 되어 달라고 청합니다. "입다에게 이르되 우리가 암몬 자손과 싸우려 하니 당신은 와서 우리의 장관이 되라"(삿 11:6). 입다는 이렇게 말합니다. "너희가 전에 나를 미워하여 내 아버지 집에서 쫓아내지 아니하였느냐 이제 너희가 환난을 당하였다고 어찌하여 내게 왔느냐"(삿 11:7).

하지만 입다는 장로들로부터 하나님의 명령을 듣습니다. 성령님이 임하고 능력을 받은 입다는 암몬 족속의 왕에게 사람을 보내 말합니다. "입다가 암몬 자손의 왕에게 사자들을 보내 이르되 네가 나와 무슨 상관이 있기에 내 땅을 치러 내게 왔느냐"(삿 11:12). 그는 암몬 족속이 과거 이스라엘 백성들에게 어떻게 했는지를 일깨우며, 왜 쳐들어왔는지를 물었습니다. 암몬 족속은 이렇게 대답했습니다. "이스라엘이 애굽에서 올라올 때에 아르논에서부터 얍복과 요단까지 내 땅을 점령했기 때문이니 이제 그것을 평화롭게 돌려 달라"(삿 11:13). 입다가 암몬 족에게 전한 말을 들으면, 그가 비록 비천한 자였지만 풍부한 성경 지식이 있었고 하나님께 기도로 매달렸음을 알 수 있습니다. 과거 이스라엘 민족이 애굽을 떠나 가나안에 정착할 때, 하나님이 암몬 족을 진멸하지 말라고 하셨기 때문에 끝까지 쫓아가 멸하지는 않았습니다. 징벌의 도구로 쓰려고 하나님이 남기신 겁니다.

잘못된 서원을 하다

입다가 의리에 살고 의리에 죽는다는 깡패 출신이어서 그랬는지, 암몬 족속을 치러 나갈 때 하나님 앞에 크게 잘못된 서원을 합니다. 조폭들은 새끼손가락을 잘라서 맹세하지 않습니까? "그가 여호와께 서원하여 이르되 주께서 과연 암몬 자손을 내 손에 넘겨주시면 내가 암몬 자손에게서 평안히 돌아올 때에 누구든지 내 집 문에서 나와서 나를 영접하는 그는 여호와께 돌릴 것이니 내가 그를 번제물로 드리겠나이다 하니라"(삿 11:30-31). 사람을 번제물로 태워 바치는 의식은 요단 동편에 있는 이방 종교의 문화입니다. 입다는 하나님을 의지하면서도 이방 문화에 젖어 있었던 것입니다.

우리는 예수님을 믿기 전에 가지고 있던 잘못된 습관들은 성령님의 임재로, 기도와 말씀으로 계속 씻어 내야 합니다. 시간이 많이 걸리는 일이지만, 그렇게 하지 않으면 그대로 가지고 있게 됩니다. 이것을 조심해야 합니다. **맥잡기** 구약 시대에는 예수님이 아직 십자가의 사명을 이루시기 전이라 성령님이 우리 안에 들어오실 수 없었습니다. 그래서 구약은 실패의 역사로 끝날 수밖에 없었습니다. 성령님의 임재로 몸 밖에서 엄청난 능력을 행해도 성화의 과정을 밟아 갈 여건이 되지 않은 것입니다. 내면의 변화가 일어나지 않는 것입니다.

입다가 전쟁에서 큰 승리를 하고 돌아오자, 외동딸이 조그만 소고를 들고 춤추면서 아버지의 승전을 반겼습니다. "입다가 미스바에 있는 자기 집에 이를 때에 보라 그의 딸이 소고를 잡고 춤추며 나와서 영접하니 이는 그의 무남독녀라 입다가 이를 보고 자기 옷을 찢으며 이르되 어찌할꼬 내 딸이여 너는 나를 참담하게 하는 자요 너는 나를 괴롭게 하는 자 중의 하나로다 내가 여호와를 향하여 입을 열었으니 능히 돌이키지 못하리로다"(삿 11:34-35). 하나님 앞에 제일 먼저 환영하고 나온 사람을 번제물로 불태워서 드리겠다고 했는데, 자기 무남독녀가 나온 것입니다.

이제 그 무남독녀를 바쳐야 하는데, 제대로 하나님을 믿었다면 자기 딸이 나올 때 하나님 앞에 당장 무릎 꿇고 회개했을 것입니다. "하나님! 잘못했습니다. 내가 모르고 그런 어리석은 약속을 했습니다. 용서해 주십시오." 그러나 입다는 회개하지 않았습니다. '내가 어떤 사람인데, 조폭의 두목이고 게다가 저 엄청난 암몬 족속과의 전쟁에서 승리하지 않았는가! 하나님과 약속했으니까 지켜야 한다'고 생각했을 것입니다. 입다는 결국 딸을 바칩니다. 신실한 것 같지만 사실은 자아가 깨지지 않은 증거입니다. 항상 '내가'가 문제입니다. 하나님 앞에서 "나는 아무것도 아닙니다. 나는 죄인입니다" 하고 고백하면 아무 문제 될 것이 없는데, 아직 내가 죽지 않은 것입니다.

이 부분은 신학자들 사이에 논쟁이 있습니다만, 결단코 입다가 그런 서원을 했기 때문에 하나님이 승리를 안겨 주신 것이 아닙니다. 입다가 잘못된 서원을 한 것입니다.

입다의 딸은 아버지를 원망하기보다, 시집을 못 가고 처녀로 죽는 것이 원통하다며 두 달 동안 산에 가서 곡하고 오겠다고 합니다. 입다는 딸의 요청을 들어줍니다. "또 그의 아버지에게 이르되 이 일만 내게 허락하사 나를 두 달만 버려두소서 내가 내 여자 친구들과 산에 가서 나의 처녀로 죽음을 인하여 애곡하겠나이다 하니 그가 이르되 가라 하고 두 달을 기한하고 그를 보내니 그가 그 여자 친구들과 가서 산 위에서 처녀로 죽음을 인하여 애곡하고 두 달 만에 그의 아버지에게로 돌아온지라 그는 자기가 서원한 대로 딸에게 행하니 딸이 남자를 알지 못하였더라"(삿 11:37-39). 그 두 달 후의 기록이 없습니다. 이 부분은 신학자들의 논쟁이 있기는 하지만, 결국 입다의 딸은 산에서 돌아온 뒤에 성전에서 몸종으로 평생 보냈을 것으로 보입니다. 왜냐하면 하나님은 레위기에서 절대로 사람을 번제로 드리지 말라고 하셨기 때문입니다. 아브라함에게 이삭을 드리라고 한 것은 하나님이 믿음의 조상으로 만들기 위한 테스트였지, 실제로 그런 제물을 원하셨던 게 아닙니다. 또 당시에는 처녀가 성전 몸종으로 서원하면 평생 처녀로 살아야 했기 때문입니다. 그래서 '죽었다'를 문자 그대로 목숨을 잃었다는 것으로 해석할 수 없을 것 같습니다.

비극을 일으키다

이때 에브라임 족속이 요단 강을 건너 돌아오는 입다에게 불평합니다. "네가 암몬 자손과 싸우러 건너갈 때에 어찌하여 우리를 불러 너와 함께 가게 하지 아니하였느냐 우리가 반드시 너와 네 집을 불사르리라"(삿 12:1).

사실 과거에 에브라임 족속은 기드온이 미디안 족속을 치고 돌아올 때도 말썽을 일으켰습니다. 에브라임 족속들은 여호수아가 에브라임 족속이었다는 사실에 강한 자부심을 느꼈습니다. 그런 에브라임 지파에게 므낫세 지파에 속하는 기드온은 자기를 스스로 낮추어서 어려움을 이겨 냈습니다. "에브라임 사람들이 기드온에게 이르되 네가 미디안과 싸우러 갈 때에 우리를 부르지 아니하였으니 우리를 이같이 대접함은 어찌 됨이냐 하고 그와 크게 다투는지라 기드온이 그들에게 이르되 내가 이제 행한 일이 너희가 한 것에 비교되겠느냐 에브라임의 끝물 포도가 아비에셀의 맏물 포도보다 낮지 아니하냐 하나님이 미디안의 방백 오렙과 스엡을 너희 손에 넘겨 주셨으니 내가 한 일이 어찌 능히 너희가 한 것에 비교되겠느냐 하니라 기드온이 이 말을 하매 그때에 그들의 노여움이 풀리니라"(삿 8:1-3).

에브라임은 입다도 기드온 같은 사람인 줄로만 알았던 것으로 보입니다. 그래서 기드온에게 했던 것과 똑같이 "왜 네가 큰 공을 세울 때 우리에게 이야기하지 않고 너 혼자 가서 공을 세우고 왔느냐?" 하고 불평했습니다. 그런데 입다는 어떤 사람입니까? 조폭 출신답게 에브라임 지파를 완전히 박살 냈습니다. 입다는 부하들로 하여금 요단 강 길목을 지키다가 강나루 건너서 도망가는 에브라임 족속들을 붙잡게 합니다. 사람을 잡으면 발음을 해 보라고 시켜서 '쉽볼렛'이라 하지 않고 에브라임 족속의 사투리인 '십볼렛'이라고 발음하면 그 자리에서 죽였습니다. 그렇게 에브라임 족속을 다 죽였습니다. 이스라엘 12지파 중에서 지파 하나를 거의 전멸한 것입니다. 이 일이 나중에 이스라엘의 12지파 공동체가 깨지는 엄청난 비극의 씨앗이 되었습니다.

입다는 하나님의 부르심을 받아서 큰 공을 세웠지만, 잘못된 서원을 했고 이스라엘의 한 지파를 거의 전멸시켰습니다. 지도자는 이처럼 아주 중요합니다. 과거에 성령 체험한 것은 절대 자랑할 일이 아닙니다. 사사들은 모두 성령님을 체험했습니다. 사사들은 하나님의 영(성령)의 임재로 대적을 물리치는 큰 능력을 행합니다. 그러나 그 당시 성령님의 임재는 외적을 물리치는 능력을 발휘하는 데 쓰임 받았을 뿐 사사 개인의 내면을 변화시키지는 못했다는 것입니다. 이것이 그리스도가 사람으로 오셔서 피 흘리고 부활 승천하셔서 우리 안에 성령을 보내 주실 수밖에 없었던 이유입니다. 성경은 구약부터 신약까지 성령의 은사를 계속 이야기합니다. 성령은 이론도 아니고 신학도 아니고 철학도 아닙니다. 성경은 누구든지 성령님을 체험한 사람은 능력을 받아 하나님의 일을 감당하며 그 체험이 일회성으로 끝나서는 안 된다는 것을 보여줍니다.

✚ 블레셋과 삼손 _ 삿 13-16장

사명을 잃어버리다

사사 시대가 끝날 당시 이스라엘은 가나안 족속들을 거의 멸했습니다. 하지만 이때부터 블레셋이 일어나기 시작합니다. 【맥잡기!】 이 블레셋이 오늘날까지 문제로 남아 있습니다. 중동 평화 문제, 팔레스타인 해방 운동이 다 블레셋과 관련된 것입니다. 약속의 땅 가나안을 주셨으나 이스라엘 백성들은 400년 동안 끊임없이 하나님을 저버리고 바알 우상을 섬겼기 때문에, 하나님이 지중해에서 배 타고 온 이방 족속을 일으키십니다. 이제까지 하나님이 쓰셨던 그 어떤 도구보다 더 강력한 징벌의 도구였습니다.

이 블레셋으로부터 약속의 땅을 지키도록 사명을 받고 태어난 사람이 삼손입니다. 엄청난 사명을 가졌던 사람입니다. 삼손 때는 이스라엘 백성이 하나님 앞에 부르짖는 것도 잊어버렸던 시기입니다. 블레셋이 점점 강성해지는 시기에 하나님은 애를 낳지 못하는 마노아라는 부부를 찾아가 자식을 주실 것을 약속하시면서, 그 아이를 나실인으로 키우라고 명령하십니다. 나실인에게는 3대 금기 사항이 있습니다. 첫째는 머리에 삭도를 대지 말아야 하고, 둘째는 포도나무 소산을 먹지 말아야 하며 셋째는 시체 같은 부정한 것에 손대지 말아야 합니다.

삼손은 훗날 예루살렘 성이 들어설 땅 옆에 있는 소라 골짜기에서 살았습니다. 그런데 그만 블레셋 땅 딤나에 살고 있는 한 여인과 사랑에 빠졌습니다. 나실인 삼손이 이방 블레셋 여인과 결혼하겠다고 하니까 부모가 펄쩍 뛰었습니다. 이에 대해 성경은 삼손의 부모가 하나님의 일하심을 알지 못했다고 증언합니다. "이때에 블레셋 사람이 이스라엘을 다스린 까닭에 삼손이 틈을 타서 블레셋 사람을 치려 함이었으나 그의 부모는 이 일이 여호와께로부터 나온 것인 줄은 알지 못하였더라"(삿 14:4). 당시에는 이스라엘 백성들이 블레셋과 섞여 살았습니다. 블레셋이 서서히 이스라엘을 지배하려고 세력을 확장하는데 낌새를 알아차리지 못하고 같이 지냈던 것입니다. 하나님은 삼손에게 블레셋에 대한 증오감을 불어넣으려고 블레셋 여인과 결혼하게 하고, 나중에 그 여인이 삼손을 배신하게 하십니다.

결국 삼손은 첫날밤도 치르지 못하고 자기 꾀에 넘어가 수수께끼 사건에 휘말리게 됩니다. 급기야 유대 사람들에 의해 결박당하여 블레셋에 넘겨지기까지 합니다. 하지만 삼손은 그 결박을 엄청난 힘으로 풀어내고 나귀 턱뼈 하나로 블레셋 사람 천 명을 때려죽인 뒤 사사가 됩니다. 그런데 사사로 임명된 삼손은 하나님이 주신 힘을 오직 여자를 좋아하는 데 사용하다가 결국 성적 범죄 때문에 타락하고 무너집니다.

죄의 결과는 오래간다 _ 삿 16장

사사는 재판관이며 제사장이며 선지자인데, 삼손은 몰래 블레셋의 가사(오늘날의 가자 지구)에 가서 기생과 하룻밤을 자기도 했습니다. 그러다가 소렉 골짜기의 여인 들릴라한테 반하고 맙니다. 들릴라는 '딜라일라'라고도 합니다. 1960년대 후반, 제가 대학교 1학년 때 톰 존스(Tom Jones)라는 사람이 〈딜라일라(Delilah)〉라는 노래를 불렀고, 가수 조영남 씨가 한국말로 노래하기도 했습니다. 저도 이 노래를 신나게 불렀는데, 그때는 딜라일라가 삼손이 사랑했던 기생 들릴라라는 것을 전혀 몰랐습니다.

제사장일 뿐만 아니라 선지자로서 거룩해야 할 삼손이 블레셋을 치기는커녕 블레셋 여인에게 빠집니다. 그러나 들릴라는, 동족인 블레셋 백성들이 "삼손만 없으면 단숨에 이스라엘을 점령할 수가 있다. 그런데 저 사람이 사사로 있는 한 어떻게 할 수가 없단 말이야. 삼손의 그 엄청난 힘이 어디서 나오는지를 알아내고 그를 처치하도록 도우라"고 하자 자기 백성의 편에 서게 됩니다. 들릴라는 자신의 치마폭에 싸여 있는 삼손에게 그의 힘이 어디서 나오는지 비밀을 말해 달라고 매일 졸라 댑니다.

결국 삼손은 들릴라에게 머리카락에서 힘이 나온다는 비밀을 털어놓습니다. 그러나 실제로 삼손의 힘은 성령님의 임재로 말미암은 것이었습니다. 삼손은 자신의 비밀을 털어놓은 후 블레셋 사람들에게 잡혀 눈이 뽑히고, 감옥에서 연자방아 맷돌을 돌리는 신세로 전락했습니다. 이때 삼손은 하나님께 회개했습니다. 블레셋 사람들이 눈먼 삼손을 다곤 신전으로 불러 냅니다. 삼손은 옆에 있던 소년에게 기둥이 어디 있는지를 가르쳐 달라고 해서 그 기둥을 붙들고 하나님께 마지막으로 다시 한 번 힘을 달라고 간구합니다. 성령님이 임하시고 삼손은 힘을 다해 두 기둥을 밀어뜨립니다. 기둥이 무너지면서 신전이 쓰러져 그 안에 있던 블레셋 사람 3천 명과 함께 자신도 깔려 죽었습니다.

맥잡기! 그 후 이스라엘의 역사는 블레셋의 역사와 맥을 함께합니다. 이스라엘 왕국 시대 때는 강성해진 블레셋과 계속 전쟁을 벌여야 했습니다. 사울 왕은 블레셋에게 죽임을 당했고, 다윗 왕 때 간신히 제압하기도 합니다. 이것이 바로 오늘날 중동 전쟁, PLO(팔레스타인 해방 기구)와 이스라엘 분쟁의 역사적 기원입니다. 그 분쟁의 원천이 사명을 망각한 삼손이라는 지도자 한 사람의 잘못에서 비롯되었다는 것을 되돌아보아야 합니다.

사사 시대의 죄의 실상 _ 삿 17-21장

사사 시대의 대표적인 두 가지 범죄가 있습니다. 영적인 범죄와 성적인 범죄입니다. 사실 영적인 범죄를 저지르게 되면 성적인 범죄가 따라오게 마련입니다. 사사기 뒷부분에서는 사사 시대의 두 가지 죄의 실상을 자세하게 이야기하고 있습니다.

✦ 영적 범죄: 미가의 신당 _ 삿 17-18장

에브라임 산지에 사는 미가라는 사람은 자기 어머니의 은 1,100세겔을 훔쳤습니다. 그런데 어머니가 돈 훔쳐 간 놈을 저주하자 "훔친 것이 아니라 찾은 것"이라고 하면서 어머니께 다시 갖다 줍니다. "그의 어머니에게 이르되 어머니께서 은 천백을 잃어버리셨으므로 저주하시고 내 귀에도 말씀하셨더니 보소서 그 은이 내게 있나이다 내가 그것을 가졌나이다 하니 그의 어머니가 이르되 내 아들이 여호와께 복 받기를 원하노라 하니라 미가가 은 천백을 그의 어머니에게 도로 주매"(삿 17:2-3). 그때 어머니가 "야, 우리 아들 장하다"고 하면서 하나님의 축복을 받으라고 은 200세겔을 들여 신상을 만들었습니다.

하나님은 십계명을 통해 하늘에 있는 것이든 땅에 있는 것이든, 보이는 것이든 보이지 않는 것이든 어떠한 형상이라도 조각하지 말라고 하셨습니다. 그런데 사사 시대 말기로 가면서 여호와 신앙이 완전히 희미해졌습니다. 이스라엘 백성은 하나님이 어떻게 생겼는지는 모르지만 어느 정도 비슷하게 만들어 놓고 "이것이 하나님이다"라고 한 겁니다. 그렇게 해서 미가가 자신의 집에 있는 신당에 하나님 신상을 갖다 놓습니다. 기드온 때 만든 에봇도 갖다 놓고 야곱 때 라헬의 아버지가 섬겼던 집안의 신상이요 인감도장인 드라빔도 갖다 놓으며, 신당을 꾸몄습니다. 하나님이 십계명을 통해 우상 숭배를 금하며 "하나님 이외의 다른 신을 섬기지 말라"고 하셨는데 에봇, 드라빔 등 신비한 것을 다 신으로 섬겼습니다. 이런 복합 신앙은 영적 간음입니다.

사사 시대의 영적 범죄는 이스라엘 시대를 관통하면서 반복되고 있습니다. 단일왕국 시대의 사울 왕이 그랬고, 분열왕국 시대의 많은 왕들과 북이스라엘의 첫 왕 여로보암도 금송아지 산당을 짓는 것으로 범죄하기 시작했습니다. 예수님을 믿으라고 권하면 "뭐, 살다 보면 인생에 종교 하나쯤은 필요할 수 있죠" 하며 필요할 때 도와주는 하나님 하나 정도는 있으면 좋겠다고 합니다. 그 신이 예수님이든 석가모니든 상관없습니다. 이것이 바로 잘못된 혼합 신앙입니다. 여호수아가 "너희가 섬길 자를 오늘 택하라"(수 24:15)고 했을 때 하나님을 선택해야 하는데, 내 맘대로 해 줄 신을 선택합니다. 자기 생각에 옳은 대로 행하는 것입니다. 이것이 타락입니다.

✚ 성적 범죄: 레위 제사장의 첩 _ 삿 19-21장

영적으로 범죄하고 나니까 성범죄가 따릅니다. 영적 간음(혼합 종교)은 육적 간음으로 이어지게 되어 있습니다. 사사기 19장에는 첩을 두었던 한 레위 제사장이 나옵니다. 그는 다른 남자와 달아난 첩을 찾으려고 처갓집에 갔는데, 첩의 아버지는 딸을 데려가면 죽일 것 같으니까 사위를 붙잡아 놓고 6일 동안이나 술을 먹입니다.

이렇게 술을 퍼먹고 나서야 집으로 가던 제사장은 도중에 기브아라고 하는 베냐민 지파의 동네에서 하룻밤을 잤습니다. 그때 제사장이 머물게 된 집에 동네 남자들이 와서 "레위 제사장을 내놓으라"고 합니다. 레위 제사장과 동성애 관계를 하겠다는 것입니다. 결국 레위 제사장은 자기 목숨 살리겠다고 자신의 첩을 대신 내놓았는데, 그 첩은 동네 청년들에게 밤새 윤간을 당하고 새벽에 돌아와 그 집 문고리를 잡고 죽었습니다.

그러자 레위 제사장이 첩의 시체를 열두 토막을 내서 12지파에게 보내면서 "장로들이여, 이 꼴을 보세요. 오늘날 이스라엘이 이 정도로 성적 타락을 했습니다"라고 전합니다. 레위 제사장은 자신이 제사장으로서 첩을 둔 죄, 장인과 오랫동안 술타령했던 죄는 뒤로 감추고 베냐민 지파의 행위만 손가락질합니다. 그동안 열심히 바알 신앙을 섬기며 죄를 짓던 모든 지파 사람들이 모여 분개하면서 '베냐민 지파를 박살 내자'고 의기투합합니다. "우리가 이스라엘 모든 지파 중에서 백 명에 열 명, 천 명에 백

명, 만 명에 천 명을 뽑아 그 백성을 위하여 양식을 준비하고 그들에게 베냐민의 기브아에 가서 그 무리가 이스라엘 중에서 망령된 일을 행한 대로 징계하게 하리라 하니라"(삿 20:10). 전에는 입다가 에브라임 지파를 박살 내더니, 이번에는 이스라엘 지파가 모두 모여서 베냐민 지파를 박살 냈습니다. 나중에 이 사건은 이스라엘의 분열의 요인이 됩니다.

죄인이 죄인을 향해 손가락질하며 처벌하는 한심한 상황입니다. 선악과를 먹으면 눈이 밝아져 남의 허물만 보입니다. 우리는 이웃의 죄와 허물을 들추려 하지 말고 주님 앞에 무릎 꿇고 내 죄를 고백해야 합니다. 하나님은 이것을 깨닫게 해 주십니다.

사사기에서 우리는 사람이 하나님의 축복을 받고 나면 범죄하고, 그러면 하나님의 징계가 뒤따르고, 그 징계 속에서 이스라엘이 하나님께 부르짖으면 하나님이 다시 구원해 주시는 과정이 반복되는 것을 볼 수 있습니다. 사사 시대의 결론은 "그때에 이스라엘에 왕이 없으므로 사람이 각기 자기의 소견에 옳은 대로 행하였더라"(삿 21:25)입니다. 당시 이스라엘이 하나님을 주권자로 택하지 않았기 때문에(왕이 없으므로) 선악과를 먹고, 각기 자기의 소견에 옳은 대로 행하고 거듭되는 심판 앞에 고통받는 악순환이 이어졌습니다.

하나님이 생명과로 주신 말씀을 날마다 먹고 기도해서, 내 생각대로 살아가는 선악과 인생을 이겨 내야 합니다. 이것이 사사 시대와 같은 죄의 악순환을 막고 영생의 축복을 누릴 수 있는 비결입니다.

사사 시대가 실패할 수밖에 없었던 이유

하나님이 중간 통치자인 왕을 두지 않고 친히 통치하시려던 사사 시대가 실패로 끝난 이유는 무엇일까요? 물론 이스라엘이 하나님을 주권자인 왕으로 선택하지 않았기 때문입니다. 그렇다면 왜 그들은 이런 선택을 했을까요?

당시 하나님의 언약궤가 있는 성막은 벧엘에서 세겜으로 그리고 실로로 옮겨졌으나 왕정 시대에 이르러 솔로몬이 성전을 세우기 전까지는 이스라엘 12지파가 성소에 함께 모여 예배드린 기록이 없습니다(삿 21:25). 이스라엘이 함께 모여 예배드리지 않았기 때문에, 보이지 않는 실상(말씀, 하나님)으로 들어가지 못하고 자꾸 보이는 현상(풍요와 다산, 성적 쾌락)에 빠질 수밖에 없었습니다. "믿음은 바라는 것들의 실상이요 보이지 않는 것들의 증거니"(히 11:1).

오늘날 우리들도 날마다 예배드리는 것(새벽예배)을 게을리하면 실상으로 들어가지 못하고, 자기도 모르게 보이는 현상에만 관심을 가지게 됩니다. 그래서 자기에게 주어진 환경에 불평하고 짜증을 부리게 되는 것입니다. 다윗은 실상의 중요성을 알았기에 날마다 성전에서 하나님 만나기를 사모했으며(시 27:4), 그랬기 때문에 하나님의 엄청난 축복과 사랑을 받았습니다.

우리는 보이지 않는 실상(아들 하나님=말씀)에서 형체로 빚어져 이 세상에 나오게 되었습니다. 이 형체가 성화의 과정을 통해 예수님의 형상으로 변화되어 다시 실상(주님 안)으로 돌아가도록 지음받았음을 늘 기억하고 예배에 힘써야 합니다. 하나님의 나라와 그 의를 구하면(실상으로 들어가면) 먹고 마시고 입는 것을 더하시리라(마 6:33)는 말씀을 붙잡을 때 인생의 모든 축복이 덩굴째 들어온다는 사실을 믿으시기 바랍니다.

◇ **사무엘상 1-15장**

단일왕국 시대는 사무엘상·하, 열왕기상 11장까지로 그 범위가 넓습니다. 사무엘상을 펼치면,

이스라엘의 마지막 두 사사인 엘리와 사무엘이 등장합니다. 사사기에 등장하는 사사들은

12명이고 그 마지막 사사는 삼손이지만, 실제 이스라엘 역사에서 사사 시대와 왕국 시대를

연결하는 마지막 사사는 엘리와 사무엘입니다.

 왕정의 시작

✚ **두 명의 마지막 사사 _ 삼상 1-8장**

무능했던 엘리 사사

엘리 사사는 매우 무능했습니다. 무능하다는 것은, 세상이 보기에 그랬다는 것이 아니라 하나님께 민감하지 못했다는 뜻입니다. 엘리는 하나님보다 자기 아들들을 더 사랑했습니다. 그리고 하나님이 명령하시지 않았는데도 자기 생각대로 언약궤를 전쟁터에 가져갔다가 블레셋에게 빼앗겼습니다. 사사 시대 말기에는 블레셋과의 전쟁이 끊이지 않았는데, 엘리는 하나님의 언약궤를 진중에 두면 전쟁에서 이길 수 있다고 생각했던 것입니다.

그러나 여호수아 때 언약궤를 멘 제사장이 요단 강을 밟자 강물이 갈라진 것은 하나님의 말씀대로 순종했기 때문이지, 언약궤 자체가 기적을 일으키는 물건은 아닙니다. 엘리는 이 사실을 몰랐습니다. 엘리는 성전에 앉아 있다가 언약궤를 블레셋에 빼앗겼다는 소식을 전해 듣고 목이 부러져 죽고, 두 아들도 전장에서 죽는 비참한 최후를 맞이합니다(삼상 4:17-18).

오늘날에도 십자가를 목에 걸고 다니거나 자동차에 달고 다니면 좋은 일이 일어날 줄로 생각하는 성도들이 있을 것입니다. 하지만 십자가 형상 자체에 능력이 있는 것은 아닙니다. "누구든지 나를 따라오려거든 자기를 부인하고 자기 십자가를 지고 나를 따를 것이니라"(마 16:24)고 하신 말씀대로 일상생활에서 자신을 부인하는, 다시 말해 이웃을 위해 자신이 손해 보는 순종의 삶을 살 때 하나님의 은혜와 축복을 체험하게 되는 것입니다.

사무엘의 위대한 업적

사무엘 사사는 한나의 기도로 태어났습니다. 아들을 낳지 못했던 한나는 아들을 낳은 첩의 구박을 받았습니다. 한나는 하나님을 찾을 수밖에 없었습니다. 한나가 성전에서 기도할 때, 무능한 엘리 제사장은 아침부터 술 취했다고 한나를 나무라면서 독주를 끊으라고 말합니다(삼상 1:12-14). 엘리 제사장은 이 여인이 마음 찢는 기도를 하고 있었다는 것조차 알아차리지 못했습니다. 하지만 경건한 여인 한나는 이렇게 무능한 제사장, 요즘 말로 하면 무능한 목사님을 끝까지 잘 섬겨서 축복을 받았습니다(삼상 7:3-17).

하나님의 말씀이 희귀한 때에 사무엘은 하나님의 부르심을 받았습니다. 사무엘은 블레셋의 위협으로부터 약속의 땅을 지키고 사사 시대 400년의 죄를 회개하는 운동을 벌이는 등 신실하게 사명을 감당합니다.

사무엘은 이스라엘 역사에서 세 가지 큰 위대한 업적을 이룹니다.

첫째는 이스라엘의 마지막 사사로서 사사 시대와 왕국 시대를 연결하는 다리 역할을 감당했습니다.

둘째는 영적인 회개 운동, 영적인 각성 운동을 벌였습니다. 오늘날도 부흥 집회를 '영적 대각성 운동'이라고 합니다. 특히 사무엘이 온 이스라엘 백성들을 미스바에 모이게 해서 일으켰던 영적 회개 운동을 '제1차 미스바 총회'라고 합니다. 이때 사무엘은

'왜 하나님이 사사 시대 400년 동안 이방 종족들로 하여금 이스라엘을 치도록 하셨는 가?' 하는 이유에 대해 이야기합니다. 그것은 이스라엘 백성이 하나님을 버리고 바알 우상을 섬겼기 때문이라고 말합니다(삼상 7:3). 사무엘의 말을 듣고 이스라엘 백성들은 바알 우상을 버리고 회개하며 하나님께 돌아갑니다. 이때 블레셋이 쳐들어왔지만, 여호와의 군대 대장이 막아 주었습니다(삼상 7:10-13).

셋째는 이스라엘 왕에게 기름 부었습니다. 가장 위대한 업적입니다. 이스라엘 백성들이 사무엘에게 호소합니다. "당신은 늙고 당신의 아들들은 당신의 행위를 따르지 아니하니 모든 나라와 같이 우리에게 왕을 세워 우리를 다스리게 하소서"(삼상 8:5). 사사 시대 400년 동안 지겹도록 이방 종족의 침입을 받으며 굶주리고 가족이 죽어 가는 엄청난 고통을 겪었기 때문인지, 자기들을 지켜 줄 왕을 달라고 요구합니다.

이스라엘 백성들이 왕을 달라고 하는 이유는 상비군을 두기 위해서입니다. 그들은 이방족속들에게 있는 왕과 상비군이 없어서 자신들이 전쟁에서 진다고 생각했습니다. 이스라엘 백성들은 하나님을 왕과 주권자로 인정하지 않고 바알 우상을 섬겨서 징벌받은 사실조차 인식하지 못했습니다. 하나님이 이스라엘의 왕이 되어서 직접 통치하기 원하신다는 것을 깨닫지 못했던 것입니다.

이때 사무엘의 마음은 찢어졌을 것입니다. 당시 사사는 왕의 역할, 제사장의 역할, 선지자의 역할을 모두 했기 때문에 사실상 왕은 사무엘 자신이었습니다. 그러니 사무엘한테 왕을 달라고 하는 것은 사무엘을 무시하는 것이나 마찬가지입니다. 사무엘은 이스라엘의 왕은 하나님이시기 때문에 왕을 둘 수 없다고 했지만, 하나님은 요구를 다 들어주라고 하십니다.

왜 이렇게 말씀하셨을까요? 이스라엘 백성들의 본심을 꿰뚫어 보셨기 때문입니다. "그들이 너를 버림이 아니요 나를 버려 자기들의 왕이 되지 못하게 함이니라"(삼상 8:7).

왜 때로 하나님은 하나님 뜻에 맞지 않는 기도를 할 때도 들어주십니까? 그들이 원했던 대로 세속적인 왕의 통치를 받아서, 이스라엘에 왕을 세우지 않으려는 하나님의 심정을 깨닫게 하기 위한 것입니다. 그리고 하나님 앞에 나오라는 것입니다.

맥잡기 하나님은 출애굽 때부터 이 땅에 하늘나라의 그림자로서의 왕국을 세우시려고 계획하셨음(신 17장)을 분명히 알 수 있습니다. 천국을 영어로 'Kingdom of Heaven'이라고 해서 왕국(Kingdom)으로 표시하는 것을 봐도 이를 알 수 있습니다.

남북왕국 시대 수백 년 동안 왕을 둔 결과가 무엇입니까? 이들은 왕국 시대가 끝나고 포로로 잡혀갔으며, 메시아 대망 사상을 갖게 되었습니다. 세속의 왕은 불완전했기 때문에 다윗의 후손, 진정한 하나님의 아들이 왕으로 오시기를 기다렸던 것입니다.

 ## 사울 왕 _ 삼상 9-31장

✚ 사울, 왕으로 뽑히다

왕을 뽑는 세속적인 기준은 용모와 겸손입니다.

첫째, 용모입니다. 당시 고대 중동 지방에서는 왕을 뽑을 때 용모를 보았는데, 키가 엄청나게 커야 하고 머리숱이 많아야 하고 눈에 총기가 있어야 했습니다. 머리카락이 치렁치렁 하게 자르지 않도록 했습니다. 다윗의 아들 압살롬은 아주 잘생겼고, 1년에 한 번씩 자른 머리카락이 왕의 저울로 200세겔이나 되었습니다.

둘째, 겸손입니다. 세상의 겸손은 문제가 있습니다. 진정한 겸손이 아닌 위장된 겸손의 이면에는 열등의식이 차지하고 있는데, 사울 왕이 그랬습니다.

하나님은 왕이 지켜야 할 규례를 신명기 17장 14-18절에서 네 가지로 말씀하셨습니다.

첫째, 반드시 하나님이 기름 부으신 자여야 한다.

둘째, 하나님의 말씀을 옆에 두고 자나 깨나 묵상하며 그대로 살아야 한다.

셋째, 아내를 많이 두어서는 안 된다.

넷째, 진정한 왕이신 하나님만을 의지하고 병거와 마병을 많이 두지 않아야 한다.

그런데 솔로몬 왕처럼 이것을 지키지 못하고 망하는 왕들이 나왔습니다.

이러한 기준에 맞춰 이스라엘 백성들의 요구로 시작된 왕의 시대에, 하나님은 이스라엘 백성의 첫 왕으로 사울을 주셨습니다. 사울의 아버지 기스는 나귀를 잃어버리자 사울에게 찾아오라고 보냅니다(삼상 9:3). 이때 사울은 나귀를 찾다가 찾지 못하고 사무엘 선지자를 만나기 위해 라마라는 곳에 들릅니다. 그때 사무엘이 사울을 알아보고 하나님의 지시에 따라 사울에게 기름을 붓습니다(삼상 10:1). 이 당시에는 왕으로 기름 부음을 받았다고 해서 당장 왕의 자리에 오르는 것이 아닙니다. 얼마 후에 사무엘은 이스라엘의 왕을 뽑기 위해 각 지파에서 천 명씩 대표를 모으고, 제2차 미스바 총회를 엽니다. 이들이 제비를 뽑았습니다. 이미 사울이 하나님의 기름 부으심을 받았기 때문에 누가 뽑힐지는 정해져 있었습니다.

그런데 사울은 이미 기름 부음도 받고 제비뽑기에서도 뽑혔는데도 짐보따리 뒤에 숨는 지나친 겸손의 모습을 보입니다. "그러므로 그들이 또 여호와께 묻되 그 사람이 여기 왔나이까 여호와께서 대답하시되 그가 짐보따리들 사이에 숨었느니라"(삼상 10:22). 전국에서 만이천 명의 대표자들이 왔으니까 수하물을 얼마나 많이 쌓아 놓았겠습니까. 그 뒤에 가서 사울이 숨었습니다. 숨어 있는 사람을 끌어다가 "이 사람이 왕이요" 하고 여러 사람 앞에 세웠더니 다른 사람들보다 머리 하나만큼 키가 더 컸다고 했습니다. 정식으로 사울이 왕이 되었으나 사람들은 왕관을 씌워 주지도 않았고 단지 박수만 쳐 주고 만세 삼창하고는 다시 고향으로 돌려보냈습니다.

사울이 명실상부한 왕으로 등극한 것은 암몬 족속이 이스라엘의 곡창 지대인 요단강 동편의 길르앗 야벳에 침입했을 때입니다. 이때 사람들이 "우리도 이제 왕을 뽑았지 않았습니까? 왕이 출정해서 싸워 주시오" 합니다. 그때 사울에게 하나님의 영이 감동했습니다. 사울은 성령이 임하니까 손으로 소 한 마리를 때려잡습니다. 사울은 그 소고기를 12등분해서 각을 떠 12지파에 보내며 "우리 다 함께 암몬 족을 격퇴하자"고 해서 백성들을 불러 모읍니다. 그러자 전국에서 33만 명이 한곳에 집결했습니다. "한 겨리의 소를 잡아 각을 뜨고 전령들의 손으로 그것을 이스라엘 모든 지역에 두루 보내어 이르되 누구든지 나와서 사울과 사무엘을 따르지 아니하면 그의 소들도 이와 같이 하리라 하였더니 여호와의 두려움이 백성에게 임하매 그들이 한 사람같이 나온지라 사울이 베섹에서 그들의 수를 세어 보니 이스라엘 자손이 삼십만 명이요 유다 사람이 삼만 명이더라"(삼상 11:7-8). 사울 왕은 이들과 함께 나가서 암몬을 격퇴한 후 길갈에서 왕으로 즉위합니다.

✚ 사울 왕의 잘못된 신앙

상비군의 창설

암몬 족과 전쟁을 치르고 난 뒤 사울 왕이 상비군을 창설합니다. 임시 수도 길갈에 2천 명의 상비군을 두고, 사울의 고향 기브아에는 아들 요나단을 대장으로 삼아 천 명의 군대를 두었습니다(삼상 13:2). 이 군대의 모습이 얼마나 초라했는지 모릅니다. 사사 시대 말기에 삼손과 엘리가 책임을 다하지 못해 강성해진 블레셋은, 이스라엘 백성들이 칼을 들고 대항할까 봐 쇠붙이를 일절 만지지 못하도록 대장간을 모두 폐쇄했습니다. 때문에 이스라엘 백성들은 칼이나 호미 자루의 날을 세우려 해도 블레셋에 있는 대장간에 가야 했습니다. 이렇다 보니 이스라엘에 창이나 칼이 하나도 없었습니다.

사울 왕의 상비군의 처지가 얼마나 한심했는지 길갈에 있는 사울 왕의 군사 2천 명의 유일한 무기가 칼 한 자루였습니다. 이 칼을 왕 혼자만 가졌습니다. 사실 왕은 직접 칼을 사용하지 않기 때문에 병기 잡는 소년이 칼을 들고 있었습니다. 기브아에 있는 천 명의 병사들에게도 역시 창이 딱 한 자루 있었는데, 그 창 역시 요나단의 병기 잡는 소년이 가지고 있었습니다. 형편없는 군대이긴 해도 어쨌든 최초의 상비군이었습니다.

맥잡기🗝 이러한 양상은 오늘날과 정반대입니다. 이스라엘은 블레셋의 후손 PLO를 완전히 제압했습니다. 그래서 블레셋이 이스라엘에 아무리 대항해 봤자 자살 공격밖에 못합니다. 그러면 이스라엘은 탱크로 밀고 비행기로 폭격해서 보복합니다.

이러한 상황에 블레셋이 쳐들어왔습니다. 사울의 고향 기브아 위에 있는 믹마스 언덕에 블레셋이 총 집결했습니다. 병거 3만 대와 마병 6천 명이 언덕 위에 창칼을 휘두르며 포진한 겁니다. 3천 명의 이스라엘 군인은 고작 칼 한 자루, 창 한 자루를 가지고 길갈과 기브아에 있습니다. 얼마나 한심합니까? 말도 안 되는 게임입니다. 블레셋은 단 한 번의 전쟁으로 이스라엘을 완전히 장악하고 이 땅을 차지하겠다는 겁니다.

이때 사울은 이런 심정이었을 것입니다. "하나님, 지금 이게 뭡니까? 나를 망신 주려 하십니까? 왕으로 뽑아 놓고 이게 뭡니까?" 사울은 하나님이 함께하시지 않으면, 전쟁에서 이길 수 없다는 것을 잘 알았습니다.

순종과 치성의 차이

사울 왕은 하나님을 예배할 때 하나님이 도와주실 것이라는 믿음을 가지고 있었습니다. 그런데 마침 사무엘이 없었습니다. 당시 사무엘은 길갈과 미스바와 라마를 왔다 갔다 하면서 재판을 해 주었습니다. 사무엘은 사울에게 일주일 뒤에 반드시 길갈로 돌아오겠다고 했는데, 사정이 생겨서 약속한 날에 돌아오지 못했습니다. 이때 다행히 블레셋 군대가 공격해 내려오지는 않았지만, 큰 위기감이 감돌았던 것은 사실입니다. "이스라엘 사람들이 위급함을 보고 절박하여 굴과 수풀과 바위틈과 은밀한 곳과 웅덩이에 숨으며 어떤 히브리 사람들은 요단을 건너 갓과 길르앗 땅으로 가되 사울은 아직 길갈에 있고 그를 따른 모든 백성은 떨더라 사울이 사무엘의 정한 기한대로 이레 동안을 기다렸으나 사무엘이 길갈로 오지 아니하매 백성이 사울에게서 흩어지는지라"(삼상 13:6-8).

사울 왕은 불안을 참지 못하고 번제물을 가져오게 해서 사무엘 제사장이 드려야 할 제사를 자신이 직접 드렸습니다.

뒤늦게 도착한 사무엘이 사울 왕을 매우 나무랍니다. 하나님은 절대로 왕이 제사장직을 침범해서는 안 된다고 말씀하셨기 때문입니다. "사무엘이 사울에게 이르되 왕이 망령되이 행하였도다 왕이 왕의 하나님 여호와께서 왕에게 내리신 명령을 지키지 아니하였도다 그리하였더라면 여호와께서 이스라엘 위에 왕의 나라를 영원히 세우셨을 것이거늘 지금은 왕의 나라가 길지 못할 것이라 여호와께서 왕에게 명령하신 바를 왕이 지키지 아니하였으므로 여호와께서 그 마음에 맞는 사람을 구하여 여호와께서 그를 그의 백성의 지도자로 삼으셨느니라 하고"(삼상 13:13-14). 사울 왕은 이스라엘 최초의 왕으로 세움 받은 지 얼마 되지 않아 바로 무너졌습니다. 왜 무너졌습니까? 사울이 제사장직을 침범했기 때문입니다. 하나님은 신명기를 통해 왕과 제사장과 선지자의 직분을 분명히 구분하셨습니다. 왕의 역할은 국민을 위해서 전쟁하고 평상시에는 재판하는 것이었습니다. 권력이 있다고 해서 왕이 제사를 드릴 수는 없습니다. 아무리 왕이라도 반드시 선지자의 말에 순종하도록 율법으로 정해 놓으셨습니다. **맥잡기!**
왕정 시대에 하나님은 계속해서 선지자를 보내셨고, 특히 왕이 잘못했을 때는 선지자가 하나님의 말씀으로 왕의 잘못을 지적하거나 충고해서 하나님 나라를 지키도록 하셨습니다. 선지자를 핍박하고 옥에 가두는 왕이 있는가 하면, 다윗처럼 선지자 앞에 무릎 꿇고 회개하는 왕이 있었습니다. 그런데 사울 왕은 이를 어긴 것입니다.

왜 그랬습니까? 사울은 잘못된 신앙을 가지고 있었습니다. 사울은 하나님을 믿고 예배의 능력도 알았지만, 그것이 기복 신앙이었다는 것이 문제였습니다. 우리가 필요할 때 제사(예배)만 드리면 하나님이 언제든지 와서 우리를 위해 싸워 줄 것이라는 잘못된 믿음(생각) 때문입니다. 성경은 사무엘상·하, 역대상에서 사울 왕의 잘못된 신앙을 이야기하고 있습니다. 아무리 위급해도 "제사장이 올 때까지 기다리라"는 말씀에 순종하는 것이 성도의 자세입니다. 그리스도인은 내 생각과 위급한 상황보다 말씀에 순종하는 것이 먼저입니다.

선지자의 명령을 무시하다

사무엘을 통해 하나님이 내리신 또 하나의 명령은, 이스라엘 남방에 있는 아말렉을 치는 것이었습니다. 그런데 그들을 칠 때 주의해야 할 것이 있었습니다. "사무엘이 사울에게 이르되 여호와께서 나를 보내어 왕에게 기름을 부어 그의 백성 이스라엘 위에 왕으로 삼으셨은즉 이제 왕은 여호와의 말씀을 들으소서 만군의 여호와께서 이같이 말씀하시기를 아말렉이 이스라엘에게 행한 일, 곧 애굽에서 나올 때에 길에서 대적한 일로 내가 그들을 벌하노니 지금 가서 아말렉을 쳐서 그들의 모든 소유를 남기지 말고 진멸하되 남녀와 소아와 젖 먹는 아이와 우양과 낙타와 나귀를 죽이라 하셨나이다"(삼상 15:1-3). 아말렉을 치라는 하나님의 명령대로 잘 싸워서 사울 왕은 전쟁에서 이겼습니다. 그런데 문제는 사울 왕이 아말렉을 치고 난 후 아말렉 왕 아각을 살려 주고 소와 양들 중에 살지고 기름진 것을 죽이지 않은 것입니다.

사울 왕은 사무엘에게 말했습니다. "내가 여호와의 명령을 행하였나이다"(삼상 15:13). 그러자 사무엘이 나무랍니다. "그러면 내 귀에 들어오는 이 양의 소리와 내게 들리는 소의 소리는 어찌 됨이니이까"(삼상 15:14). 이에 사울 왕이 이렇게 대답합니다. "그것은 무리가 아말렉 사람에게서 끌어온 것인데 백성이 당신의 하나님 여호와께 제사하려 하여 양들과 소들 중에서 가장 좋은 것을 남김이요 그 외의 것은 우리가 진멸하였나이다"(삼상 15:15).

이때 사무엘 사사가 했던 말은 우리가 너무나도 잘 아는 말씀입니다. "사무엘이 이르되 여호와께서 번제와 다른 제사를 그의 목소리를 청종하는 것을 좋아하심같이 좋아하시겠나이까 순종이 제사보다 낫고 듣는 것이 숫양의 기름보다 나으니"(삼상 15:22). 하나님 말씀에 순종하는 것이, 마음 없이 제사를 드리는 것보다 훨씬 더 중요합니다.

사실 사울은 제사 드리기 위해서라기보다는 백성들의 환심을 사려고 짐승을 살려 두었습니다. 그는 하나님의 말씀보다 사람을 더욱 중시했습니다. 하나님을 사랑해서 그 말씀에 순종하기보다는 백성들의 환심을 사서 왕의 자리에 조금이라도 더 붙어 있으려고 노력했습니다. 오늘날도 많은 사람들이 사울처럼 기복 신앙에 빠져 있습니다.

사울 왕은 하나님을 진정으로 사랑하지 않았습니다. 하나님 말씀에 순종(사랑)하는 것보다 자신의 인기 관리가 더 중요했기 때문에 그와 같은 불신앙을 거침없이 반복했습니다. 그 결과 하나님께 버림받았습니다.

기복 신앙 vs 기독 신앙

성황당이나 산신령 등 아무 데나 가서 복을 비는 것이 기복 신앙입니다. 기복 신앙은 신의 존재를 인정하지만 인격적으로 신을 인정하는 것은 아닙니다. 어떤 신이 됐건 상관없습니다. 그냥 내 필요만 채워 주면 됩니다.

사울 왕이 제사장 없이 제사를 드렸다고 왕위를 폐하는 것은 너무하다, 당장 적이 쳐들어오는데 하나님께 제사를 지낸 것이 뭐 그렇게 잘못인가 생각할 수 있습니다. 하지만 그것이 기복 신앙인 것이 문제입니다. 하나님의 말씀에는 관심이 없고, 하나님은 그저 내가 원하는 것만 해 주면 된다는 식입니다. 오늘날 많은 그리스도인들이 여기에 빠져 있습니다. 예를 들면 대학 입시 때는 새벽기도에 나오는 인원이 몇 배로 늘었다가 수능시험 끝나고 나면 줄어듭니다. 이것이 기복 신앙입니다.

기독 신앙과 기복 신앙은 근본적으로 다릅니다. 이 우주의 중심이 하나님이라는 것이 기독 신앙이고, 이 우주의 중심을 나라고 생각하는 기복 신앙입니다. 그런데 우리가 믿는 기독 신앙은 살아 계신 하나님과 인격적인 사랑을 나누는 관계입니다(이 점이 불교의 자비와도 구별됩니다). 하나님이 나를 특별히 사랑의 대상으로 지으셨기 때문에 나에게 필요한 모든 것을 다 주실 줄 믿는 것입니다. 이 하나님을 인격적인 존재로 섬기며, 그분이 내게 사랑을 베풀어 주시기 때문에 감사하며 그분의 명령에 순종하는 것입니다. 이것이 말씀대로 살아야 하는 이유입니다. "나의 계명을 지키는 자라야 나를 사랑하는 자니"(요 14:21) 하고 예수님이 말씀하신 것처럼, "주여 주여 하는 자마다 다 천국에 들어갈 것이 아니요 다만 하늘에 계신 내 아버지의 뜻대로 행하는 자라야"(마 7:21) 천국에 갈 수 있습니다. 하나님은 사울 왕에게서 왕위를 빼앗아 하나님 마음에 합한 자에게 왕위를 옮기셨습니다. 물론 우리가 아버지의 말씀대로 다 행할 수는 없었습니다. 그러나 지키려고 애를 쓰는 것이 구원을 이루는 성화의 과정입니다.

순종이 제사보다 나은 이유

하나님을 믿는다는 것은 머리로만 하나님을 아는 것이 아니라 하나님을 사랑하는 것, 아니 엄밀히 말하자면 하나님의 사랑에 응답하는 것입니다.

사랑은 지, 정, 의로 나타납니다. 사랑하는 사람은 늘 머리로 사랑의 상대를 생각하고(지), 마음으로 기뻐하면서 그를 의존하며(정), 그 상대를 위해 그가 원하는 대로 움직여 주는(의) 것입니다. 그런데 사울 왕의 믿음은 하나님을 생각하고(지), 기뻐하고 의지하는 것(정)만으로 그쳤다는 것이 문제입니다. 사울은 블레셋과의 전쟁에서 자신이 늘 사모하고 의지하는 하나님이 이 전쟁에서 승리할 수 있다고 믿었습니다. 그러나 하나님의 관심은 하나님이 원하시는 대로 사울이 움직여 주느냐(의지적인 순종)에 있었습니다.

오늘날 우리도 사울과 같이 하나님을 생각하고 의지하는 것만으로 하나님을 믿는다고 착각하는 성도가 아주 많습니다. 나를 도우시는 하나님을 움직이기 위해서(내 소원을 이루기 위해서) 예배드리는 성도를 하나님은 기뻐하지 않으십니다. 주님은 하나님의 축복과 사랑에 감사드리려고 늘 새벽을 깨우며, 자신의 생각을 포기하고 주님 말씀대로 순종하고 살려고 애쓰는 성도를 사랑하십니다.

불교, 힌두교 등 다른 종교도 '나를 벗어나기'(해탈)를 추구합니다. 그래서 기독교와 같다고 주장하지만 근본적으로는 다릅니다. 나를 벗어나려고 행하는 참선과 명상과 수도는 모두 내 머릿속에서 내 노력으로 안간힘을 쓰는 것(흙 속에서 헤매는 것)입니다. 하지만 노력하면 할수록 거꾸로 '나' 속으로 깊이 빠져들어 갑니다(창세기 1장 2절에서 말하는 공허와 혼돈과 흑암 속으로 빠져드는 것입니다).

'나'에서 벗어나게 해 줄 수 있는 것은 사랑뿐입니다. 하지만 사람의 사랑은 어느 정도 한계가 있습니다. 나를 사랑하사 십자가를 지시고 부활하셔서 내 안으로 찾아오신 예수 사랑 외에는 나를 벗어날 길이 없습니다. 때문에 주님은 "내가 곧 길이요 진리요 생명"(요 14:6)이라고 말씀하신 것입니다. 주님 안으로 들어가 주님과 만나 하나 되는 길은, 말씀을 붙들고 기도함으로 성령의 능력을 힘입는 것입니다. 날마다 내 생각과 주장을 내려놓고 말씀에 순종하며 의지적으로 결단하는 삶을 사는 것입니다.

성전 신앙, 다윗 왕

◇ **사무엘상 16-31장, 사무엘하, 역대상 11-29장**

이스라엘의 초대 왕 사울은 비참하게 죽었습니다. 하나님은 2대 왕으로 다윗을 내정하셨습니다.
다윗 왕은 왕이 될 것이라는 예언을 듣고 나서도 무려 13년 동안이나 말로 다 표현할 수 없는
고난의 시간을 보내야 했습니다. 하지만 그 과정을 통해 그는 '하나님 마음에 맞는' 왕이 되었습니다.

✚   왕이 되기까지, 고난의 훈련학교

목동 다윗은 어떻게 왕이 되었을까 _삼상 16장

하나님은 사무엘 선지자를 보내 다윗에게 기름을 부으십니다. 사무엘은 이새의 집에
가서 "이 집에 이스라엘의 왕 될 자가 있다. 아들들을 다 불러 모아라"고 했습니다. 그
러자 이새는 일곱 명의 아들만 줄을 세웠습니다. 막내인 여덟 번째 아들은 아버지가
눈에 보기에 도무지 왕 될 사람이 아니었던 모양입니다. 로마에 가면 미켈란젤로가 조
각한 멋지게 생긴 데이비드(다윗)상이 있지만, 실제로 다윗의 외모는 그리 매력적이지
않았던 것 같습니다. 다윗의 아버지 이새는 세속적인 기준으로 자기 아들을 보았습니
다. 그러나 하나님은 중심을 보십니다.

　다윗은 베들레헴에서 양치는 목동이었습니다. 베들레헴은 예루살렘 서남쪽에 위
치한 유다 광야에 있는 초라한 시골 동네입니다. 다윗은 어려서부터 하나님의 말씀을
붙잡고 항상 하나님께 믿음을 고백하는 사람이었습니다. 그래서 시편을 많이 썼습니

다. 하나님을 향한 믿음을 가졌다고 하지만, 양치기로서 보잘것없는 소년이었던 다윗이 어떻게 왕이 될 수 있었을까요? 다윗은 17세 소년 때 기름 부음을 받았으나, 즉시 왕이 된 것은 아닙니다. 13년 동안이나 엄청난 고난의 여정을 걸었습니다.

처음에 다윗은 왕궁의 수금 타는 소년으로 취직합니다(삼상 16:22-23). 하나님의 말씀을 어겨서 하나님으로부터 왕위를 빼앗긴 뒤로, 사울 왕의 마음에 악령이 역사하기 시작합니다. '내가 왕인데 왕의 자리를 빼앗기다니!' 하는 마음이 들지 않았겠습니까. 그 안에서 악령이 역사하니까, 사울 왕은 소리를 지르고 미쳐서 날뜁니다. 이때 신하들이 하프를 잘 타는 소년이 있다고 소개합니다. 다윗은 찬양을 잘해서 뽑혀 왔습니다. 다윗이 사울 왕 앞에서 하나님을 찬양하자 사울 왕을 괴롭혔던 악령이 떠나갔습니다. 요즈음의 개념으로는 궁전에서 파트타임으로 일한 것입니다. 비천한 신분이었던 다윗을 이런 식으로 이스라엘 왕실에 들여보내신 하나님의 신묘막측한 섭리에 경탄할 뿐입니다.

골리앗 사건 _ 삼상 17장

그때 엘라 골짜기에서 블레셋과 이스라엘 양 진영이 대결하고 있었습니다. 그런데 블레셋 군사 중에서 싸움을 돋우는 자인 골리앗이 여호와의 이름을 모독하며 외칩니다. "그 블레셋 사람이 또 이르되 내가 오늘 이스라엘의 군대를 모욕하였으니 사람을 보내어 나와 더불어 싸우게 하라 한지라"(삼상 17:10). 장수 둘이서만 붙자고 제안하는 골리앗 앞에서 온 이스라엘 군인들이 두려워 떨었습니다. 이때 조그만 소년 다윗이 막대기만 하나 든 채 거구의 "할례 받지 않은 블레셋 사람"(삼상 17:26, 36) 앞에 나섭니다. 그러자 골리앗이 조롱합니다. "블레셋 사람이 다윗에게 이르되 네가 나를 개로 여기고 막대기를 가지고 내게 나아왔느냐 하고 그 신들의 이름으로 다윗을 저주하고 또 다윗에게 이르되 내게로 오라 내가 네 살을 공중의 새들과 들짐승들에게 주리라"(삼상 17:43-44).

이런 말에 다윗은 조금도 겁을 먹지 않았습니다. 믿음이 있었기 때문입니다. "너는 칼과 창과 단창으로 내게 나아오거니와 나는 만군의 여호와의 이름 곧 네가 모욕하는 이스라엘 군대의 하나님의 이름으로 네게 나아가노라"(삼상 17:45). 이때 다윗의 물맷돌에 맞아 골리앗이 죽지만, 사실은 다윗의 믿음에 맞아 죽은 것입니다. 이 사건으로 다윗은 일약 영웅이 됩니다. 영웅은 반드시 적을 낳습니다. 영웅이 된 순간부터 다윗은 고난의 길로 들어섭니다.

다윗이 블레셋 사람을 죽이고 돌아올 때 여인들은 성에서 나와 춤추며 노래를 불렀습니다. "여인들이 뛰놀며 노래하여 이르되 사울이 죽인 자는 천천이요 다윗은 만만이로다 한지라"(삼상 18:7). 그렇지 않아도 악령에 눌려 있던 사울 왕은 이 노래를 듣는 순간 열등감에 사로잡혀 다윗을 죽이기로 작심합니다. 사무엘 선지자가 "여호와께서 오늘 이스라엘 나라를 왕에게서 떼어 왕보다 나은 왕의 이웃에게 주셨나이다"(삼상 15:28)라고 했으니, '바로 이놈이구나!' 하고 알아챈 겁니다. 사울 왕은 하나님의 생각과 뜻에 자신의 삶을 맞추려 하지 않고 자신의 뜻을 위해 하나님을 대적하기 시작합니다. 하나님이 왕위를 옮기겠다고 하시면 "하나님, 제가 잘못했습니다" 하고 회개해야 하는데, 하나님이 뭐라 하시든 간에 자기의 왕위를 유지하려고 합니다. 이런 태도는 상대방을 인격체로 인정하지 않는 겁니다.

죽음에 몰린 다윗

그 뒤 사울 왕은 다윗을 죽이기 위해 온갖 박해를 다합니다. 다윗의 고난의 생애가 시작됩니다. 사울 왕은 우선 다윗을 자기 옆에 둡니다. 전에는 다윗이 하프를 타면 악신이 가라앉았는데, 지금은 계속 듣는 척하고 있다가 찬양하는 다윗에게 창을 집어던집니다. 왕 앞에 무릎 꿇고 앉아서 하프 타고 있던 다윗이 어떻게 날아오는 창을 피할 수 있겠습니까? 하나님이 막아 주시니까 사울이 계속 던져도 맞지 않은 겁니다.

그러자 사울 왕은 '이거, 내 손으로 죽이려고 하니까 안 되는구나' 하고 생각했습니다. 사울 왕은 머리를 씁니다. 다윗에게 블레셋 사람의 포피 100개를 베어 오면 자신의 딸 미갈을 아내로 주겠다고 약속합니다. 포피는 남자 성기의 표피, 즉 할례받고 나면 나오는 껍질입니다. 블레셋 군인 100명을 죽여 오라는 것입니다. 사람 100명을 죽이기도 힘든데, 죽여서 한 사람씩 옷 벗기고 포피를 벗기려면 적들에 발각되어 죽지 않겠습니까? 사울 왕은 다윗을 그런 식으로 블레셋 사람들 손에 죽이려 했던 것입니다. "사울이 이르되 너희는 다윗에게 이같이 말하기를 왕이 아무 것도 원하지 아니하고 다만 왕의 원수의 보복으로 블레셋 사람들의 포피 백 개를 원하신다 하라 하였으니 이는 사울의 생각에 다윗을 블레셋 사람들의 손에 죽게 하리라 함이라"(삼상 18:25).

그런데 다윗은 블레셋 사람의 포피 200개를 가져옵니다. 사울은 다윗을 사위로 삼을 수밖에 없었습니다. 다윗의 이름이 점점 존귀하게 되자 사울은 다윗을 죽이려고 군대를 잔뜩 보냅니다. 사울의 딸 미갈은 눈치를 채고 창문에 줄을 달아서 다윗을 도망가게 합니다. 자기 사위를 죽이려는 사울 왕의 잔인함을 깨달았을 때 다윗은 얼마나 공포에 떨었겠습니까. '이제 나는 죽었구나' 하고 생각했을 겁니다.

결국 이스라엘에서 숨을 곳이라고는 성소밖에 없다고 생각한 다윗은 놉 땅에 있는 제사장 아히멜렉을 찾아갑니다. 거기서 제사장에게 너무 배가 고프니 먹을 것을 달라고 청해서 지성소 안에 있던 진설병을 얻습니다(삼상 21:1-6). 그리고 칼을 하나 달라고 합니다. 모든 전리품은 성소에 보관하도록 되어 있기 때문에 그곳에는 다윗이 골리앗을 죽이고 빼앗은 칼이 있었습니다. 제사장에게 다윗은 그 칼을 받아 다시 도망을 갑니다.

그 소문을 들은 사울이 군대를 보내 놉에 있는 제사장 85명과 그 가족들을 잡아 와서는, 다윗에게 먹을 것을 주고 칼까지 주어 도망하게 했다는 이유로 모두 몰살시킵니다. 왕의 자리를 지키려고 제사장과 그 가족들까지 모두 죽인 겁니다.

이러한 상황에서 다윗이 얼마나 급했겠습니까? 오늘날의 민주주의 사회도 아닌 고대 군주국가 시절, 왕이 조그마한 소년 하나를 죽이는 것은 아무 일도 아닙니다. 요즘 사람들은 아침에 눈을 뜨면 "아, 오늘 날씨 좋네. 오늘은 쉬는 날이니까 어디 가서 골프를 칠까?" 이럴지 모르지만, 다윗은 일어나자마자 "다행히 오늘도 내 목이 붙어 있구나" 했을 겁니다. 죽음을 코앞에 둔 다윗은 공포 속에서 매일 아침 눈 뜰 때마다 하나님을 찬양했습니다. "하나님, 감사합니다. 오늘 아침도 내 목이 붙어 있게 하심을 감사합니다." 다윗은 이 고난 때문에 자기의 모든 의지를 온전히 하나님 앞에 내려놓을 수 있었습니다. 고난을 통해 '나'를 이기고 '나'를 죽인 겁니다. '자아'가 깨진 겁니다.

아무리 몸부림쳐도, 여기를 가도 사울의 칼이 있고 저기를 가도 사울의 창이 있으니 이스라엘에서 더 이상 도망갈 데가 없었습니다. 얼마나 도망갈 곳이 없으면 대적의 땅인 블레셋으로 망명했겠습니까? 그는 순간순간마다 고난 속에서 도우시는 하나님을 바라볼 수밖에 없었습니다. 다윗은 시편에서 고백합니다. "내가 사망의 음침한 골짜기로 다닐지라도 해를 두려워하지 않을 것은 주께서 나와 함께하심이라 주의 지팡이와 막대기가 나를 안위하시나이다"(시 23:4). 시편은 모두 150편이지만 그

중 3분의 2가량을 다윗이 썼습니다. 다윗의 시의 공통된 주제는 자신이 도망갈 곳, 의지할 곳, 생명을 의탁할 곳은 바로 하나님밖에 없다는 고백입니다. "나의 대적으로부터 나를 보호하시며 나의 반석이시며 요새시며 숨을 바위시며 성채시요"(시 18편 참조).

하나님의 마음에 맞아 좌로나 우로나 치우치지 않는 믿음의 사람 다윗은 이 과정을 통해 탄생했습니다. "다윗을 왕으로 세우시고 증언하여 이르시되 내가 이새의 아들 다윗을 만나니 내 마음에 맞는 사람이라 내 뜻을 다 이루리라 하시더니"(행 13:22).

블레셋으로의 1차 망명

성소에서 도망 나온 다윗은 다섯 개의 도시 국가로 이루어진 블레셋의 수도 격인 '가드'로 피신합니다. 이때 큰 문제가 생겼습니다. 가드 왕 아기스는 다윗을 맞아 주었으나 신하들이 거부했던 것입니다. "아기스의 신하들이 아기스에게 말하되 이는 그 땅의 왕 다윗이 아니니이까 무리가 춤추며 이 사람의 일을 노래하여 이르되 사울의 죽인 자는 천천이요 다윗은 만만이로다 하지 아니하였나이까 한지라"(삼상 21:11). 결국 다윗은 미치광이 행세를 해서 아기스 왕 앞에서 무사히 빠져나올 수 있었습니다. "그들 앞에서 그의 행동을 변하여 미친 체하고 대문짝에 그적거리며 침을 수염에 흘리매"(삼상 21:13).

엔게디 동굴로 피신 _ 삼상 24장

가드에서 도망쳐 나온 다윗은 아둘람 굴로 피신을 합니다. 그곳에는 사울 왕의 박해를 받은 유다 지파 사람들이 모여 있었습니다. 당시 사울 왕은 다윗이 속한 베들레헴 유다 지파까지 미워했습니다. 이스라엘의 제일 작은 지파인 베냐민 지파의 사울 왕이 제일 큰 지파인 유다 지파를 박해했던 것입니다. 아둘람 동굴에 모여 있던 유다 지파 400명이 다윗을 지도자로 추대합니다. 이제 다윗에게도 400명의 부하가 생겼으니 사울 왕에게 반격할 기회가 찾아옵니다(삼상 22:1-3).

다윗은 사울 왕의 칼을 피해 계속 이 동굴 저 동굴에서 숨어 지내다가 엔게디의 동굴로 피신했습니다. '엔게디'는 우리말로 '새끼 염소의 샘'이라는 뜻입니다. 유다 광야 중간쯤에 있는 엔게디 동굴 안에는 작은 폭포가 있어서 물이 흘러내립니다. 그런데 다윗을 뒤쫓던 사울 왕이 용변을 보러 엔게디 동굴에 들어왔습니다. 용변을 보러 왔으니 병사 한 명쯤 동행하고 왔을 것입니다. 동굴 안에는 다윗과 400명의 용사들이 있었는데 말입니다. 절호의 기회라고 생각한 부하들이 다윗에게 묻습니다. "왕을 처치할까요?" 그러나 다윗은 부하들에게 왕의 몸에 절대 손을 대지 말라고 명합니다. 단지 왕의 겉옷 자락을 칼로 베어서 증거물로 삼고는 사울 왕을 그대로 내보냅니다. "다윗의 사람들이 이르되 보소서 여호와께서 당신에게 이르시기를 내가 원수를 네 손에 넘기리니 네 생각에 좋은 대로 그에게 행하라 하시더니 이것이 그날이니이다 하니 다윗이 일어나서 사울의 겉옷 자락을 가만히 베니라"(삼상 24:4).

사울을 다시 살려 주는 다윗 _ 삼상 26장

다윗이 십 황무지에 숨어 있을 때입니다. 사울 왕도 병사 3천 명을 직접 거느리고 십 광야에 진을 치고 있었습니다. 다윗은 아비새와 함께 사울 왕의 진중에 잠입합니다. 잠자던 사울 왕을 창으로 찔러 죽일 수 있었으나 죽이지 않고 창과 물병을 증거물로 가지고 옵니다. 다윗은 멀리 산꼭대기에 서서 이 일로 사울 왕에게 호소합니다. 이때 사울 왕이 깨닫고 사과합니다. "내가 범죄하였도다 내 아들 다윗아 … 내가 다시는 너를 해하려 하지 아니하리라"(삼상 26:21).

십(Ziph) 광야에서 다윗이 정확하게 사울 왕이 잠자는 곳을 찾아들어 갔다고 해서 그런지 미국에서는 우편번호를 'Zip Code'라고 합니다.

블레셋으로의 2차 망명 _ 삼상 27-29장

만약 우리나라의 차기 대권주자가 현 정부에서 학대를 받는다고 해서 북한으로 망명을 했다고 가정합시다. 그가 나중에 우리나라에 와서 지도자가 될 수 있겠습니까? 없습니다. 그런데 앞으로 통일 이스라엘의 왕이 될 다윗이 망명을 했습니다. 다윗은 엄청난 실책을 했습니다. 사울 왕이 이제는 절대로 자기를 살려 두지 않을 것이라고 생각해서 블레셋으로 도망간 것입니다. 왜 그랬습니까? 마음이 급해서였습니다. 지금까지 다윗은 어떤 일을 결정할 때마다 하나님께 기도하고 물어보았는데, 이때만은 '도망가는 것이 상책'이라고 생각했습니다. 말씀이 아닌 내 생각대로 행동하는 것이 바로 선악과를 따먹는 일입니다. 선악과를 따먹고 나니 다윗에게 지금보다도 훨씬 더 큰 고난이 닥쳐왔습니다. "선악을 알게 하는 나무의 열매는 먹지 말라 네가 먹는 날에는

지식탐구 16

다윗이 사울 왕을 살려 준 이유

첫 번째 이유는 하나님을 믿었기 때문입니다. "여호와의 기름 부음을 받은 내 주를 치는 것은 여호와께서 금하시는 것이니 그는 여호와의 기름 부음을 받은 자가 됨이니라"(삼상 24:6). 오늘날 얼마나 많은 평신도들이 하나님이 기름 부은 종, 목회자를 자기 멋대로 쫓아내고 하나님께 형벌을 받습니까? 다윗도 자기를 죽이려고 사정없이 쫓아다니는 사울 왕을 죽이고 싶었을 것입니다. 하지만 하나님이 기름 부어 세운 지도자니까 끝까지 손을 대지 않았습니다. 다윗은 "왕과 나 사이에서 하나님이 심판하실 것"이라며 하나님께 맡겼습니다.

　두 번째 이유는 사울을 죽이면 다른 11지파를 포용할 수 없기 때문입니다.

　세 번째 이유는 이스라엘에서 왕이 암살당하는 전례를 남기고 싶지 않았기 때문입니다.

반드시 죽으리라 하시니라"(창 2:17).

　블레셋에 망명해서 다윗이 겪은 고난은 크게 두 가지입니다. 다윗은 아기스 왕에게 큰 신뢰를 얻었습니다. 아기스 왕이 다윗을 얼마나 신뢰를 했으면, 가드 밑에 있는 시글락이라는 땅을 줘서 다윗이 그의 용사 600명뿐 아니라 그 가족들까지 그곳에 살게 했겠습니까? 그 기간에 다윗은 아말렉을 치고도, 유다의 남부 지방을 쳤다고 블레셋의 아기스 왕에게 거짓 보고합니다. "다윗과 그의 사람들이 올라가서 그술 사람과 기르스 사람과 아말렉 사람을 침노하였으니 그들은 옛적부터 술과 애굽 땅으로 지나가는 지방의 주민이라 다윗이 그 땅을 쳐서 남녀를 살려 두지 아니하고 양과 소와 나귀와 낙타와 의복을 빼앗아 가지고 돌아와 아기스에게 이르매 아기스가 이르되 너희가 오늘은 누구를 침노하였느냐 하니 다윗이 이르되 유다 네겝과 여라무엘 사람의 네겝과 겐 사람의 네겝이니이다"(삼상 27:8-10).

나중에 이 일은 엄청난 재앙을 가져옵니다. 다윗은 자기 동족들과 전쟁을 벌여야 하는 난처한 상황에 처하게 되었습니다. 블레셋의 아기스 왕이 사울 왕의 군대와 대전을 치르려고 수넴(아벡)에 집결했습니다. 이스라엘의 군대도 길보아(이스르엘 샘 곁)에 진을 쳤습니다. 그때 가드 왕 아기스가 다윗에게 함께 싸우자고 합니다. "그때에 블레셋 사람들이 이스라엘과 싸우려고 군대를 모집한지라 아기스가 다윗에게 이르되 너는 밝히 알라 너와 네 사람들이 나와 함께 나가서 군대에 참가할 것이니라"(삼상 28:1).

다행히 하나님은 블레셋 지도자들의 마음 가운데 의심하는 마음을 주셔서 다윗의 참전을 막아 주십니다. "블레셋 사람의 방백들이 그에게 노한지라 블레셋 방백들이 그에게 이르되 이 사람을 돌려보내어 왕이 그에게 정하신 그 처소로 가게 하소서 그는 우리와 함께 싸움에 내려가지 못하리니 그가 전장에서 우리의 대적이 될까 하나이다 그가 무엇으로 그 주와 다시 화합하리이까 이 사람들의 머리로 하지 아니하겠나이까 그들이 춤추며 노래하여 이르되 사울이 죽인 자는 천천이요 다윗은 만만이로다 하던 이 다윗이 아니니이까"(삼상 29:4-5).

아기스 왕이 할 수 없이 다윗에게 말합니다. "아기스가 다윗을 불러 그에게 이르되 여호와께서 살아 계심을 두고 맹세하노니 네가 정직하여 내게 온 날부터 오늘까지 네게 악이 있음을 보지 못하였으니 나와 함께 진중에 출입하는 것이 내 생각에는 좋으나 수령들이 너를 좋아하지 아니하니 그러므로 이제 너는 평안히 돌아가서 블레셋 사람들의 수령들에게 거슬러 보이게 하지 말라"(삼상 29:6-7). 이때 다윗이 얼마나 가슴을 쓸어내렸겠습니까? 그때 다윗은 기도할 새도 없었습니다. 큰일이 닥치면 기도할 생각조차 나지 않습니다. 그래서 평소에 기도하는 것이 중요합니다. 기도로 천사 울타리를 쳐놓기 때문에 우리 생애에 엄청난 문제가 닥쳤을 때 하나님이 지켜 주십니다. "나의 힘이신 여호와여 내가 주를 사랑하나이다 여호와는 나의 반석이시요 나의 요새시요 나를 건지시는 이시요 나의 하나님이시요 내가 그 안에 피할 나의 바위시요 나의 방패시요 나의 구원의 뿔이시요 나의 산성이시로다"(시 18:1-2). 평소에 믿음을 고백해야 합니다.

아말렉의 복수 _ 삼상 30장
큰 위기를 넘기고 돌아와 보니 말로 설명할 수 없는 엄청난 일이 벌어졌습니다. 아말렉이 시글락에 쳐들어와서 집들을 다 불태우고 재산과 가족들을 다 빼앗아 달아난 것입니다. 아말렉은 복수할 기회를 노리다가 다윗이 전쟁에 나간다는 소문을 듣고 침략해 왔습니다.

다윗을 지도자로 쫓아다니던 사람들이, 가족이 위기에 처하니까 다윗을 돌로 치려고 했습니다. 지도자를 잘못 만나서 재산을 잃고 아내와 자식들을 빼앗겼다는 것입니다. 이것이 사람의 본성입니다. 다윗은 그동안 결혼해서 아내가 둘이나 있고 가족들이 딸려 있었습니다. 그리고 600명 용사들에게도 가족들이 있었으므로 다윗의 무리는 2천 명 정도는 되었을 것입니다. 그 당시에는 노예로 잡혀가면 비참한 생활을 해야 했습니다. 다윗의 심정이 어땠겠습니까. 다윗은 어찌할 바를 모르는 고통 속에서 하나님께 부르짖었습니다. "백성들이 자녀들 때문에 마음이 슬퍼서 다윗을 돌로 치자 하니 다윗이 크게 다급하였으나 그의 하나님 여호와를 힘입고 용기를 얻었더라"(삼상 30:6).

시편 18편에서는 이렇게 고백하고 있습니다. "내가 찬송받으실 여호와께 아뢰리니 내 원수들에게서 구원을 얻으리로다 사망의 줄이 나를 얽고 불의의 창수가 나를 두렵게 하였으며 스올의 줄이 나를 두르고 사망의 올무가 내게 이르렀도다 내가 환난 중에서 여호와께 아뢰며 나의 하나님께 부르짖었더니 그가 그의 성전에서 내 소리를 들으심이여 그의 앞에서 나의 부르짖음이 그 귀에 들렸도다"(시 18:3-6).

시편 18편, 20편, 23편, 30편, 31편, 40편 모두 다윗이 고통 가운데서 울부짖는 기도이고, 하나님께 감사하는 기도입니다. 나를 지키며 나와 함께하시며 나의 고통을 돌아보시는 하나님 앞에 무릎 꿇고 부르짖는 기도가 시편입니다. 다윗은 쉽게 위대한 왕이 된 것이 아닙니다. 이러한 고난이 없었으면 다윗 왕이 될 수 없었습니다.

사울 왕의 죽음 _삼상 31장 - 삼하 1장

사울 왕은 다윗이 참전할 뻔했던 바로 그 블레셋과의 전쟁에서 끝내 목숨을 잃습니다. 만약 다윗이 이 전쟁에 참전했으면, 이스라엘 백성들은 다윗이 사울 왕을 죽였다고 생각했을 것입니다. 하나님은 이것을 막아 주신 것입니다.

어떤 목사님은 우리의 신앙생활이 마치 집에 두고 온 우산 같다고 했습니다. 평소에는 새까맣게 잊어버리고 있다가, 외출할 때 비가 오면 그제야 '우산이 어디 갔지?' 하며 찾습니다. 비 올 때만 쓰고 급할 때만 찾는 거죠. 우리는 비가 그치면 우산을 다시 어딘가에 처박아 놓고 새까맣게 잊어버릴 때가 많습니다. 예수님도 이런 식으로 믿는 사람이 많습니다. 이런 사람들은 아무 데나 좇아갑니다. 예수님을 믿는다고 하면서 점쟁이를 찾아갑니다. 하나님을 인격적인 사랑의 대상으로 생각하지 않고 자신만 도와주면 된다는 식입니다. 나만 잘되면 좋다는 겁니다. 하지만 그런 사람은 사울 왕처럼 망합니다. 하나님은 비 올 때만 필요한 우산 같은 분이 아닙니다. 하나님은 나의 산성이고 내가 피할 바위이십니다.

사도행전은 "그 후에 그들이 왕을 구하거늘 하나님이 베냐민 지파 사람 기스의 아들 사울을 사십 년간 주셨다가"(행 13:21)라고 기록합니다. 그렇게 놓치지 않으려고 발버둥을 쳤던 왕 노릇 40년 동안 사울 왕이 행복했습니까? 살아서 왕의 자리에 앉아 지옥만 경험하던 사울은 결국 죽어서 지옥에 갔습니다. 죽기 직전 수넴이 있는 무당을 찾아가기도 했습니다.

사울 왕이 죽자 다윗은 어떻게 합니까? 사울 왕의 아들 요나단과 우정이 특별했던 다윗은 사울 왕과 요나단을 위해 애가 〈활의 노래〉(삼하 1:17-27)를 지어 줍니다. 다윗은 애가에서 사울과 요나단을 활과 칼과 방패, 그리고 사자와 독수리에 비유하며 크게 높입니다. "죽은 자의 피에서, 용사의 기름에서 요나단의 활이 뒤로 물러가지 아니하였으며 사울의 칼이 헛되이 돌아오지 아니하였도다 사울과 요나단이 생전에 사랑스럽고 아름다운 자이러니 죽을 때에도 서로 떠나지 아니하였도다 그들은 독수리보다 빠르고 사자보다 강하였도다 이스라엘 딸들아 사울을 슬퍼하여 울지어다 그가 붉은 옷으로 너희에게 화려하게 입혔고 금 노리개를 너희 옷에 채웠도다"(삼하 1:22-24).

자기를 죽이려고 그렇게 애썼던 원수였는데, 그를 위해 통곡하라고 합니다. 자신을 13년 동안이나 쫓아다니면서 죽이려고 했던 대적이 적의 활에 맞아 죽었는데, 그의 죽음을 슬퍼하는 애가를 지을 수가 있겠습니까? 우리는 직장에서 상관이 조금만 기분 나쁘게 해도 '저 사람, 언제 빨리 안 없어지나?' 생각하지 않습니까? 다윗이 사울 왕을 좋아해서 그랬겠습니까?

다윗이 위대해서 이렇게 할 수 있었던 것이 아닙니다. 다윗은 자신이 의지했던 사랑의 하나님을 인정했기 때문에, 사울은 그 하나님이 기름 부은 자였기 때문에, 사울을 위해서 애가를 지을 수 있었습니다. 다윗이 이렇게 했기 때문에, 이스라엘의 모든 백성이 전심으로 다윗을 존경할 수 있었습니다. 다윗은 신약에서 예수님이 말씀하신 원수 사랑을 구약에서 유일하게 보여 주었습니다.

　다윗이 기름 부음 받은 사울 왕에게 끝까지 순종한 것처럼, 성도들도 어떠한 경우에도 교회의 머리 되신 주님이 친히 기름 부어 세우신 종인 목회자에게 절대적으로 복종해야 합니다. 반면 목사가 잘못한 것에 대해서 성도가 회개할 것을 호소할 때, 목회자의 권위만을 주장하는 것은 목자의 도리가 아닐 것입니다.

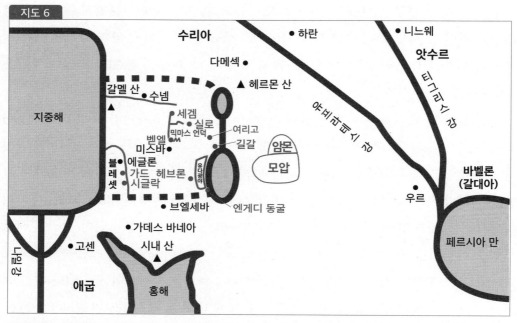

단일왕국 시대_다윗 다윗은 블레셋 가드로 십 황무지로 사울 왕의 공격을 피해 도망 다닙니다. 다윗은 자신이 어디로 가야 하는지를 하나님께 묻고 응답받았습니다.

남유다의 다윗 왕 _ 삼하 2장

다윗은 자신이 어디로 가야 하는지를 하나님께 묻고 응답을 받습니다. "그 후에 다윗이 여호와께 여쭈어 아뢰되 내가 유다 한 성으로 올라가리이까 여호와께서 이르시되 올라가라 다윗이 아뢰되 어디로 가리이까 이르시되 헤브론으로 갈지니라"(삼하 2:1). 하나님이 가라고 하신 헤브론은 유다 광야에 있는 땅입니다. 헤브론은 아브라함, 이삭, 야곱의 근거지였습니다. 당시 아직 예루살렘 성이 생기기 전이므로 유다 땅의 수도라고 할 수 있는 곳입니다. 이곳 헤브론에서 다윗은 유다 지파의 왕이 됩니다.

이때 다윗의 나이 30세였습니다. 17세 목동 시절에 기름 부음을 받아 골리앗을 물리치고 사울 왕에게 쫓겨 다니며 날마다 생명을 지켜 주시는 하나님께 감사하며 생활한 지 13년 만의 일입니다. 하나님은 사울 왕이 죽었다고 해서 바로 다윗을 이스라엘 전체의 왕으로 삼지 않으셨습니다. 다윗은 유다 지파, 즉 남쪽 왕으로만 등극했습니다. 다시 말해, 이스라엘의 열한 지파에는 아직 다른 왕이 있다는 이야기입니다. 사울 왕은 죽었지만, 사울 왕의 군대 장관 아브넬이 사울 왕의 아들 중 유일하게 살아남은 이스보셋 왕자를 추대해서 왕으로 삼았던 것입니다. 그래서 이스라엘에 약 7년이라고 하는 짧은 기간 동안, 분열왕국 시대하고는 또 다른 남북왕국 시대가 있었습니다.

결국 북이스라엘은 이스보셋 왕이 통치하고, 남유다는 다윗 왕이 통치하게 됩니다. 남유다에 해당하는 지파는 유다 지파 하나였지만 제일 큰 지파였기 때문에 규모가 컸습니다. 북이스라엘의 군사령관 아브넬은 자신이 이스보셋을 왕으로 세웠다는 이유로 자꾸만 이스보셋 왕을 뒤에서 조정하려 했습니다. 게다가 아브넬은 사울 왕의 첩을 자기 아내로 삼아 버립니다. 이 일로 아브넬과 이스보셋 왕이 대립하다가 북이스라엘은 망합니다.

✚ 이스라엘의 왕이 되다 _ 삼하 5-6장, 대상 11-16장

예루살렘 성을 세우다

북이스라엘 열한 지파의 장로들이 다윗 왕을 찾아와 자신들의 왕이 되어 달라고 간청을 합니다. 이제서야 다윗은 통일 이스라엘의 왕이 됩니다. 통일왕국의 왕이 되었을 때 다윗은 37세였습니다. 이때부터 다윗은 만 70세까지 33년 동안 통일 이스라엘을 다스립니다.

다윗은 우선 여부스 성을 칩니다. 이 성은 난공불락의 성으로, 해발 770m의 높은 지대에 있는 천연의 요새였습니다. 이곳은 아브라함 때 이삭을 바치기 위해 올랐던 모리아 산이기도 했습니다. 이스라엘은 이곳을 여호수아 때부터 사사 시대를 거치는 수백 년 동안 점령하지 못하고 있었습니다. 다윗은 여부스 성 밑에 방벽을 쌓고 기혼

샘에 지하 동굴을 파기 시작했습니다. 그 수로를 타고 올라가서 여부스 성을 함락시킵니다. **맥잡기!** 히스기야 왕 때, 이 수로를 수평으로 연결해서 실로암 연못까지 연결했습니다.

다윗은 여부스 성을 점령하고 통일 이스라엘 왕국의 수도로 삼았습니다. 그리고 그곳을 예루살렘 성이라고 불렀습니다. 다윗이 예루살렘 성에 도읍한 것이 기원전 약 천 년 무렵인데 아브라함 이후 정확히 천 년 만입니다. "믿음으로 아브라함은 부르심을 받았을 때에 순종하여 장래의 유업으로 받을 땅에 나아갈새 갈 바를 알지 못하고 나아갔으며 믿음으로 그가 이방의 땅에 있는 것같이 약속의 땅에 거류하여 동일한 약속을 유업으로 함께 받은 이삭 및 야곱과 더불어 장막에 거하였으니 이는 그가 하나님이 계획하시고 지으실 터가 있는 성을 바랐음이라"(히 11:8-10).

이때 블레셋이 침입해 들어오자 다윗이 격퇴합니다. 이후로 성경에서 블레셋이 이스라엘을 괴롭혔다는 이야기가 없습니다. 다윗의 업적은 실로 위대합니다. 블레셋을 완전히 눌러서 오늘날처럼 꼼짝 못하게 만든 사람이 다윗입니다(삼하 5:17-25).

다윗이 예루살렘 성에 도읍했다는 역사적 사실이 중요한 것이 아니라 이 성이 어떤 성이 되느냐가 중요합니다. 예루살렘 성은 하나님의 도성이 되어야 합니다. 다윗은 그동안 기럇여아림에 머물고 있던 하나님의 언약궤를 예루살렘 성, 다윗 성으로 들여옵니다. 하나님의 언약궤는 지성소에 두는데, 대제사장은 1년에 한 번씩 지성소에 들어가서 양의 피를 그 위에 뿌렸습니다. 하나님이 임재하시는 곳이기 때문입니다.

다윗이 하나님의 언약궤를 예루살렘 성에 안치함으로써 사사 시대 400년 동안 하나님을 버리고 바알 우상을 섬겼던 이스라엘의 주인이 하나님이심을 선포합니다. 하나님이 아브라함에게 약속하신 하나님 나라를 다윗을 통해 구체적으로 이루시겠다는 징표를 보여 주십니다. 드디어 예루살렘 성이 하늘나라의 수도가 되었습니다.

'샬롬'(평안)에서 유래한 '예루살렘'의 뜻은 평강의 집이라고 할 수 있습니다. "예루살렘을 위하여 평안을 구하라 예루살렘을 사랑하는 자는 형통하리로다 네 성 안에는 평안이 있고 네 궁중에는 형통함이 있을지어다"(시 122:6-7). 영원히 그 이름을 두겠다고 약속하신 곳, 예루살렘에 평안이 있습니다. 예루살렘 성은 하나님의 평강, 살렘의 성입니다. 예루살렘 성의 다른 이름은 시온 성입니다. 시온 성은 '하나님의 성'이라는 뜻입니다.

예루살렘 성은 모든 인류의 죄를 대속해서 십자가에서 피를 흘리신 주님의 구원의 도성이 됩니다. 뿐만 아니라 요한계시록의 새 하늘과 새 땅의 도성, 주님 다시 오시는 날 하늘에서 내려오는 새 예루살렘 성의 모델이 되는 커다란 영적 의미를 갖습니다. "또 내가 새 하늘과 새 땅을 보니 처음 하늘과 처음 땅이 없어졌고 바다도 다시 있지 않더라 또 내가 보매 거룩한 성 새 예루살렘이 하나님께로부터 하늘에서 내려오니 그 준비한 것이 신부가 남편을 위하여 단장한 것 같더라"(계 21:1-2). 예루살렘 성은 하나님이 계시며 하나님의 보좌가 있는 곳입니다. "지파들 곧 여호와의 지파들이 여호와의 이름에 감사하려고 이스라엘의 전례대로 그리로 올라가는도다 거기에 심판의 보좌를 두셨으니 곧 다윗의 집의 보좌로다"(시 122:4-5).

다윗 언약 _ 삼하 7:8-16, 대상 17:4-14

하나님의 언약궤를 성 안으로 옮긴 뒤 다윗은 나단 선지자에게 고백합니다. "나는 백향목 궁에 살거늘 하나님의 궤는 휘장 가운데에 있도다"(삼하 7:2). 다윗 자신은 히람 왕이 레바논에서 백향목을 운송해서 지어 준 궁에 편안하게 거하고 있지만 하나님의 궤는 휘장 속에 있으니 안타깝다는 것입니다. 영이신 하나님은 공간이 필요치 않지만 다윗은 그만큼 하나님을 사랑했습니다. 하나님도 이런 다윗을 사랑하셔서 다윗과 언약을 맺으십니다.

하나님의 이름이 귀해서 골리앗 앞에 목숨을 걸고 나섰던 다윗, 말할 수 없는 고통을 겪으면서도 하나님이 기름 부은 사울 왕에게 결코 손을 대지 않은 다윗을 하나님은 사랑하셨습니다. 그래서 다윗을 이 땅의 왕으로 세우셨습니다. 다윗이 목동 일을 하면서 들판에서 하나님과 친밀한 관계를 발전시키고, 하나님을 찬양하며 말씀 묵상한 것을 아시기에 이스라엘의 주권자로 삼아 주셨다고 하십니다. 하나님의 집을 지으려는 다윗에게 하나님은 오히려 다윗을 위해 집을 주되 영원한 집을 지어 주겠다고 약속하십니다. "여호와가 또 네게 이르노니 여호와가 너를 위하여 집을 짓고"(삼하 7:11). 다윗이 하나님을 사랑하니 이 세상에서 위대한 자와 같이 다윗의 이름을 위대하게 하겠다고 하십니다. "네가 가는 모든 곳에서 내가 너와 함께 있어 네 모든 원수를 네 앞에서 멸하였은즉 땅에서 위대한 자들의 이름 같이 네 이름을 위대하게 만들어 주리라"(삼하 7:9). "네 집과 네 나라가 내 앞에서 영원히 보전되고 네 왕위가 영원히 견고하리라 하셨다 하라"(삼하 7:16).

어떤 경우에도 하나님을 사랑한 다윗, 그래서 하나님은 그의 자녀를 축복해 주시고 그의 아들에게서 성전을 받겠다고 하셨습니다. 그 나라의 왕위가 영원히 견고하리라고 하셨습니다. 다윗은 자신이 성전 짓기를 원하였으나 하나님은 원치 않으셨습니다. 궁전을 지으려면 몇 년 동안 백성들을 혹사시켜야 하는데, 그동안 전쟁을 치르느라 너무 고생한 백성들이 다윗에게 반역할까 봐 막으신 것입니다. 하나님은 다윗이 백성들에게 추앙받는 왕이 되기를 원하셨습니다. 그리고 과분한 축복을 주십니다. 그의 아들이 범죄해도 왕위를 폐하지 않을 것이며 절대적 주권으로 심판하지 않고 오직 사람의 매와 인생의 채찍으로 징계하겠다고 하십니다. 인간의 아버지로서 심판하시겠다는 것이었습니다.

하나님은 다윗과 언약하신 대로 그 나라를 영원히 보존하시려고 다윗의 자손으로 예수 그리스도를 보내십니다(삼하 7:16). "나의 계명을 지키는 자라야 나를 사랑하는 자니 나를 사랑하는 자는 내 아버지께 사랑을 받을 것이요 나도 그를 사랑하여 그에게 나를 나타내리라"(요 14:21). 끝까지 말씀에 순종하면 다윗처럼 축복을 받습니다. "나를 사랑하지 아니하는 자는 내 말을 지키지 아니하나니"(요 14:24). 우리는 더욱 말씀에 민감해서 순종하기를 노력해야 합니다.

✚ 다윗의 실수

밧세바와의 간음 사건 _ 삼하 11장

"그 해가 돌아와 왕들이 출전할 때가 되매"(삼하 11:1). 암몬과 전쟁하려고 이스라엘 장군들이 싸움터에 나갔을 때 다윗은 왕궁에서 푹 쉬고 있었습니다. "왕은 다시 우리와 함께 전장에 나가지 마옵소서 이스라엘의 등불이 꺼지지 말게 하옵소서"(삼하 21: 17)라고 장군들이 만류했기 때문입니다. 그동안 다윗은 고난을 겪으면서도 하나님을 붙잡고 살아왔습니다. 그런데 예루살렘 성에 하나님의 언약궤를 가져오고 모든 것이 편안해지니까 전쟁 중인데도 출전하지 않고 성 위를 어슬렁어슬렁 거닐었습니다. 낮잠 실컷 자고 초저녁에 일어나서 성 안을 이리저리 둘러보며 걸었습니다.

고난 중 하나님만 바라볼 때는 절대 죄짓지 않습니다. 그래서 고난의 환경이 우리에게 얼마나 축복인지 모릅니다. 그렇지 않으면 우리는 하나님을 붙잡지 않습니다.

그러다가 한 여인이 목욕하는 것을 보았습니다. 그 여인의 이름은 밧세바로, 콩글리시로 '목욕하는 그녀를 봐'(Bath-she-ba)입니다. "다윗이 전령을 보내어 그 여자를 자기에게로 데려오게 하고 그 여자가 그 부정함을 깨끗하게 하였으므로 더불어 동침하매 그 여자가 자기 집으로 돌아가니라"(삼하 11:4). 밧세바를 궁 안으로 강제로 불러들여서 동침합니다. 강간죄를 짓습니다.

다윗은 그녀가 임신한 것을 알고는 암몬과의 전쟁에 나가 있는 남편 우리아를 불러들입니다. 집으로 보내 합방을 시키려는 것입니다. 하지만 우리아는 충성스러운 군인이었습니다. 부하들이 전쟁터에 있는데 자신이 집에 돌아갈 수 없다며 궁정에 머뭅니다. 다윗은 할 수 없이 그 남편을 죽이려고 군대 장관에게 편지까지 써서 지시합니다. 결국 우리아는 전장의 최일선에서 싸우다가 죽음을 맞이했습니다. 다윗은 살인을 저질렀습니다.

위대한 다윗 왕이라고 알고 있었는데, 성경에서 제일 금하는 강간죄에다가 살인죄까지 지었으니 죄인 중 이런 죄인이 어디 있습니까? 성경이 이것을 기록하고 있는 이유는 "의인은 없나니 하나도 없으며"(롬 3:10)라는 말씀을 실제로 보여 주기 위해서입니다. 아무리 의롭게 성화의 과정을 지나면서 하나님만을 의지하고 말씀을 붙들고 기도하고 시편을 고백한다 할지라도, 죄인은 죄인입니다. 특별히 하나님의 큰 축복을 체험한 뒤에 무서운 죄를 지을 수 있습니다.

다윗이 다른 사람과 다른 점은, 하나님이 나단 선지자를 통해서 죄를 지적하셨을 때 즉각 회개한 것입니다. 죄를 지었을 때 즉시 무릎 꿇고 하나님께 "내가 죄지었습니다"라고 회개하는 자세가 제일 중요합니다. 앞으로 보게 될 남북왕국의 왕들은 선지자들이 죄를 지적하면 회개하기는커녕 그들을 감옥에 가두고 온갖 박해를 다했습니다. 어떤 왕은 선지자를 톱으로 켜 죽이기도 했습니다. 하지만 다윗은 즉각 회개했습니다. 그리고 한 번의 범죄로 끝냈습니다. 죽을 때까지 다시는 똑같은 죄를 짓지 않았습니다.

진정한 회개는 내가 지은 죄를 통회할 뿐만 아니라 다시는 그 죄를 범하지 않는 것입니다. 죄짓고 나서 눈물 흘리고 통회하고는 "이것으로 끝이다"고 하면서 얼마 있다가 "어쩔 수 없어서 또 죄지었다"고 핑계대는 것은 회개가 아닙니다.

하나님은 죄를 용서해 주시지만, 이 세상에서 심은 죄에 대한 결과를 거두게 하십니다. 오늘 강간죄나 살인죄를 지었다 해도 하나님 앞에 회개하면 그 생명을 취해 음부로 보내지 않고 용서해 주십니다. 하지만 세상 법에 따라 감옥살이는 해야 합니다. 하나님은 선지자들을 통해 다윗이 치를 죄의 대가를 말씀하셨습니다.

"여호와께서 또 이와 같이 이르시기를 보라 내가 너와 네 집에 재앙을 일으키고 내가 네 눈앞에서 네 아내를 빼앗아 네 이웃들에게 주리니 그 사람들이 네 아내들과 더불어 백주에 동침하리라 너는 은밀히 행하였으나 나는 온 이스라엘 앞에서 백주에 이 일을 행하리라 하셨나이다"(삼하 12:11-12) "이제 네가 나를 업신여기고 헷 사람 우리아의 아내를 빼앗아 네 아내로 삼았은즉 칼이 네 집에서 영원토록 떠나지 아니하리라"(삼하 12:10). 나단 선지자의 예언은 압살롬의 반역으로 고스란히 이뤄집니다.

압살롬의 반란 _ 삼하 13장

다윗의 범죄 후 하나님이 예언하신 대로 왕자 압살롬이 반란을 일으킵니다. 다윗은 아들의 칼을 피해 도망가는 신세가 됐습니다. 우리나라도 조선 시대 초기에 왕자들이 왕위 계승을 둘러싸고 두 차례의 난을 일으킨 적이 있습니다. 그래도 이성계의 아들 이방원은 신사적이어서 자기 아버지를 칼로 죽이려고 쫓아다니지는 않았고, 오히려 이성계가 화를 내면서 아들한테 무언가 집어 던지기도 했습니다. 그런데 압살롬은 얼마나 원수졌는지 자기 아버지를 진짜 죽이려고 했습니다.

압살롬은 그의 누이 다말을 강간한 형 암논을 죽여서 시골로 귀양 가게 됐는데, 그때부터 다윗에게 원한을 품었습니다. 압살롬은 다윗의 은혜로 예루살렘으로 돌아왔지만 백성들을 규합해서 반란을 일으켰습니다. 통일왕국의 다윗 왕은 아들의 칼에 쫓겨 쏟아지는 폭우 속에 눈물을 흘리며 신발도 신지 못하고 신하들과 급히 달아납니다. 기드론 시냇물을 건너는데 사울 왕의 친척인 시므이가 쫓아오면서 다윗을 저주합니다. 요압 장군이 화가 치밀어 다윗에게 말합니다.

"저거, 당장 한칼에 쳐 버릴까요?"

이때 다윗이 뭐라고 합니까?

"왕이 이르되 스루야의 아들들아 내가 너희와 무슨 상관이 있느냐 그가 저주하는 것은 여호와께서 그에게 다윗을 저주하라 하심이니 네가 어찌 그리하였느냐 할 자가 누구겠느냐 하고"(삼하 16:10).

이렇게 자기의 죄를 잘 깨닫기 때문에 다윗을 위대한 왕이라고 하는 겁니다. 다윗은 사울에게 13년 동안이나 쫓겨 다닌 것도 지긋지긋한데, 이제는 간음죄 때문에 자기 아들의 칼에 쫓기게 됐습니다. 다윗은 우리아의 아내를 은밀히 강간했으나, 그 죄 때문에 자신의 아내 10명이 대낮에 반역자인 아들 압살롬에 의해 강간을 당해야 했습니다.

압살롬의 죽음 _ 삼하 18장

압살롬은 훤칠하고 인물이 좋았습니다. 특히 머리털이 풍성하고 아름다웠습니다. 그런데 반란군을 집압하려는 다윗의 부하들과 대치하다가 전세가 불리해져 숲속으로 도망하던 중, 나귀를 타고 숲속을 지나가다가 그 아름다운 머리털이 큰 나뭇가지에 걸렸습니다. 압살롬이 나뭇가지에 대롱대롱 매달렸는데, 부하 하나가 이것을 보고 요압 장군에게 보고합니다.

요압 장군이 이 소식을 듣고 가서 압살롬을 칼로 처치합니다. 다윗은 압살롬을 매우 사랑했던 것 같습니다. 아들의 칼에 쫓기면서도 요압 장군에게 절대로 아들을 다치지 않게 하라고 신신당부했던 것입니다. 나중에 요압 장군이 압살롬을 죽인 것을 안 다윗은 매우 슬퍼했습니다. 이렇게 해서 난을 극복하고 다윗은 예루살렘 성으로 돌아옵니다.

✚   다윗이 남긴 것

블레셋 진멸 _ 삼하 21:15-22

다윗은 블레셋의 장수를 진멸하는 중요한 업적을 세웠습니다. 인간적으로 보면 잔인하지만 골리앗의 아우를 포함해서 앞으로 이스라엘을 괴롭힐 수 있는 장수가 될 만한 블레셋 소년들의 아킬레스건을 다 잘라 냈습니다. 그 이후 다시는 블레셋이 이스라엘에 대항하지 못했습니다.

기브온 족속을 대속함 _ 삼하 21:1-14

다윗은 여호수아 때 여호와의 이름으로 화친한 기브온 족속을 사울 왕이 박해한 데서 비롯된 기근 문제도 해결했습니다. 이스라엘 땅에 기근이 심해지자 다윗은 하나님께 기도했습니다. 하나님은 다윗에게 기브온 족속의 원한을 대속하라고 명령을 내리셨습니다. 다윗은 기브온 족속이 원하는 대로 사울 왕의 자손을 죽이도록 그들의 손에 내어 줍니다. 우리에게는 보잘것없는 약속도 하나님은 이렇게 기억하고 갚아 주십니다.

인구조사 _ 삼하 24장, 대상 21장

다윗은 인구조사를 했습니다. "사탄이 일어나 이스라엘을 대적하고 다윗을 충동하여 이스라엘을 계수하게 하니라"(대상 21:1), "여호와께서 다시 이스라엘을 향하여 진노하사 그들을 치시려고 다윗을 격동시키사 가서 이스라엘과 유다의 인구를 조사하라 하신지라"(삼하 24:1). 고대 인구조사는 아주 무자비했습니다. 고대의 왕이 인구조사를 하는 이유는 하나님을 위해서가 아니라 자신의 영광을 위해서였습니다. 고대에는 황제가 되면 반드시 인구조사를 실시했습니다. 세금을 바칠 자가 얼마나 되고, 전쟁에 동원할 수 있는 병사가 얼마나 되는지 확인하기 위해서입니다. 그러다 보니 백성들에게 엄청난 고통을 안겨 주었습니다. 백성들의 형편을 고려하지 않았기 때문입니다.

맥잡기! 신약 시대에 요셉과 만삭이었던 마리아가 나사렛에서 유대 땅 베들레헴까지 가서 호적 등록을 해야 했던 것도 로마의 인구조사 때문이었습니다. 만삭이어도 예외가 없었으니 얼마나 비인간적인 인구조사였는지 알 수 있습니다.

그래서 하나님이 이스라엘 땅에 3일 동안 전염병을 징벌로 내리십니다. 요즘의 괴질과 같은 급성 전염병이 돌아 이스라엘 백성 7만 명이 죽습니다. 하나님이 천사들을 동원해서 예루살렘을 다니며 사람들을 치시는 것이 보였다고 했습니다. 그러자 다윗이 무릎 꿇고 회개했습니다. "나는 범죄하였고 악을 행하였거니와 이 양 무리는 무엇을 행하였나이까 청하건대 주의 손으로 나와 내 아버지의 집을 치소서 하니라"(삼하 24:17). 이것이 양들을 사랑하는 진정한 목자의 자세입니다.

성전 건축 준비 _ 삼하 24:18-25, 대상 22장

다윗이 회개하면서 나단 선지자의 충고를 받아들여 아라우나의 타작마당을 50세겔 주고 삽니다. 하나님께 번제를 드리기 위해서입니다. 이것이 다윗 왕이 죽기 전 남긴 마지막 업적입니다. 이것이 업적인 이유는 이곳이 아브라함이 이삭을 드렸던 모리아 산의 바위가 있던 터요, 자기 아들이 지을 예루살렘 성전 터였기 때문입니다. 성전은 솔로몬에 의해 세워지지만 성전 건축을 위한 모든 준비(성전의 설계부터 건축 자재와 성전 터까지 모두)는 다윗에 의해 이뤄졌습니다. 다윗이 얼마나 성전을 짓고자 열망했던가를 잘 알 수 있습니다. "내가 여호와께 바라는 한 가지 일 곧 그것을 구하리니 곧 내가 내 평생에 여호와의 집에 살면서 여호와의 아름다움을 바라보며 그 성전에서 사모하는 그것이라"(시 27:4).

다윗의 길 vs 여로보암의 길

"너는 삼가서 네게 보이는 아무 곳에서나 번제를 드리지 말고, 오직 너희의 한 지파 중에 여호와께서 택하실 그곳에서 번제를 드리고 또 내가 네게 명령하는 모든 것을 거기서 행할지니라"(신 12:13-14). 하나님은 친히 택하신 이스라엘 백성들에게 예배드릴 장소를 특별히 구별해서 정해 주시고 아무 데서나 제사 드리지 말라고 분명히 말씀하셨습니다. 그 장소는 하나님이 설계하시고 다윗을 통해 도읍하신 예루살렘 성 안에 있는 성전입니다.

하나님이 다윗을 기뻐하신 까닭은 그가 성전에 늘 엎드려 하나님께 예배드리며 기뻐하기를 사모했기 때문입니다(시 27:4). 하나님은 다윗의 성전 신앙을 기뻐하셨습니다.

이에 반해 여로보암은 자신의 왕위를 유지하려고 자기 멋대로 벧엘과 단에 산당을 짓고, 그곳에서 백성들로 제사 드리게 했습니다. 겉으로는 하나님께 제사(예배)드리는 형식을 갖추었지만 하나님이 가증스럽게 여기시는 선악과를 따먹는 행위를 자신뿐만 아니라 백성들에게도 강요했기 때문에 "그러므로 내가 여로보암의 집에 재앙을 내려 …거름 더미를 쓸어버림같이 여로보암의 집을 말갛게 쓸어버릴지라"(왕상 14:10) 하고 저주하신 것입니다.

하나님이 오늘날 성도들에게도 예배드리라고 구별해 주신 곳이 있습니다. 바로 주님이 피값으로 사서 세워 주신 교회입니다. "교회는 그의 몸이니 만물 안에서 만물을 충만하게 하시는 이의 충만함"(엡 1:23)입니다. 쉬운 말로 하면 "교회는 모든 방법으로 성도들을 충만하게 채우시는 예수로 가득한 곳"입니다. 집에서도 찬송하고 성경보고 기도할 수 있지만, 주님이 십자가의 공로로 성도에게 주신 교회에서 예배드려야 합니다. 그러면 무슨 방법을 동원해서라도 충만하게 채워 주시겠다고 하나님은 약속하셨습니다. 오늘날 교회무용론을 주장하는 이들은 현대판 여로보암의 길로 행하는 자라고 할 수 있습니다.

성도는 날마다 성전에서 주님 앞에 엎드려 예배드림으로써(새벽예배) 부활의 공로로 교회의 머리 되신 주님의 지체(주님의 손과 발)가 되어야 합니다. 위로부터 내려 주시는 권능과 은사로 충만하게 채워서 이 세상에 나누어 주는 축복의 통로가 되어야 할 것입니다.

이스라엘 역사는 전쟁사이다

구약성경에 나타난 이스라엘의 역사는 온통 전쟁의 이야기로 가득 차 있습니다.

출애굽과 광야 시대: 약속의 땅으로 제대로 인도받고 있느냐 아니냐 하는 영적 전쟁. 약속의 땅으로 간다면 삶이 점점 나아져야 하는데 왜 물이 없고 먹을 것이 없고 삭막한 광야(고통)뿐이냐는 원망과 불평과의 전쟁.

정복 시대: 하나님 나라를 약속의 땅에 이루려고 더러운 이방 문화(바알 신화)의 가나안 족속을 몰아내는 전쟁. 우리 안에 오신 성령님을 모시고 내 안에 있는 온갖 더러운 것(자기중심의 삶, 음란한 생각 등)을 이겨 내는 영적 전쟁.

사사 시대: 하나님의 징계로 인한 고난(외적의 침입)과의 전쟁. 온전한 사사이신 주님께 내 몸을 맡겨 드리는 영적 전쟁.

왕정 시대: 하나님 나라를 지켜 내는 전쟁. 성전 예배를 통해 실상이신 주님 안으로 들어가느냐, 보이는 현상을 따라가느냐를 선택해야 하는 영적 전쟁(영에 속한 성도와 육에 속한 성도로 나뉨).

구약에 나타난 이스라엘의 전쟁사를 통해, 시간과 장소에 관계없이 먼저 내 안에서 하나님 나라를 이루어야 함을 배우게 됩니다. 또한 이 땅에 하나님 나라를 확장하는 사명을 다하려면 날마다 예배(찬양, 말씀과 기도)드려야 합니다. 예배를 통해서만 영적 전쟁에서 승리할 수 있습니다.

◇ **열왕기상 1-11장, 역대하 1-9장**

이스라엘 단일왕국 시대에 전성기를 누렸던 왕은 솔로몬입니다. 솔로몬 왕은 부모의 신앙 덕분에 세상의 온갖 부유함을 누렸지만 신앙을 지키지 못해 타락하고 맙니다. 솔로몬은 전도서, 잠언, 아가서를 통해 많은 사람들을 구원의 길로 인도했지만 자신은 결국 망하고 말았습니다.

✚ 솔로몬 왕의 전성기

일천 번제 _ 왕상 3장, 대하 1장

솔로몬은 사실 왕으로 지명될 사람이 아니었습니다. 형들이 많이 있었고 게다가 밧세바가 낳았기 때문입니다. 다윗이 남의 아내를 빼앗아 낳은 아들인 것입니다.

그러나 솔로몬은 아버지의 신앙을 본받아서 일천 번제를 드립니다. 아직 성전이 지어지기 전이었기 때문에 예루살렘 옆에 있는 기브아 산당에서 일천 번제를 드렸는데, 번제를 일천 번 드린 것이 아니라 번제물을 일천 개 드린 것입니다. 일천 개의 제물을 드리려면 얼마나 시간이 많이 걸렸겠습니까. 그 밤에 하나님이 축복해 주십니다. "기브온에서 밤에 여호와께서 솔로몬의 꿈에 나타나시니라 하나님이 이르시되 내가 네게 무엇을 줄꼬 너는 구하라"(왕상 3:5).

솔로몬은 백성을 현명하게 재판할 수 있는 지혜를 구했습니다. 그러자 하나님이 재판의 지혜만 주신 것이 아니라 구하지 않은 부귀와 영광까지도 주셨습니다. 솔로몬의 지혜는 한 갓난아이를 둔 두 여인에 대한 재판 때문에 세상에 널리 알려졌습니다. 솔로몬의 지혜를 시험하기 위해 시바의 여왕이 직접 예루살렘을 방문하면서 이방 세계에도 솔로몬의 이름이 널리 알려졌습니다.

성전 봉헌 _ 왕상 8장, 대하 6장

솔로몬은 젊었을 때 아버지와 어머니의 신앙을 물려받은 훌륭한 신앙인으로서 하나님께 번제를 드리고 나서 성전 건축을 시작합니다. 하나님이 다윗 언약을 통해 말씀하신 대로 다윗 대신 솔로몬이 성전을 건축합니다. 솔로몬이 성전을 지은 뒤에 신앙고백을 하는데 이것이 성전 봉헌 기도입니다(왕상 8:22-52, 대하 6:12-42).

"주의 종과 주의 백성 이스라엘이 이곳을 향하여 기도할 때에 주는 그 간구함을 들으시되"(왕상 8:30). 그들이 이웃에게 지은 죄를 고백하면 그 기도를 들어 용서해 주시고, 나라를 위해 기도하면 그 기도를 들어 회복시켜 주시고, 불순종으로 비가 내리지 않을 때도 기도하면 비를 주시고, 전염병을 내리실 때도 기도하면 거두어 주시고, 혹시 나라가 망해서 포로로 끌려갔다 할지라도 이 성전을 향해서 기도하면 돌아오게 해 주시고, 심지어 이방인들까지도 이 성전을 향해서 하나님께 기도할 때는 그 기도를 들어 달라고 기도합니다. 솔로몬의 믿음이 매우 크다는 것을 알 수 있습니다.

차가운 성전 뜰 땅바닥에 무릎 꿇고 두 손을 하늘로 들고 부르짖으며 기도하는 청년 솔로몬의 경건한 모습을 마음속에 그려 보십시오. 저는 이 모습을 그리면 젊은이들 중에서 참으로 보기 드문 믿음의 사람, 하나님을 마음속 깊이 사랑하는 신실한 믿음의 사람이 느껴져 감격의 눈물이 나옵니다. 솔로몬이 기도를 마치고 일어서서 백성들을 위해 축도할 때 하나님은 하늘에서 불을 내려 제단을 살랐습니다. 하나님이 솔로몬의 기도에 응답하셨음을 만백성들에게 보여 주셨습니다. 얼마나 아름다운 예배의 현장입니까. 얼마나 사랑스러운 솔로몬의 모습입니까. 그날 밤 하나님은 솔로몬을 따로 만나 말씀하십니다.

"네가 만일 네 아버지 다윗이 행함같이 마음을 온전히 하고 바르게 하여 내 앞에서 행하며 내가 네게 명령한 대로 온갖 일에 순종하여 내 법도와 율례를 지키면 내가 네 아버지 다윗에게 말하기를 이스라엘의 왕위에 오를 사람이 네게서 끊어지지 아니하리라 한 대로 네 이스라엘의 왕위를 영원히 견고하게 하려니와"(왕상 9:4-5).

하지만 솔로몬이 아비의 믿음에서 떠나 우상을 따라가면 성전을 황폐화시켜 후세 사람들에게 조롱거리가 되게 하겠다고 엄중하게 경고하셨습니다(대하 7:12-22). 신실하신 하나님의 축복은 우리가 하나님의 말씀을 의지적으로 순종하느냐, 말씀에서 떠나 세상길로 가느냐 중에서 자발적 선택에 달려있음을 알 수 있습니다.

지혜의 왕 솔로몬 _ 왕상 10장

솔로몬은 당시 고대 중동 지방의 격언들을 모아 하나님의 관점에서 재정리하여 잠언 3천 수를 썼습니다. 그리고 전도서라는 아주 귀한 지혜서를 구약 성경에 남겼습니다. 솔로몬처럼 화려한 왕이 없었습니다. 이스라엘 최대 전성기 때의 왕입니다. 하나님이 약속하신 대로 주변에 있는 모든 나라들이 이스라엘에 조공을 바칠 정도로 가장 부강한 시대였습니다. 솔로몬은 사람이 세상에 태어나서 누리고 싶은 모든 것을 다 누려 봤습니다.

"스바의 여왕이 여호와의 이름으로 말미암은 솔로몬의 명성을 듣고 와서 어려운 문제로 그를 시험하고자 하여 예루살렘에 이르니… 솔로몬이 그가 묻는 말에 다 대답하였으니"(왕상 10:1-3). "솔로몬 왕이 왕의 규례대로 스바의 여왕에게 물건을 준 것 외에 또 그의 소원대로 구하는 것을 주니"(왕상 10:13). 스바의 여왕이 솔로몬에게 "지혜의 씨앗"을 줄 것을 구하니까, 솔로몬은 여왕과 동침하여 '아기 씨앗'까지 줘서 보냈다는 전승설화도 있습니다.

솔로몬은 지혜와 지식을 많이 가졌지만 지혜는 번뇌를 가져오고 지식은 염려와 근심을 하게 하므로 지혜와 지식을 추구하는 것은 헛된 것임을 깨달았습니다(전 1:12-18). 쾌락을 좇아 고급 술을 마시고 육체의 즐거움에도 빠져 보았습니다(전 2장). 천 명의 아내도 두었습니다. "왕은 후궁이 칠백 명이요 첩이 삼백 명이라 그의 여인들이 왕의 마음을 돌아서게 하였더라"(왕상 11:3). 성을 통해 얼마나 많은 쾌락을 누렸는지 알 수 있습니다. 아무리 일을 해도 정함이 없는 재물 욕심 때문에 속이 채워지지 않는다고 했습니다.

솔로몬은 인생의 결론을 "헛되고 헛되며 헛되고 헛되니 모든 것이 헛되도다"(전 1:2)라고 표현했습니다. 헛되다는 이야기를 다섯 번이나 반복했습니다. 하나님 없는 인생은 이 세상 모든 것을 누려도 헛될 뿐이므로 "청년의 때에 너의 창조주를 기억하라 곧 곤고한 날이 이르기 전에, 나는 아무 낙이 없다고 할 해들이 가깝기 전에"(전 12:1)라는 권면이 전도서의 결론이요, 시작입니다.

"너희가 거듭난 것은 썩어질 씨로 된 것이 아니요 썩지 아니할 씨로 된 것이니 살아 있고 항상 있는 하나님의 말씀으로 되었느니라 그러므로 모든 육체는 풀과 같고 그 모든 영광은 풀의 꽃과 같으니 풀은 마르고 꽃은 떨어지되 오직 주의 말씀은 세세토록 있도다"(벧전 1:23-24). 사도 베드로의 이 고백을 이미 천 년 전에 솔로몬이 왕 노릇 하면서 했습니다. 세상 영광은 아무것도 아닙니다. "일의 결국을 다 들었으니 하나님을 경외하고 그의 명령들을 지킬지어다 이것이 모든 사람의 본분이니라 하나님은 모든 행위와 모든 은밀한 일을 선악 간에 심판하시리라" (전 12:13-14). 오직 하나님의 말씀만 영원합니다.

✚ 솔로몬 왕의 타락 _ 왕상 11장

정략결혼

솔로몬은 젊었을 때 하나님을 경외하고, 잠언과 전도서와 아가서를 남겼습니다. 하지만 끝내 하나님을 떠나고 말았습니다. 왜 타락했습니까? 수많은 여인들 때문에 타락했습니다. "그의 여인들이 왕의 마음을 돌아서게 하였더라"(왕상 11:3). 신명기 17장에서 이스라엘 왕들에게 여인들을 많이 두지 말라고 했던 이유는 그들이 가져오는 우상 때문이었습니다.

솔로몬 때는 이스라엘 땅이 애굽 하수에서부터 유브라데 상류까지 넓어집니다. 이 땅을 하나님이 지켜 주신다고 했는데 솔로몬은 스스로 지킨다고 생각해서 성경에서 하지 말라는 것을 다 했습니다. 병거 부대를 창설하고 기마 부대도 만들었습니다. 오늘날도 므깃도에 가면 솔로몬이 만든 병거 부대 터가 있을 정도입니다.

또 나라를 지킨다는 목적으로 주변 나라들과 정략결혼을 맺어서 나이가 들어서도 십대의 젊은 공주들을 왕비로 맞아들입니다. 전도서를 쓰면서 모든 것이 헛되며 헛되다고 했는데, 나이 들어 젊은 여인들과 놀아 보니까 너무 재미있는 겁니다. 젊은 여인들이 "나를 위해 신전 하나만 만들게 해 주세요" 하고 청하면, 처음에는 안 된다고 준

엄하게 꾸짖다가도 계속 조르니까 허락해 줍니다. 그런 식으로 하나둘씩 신전이 늘다 보니, 예루살렘 성전 주변에 이방 신전이 가득 찼습니다. 지금도 예루살렘 앞 감람 산에 올라가 보면 솔로몬이 지은 우상 신전 터들이 남아 있습니다. 예루살렘 성전 앞 힌놈의 골짜기에는 암몬의 밀곰 신전이 있었습니다. 여기서 솔로몬이 자기 왕자를 불 사이로 지나가게 했습니다. 불에 태워서 바치는 일도 하고 아기를 끓는 물에 집어넣어 제물로 바치는 이방신을 여인들과 함께 숭배했습니다(왕상 11:33, 렘 32:35).

솔로몬은 하나님을 이렇게 금세 잊었습니다. 솔로몬은 세상 쾌락에 취해서 평소에 하나님께 기도하지 않았고, 하나님의 말씀인 율법을 옆에 두고 주야로 묵상하지 않았습니다. 눈에 보이는 축복, 나타나는 현상에 젖어 있다 보니 보이지 않는 실상이신 하나님과 그 말씀 안으로 들어가기가 싫어진 것입니다. 하나님 말씀 버리고 기도하지 않으면, 예배를 소홀히 하면 솔로몬처럼 됩니다.

인간의 약속과 하나님의 약속

솔로몬은 말년에 완전히 타락했습니다. 그래서 하나님이 친히 두 번 경고하셨습니다. "여호와께서 솔로몬에게 말씀하시되 네게 이러한 일이 있었고 또 네가 내 언약과 내가 네게 명령한 법도를 지키지 아니하였으니 내가 반드시 이 나라를 네게서 빼앗아 네 신하에게 주리라"(왕상 11:11). 선지자를 통해 경고받았을 때 즉각 회개했던 다윗에 반해, 솔로몬은 여자들에게 둘러싸여 하나님의 경고조차 무시하고 맙니다. 축복의 결과로 주신 세상 영광이 너무 커지니까, 보이지 않는 하나님 따윈 필요 없었습니다. 하나님이 주신 지혜로 정치를 잘해서 이만큼 이루었으니 이제 내 힘으로 나라를 지킬 수 있다고 솔로몬은 생각했습니다.

솔로몬이 이렇게 타락해도 하나님은 다윗과 한 언약을 지키십니다. "내가 네 앞에서 물러나게 한 사울에게서 내 은총을 빼앗은 것처럼 그에게서 빼앗지는 아니하리라"(삼하 7:15). 만약 다른 왕들이었으면 "이스라엘을 심판하여 멸망시킨다"고 하셨을 텐데, 이 언약을 지키시려고 나라를 반으로 나누십니다. 하나님은 유다 지파만 남겨 놓고 나머지를 찢어서 신하에게 주겠다고 하십니다. 그것도 솔로몬 때는 그대로 두시고 솔로몬의 아들 르호보암 때 나라를 나누십니다.

맥잡기 다윗 언약의 핵심은 다윗 왕조의 영속성입니다. 다윗 왕위가 그치지 않는다는 영속성을 믿고 예루살렘 성을 회복해야 한다고 생각하기 때문에 지금까지도 이스라엘 사람들이 예루살렘을 중시하는 것입니다. 그래서 중동 평화가 어렵습니다. 예수님이 승천하실 때, 다시 오신다고 하니까 제자들이 "그때가 이스라엘을 회복할 때입니까?"라고 물어봅니다. 그만큼 이스라엘 백성들은 다윗 언약을 철저하게 믿습니다. 그런데 마태복음에 들어서니 "아브라함과 다윗의 자손 예수 그리스도의 계보라"(마 1:1)고 합니다. 다윗 왕의 영속성이 예수님의 탄생으로 이루어진 것입니다. 유대인들은 아직 그것을 믿지 않기 때문에 다윗 왕국의 회복, 이스라엘의 회복만을 기다리고 있습니다.

솔로몬이 젊었을 때는 부모를 따라 좋은 신앙을 가졌지만 그 믿음을 평생 동안 지키지 못했습니다. 부모 신앙이 아니라 자기 스스로의 신앙을 가져야 합니다. 성경 말씀을 오래 공부할 뿐만 아니라 말씀 가운데 임재하신 성령님을 붙잡고 날마다 기도할 때 신앙이 성숙해집니다. "너희는 주께 받은 바 기름 부음이 너희 안에 거하나니 아무도 너희를 가르칠 필요가 없고 오직 그의 기름 부음이 모든 것을 너희에게 가르치며 또 참되고 거짓이 없으니 너희를 가르치신 그대로 주 안에 거하라"(요일 2:27).

사도 바울은 자신의 영광 때문에 멸망한 솔로몬의 교훈을 늘 삶 속에 간직하려 했습니다. 남들을 많이 구원하고 자신이 버림받지 않기 위해 "나는 날마다 죽노라"(고전 15:31)고 했습니다. 다윗이 똑똑했던 것은 이 땅에 나타나는 축복을 구하지 않고 보이지 않는 실상이신 여호와를 사모하며 바라보기만을 구했던 것입니다. "내가 여호와께 바라는 한 가지 일 그것을 구하리니 곧 내가 내 평생에 여호와의 집에 살면서 여호와의 아름다움을 바라보며 그 성전에서 사모하는 그것이라"(시 27:4).

보이지 않는 실상, 사랑의 영이신 하나님 안으로 들어가기를 날마다 사모하여 평생 예배드리는 것을 기뻐한 다윗의 생애와, 쾌락에 짓눌려 보이지 않는 하나님을 떠나 인생의 후반부에 하나님께 버림받은 솔로몬의 생애 중 어느 쪽을 선택하시겠습니까?

사울, 다윗, 솔로몬 세 왕들의 교훈

하나님은 이스라엘 땅에 친히 기름 부어 세우신 왕을 두심으로 에덴동산(하나님 나라)을 회복하려 하셨습니다. 이스라엘에서는 하나님이 친히 기름 부은 자만이 왕이 될 수 있었습니다. 왕은 하나님의 말씀을 옆에 두고 주야로 묵상하며 그 말씀에 순종하는 하나님의 기름 부은 '종'으로 살아가야 했습니다.

단일왕국 시대에 주신 세 명의 왕은 모두 하나님께 엄청난 축복을 받은 직후에 범죄했습니다. 모두가 '나' 때문에 죄를 지었습니다.

아무것도 아닌 시골 소년 사울은 이스라엘 최초의 왕으로 세워졌으나 블레셋 대군 앞에서 왕으로서 '나'의 체면을 유지하려고 하나님 말씀에 불순종하고 제사 지내는 죄를 범했습니다. 다윗은 다윗의 집과 나라와 그 왕위를 영원토록 보존하시겠다는 하나님의 큰 축복을 받은 후에 '나'의 성욕 충족을 위해 간음죄를, '나'의 죄를 은폐하기 위해 살인을 저지릅니다. 솔로몬은 하나님이 주신 지혜를 받아 강성한 이스라엘을 이루자, '나'의 영광을 '내'가 유지하기 위해 신명기가 금하는 병거 부대를 창설하고 많은 이방 공주들과 정략결혼했습니다. 결국 우상을 숭배하고 하나님을 버리는 큰 범죄를 행하고 말았습니다.

세 왕들의 범죄는 마치 창조 시대(창 1-11장)에 일어난 인류 조상들의 범죄를 반복해서 보여 주는 것 같습니다. 사울 왕은, 에덴동산(왕으로 등극)에서 모든 것을 다 먹고 누리되 선악과는 먹지 말라고 하신 말씀(제사장만 제사 드려라)에 불순종했습니다. 가인이 아벨을 돌로 쳐 죽인 살인죄를 범하고 에덴동산에서 쫓겨난 것처럼, 다윗은 간음죄를 숨기려고 우리아를 죽인 다음 예루살렘 성에서 눈물 흘리며 달아나야 하는 신세가 되었습니다. 솔로몬은 바벨탑을 쌓아 하나님께 도전한 인류 조상들처럼 우상 숭배에 빠져 하나님을 버렸습니다. 그래서 에덴동산(하나님 나라)은 "경작하며 지켜야"(work it and take care of it)(창 2:15) 하는 것입니다.

하나님은 창조 시대에 범죄한 아담과 하와를 죽이지 않고 가죽옷을 입혀 에덴의 동편으로 쫓아내고 고난을 통해 회개의 기회를 주셨습니다. 살인한 가인에게 은혜를 베풀어 죽지 않는 징표를 주고 회개의 기회를 주셨습니다. 하나님께 도전하며 바벨탑을 쌓은 인류를 흩으면서 그들이 죄를 깨닫고 회개하고 돌아올 충분한 시간을 주셨습니다.

이처럼 사울 왕도 40년 동안이나 왕위에 두면서 회개할 시간을 주셨습니다. 범죄한 다윗의 생명을 취하지 않고 압살롬의 난을 통해 고난 속에서 전심으로 회개할 수 있는 기간을 주셨습니다. 솔로몬에게도 기회를 주셨고, 그들이 우상을 따르는 죄의 결과를 경험하며 돌이키도록 이스라엘을 남북으로 흩으셨습니다.

축복받은 뒤에는 범죄할 가능성이 높습니다. 이것을 명심하고 성공할수록 주님 앞에 엎드려 예배하는 일에 더욱 열심을 내야 합니다. 설령 죄를 지었다 해도 절대로 자포자기하지 말고 다윗처럼 즉각 회개하고, 전심으로 삶을 돌이켜야 합니다. 그렇게 할 때 하나님 마음에 맞는 한 자로 인정받으며 참 좋으신 하나님을 의지할 수 있습니다.

◊ **열왕기상 12-22장, 열왕기하**

성경에서 제일 읽기 힘든 책 중 하나가 열왕기상·하입니다. 북이스라엘과 남유다 왕국의 일들을

섞어서 이야기하고 있어 매우 혼란스럽기 때문입니다. 이 책에서는 분열왕국 시대의

북이스라엘과 남유다 역사를 완전히 분리해서 따로따로 설명할 것입니다. 남북이스라엘의 역사를

분명히 이해하고 그 가운데서 하나님이 어떻게 역사하셨는가를 알기 위해서입니다.

 북이스라엘의 역사, 여로보암의 길

✚   왕국 분열의 이유 _ 왕상 12장

이스라엘이 분열된 이유는 여러 가지가 있겠지만, 크게는 두 가지입니다.

첫째 요인은 솔로몬의 범죄입니다. 하나님의 말씀을 버리고 이방 여인들이 가져온 각

종 우상들을 숭배했고, 하나님이 경고하셨는데도 우상들을 버리지 못했습니다. 신실하

신 하나님은 다윗 언약을 지키시려고 솔로몬을 멸망치 않으시고 그 땅을 찢으셨습니다.

둘째 요인은 솔로몬의 아들 르호보암의 교만 때문입니다. 솔로몬은 성전을 7년 만

에 짓고, 그 후 13년이나 걸려서 자기가 살 궁전을 아주 호화스럽게 만들었습니다. 이

를 위해 백성들이 많은 세금을 부담했고 노역에 동원되었습니다. 20년 동안 성전과 궁

전을 짓느라 백성들은 지칠 대로 지쳤습니다. 그래서 장로들이 새로 왕위에 오른 르호보암을 찾아가 선정을 베풀고 백성들의 강제 노역의 부담을 덜어 주라고 요청합니다.

이때 르호보암이 장로들의 말을 듣지 않고 젊은 친구들의 말을 듣고 대답합니다. "내 새끼손가락이 내 아버지의 허리보다 굵으니… 내 아버지는 채찍으로 너희를 징계하였으나 나는 전갈 채찍으로 너희를 징계하리라"(왕상 12:10,14, 대하 10:10,14). 르호보암이 끔찍하기 짝이 없는 통치 방향을 선언하자 유다 지파를 제외하고는 모든 지파들이 떠나 버립니다. "온 이스라엘이 자기들의 말을 왕이 듣지 아니함을 보고 왕에게 대답하여 이르되 우리가 다윗과 무슨 관계가 있느냐 이새의 아들에게서 받을 유산이 없도다"(왕상 12:16).

이렇게 해서 이스라엘이 북이스라엘과 남유다로 나뉩니다. 성경에는 북이스라엘, 남유다라고 표기하지 않으니까 열왕기상·하를 읽을 때 이스라엘이라는 말이 나오면 북이스라엘이라고 생각해야 합니다. 그것을 통일 이스라엘이라고 생각하면 혼돈이 생깁니다.

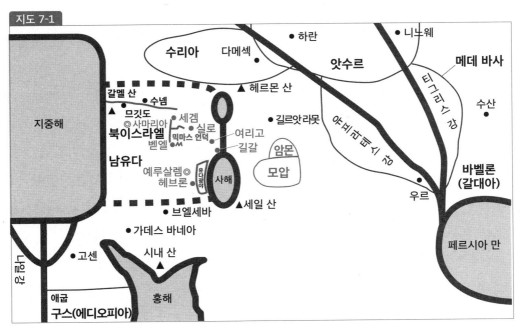

분열왕국 시대 우리나라가 38선으로 나뉘었듯이, 이스라엘은 북이스라엘과 남유다로 나뉩니다.

✚ 북이스라엘, 여로보암의 길 _ 왕상 12:25-33

예루살렘 성전과 벧엘의 금송아지 산당

북이스라엘에는 약 200년 동안(기원전 920-722년) 19명의 왕이 재위했습니다. 북이스라엘의 초대 왕 여로보암이 잘못된 국정지표를 만드는 바람에 역대 모든 왕들이 초대 왕 여로보암의 길을 따라갔습니다. 성경에서는·악한 왕들의 행실을 '여로보암의 길'이라고 말씀하고 있습니다. 하나님 보시기에 악한 길, 금송아지 신상 숭배(우상 숭배)로 행했다는 말입니다.

여로보암은 원래 솔로몬의 신하였습니다. 홍해 근처에 있는 광산에서 베냐민 지파를 감독하던 노동판의 십장이었습니다. 솔로몬의 범죄 결과, 하나님은 약속하신 대로 이스라엘의 반을 쪼개 그에게 주셨습니다(왕상 11:29-35). 여로보암은 왕이 되었지만 정통성이 없다는 게 문제였습니다. 이스라엘 왕은 예루살렘에 있는 성전에서 하나님을 예배하는 공동체의 대표여야 하지만, 나라가 분열되었기 때문에 여로보암 왕은 북이스라엘의 수도를 디르사라는 곳에 세웠습니다. 모든 이스라엘 백성들은 율법에 따라 매년 절기마다 예루살렘 성전을 순례하도록 되어 있습니다. 여로보암 왕은 '북이스라엘 백성들이 모두 예루살렘 성전으로 내려간다면 백성들을 남유다에 빼앗기겠구나' 하고 생각했습니다(왕상 12:26). 요즘으로 말하면 북한 정권이 남쪽에 흡수 통일될까 봐 두려워하는 것과 똑같은 이치입니다.

북이스라엘 사람들이 예루살렘 성전으로 가는 것을 막으려면 정신적 지주가 필요하다고 여로보암 왕은 생각했습니다. 그래서 벧엘과 단에 금송아지 산당을 만들었습니다. 금송아지 산당 신앙이 바로 성경에 여러 차례 나오는 여로보암의 길입니다.

불행히도 북이스라엘은 처음부터 멸망의 길로 나아갔습니다. 여로보암 왕은 자신의 아들 아비야가 병들자 선지자에게 사람을 보내 아들이 죽을 것인지 살 것인지 알려 달라고 합니다. 이때 하나님은 아히야 선지자를 통해 이렇게 말씀하십니다. "그러므로 내가 여로보암의 집에 재앙을 내려 여로보암에게 속한 사내는 이스라엘 가운데 매인 자나 놓인 자나 다 끊어 버리되 거름 더미를 쓸어버림같이 여로보암의 집을 말갛게 쓸어버릴지라"(왕상 14:10).

기독교 신앙은 하나님의 사랑에 응답하는 것입니다. 사랑에 응답하는 방법은 상대방이 원하는 것을 하고 상대방이 싫어하는 것을 안 하는 것입니다. 부부간에도 배우자가 싫어하는 것을 계속하면 그 사랑이 깨집니다. 하나님이 내게 원하는 것과 원치 않는 것에 상관없이 축복을 얻으려고 자기 마음대로 종교 생활하는 것이 바로 기복 신앙입니다. 이러한 신앙 태도가 바로 금송아지 산당 신앙입니다.

북이스라엘의 운명은 금송아지 산당 신앙에 의해 결정되었습니다. 첫 왕부터 하나님께 버림받은 북이스라엘은 왕들의 재위 기간이 짧을 뿐만 아니라 왕궁 내에 암투와 반란이 끊임없었습니다. 피비린내 나는 역사가 200년 동안 지속되다가, 북이스라엘은 결국 앗수르에 의해 멸망당합니다. 그래서 북이스라엘 왕들의 행적을 일일이 열거할 필요는 없습니다.

오므리 왕조, 아합 왕과 이세벨 왕비

북이스라엘에는 크게 두 개의 왕조가 있었는데, 오므리 왕조(아합 왕조)와 그 뒤를 잇는 예후 왕조입니다.

제7대 오므리 왕은 수도를 사마리아로 옮깁니다. 이때 북이스라엘은 가장 번성했습니다. 오므리 왕은 오늘날의 레바논인 시돈 땅의 공주 이세벨과 자기 아들 아합을 결혼시킵니다. 이세벨은 성경에서도 소문난 악녀입니다. 이 정략결혼 이후 북이스라엘 왕국은 완전히 사탄의 왕국이 됩니다. 오므리 왕조의 실질적 주인공인 아합은 시돈 공주인 이세벨과 결혼한 뒤로 그녀가 가져온 우상을 함께 섬겼습니다. 그 우상은 레즈비언인 아스다롯 우상과 과거 사사 시대 때 성행했던 바알 우상입니다.

그나마도 사사 시대에는 하나님을 두려워했기에 숨어서 바알 신을 섬겼습니다. 하지만 아합이 북이스라엘의 왕이 된 뒤로는 아내 이세벨 때문에 바알 신앙이 국교가 되었습니다. 정식으로 바알과 아세라 제사장을 임명하고, 기우제를 지낸다는 명목으로 대낮부터 바알 신전에서 마약을 먹고 그룹 섹스를 벌였습니다. 아합 왕조가 북이스라엘을 완전히 망가뜨립니다.

그래서 열왕들의 이야기가 실려야 하는 열왕기상·하에 갑자기 왕들의 이야기가 사라지고 엘리야와 엘리사라는 두 선지자의 활약상이 나옵니다. 여로보암의 금송아지 산당을 시작으로 아합 왕에 이르러 바알 신앙이 국교로 정착하자, 열왕기상·하의 저자는 누가 북이스라엘의 왕이 됐는지에 크게 관심을 보이지 않습니다. 대신 하나님의 사람인 선지자가 어떻게 일하는가, 하나님이 선지자들을 통해 구원 사역을 하시는가를 보여 줍니다. 선지자들이 사탄의 세력인 아합 왕가를 대적하고 하나님의 살아 계심을 이스라엘 백성들에게 전파하는 내용입니다.

 # 아합 왕가와 싸운 선지자들

구약 성경의 맨 뒷부분에는 예언서(선지서) 17권이 나옵니다. 이사야, 예레미야, 예레미야 애가, 에스겔, 다니엘, 호세아서의 저자들을 예언자나 선지자들이라고 합니다. 또한 하나님의 말씀을 받아 기록으로 남겼다고 해서 기술(記述) 선지자라고도 부릅니다. 예언서를 기록한 기술 선지자들과 대비되는 선지자들이 열왕기상·하에 나오는 엘리야와 엘리사입니다. 이 두 선지자는 책을 남기지 않았습니다. 대신 열왕기의 저자가 두 선지자의 활동을 우리에게 소개하고 있습니다.

엘리야와 엘리사는 이스라엘 백성들에게 회개하고 돌아오라는 말씀을 입으로 전하지 않습니다. 북이스라엘에서는 처음부터 금송아지 산당 신앙과 아합 왕조의 바알 신앙이 극렬했기 때문입니다. 당시 모든 북이스라엘 백성이 바알 우상 신전에 가서 성적 쾌락을 추구하는 것에만 관심이 있었습니다. 더 이상 하나님의 말씀을 들으려고도, 하나님이 살아 계시다는 것을 믿으려고도 하지 않았습니다. 그래서 하나님은 이적과 기사를 통해 하나님의 살아 계심을 증거하게 하십니다. 엘리야와 엘리사는 전국을 순회하면서 주로 이적 사역을 행했습니다. 요즘으로 말하면 신유 은사부터 시작해서 온갖 능력을 행했습니다. **맥잡기!** 앞으로 오실 메시아, 예수 그리스도의 예표를 구약에서 두 선지자가 미리 보여 주었습니다. 나중에 예수님이 공생애 동안 행하신 기적은 대부분 두 선지자가 아합 왕가(오므리 왕조)와 대결하면서 보여 준 사역입니다.

✚ 엘리야

엘리야와 사르밧 과부 _ 왕상 17장

엘리야는 먼저 사마리아에 있는 아합 왕에게 선전포고합니다. "내가 섬기는 이스라엘의 하나님 여호와께서 살아 계심을 두고 맹세하노니 내 말이 없으면 수년 동안 비도 이슬도 있지 아니하리라"(왕상 17:1). 비와 이슬이 한 방울도 내리지 않는다는 것은 이 땅에 비를 내려 주시는 분이 하나님이시라는 뜻입니다. 이스라엘 땅은 하늘에서 비가 오지 않으면 농사를 지을 수 없는 땅입니다. 하나님께 무릎 꿇지 않고는 도저히 젖과 꿀이 흐르는 땅이 될 수 없는데, 아합 왕조 때문에 북이스라엘 백성들이 기우제를 핑계로 바알 신앙을 섬기니까, 하나님이 엘리야를 통해 도전하게 하신 것입니다.

하나님은 엘리야에게 지시하셨습니다. "너는 여기서 떠나 동쪽으로 가서 요단 앞 그릿 시냇가에 숨고 그 시냇물을 마시라"(왕상 17:3-4). 하나님은 까마귀를 통해 음식물을 가져다가 시냇가에 있는 엘리야를 먹이셨습니다. 까마귀가 음식을 가져오기를 기다리는 엘리야의 심정을 상상해 보기 바랍니다. 까마귀가 가져오는 음식의 양이 얼마나 되겠습니까? 그러나 아무것도 없는 광야에서 까마귀를 통해서 먹을 것을 공급하시는 하나님의 사랑에 감사드립니다.

비가 계속 오지 않으니까 시냇물이 그쳤습니다. 시냇물이 말라 버리니 까마귀가 더 이상 음식을 가져다 줄 수 없었습니다. 하나님은 다시 엘리야에게 말씀하십니다. "너는 일어나 시돈에 속한 사르밧으로 가서 거기 머물라 내가 그곳 과부에게 명령하여 네게 음식을 주게 하였느니라"(왕상 17:9). 엘리야가 사르밧 과부에게 이르러 "먹을 것을 좀 달라"고 했습니다. 거기까지 오는 데 열흘 정도 걸렸던 것 같습니다. 그런데 이 땅도 기근이 들어 먹을 것이 하나도 없었습니다. 과부는 곡식 가루 한 움큼과 기름 몇 방울이 전부라며, 마지막으로 떡 한 덩어리를 만들어 아들과 함께 먹고 나서 죽으려던 참이었다고 말합니다. 더 이상 굶주리는 고통을 참을 수 없어서 남은 떡 하나 만들어 먹고 죽으려 했는데, 그것을 달라고 하니 기가 찰 노릇입니다.

하지만 이것은 하나님의 명령입니다. "엘리야가 그에게 이르되 두려워하지 말고 가서 네 말대로 하려니와 먼저 그것으로 나를 위하여 작은 떡 한 개를 만들어 내게로 가져오고 그 후에 너와 네 아들을 위하여 만들라 이스라엘의 하나님 여호와의 말씀이 나 여호와가 비를 지면에 내리는 날까지 그 통의 가루가 떨어지지 아니하고 그 병의 기름이 없어지지 아니하리라 하셨느니라"(왕상 17:13-14). 엘리야의 말을 들은 여인은 그대로 믿었고 떡을 만들어 엘리야에게 주었습니다. 정말로 3년 반 동안 그 통의 가루가 마르지 않았고, 기름이 그치지 않았다고 성경은 기록하고 있습니다.

맥잡기🏳 나중에 예수님이 이 사건을 예로 들면서 과부의 믿음을 칭찬하십니다. "엘리야가 그 중 한 사람에게도 보내심을 받지 않고 오직 시돈 땅에 있는 사렙다의 한 과부에게 뿐이었으며"(눅 4:26). 신약에서는 '사르밧'을 '사렙다'라고 표기했습니다. 같은 지역인데 번역한 선교사들에 따라서 구약에서는 사르밧이라고 했고, 신약에서는 사렙다라고 기록했습니다. 이 사건은 예수님의 오병이어 기적의 예표라 할 수 있습니다. 하나님의 부르심을 받은 사람은 광야 시냇가에서는 까마귀를 통해, 이방인 시돈 땅 사르밧에서는 가난한 과부를 통해 하나님이 친히 먹이시는 것을 알 수 있습니다.

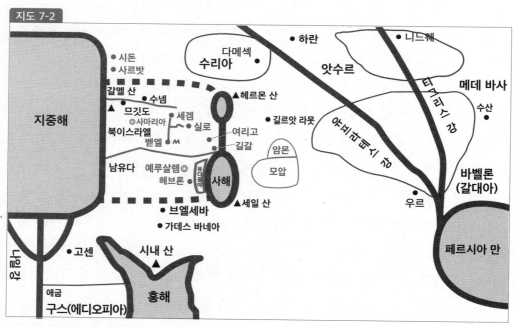

분열왕국 시대_ 엘리야와 엘리사가 활동한 곳 지중해 윗부분에 뾰쪽 튀어나온 곳이 갈멜 산입니다. 엘리야가 기도한 곳입니다. 그릿 시냇가는 예루살렘에서 여리고 성으로 통하는 골짜기를 따라가다 보면 나옵니다. 시돈에 속한 사르밧 지역은 오늘날 레바논의 서북쪽 땅입니다. 갈멜 산에서 기손 강을 따라 내려오면 강 위쪽에 수넴 지방이 있습니다. 아람은 성경에서는 수리아, 오늘날의 시리아입니다.

갈멜 산의 대결 _ 왕상 18장

사르밧 과부에게 공양을 받은 다음 엘리야는 다시 사마리아로 가서 아합 왕과 갈멜 산에서 대결을 벌입니다.

아합 왕은 비가 내리지 않으니까 답답해 죽을 지경입니다. 왕이 직접 궁내 대신과 함께 물의 근원을 찾아서 돌아다니고 있을 때 엘리야가 아합 왕에게 말합니다. "온 이스라엘과 이세벨의 상에서 먹는 바알의 선지자 사백오십 명과 아세라의 선지자 사백 명을 갈멜 산으로 모아 내게로 나오게 하소서"(왕상 18:19). 아합 왕은 이 제안을 받아들였습니다. 당시 아합 왕은 하나님이든 바알 신이든 관계없이 비를 내려 주기만 한다면 괜찮다는 생각에서 엘리야의 제의를 수락했을 것입니다.

전국에 있는 바알 신전의 제사장 450명과 아세라를 섬기는 제사장 400명을 합한, 850명의 가짜 제사장들과 하나님을 섬기는 한 사람 엘리야가 갈멜 산에서 대결을 벌입니다. 갈멜 산에 북이스라엘의 장로들, 백성의 대표들이 입회한 가운데 850명의 바알 제사장들을 맞서 엘리야 혼자 대결하는 것입니다. 얼마나 외로운 투쟁인지 모릅니다. 여기서 실패하면 여호와 하나님께 영광을 돌리기는커녕 목숨이 위태롭습니다. 엘리야는 목숨을 내걸었습니다. 먼저 바알 제사장들이 단 위에 제물을 올려놓고 바알 신에게 주문을 외고 괴성을 지릅니다. 하루 종일 뛰면서 소리를 질러 댔지만 해질 무렵이 됐는데도 아무 일도 일어나지 않았습니다. 제사장들이 칼과 창으로 자신의 몸을 찔러 피가 흐르도록 자해 행위까지 했지만 결과는 마찬가지였습니다(왕상 18:28-29).

이제 엘리야 차례입니다. 엘리야는 하나님께 제물을 쌓습니다. 혹시 제단에 있는 나무가 말라서 자연적으로 불이 붙었다고 할까 봐 번제물(각을 뜬 소고기)과 제단 주위에 물을 가득 부었습니다. 그리고 나서 엘리야가 기도하자 하늘에서 불이 내려왔습니다. 성령의 불이 내려와 물까지 훑으면서 제단을 태웠습니다. 제단의 불을 본 백성들이 함성을 지르면서 살아 계신 여호와 하나님을 외쳤고, 바알과 아세라 제사장 850명을 강가로 데리고 가서 한 사람도 남기지 않고 다 죽였습니다(왕상 18:37-40). **맥잡기**
이렇게 구약의 역사는 계속해서 하나님이냐, 바알 우상이냐 하는 두 갈래 길을 선택하는 과정입니다.

이렇게 하고 난 뒤 엘리야가 갈멜 산 꼭대기로 올라가서 얼굴을 두 무릎 사이에 넣고 기도했습니다(왕상 18:42). 기도하면서 몸종에게 구름이 일어나는지 확인하라고 했는데 몸종은 구름이 보이지 않는다고 합니다. 그러기를 일곱 차례나 반복했을 때, 몸종이 와서 손바닥만 한 구름이 일어났다고 말합니다. 그 손바닥만 한 구름을 보고 엘리야는 하나님이 큰비(폭우)를 내려 주실 것을 알았습니다.

하나님은 우리가 기도하면, 우리의 삶 가운데서 기도의 응답이 어떻게 이루어질 것인지 그 징조를 깨달을 수 있는 능력을 주십니다. 저는 장녀가 31세가 되어도 결혼할 낌새가 없어서 실망하고 있었습니다. 어느 날 새벽기도 때 주님이 말씀하셨습니다. "사랑하는 내 아들아. 너의 세 자녀들에게 축복이 늦게 나타나게 해서 미안하구나. 그러나 내가 반드시 축복해 주겠다." 처음에는 무슨 뜻인지 몰라 의아해하면서 그저 감사의 눈물을 흠뻑 흘렸습니다. 몇 개월 뒤 큰딸이 믿음 좋은 신랑을 만나 결혼하게 되었습니다. 그 뒤 새벽기도 때 성령님이 갈멜 산에서 엘리야가 본 손바닥만 한 구름을 떠올려 주셨습니다. 이제부터 남은 두 자녀에게도 큰 축복이 올 것을 예견하고 또 감사의 눈물을 흘렸습니다.

엘리야는 갈멜 산의 대결을 통해서 하나님이 살아 계시다는 것을 증명했을 뿐만 아니라 실제로 3년 6개월 동안 가뭄 때문에 굶주렸던 백성들에게 기쁨의 폭우를 퍼붓는 이적을 행했습니다. 이 소식을 들은 아합 왕의 아내 이세벨은 펄쩍 뛰면서 말했습니다. "당신이 왕이냐? 하나님의 선지자라고 하는 사람이 불을 내렸다고 해서 우리 제사장들 850명을 다 죽였단 말이냐? 내가 그 작자를 당장 죽여 버리겠다." 이세벨은 엘리야를 죽이려고 병사들을 보냅니다. "이세벨이 사신을 엘리야에게 보내어 이르되 내가 내일 이맘때에는 반드시 네 생명을 저 사람들 중 한 사람의 생명과 같게 하리라 아니하면 신들이 내게 벌 위에 벌을 내림이 마땅하니라 한지라"(왕상 19:2).

호렙 산으로 피신하다, 그리고 새로운 사명 _ 왕상 19장

하나님의 큰일을 행한 엘리야도 갑자기 엄청나게 많은 군사들이 자기를 죽이려고 쫓아오자 걸음아 나 살려라 하고 도망을 갑니다. 엘리야는 가데스 바네아 광야의 로뎀나무 아래 앉아서 좌절한 채 하나님께 기도합니다. "여호와여 넉넉하오니 지금 내 생명을 거두시옵소서 나는 내 조상들보다 낫지 못하니이다"(왕상 19:4). 하나님은 엘리야를 위로하셨고, 천사를 보내서 숯불에 구운 떡과 물 한 병을 옆에 두게 하셨습니다. 천사가 엘리야를 위로했습니다. "일어나 먹으라 네가 갈 길을 다 가지 못할까 하노라"(왕상

19:7). 엘리야가 떡과 물을 먹고는 40일 동안 밤낮으로 걸어서 호렙 산 동굴에 피신했습니다. 호렙 산은 이스라엘 백성들이 출애굽 후 1년 동안 훈련받았던 시내 산자락에 있는 한 산입니다.

이때 하나님이 엘리야에게 말씀하십니다. "엘리야야 네가 어찌하여 여기 있느냐"(왕상 19:9). 그러자 엘리야가 이렇게 고백합니다. "내가 만군의 하나님 여호와께 열심이 유별하오니… 오직 나만 남았거늘 그들이 내 생명을 찾아 빼앗으려 하나이다"(왕상 19:10). 이 말은 어떤 의미로는 "나는 이스라엘 백성들과 왕 앞에서 목숨 걸고 하나님을 전했습니다. 내 열심이 유별했기 때문입니다"라고 하는 매우 자만한 고백입니다. 아합 왕이 이 땅에 있는 선지자들을 모두 죽였기 때문에 유일하게 자기 혼자만 남았다는 것입니다. 하나님은 말씀하십니다. "너는 네 길을 돌이켜 광야를 통하여 다메섹에 가서 이르거든 하사엘에게 기름을 부어 아람의 왕이 되게 하고 너는 또 님시의 아들 예후에게 기름을 부어 이스라엘 왕이 되게 하고 또 아벨므홀라 사밧의 아들 엘리사에게 기름을 부어 너를 대신하여 선지자가 되게 하라 하사엘의 칼을 피하는 자를 예후가 죽일 것이요 예후의 칼을 피하는 자를 엘리사가 죽이리라 그러나 내가 이스라엘 가운데 칠천 명을 남기리니 다 바알에게 무릎을 꿇지 아니하고 다 바알에게 입 맞추지 아니한 자니라"(왕상 19:15-18).

요즘도 많은 사람들이 하나님의 일을 하다가 박해를 받으면 "나 혼자 남았나이다" 하며 두려워합니다. 그러나 혼자가 아닙니다. 사도 바울이 전도여행을 하는 동안 고린도 회당에서 사람들한테 쫓겨났는데 이때도 예수의 영이 나타나서 위로합니다. "내가 너와 함께 있으매 어떤 사람도 너를 대적하여 해롭게 할 자가 없을 것이니 이는 이 성중에 내 백성이 많음이라"(행 18:10). 이 사실을 깨달으면 천국입니다. 혼자가 아니어서 위로받을 수 있습니다. "나 혼자입니다" 생각하면 지옥을 경험합니다. 고독해집니다. 하나님의 사람들은 절대 고독하지 않습니다. 바알에게 무릎 꿇지 않은 7천 명이 있기 때문입니다. 하나님은 엘리야의 사역을 통해 하나님이 살아 계심을 깨달은 사람들이 구원을 얻을 것이라는 소망을 주십니다. 엘리야는 힘들어서 죽기를 원했으나 하나님은 엘리야의 사역을 귀히 여긴다고 말씀하십니다. 하나님은 천사를 통해서 위로하고 먹을 것을 공급하면서 새로운 사역을 명하십니다.

하나님은 엘리야에게 세 가지 사명을 주셨습니다.

첫째, 아람의 군대 장관 하사엘에게 기름 부으라고 하십니다. 하나님은 아람 왕을 통해 패역한 북이스라엘을 징계하려 하셨는데 당시 왕이었던 하사닷은 마음이 여려서 이스라엘을 매섭게 징계하지 않았습니다. 그래서 하나님은 아람의 군대 장관이었던 하사엘에게 기름을 부으라고 명하십니다. 모든 정사와 권세는 하나님께 속해 있습니다. 하나님은 이스라엘만 간섭하는 것이 아니라 아람 왕도 바꾸십니다.

둘째, 군대 장관이었던 예후에게 기름 부으라고 하십니다. 쿠데타를 통해 예후 왕조가 새로이 등장합니다. 아합 왕조를 제거하기 위해 이스라엘을 징계 개편하시는 것입니다.

셋째, 엘리야가 사역을 마칠 때를 위해 엘리사를 후계자로 지명하고 기름 부으라고 하십니다. 그래서 엘리야는 호렙 산에서 나와 제일 먼저 농사짓고 있던 엘리사를 불러냅니다(왕상 19:19-21).

나봇의 포도원 사건과 아합 왕의 죽음 _왕상 21-22장

아합 왕은 아내 이세벨에게 여름 궁전을 지어 주려고 나봇이라는 사람의 포도원을 빼앗으려고 합니다. 나봇은 아합 왕에게 여호수아 때부터 하나님이 조상들에게 기업으로 주신 땅이기 때문에 절대 팔 수 없다고 합니다. 그러자 왕후 이세벨이 나서서 나봇이 사는 동네의 장로들에게 나봇을 죽이도록 지시합니다. "불량배 두 사람을 그의 앞에 마주 앉히고 그에게 대하여 증거하기를 네가 하나님과 왕을 저주하였다 하게 하고 곧 그를 끌고 나가서 돌로 쳐 죽이라 하였더라"(왕상 21:10). 믿지 않는 사람들이 여호와 하나님의 이름을 빙자해서, 하나님을 잘 섬기는 나봇을 돌팔매질해서 죽이고 포도원을 빼앗습니다. 그리고 그곳에 이스르엘 궁전을 짓습니다.

이에 엘리야는 아합 왕과 이세벨 왕후에게 하나님의 심판을 예언합니다. "너는 그에게 말하여 이르기를 여호와의 말씀이 네가 죽이고 또 빼앗았느냐고 하셨다 하고 또 그에게 이르기를 여호와의 말씀이 개들이 나봇의 피를 핥은 곳에서 개들이 네 피 곧 네 몸의 피도 핥으리라 하셨다 하라… 이세벨에게 대하여도 여호와께서 말씀하여 이르시되 개들이 이스르엘 성읍 곁에서 이세벨을 먹을지라"(왕상 21:19-23).

저주를 받은 뒤 전투를 벌였는데, 전투가 치열해지자 당시 아합 왕과 남유다의 여호사밧 왕이 동맹을 맺고 아람 왕을 대적했습니다. 요단 강 동편에 있는 길르앗 라못에서 아합 왕은 자기가 왕이 아닌 것처럼 변장하고 숨습니다. 그러나 공교롭게도 어디선가 화살이 날아와 아합 왕의 갑옷 솔기에 박혔습니다. 병거를 타고 있었던 아합 왕은 맹렬한 전투가 한창인 그곳을 빠져나가지 못하고 있다가 피를 너무 많이 흘려 저녁나절에 죽고 맙니다(왕상 22:34-35). 아합 왕의 시체를 사마리아에서 장사하고, 왕의 병거를 사마리아 못에 가서 씻었는데 개들이 와서 그 피를 핥았습니다. 하나님의 말씀대로 된 것입니다. 그 시냇가는 바알 신을 섬기는 여자 창기들이 목욕하던 곳이었습니다.

아하시야 왕의 죽음 _ 왕하 1장

아합이 죽고 나서 아합의 아들 아하시야가 왕위를 이어받았습니다. 아하시야는 왕궁 난간에서 떨어져 병들자, 병이 나을 것인지 아닌지를 알기 위해 블레셋 에그론의 신 바알세붑(바알세불)에게 몸종을 보냈습니다. 바알세불은 파리 떼 신입니다. 이때 하나님은 엘리야를 부르시고 아하시야에게 하나님의 뜻, 곧 그가 하나님께 나아오지 않고 이방 신에게 생사를 구했으므로 침상에서 죽게 될 것을 전하게 하셨습니다. 엘리야는 이렇게 아합 왕 일가를 대적하며 하나님의 살아 계심을 전하다가 하늘로 들림을 받았습니다.

엘리야의 승천 _ 왕하 2장

아합 왕이 죽고 난 뒤, 하나님이 엘리야를 하늘로 데리고 올라가십니다. 열왕기하 2장에 엘리야가 죽음을 보지 않고 불 수레와 불 말을 타고 하늘로 들려 올라가는 장면이 나옵니다. 하나님이 모세를 데려가신 요단 강 건너편 느보 산 위로 엘리야를 데려가신 것으로 알려져 있습니다. 주님이 다시 오시는 날 성도들이 들림 받을 것을 예표로 보여 주신 것입니다. 하늘로 들림 받는 엘리야를 제자 엘리사는 끝까지 쫓아갔습니다. 그리고 스승 엘리야에게 성령이 하시는 갑절의 역사를 구합니다. 그러자 엘리야는 말합니다. "이르되 네가 어려운 일을 구하는도다 그러나 나를 네게서 데려가시는 것을 네가 보면 그 일이 네게 이루어지려니와 그렇지 아니하면 이루어지지 아니하리라"(왕하 2:10). 이렇게 엘리야와 엘리사가 대화를 나누고 있을 때 하늘에서 홀연히 불 수레와 불 말들이 내려와서 두 사람 사이를 갈라놓고 엘리야가 마침내 회오리바람을 타고 승천합니다.

열왕기상의 마지막과 열왕기하의 처음은 자신의 육신만을 위해 평생을 살았던 아합 왕의 비참한 최후와, 하나님의 일을 하면서 목숨을 걸고 갈멜 산에서 하나님을 증거했던 하나님의 사람 엘리야의 승천을 대비해서 보여 줍니다.

임종 예배를 많이 주재했던 어느 목사님의 이야기를 들어 보니, 믿지 않는 사람은 죽을 때가 되면 대부분 "지금 시꺼먼 죽음의 사자가 나를 붙잡으러 왔어. 난 못 가. 난 안 갈 거야!" 하고 버틴답니다. 그런데 믿는 사람들은 그렇지 않답니다. 그리스도인은 평생 예수님을 믿으면서 자신이 살아온 여정을 누가 옆에서 뭐라고 하지 않아도 반드시 자기 입으로 고백한다고 합니다. "제가 지금까지 십일조를 못했습니다. 하나님의 말씀대로 살지 못하고, 아무개 집사를 그렇게 미워했습니다." 생전에 하나님의 말씀대로 살지 못한 것들을 죽기 전에 다 고백하는 겁니다.

이것이 성경 말씀에 나와 있는 마지막 날 주님 앞에서 회계(accounting)하는 것입니다. "너희를 인도하는 자들에게 순종하고 복종하라 그들은 너희 영혼을 위하여 경성하기를 자신들이 청산할(회계할) 자인 것같이 하느니라 그들로 하여금 즐거움으로 이것을 하게 하고 근심으로 하게 하지 말라 그렇지 않으면 너희에게 유익이 없느니라"(히 13:17). '회계'를 보험에서는 '다 빼는 것'(deductible)이라고 표현합니다. 아주 정확한 표현입니다. 임종 전에 자기가 입으로 고백한 것만큼 하늘에서 받을 면류관을 빼고 나면 개털 모자밖에 안 남을지도 모릅니다. 우리가 예수님을 믿고 나서 성령을 받은 다음 왜 성화의 삶을 살아야 하는지, 왜 그분의 말씀대로 순종하며 살아가야 하는지를 알 수 있습니다.

✚   엘리사

엘리사의 샘물 - 왕하 2:19-22

엘리야에게 "당신의 성령이 하시는 역사가 갑절이나 내게 있게 하소서"(왕하 2:9)라고 요청한 대로, 엘리사는 성경 인물 중 예수님을 제외하고는 가장 많은 이적을 행했던 사람입니다. 그는 병자를 고치고 죽은 자를 살렸습니다. 그런데 성경에는 엘리사 주변에 사람들이 구름같이 쫓아다녔다는 이야기는 없습니다. 엘리사는 신약 시대 예수님의 구원 행적을 미리 보여 주고 있습니다.

"엘리야의 하나님 여호와는 어디 계시니이까"(왕하 2:14) 하며 엘리야의 겉옷을 가지고 요단 강을 치니까 강물이 이리저리 갈라져서 엘리사가 요단 강을 건너갔다고 했습니다. 이때부터 엘리사의 이적 사역이 시작되었습니다. 엘리사가 여리고 성에 있을 때 사람들이 여리고 성의 물이 좋지 않아 열매 맺지 못한다고 하니까, 물의 근원을 찾아 소금을 던져서 물을 고쳐 주었습니다. 지금도 여리고 성에 가면 큰 '엘리사의 샘물'이 있고, 여리고 성 사람들이 그 물을 먹고 삽니다. 맥잡기⚑ 모세가 홍해를 건넌 후 마라의 쓴물을 단물로 변화시킨 것처럼, 요단 강을 가른 엘리사의 첫 이적은 생명의 근원인 물을 깨끗하게 정화시키는 것이었습니다. 예수님의 첫 이적, 가나의 혼인 잔치에서 물을 포도주로 변화시킨 사건의 공통점은 모두 '물의 변화'입니다. 하나님의 관심은 우리가 마실 수 있는 생명수를 공급하는 것이며, 평범한 물에서 주님의 피(포도주)로 바꾸어 주시는 것입니다. 예수님을 믿으면 물이 포도주로, 무기물질에서 유기물질로 바뀝니다. 예수님을 믿고 나면 이전 것은 지나가고 새 사람으로 변화합니다(고후 5:17).

엘리사가 벧엘로 올라갈 때 작은 아이들이 "대머리여 올라가라"(왕하 2:23) 하며 엘리사를 조롱합니다. 엘리사가 기도하니까 곰이 나타나서 아이들을 죽였다고 기록되어 있는데 이 사건은 조금 의아한 것이 사실입니다. 하지만 당시는 하나님의 선지자가 아주 귀한 때였기에 바알 신을 섬기는 자들이 하나님의 사람을 조롱하는 것을 하나님이 용납하지 않으신 것으로 이해할 수 있습니다.

엘리사, 모압 광야에 물을 내다 _ 왕하 3장

유다의 여호사밧 왕과 북이스라엘의 여호람 왕, 그리고 에돔 왕이 연합한 3개국 동맹군이 요단 동편 북이스라엘에 속한 모압 땅을 치러 갔습니다. 7일째가 되니 모압 광야에서 군사들과 가축을 먹일 물이 없었습니다. 그러자 북이스라엘의 여호람 왕이 하나님을 원망했습니다. "슬프다 여호와께서 이 세 왕을 불러 모아 모압의 손에 넘기려 하시는도다"(왕하 3:10). 그때 하나님을 의뢰하는 유다 여호사밧 왕이 묻습니다. "우리가 여호와께 물을 만한 여호와의 선지자가 여기 없느냐"(왕하 3:11). 그래서 엘리사가 불려 왔고 유다 여호사밧 왕을 위해 예언합니다.

"여호와의 말씀이 이 골짜기에 개천을 많이 파라 하셨나이다"(왕하 3:16). 그렇게 하여 모압 광야에서 물을 냅니다. "이 골짜기에 물이 가득하여 너희와 너희 가축과 짐승이 마시리라 하셨나이다 이것은 여호와께서 보시기에 작은 일이라 여호와께서 모압 사람도 당신의 손에 넘기시리니"(왕하 3:17-18). 엘리사가 이렇게 예언하자 시냇물이 철철 흘러 넘쳐서 마침내 전쟁에서 승리합니다. 악한 북이스라엘 왕도 하나님의 사람과 함께한 덕분에 구원을 얻었습니다.

우리도 어려운 환경에 처했을 때 하나님의 사람과 함께해서 구원의 기쁨을 누려야 합니다. 늘 하나님의 사람과 가까이 지내기 바랍니다. 엘리사 선지자도 찬양 소리를 듣고 성령님의 감동을 받아 예언했습니다. 우리도 하나님의 말씀을 듣기에 앞서 마음 문을 활짝 열고 전심으로 찬양 드려서 성령님의 감동으로 주님의 음성을 듣도록 힘써야 할 것입니다.

엘리사, 빈 병의 기름 _ 왕하 4:1-7

이제 엘리사는 벧엘 땅으로 가는데, 거기서 제자가 죽었다는 소식을 듣게 됩니다. 제자의 아내는 너무 가난해서 빚을 졌는데 도저히 빚을 갚을 길이 없어 두 아들을 종으로 팔 형편에 처했다며, 엘리사에게 도움을 요청합니다. 이 말을 듣고 엘리사는 불쌍히 여기며 이렇게 말합니다. "너는 밖에 나가서 모든 이웃에게 그릇을 빌리라 빈 그릇을 빌리되 조금 빌리지 말고"(왕하 4:3). 제자의 아내와 두 아들이 동네에 있는 빈 그릇을 모아 방에 가져다 놓고 문을 닫은 뒤, 엘리사는 이 그릇에 기름을 부어 가득 채웠습니다. 이것은 올리브기름이었는데, 올리브기름은 당시에 화폐처럼 사용되어 이들 모자는 빚을 갚을 수 있었습니다.

이 기적은 예수님의 오병이어의 기적 같은 것입니다. 아버지의 사랑으로 이웃을 불쌍히 여길 때 그 사랑 때문에 빈 그릇들이 기름(물질)으로 채워지는 역사가 일어납니다. 이 역사는 엘리사 때에도, 예수님 때에도, 오늘날에도 주의 사랑이 있는 곳에서는 어디서든 일어나고 있습니다.

수넴 여인의 아들 _ 왕하 4:8-37

엘리사가 수넴이라는 곳에 갔더니 그곳에 있는 한 여인이 엘리사를 환대합니다. 바알 신앙 외에 여호와를 섬기는 사람들은 전부 박해받아 죽을 때입니다. 그때 수넴 여인이 자기 집에 숙소까지 마련해 두고 엘리사를 환대하니까, 엘리사가 시종 게하시에게 여인의 집이 풍요하지만 뭔가 도와줄 게 있는지 알아보라고 합니다. 아무리 겉으로 부유해 보여도 누구나 한 가지씩은 어려움이 있습니다. 게하시가 알아보고 이렇게 대답합니다. "게하시가 대답하되 참으로 이 여인은 아들이 없고 그 남편은 늙었나이다"(왕하 4:14).

엘리사가 기도해서 여인이 잉태했고, 아이를 낳았습니다. 그러고 나서 몇 년 뒤 엘리사가 갈멜 산에 있는데, 그 수넴 여인이 찾아와서 따집니다. 아이가 조금 자라다 죽은 것입니다. "내가 내 주께 아들을 구하더이까 나를 속이지 말라고 내가 말하지 아니하더이까"(왕하 4:28). 그러자 엘리사가 죽은 아이를 살려 줍니다. 하나님의 사람을 자기 집에서 영접하고 잘 섬기면 죽은 가족도 살아나는 축복을 주십니다. **맥잡기❗** 이 기사 역시 죽은 자를 살리시는 예수님의 이적을 미리 보여 주는 것입니다. 갈릴리에 계시던 예수님은 매년 유월절이 되면 예루살렘을 방문하셨는데, 이때 마리아와 마르다가 예수님께 숙소를 제공하고 따뜻하게 영접했습니다. 주님은 그들의 오라버니 나사로가 죽었을 때 살려 주셨습니다.

국의 독을 제거하다 _ 왕하 4:38-44

엘리사가 길갈로 내려갔을 때의 일입니다. 제자들이 들에서 오이같이 생긴 열매를 따다가 국을 끓였는데 거기에 독이 들어 있었습니다. 제자들이 어찌할 줄 모르자 엘리사가 가루를 뿌려 독을 없애 주었습니다. 그리고 보리떡 20개로 100명을 먹이는 기적을 행합니다. 예수님의 오병이어의 기적 못지않은 일이 벌어진 것입니다. '보리떡 20개로 100명이 왜 못 먹느냐? 5분의 1씩 잘라서 하나씩 먹으면 100명이 먹을 수 있는데 이것이 무슨 이적이냐?'라고 생각할 수도 있습니다. 그러나 조금씩 맛만 본 게 아니라 100명이 충분히 먹고도 남았으니 분명 기적입니다. 이런 일들을 통해 엘리사는 하나님이 살아 계심을 증거했고 예수님이 행하실 이적을 미리 보여 주었습니다.

나아만 장군의 나병을 고침 _ 왕하 5장

아람은 틈만 나면 북이스라엘을 괴롭혔습니다. 그런데 아람의 군대 장관이 나병에 걸립니다. 그의 집에는 북이스라엘에서 포로로 잡혀 온 계집종이 있었는데, 그 종이 나아만의 아내에게 말합니다. "우리 주인이 사마리아에 계신 선지자 앞에 계셨으면 좋겠나이다 그가 그 나병을 고치리이다"(왕하 5:3). 계집종이 주인의 병든 사실을 이렇게 안타까워하는 걸 보면, 나아만 군대 장관은 매우 높은 사람이지만 아랫사람들을 불쌍히 여겼던 것 같습니다.

나아만 장군은 왕을 찾아가서 신병 치료차 북이스라엘을 다녀오겠다고 합니다. 그러자 아람 왕이 친서를 써서 북이스라엘의 왕에게 전합니다. "내 사랑하는 군대 장관이 나병에 걸렸는데 당신네 나라에 가면 살릴 수 있다고 들었습니다. 부디 그의 병을 좀 고쳐 주시오." 이스라엘 왕은 아람 왕의 편지를 보고 옷을 찢었습니다. 왜 옷을 찢었겠습니까? "내가 하나님이란 말이냐? 내가 어떻게 나병을 고친단 말인가? 못 고치면 쳐들어오겠다는 말인가?" 하면서 한탄하는 겁니다(왕하 5:7). 믿음이 없었기 때문입니다. 이때 엘리사가 소문을 듣고 나아만 장군을 자기에게 보내도록 북이스라엘 왕에게 요청합니다.

나아만 장군이 엘리사의 집에 갔습니다. 나아만 장군은 엘리사가 문밖에 나와서 자신을 영접하고 손으로 안수해서 고쳐 줄 줄 알았는데 밖에도 안 나오고 집 안에서 "너는 가서 요단 강에 몸을 일곱 번 씻으라 네 살이 회복되어 깨끗하리라"(왕하 5:10) 하고 지시를 하자 화가 났습니다. "나아만이 노하여 물러가며 이르되 내 생각에는 그가 내게로 나와 서서 그의 하나님 여호와의 이름을 부르고 그의 손을 그 부위 위에 흔들어 나병을 고칠까 하였도다 다메섹 강 아바나와 바르발은 이스라엘 모든 강물보다 낫지 아니하냐 내가 거기서 몸을 씻으면 깨끗하게 되지 아니하랴 하고 몸을 돌려 분노하여 떠나니"(왕하 5:11-12). 그는 교만했습니다.

그랬을 때 신하들과 여종이 "장군님, 지금은 지푸라기라도 잡을 판인데 일단 한번 순종해 보십시오" 하고 말합니다. "내 아버지여 선지자가 당신에게 큰일을 행하라 말하였더면 행하지 아니하였으리이까 하물며 당신에게 이르기를 씻어 깨끗하게 하라 함이리이까"(왕하 5:13). 그 말을 듣고 나아만 장군이 체면을 버리고 엘리사가 시키는 대로 씻으니까 (하나님의 말씀 앞에서 자신을 부인하니까) 나병이 나았습니다. **맥잡기!** 나병환자를 고쳐 주신 예수님의 사역을 엘리사를 통해 미리 보여 주셨습니다.

주님은 이 땅에 오셔서 병 고치실 때 "내가 능히 이 일 할 줄을 믿느냐"(마 9:28)고 물으셨습니다. 병 고침을 받고자 하는 사람은 먼저 자신의 생각과 지위 등을 내려놓고 말씀을 순전히 믿고 순종해야 합니다. 저도 위암 수술 후 항암 치료를 1년 동안 받아야 한다고 했습니다. 6개월 동안 항암 치료를 받았지만 황달이 오고 백혈구 수치가 회복되지 않았으며, 피부 색깔은 온통 죽은 시체처럼 까맣게 변했습니다. 그때 하나님이 보내 주신 은사자를 만나게 되었습니다. 항암 치료를 중단하고 주님이 고쳐 주심을 믿겠느냐고 할 때 순수하게 믿고 순종했더니 주님의 은혜로 완전히 나을 수 있었습니다. 이것저것 따지지 않고 어린아이와 같이 믿는 자에게 하나님의 기적이 임함을 믿으시기 바랍니다.

도끼를 물속에서 떠오르게 함 _ 왕하 6:1-7

여리고 성에 있는 선지자 학교의 학생 수가 100명에 달하자 숙소를 확장하는 공사를 시작했습니다. 한 제자가 다른 사람에게 빌려온 쇠도끼로 나무를 베다가 도끼가 자루에서 빠져나와 그만 물에 빠졌습니다. 이에 엘리사가 나뭇가지를 베어 물에 던졌더니 도끼가 위로 떠올라 건질 수 있었습니다. 모든 물자가 귀한 때에 이웃에게 빌린 도끼를 돌려주려는 아름다운 마음을 하나님이 보시고, 엘리사를 통해 기적을 베푸셨다고 할 수 있습니다.

도단에서의 기적 _ 왕하 6:8-23

도단이라고 하는 곳에 엘리사가 머물고 있었는데 아람 군대가 엘리사를 잡으려고 마을을 포위했습니다. 엘리사의 몸종이 아침 일찍 나가 보니 아람 군대와 말과 병거가 온통 성을 에워싸고 있었습니다. 아람 군대가 자기 스승을 잡으려고 새까맣게 몰려온 것을 보고 "선생님, 큰일 났습니다" 하니까 엘리사가 기도했습니다. "여호와여 원하건대 그의 눈을 열어서 보게 하옵소서"(왕하 6:17). 그러자 몸종의 영안이 열려 천사들의 군대인 불 말과 불 병거가 엘리사를 둘러섰음을 보게 됩니다. 하나님은 하나님의 사람과 이스라엘을 지키신다는 사실을 보이셨습니다. 저는 평소 기도하는 사람에게 둘러주는 천사 울타리(욥 1:10)의 위력과, 역경이 닥쳐왔을 때 영안을 열어 보게 하시는 하나님을 여러 번 체험했습니다.

드디어 아람 사람들이 엘리사에게 가까이 왔을 때 엘리사가 다시 한 번 하나님께 기도합니다. "원하건대 저 무리의 눈을 어둡게 하옵소서"(왕하 6:18). 눈이 어두워진 아람 병사들을 엘리사가 사마리아의 북이스라엘 왕 앞으로 데려갑니다. 북이스라엘의 왕이 엘리사에게 말합니다. "내 아버지여 내가 치리이까 내가 치리이까"(왕하 6:21). 엘리사는 죽이지 못하게 하고 아람 군사들에게 사랑을 베풉니다. "대답하되 치지 마소서 칼과 활로 사로잡은 자인들 어찌 치리이까 떡과 물을 그들 앞에 두어 먹고 마시게 하고 그들의 주인에게로 돌려보내소서"(왕하 6:22). 날마다 북이스라엘에 쳐들어오는 원수의 군대이지만 먹을 것과 마실 것을 풍성히 베풀어 고향으로 돌려보냈습니다. 원수를 사랑하라고 하신 예수님의 말씀을 엘리사의 행동으로 미리 보여 주신 것입니다.

아람 군대가 물러갈 것을 예언함 _왕하 6:24-7:20

아람 군대는 북이스라엘을 완전히 정복하려고 사마리아 성을 포위했습니다. 성으로 곧바로 올라가면 위에서 활을 맞아 다 죽으니까 반대쪽의 성과 똑같은 높이로 토성을 쌓고 그 위로 단숨에 쳐들어오려 했습니다. 그렇게 하면서 보급로를 차단하면 성 안에 있는 사람들이 꼼짝없이 갇혀 굶어 죽는 겁니다.

그러니 사마리아 성 안 상황은 어떠했겠습니까? 하루는 요람 왕이 사마리아 성 위를 통과하면서 백성들이 어느 정도 고통받는지 보았습니다. 두 여인이 싸우는 내용을 들어보니 처참하기가 짝이 없습니다. "네 아들을 내놓아라 우리가 오늘 먹고 내일은 내 아들을 먹자"(왕하 6:28). 둘이서 며칠 전에 약속을 했던 겁니다. 그래 놓고는 다음날이 되니까 그 여인이 자신의 자녀를 안 내놓는 겁니다. "나는 굶어 죽으면 죽었지, 죽어도 못 내놓겠다" 이러면서 왕한테 재판해 달라고 합니다. 왕이 옷을 찢으며 엘리사를 원망하고 저주합니다. "왕이 이르되 사밧의 아들 엘리사의 머리가 오늘날 그 몸에 붙어 있으면 하나님이 내게 벌 위에 벌을 내리실지로다 하니라"(왕하 6:31).

요람 왕은 엘리사가 나아만 장군의 나병을 고쳐 주었을 뿐 아니라, 사로잡힌 아람 군대를 죽이지 않고 선대하여 돌려보낸 일 등을 기억하는 것입니다. 엘리사가 평소 아람을 선대했기 때문에, 아람 군대에게 포위당했다고 생각했던 것 같습니다. 그러나 엘리사는 오늘은 먹을 것이 없어서 모두가 굶주리고 있지만 내일이면 고운 밀가루 한 스아를 한 세겔로 매매할 것이라고 예언합니다. 당시 고운 밀가루 1스아는 1파운드 정도였는데, 1세겔쯤 된다고 하는 것은 매우 싸진다는 뜻입니다. 엄청난 기적이 일어날 것이라는 말입니다.

마침 성문 어귀에 있던 나병환자 네 사람이 작심을 합니다. "우리가 어찌하여 여기 앉아서 죽기를 기다리랴 만일 우리가 성읍으로 가자고 말한다면 성읍에는 굶주림이 있으니 우리가 거기서 죽을 것이요 만일 우리가 여기서 머무르면 역시 우리가 죽을 것이라 그런즉 우리가 가서 아람 군대에게 항복하자 그들이 우리를 살려 두면 살 것이요 우리를 죽이면 죽을 것이라"(왕하 7:3-4). 나병환자들은 성 안에서 살 수 없었습니다. 그런데 하도 굶주리니까 '어차피 죽을 목숨, 죽으면 죽으리라!' 하고 사마리아 성을 포위하고 있는 아람 군대의 진영으로 들어가기로 한 것입니다. 성 안에 가 보니 놀랍게도 아람 군대가 양식을 그대로 두고 도망을 쳤습니다! 나병환자들은 이 놀라운 소식을 사마리아 성 안 사람들에게 알립니다.

도대체 어떻게 된 일일까요? 엘리사의 예언대로 하나님이 그날 밤에 천사들을 동원해서 엄청난 말발굽 소리를 내니 아람 군대가 겁을 먹고 밤새 "걸음아 날 살려라" 하고 급히 철수해 버린 것입니다. "이는 주께서 아람 군대로 병거 소리와 말 소리와 큰 군대의 소리를 듣게 하셨으므로 아람 사람이 서로 말하기를 이스라엘 왕이 우리를 치려하여 헷 사람의 왕들과 애굽 왕들에게 값을 주고 그들을 우리에게 오게 하였다 하고 해 질 무렵에 일어나서 도망하되 그 장막과 말과 나귀를 버리고 진영을 그대로 두고 목숨을 위하여 도망하였음이라"(왕하 7:6-7). 엘리사의 예언대로 포위되었던 성이 풀려나고 굶주림이 해결됐습니다. 우리 삶에 환난이 닥쳐와서 낙심하고 있을 때, 내 주변에 있는 하나님의 사람이 믿기지 않는 좋은 소식을 전하면 비웃지 말고 "아멘"으로 받아들이십시오. 놀라운 기적을 체험할 수 있습니다.

하사엘에게 기름을 붓다 _ 왕하 8장

하나님이 호렙 산 동굴에서 엘리야에게 지시하셨던 사역을 엘리사가 대신합니다. 그는 다메섹으로 가서 아람 왕 하사닷의 군대 장관인 하사엘에게 기름을 붓습니다. 엘리사가 하사엘에게 기름을 부은 다음, "그가 부끄러워하기까지 그의 얼굴을 쏘아보다가 우니"(왕하 8:11)까 하사엘이 엘리사에게 묻습니다. "내 주여 어찌하여 우시나이까"(왕하 8:12). 엘리사가 대답합니다. "네가 이스라엘 자손에게 행할 모든 악을 내가 앎이라 네가 그들의 성에 불을 지르며 장정을 칼로 죽이며 어린 아이를 메치며 아이 밴 부녀를 가르리라"(왕하 8:12). 하나님이 이스라엘을 징계하시기 위한 도구로 하사엘과 같은 악한 왕을 세우신 것입니다.

예후에게 기름 부음 _왕하 9장

길르앗 라못은 곡창 지대이기 때문에 이 땅을 장악하려고 늘 아람과 북이스라엘 사이에 전쟁이 있었습니다. 엘리사가 제자 중 하나를 예후의 수비대 장막 안으로 파송해서 예후에게 기름을 붓게 합니다. 그때 예후 군대 장관은 아람 군을 막으려고 길르앗 라못에 국경수비대장으로 나가 있었는데, 마치 우리나라 고려 말기 때의 일입니다. 위화도에서 이성계가 회군하여 쿠데타를 일으킨 것처럼, 길르앗 라못에서 회군해서 사마리아 수도로 쳐들어옵니다.

예후 군대 장관은 쿠데타를 일으켜 아합의 막내아들이었던 요람 왕을 죽이고 왕이 됩니다. 요람 왕만 죽은 것이 아닙니다. 당시에 남유다의 왕이었던 아하시야 왕이 자기의 외삼촌이었던 요람 왕을 병문안 왔다가 횡사를 당합니다. 예후가 참사를 보고 도망하는 남유다의 아하시야 왕까지 죽였던 것입니다. 그가 아합 왕가와 친척 관계가 되기 때문입니다. 아합 왕에 속한 자식들을 하나도 남기지 않으시려는 하나님의 뜻에 의해서 이들은 다 죽음을 맞이했습니다(왕하 10:10-11).

예후는 반란을 일으켜 요람 왕을 죽인 다음 이세벨을 색출하러 이스르엘 왕궁으로 향합니다. 이세벨은 머리도 치장하고 화장을 짙게 한 채 당당하게 예후 장관을 맞이합니다. "예후가 이스르엘에 오니 이세벨이 듣고 눈을 그리고 머리를 꾸미고 창에서 바라보다가 예후가 문에 들어오매 이르되 주인을 죽인 너 시므리여 평안하냐"(왕하 9:30-31). 결국 이세벨은 창밖으로 던져져 피투성이로 죽는데, 그 전에 마지막 화장을 근사하게 했던 것입니다. "예후가 얼굴을 들어 창을 향하고 이르되 내 편이 될 자가 누구냐 누구냐 하니 두어 내시가 예후를 내다보는지라 이르되 그를 내려 던지라 하니 내려 던지매 그 피가 담과 말에게 튀더라 예후가 그의 시체를 밟으니라"(왕하 9:32-33). 제가 1997년도 북경에서 '성경의 맥' 강의를 하고 있을 때, 한국에서 새 화장품이 나왔는데 하필이면 그 브랜드가 '이세벨'이었습니다.

엘리사의 죽음

이제 엘리사가 죽습니다. 엘리사는 종횡무진 이스라엘 전역을 다니면서 죽은 자를 살리고 나병환자를 고치고 굶주린 자에게 먹을 것을 주고 빚진 자에게 빚을 갚게 해 주었습니다. 예수님이 이 땅에 오셔서 공생애 동안 하실 사역을 구약 시대에 미리 다 보여 주었습니다. 하나님의 살아 계심과 이스라엘에 대한 하나님의 사랑을 증거했던 사람이 엘리야와 엘리사입니다. 엘리야와 엘리사의 사역을 통해서, 4대에 걸쳐 북이스라엘을 바알 신앙으로 인도했던 아합 왕조를 완전히 처단하고 왕조를 갈아 치우십니다.

 ## 예후 왕조와 선지자

✤ 아모스, 호세아 선지자

예후 왕조는 북이스라엘이 망할 때까지 계속됩니다. 예후 왕조의 업적은 아합 왕가에 속한 모든 왕들과 자손들을 제거함으로써 북이스라엘에서 바알 신앙을 완전히 제거했다는 데 있습니다. 문제는 예후 왕조도 끝까지 금송아지 산당 신앙에서는 떠나지 않았다는 것입니다. 그 역시 초대 왕 여로보암의 길을 걸었습니다. 결국 모반과 반역과 피비린내 나는 싸움이 계속 이어집니다. 심지어 한 달도 왕위에 있지 못한 왕이 나옵니다. 그러다가 선지자 호세아와 동명이인인, 마지막 19대 호세아 왕 때 앗수르에 의해 멸망합니다. 기원전 722년, 왕국이 분열된 지 약 200년 만에 북이스라엘은 망했습니다.

북이스라엘이 망하기 전, 하나님은 아모스와 호세아 선지자를 보내십니다.

호세아는 참으로 우리 마음에 감동을 주는 귀한 말씀을 선포합니다. "오라 우리가 여호와께로 돌아가자 여호와께서 우리를 찢으셨으나 도로 낫게 하실 것이요 우리를 치셨으나 싸매어 주실 것임이라… 그러므로 우리가 여호와를 알자 힘써 여호와를 알자 그의 나타나심은 새벽빛같이 어김없나니 비와 같이, 땅을 적시는 늦은 비와 같이 우리에게 임하시리라 하니라"(호 6:1-3).

북이스라엘의 정의가 완전히 망가진 것을 보고 아모스 선지자는 선포합니다. "오직 정의를 물같이 공의를 마르지 않는 강같이 흐르게 할지어다"(암 5:24). 하나님의 의가 살아나야 한다는 것입니다.

하나님은 이스라엘이 망하기 전에 엘리야와 엘리사의 이적을 통해 하나님이 살아 계심을 나타내셨고, 호세아와 아모스 선지자의 예언으로 이스라엘에 대한 변함없는 사랑과 회복의 소망을 선포해 주셨습니다. 그러나 이스라엘은 끝까지 하나님의 말씀으로 돌아가지 않았으므로 결국 앗수르에 의해서 멸망합니다.

이스라엘이 앗수르에 의해, 남유다가 바벨론으로 인해 망합니다. 나중에 바벨론이 앗수르를 침공해서 통일 바벨론 왕국이 됩니다. 이 바벨론 왕국이 오늘날의 이라크입니다. 재미있는 것은, 하나님이 바벨론의 옛 이름 갈대아 우르에서 아브라함을 부르셨다는 것입니다. 이렇게 보면 이스라엘의 역사는 이라크에서 시작해서 이라크로 끝이 난 셈입니다. **맥잡기**📖 부시 전 대통령이 "바벨론이 예루살렘을 향해 진격하는 것을 막지 못하면 끝날 아마겟돈 전쟁에서 승리할 수 없다"는 종말론적인 역사관에 입각해 이라크와 전쟁을 치렀다는 견해가 미국 내에 있습니다. 청교도들에 의해 세워진 기독교 국가요 새 예루살렘으로 자부하는 미국이 이라크 테러를 막지 못하면 후에 있을 아마겟돈 전쟁을 막지 못한다는 것입니다. 어쨌든 이라크는 고대 이스라엘의 발상지이자 이스라엘을 멸망시킨 주역입니다.

뇌의 활동과 성도의 영적 생활

《뇌내혁명》(하루야마 시게오)이라는 책은 두 갈래 길을 선택할 수 있는 능력은 사람에게만 주어져 있다고 설명하고 있습니다.

식물은 뇌가 없습니다. 곤충에도 뇌가 없습니다. 곤충은 입과 장만 있습니다. 곤충은 평생 먹기만 하다가 다른 동물에게 잡아먹히는 것입니다. 곤충처럼 먹는 것에만 관심이 있는 사람은 언젠가는 다른 것에 잡아먹힌다고 생각하면 됩니다.

하나님은 동물에게도 뇌를 주셨습니다. 동물은 기분을 느낄 수 있습니다. 강아지도 기분이 좋으면 꼬리를 흔들고, 기분이 안 좋으면 낑낑거립니다. 그러나 동물은 먹고 마시고 배설하는 것에만 관심이 있습니다. 짐승도 결국은 자기보다 강한 것에 먹힙니다.

오직 사람에게만 대뇌 피질이 있습니다. 사람에게는 왼쪽 뇌와 오른쪽 뇌가 있습니다. 또한 사람의 피와 동물의 피는 똑같이 빨갛지만 절대로 동물의 피를 사람에게 수혈할 수는 없습니다. 생물학적 이유를 떠나서 사람의 피는 동물의 피와 다른 특징을 가지고 있기 때문입니다. 하나님이 흙으로 지으신 다음에 하나님의 생기를 불어넣어 주심으로써, 사람의 피는 의식을 따라 움직이도록 만들어졌습니다. 기분이 좋으면 피도 건강하지만, 사람이 우울해 있으면 피도 스트레스를 받아서 암이 생기기도 합니다. 창피하면 얼굴에 피가 쏠립니다. 빨개졌다 파래졌다 합니다.

사람에게는 자아(Self)가 있습니다. 사람만이 자아를 의식할 수 있습니다. 사람의 왼쪽 뇌는 움직이는 것, 보이는 것을 포착합니다. 그렇기 때문에 사람의 경험과 지식 체계에 영향을 주는 것은 왼쪽 뇌의 작용입니다. 계속 배우고 연습할 때는 왼쪽 뇌를 사용합니다. 자아를 추구하면 왼쪽 뇌를 자꾸 쓰게 됩니다. '나'만 추구하게 됩니다. 세상에서 경쟁해야 하기 때문에 그렇습니다. 왼쪽 뇌를 자꾸 사용하면 베타(β) 파가 나오는데, 이때 나오는 분비물을 아드레날린(adrenalin)이라고 합니다. 아드레날린은 피를 빨리 돌게 하고, 사람을 흥분시키는 역할을 합니다. 그런데 과도하게 분비되면 좋지 않습니다. 스포츠를 오래 하면 아드레날린이 많이 나오는데 이것은 결과적으로 생명을 단축시킨다고 합니다.

오른쪽 뇌는 보이지 않는 것에 관심이 있습니다. 진리, 선하고 아름다운 것을 추구하는 욕구는 오른쪽 뇌를 통해서 이루어집니다. 배우거나 연습해서 되는 것이 아닙니다. 직관과 감동에 의해서 이루어집니다. 이것은 사람만이 가진 특징입니다. 선하고 아름다운 것 또는, 진리는 모든 사람이 보기에도 선하고 아름답고 진리이므로, 왼쪽 뇌가 추구하는 '나'와 관계가 없습니다. 직관과 감동이 있을 때 오른쪽 뇌에서 알파(α)파가 나오는데, 여기서 나오는 분비물을 엔도르핀(endorphin)이라고 합니다. 성령님의 감동으로 기도할 때 눈물이 나기도 하는데 이때 많은 양의 엔도르핀이 나옵니다.

제가 뉴질랜드에 있는 교회에서 성경 강의를 마치고 나니 의사 한 분이 말해 주셨습니다. 기쁠 때, 좋을 때만 엔도르핀이 나오는 것이 아니고, 몸이 아프면 그 병균을 치료하기 위해서 백혈구와 함께 엔도르핀이 소량 나온다고 합니다. 병든 사람이 기도하다가 치료를 받는 것은 성령님의 감동으로 주님의 사랑의 에너지가 충만해서 엔도르핀이 많이 분비되기 때문이라는 것입니다.

최근 뉴욕에서 어떤 의사 분이 최신 학설로 제게 보충 설명을 해 주었습니다. 엔도르핀 자체가 병을 치료하는 것이 아니고 엔도르핀이 분비되고 나서 뒤따라 나오는 뇌내 모르핀(Morphine)이 병든 세포를 죽입니다. 뇌내 모르핀은 밤 10~12시 사이에 잠자는 모든 사람에게 분비되며 약 2~3시간 인체 내에서 활동하면서 암세포를 찾아내어 죽인다고 합니다. 그러므로 새벽기도를 드리려고 밤 10시 전에 일찍 잠드는 사람들은 건강할 수밖에 없습니다.

이와 같은 의학 지식이 없더라도 기도를 많이 하면 성령님의 감동으로 생수의 강이 배에서 넘쳐흘러나므로 건강해진다는 것을 저는 분명히 믿습니다. 제 몸이 그것을 압니다.

오늘날 의학 통계에 의하면 사람들은 오른쪽 뇌를 거의 쓰지 않을 뿐만 아니라, 왼쪽 뇌도 10분의 1을 채 사용하지 않는다고 합니다. 피가 통하지 않으니까 점점 뇌 세포가 노쇠하여 중풍, 뇌졸중에 걸려 쓰러집니다. 심장마비가 일어나는 까닭도 뇌를 얼마 사용하지 않기 때문이라고 합니다. 대부분 왼쪽 신체에 마비가 오는 것은 오른쪽 뇌를 사용하지 않기 때문이라고 합니다. 매일 책을 읽으니까 왼쪽 뇌는 사용합니다.

성경을 읽는 것도 사실은 왼쪽 뇌를 사용하는 것입니다.

그러나 중요한 것은 오른쪽 뇌가 왼쪽 뇌를 지배한다는 사실입니다. 오른쪽 뇌에 피를 보내려면 직관과 감동, 보이지 않는 것에 대한 관심, 내면세계와의 교감이 필요합니다.

기도할 때 우리는 내면세계와 보이지 않는 세계와 교감할 수 있습니다. 두 갈래 길에서 좁은 문으로 가라는 이야기는 오른쪽 뇌를 열어 주라는 것입니다. 날마다 깨어 기도하라는 뜻입니다. 주일 하루 잠깐 나와서 기도하는 사람과 매일 나와서 기도하는 사람의 오른쪽 뇌에 얼마나 차이가 나겠습니까? 오른쪽 뇌를 계속 열어서 엔도르핀과 뇌내 모르핀을 생산해 내는 사람과 간뇌를 피로하게 하는 사람 중 어느 쪽이 건강하겠습니까? 반드시 심는 대로 거둡니다.

왼쪽 뇌와 오른쪽 뇌 사이에 간뇌가 있습니다. 간뇌는 다른 말로 뒷골이라고 하는데, 술 마시고 담배 피울 때 머리가 띵해지는 것은 간뇌가 반응하기 때문이라고 합니다. 술, 담배가 간뇌를 자극해서 결국에는 사람을 죽입니다. 술 많이 마시고 해장국을 먹으면 풀리는 것 같지만 그것은 기분일 뿐입니다. 간음할 때도 짜릿할지는 모르지만 결국 간뇌에 피를 쌓아 죽음을 재촉합니다.

술, 담배, 간음은 젊어서부터 삼가야 합니다. 손상된 간뇌는 회복이 안 된다고 합니다. 특별히 왼쪽 뇌와 오른쪽 뇌를 연결하는 신경이 있는데, 이 신경이 활동하면 방언을 통변하게 된다고 합니다. 성령님의 인도하심을 따라 기도할 때에 오른쪽 뇌가 왼쪽 뇌에 연결되면서 오른쪽 뇌의 활동으로 형성된 영적 상태를 왼쪽 뇌에서 의식으로 전환시켜 줍니다. 그래서 영으로 기도하는 내용을 겉사람의 의식으로 알게 해 주시는 놀라운 일이 일어나는 것입니다.

남유다의 왕들의 처음과 끝

◇ **열왕기하 12-25장, 역대하 10-36장**

이제 남유다 왕국의 왕들에 대한 이야기를 살펴보겠습니다. 유다 왕국에는

기원전 920~586년, 약 350년 동안 20명의 왕이 재위했습니다.

✚　처음에는 잘했으나

처음부터 여로보암의 길로 간 북이스라엘 왕들의 이야기를 성경은 자세히 기록하지 않았습니다. 하지만 남유다 왕들의 이야기는 하나하나 차분하게 들려줍니다. 왜 그렇습니까? 다윗의 왕위가 영원히 보존되어야 하기 때문입니다. 하나님의 약속(다윗 언약)이 있기 때문입니다.

그 중에는 악한 왕도 있었고 하나님을 섬겼던 왕도 있었지만, 대개 처음에는 하나님을 잘 믿으려고 하다가 갈수록 하나님을 떠납니다. '처음에는 잘 믿는다'는 것이 남유다 왕들의 특징입니다. 그런데 열왕기서와 역대기는 똑같은 왕들의 이야기를 기록하면서도 서로 상반되게 진술합니다. 똑같은 남유다 왕이라도 역대기에서는 하나님께 무척 진실했지만 열왕기에서는 우상 숭배하는 모습이 기록되어 있습니다. 왜 그럴까요? 열왕기는 하나님이 보시기에 악한 왕에 대해서는 상세히 언급하지 않고 간단히 설명만 했습니다. 그러나 역대기에서는 악한 왕이라도 처음 하나님을 잘 믿을 때의 사건을 기록했습니다.

처음에는 잘하다가 나중에는 악을 행한 왕들의 이야기는 우리에게, 메시아 예수 그리스도가 오셔야 하는 이유를 말해 줍니다. 하나님의 아들이 이 땅에 와서 십자가를 지고 부활하심으로 성령님이 우리 안에 들어오시지 않고는, 어떠한 사람도 구원을 얻을 수 없다는 것을 열왕기서와 역대기서가 잘 말해 주고 있습니다.

요즘 '첫사랑을 잊어버렸다'고 말하는 성도들이 많습니다. 하나님이 성령님을 우리 안에 보내 주신 이유는 지금 살아 계시는 그분의 사랑을 느끼라는 것이지, '옛날에 사랑했다'는 추억을 곱씹으라는 것이 아닙니다. 우리의 신앙은 현재와 미래입니다. 지금 살아 계신 주님, 앞으로도 계실 주님, 영원한 하나님이십니다. 옛날에는 있었는데 지금은 그 사랑이 느껴지지 않는다면 내 믿음에 병이 든 것입니다. 그러니까 나의 의지와 결단을 가지고, 내 안에 오신 주님의 임재를 느끼도록 말씀을 붙들고 기도하며 회개해야 합니다. 이때 하나님은 진정으로 회복시켜 주십니다.

✚　초대 왕 르호보암 _ 왕상 12장, 대하 12장

아버지 솔로몬 왕이 하나님을 버리고 여인들과 함께 우상 숭배하는 모습을 보고 자란 르호보암이 남유다의 왕에 오릅니다. 이때 통일 이스라엘이 분열했습니다. 르호보암도 우상을 숭배하고 여호와 보시기에 악한 일들을 골라 합니다. 이때 북이스라엘의 여로보암 왕이 하나님을 섬기는 제사장들을 박해하자, 제사장들이 남쪽 예루살렘으로 피난을 옵니다(대하 11:13). 우리나라가 북한과 남한으로 나뉘었을 때와 똑같습니다. 우리나라에 장로교가 많은 이유는 평양노회를 중심으로 한 장로교단이 남쪽으로 내려와서 그렇습니다.

북에서 피난 온 제사장들이 유다의 초대 왕인 르호보암을 하나님의 말씀으로 독려했기에 그는 3년 동안은 하나님을 바라보았습니다. 그러나 그 뒤에 세상 쾌락에 빠져 이 땅에 하나님 나라를 회복하는 일에 쓰임 받지 못했습니다. 결국 별 볼일 없이 분열왕국의 초대 왕으로 생을 마칩니다. 신앙은 남의 도움만으로는 오래가지 못합니다. 솔로몬 왕 때도 보았지만, 아버지에게 물려받은 신앙은 오래가지 못합니다. 신앙은 결국 자신의 의지와 결단으로, 말씀과 기도를 통해 성화의 과정을 이어 가는 여정입니다. 날마다 살아가면서 완전한 자신의 자유의지로 주님을 붙잡고 선택할 때 열매를 맺을 수 있습니다.

✚ 제2대 왕 아비야 _ 왕상 15장, 대하 13장

르호보암의 아들 아비야 왕(열왕기에는 아비얌으로 기록되었음)은 역대기에 이렇게 기록되어 있습니다. 남북 이스라엘에는 전쟁이 자주 일어났습니다. 아비야 왕 때도 북이스라엘이 남유다 예루살렘을 쳐들어왔습니다. 이때 아비야 왕은 큰 믿음으로 북이스라엘을 향해 일장 연설합니다. "이제 너희가 또 다윗 자손의 손으로 다스리는 여호와의 나라를 대적하려 하는도다 너희는 큰 무리요 또 여로보암이 너희를 위하여 신으로 만든 금송아지들이 너희와 함께 있도다"(대하 13:8). 이 훈계를 듣고 북이스라엘 군대가 아무 말도 못하고 그냥 퇴각했다고 합니다.

　그런데 열왕기에서는 아비야를 악한 왕이라고 단정하고 있습니다. "아비얌이 그의 아버지가 이미 행한 모든 죄를 행하고 그의 마음이 그의 조상 다윗의 마음과 같지 아니하여 그의 하나님 여호와 앞에 온전하지 못하였으나"(왕상 15:3). 아비야도 다른 왕들처럼 처음에는 믿음이 좋았지만, 나중에는 믿음을 잊어버렸습니다.

✚ 제3대 왕 아사 _ 왕상 15장, 대하 14-16장

마찬가지로 아사 왕도 처음에는 믿음이 좋았습니다. 아사는 기도의 사람, 믿음의 사람이었습니다. 아사 왕은 구스의 100만 군대가 침입했을 때, 하나님께 기도해서 적을 격퇴시켰습니다. "여호와여 힘이 강한 자와 약한 자 사이에는 주밖에 도와줄 이가 없사오니 우리 하나님 여호와여 우리를 도우소서 우리가 주를 의지하오며 주의 이름을 의탁하옵고 이 많은 무리를 치러 왔나이다 여호와여 주는 우리 하나님이시오니 원하건대 사람이 주를 이기지 못하게 하옵소서"(대하 14:11). 이 기도를 하나님이 들으시고 적을 무찌르게 해 주셨습니다.

하지만 이렇게 하나님의 은혜를 입고 나서 시간이 한참 흐른 다음 북이스라엘 군대가 쳐들어왔을 때는 하나님을 잊어버렸습니다. 그 대신 아람 왕을 의지했습니다. "제발 위에서 이스라엘을 침공해 주시오." 아람 왕한테 성전에서 드리는 금으로 된 기명들, 그릇들을 조공으로 바치면서 부탁합니다. "아사가 여호와의 전 곳간과 왕궁 곳간의 은금을 내어다가 다메섹에 사는 아람 왕 벤하닷에게 보내며 이르되 내 아버지와 당신의 아버지 사이에와 같이 나와 당신 사이에 약조하자 내가 당신에게 은금을 보내노니 와서 이스라엘 왕 바아사와 세운 약조를 깨뜨려 그가 나를 떠나게 하라 하매"(대하 16:2-3).

이때 선견자 하나니가 아사 왕을 꾸짖습니다. "왕이 아람 왕을 의지하고 왕의 하나님 여호와를 의지하지 아니하였으므로 아람 왕의 군대가 왕의 손에서 벗어났나이다"(대하 16:7). 결국 아사 왕은 자신을 꾸짖은 선지자를 학대하며 감옥에 집어넣었습니다. 그런데 그 뒤에 아사 왕은 병을 얻었습니다. "아사가 왕이 된 지 삼십구 년에 그의 발이 병들어 매우 위독했으나 병이 있을 때에 그가 여호와께 구하지 아니하고 의원들에게 구하였더라"(대하 16:12). 아리랑 고개에서만 발병 나는 것이 아니라, 선지자를 학대하니까 발병이 나서 죽었습니다.

아사 왕은 유다의 선한 왕 8명 중에 포함될 만큼 괜찮은 왕이었지만, 나중에 이 같은 죄를 지었습니다. 오직 예수 그리스도 외에는 어떤 왕도 온전치 못합니다. 아사 왕의 삶을 통해, 기도 생활은 한 번의 위기를 넘기는 것으로 끝내서는 안 되며 평소에 쉬지 말고 깨어 기도해야 한다는 사실을 깨닫습니다. 내 소원을 이루는 기도가 아니라 하나님께 사랑을 고백하는 기도를 해야 합니다.

✚ 제4대 왕 여호사밧 _ 왕상 22:41-50, 대하 17-20장

여호사밧 왕은 유다의 3대 선왕으로 손꼽힙니다. 그는 다윗의 길로 행하며 흠 없이 하나님을 섬기려고 했습니다. 다윗의 길로 행했기 때문에 하나님이 함께하셨습니다.

당시 모압과 암몬의 동맹군, 그러니까 오늘날로 말하면 요르단 군대 몇십만이 유다 땅을 침입했습니다. 이때 여호사밧 왕이 기도합니다. 여호사밧 왕의 기도는 솔로몬의 성전 봉헌 기도와 일맥상통합니다. 솔로몬이 뭐라고 기도했습니까? "주의 백성이 그들의 적국과 더불어 싸우고자 하여 주께서 보내신 길로 나갈 때에 그들이 주께서 택하신 성읍과 내가 주의 이름을 위하여 건축한 성전이 있는 쪽을 향하여 여호와께 기도하거든 주는 하늘에서 그들의 기도와 간구를 들으시고 그들의 일을 돌아보옵소서"(왕상 8:44-45)라고 기도했습니다. 여호사밧 왕이 이 같은 내용으로 기도했을 때, 하나님은 레위 사람 야하시엘에게 임하여 말씀하십니다. "너희는 이 큰 무리로 말미암아 두려워하거나 놀라지 말라 이 전쟁은 너희에게 속한 것이 아니요 하나님께 속한 것이니라 … 이 전쟁에는 너희가 싸울 것이 없나니 대열을 이루고 서서 너희와 함께한 여호와가 구원하는 것을 보라"(대하 20:15-17).

그래서 여호사밧 왕은 사상 유래 없는 일을 벌입니다. 전쟁터에 싸우러 가는데 군대가 아닌, 성가대가 말을 타고 줄지어 하나님을 찬양하며 나갔습니다. 그랬는데 놀랍게도 남유다 군대가 승리했습니다. 이처럼 여호사밧 왕은 다윗의 길로 행해서 참 좋은 왕으로 성경에 기록되었지만, 한 가지 큰 실책을 범합니다. 그는 동족 북이스라엘을 많이 사랑했습니다. 사랑하는 것 자체는 나쁜 것이 아닌데, 문제는 과거 통일 이스라엘의 영광을 회복해야 한다는 인간적 동기에서 사랑했다는 것입니다.

당시 극도로 악한 북이스라엘의 아합 왕을 제거하려고 하나님은 엘리야와 엘리사를 보내 목숨 걸고 하나님을 증거하게 하셨는데, 여호사밧 왕은 아합 왕뿐만 아니라 그 아들들과 계속 동맹을 맺었습니다. 그가 북이스라엘 왕들을 하나님의 마음으로 사랑했다면 그들에게 복음을 증거해서 하나님께 돌아오도록 해야 합니다. 그런데 그저 동족임을 내세워 정치적 목적으로 동맹을 맺고 북쪽 아합 왕의 딸 아달랴를 며느리로 삼는 인간적 수준의 사랑을 합니다. 그래서 선지자가 책망합니다. "하나니의 아들 선견자 예후가 나가서 여호사밧 왕을 맞아 이르되 왕이 악한 자를 돕고 여호와를 미워하는 자들을 사랑하는 것이 옳으니이까"(대하 19:2).

아합 왕과 사돈을 맺는 것이 아무것도 아닌 것 같지만, 결국은 다윗의 대를 이어가는 유다 땅에 4대에 걸쳐 엄청난 재앙을 가져왔습니다. 그 뒤에 유다 역사는 지옥의 길로 치닫습니다. 믿지 않는 며느리 하나 잘못 들이면 몇 대에 걸쳐서 집안이 고난을 겪습니다.

인간적으로 아무리 좋아도 하나님을 미워하고 저주하는 사람과 친하게 지내서는 안 됩니다. 복음을 전해도 말씀에는 관심이 없고 술 마시고 함께 어울리는 데에만 관심 있는 사람을 멀리해야 합니다. 전도한다는 명분으로 그들과 어울려 다니다가 자신의 신앙마저 잃어버리는 경우가 많이 있습니다. 이 점을 경계해야 합니다.

✛ 제5대 왕 여호람 _ 왕하 8장, 대하 21장

북이스라엘의 아합 왕이 바알 신앙 때문에 진멸당하고 있을 때, 여호사밧의 아들인 유다 왕 여호람은 아합의 딸 아달랴를 아내로 맞이했습니다. 그 바람에 하나님을 버리고 바알 우상을 섬겼습니다. 그래서 여호람 왕은 성경에 단 한 줄로 기록됩니다. "그가 여호와 보시기에 악을 행하였으나"(왕하 8:18).

✛ 제6대 왕 아하시야 _ 왕하 8장, 대하 22장

여호람 왕의 아들 아하시야 왕은 아합 왕의 딸 아달랴의 아들입니다. 길르앗 라못에서 북이스라엘의 군대 장관 예후가 반란을 일으켰을 때, 병든 외삼촌 북이스라엘의 요람 왕(아합 왕의 아들)을 병문안하러 북이스라엘을 방문했던 아하시야 왕은 하나님이 일으키신 예후 장군의 쿠데타에 휘말려 남의 땅에서 횡사합니다.

✛ 제7대 왕 아달랴 _ 왕하 11장, 대하 22-23장

제7대 왕은 아달랴 여왕입니다. 북이스라엘 아합 왕의 아내 이세벨도 독했지만, 이세벨의 딸이며 유다 여호람 왕의 아내였던 아달랴도 독했습니다. 자기 아들 아하시야 왕이 횡사했는데 슬퍼하기는커녕 딴생각을 합니다. 자기가 왕이 되려고 왕자들인 어린 손자들을 다 죽이고 스스로 유다의 왕으로 즉위한 것입니다. 하나님이 다윗에게 주신 다윗 언약이 끊어질 중대 위기를 맞이합니다. 다윗의 자손이 아닌 이방 여인이 다윗 왕의 계보에 끼어든 것입니다. 아달랴 여왕이 통치하는 동안 유다 왕국은 암혹 시대였습니다. 북이스라엘의 아합 왕 때처럼 암울했습니다. 이 여인은 유다 왕국을 완전히 바알 신앙의 음란한 소굴로 물들였습니다. 하나님의 성전 안에 바알 주상을 세우고 하나님께 제사 드릴 때 쓰던 금은 그릇에 마약과 술을 담아 먹으며 더러운 행위를 했습니다.

그러자 제사장이었던 여호야다가 도저히 눈을 뜨고 볼 수 없어서 아달랴 재위 6년 만에 하나님의 이름으로 쿠데타를 일으킵니다. 여호야다 제사장은, 아달랴가 왕자들을 죽일 때 당시 돌이 갓 지난 요아스 왕자를 지성소 뒤 제단 밑에 숨겨 놓았습니다. 여호야다 제사장은 요아스가 일곱 살이 되었을 때, 쿠데타를 일으켜 아달랴 여왕을 제거하고, 요아스를 남유다의 제8대 왕으로 기름 부었습니다(왕하 11:20-21).

✚ 제8대 왕 요아스 _ 왕하 12장, 대하 24장

아달랴 여왕이 6년 동안 통치했으므로 요아스가 왕으로 즉위할 때 나이는 일곱 살이었습니다. 성경은 요아스 왕에 대해 이렇게 기록합니다. "제사장 여호야다가 세상에 사는 모든 날에 요아스가 여호와 보시기에 정직하게 행하였으며"(대하 24:2), "요아스는 제사장 여호야다가 그를 교훈하는 모든 날 동안에는 여호와 보시기에 정직히 행하였으되"(왕하 12:2). 외할머니 아달랴 여왕이 더럽힌 성전을 보수하려고 성전 앞에 헌금함을 설치하는 등 제사장 여호야다가 있는 동안 요아스 왕은 여호와 신앙을 지키려고 애썼습니다.

하지만 요아스 왕은 제사장 여호야다가 죽고 나서는 방백들의 꼬임에 넘어가 아세라 목상과 바알 신을 섬기기 시작합니다. 아세라 목상과 바알 주상을 만들어 세워 놓고 그 앞에서 단체로 음란 행위를 했습니다. 제사장 여호야다의 아들 스가랴가 이것을 보고 책망합니다. "왕이시여, 어찌하여 하나님을 버리고, 이와 같은 악한 행동을 하십니까?" 이 말을 들은 요아스 왕은 신하들을 시켜서 성전에서 하나님께 제사 드리고 나오는 제사장 스가랴를 성전 뜰에서 돌로 쳐 죽입니다. "이에 하나님의 영이 제사장 여호야다의 아들 스가랴를 감동시키시매 그가 백성 앞에 높이 서서 그들에게 이르되 하나님이 이같이 말씀하시기를 너희가 어찌하여 여호와의 명령을 거역하여 스스로 형통하지 못하게 하느냐 하셨나니 너희가 여호와를 버렸으므로 여호와께서도 너희를 버리셨느니라 하나 무리가 함께 꾀하고 왕의 명령을 따라 그를 여호와의 전 뜰 안에서 돌로 쳐 죽였더라"(대하 24:20-21). **맥잡기** 이 사건은 예수님이 나중에 "의인 아벨의 피로부터 성전과 제단 사이에서 너희가 죽인 바라갸의 아들 사가라의 피까지 땅 위에서 흘린 의로운 피가 다 너희에게 돌아가리라"(마 23:35)고 말씀하실 만큼 의인 선지자의 피로 부각됩니다(여기서 사가랴는 스가랴와 동일인입니다).

이렇게 끔찍한 살인을 한 사람이 스가랴 제사장의 아버지인 여호야다 제사장의 은혜를 입었던 요아스 왕입니다. 결국 요아스 왕도 자신의 생명과 지위가 위태로웠을 때는 신앙을 지켰지만, 나중에는 자신의 능력으로 왕 노릇할 수 있다는 자만심에 빠져 사람들의 유혹에 넘어갔습니다. 외할머니 아달랴 여왕 시절에 물든 음란한 성문화의 유혹에 쉽게 무너졌습니다. 결국 그는 백성들에 의해 비참한 최후를 맞이합니다(왕하 12:20).

✚ 제9대 왕 아마샤 _ 왕하 14장, 대하 25장

요아스 왕의 아들 아마샤는 왕이 된 후 에돔을 치려고 출정합니다. 유다 군대만으로는 안 되니까 북이스라엘의 군대 10만 명을 은 100달란트를 주고 삽니다. 그러나 용병이 아니라 하나님을 의지해 싸우면 이길 것이라는 선지자의 말을 듣고 용병을 돌려보냅니다. 그리고 선지자의 예언대로 전쟁에서 승리합니다(대하 25:11-13). 아마샤 왕이 하나님을 바라보는 동안에는 형통했습니다.

그런데 에돔을 쳐서 승리하고 돌아오는 길에, 아마샤 왕은 에돔의 우상을 가져와서 그 앞에 경배하고 섬겼다고 했습니다. "아마샤가 에돔 사람들을 죽이고 돌아올 때에 세일 자손의 신들을 가져와서 자기의 신으로 세우고 그것들 앞에 경배하며 분향한지라"(대하 25:14). 하나님이 가증스럽게 여기는 일을 행한 아마샤 왕은 하나님이 일으키신 북이스라엘과의 전쟁에서 사로잡힙니다. "아마샤가 여호와 보시기에 정직하게 행하기는 하였으나 온전한 마음으로 행하지 아니하였더라"(대하 25:2). 하나님의 일을 하기는 하되 '충성된 종'이 되지 못하면 아마샤 왕처럼 타락하고 맙니다.

✛ 제10대 왕 웃시야 _ 왕하 15장, 대하 26장

그다음에 즉위한 왕은 웃시야(열왕기에서는 아사랴라는 이름을 쓰고 있습니다)로 웃시야 왕도 하나님을 바라보고 기도하는 동안에는 하나님이 형통케 하셔서 나라가 아주 강성해집니다. 남유다는 블레셋과 모압과 암몬을 제압했고, 웃시야 왕의 이름은 애굽 변방까지 퍼집니다. 그리고 웃시야 왕 때 유다는 가장 강력한 왕국이 되었습니다. 웃시야 왕은 50여 년 동안 재위했는데, 유다 왕 중에서 가장 오래 재위하는 축복을 누렸습니다.

그러나 교만해진 웃시야 왕은 제사장만 분향하도록 구별되어 있는 성전에 들어가서 자신이 분향하겠다고 나섭니다(대하 26:16). 그러자 80명의 건장한 제사장들이 용기를 내어 하나님의 명령임을 상기시키면서 웃시야 왕을 만류했습니다. 웃시야 왕은 제사장들의 말을 듣지 않고 손으로 향로를 잡고 분향하려고 하면서 화를 냈는데, 그때 웃시야 왕 이마에 나병이 나타났습니다(대하 26:19). 당시에는 나병이 생기면 사람들과 접촉할 수 없는 곳으로 보냈습니다. 웃시야 왕은 별궁에서 홀로 기거하며 어린 아들 요담 왕의 섭정 노릇을 했습니다. 교만함을 이겨 내지 못해서 나병환자로서 외롭고 힘든 10여 년의 여생을 보냈던 것입니다.

하나님의 말씀에 불순종하기는 너무 쉽습니다. 순종하지 않고 살아도 별 탈 없을 것 같다는 생각은 유다의 왕들에게 뿐만 아니라 우리에게도 매우 유혹적입니다. 하지만 불순종의 결과는 아주 심각합니다. 불순종하면 이 땅에서 지옥의 삶을 경험하게 합니다. 반면에 하나님의 말씀에 순종하는 사람에게 주시는 축복은 결코 작지 않습니다. 우리는 순종할 때 누리는 하나님과의 교제와 평안을 기대해야 할 것입니다.

✛ 제11대 왕 요담 _ 왕하 15장, 대하 27장

아버지가 나병환자가 된 것을 보고 겁이 난 요담 왕은 하나님을 경외함으로 섬겼다고 했습니다. 그러자 국가가 점점 강성해졌습니다. "요담이 그의 하나님 여호와 앞에서 바른 길을 걸었으므로 점점 강하여졌더라"(대하 27:6). 잘난 체하는 교만한 마음이 아니라, 두렵고 떨리는 마음으로 하나님 앞에 엎드리는 것이 오히려 점점 강성해지는 복을 받는 비결입니다.

✚ 제12대 왕 아하스 _ 왕하 16장, 대하 28장

아하스 왕이 바알 신당, 아세라 목상을 만들게 해서 다시 유다 왕국을 음란의 소굴로 만듭니다. 이 모습을 보신 하나님이 북이스라엘과 아람을 징벌의 도구로 사용하십니다.

아람 왕 르신과 이스라엘 왕 베가가 동맹을 맺고 예루살렘을 점령합니다. 이때 자그마치 남유다 백성 12만 명이 학살당합니다. 이것은 엄청난 저주요 하나님의 심판입니다. 뿐만 아니라 20만 명을 포로로 잡아갔습니다. 아하스 왕은 남유다를 아람과 북이스라엘의 동맹군에서 지키려고 당시의 강대국 앗수르에게 도움을 청합니다. 앗수르의 속국임을 자청하며 성전에 있던 은과 금 등을 가져다 바쳤습니다. 게다가 앗수르 왕을 섬겼을 뿐만 아니라, 앗수르 왕이 섬기는 몰렉 신까지 섬겼습니다.

아하스 왕은 예루살렘 성 아래 힌놈 골짜기에서 자신의 왕자를 불태워 몰렉 신에게 바치면서 앗수르 왕에게 충성을 맹세하는 끔찍한 일을 저지르기도 했습니다.

이때 하나님은 이제 남유다에 집중적으로 선지자를 파송하십니다. 여로보암의 길로 행한 북이스라엘에는 엘리야와 엘리사 선지자 다음에 등장한 아모스와 호세아 선지자를 통해 말씀을 주셨습니다. 그러나 남유다에는 이사야와 예레미야를 비롯해 수많은 선지자들을 보내셨습니다. 다윗 왕의 후손으로 예수 그리스도가 오셔야 하기 때문에, 다윗 언약 때문에 남유다를 지키기 위해서입니다. 북이스라엘의 아합 왕가를 대적하려고 엘리야와 엘리사를 보내신 것처럼, 유다의 아하스 왕을 대적하려고 이사야를 보내셨다고도 할 수 있습니다. 이 두 왕의 공통점은 하나님의 땅에 바알 신을 퍼트렸다는 것입니다.

이사야는 아하스 왕에게 여호와 하나님을 의뢰하라고, 하나님이 반드시 보여 주실 테니 징조를 구하라고 했습니다. "르신과 아람과 르말리야의 아들이 심히 노할지라도 이들은 연기 나는 두 부지깽이 그루터기에 불과하니 두려워하지 말며 낙심하지 말라"(사 7:4). 부지깽이는 숯불이나 연탄 같은 것을 집는 도구로, 처음에는 숯불 기운이 남아 있어 연기가 나지만 조금 있으면 금방 식습니다. 아무것도 아니라는 뜻입니다.

하지만 아하스 왕은 이사야의 말을 듣지 않고 하나님께도 징조를 구하지 않았습니다.

이사야는 이렇게 예언합니다. "주께서 친히 징조를 너희에게 주실 것이라 보라 처녀가 잉태하여 아들을 낳을 것이요 그의 이름을 임마누엘이라 하리라"(사 7:14). 이것이 그 유명한 예수님의 탄생 소식입니다. "한 아기가 우리에게 났고 한 아들을 우리에게 주신 바 되었는데 그의 어깨에는 정사를 메었고 그의 이름은 기묘자라, 모사라, 전능하신 하나님이라, 영존하시는 아버지라, 평강의 왕이라 할 것임이라"(사 9:6). 이제 이스라엘의 역사는 끝났고 진짜 이스라엘에 한 아기(창 3:15의 여자의 후손)가 나오는데, 그가 어깨에 정사를 메고 새로운 왕국을 탄생시킬 것이라는 말씀입니다. "이새의 줄기에서 한 싹이 나며 그 뿌리에서 한 가지가 나서 결실할 것이요"(사 11:1). 아하스 왕 이후로 이미 유다의 역사는 꺼져 가는 등불 같았지만, 이제 이 땅에 메시아를, 하나님의 아들을 보내실 것을 약속해 주셨습니다.

아하스 왕은 유다 역사 중에서 3대 악한 왕에 속합니다. 그는 하나님이 세우신 이스라엘 나라를 자기 힘으로 지키겠다고 발버둥치다가 망했습니다.

✚ 13대 왕 히스기야 _ 왕하 18-20장, 대하 29-32장

악한 아하스 왕에게서 태어난 아들이 히스기야 왕입니다. 히스기야 왕은 이스라엘의 3대 선왕 중 한 사람으로, 그가 다윗의 길로 행했기에 하나님이 함께하시고 형통하게 하셨습니다. "그가 여호와께 연합하여 그에게서 떠나지 아니하고 여호와께서 모세에게 명령하신 계명을 지켰더라 여호와께서 그와 함께하시매 그가 어디로 가든지 형통하였더라"(왕하 18:6-7). "히스기야가 그의 조상 다윗의 모든 행실과 같이 여호와 보시기에 정직하게 행하여"(대하 29:2).

히스기야 왕 때에는 앗수르(이라크)가 침입해 왔습니다. 히스기야 왕 4년(기원전 722년)에 북이스라엘이 앗수르에 의해 멸망당하고 수도인 사마리아가 함락됩니다. 하나님은 북이스라엘 백성을 각국의 노예로 팔아 이 지면에서 흩으셨습니다. 북쪽 이스라엘의 열 지파 사람들이 모두 여로보암의 길로 행했기 때문에 하나님이 흩으신 것입니다. 북이스라엘 땅은 아람 사람으로 다 채워졌습니다. 이때가 기원전 722년이니까, 예수님 오실 때까지 약 700년 동안 아람 사람들이 북이스라엘 땅에서 살았습니다.

맥잡기♥ 예수님의 제자 빌립이 나다나엘에게 "모세가 율법에 기록하였고 여러 선지자가 기록한 그이를 우리가 만났으니 요셉의 아들 나사렛 예수니라"(요 1:45)고 했을 때, 나다나엘이 "나사렛에서 무슨 선한 것이 날 수 있느냐"라고 말합니다. 나다나엘이 이렇게 말한 이유는, 700년 동안 북이스라엘의 열 지파가 약속의 땅에서 사라져 버렸기 때문입니다. 오늘날 이스라엘 백성을 부를 때, 유대인(Jew)이라고 부르는 까닭은 나중에 남유다 왕국의 유대인들만이 70년 동안의 바벨론 포로 생활을 끝내고 이스라엘 땅으로 돌아왔기 때문입니다.

히스기야 왕 12년에 앗수르의 산헤립 왕이 유다 땅을 침입해 예루살렘 성을 포위합니다. 그때 히스기야 왕은 적장이 보내온 굴욕적인 편지를 제단에 올려놓고 하나님께 기도합니다(왕하 19:14-19). 그러자 여호와의 사자가 앗수르 군대 18만 5천 명을 밤중에 급성 전염병으로 죽게 하셔서 앗수르 왕이 퇴각하도록 하셨습니다(왕하 19:35-36). 히스기야 왕의 이러한 믿음은 하나님의 사람인 이사야 선지자가 함께 있었기 때문이기도 합니다. 이처럼 우리도 하나님의 사람들과 가까이 지낼 때 신앙을 서로 굳건하게 지킬 수 있습니다.

그 후 히스기야 왕은 죽을병에 걸립니다. 일종의 피부암에 걸린 것 같습니다. "그때에 히스기야가 병들어 죽게 되매 아모스의 아들 선지자 이사야가 그에게 나아와서 그에게 이르되 여호와의 말씀이 너는 집을 정리하라 네가 죽고 살지 못하리라 하셨나이다"(왕하 20:1). 히스기야 왕은 하나님이 죽을 것이라고 했는데도 엎드려서 눈물로 기도합니다. "여호와여 구하오니 내가 진실과 전심으로 주 앞에 행하며 주께서 보시기에 선하게 행한 것을 기억하옵소서 하고 히스기야가 심히 통곡하더라"(왕하 20:3). 자신이 다윗의 길로 행했다고 하나님 앞에서 당당하게 기도합니다. 이에 하나님은 말씀하십니다. "내가 네 기도를 들었고 네 눈물을 보았노라 내가 너를 낫게 하리니 네가 삼 일 만에 여호와의 성전에 올라가겠고 내가 네 날에 십오 년을 더할 것이며"(왕하 20:5-6). 기도하는 사람을 구원하시는 하나님을 만날 수 있습니다.

그런데 역대기를 보면, 하나님이 히스기야 왕의 수명을 15년 연장해 주셨을 때 히스기야 왕이 교만해졌다고 기록합니다(대하 32:25). 웃시야 왕처럼 '내가 기도하니까 하나님이 죽을병도 고쳐 주시는구나. 나는 참 대단한 사람이구나' 생각했던 것 같습니다.

히스기야 왕이 교만에 빠졌을 때, 바벨론은 앗수르를 정복해서 세력이 커졌습니다. 바벨론은 히스기야 왕이 죽을병에서 살아났다며 경축 특사를 보냈습니다. 이들은 사실 정탐꾼이었습니다. 교만해진 히스기야 왕은 "내가 이렇게 위대한 사람이요. 나는 죽을병에서 살아났소. 하나님은 나를 특별히 살려 주셨소" 하면서 성전 안에 있는 비밀스러운 하나님의 보물과 왕궁의 군기고를 바벨론 특사들에게 다 보여 주었습니다.

이사야 선지자가 왕의 경솔한 행동을 보고 책망하며 왕에게 하나님의 말씀을 전합니다. "보라 날이 이르리니 네 집에 있는 모든 소유와 네 조상들이 오늘까지 쌓아 둔 것이 모두 바벨론으로 옮긴바 되고 남을 것이 없으리라 여호와의 말이니라"(사 39:6). 이에 히스기야는 자신이 살아 있는 동안에만 그런 일이 일어나지 않으면 좋다고 말할 정도로 무책임했습니다. 교만해지면 누구나 이렇게 됩니다. 나중에 바벨론이 예루살렘에 쳐들어와서 그때 본 것을 하나도 남김없이 모두 빼앗아 갔습니다.

우리는 병을 낫게 해 달라고 하나님께 기도하지만, 병이 낫는 것보다 더 중요한 것은 믿음을 잘 지키는 것입니다. 건강을 얻은 다음에도 계속 겸손히 하나님 앞에 엎드리고 주님만을 사랑하며 살아야 합니다. 오히려 질병 속에서도 주님만을 붙들고 살 수 있다면 건강해서 죄짓는 것보다 훨씬 더 천국을 누리며 살 수 있습니다.

✚ 제14대 왕 므낫세 _ 왕하 21장, 대하 33장

므낫세는 유다 왕 중에서 제일 악한 왕입니다. 므낫세 왕은 바알 신당을 재건한 것은 물론이고, 선지자를 가장 극렬하게 학대하고 학살했습니다. 이스라엘의 전승에 의하면, 므낫세 왕이 이사야 선지자를 산 채로 톱으로 썰어 죽였다고 합니다. 그래서 성경은 기록합니다. "여호와 보시기에 악을 많이 행하여 여호와를 진노하게 하였으며"(대하 33:6). 성경은 남유다의 멸망 원인을 므낫세의 죄악이 하나님의 노를 격발시켰기 때문이라고 말합니다.

히스기야 왕 같은 훌륭한 왕에게서 이토록 악한 왕이 나올 수 있다는 사실을 보면서, 아버지의 믿음이 반드시 아들의 믿음으로 이어지지 않는다는 것을 다시 한 번 확인합니다. 혈육으로는 절대로 구원이 이루어지지 않습니다.

✚ 제15대 왕 아몬 _ 왕하 21장 후반, 대하 33장 후반

아몬 역시 악한 왕입니다. 므낫세의 아들 아몬 왕은 아버지를 닮아서 바알 신을 섬겼다고 성경에 한 줄로 기록되어 있습니다.

✚ 제16대 왕 요시야 _ 왕하 22-23장, 대하 34-35장

아몬 왕의 아들 요시야 왕은 남유다의 왕 중에서 가장 하나님 마음에 맞았습니다. 요시야 왕은 다윗의 길로 행해서 좌로나 우로나 치우치지 않았다고 했습니다. 다윗이 행했던 길로 행하면서 온전히 하나님만 바라보고 열심히 기도했던 왕입니다(왕하 22:2).

요시야 왕 때에 성전을 정화합니다. 유다 왕국에서 하나님을 제대로 섬기는 왕들은 항상 제일 먼저 성전을 정화했습니다. 성전을 정화한다는 것은 바로 하나님께 드리는 예배를 회복한다는 것입니다. 요시야 왕은 성전을 수리하는 과정에서 율법책(이 율법책은 신명기 원본으로 추정됩니다)을 발견합니다. 약 800년 전에 모세가 쓴 신명기 원본을 제사장이 읽는 것을 들으면서 요시야 왕은 두려움에 부들부들 떨었습니다. 왜 그랬을까요? 신명기의 핵심은 하나님이냐, 우상 숭배냐 하는 두 갈래 길에서 어떤 선택을 하느냐에 따라 축복과 저주로 나뉘기 때문입니다. 축복과 저주의 두 갈래 길을 분명히 가르쳐 주시는 하나님의 말씀을 들은 다음, 요시야 왕은 옷을 찢고 그 뜻을 묻기 위해 신명기 원본을 여 선지자 훌다에게 보냅니다.

그러자 훌다 선지자는 조상들이 그동안 하나님을 떠나서 바알 우상을 섬긴 일로 말미암아 저주가 임할 것이며, 그분의 이름을 두리라 하신 성전마저도 전부 사라지게 될 것이라는 하나님의 말씀을 전합니다. "여호와의 말씀이 내가 이곳과 그 주민에게 재앙을 내리되 곧 유다 왕이 읽은 책의 모든 말대로 하리니 이는 이 백성이 나를 버리고 다른 신에게 분향하며 그들의 손의 모든 행위로 나를 격노하게 하였음이라 그러므로 내가 이곳을 향하여 내린 진노가 꺼지지 아니하리라 하라 하셨느니라"(왕하 22:16-17). 그러자 요시야 왕이 통곡합니다. 하나님은 요시야 왕의 기도를 들으시고 이 일이 그의 때에 일어나지 않는다는 응답을 주셨습니다. "이곳과 그 주민에게 대하여 빈 터가 되고 저주가 되리라 한 말을 네가 듣고 마음이 부드러워져서 여호와 앞 곧 내 앞에서 겸비하여 옷을 찢고 통곡하였으므로 … 그러므로 보라 내가 너로 너의 조상들에게 돌아가서 평안히 묘실로 들어가게 하리니 내가 이곳에 내리는 모든 재앙을 네 눈이 보지 못하리라"(왕하 22:19-20). 실제로 남유다 왕국은 4대 후에야 멸망했습니다.

요시야 왕은 사실상 남유다의 마지막 왕입니다. 그는 믿음은 좋았으나 왕으로서 국제 정세를 읽는 눈이 부족했습니다. 모세가 출애굽할 때, 이스라엘 백성들을 뒤쫓으려다가 홍해에 수장된 이후로 애굽은 약 500~600년 동안 일어나지 못했습니다. 그 뒤에 애굽이 강성해져 이제는 앗수르를 도와 바벨론을 저지하려고 이스라엘 땅을 지나 수리아 땅으로 진격합니다.

그런데 신앙 좋은 요시야 왕이 므깃도에서 애굽의 군대를 막아섭니다. 왜 막았을까요? 앗수르는 북이스라엘을 멸망시킨 나라요, 더욱이 히스기야 왕 때 유다를 침입했던 나라입니다. 그런데 애굽이 앗수르를 도와주러 간다고 하니 큰일 났다고 생각한 것입니다. 당시 국제 정세는 바벨론이 흥왕하기 시작해서 앗수르를 점차 압박하고 있었습니다. 앗수르의 니느웨 성은 이미 바벨론에 의해 함락되었고, 앗수르 왕은 하란 땅으로 달아났습니다. 앗수르가 멸망할 시기가 임박했을 때입니다. 사실 이때 애굽 왕 바로가 앗수르와 동맹해서 바벨론을 막아 주었다면 남유다가 늦게 멸망할 수도 있었습니다.

요시야 왕은 당시 국제 정세를 파악하지 못해서 므깃도 전투에서 전사하고 맙니다 (대하 35:20-24). 이는 유다 왕 한 사람의 죽음으로 끝날 일이 아니라, 유다 왕국이 이제 주변 강대국에 의해 바람 앞의 촛불처럼 흔들리는 운명이 되었다는 점에서 사실상 유다 왕국의 종말을 의미하는 사건이 됩니다. 이때부터 열방의 세력이 유다 왕국의 왕들을 자국의 이해관계에 따라 임의로 갈아치우기 시작했기 때문입니다. 이후에도 네 명의 왕이 나오지만 이들은 재위 기간도 지극히 짧았고 있으나마나 한 왕들이었습니다.

우리는 세상에 살면서 하나님의 일을 하고 하나님의 말씀대로 살지만, 지도자들은 최소한 세상의 정세를 알고 판단할 수 있어야 합니다.

✦　제17~19대 왕 여호아하스, 여호야김, 여호야긴

요시야 왕의 아들 여호아하스 왕(제17대 왕)이 즉위하자마자, 애굽은 "너희가 어떻게 너희 맘대로 왕을 삼느냐?" 하면서 3개월 만에 퇴위시킵니다. 그러고는 애굽의 마음에 맞는 여호야김을 왕으로 세웁니다. 여호야김 왕(제18대 왕)은 아주 악한 왕으로 세 손가락 안에 꼽힙니다. 여호야김 왕 때문에 하박국 선지자가 하박국서를 지은 겁니다. 하박국 선지자는 "하나님이 살아 계신다면, 어찌하여 이렇게 악한 왕을 심판하지 않고 살려 두십니까?"라고 호소합니다(합 1:2-4). 이 질문에 하나님은 "내가 그를 바벨론을 통해서 심판할 것이다"라고 말씀하십니다. "여호와께서 이르시되 너희는 여러 나라를 보고 또 보고 놀라고 또 놀랄지어다 너희의 생전에 내가 한 가지 일을 행할 것이라 누가 너희에게 말할지라도 너희가 믿지 아니하리라 보라 내가 사납고 성급한 백성 곧 땅이 넓은 곳으로 다니며 자기의 소유가 아닌 거처들을 점령하는 갈대아 사람을 일으켰나니"(합 1:5-6).

　여호야김 왕은 재위 11년 동안 하나님을 떠나 백성들을 탄압했으며 친애굽주의자였습니다. 여호야김 왕이 친애굽주의를 취하니까 바벨론이 남유다를 침략해서 여호야김 왕을 잡아다 죽입니다. 그 뒤를 이어 여호야김의 아들 여호야긴(제19대 왕)이 왕이 됩니다. 여호야긴 왕도 3개월 동안 왕위에 앉아 있다가 바벨론에 의해서 폐위당합니다. 여호야긴 왕은 바벨론의 포로로 끌려가 한참 생활하다가 나중에 풀려났습니다(왕하 25:27-30).

✦　제20대 왕 시드기야 _ 유다 최후의 왕

여호야김의 동생, 시드기야 왕도 11년이나 남유다를 통치하지만 하나님 보시기에 악한 왕이라고 했습니다. 시드기야 왕은 바벨론을 배반하고 애굽 편을 들다가, 결국 바벨론이 침략해서 예루살렘을 함락시켰을 때, 두 눈이 뽑힌 채 쇠사슬에 묶여서 바벨론에 포로로 끌려갔습니다(왕하 25:7). 이것이 기원전 586년에 있었던 마지막 유다 왕 시드기야의 최후입니다. 제18대 여호야김 왕 때부터 눈물 흘리며 말씀을 전한 선지자 예레미야는, 자신이 예언한 대로 이스라엘의 최후를 자기 눈으로 직접 목격했습니다. 예레미야의 심정이 어땠겠습니까? 그래서 예레미야는 눈물의 선지자입니다.

남북의 역사가 멸망을 향해 치닫고 있을 때 이사야를 비롯한 모든 예언자들이 말합니다. "이새의 줄기에서 한 싹이 나며 그 뿌리에서 한 가지가 나서 결실할 것이요"(사 11:1). "그러므로 주께서 친히 징조를 너희에게 주실 것이라 보라 처녀가 잉태하여 아들을 낳을 것이요 그의 이름을 임마누엘이라 하리라"(사 7:14). 우리와 영원히 함께하실 하나님을 다윗의 계보를 통해 보내 주리라 약속하십니다.

분열왕국 시대 후반에 많은 선지자들이 등장해서 예수님처럼 많은 이적을 일으키고 하나님의 말씀을 전했습니다. 이슬람에서는 예수님을 마호메트와 같이 여러 선지자 중의 하나라고 말하지만, 선지자들과 예수님은 비교할 수 없습니다. 선지자들은 장차 일어날 일들을 예언하면서 하나님의 계획과 사랑을 말과 행동으로 전하는 사명을 수행했습니다. 축복과 저주 중에 선택하라고 외쳤습니다. 하지만 예수님은 우리의 죄를 대신해 십자가에서 자신의 생명을 주심으로 하나님의 사랑을 몸소 실천하셨습니다. 우리 주님은 선지자들이 전한 축복과 저주를 몸으로 이루셨습니다.

왕들 이야기의 결론

북이스라엘의 19명의 왕들은 모두 여로보암의 길(금송아지 산당)과 아합의 길(바알 신 숭배)로 행했습니다. 남유다의 20명의 왕들 중 성경은 13대 히스기야 왕과 16대 요시아 왕만 다윗의 길(성전 신앙)로 행했다는 긍정적인 평가를 내렸습니다. 3대 아사 왕, 4대 여호사밧 왕, 8대 요아스 왕, 9대 아마샤 왕, 10대 웃시야 왕, 11대 요담 왕 모두 6명의 왕은 부분적으로만 인정했습니다. 남북왕국 모두 죄 때문에 비틀비틀하다 망한 것입니다.

하나님은 북이스라엘을 약 200년 동안(기원전 933-722)을 참아 주신 데 비해, 남유다 왕국(기원전 933-586)은 130여 년을 더 붙들고 계셨습니다. 그것은 남유다에 히스기야, 요시아 같은 하나님 마음에 비교적 맞는 왕들이 있었기 때문이 아니라, 다윗의 집안과 나라와 왕위를 영원히 보존하시겠다는 다윗 언약(삼하 7:8-16) 때문이었습니다.

그 배경을 열왕기 저자는 남유다 2대 아비얌 왕의 죄상을 폭로하는 과정에서 설명합니다. "아비얌이 그의 아버지가 이미 행한 모든 죄를 행하고 그의 마음이 그의 조상 다윗의 마음과 같지 아니하여 그의 하나님 여호와 앞에 온전하지 못하였으나 그의 하나님 여호와께서 다윗을 위하여 예루살렘에서 그에게 등불을 주시되 그의 아들을 세워 뒤를 잇게 하사 예루살렘을 견고하게 하셨으니"(왕상 15:3-4). 남북이스라엘 왕국의 흑암을 환히 비춰 줄 등불을 다윗의 자손 중에 세워서 예루살렘을 견고하게 하실 것을 증거하고 있습니다. 주님이 왜 예루살렘에 입성하셔서 모리아 산에서 십자가를 지고 부활하셔야 하는지를 왕들의 이야기 속에서 밝히 증거하고 있습니다.

때가 차면 진정으로 하나님이 기름 부은 자(메시아)가 오시어 공의로 다스리실 것을 기다리게 하셨습니다. 그래서 예수님이 나귀 타고 예루살렘에 입성하실 때 "앞에서 가고 뒤에서 따르는 자들이 소리 지르되 호산나 찬송하리로다 주의 이름으로 오시는 이여 찬송하리로다 오는 우리 조상 다윗의 나라여"(막 11:9-10)라고 찬송한 것입니다.

왕들의 이야기(열왕기상·하, 역대상·하)를 통해 이스라엘 백성들은 기름 부은 자, 메시아 대망 사상을 가지게 됩니다.

◇ **역대하, 예레미야, 다니엘, 에스겔**

성경에서 포로 시대를 따로 기록하는 이유는 나라가 망해서 포로로 끌려가도 반드시 구원하신다는

하나님의 약속 때문입니다. 북이스라엘 10지파는 전 세계로 흩어져 그 땅에 다시 돌아오지

못했지만, 남유다는 바벨론에서 포로 생활한 지 70년 만에 회복되었습니다.

신실하신 하나님이 다윗 언약을 지키시기 위해서였습니다.

 ## 포로가 될 것을 예언한 예레미야

✚ 너희는 망하리라

성경의 예언에는 일관성이 있습니다. 신명기에서 하나님은 이렇게 말씀하십니다. "네가 그 땅에서 아들을 낳고 손자를 얻으며 오래 살 때에 만일 스스로 부패하여 무슨 형상의 우상이든지 조각하여 네 하나님 여호와 앞에 악을 행함으로 그의 노를 일으키면 내가 오늘 천지를 불러 증거를 삼노니 너희가 요단을 건너가서 얻는 땅에서 속히 망할 것이라 너희가 거기서 너희의 날이 길지 못하고 전멸될 것이니라 여호와께서 너희를 여러 민족 중에 흩으실 것이요 여호와께서 너희를 쫓아 보내실 그 여러 민족 중에 너희의 남은 수가 많지 못할 것이며"(신 4:25-27). 가나안 땅에 들어가기 전, 모세 때에 하

나님을 버리고 우상을 섬기면 망해서 포로로 끌려간다고 미리 알려 주십니다. 이 말씀이 예언서에 계속해서 나옵니다.

이사야에서는 하나님을 버리고 우상을 숭배하면 받게 될 보응을 이렇게 기록합니다. "보라 여호와께서 땅을 공허하게 하시며 황폐하게 하시며 지면을 뒤집어엎으시고 그 주민을 흩으시리니"(사 24:1). 이사야가 활동하던 시기는 기원전 700년 무렵입니다. 기원전 1400년 무렵 모세 때 주신 말씀이 사사 시대와 왕국 시대를 거치면서 선지자들을 통해 선포되고 있는 것입니다. 이것을 한 문장으로 하면 "하나님을 버리고 우상을 섬기면 나라가 망해서 타국에 포로로 잡혀갈 것이다"입니다.

하나님이 이렇게 예언하셨는데도 왜 사람들은 하나님을 버리고 우상을 숭배할까요? 내가 원하는 것을 이루기 위해서입니다. 우상은 나만 잘되게 도와주는 신을 눈에 보이도록 만든 것입니다. 자신의 욕망을 채우려고 하나님을 버리고 자신이 만든 신을 좇아가는 것이 우상 숭배요, 기복 신앙입니다. 기복 신앙은 아예 신앙이 없는 사람들보다 더 무섭습니다.

많은 선지자들이 포로로 끌려갈 것을 예언했지만, 특별히 포로로 끌려가는 과정에 대해서는 예레미야가 가장 구체적으로 예언했습니다. 예레미야는 유다 왕국이 본격적으로 망하는 여호야김 왕 때부터 이후 몇 대에 걸쳐 주로 활동하며, 유다가 바벨론에 포로로 끌려갈 것을 예언했습니다. 뿐만 아니라 실제로 남유다가 망해서 시드기야 왕이 두 눈이 뽑힌 채 피 흘리며 끌려가는 모습을 다 지켜보았습니다.

하나님은 예레미야에게 환상을 보여 주며 말씀하십니다. "여호와의 말씀이 또 내게 임하니라 이르시되 예레미야야 네가 무엇을 보느냐 하시매 대답하되 내가 대답하되 내가 살구나무 가지를 보나이다"(렘 1:11). 살구나무 가지는 히브리어로 '샤케트'라고 합니다. 예언서와 시가서에서 언어유희로 뜻을 전달하는 히브리 사람들의 위트를 자주 볼 수 있는데, 이 경우도 그렇습니다. 살구나무 가지 환상을 보면서 예레미야는 금방 '쇼케트'(실행되다, 이행되다, 집행되다)라는 뜻을 깨닫고 소스라치게 놀랍니다. 하나님이 모세 때부터, 하나님을 버리고 우상을 섬기면 분명코 나라가 망해서 포로로 끌려갈 것이라고 예언하신 말씀이 '실행되고 집행되고 이행된다'는 것을 알았기 때문입니다.

환상을 보고 나서 예레미야는 엄청난 고통과 슬픔에 빠집니다. 계속해서 하나님이 물으시고 예레미야가 대답합니다. "여호와의 말씀이 다시 내게 임하니라 이르시되 네가 무엇을 보느냐 대답하되 끓는 가마를 보나이다 그 윗면이 북에서부터 기울어졌나이다"(렘 1:13). 끓는 가마솥이 그대로 유다에게 쏟아져 내리는 환상입니다. 바벨론이 끓는 물같이 북쪽에서 내려와 예루살렘 성을 완전히 파괴하고 성전과 성전 안에 있는 언약궤마저도 다 불사르고 유다 사람을 비참하게 죽이는 환상을 하나님이 보여 주신 것입니다.

'바벨론은 동쪽에 있는데 어떻게 끓는 가마가 북쪽에서 내려오는가?' 하고 생각하는 사람도 있을 것입니다. 그러나 역사적으로 보면 알 수 있습니다. 예레미야 때는 바벨론이 이미 앗수르를 '흡수 통일'한 뒤입니다. 그래서 예레미야 시대에는 바벨론의 느부갓네살 왕이 이스라엘 북쪽의 수리아 땅에서부터 끓는 가마와 같이 밑으로 쏟아져 내려올 태세를 갖춘 상황이었습니다. 환상이 정확하게 맞아떨어지는 겁니다.

예레미야가 눈물을 흘릴 수밖에 없었던 이유

선지자들은 여호수아처럼 이방 신을 섬길 것인지, 여호와 하나님을 섬길 것인지 두 갈래 길 중에서 하나를 선택하라고 예언했습니다. 예언자들은 유다 왕국이 멸망의 길로 치닫던 후반에 등장합니다. 하나님은 제10대 왕 웃시야 이후, 이사야를 시작으로 많은 선지자들을 남유다에 보내 유다 백성들에게 끊임없이 말씀하십니다. 북이스라엘의 호세아 선지자는 마치 여인이 남편을 버리고 다른 남자와 달아난 것처럼, 이 백성들이 하나님을 버리고 바알 우상과 금송아지 산당을 섬겼다고 말한 적도 있습니다. 하나님은 이처럼 이스라엘 백성들이 바알 신을 음란하게 섬겼다고 여러 번 말씀하십니다.

유다 백성들이 이렇게 더러워졌는데도 하나님은 아직도 늦지 않았다고 말씀하십니다. 예언자들을 통해서 지금도 늦지 않았으니 돌아오라고 말씀하시는 것입니다. 하나님은 마지막까지 기회를 주셨습니다. 내 인생이 끝난 것 같은데도 하나님은 '나는 아직도 너를 사랑한다'며 돌아오기만을 기다리십니다. 돌아오면 구원이 있을 것이요, 돌아오지 않으면 멸망과 심판과 저주가 있다고 예언하십니다.

모든 예언자들이 '선택'에 관해 예언했지만, 구약에 나오는 17명의 선지자 중 오직 예레미야만이 '하나님의 말씀이 집행된다'는 '쇼케트'를 예언합니다. 선택의 시간이 끝났다는 것입니다. 예레미야는 결정된 심판을 예언해야 했기 때문에 계속해서 눈물을 흘릴 수밖에 없었습니다. 예언자는 하나님의 말씀을 받아서 전하는 것이므로 지금도 늦지 않았다고 소망을 불어넣어 주어야 합니다. 소망을 주지 않는 선지자의 말이 무슨 의미가 있겠습니까? 그러나 예레미야는 하나님의 이 말씀이 그대로 이루어진다는 것을 눈물로 전합니다. "이제 너희들은 다 끝났다. 이스라엘의 역사는 끝났으며, 유다 왕국과 예루살렘은 완전히 황무해지고 땅이 공허하게 될 것이다. 하나님은 바벨론이라는 나라를 사용해서 너희를 포로로 끌려가게 하실 것이다."(렘 25:9-11 참조)

예레미야 예언의 내용은 "바벨론의 침공은 하나님의 심판이다. 따라서 순종하라. 대항하지 말라. 바벨론은 심판의 도구다"라는 것입니다. 예를 들면, 북한이 남침해서 탱크로 밀고 들어오고 있는데, 예레미야 같은 선지자가 앞에 나와서 마이크에 대고 "여러분, 절대로 침략군에게 대항해서는 안 됩니다. 항복하십시오"라고 외치면 어떻게 되겠습니까? 동족들로부터 '매국노', '미친 사람'이라는 비난을 받을 것입니다. 예레미야가 그래서 눈물의 선지자가 된 것입니다. 너무나 고통스러웠을 것입니다. 예레미야는 예언하지 않으려 해도 마음이 불붙는 듯해서 안 할 수가 없다고 했습니다. "내가 다시는 여호와를 선포하지 아니하며 그 이름으로 말하지 아니하리라 하면 나의 마음이 불붙는 것 같아서 골수에 사무치니 답답하여 견딜 수 없나이다"(렘 20:9).

백성들에게 하나님의 심판이 결정됐다는 것을 선포하는 예레미야는 얼마나 고통스러웠겠습니까? 더군다나 적군이 쳐들어오는데 그 적군은 하나님의 심판 도구니까 대항하지 말라고 해야 하는 그 심정이 어떠했겠습니까? 이렇게 고통스러운 나날을 보내면서 예레미야는 자기의 생일을 저주합니다. 그러나 하나님은 예레미야에게 말씀하십니다. "내가 너를 모태에 짓기 전에 너를 알았고 네가 배에서 나오기 전에 너를 성별하였고 너를 여러 나라의 선지자로 세웠노라 하시기로"(렘 1:5). 하나님은 이미 창세 전부터 하나님의 말씀을 대언하는 선지자로 그를 구별하여 세웠다고 하십니다. 이에 예레미야는 아직 하나님의 엄청난 뜻을 이해할 수 없으며 하나님의 일을 감당하기가 너무 어렵다고 대답합니다. "슬프도소이다 주 여호와여 보소서 나는 아이라 말할 줄을 알지 못하나이다"(렘 1:6).

성경에는 예레미야 다음에 애가가 나오는데, 사실 이 책의 저자는 미상입니다. 예레미야 애가라고 부르는 이유는 눈물의 시를 지은 사람이 예레미야일 것이라고 추정하기 때문입니다.

✚ 말씀을 안에 새겨 주리라 _ 구원 사역의 전환

예레미야는 유다 백성들이 바벨론 포로에서 70년 만에 귀환할 것을 예언합니다. "여호와께서 이와 같이 말씀하시니라 바벨론에서 칠십 년이 차면 내가 너희를 돌보고 나의 선한 말을 너희에게 성취하여 너희를 이곳으로 돌아오게 하리라"(렘 29:10). 유다 백성들이 스스로의 힘으로 돌아오는 것이 아니고 하나님이 다시 이들을 데려오실 것을 약속하십니다.

하나님은 죄 때문에 우리가 심판과 고통을 받겠지만, 다시 구원해 주실 것임을 분명하게 약속해 주십니다. 심판하기 전까지는 하나님께로 돌아오지 않으면 심판할 것이라고 무섭게 경고했지만, 일단 심판하면 위로와 회복과 소망의 말씀을 주시는 참 좋으신 분입니다. 예레미야의 예언대로 유다 백성들이 예루살렘에서 바벨론까지 1600km, 천 마일이나 되는 길을 철사 줄로 묶여서 포로로 끌려가게 되었을 때, 하나님은 위로하십니다. "너희는 위로하라 내 백성을 위로하라"(사 40:1). "여호와의 말씀이니라 보라 날이 이르리니 내가 이스라엘 집과 유다 집에 새 언약을 맺으리라 … 이 언약은 내가 그들의 조상들의 손을 잡고 애굽 땅에서 인도하여 내던 날에 맺은 것과 같지 아니할 것은 … 곧 내가 나의 법을 그들의 속에 두며"(렘 31:31-33).

이제 예레미야를 통해 하나님이 주시는 새 소망의 말씀은 구약의 말씀과 다른 새로운 말씀을 주시겠다는 것이 아닙니다. 그동안 하나님의 말씀은 바깥에 있었습니다. 하나님의 말씀이 기록된 돌판을 언약궤에 넣어 성막 지성소에 보관했는데, 그것으로는 하나님의 말씀을 지키지 못했습니다. 하나님과 언약 의식을 체결했지만 이스라엘 백성은 지금까지 그 말씀대로 살지 못했다는 것을 구약의 오랜 역사를 통해 우리에게 보여 줍니다. 앞으로는 성령님의 감동을 통해 우리 안에서 말씀을 들려주시겠다는 것입니다. 메시아 그리스도를 이 땅에 보내서 십자가를 지게 하고 부활하신 주님을 우리 속에 두시겠다는 것입니다. 하나님이 구원 사역의 방향을 바꾸신 겁니다.

오늘날 우리에게 주신 글자로 된 성경 말씀은 구약 백성들이 가진 돌판에 새긴 율법이나 마찬가지입니다. 그렇기 때문에 하나님의 말씀이 성령님의 감동으로 내 안에 들어와 새겨지는 말씀, 그 말씀이야말로 내게 주시는 말씀입니다. 이것을 '레마'라고 합니다. 성경에 많은 말씀이 있지만 오직 성령님을 통해서만 하나님의 말씀을 들을 수 있습니다. 이제부터 하나님은 성령님을 통해 내 삶에 직접 개입하고 그분의 음성을 들려주심으로 우리 안을 변화시키겠다고 약속하십니다. 이것이 바로 남북이스라엘이 멸망하는 시점에서 하나님이 주신 새 소망의 약속입니다. 할렐루야!

이제 하나님의 말씀을 돌판에 받아 언약궤에 넣고 메고 다니며 성막 제사를 드리는 아브라함의 후손이라는 '혈통 공동체'의 의미는 사라졌습니다. 그 대신 '성령 공동체'인 교회를 주셨습니다. 성령님의 감동으로 우리 안에 들려주시는 주의 음성을 듣고 예수님을 영접한 사람, 머릿돌 되신 주님을 중심으로 함께 성전을 이루어 가는(엡 2:22) 교회를 통해 이 땅에 하나님 나라를 회복하시겠다는 것입니다. 남북이스라엘 왕국이 멸망하는 때에 하나님은 예레미야를 통해 구원 사역이 전환되었음을 선포하셨습니다(렘 31:31-33).

 ## 포로 시대의 실상

포로 시대에 유다 백성의 모습은 어떠했을까요? 역사서에는 바벨론에 끌려가서 유다 백성들이 포로로 어떻게 생활했는지 기록되어 있지 않습니다. 하지만 하나님은 백성들이 포로로 끌려갈 때 예언자들을 함께 보내서 포로 시대의 실상을 예언서인 다니엘서와 에스겔서를 통해 알게 하셨습니다.

✚ 다니엘서

다니엘서는 두 부분으로 나뉩니다. 1장부터 6장까지는 믿음의 승리, 신앙의 승리를 보여 줍니다. 생명의 위협에 굴하지 않고 신앙을 지키는 다니엘을 통해 이방인들에게 살아 계신 하나님을 증거합니다. 후반부인 7장부터 마지막 12장까지는 묵시문학의 형태로 앞으로 일어날 역사의 변천을 예언하고 있습니다.

포로로 잡혀가다

여호야김 3년, 기원전 605년에 남유다 백성이 바벨론의 포로로 끌려가는데, 이것을 '1차 포로'라고 합니다. 이때 청년 다니엘이 끌려갑니다. 똑똑한 사람을 포도원 지기나 노동자만 남겨 두었습니다.

채식을 요청하다 _ 단 1장

바벨론의 느부갓네살 왕은 자기의 카운슬러로, 요즘으로 말하면 청와대 보좌관이나 수석 비서관처럼 쓰려고 포로로 잡아 온 사람들 중에서 똑똑한 사람들을 뽑았습니다. 이들을 별도로 왕궁에 데려와서 잘 먹이고 나라의 법도를 훈련시켰습니다. 다니엘도 이들 중에 선택되었습니다. 그런데 다니엘은 채식을 요청합니다. 고기가 싫어서가 아니라 당시 모든 고기와 기름진 음식들은 반드시 우상 앞에 먼저 바친 다음에 먹도록 되어 있었기 때문입니다. 장원급제해서 왕 앞에 불려 간 것도 아니고, 전쟁 포로로 잡혀간 사람이 감히 "나는 샐러드밖에 못 먹으니까 다른 것은 주지 말라"고 이야기한 것입니다. 믿음이 없으면 할 수 없는 말입니다. 다니엘은 관원장에게 간곡히 부탁합니다. "청하오니 당신의 종들을 열흘 동안 시험하여 채식을 주어 먹게 하고 물을 주어 마시게 한 후에"(단 1:12). 훈련을 맡은 관원의 입장에서는 이들의 얼굴이 초췌하면 큰일 나니까 청을 들어주기를 망설였기 때문입니다. 그런데 열흘 후에 보니 이들의 얼굴에서 오히려 광채가 났습니다. 이 사건 때문에 이방인들이 하나님을 믿는 신앙이 얼마나 귀한 것인지를 직접 보았습니다.

우상 꿈 해석 _ 단 2장

다니엘은 느부갓네살 왕의 꿈을 해석해 줍니다. 꿈 해석을 잘해서 출세한 사람이 다니엘 외에 한 사람이 더 있는데, 바로 요셉입니다. 요셉도 다니엘과 비슷한 나이에 타국으로 종으로 팔려 갔고 이런 상황에 처했습니다. 그런데 요셉은 애굽 왕에게 꿈 이야기를 듣고 꿈 해석을 해 주었지만, 다니엘은 느부갓네살 왕에게 꿈 이야기도 듣지 못한 채 꿈을 해석해야 했습니다. 느부갓네살 왕은 다니엘에게 "내가 무시무시한 꿈을 꾸었는데 너희들이 우선 그 꿈의 내용을 알아내고 그 꿈을 해석하라"고 했습니다. 게다가 꿈을 해석하지 못하면 다 죽이겠다고 했습니다. "너희가 만일 꿈과 그 해석을 내게 알게 하지 아니하면 너희 몸을 쪼갤 것이며 너희 집을 거름더미로 만들 것이요"(단 2:5). 율사들과 수석 보좌관 모두 꿈을 해석하지 못했습니다. 꿈을 모르는데 어떻게 해석합니까?

이때 하나님이 다니엘에게 밤중에 환상을 통해 꿈을 보여 주고 해석해 주십니다. 느부갓네살 왕과 바벨론이 바사(페르시아 왕국, 오늘날의 이란)에게 망한다는 것입니다. **맥잡기!** 이 꿈이 바로 신약의 배경이 됩니다. 하나님은 이스라엘이 망한 뒤 예수님 탄생까지의 세계사 변천을 다니엘의 환상을 통해서 분명하고도 자세하게 설명해 주십니다. 예언서의 마지막이 말라기인데, 말라기 이후 예수님이 오실 때까지 400년 동안 하나님의 말씀이 끊어집니다. 학자들은 이 시기를 침묵 시대라고 합니다. 이 꿈은 400년 동안 하나님이 메시아이신 예수 그리스도를 이 땅에 보내기 위해 어떻게 일하셨는지를 보여 줍니다. 다니엘서 7장부터 12장까지의 묵시문학은 이렇게 해석됩니다. 이 부분은 바벨론 이후 로마제국까지의 변천사이기 때문에 신약 시대의 배경에서 자세히 살펴볼 것입니다. 아무리 능력 있는 사람이라도 "당신네 나라가 전부 망할 것입니다"라는 이야기를 어떻게 합니까? 하지만 다니엘이 믿음으로 그 뜻을 해석해 주었을 때 느부갓네살 왕은 오히려 모든 백성에게 "하나님은 살아 계신 신이다"라고 선포했습니다.

풀무불 속의 다니엘과 세 친구 _ 단 3장

느부갓네살 왕은 살아 계신 하나님을 체험했는데도 오히려 자신의 동상을 크게 세우라고 지시를 합니다. 그러고는 자신의 동상에 절하지 않는 사람들은 전부 풀무불에 집어넣겠다고 합니다. 다니엘의 세 친구 사드락, 메삭, 아벳느고가 왕의 동상에 절하는 것을 거부하자, 느부갓네살 왕은 "풀무불을 일곱 배 더 뜨겁게 하라"고 명령하며 이들을 풀무불에 집어던졌습니다. "느부갓네살이 분이 가득하여 사드락과 메삭과 아벳느고를 향하여 얼굴빛을 바꾸고 명령하여 이르되 그 풀무불을 뜨겁게 하기를 평소보다 칠 배나 뜨겁게 하라 하고"(단 3:19). 다니엘의 세 친구는 뜨거운 풀무불 속에서도 하나님이 능히 건져 주실 것이며 "그렇게 하지 아니하실지라도" 왕의 신들을 섬기지도 그들에게 절하지도 않을 것이라며 단호히 신앙을 지킵니다(단 3:16-18).

원래 풀무불은 쇠를 녹이는 불입니다. 그 불을 일곱 배나 뜨겁게 하여 세 사람을 집어넣었는데, 놀랍게도 네 사람이 느긋하게 불 속을 왔다 갔다 합니다. 이것을 보고 왕이 깜짝 놀랍니다. 천사가 이들을 보호한 것입니다. 느부갓네살 왕은 "하나님을 찬송할지로다"(단 3:28) 하고 고백합니다. 그러나 느부갓네살 왕은 고백하면서도 하나님을 믿지는 않았습니다. 사람들은 기적을 보기 원하지만 기적을 체험하는 순간 놀라기만 할 뿐, 하나님을 믿기로 결단하지는 않습니다. 구원을 얻기란 쉽지 않습니다.

벨사살 왕의 죽음 _ 단 5장

7년 동안 미쳐서 방황하고 소 풀을 뜯어먹기도 했던 느부갓네살 왕이 죽고 그의 아들 벨사살 왕이 등장합니다. 벨사살 왕의 꿈은 세계를 정복하는 것이었는데, 꿈대로 중동 지역을 통일하고 나니까 심심해졌습니다. 사람이 편안하고 모든 것이 채워지면 심심해집니다. 심심하다는 것은 사탄에게 눌려 있는 상태입니다. 그래서 "뭐 죄지을 것 없나?" 하고 찾습니다. 심심하다고 하면서도 절대로 말씀은 보지 않고 기도도 하지 않습니다.

심심해진 벨사살 왕은 매일같이 술자리를 만듭니다. 그냥 술을 먹으면 재미가 없으니까 3천 명의 신하들을 모아 놓고 바벨론이 예루살렘 성전을 불태울 때 빼앗아 온 그릇들, 금잔, 은잔들을 꺼내 부어라 마셔라 했습니다. 지금은 전깃불이 있지만 옛날에는 하얀 벽에 횃불 같은 것으로 불을 밝혔습니다. 밤새 불을 밝혀 놓고 술을 마시는데 불빛 때문에 울렁이는 그림자들 사이로 하얀 벽에 손가락이 나타나더니, 글씨를 척척 씁니다. 사람들이 전부 사색이 돼서 "무슨 일이냐?"고 웅성웅성거립니다. 손가락이 쓴 글씨는 "메네 메네 데겔 우바르신"(단 5:25)이었습니다.

아무도 이것을 해석하지 못하자, 왕이 다니엘에게 도움을 청합니다. 이번에도 다니엘이 해석해 줍니다. '메네'는 '재고 또 쟀다'는 겁니다. '데겔'은 '저울로 달았다'는 뜻입니다. '우바르신'이라는 것은 '함량 미달'이라는 것입니다. "왕의 시대는 끝났습니다. 저울에 달아보았는데 함량 미달입니다. 끝났습니다." 꿈 해석을 듣고 벨사살 왕은 그날 밤에 죽임을 당합니다. 이로써 바벨론이 쇠퇴하고 메대 왕 다리오가 바벨론을 통치하게 됩니다.

다니엘과 사자굴 _ 단 6장

바사와 합쳐지기 전, 메대가 바벨론을 쳐들어가서 성을 함락시켰습니다. 바벨론의 시대가 끝나면서 메대 왕 다리오가 등장합니다. 성경에는 메대 바사라고 합니다. 나라가 바뀌었는데도 다니엘은 여전히 총리입니다. 어떤 왕이든, 어떤 정권이든 다니엘을 계속 총리로 세웠습니다. 참 대단합니다.

특히 메대 왕 다리오는 다니엘을 매우 사랑하고 존경해서 세 사람의 총리 중 다니엘을 제일 높은 총리로 삼았습니다. 그러자 다른 사람들이 질투가 나서 다니엘을 없애려고 했습니다. 다니엘이 하루에 세 번씩 예루살렘 성전을 향해 예배드리는 것을 꼬투리 잡아 다리오 왕에게 건의합니다. "이제부터 삼십 일 동안에 누구든지 왕 외의 어떤 신에게나 사람에게 무엇을 구하면 사자 굴에 던져 넣기로"(단 6:7) 하자는 것입니다. 다음날 다니엘은 조서를 보고 알았으면서도 평소처럼 하나님께 기도하기를 멈추지 않았습니다.

다리오 왕은 자신이 사인한 조서 때문에 다니엘을 사자 굴에 집어넣을 수밖에 없는 상황이 됐습니다. 다니엘을 사자 굴에 넣고 메대 왕 다리오는 밤새 잠을 이루지 못했습니다. 지금 막 세계 제국을 다스리게 되었는데 다니엘이 없으면 어떻게 통치를 해야 하나 고민했을 것입니다. 그래서 금식하며 잠도 안 자고 새벽 일찍 사자 동굴로 달려가 외칩니다. "살아 계시는 하나님의 종 다니엘아 네가 항상 섬기는 네 하나님이 사자에게서 능히 너를 구원하셨느냐"(단 6:20). 다리오 왕은 '여호와 하나님! 살아 계시면 제발 우리 다니엘을 살려주세요' 하는 마음으로 다니엘한테 달려온 것입니다. 다니엘은 포로였지만 믿지 않는 이방의 왕들에게 삶으로 하나님을 전했습니다.

메대도 나중에는 바사 왕국에 흡수되고, 알렉산드리아 대왕의 헬라 세력이 일어나 메대 바사 역시 멸망합니다. 그 이후로 메대 족속은 전 세계로 흩어져서 나라 없는 종족이 되었는데, 이 종족이 바로 오늘날 세계적으로 문제가 되고 있는 쿠르드 족입니다. 지금도 2천만 명 이상 되는 사람들이 여러 나라에 흩어져 살고 있는데, 특히 이라크와 스페인에서 얼마나 박해를 받고 있습니까?

✛ 에스겔

성령장, 에스겔서

에스겔은 당대에 가장 머리가 좋았던 사람이라고 전해집니다. 똑똑해서 그런지는 모르겠지만 에스겔은 이스라엘이 하나님을 버리고 더럽고 음란하게 생활한 것을 적나라하게 썼습니다.

일반적으로 구약의 성령장을 요엘서라고 이야기하지만, 사실은 에스겔서가 구약의 성령장입니다. 에스겔서는 성령으로 가득 차 있는 예언서입니다. 이스라엘의 역사는 끝났고, 이제는 다시 오실 메시아가 십자가에서 피 흘려 죽으시고 부활하심으로 우리에게 오실 성령님에 대해 전하고 있습니다. "또 새 영을 너희 속에 두고 새 마음을 너희에게 주되 너희 육신에서 굳은 마음을 제거하고 부드러운 마음을 줄 것이며 또 내 영을 너희 속에 두어 너희로 내 율례를 행하게 하리니"(겔 36:26-27).

에스겔은 우리 속에 여호와의 영, 성령님이 오신다는 이야기를 하고 있지만, 구약 시대에는 예수님이 십자가를 지고 부활하시기 전이었기 때문에 성령님이 사람 안에 들어올 수 없었습니다. 그래서 구약의 성령은 전부 "하나님의 영이 임하시니"라고 표현합니다. 성령님이 사람 바깥에서(보통 머리 위에 임하는 것으로 표현한다) 역사하십니다. '하나님의 영이 임하면' 능력을 받아서 사울처럼 소를 때려잡기도 했고, 사사 시대처럼 적군을 물리치기도 했습니다. 하지만 그 성령님은 사람 안으로 들어와 속사람을 변화시키지는 않으셨습니다.

"때에 주의 영이 나를 들어 올리시는데"(겔 3:12). 성령님이 에스겔의 몸을 하나님이 계신 셋째 하늘, 삼층천으로 들어 올리신 겁니다. "내 뒤에서 크게 울리는 소리를 들으니 찬송할지어다 여호와의 영광이 그의 처소로부터 나오는도다"(겔 3:12). 에스겔은 성령에 의해서 들려 올라가서 사도 바울처럼 삼층천에서 천사들의 찬송을 들었던 사람입니다. "그가 손 같은 것을 펴서 내 머리털 한 모숨을 잡으며 주의 영이 나를 들어 천지 사이로 올리시고 하나님의 환상 가운데에 나를 이끌어 예루살렘으로 가서 안뜰로 들어가는 북향한 문에 이르시니 거기에는 질투의 우상 곧 질투를 일어나게 하는 우상의 자리가 있는 곳이라"(겔 8:3). 마치 손 같은 것을 펴서 하늘 위로 끌어올리시는 것으로 성령님의 능력을 표현하고 있는 것입니다.

예레미야 때 "내가 이스라엘 집과 유다 집에 새 언약을 맺으리라"(렘 31:31)고 하신 것처럼, "새 영을 너희 속에 두"(겔 36:26)겠다고 약속하십니다. 성령님을 마음속에 부어 단단한 마음을 제거하고 부드러운 마음을 주시겠다는 약속입니다. 성령님이 우리 안의 더러운 것들을 깨뜨려서 새 영으로, 생명수로 씻어 낸다는 뜻입니다. "내 영을 너희 속에 두어 너희로 내 율례를 행하게 하리니"(겔 36:27)는 성령님이 내 안에 들어올 때 비로소 말씀을 지킬 수 있다는 약속의 말씀입니다.

성령님이 우리 안에서 구원 사역의 역사를 이루시도록 하겠다는 것을, 하나님은 에스겔을 통해 예언하십니다. 이스라엘 공동체의 성전 예배를 통해서 이끌어 오셨던 구원 사역을 이제는 성령님이 행하시겠다는 것입니다. **맥잡기!** 신약 시대의 구원 사역은 위로는 하나님을 사랑하고, 옆으로는 이웃을 사랑하여 하나님 나라를 이 땅에 이루어 드리는 것입니다. 이제는 성도 개개인이 성령님의 내주를 통해 교회의 머리 되신 주님을 모퉁잇돌로 삼아 교회 공동체 안에서 말씀과 성령으로 변화되어 주님의 형상을 나타내는 것입니다. 성령님이 내 안에 역사하셔서 감동을 주시고 그 사랑의 에너지가 뭉클거릴 때 내 안에 있는 온갖 더러운 육의 에너지가 깨어지고 씻겨집니다. 그럴 때 하나님의 말씀을 지킬 수가 있게 됨을, 이스라엘이 망하고 포로로 끌려갔을 때 에스겔을 통해 미리 말씀하십니다(겔 36:26-27).

마른 뼈를 소생시키시는 성령님 _ 겔 37장

에스겔 37장은 온통 마른 뼈가 생명으로 살아나는 이야기로 가득 차 있습니다. 하나님은 에스겔을 마른 뼈가 잔뜩 있는 골짜기로 데리고 가십니다. 그곳에서 에스겔에게 대언하라고 하십니다.

400년의 애굽 노예 생활 기간, 가나안 땅에 들어간 뒤 사사 시대 400년, 왕국 시대 400년 동안 이스라엘 백성들이 하나님을 떠나 우상 숭배할 때, 하나님은 이방 민족을 징계의 도구로 사용해서 육체적 고통을 주셨습니다. 하지만 이제 바벨론 포로로 잡혀간 유다 백성들에게 하나님이 주신 것은 육체적 고통이 아니라 정신적 고통이었습니다. 유다 백성들은 포로로 끌려갔지만 경제적으로는 여유가 있었습니다. 그러나 성전이 없는 고통, 예배드리지 못하는 정신적 고통이 문제였습니다. 예배를 드리지 못하는 것이 얼마나 고통스러운 것인지, 하나님을 떠나서 산다는 것이 얼마나 괴로운 것인지, 이것은 세상의 다른 어떤 고통과도 비교할 수 없습니다.

시편 137편은 이 고통을 담고 있습니다. "그 중의 버드나무에 우리가 우리의 수금을 걸었나니"(시 137:2). 시편은 히브리 사람들이 수금을 타면서 하나님께 찬양을 올려드리는 것입니다. 그런데 바벨론 사람들이 듣기 좋으니까 "노래 한번 뽑아 봐라" 합니다. 그러니까 '유다 백성들은 악한 바벨론을 즐겁게 하는 노래는 못하겠다'며 수금을 버드나무에 걸어 놓고 예루살렘 성전을 향해 날마다 울었습니다. 이처럼 예배를 드릴 수 없는 것은 엄청난 고통입니다.

제가 아프리카 가봉에서 근무할 때의 일입니다. 가봉은 회교 국가라서 사원과 성당밖에 없습니다. 저는 그곳에서 교회에 나갈 수 없는 것이 얼마나 고통스러운지 처음으로 깨달았습니다. 다행히 미국 선교사 한 분을 만나서 매 주일 그 선교사님 댁에서 각 나라에서 파송된 선교사들과 함께 예배를 드렸습니다. 그러나 두 달 뒤에 불행하게도 선교사님이 안식년을 맞아 미국으로 돌아가는 바람에 예배드릴 곳이 또 사라졌습니다. 그때 제가 얼마나 암담했는지 모릅니다. 우리가 교회에서 예배드릴 수 있다는 것은 정말 감사한 일입니다. 예배드리지 않으면 하나님과의 관계가 단절되므로 육신은 살아 있으나 영적으로 마른 뼈가 됩니다.

이스라엘의 포로 생활은 마치 골짜기에 있는 마른 뼈와 같은 것이었으나, 사방에서 생기(성령)가 불어와서 이들에게 들어갔을 때 마른 뼈는 큰 군대(많은 무리)가 되었습니다. 하나님이 이들을 예루살렘으로 귀환시켜 예배드리게 하고 살아 있는 무리로 회복시키겠다는 약속을 환상으로 보여 주십니다. 우리가 영적으로 지쳐 있을 때 마치 마른 뼈같이 생명력 없이 우울하고 지친 내게 성령을 불어 넣어 소생시켜 달라고 기도하십시오. 그러면 부활의 생명력으로 소생시켜 주시는 주님을 체험하게 될 것입니다.

성전 문지방 밑에서 나오는 생수 _ 겔 47장

하나님이 에스겔에게 또 환상을 보여 주셨습니다. 예루살렘 성전 문지방 밑에서 생수가 흘러나오기 시작하더니 예루살렘 성전 사방을 적십니다. 성전 밖 사방으로 흘러넘쳐서 처음에는 발목까지 다음에는 무릎까지 또 허리까지 차고, 나중에는 꽉 차서 헤엄치지 않으면 건널 수 없는 강이 되었습니다(겔 47:1-5).

성령님의 생수가 발목까지 차면 전도합니다. 그러나 발목 위부터 머리까지는 자기 생각대로 움직이므로 성령충만한 상태는 아닙니다. 생수가 무릎까지 차는 사람은 날마다 무릎 꿇고 기도합니다. 계속 기도하면 생수가 허리까지 차서 성령에 취해 술에 취한 듯 휘청휘청합니다. 더 이상 자기 생각대로가 아니라 성령님의 뜻에 좌우되는 삶으로 변화됩니다. 더 나아가 생수의 강에 풍덩 빠져 헤엄치게 되면, 자기 생각은 완전히 내려놓고 100% 성령님께 자신의 삶을 맡겨 드리게 됩니다.

이 환상은 앞으로 오실 메시아 예수 그리스도의 복음과 성령의 물결(예루살렘 성전에서 나온 생수의 강)이 예루살렘을 적시고, 유다와 사마리아와 땅 끝까지 전파되는 것을 뜻하기도 합니다. 하나님은 약 500년 뒤 예수님 십자가 사건 이후에 이루어질 것을 이렇게 환상으로 미리 보여 주셔서, 포로 시대 이스라엘 백성들에게 회복과 구원의 소망을 주셨습니다.

✚ 포로 시대의 유익

회당이 생겨나다

포로 시대를 지나면서 이스라엘이 얻은 몇 가지 큰 유익이 있습니다. 포로 기간 동안 성전 예배를 드릴 수 없을 때 생겨난 것이 회당 예배와 강가의 기도처 예배입니다. 이때 이스라엘에 '시나고그'(Synagogue)라고 하는 회당 문화가 생겨났습니다. 지금도 유대인들이 사는 곳에는 어디에나 시나고그가 있습니다. 포로 생활을 하면서 예루살렘 성전에 갈 수 없으니까, 유대인이 열 명 이상만 모이면 회당을 하나씩 만든 것입니다. 원래 성전에는 하나님의 말씀인 언약궤가 있어야 하는데, 회당에서 예배드릴 때는 모여서 하나님 말씀을 낭독하고 율법을 아는 사람이 아무나 나와서 말씀을 전했습니다.

유다가 망하고 유다 백성들이 전 세계로 흩어졌을 때, 포로 생활에서 돌아왔다가 나중에 로마에 의해 전 세계로 다시 흩어졌을 때, 이들은 회당 문화도 함께 가지고 갔습니다. 회당 문화 덕분에 사도 바울의 전도여행은 결실을 맺을 수 있었습니다. 사도 바울은 회당에 가서 유대인에게 먼저 복음을 전했습니다. 구약의 율법과 선지서를 통해 하나님은 때가 차면 이스라엘 백성들에게 그리스도 메시아를 보내실 것을 약속하셨으므로, 유대인에게 복음을 전하면 금세 받아들일 것이라고 기대했던 것입니다. 그런데 결과는 그렇지 않았습니다. 유대인은 믿지 않았고 오히려 사도 바울을 박해했습니다. 오히려 이방인들이 먼저 예수님을 믿기 시작했습니다. 하나님은 새 언약과 새 영을 주실 뿐만 아니라 그것이 퍼져 나갈 방법까지 예비하셔서 회당을 주신 것입니다.

강가의 기도처가 생겨나다

유대인이 열 명 이상 모이지 못하면 회당을 짓기가 어려웠습니다. 그러면 강가에 기도처를 만들어 놓고 거기 모여서 기도했습니다. 사도 바울이 2차 전도여행 때 보스포로스 해협을 건너서 도착한 빌립보에는 회당이 없었습니다. '틀림없이 강가에 기도처가 있을 것이다'라고 생각하고 강가에 갔습니다. 사도 바울이 강가 기도처에 가서 기도하고 있을 때 자색 옷감 장사 루디아를 만났습니다. 유대 여인 루디아가 복음을 영접해서 빌립보에 교회가 탄생한 것입니다.

회당과 기도처는 주님의 복음이 예루살렘을 적시고 전 세계로 퍼져 나가는 데 큰 역할을 했습니다.

성경 필사본을 만들다

포로 시대를 지나오면서 이스라엘 백성들은 자신들의 정체성에 대해 생각했습니다. 한 살배기가 포로로 갔다면 바벨론에서 일흔 살이 되었습니다. "도대체 나는 누구냐? 우리의 정체성은 뭐냐? 유대인이 뭐냐? 왜 우리는 남의 땅에서 살고 있느냐?" 고민하지 않았겠습니까? 포로 생활을 하는 동안 이스라엘 백성들은 자신의 정체성을 찾기 위해 성경을 기록하기 시작했습니다. 옛날에는 인쇄소가 있었던 것도 아니고, 활자로 찍을 수 있는 것도 아니어서 성경을 손으로 썼습니다. 그래서 성경을 'Scripture'라고 하고, 성경을 기록하는 사람을 서기관(Scribe)이라고 했습니다. 이때부터 서기관이 생겨난 것입니다.

서기관들은 성경을 열심히 쓰다 보니까 성경을 제일 많이 알았고, 말씀도 가르치게 됐습니다. **맥잡기!** 그래서 예수님이 마태복음 23장에서, 하나님의 말씀을 잘 아는데 글자로만 이해했다고 바리새인들과 서기관들을 꾸짖으신 것입니다.

포로 시대 동안 기록된 말씀이 역대기입니다. 역대기의 저술 목적은 '다윗 왕국의 뿌리는 아브라함이며, 아브라함은 아담의 후손이고 아담은 하나님이 지으신 첫 사람'

이라는 이스라엘 백성들의 뿌리를 깨닫게 하는 것이었습니다. 또한 하나님이 포로 생활에서 반드시 회복시키실 것이라는 소망과 용기를 주려는 것이었습니다.

예레미야가 썼다고 짐작되는 열왕기는 이스라엘 백성이 하나님께 범죄해서 망했다는 사실을 강조하고 있습니다. 포로 시대를 거치면서 이사야서를 비롯한 예언서(선지서)들이 기록되었습니다.

◇ **에스라, 느헤미야**

예레미야에게 약속하신 대로 하나님은 이스라엘 백성들을 70년 만에

바사(오늘날의 이란) 왕 고레스의 칙령을 통해 예루살렘으로 귀환시키십니다.

중동의 패권을 이라크에서 이란으로 넘기셨습니다.

✚ 고레스의 칙령 _ 스 1:1-4

하나님은 선지자 이사야를 통해 바사 왕 고레스가 태어나기 약 170년 전에 약속하셨습니다. "여호와께서 그의 기름 부음을 받은 고레스에게 이같이 말씀하시되 내가 그의 오른손을 붙들고"(사 45:1), "너는 나를 알지 못하였을지라도 네게 칭호를 주었노라"(사 45:4). 하나님은 하나님의 일을 이루시려고 하나님을 믿지 않는 이방인에게도 기름을 붓고 사명을 주십니다. 세상의 모든 정사와 권세가 예수님의 발 아래 있습니다. 고레스 왕은 하나님을 알지 못했으나, 하나님의 선민 이스라엘의 회복을 위해 그에게 왕의 칭호를 주신 것입니다. 하나님이 바사 왕 고레스의 손을 잡고 성문을 열어 주셔서 바사(이란)와 바벨론(이라크)의 전쟁은 아주 가볍게 바사의 승리로 끝났습니다. 그때부터 지금까지 이란과 이라크는 싸우고 있습니다.

"그러므로 주 여호와께서 이같이 말씀하셨느니라 내가 이제 내 거룩한 이름을 위하여 열심을 내어 야곱의 사로잡힌 자를 돌아오게 하며 이스라엘 온 족속에게 사랑을 베

풀지라"(겔 39:25). 하나님이 고레스 왕의 마음을 감동시키시자 고레스가 칙령을 내렸습니다. "바사 왕 고레스가 이같이 말하노니 하늘의 신 여호와께서 세상 만국을 내게 주셨고 나에게 명령하여 유다 예루살렘에 성전을 건축하라 하셨나니 너희 중에 그의 백성 된 자는 다 올라갈지어다 너희 하나님 여호와께서 함께하시기를 원하노라 하였더라"(대하 36:23). 이스라엘 백성들은 이제 자기 나라로 돌아갈 수 있게 됩니다. 그것도 은과 예물을 받아 가서 예루살렘 성전을 다시 지으라고 했습니다. 왕이 이렇게 명령을 내렸지만 이스라엘 백성의 귀환은 늦어집니다.

포로귀환이 늦어진 까닭

포로귀환이 늦어진 가장 큰 이유는 경제적 안정 때문입니다. 바벨론의 포로였지만 잘 먹고 잘살다 보니 발이 안 떨어지는 겁니다. 예루살렘의 성전 터는 완전히 쓰레기더미로 변했는데, 그 거름 밭에 가서 무엇을 먹고살며, 무엇으로 성전을 지어야 할지 걱정이 앞섰습니다. 거기다가 산적들과 강도들이 금품을 빼앗고 여자들을 강간하는 약 1600km나 되는 험난한 길을 걸어서 가야 했습니다. 포로로 잡혀 올 때는 바벨론 군대가 보호해 주었는데, 자기들끼리 가려니까 엄두가 나지 않습니다.

하나님이 스룹바벨·에스라·느헤미야 세 사람의 지도자를 세우시자, 이스라엘 백성들은 드디어 이들을 따라 예루살렘으로 귀환합니다. 양들에게는 반드시 길을 인도하는 목자가 필요한 것입니다.

✚ 스룹바벨과 1차 포로귀환: 성전을 재건하라 _ 스 1-3장

70년 만의 귀환 _ 스 1-3장

세 차례에 걸쳐서 포로귀환이 이루어지는데, 1차 귀환 때의 지도자는 스룹바벨입니다. 스룹바벨을 비롯한 5만 2천 명가량의 이스라엘 사람들이 성전을 재건하려고 이스라엘로 돌아갑니다. 그때가 기원전 537년입니다. 다니엘이 첫 번째 포로로 끌려갔던 해가 기원전 605년이니까, 예레미야의 예언대로 약 70년 만에 이스라엘로 되돌아가는 것입니다. 하나님의 시계는 절대 고장이 없습니다. 약속을 반드시 지키십니다.

1차 귀환자들은 예루살렘에 도착하자마자 폐허가 된 성전 터를 뒤집니다. 놋단은 없어졌지만 그 터를 찾아서 번제를 드렸습니다. 번제를 드린 다음 하나님의 성전이 불살라지고 잿더미로 변한 모습을 보고 통곡했습니다.

성전을 재건하는 목적은 포로 시절에 고향을 그리워해서나, 예배드릴 공간이 없어서 불편했기 때문이 아닙니다. 솔로몬이 예루살렘 성전을 봉헌할 때 기도했듯이 성전은 '하나님께 기도하는 집'이요, '하나님이 임재하시는 공간'입니다. 하나님이 친히 그분의 이름을 두겠다고 약속하신 공간을 회복함으로써 포로에서 회복시키신 하나님, 이스라엘 백성과 함께하겠다는 하나님과의 언약을 지키기 위해서입니다.

성전을 짓지 못하도록 방해하는 세력들 _스 4장

번제단에 제사를 드린 지 1년이 지나서 유다 백성들은 성전 터 정리 작업을 했습니다. 이때 북이스라엘의 수도 사마리아에 사는 사람들이 "우리도 너희와 같이 하나님께 제사하는 민족이므로 성전을 같이 짓자"고 합니다.

유다 백성들은 이 제안을 거부했습니다. 당시 사마리아 사람들은 북이스라엘의 10지파 사람들이 아닙니다. 기원전 722년에 앗수르에 의해 북이스라엘이 멸망했을 때 북이스라엘 백성들은 전 세계로 흩어졌고, 그때부터 그 땅에 아람 사람들이 살았다고 했습니다. 그래서 남유다 사람들은 사마리아 사람들을 잡족으로 여겼습니다. 유다 백성들이 이 제안을 거부하자, 사마리아 사람들이 예루살렘 성전 건축을 계속 방해합니다.

그 사이에 고레스 왕이 죽고 아들이 왕위에 올랐는데, 그가 조서를 내려서 예루살렘 성전을 못 짓게 만들었습니다. 결국 예루살렘 성전 공사가 중단됐습니다. 1년 동안 땅정리 작업만 흉물스럽게 해 놓고 건물을 못 짓는 겁니다.

이스라엘 백성 5만 2천 명이 예루살렘 성전을 지으려고 포로로 살던 땅에서 많던 재산과 생업을 다 포기하고 귀환했습니다. 그러나 바사 왕의 권력을 동원한 방해가 심해지자 당초 하나님이 이 땅에 보내신 목적을 잊어버리고 성전 짓기를 포기합니다. 대신 자신의 집들을 잘 가꾸는 데 치중합니다. 하나님은 유다 귀환자들이 원래 목적대로 성전 짓는 일에 관심을 갖게 하려고 심한 가뭄과 재해를 내리셨습니다(학 1:5-6). 그러자 유다 백성들은 더욱 낙심해서 아직 성전 재건할 때가 아니라고 결론짓고 아예손을 놓고 말았습니다.

그러는 사이 무려 14년이라는 세월이 지나갔습니다. 하나님은 참다못해 학개 선지자를 통해 유다 백성들에게 경고하십니다. "이 성전이 황폐하였거늘 너희가 이때에 판벽한 집에 거주하는 것이 옳으냐"(학 1:4). 아무리 열심히 일해도 열매를 얻지 못하는 까닭은 성전 재건이 중단되었기 때문이라며, 성전을 다시 지으라고 야단치십니다. 스가랴 선지자에겐 홍마를 탄 사람의 환상과 순종 등잔대와 두 개의 올리브나무 환상을 비롯한 모두 여덟 번의 환상을 보여 주며 주님이 예루살렘 성전에 다시 임하실 것을 알려 주셨습니다. 소망으로 성전을 다시 짓도록 독려하신 것입니다.

이스라엘 백성은 성전 재건 중단 14년 만에 다리오 왕의 명으로 건축을 재개했습니다. 그렇게 해서 4년 만에 성전을 완성합니다. 1차 포로귀환 후 성전을 짓기 시작한 지 20년 만에 성전이 재건된 것입니다. 포로에서 돌아와 어려운 환경 속에서 재건한 초라한 성전이지만, 유다 백성들의 감격이 얼마나 컸겠습니까? 스룹바벨을 통해 회복하신 이 성전은 모양도 보잘것없고 지성소 안에 하나님이 임재하시는 언약궤도 없는 알맹이 빠진 성전이었습니다. 하지만 성전의 머리 되실 그리스도의 오심을 준비하기 위해서, 수많은 짐승의 피로도 완전히 대속할 수 없는 인류의 죄를 대속하시려 주님이 단숨에 지성소로 들어가시려면 (히 9:22), 이 성전은 반드시 회복되어야 했습니다.

1차 예루살렘 성전은 솔로몬 성전이고, 2차 예루살렘 성전은 스룹바벨 성전이라고 합니다. 3차 예루살렘 성전은 예수님 오실 당시에 유대 분봉 왕 헤롯이 중건한 성전입니다.

영적인 측면에서 보면 예수님이 성전이고, 그분이 우리 안에 계시니 우리 몸이 바로 성전입니다. 우리는 성전인 우리 몸을 거룩하고 흠이 없고 순결하게 주님 오시는 그날까지 성화시켜 나가야 합니다(엡 1:4, 2:22). 우리 안의 성전을 황무한 상태로 놓아둔 채 내 사업과 집 가꾸기에 바쁘게 지낸다면, "너희가 많이 뿌릴지라도 수확이 적으며 먹을지라도 배부르지 못하며 마실지라도 흡족하지 못하며 입어도 따뜻하지 못하며 일꾼이 삯을 받아도 그것을 구멍 뚫어진 전대에 넣음이 되느니라"(학 1:6)는 하나님의 경고를 듣게 됩니다. 이것이 날마다 말씀을 붙들고 성전에 엎드려 우리 안에 황무해진 성전을 생수로 씻어 내고 다시 세워 나가야(edify) 하는 이유이기도 합니다.

✛ 에스라와 2차 포로귀환: 율법을 회복하라 _ 스 7-8장

건물만 있다고 성전이 아닙니다. 율법(말씀)을 회복해야 합니다. 과거에는 예루살렘 성전에 있는 제사장이 백성들 앞에서 하나님의 말씀을 전파했습니다. 그러나 성전이 없으니 유다 백성들은 율법을 배울 수가 없었습니다.

성전이 재건되고 나서 약 80년 뒤인 기원전 458년에 에스라가 유다 백성 약 5천 명을 데리고 2차로 귀환했습니다(스 7:1-28). 율법을 회복하기 위해서입니다. 에스라는 유다에 돌아와서 전국에 율법학교를 지어서 말씀을 전했습니다. 율법학교는 성경 쓰는 서기관들과 제사장들을 배출했습니다. 오늘날로 말하면 신학교입니다.

이스라엘 백성들은 포로에서 돌아온 뒤로 성전 중심이 아니라 회당 중심의 예배를 드렸습니다. 또 안식일을 엄격히 지켰습니다. 이전 450년의 왕조 시대를 거치면서는 안식년과 희년을 한 번도 지키지 못했습니다. 우상 숭배하느라 바빴기 때문입니다. 유다 백성들은 하나님이 유다 땅을 70년 동안 쉬게 하시려고 이들을 이방 땅에서 포로로 지내게 하신 것이라고 생각했습니다. 그래서 반성하는 일환으로 안식일을 유별나게 엄격히 강조했던 것입니다. 유대교 규례에 의하면 안식일에는 얼마 이상 걸어도 안 되고, 일해도 안 되고, 장사해서도 안 됩니다. 안식일에는 하루 종일 앉아서 하나님 말씀만 보고 여호와 하나님에 대해서만 말하고 기도하도록 했습니다.

맥잡기! 기원전 450년부터 가르치기 시작한 이러한 규례가 유대교로 발전해서 예수님이 오셨을 때는 율법학교에서 길러 낸 제사장과 서기관들이 오히려 예수님을 박해했습니다. 이 사람들은 율법의 말씀에 해박했기에 안식일을 지키지 않는다고 계속해서 예수님을 핍박하고 대적합니다. 결국 형식적인 율법주의로 전락한 것입니다. 에스라가 귀환해서 유다 땅에 말씀 회복 운동을 일으킨 것은 높이 살 만한 일이지만, 이때 주님을 대적하는 유대교가 탄생하는 아이러니한 일이 벌어집니다. 하지만 이 일 또한 주님이 대속의 피를 흘릴 수밖에 없었던 아버지의 구원 계획에 따른 것입니다.

또한 에스라는 포로귀환 후 현지에 거주하는 이방 여인들과 결혼한 유대 지도자들의 소식을 듣고 옷을 찢고 통곡하며 회개 기도합니다. 그 후에 "그 여인들과 헤어지라"고 명령하는데, 이 명령에 순종한 이스라엘 지도자들의 이름을 성경책(스 10:18-44)에 기록해 놓았습니다. 다시 오실 주님을 맞이할 우리들은 영적, 육적 순결을 지켜서 순결한 신부가 되어 신랑 맞을 준비를 해야 한다는 사실을 알려 줍니다.

✚ 느헤미야와 3차 포로귀환: 성벽을 재건하라 _ 느 1-13장

예루살렘에 돌아와서 성전을 만들고 하나님의 말씀을 회복했지만, 성전만 덜렁 있고 성전을 보호해 줄 성벽이 없었습니다. 그러다 보니 언제든지 이방인과 외적들에 의해 성전이 더럽혀질 수 있었습니다. 느헤미야는 근심에 차서 잠을 이룰 수 없었고 하나님 앞에 금식하며 간절히 기도합니다(느 1:4-11). 느헤미야는 아닥사스다 왕의 술 따르는 관원, 요즘으로 말하면 의전 수석 비서관이었습니다. 하나님이 느헤미야의 간절한 기도를 들으시고 응답하셔서, 느헤미야는 왕의 허가를 받아 유다 총독으로 부임합니다. 이것이 3차 귀환입니다. 느헤미야는 에스라와 비슷한 시기(기원전 446년)에 유다 땅에 돌아왔습니다.

느헤미가 성벽을 쌓는 동안 사마리아 사람 산발랏, 요단 동편에 있는 암몬 사람 도비야, 아라비아 사람 게셈 등 많은 사람들이 방해합니다. 맥잡기▶ 성전 지을 때도, 성벽을 쌓을 때도 사마리아 사람들이 방해하기 때문에 예수님이 오셨을 때 유대인은 사마리아인을 '사마리아의 개들'이라고 불렀습니다. 유대인이 사마리아 사람들과 상종을 안 하는 이유가 여기에 있습니다. 하지만 선입견 때문에 사람들과 맞서는 것은 지혜롭지 못합니다. 그래서 예수님은 선한 사마리아인의 비유를 드셨습니다. 제사장과 서기관들도 이스라엘 백성들도 율법을 잘 알고 있었지만, 예루살렘에서 여리고로 가는 길에 강도를 만나 쓰러져 있는 사람을 봤으면서도 그냥 지나쳤습니다. 하지만 그들이 개라고 여기는 사마리아 사람만이 가던 길을 멈추고 그 사람을 도왔습니다. 예수님은 말씀을 안다거나 아브라함의 혈통이라고 자랑하지 않도록 사람들에게 이 비유를 들려주셨습니다.

당시 이스라엘 백성들은 한 손에는 칼을 들고 적과 전투하며, 다른 한 손에는 삽을 들고 성벽을 쌓았습니다. 방해꾼들이 많아서 24시간 교대하면서 밤새 일했습니다. 얼마나 급했던지, 성전을 회복하는 데는 20년이 걸렸는데 성벽은 52일 만에 완공했습니다.

하나님은 왜 예루살렘을 회복하셨을까요? 에스겔이 예언한 것처럼 생수의 강이 예루살렘 성전에서부터 흘러나와 예루살렘과 온 유다와 사마리아와 땅 끝까지 전해져야 했기 때문입니다. 그리고 아브라함이 이삭을 바쳤던 예루살렘의 모리아 산에서 예수님이 피 흘리셔야 하기 때문입니다. "이새의 줄기에서 한 싹이 나며 그 뿌리에서 한 가지가 나서 결실할 것이요"(사 11:1).

유대인은 포로에서 귀환해서 성전과 성벽, 말씀을 회복하면 다윗 왕국이 회복될 것으로 알았습니다. 하지만 그들이 돌아와서 성전을 다시 지었다고 해서 다윗 왕국이 다시 회복되는 것은 아닙니다. 예루살렘의 회복은 다윗 왕국의 정치적인 회복을 뜻하는 것이 아닙니다. 예루살렘의 회복은 예수님의 복음과 성령으로 하나님이 친히 지으신 영원한 도성, 주님 다시 오시는 날 새 하늘과 새 땅이 올 때 함께 우리에게 내려올 새 예루살렘 성(계 21:1-2)의 회복을 미리 보여 주신 것입니다.

죄

죄는 하나님의 말씀에서 벗어난 것이다

이스라엘 백성은 죄 때문에 망했습니다. 이스라엘 백성뿐만 아니라 우리도 죄 때문에 망합니다. 사사 시대 이후 이스라엘 백성은 여러 왕조를 지나오면서 하나님의 말씀을 버리고 우상을 만들어 나만 잘되기를 빌었습니다.

죄는 하나님의 말씀에서 벗어나 하나님을 무시하는 것입니다. 보이지 않는 하나님이 나에게 무엇을 원하시든 나와는 상관없다는 것입니다. 하나님이 내게 주신 사랑에 관심을 표현하지 않는 것입니다.

죄는 말씀에서 벗어난 것이기 때문에, 죄의 결과는 당연히 하나님과의 관계 단절입니다. 말씀에서 벗어나면 이웃과의 관계도 당연히 단절됩니다. 하나님의 사랑을 받지 않은 사람은 이웃도 사랑할 수 없습니다. 내가 어떻게 해서 번 돈인데, 내가 어떻게 모은 것인데 이웃에게 나눠 줍니까? 못 줍니다. 그러나 하나님의 사랑이 내 안에서 느껴질 때는 얼마든지 이웃에게 줄 수 있습니다.

말씀에서 벗어난다는 것은 결국 기복 신앙과 연결됩니다. 누구라도 관계없으니 나만 잘되게 도와주면 믿겠다는 것입니다. 지극 정성으로 믿습니다. 하나님은 이런 정성을 원하시지 않습니다. 내가 원하는 것을 달성하기 위해서가 아니라 "하나님이 비천한 나를 사랑하시니 감사합니다"라고 주님의 사랑에 응답하는 것이 다윗이 보여 준 참신앙입니다.

죄지을 수밖에 없는 존재임을 고백하라

나는 죄를 지을 수밖에 없는 존재임을 고백하는 것이 회개의 출발입니다. 성경 구절을 외운다고 회개하는 것이 아닙니다. "예수님께서 내 죄를 다 씻어 주셨는데 왜 자꾸 죄의식이 오지? 악한 영아, 물러가라!" 이런다고 사탄이 물러가지 않습니다.

성령님의 인도하심을 따라서 내 입으로 죄를 고백할 때 회개할 수 있습니다. "오라 우리가 서로 변론하자"(사 1:18). 죄를 하나님께 이야기하면 그 죄가 주홍빛과 같을지라도 눈과 같이 희어질 것이며, 진홍빛 같을지라도 양털같이 희어질 것이라고 하셨습니다. 생각을 짜내어 입으로 하는 고백보다 성령님의 인도하심을 따라 가슴 깊은 곳에서 회개가 우러나와야 합니다. 그때 생수의 강으로 채워 주시는 하나님의 충만함과 위로와 감격을 경험할 수 있습니다.

그런 사람에게는 기복 신앙이 있을 수 없습니다. 잘되어야만 "하나님, 감사합니다"가 아닙니다. 하박국서는 뭐라고 합니까? "외양간에 송아지가 없을지라도 비록 내가 일 년 내내 고생했지만 채소밭에 열매가 하나도 안 열려 있어도 나는 여호와 하나님을 찬양하리로다"(합 3:17-18 참조). 이것이 믿음입니다. 나를 사랑하시는 하나님께 응답하는 것입니다.

다윗도 자기는 죄를 지을 수밖에 없는 존재임을 고백했습니다. "내가 죄악 중에서 출생하였음이여 어머니가 죄 중에서 나를 잉태하였나이다"(시 51:5). 아담 이후로 모든 인간은 죄 가운데 태어난다고 했습니다. 이것이 우리를 절망하게 합니다. 죄 때문에 절망감을 느껴보지 못한 사람은 절대 회개하지 못합니다.

예수님을 믿지 않는 사람들에게 죄인이라고 하면 화를 냅니다. "내가 왜 죄인이냐? 예수쟁이들이 나보다 더 의롭지 못하고 나쁜 짓 많이 하는데." 오히려 예수님을 믿지 않는 사람 중에서 세상적으로 더 도덕적이고, 온유하고, 인격적인 사람들이 있습니다. 이들은 죄의 절망감을 모릅니다. 그런 사람들에게 절망감을 깨우쳐 주는 것이 전도입니다.

하나님은 사람들이 말씀을 듣지 않을 때는 교통사고와 같은 환경을 통해서도, "아이쿠, 나로서는 아무것도 할 수 없구나" 하고 절망을 느끼게 하십니다. 이때 사람들은 하나님 앞에 무릎 꿇게 됩니다.

첫째는 죄 지을 수밖에 없는 자신에 대한 절망이지만, 둘째는 내 죄에서 나를 구원할 수 없다는 절망입니다. "나로서는 나를 구원할 방도가 없으니 주님의 십자가 앞에 엎드립니다." 날마다 이렇게 고백해야 합니다. 우리는 나도 모르게 날마다 죄 짓기 때문입니다. 그래서 새벽을 깨우지 않을 수 없습니다. 주님 앞에 엎드려서 죄를 고백하고 새로운 생명의 말씀으로 적시지 않고 어떻게 하루를 승리하면서 살아갈 수 있겠습니까?

끝까지 사랑하시는
하나님을 만나라

◇ **아모스, 호세아**

구약의 역사서 17권을 10개의 시대로 나눠서, 하나님의 창조 이래로 이스라엘 백성이 부름 받지만 불순종하여 포로로 갔다가 돌아오는 역사의 마지막까지를 보았습니다. 그 뒤에 17권이나 되는 방대한 예언서가 따라 나옵니다. 예언서는 역사서를 보완해 줄 뿐만 아니라 구약 성경 전체의 결론이기도 합니다. 예언서는 기본적으로 역사서에 나오는 분열왕국 시대를 배경으로 놓고 보아야 합니다. 우선 북이스라엘의 예언서를 살펴봅니다.

✛ 점과 예언은 어떤 차이가 있을까

예언은 미래를 말하는 것입니다. 구약 성경에 나오는 예언서는 이스라엘 백성의 장래를 예언하는 말씀이었습니다. 우리 인생의 미래를 예언하는 말씀이라고도 할 수 있습니다.

그런데 세상에서 미래를 예언하는 점과 성경에서 말하는 예언의 차이는 무엇일까요? 세상 사람들은 점을 칩니다. 세상 사람들은 점을 운명 철학이라고 말합니다. 인생은 운명적으로 결정돼 있다는 것입니다. 결과적으로 점은 '운명적 결정론'입니다. '당신은 사업하면 실패할 팔자인데 사업하니까 망했다'라는 식의 팔자타령입니다.

하지만 점은 거짓 영의 말장난일 뿐입니다. '점'은 '운명적 결정론의 오류'라는 것입니다. 사탄은 과거를 쥐고 있습니다. 인간의 과거는 전부 죄이기 때문에 사탄이 붙들고 있는 것입니다. 그래서 사탄은 과거를 족집게같이 잘 알아맞힙니다. 점쟁이가 지금까지 자신이 살아온 과거를 잘 맞히니까 거기에 감동해서 사람들이 점에 빠져듭니다. '야! 이 사람이 내 인생을 훤히 꿰고 있구나! 그러니까 내 장래도 알아맞힐 것이다' 하며 함정에 빠져드는 것입니다.

그러나 성경의 예언서는 인생은 최후의 순간까지 자기가 선택하는 것이라고 말합니다. 하나님을 선택하지 않고 선악과를 따먹은 결과 찾아온 실패 때문에 고통스러울 때도, "이제 내 인생은 이것으로 다 끝났다. 더 이상 소망이 없다"라고 생각할 때도, 우리 주님은 말씀하십니다.

"지금이라도 늦지 않았으니 너희가 회개하고 돌아오라. 그러면 회복이 있고 위로가 있고 구원이 있다."

성경에서 말씀하는 예언은 어디까지나 위로와 소망의 메시지입니다. 인생은 고통 가운데 끝나지 않습니다. 인생은 끝까지 살아볼 만한 가치가 있다는 희망의 메시지입니다.

마지막 순간까지 하나님을 선택하느냐 세상을 선택하느냐에 따라서 인생의 기로가 완전히 바뀔 수 있습니다. 예수님 오른편에 있던 강도를 떠올려 보십시오. 만약 점쟁이가 그 사람의 운명을 점쳤다면 당연히 사형받아 죽을 팔자라고 했을 것입니다. 하지만 그는 인생의 마지막 순간, 죽기 전에 하나님을 선택해서 천국 시민이 됐습니다. 이것이 구약의 예언서가 우리에게 이야기하고 있는 내용입니다.

구약의 예언서는 이스라엘이 왕국 시대 내내 하나님의 말씀을 버리고 여로보암의 길과 바알 신을 쫓아간 결과 나라가 망해서 포로로 끌려간 비극의 역사를 배경으로 하고 있습니다. 하지만 그런 이스라엘 백성에게 하나님을 붙들고 일어나면 소망이 있다는 기쁜 소식을 전하고 있습니다. 이는 지금을 사는 우리에게도 똑같이 적용되는 소망의 메시지입니다. 할렐루야

✚ 예언서의 구조

예언서의 메시지, 두 갈래 길과 메시아 탄생(성령 강림)

첫째, 예언서는 두 갈래 길을 예언하고 있습니다. 이 두 갈래 길은 '하나님이냐, 우상이냐' 하는 신명기의 선택과 다릅니다. 예언서의 시대적 배경은 남유다와 북이스라엘이 망하기 직전입니다. 하나님이 선지자들을 이스라엘 땅과 유다 땅에 보내며 말씀하십니다. "지금이라도 늦지 않았으니 회개하고 돌아오라. 그리하면 구원이 있을 것이다." 그래서 예언서의 두 갈래 길은 '돌아오면 또는 돌아오지 않으면(If or If Not)'의 선택입니다. 회개하고 하나님께 돌아오면 구원이 있지만 그렇지 않으면 영원한 저주와 심판이 있다는 겁니다.

예언서는 우리에게 "나는 아무 소망도 없다. 다 끝났다. 더 이상 사업도 할 수 없고 출세도 할 수 없다. 이제 죽는 길밖에 없다" 하는 때가 바로 구원의 때라고 알려 줍니다. "너희는 여호와를 만날 만한 때에 찾으라 가까이 계실 때에 그를 부르라"(사 55:6). 우리가 하나님을 만날 만한 때가 언제일까요? 인생이 바닥을 칠 때입니다. 이때가 바로 가까이 계실 때요, 만날 만한 때니까 이때 하나님을 찾고 부르라는 것입니다.

인생은 최후의 순간까지도 선택입니다. 마치 권투 시합 도중 지친 선수가 KO가 되기 직전 심판주이신 하나님이 "One, Two, Three … Nine!" 다음에 "Ten"을 불러서 패배를 선언해야 하는데, "Ten"을 부르지 않고 계속 "Nine!"을 외치며 기다리고 있는 것과 같습니다. 주님은 아직 기회가 있으니 구원의 길을 선택하라고 하십니다. 그 주님을 만나야 합니다.

"나는 이미 예수님을 믿었으니까 나와 상관없는 이야기입니다" 할지 모릅니다. 하지만 예수님을 믿는다고 해서 주님을 만난 것은 아닐 수도 있습니다. 예언서의 말씀은 이 사실을 겸허하게 인정하고 내 안에 계신 성령님을 통해 주님의 임재를 체험하도록 말씀을 붙잡고 날마다 기도로 결단하라는 뜻입니다. 그동안 구약을 따라오면서 계속해서 성령님에 대해 이야기하며 기도를 강조했습니다. 그만큼 예수님을 믿는 사람들 중에 주님을 체험하지 못한 사람이 많기 때문입니다. "옛날에 한때 나도 성령 체험한 적이 있다"고 말하는 것은 의미가 없습니다. 성령님은 지금 살아 계십니다. 6일 동안 죽어 있다가 주일에만 부활하시는 주님이 아닙니다. 주님과 동행하려면 가까이 있을 때에 찾고 만날 만한 때에 부르짖어야 합니다. 계속해서 성령님을 사모하고 내 안에서 역사해 주시도록 기도해야 합니다.

둘째, 예언서는 다윗의 자손으로 이새의 뿌리에서 평강과 의로 다스릴 메시아 그리스도가 오실 것을 예언하고 있습니다. 일반적으로 예언서는 메시아의 강림을 증거하고 있다고 말하지만, 예언서는 메시아의 탄생뿐만 아니라 성령 강림(렘 31:31-34)을 분명히 이야기하고 있습니다. 예언서는 '예수님이 오신다'는 것만이 아니라 성령 강림까지 알려 주고 있다는 점을 잊지 말아야 합니다.

예언서 시대 구분

예언서는 대선지서 5권과 소선지서 12권으로 구분됩니다. 분량이 많은 것은 대선지서, 분량이 적은 것은 소선지서라고 나눕니다. 대선지서는 이사야, 예레미야, 예레미야 애가, 에스겔, 다니엘입니다. 이사야서는 66장이나 되고, 예레미야도 52장입니다. 예레미야 애가는 5장밖에 안 되지만 예레미야가 저자로 추정되어서 함께 묶었고, 에스겔은 48장, 다니엘은 12장입니다. 이 다섯 권 외의 선지서는 분량이 몇 장 안 되니까 '소선지서'라고 합니다. 하지만 대선지서는 분량을 넘어서 예언의 내용이 '대'자를 붙이기에 충분합니다.

표 4 예언서의 시대적·대상국별 구분

시대(시간) \ 대상국(공간)	(북)이스라엘	(남)유다	앗수르	에돔
포로 이전 (분열왕국 시대)	아모스 (기원전 760-753년) 호세아 (기원전 740년)	요엘 (기원전 835년 무렵) 이사야 (기원전 740-680년) 미가 (기원전 735-700년) 하박국 (기원전 625-587년) 스바냐 (기원전 625-615년) 예레미야 (기원전 627-580년) 애가	요나 (기원전 782-753년) 나훔 (기원전 664-611년)	오바댜 (기원전 845-841년)

포로 기간		에스겔 (기원전 594-571년) 다니엘 (기원전 605-532년)		
포로귀환 후		학개 (기원전 537-515년) 스가랴 (기원전 520년) 말라기 (기원전 400년)		

　북이스라엘이 망하기 전에 활동한 선지자들이 있고, 유다가 망하기 전에 활동한 선지자들이 있습니다. 먼저 북이스라엘의 선지자부터 살펴보겠습니다. 하나님이 북이스라엘에 보내신 선지자는 엘리야와 엘리사, 아모스와 호세아입니다. 엘리야와 엘리사는 이적과 기사를 통해서, 아모스와 호세아는 말씀을 통해서 하나님의 살아 계심을 보여 주었습니다. 멸망을 향해 곤두박질하고 있는 이스라엘 백성들에게 "아직도 기회가 있으니 내게 돌아오라"는 하나님의 심정을 대언했습니다.

 북이스라엘의 예언서 _ 아모스, 호세아

✚　아모스서, 여호와의 날을 구하라

아모스는 유다 왕 웃시야 때 유다 땅에서 양을 치며 뽕나무를 기르던 농사꾼이었습니다. 아모스는 하나님의 부르심을 받고 당시 북이스라엘의 전성기를 누리던 여로보암 2세가 다스리는 패역한 이스라엘 땅에 가서 예언했습니다. 공의로운 하나님의 법을 버리고 여로보암의 길로 행하는 이스라엘의 심판과 아람과 블레셋의 멸망도 예언했습니다. 엘리야와 엘리사를 통해 아합 왕가 일족을 멸하신 하나님은 바알 신앙을 타파한 예후 왕조의 마지막 왕 여로보암 2세가 금송아지 우상에서 못 벗어나고 영적으로 타락한 것을 지적하십니다.

하나님은 하나님 나라의 의를 원하십니다. "정의를 물같이, 공의를 마르지 않는 강 같이 흐르게 할지어다"(암 5:24). 세상이 번성하자 사람들은 사치와 향락에 물들었습니다. 빈부격차가 심해지고 질서가 무너졌습니다. 재판을 해도 재판장에게 뇌물을 가져다 준 사람이 이겼습니다. 하나님은 축복을 가난한 이웃에게 흘려보내라고 하시며 하나님 나라의 의를 강조하셨습니다.

북이스라엘은 처음부터 여로보암의 길로 행해서 단과 벧엘에 금송아지 산당을 만들고 우상 숭배를 했습니다. 아합 왕 때에는 바알 신앙이 퍼져서 아주 더러운 음란 행위가 만연했습니다. 이들은 금송아지 산당을 섬기면서도 야훼의 날을 기다렸습니다. '하나님이 꼭 예루살렘 성전에만 임재하시라는 법이 어디 있느냐? 금송아지에도 임재하신다'고 하면서 '하나님이 나를 도와주고 내가 잘되고 복 받으면 된다'고 생각했던 것입니다. 하나님의 말씀과 하나님이 내게 원하시는 것은 개의치 않았습니다. 이것이 기복 신앙입니다.

오늘날도 예수님을 믿는다고 하면서도 하나님과 성경 말씀을 알려고 하지 않고, 그저 하나님의 복을 받기만 간구하는 사람들이 교회 안에 많습니다. 이들은 교회만 왔다 갔다 하면서 "이 정도 신앙생활하면 되겠다. 나는 봉사 많이 했다"고 말합니다. 기복 신앙을 신앙이라 생각하고 자신을 그리스도인이라고 생각하는 사람이 아주 많은데, 안타깝기 짝이 없는 현실입니다. 우리는 하나님의 말씀을 통해서만 하나님을 알 수 있습니다. 말씀을 배우지 않는 사람은 하나님이 어떤 분인지, 하나님이 나에게 어떻게 살라고 말씀하시는지, 무엇을 하고 무엇을 하지 않아야 하는지 전혀 알 수 없습니다.

아모스서에 나타난 "여호와의 날"(암 5:18, 20)은 하나님이 이 땅에 다시 오시는 날입니다. 신약의 개념으로 본다면 예수님이 재림하실 때를 말합니다. 아모스서는 말씀을 알려고 하지 않는 사람들도 예수님이 다시 오시기를 기다리지만, 그런 사람들에게 '여호와의 날'이 바로 '심판의 날'일 뿐이라는 사실을 분명히 말해 줍니다.

✚   호세아서, 여호와를 아는 지식

여호와를 힘써 알자 _호 6:3

호세아는 여로보암 2세 때부터 북이스라엘이 망할 때까지 활동한 선지자입니다. 하나님은 호세아를 통해 여호와를 알고 하나님의 말씀을 아는 것이 얼마나 중요한가를 우리에게 직접 말해 줍니다. "내 백성이 지식이 없으므로 망하는도다 네가 지식을 버렸으니 나도 너를 버려 내 제사장이 되지 못하게 할 것이요 네가 네 하나님의 율법을 잊었으니 나도 네 자녀들을 잊어버리리라"(호 4:6). 이 지식은 세상 지식이 아니라 여호와를 아는 지식, 하나님을 아는 지식입니다. 이스라엘 백성들이 그들 스스로 아브라함의 후손이라는 것을 자랑하고 다녔지만 하나님의 말씀을 버렸기 때문에 하나님도 그들을 버리신다는 것입니다. 내 자식 잘되게 해 달라고 기도하기에 앞서 말씀을 붙잡으라는 것입니다.

사람들은 '여호와를 아는 지식, 여호와를 아는 것'을 성경을 읽고 아는 것으로만 생각합니다. 그런데 호세아서에서 말하는 '안다'는 것은 머리로 아는 지식이 아니라 체험을 통해 얻은 지식을 뜻합니다. 기독교 복음은 체험 신앙이지 관념 신앙이 아닙니다. "우리가 여호와를 알자 힘써 여호와를 알자"(호 6:3). 하나님은 우리가 그분을 체험하기 원하십니다.

어떻게 여호와를 체험할(만날) 수 있습니까? "그의 나타나심은 새벽빛같이 어김없나니"(호 6:3). 매일 아침 이른 시간이면 어김없이 어둠을 헤치고 날을 밝혀 주는 새벽빛처럼, 우리가 새벽마다 그분 앞에 나아가 엎드리면 반드시 그분의 임재를 체험하게 해 주시겠다는 약속입니다. 호세아는 이스라엘 백성이 이미 망하게 되었지만 여호와께로 돌아가자고 초청합니다. "오라 우리가 여호와께로 돌아가자 여호와께서 우리를 찢으셨으나 도로 낫게 하실 것이요 우리를 치셨으나 싸매어 주실 것임이라"(호 6:1). 하나님이 우리를 치고 찢으셨지만, 고통을 주신 이유는 다시 싸매 주고 낫게 해 주고 구원해 주시기 위해서입니다. 주님 앞에 우리의 죄를 회개하고 엎드리며 나아갈 때, 하나님은 반드시 만나 주십니다.

"나는 인애를 원하고 제사를 원하지 아니하며 번제보다 하나님을 아는(체험하는) 것을 원하노라"(호 6:6). 하나님은 우리가 예배드리고 제사 드리고 번제 드리는 것보다 사랑하기를 원하십니다. "내가 너희를 사랑하니 너도 제발 나를 사랑해 달라. 내가 너희에게 주는 사랑에 제발 응답해 달라"는 심정이십니다. "너희가 내 앞에 보이러 오니 이것을 누가 너희에게 요구하였느냐 내 마당만 밟을 뿐이니라"(사 1:12). 하나님은 우리와 깊이 만나는 것을 원하십니다. 하나님을 관념적으로 이해해서는 안 됩니다. 말씀과 기도를 통해 하나님을 깊이 만나야 합니다.

끝까지 사랑하시는 하나님을 만나라

하나님이 정말 어떤 분이신가 모르고 그분의 사랑을 느끼지 못하기 때문에, 많은 사람들이 교회를 오래 다니면서도 구원의 확신 없이 이리저리 흔들립니다. 머리로만 성경을 알고 있기 때문에 염려와 근심에 계속 압도당합니다. 사도 바울은 이렇게 이야기합니다. "능히 모든 성도와 함께 지식에 넘치는(지식을 뛰어넘는) 그리스도의 사랑을 알아"(엡 3:18). 머리로만 '예수님이 나를 사랑하시니' 해서는 안 됩니다.

하나님은 호세아 선지자를 통해 하나님의 사랑을 보여 줍니다. 하나님은 호세아에게 음란한 여자와 결혼하라고 명령하십니다. "여호와께서 처음 호세아에게 말씀하실 때 여호와께서 호세아에게 이르시되 너는 가서 음란한 여자를 맞이하여 음란한 자식들을 낳으라 이 나라가 여호와를 떠나 크게 음란함이니라"(호 1:2).

만약에 내가 기도하고 있는데, 하나님이 '창녀하고 결혼해라' 하시면 순종할 수 있겠습니까? 사실 인간으로서는 할 수 없는 일입니다. 그런데 하나님은 진짜로 창녀의 이름까지 알려 주셨습니다. 호세아는 하나님 말씀에 순종하여 창녀 고멜과 결혼합니다. 고멜은 곧 다른 남자와 바람이 나서 달아나지만, 다시 창녀촌으로 들어갑니다. 창녀촌에서 갈기갈기 찢어지고 더럽혀진 이 여인에게 하나님은 "나는 지금도 너를 사랑한다"고 말씀하십니다. 하나님은 호세아에게 "네 아내가 바람이 나서 또 창녀촌에 팔려 갔으니 네 가슴이 찢어지고 생각만 해도 죽이고 싶겠지만 나는 아직도 그 여인을 사랑한다. 얼마가 되든지 돈을 지불하고라도 네 아내를 데려오라" 하십니다.

값을 지불하는 것이 대속입니다. 이것이 하나님의 사랑입니다. 하나님은 처녀 이스라엘을 사랑하셔서 그들이 애굽에서 노예 생활을 하고 있을 때 이들과 약혼하셨습니다. 결혼해서는 광야 생활을 거쳐 가나안에 신방을 차렸습니다. 그런데 신부 이스라엘이 바알 우상과 눈이 맞아 집을 나간 겁니다. 나중에 북이스라엘이 앗수르에 의해

갈기갈기 찢어져서 남자는 노예로, 여자는 창녀로 팔려 갔습니다. 그 뒤에 유다 백성도 결국 찢겨져서 바벨론에 포로로 끌려갑니다.

그럼에도 하나님은 아직도 그들을 사랑하십니다. 하나님의 사랑은 그냥 관념적인 사랑이 아니라는 것을 호세아의 삶으로 보여 주십니다. 만일 나의 아내가 그랬다면 재산을 전부 팔아서 창녀촌에서 데리고 올 수 있겠습니까? 하지만 하나님은 우리와 다릅니다. 우리는 죄 때문에 더러워졌고 매번 하나님을 배반하고 패역한 삶을 살지만, 하나님은 우리를 버리지 않고 끝까지 사랑하면서 값을 지불하고 대속하고 구속하십니다.

하나님의 사랑은 측량할 수 있는가

"하늘을 두루마리 삼고 바다를 먹물 삼아도 그 크신 하나님의 사랑 측량 다 못하네." 그렇지만, 하나님의 사랑을 정말 측량할 수 없을까요? 사도 바울은 에베소 교회 성도들에게 하나님의 사랑은 너비, 길이, 깊이, 높이로 잴 수 있다고 말했습니다. "지식에 넘치는 그리스도의 사랑을 알고 그 너비와 길이와 높이와 깊이가 어떠함을 깨달아"(엡 3:18-19).

1. 너비: 강물의 너비는 강물이 닿는 모든 곳을 포함합니다. 주님의 사랑은 우리의 죄만 덮어 주시는 것이 아니라 우리 삶의 모든 부분을 감싸 주십니다. 건강, 물질, 가정의 행복, 자녀 문제 등 어떤 문제라도 덮어 주시는 무한한 사랑입니다.

2. 길이: 나를 향한 하나님의 사랑의 길이는 얼마나 되겠습니까? 하나님의 사랑은 나의 형질이 지어지기도 전, 곧 창세전부터 그리스도 안에서 나를 잉태하고(택하고) 사랑하고 인정하셨으며(엡 1:4), 지금도 그리고 영원히 사랑하실 것입니다.

3. 깊이: 주님은 "자신을 비워 종의 형체를 가지사 사람들과 같이 되셨고 사람의 모양으로 나타나사 자기를 낮추시고 죽기까지 복종"하심(빌 2:7-8)으로 십자가를 지셨습니다. 내가 음부에까지 내려가도 주님의 사랑은 그곳에 함께하십니다. 주님 사랑의 깊이는 음부 아래까지입니다.

4. 높이: 주님은 음부의 권세를 이기고 부활, 승천하셔서 보좌 옆으로 가실 때 우리 성도들을 함께 데리고 가서 보좌 옆에 앉히셨습니다(엡 2:6). 그분의 사랑은 하늘 보좌 우편까지 우리를 데리고 가시는 사랑입니다. 할렐루야!

DAY

26 | 가장 큰 사랑은
말없이 기다려 주는 일

의 예언서 /
침묵 시대

◇ **이사야, 미가, 요엘, 하박국, 스바냐, 학개, 스가랴, 말라기**

하나님은 다윗의 등불(유다 백성)을 꺼뜨리지 않으시려고 이 땅에 선지자들을 계속해서

보내십니다. 다윗과의 약속을 지키려고 남유다에는 더 많은 선지자를 보내십니다.

남유다 멸망 전(포로 전)에 기록된 선지서가 무려 7권이나 됩니다.

이 예언의 말씀을 통해 이스라엘 백성들에게는 물론 시대를 뛰어넘어 오늘을 사는

성도들에게 하나님이 무엇을 말씀하려고 하시는지 귀 기울여야 합니다.

 남유다의 포로 전 예언서

✚   이사야, 성경의 축소판

남유다 10대 왕 웃시야 왕의 사촌으로 알려진 이사야는, 자신의 권력 기반이던 웃시야 왕이 죽고 난 다음 하나님 앞에 엎드립니다. 이때 하나님의 말씀이 이사야에게 임했다고 성경은 전합니다. 이스라엘 백성이 구약의 예언서 중에서 지금도 제일 많이 붙들고 있는 것이 이사야서입니다. 유대인에게는 이스라엘의 회복과 위로의 말씀이기 때문입니다. 오늘날 그리스도인들도 마찬가지입니다. 이사야서는 예수 그리스도의 탄생 소식부터, 공생애 사역, 십자가의 고난과 부활, 성령의 위로 등 앞으로 오실 메시아

의 모든 것을 소개하는 메시지로 가득 차 있습니다.

예언서 17권 가운데 가장 방대한 이사야서는 이스라엘 백성뿐만 아니라 우리를 메시아에게 초대하고 있습니다. "오호라 너희 모든 목마른 자들아 물로 나아오라 돈 없는 자도 오라 너희는 와서 사 먹되 돈 없이, 값없이 와서 포도주와 젖을 사라 너희가 어찌하여 양식이 아닌 것을 위하여 은을 달아 주며 배부르게 하지 못할 것을 위하여 수고하느냐 내게 듣고 들을지어다 그리하면 너희가 좋은 것을 먹을 것이며 너희 자신들이 기름진 것으로 즐거움을 얻으리라 너희는 귀를 기울이고 내게로 나아와 들으라 그리하면 너희의 영혼이 살리라 내가 너희를 위하여 영원한 언약을 맺으리니 곧 다윗에게 허락한 확실한 은혜이니라"(사 55:1-3). 이사야서는 우리의 삶을 말씀으로 초대할 뿐만 아니라 기도로 초대합니다. 이사야는 마음속 깊은 곳에서 일어나는 영혼의 목마름을 채우시는 성령님을 계속해서 이야기하고 있습니다.

이사야서의 초반부는 검사의 기소장처럼 이스라엘이 하나님의 말씀을 버리고 하나님을 사랑하지 않고, 바알 우상을 음란하게 섬긴 더러운 죄상을 낱낱이 고발하고 있습니다. 그러면서 이스라엘의 발바닥부터 머리 꼭대기까지 어느 한 곳 터지고 곪지 않은 데가 없다고 합니다(사 1:1-7).

하지만 곧 소망의 메시지로 우리를 초대합니다. "여호와께서 말씀하시되 오라 우리가 서로 변론하자 너희의 죄가 주홍 같을지라도 눈과 같이 희어질 것이요 진홍같이 붉을지라도 양털같이 희게 되리라"(사 1:18). 지금이라도 주님께 나아와 같이 이야기하자는 것입니다. 기도를 통해 내 입으로 죄를 시인하고 고백하면 하나님이 깨끗이 사해 주신다는 것입니다.

이사야 66장, 신구약 성경 66권

이사야서는 66장이나 되는 길고 방대한 책이어서 읽기가 어렵습니다. 우선 전체적인 구조를 알고 접근하는 것이 도움이 됩니다. 놀랍게도 이사야서는 성경 66권과 구조가 똑같습니다. 이사야서의 1장부터 39장까지는 구약 39권처럼 이스라엘의 구약 시대 상황을 이야기합니다. 앗수르의 압박을 받아 북이스라엘이 멸망하고 유다 왕국도 앗수르의 침략을 받으면서도 간신히 명맥을 유지해 나가는 내용입니다. 그래서 이 부분을 이사야의 구약이라고 합니다. 이사야서의 나머지 40장부터 66장까지 총 27장은 신약과 같습니다. 이 부분을 이사야의 신약이라고 합니다. 그래서 이사야서를 성경의 축소판이라고 합니다(이사야 66장=신구약 성경 66권).

이사야의 신약 부분, 이사야 40장은 "외치는 자의 소리여 이르되 너희는 광야에서 여호와의 길을 예비하라"(사 40:3)로 시작하며, 끝부분인 이사야 66장에서는 "새 하늘과 새 땅이 내 앞에 항상 있는 것같이"(사 66:22)로 끝납니다. 세례 요한의 외치는 소리로 시작해서 새 하늘과 새 땅으로 끝나는 신약의 구조와 일치합니다.

심판의 책 _ 사 1-39장

이사야의 구약이라고 불리는 전반부(사 1-39장)는 이스라엘의 범죄로 인한 심판을 다루고 있습니다. 그래서 이사야서를 심판의 책(The Book of Judgement)이라고 합니다. 그러나 심판 속에 남겨 두실 그루터기에서 거룩한 씨앗이 나와 열매 맺을 것이라는 메시아 강림에 초점이 맞추어져 있습니다. 이 부분의 메시지는 다음과 같습니다.

첫째, 이스라엘과 유다의 죄상을 폭로하면서 심판을 예고하지만, 심판 가운데 남겨 두실 그루터기에서 거룩한 씨가 나올 것을 먼저 예고합니다(사 1-6장). "밤나무와 상수리나무가 베임을 당하여도 그 그루터기는 남아 있는 것같이 거룩한 씨가 이 땅의 그루터기니라"(사 6:13).

둘째, 이 거룩한 씨가 처녀로서 잉태한 아들이며 구체적으로 다윗 왕의 후손으로 오실 분임을 소개합니다(사 7-12장). "그러므로 주께서 친히 징조를 너희에게 주실 것이라 보라 처녀가 잉태하여 아들을 낳을 것이요 그의 이름을 임마누엘이라 하리라"(사 7:14).

남유다 아하스 왕 때, 북이스라엘과 아람 연합군이 침공해 왔습니다. 이사야는 아하스 왕에게 두려워 말고 하나님께 징조를 구하라고 했지만, 아하스 왕은 이사야의 제안을 거부했습니다. 이때 하나님이 친히 징조를 주겠다고 약속하십니다. "이는 한 아기가 우리에게 났고 한 아들을 우리에게 주신 바 되었는데 그의 어깨에는 정사를 메었고 그의 이름은 기묘자라, 모사라, 전능하신 하나님이라, 영존하시는 아버지라, 평강의 왕이라 할 것임이라"(사 9:6). 이 세상의 모든 권세와 정권과 권력을 가지신 한 아기, 한 아들, 바로 예수님을 말씀하십니다. 메시아는 다윗의 후손으로 오신다고 합니다. "이새의 줄기에서 한 싹이 나며 그 뿌리에서 한 가지가 나서 결실할 것이요"(사 11:1).

셋째, 이스라엘을 괴롭히던 이방 왕국들의 심판을 예언합니다(사 13-23장).

넷째, 오실 메시아가 시온 성(예루살렘)에서 영광받으실 것을 예고합니다(사 24-27장).
"시온 산과 예루살렘에서 왕이 되시고 그 장로들 앞에서 영광을 나타내실 것임이라"(사 24:23). 이는 예루살렘에서 십자가를 지시고 부활하심으로 사망을 영원히 멸하실 것을 말씀하신 것입니다. 3년 동안의 공생애 사역 대부분을 갈릴리 지방에서 하신 뒤, 주님 이 왜 예루살렘에 입성하셔야 했는지를 설명해 줍니다.

"또 이 산에서 모든 민족의 얼굴을 가린 가리개와 열방 위에 덮인 덮개를 제하시며 사망을 영원히 멸하실 것이라 주 여호와께서 모든 얼굴에서 눈물을 씻기시며 자기 백 성의 수치를 온 천하에서 제하시리라 여호와께서 이같이 말씀하셨느니라"(사 25:7-8). 예수님의 부활뿐만 아니라 그분을 믿는 우리를 모든 사망에서 해방시켜 주실 것이라 고 약속하십니다. "너희 이스라엘 자손들아 그날에 여호와께서 창일하는 하수에서부 터 애굽 시내에까지 과실을 떠는 것같이 너희를 하나하나 모으시리라"(사 27:12). 이 말 씀을 이스라엘이 정치적으로 회복되리라는 예언으로 받아들인 유대인은 오늘날도 이 말씀을 굳게 믿고 있습니다. 사실 1948년 건국 선언을 통해, 전 세계에 흩어져 있던 이스라엘 민족이 이스라엘 국가를 세웁니다. 형식상이지만 예루살렘이 회복된 상태 입니다.

하지만 이 말씀은 결국 예수 그리스도의 부활과 성령의 강림으로 교회가 탄생할 것 임을 뜻합니다. 예루살렘에서 탄생할 교회를 통해 마지막 날 이스라엘 백성의 구원 을 약속하시는 것입니다. 이스라엘을 복음화해야 할 사명이 성도들에게 주어진 것입 니다.

다섯째, 앗수르로부터 유다 왕국을 지켜 주시지만, 결국 유다의 범죄 때문에 바벨 론을 통해 심판하실 것을 예고하십니다(사 39장). 예언서는 역사서를 보완하는 역할을 합니다. 선지자와 아하스 왕과의 대결, 앗수르가 침략했을 때 히스기야 왕이 이사야 와 함께 협박 편지를 놓고 기도하는 등 역사서의 내용이 기록되어 있습니다(사 29-39장).

이사야 1-39장까지를 구약이라고 하는 이유는, 이사야는 실제로 포로로 끌려가기 훨씬 이전 사람이지만, 구약 시대 이스라엘 백성들의 죄상을 자세히 열거하고 있기 때 문입니다. 이사야서는 이스라엘이 망하기 전까지는 이스라엘 백성들의 죄상을 알려 주고 책망하면서 회개하고 돌아오라는 하나님의 음성으로 가득 차 있습니다.

420

위로와 소망의 말씀 _ 사 40-66장

이사야 40장부터는 유다 왕국이 멸망해서 바벨론 포로 생활이 시작되었을 때를 위한 '위로와 소망의 말씀'(The Book of Comfort and Hope)을 주십니다. 앞으로 오실 메시아가 십자가의 고난의 길을 통해서 영광받으실 것임을 신약 성경보다 더 자세히 설명하고 있습니다. 부활 · 승천하실 주님이 재림하실 것과, 마지막 때에 새 하늘과 새 땅이 하늘에서 내려올 것도 기록하고 있습니다. 신약 성경의 내용을 모두 보여 주고 있는 셈입니다. 이러한 **이사야의 신약이 주는 메시지**는 다음과 같습니다.

첫째, '평강의 약속'(Promise of Peace)입니다(사 40-48장). 포로 생활을 하고 있는 유다 백성에게 위로와 소망의 말씀을 주십니다. 나라가 망해서 포로로 끌려갔으니 이스라엘 백성들은 삶의 모든 소망이 끊어졌습니다. 할 수 있는 일이 아무것도 없습니다. 이때 과연 무슨 소망이 있겠습니까?

"두려워하지 말라 내가 너와 함께함이니라 놀라지 말라 나는 네 하나님이 됨이라 내가 너를 굳세게 하리라 참으로 너를 도와주리라 참으로 나의 의로운 오른손으로 너를 붙들리라"(사 41:10). 이때 주님은 지금은 포로로 끌려가서 인생이 끝난 것 같지만 다시 회복될 것이라고 말씀해 주십니다. 하나님은 예레미야 선지자를 통해서도 똑같은 위로의 말씀을 주셨습니다. 하나님은 내가 알지 못하는 놀라운 구원의 길을 다른 곳에서 만들고 기다리십니다. "너희는 위로하라 내 백성을 위로하라"(사 40:1), "오직 여호와를 앙망하는 자는 새 힘을 얻으리니 독수리가 날개 치며 올라감같을 것이요 달음박질하여도 곤비하지 아니하겠고 걸어가도 피곤하지 아니하리로다"(사 40:31).

"하나님은 왜 내 사정을 알아주지 않습니까?" 하며 원망하지 말라는 뜻입니다. 하나님을 바라보는 자, 하나님을 앙망하는 자는 이럴 때일수록 오히려 하나님을 붙들고 기도합니다. 절망에 처한 민족이 독수리가 날개 치며 올라감 같이 힘을 얻고자 한다면, 성령님의 인도하심을 받아서 기도해야 합니다.

시온 곧 예루살렘의 유다 백성이 자신들의 죄 때문에 나라가 망했음에도 하나님이 자신들을 버리셨다고 불평하니 하나님이 이런 말씀을 주셨습니다. "오직 시온이 이르기를 여호와께서 나를 버리시며 주께서 나를 잊으셨다 하였거니와 여인이 어찌 그 젖 먹는 자식을 잊겠으며 자기 태에서 난 아들을 긍휼히 여기지 않겠느냐 그들은 혹시 잊을지라도 나는 너를 잊지 아니할 것이라"(사 49:14-15). 하나님은 창세전에 그리스도 안에서 우리를 택하셨습니다. "곧 창세전에 그리스도 안에서 우리를 택하사 우리로 사랑 안에서 그 앞에 거룩하고 흠이 없게 하시려고"(엡 1:4). 우리가 이 세상에 나오기 전에, 하나님이 천지를 창조하시기 전에 우리의 존재는 그리스도 안에 있었다는 것이 우리의 영적 실상입니다. "여인이 어찌 그 젖 먹는 자식을 잊겠으며 자기 태에서 난 아들을 긍휼히 여기지 않겠느냐 그들은 혹시 잊을지라도 나는 너를 잊지 아니할 것이라"(사 49:15).

우리는 창세전에 그리스도 안에 있던 사람들이기 때문에, 하나님은 결코 우리를 잊지 않으십니다. "야곱아 너를 창조하신 여호와께서 지금 말씀하시느니라 이스라엘아 너를 지으신 이가 말씀하시느니라 너는 두려워하지 말라 내가 너를 구속하였고 내가 너를 지명하여 불렀나니 너는 내 것이라"(사 43:1). 놀라거나 두려워할 필요가 없습니다. 우리의 인생을 하나님이 책임지십니다. "네가 물 가운데로 지날 때에 내가 너와 함께할 것이라 강을 건널 때에 물이 너를 침몰하지 못할 것이며 네가 불 가운데로 지날 때에 타지도 아니할 것이요 불꽃이 너를 사르지도 못하리니"(사 43:2). 주님은 우리를 사망과 죄에서 구원해서 속량하셨을 뿐만 아니라 지명해서 부르셨기 때문에 어떠한 경우에도 함께하시겠다고 약속하십니다. 하나님은 이사야를 통해서 포로로 끌려갔을 때의 이스라엘 백성뿐만 아니라 오늘날 우리 성도들에게도 위로와 소망의 말씀을 주시는 것입니다.

둘째, '평강의 왕'(Prince of Peace)**입니다**(사 49-58장). 포로로 끌려가 고난받는 이스라엘에게 장차 오실 평강의 왕은 먼저 '고난의 종'이 되십니다. 이스라엘이 포로 기간에 받았던 고난은 메시아가 이 땅에 와서 이스라엘과 모든 인류의 죄를 위해서 받으실 고난과는 비교도 되지 않습니다. 장차 우리에게 주실 '세상이 줄 수 없는 평안'은 주님의 십자가 고난을 통해서만 올 수 있다고 말씀하십니다.

이사야는 메시아가 이 땅에 와서 고난받을 것을 예고합니다. "그가 찔림은 우리의 허물 때문이요 그가 상함은 우리의 죄악 때문이라 그가 징계를 받으므로 우리는 평화를 누리고 그가 채찍에 맞음으로 우리는 나음을 받았도다 우리는 다 양 같아서 그릇 행하여 각기 제 길로 갔거늘 여호와께서는 우리 모두의 죄악을 그에게 담당시키셨도다"(사 53:5-6). 주님이 이 땅에 오셔서 십자가에서 피 흘리신 이유는 우리의 죄와 허물 때문입니다. 아들 하나님이 오셔서 징계를 당하셨기 때문에 우리가 평화를 얻은 것입니다.

우리가 어려움을 당했을 때 마음의 평안을 얻을 수 있는 것은 그분이 나를 위해서 미리 징계를 당하셨기 때문입니다. 예수님이 맞으신 로마 군병의 채찍은 가죽에 쇠못이 박힌 것입니다. 그것으로 등을 때리면 살점이 떨어져 나옵니다. 우리가 병에서 나음을 얻는 것은 주님이 맞으신 채찍으로 말미암는 것입니다. '양처럼 각기 제 갈 길로 간 것'이 선악과라고 했습니다. 내가 선하다고 생각하는 것은 하고 악하다고 생각하는 것은 하지 않는 것, 우리는 이런 선악과를 따먹으면서 각기 제 갈 길로 갔지만 여호와께서는 메시아가 우리의 죄를 담당하게 하셨습니다. "그는 … 간고를 많이 겪었으며 질고를 아는 자라"(사 53:3).

이어서 하나님이 기뻐하시는 금식에 관해 말씀하십니다. "내가 기뻐하는 금식은 흉악의 결박을 풀어 주며 멍에의 줄을 끌러 주며 압제당하는 자를 자유하게 하며 모든 멍에를 꺾는 것이 아니겠느냐 또 주린 자에게 네 양식을 나누어 주며 유리하는 빈민을 집에 들이며 헐벗은 자를 보면 입히며 또 네 골육을 피하여 스스로 숨지 아니하는 것이 아니겠느냐 그리하면 네 빛이 새벽같이 비칠 것이며 네 치유가 급속할 것이며 네 공의가 네 앞에 행하고 여호와의 영광이 네 뒤에 호위하리니"(사 58:6-8). 주님은 금식기도 한다고 울상하고 앉아 있지 말라고 하십니다. 진정한 금식은 이웃과 나누느라 충분히 먹지 못해 배가 주린 것을 말합니다.

맥잡기▣ 이 말씀은 "인자가 자기 영광으로 모든 천사와 함께 올 때에 자기 영광의 보좌에 앉으리니 … 양은 그 오른편에 염소는 왼편에 두리라"(마 25:31-33) 하는 비유와 맥이 통합니다. 마지막 날 심판할 때 예수님을 믿는 사람들 가운데서 양과 염소가 분명히 구분될 것이라고 말씀하십니다. 말씀대로 살지 않은 사람들을 염소라고 했습니다. 염소로 구분된 자들은 예수님을 믿는다고는 하지만 가짜라는 것입니다. "그 나라의 본 자손들은 바깥 어두운 데 쫓겨나 거기서 울며 이를 갈게 되리라"(마 8:12). 이 말씀을 듣고 그냥 지나쳐서는 안 됩니다. 진실로 예수님을 믿는 사람은 주린 자를 먹여 주고, 목마른 자를 마시게 하고, 병든 자를 간호해 주고 감옥에 갇힌 자를 문안해야 합니다.

이사야는 장차 오실 메시아가 하실 일도 알려 주었습니다. "주 여호와의 영이 내게 내리셨으니 이는 여호와께서 내게 기름을 부으사 가난한 자에게 아름다운 소식을 전하게 하려 하심이라 나를 보내사 마음이 상한 자를 고치며 포로 된 자에게 자유를, 갇힌 자에게 놓임을 선포하며 여호와의 은혜의 해와 우리 하나님의 보복의 날을 선포하여 모든 슬픈 자를 위로하되 무릇 시온에서 슬퍼하는 자에게 화관을 주어 그 재를 대신하며 기쁨의 기름으로 그 슬픔을 대신하며 찬송의 옷으로 그 근심을 대신하시고 그들이 의의 나무 곧 여호와께서 심으신 그 영광을 나타낼 자라 일컬음을 받게 하려 하심이라"(사 61:1-3). 여호와의 영이 내게 내리셨다는 것은, 곧 성령님이 기름 부으셨다는 말씀입니다. 성령님의 기름 부으심은 사명 주시는 것을 뜻합니다. 그 사명은 가난한 자들에게는 아름다운 복음을 전파하고, 죄에 포로 된 자나 상처에 눌려 있는 자들에게 놓임을 주라는 것입니다. 【맥잡기!】 이 말씀은 예수님이 이 땅에 오셨을 때 공생애 시작 전에 나사렛에 있는 회당에 들어가서 제일 먼저 성경을 펴고 읽으신 부분입니다.

"무릇 시온에서 슬퍼하는 자에게 화관을 주어 그 재를 대신하며 기쁨의 기름으로 그 슬픔을 대신하며 찬송의 옷으로 그 근심을 대신하시고 그들이 의의 나무 곧 여호와께서 심으신 그 영광을 나타낼 자라 일컬음을 받게 하려 하심이라"(사 61:3). 이스라엘 백성들은 슬플 때 재를 뒤집어쓰고 우는 관습이 있었습니다. 그래서 하나님은 슬픔의 재 대신 꽃 면류관을 주겠다고 말씀하십니다. 우리가 슬픔에 빠졌을 때, 어떻게 기쁨의 기름이 우리에게 부은바 될 수 있습니까? 오직 성령님의 역사로만 가능합니다. 우리에게 주신 말씀을 입으로 시인하고 고백하고 기도하는 방법밖에는 없습니다. 찬송은 음정이 있는 기도입니다. 하나님께 내 믿음과 신앙을 고백하며 그분을 높여 드리는 것입니다. 찬송을 부를 때 성령님이 역사하시는 것을 봅니다. 예수님을 믿는다는 것의 본질은 예수님이 이 땅에 오셔서 하신 사명 속에 다 들어 있습니다. 죄를 씻어 주실 뿐만 아니라 상처를 씻어 주시고 우리의 모든 슬픔을 희락의 기름으로 대신해 주실 분은 성령님밖에 없습니다.

셋째, '평강의 계획'(Program of Peace)입니다(사 59-66장). 장차 오실 메시아가 우리에게 어떻게 평강을 주실지 그 방법과 계획을 말해 줍니다. "내가 지을 새 하늘과 새 땅이 내 앞에 항상 있는 것같이 너희 자손과 너희 이름이 항상 있으리라"(사 66:22). 마지막 날은 믿지 않는 자들에게는 두려움과 심판의 날이지만, 믿는 성도들에게는 천사들의 나팔소리와 함께 큰 영광과 능력으로 오시는 주님의 영생의 잔치에 참여하는 날입니다(마 24:30). 새 하늘과 새 땅이 임하는 날에 이스라엘 백성들을 버리지 않고 예수님께서 다 구원하실 것을 약속하셨습니다. 여기서 이스라엘 자손과 그 이름을 혈통적 이스라엘이라고 해석하기도 하지만, 많은 성경학자들은 이것을 진정한 그리스도인, 새 이스라엘 백성들을 뜻한다고 봅니다.

맥잡기🔒 새 하늘과 새 땅은 신약의 결론, 요한계시록에서도 이렇게 표현합니다. "또 내가 새 하늘과 새 땅을 보니 처음 하늘과 처음 땅이 없어졌고 바다도 다시 있지 않더라"(계 21:1). 이것은 마지막 날 예수님이 재림하신 다음에 올 영화의 단계를 뜻합니다. 칭의의 구원과 성화의 과정을 살고 나서 십자가의 공로로 말미암아 성도들에게 입혀질 영화를 뜻합니다. 우리는 항상 깨어 기도함으로 주님 오실 날에 대비해야 합니다.

✚   미가, 공의와 정의의 장

미가 선지자는 이사야와 함께 유다 히스기야 왕의 종교개혁을 도왔던 유다의 예언자입니다. 북이스라엘의 아모스 선지자와 마찬가지로 유다의 형식적인 종교 생활과 제사장들의 타락, 극심한 빈부 격차로 인한 불의를 질타하며 하나님의 공의를 회복하라고 강조했습니다. 미가 선지자는 하나님의 의를 다음과 같이 설명합니다.

"사람아 주께서 선한 것이 무엇임을 네게 보이셨나니 여호와께서 네게 구하시는 것은 오직 정의를 행하며 인자를 사랑하며 겸손하게 네 하나님과 함께 행하는 것이 아니냐."(미 6:8). 하나님의 말씀대로 이웃에게 사랑을 실천하는 자가 하나님의 의를 행하는 자입니다. 십계명의 4계명까지는 마음을 다하고 목숨을 다하고 뜻을 다해서 하나님을 사랑하는 것이요, 십계명의 5계명부터 마지막까지는 이웃을 내 몸과 같이 사랑하는 것입니다. 이 십계명을 실천하는 것이 정의와 공의를 행하는 것입니다.

미가서의 가장 큰 특징은 700년 뒤에 유다 땅 베들레헴에서 메시아가 탄생하실 것과 그로 인한 구원을 예언하고 있다는 것입니다. "베들레헴 에브라다야 너는 유다 족속 중에 작을지라도 이스라엘을 다스릴 자가 네게서 내게로 나올 것이라 그의 근본은 상고에, 영원에 있느니라"(미 5:2).

✦ 요엘, 구약의 성령장

요엘 선지자는 시기적으로 유다 땅에서 이사야 선지자보다 먼저 활동한 것으로 보입니다. 요엘 선지자는 웃시야 왕의 전성기 때 말씀을 받아 전한 것으로 알려집니다. 정치, 외교, 사회적으로 가장 번성한 때 영적으로 가장 침체되기 쉽습니다. 요엘서는 황충(메뚜기 떼)으로 인한 심판을 선포하며 회개를 촉구하는 것으로 시작됩니다. "취하는 자들아 너희는 깨어 울지어다"(욜 1:5), "너희는 이제라도 금식하고 울며 애통하고 마음을 다하여 내게로 돌아오라 하셨나니 너희는 옷을 찢지 말고 마음을 찢고 너희 하나님 여호와께로 돌아올지어다"(욜 2:12-13).

맥잡기! 포도주가 아니라 성령에 취하여 애통하며 회개를 촉구하는 이 말씀은 "술 취하지 말라 이는 방탕한 것이니 오직 성령으로 충만함을 받으라"(엡 5:18)는 말씀과 맥이 통합니다. 이런 이유로 요엘은 구약의 성령장이라고 일컬어집니다.

"그 후에 내가 내 영을 만민에게 부어 주리니 너희 자녀들이 장래 일을 말할 것이며 너희 늙은이는 꿈을 꾸며 너희 젊은이는 이상을 볼 것이며"(욜 2:28). 성령님을 보내시겠다는 것입니다. "만민에게"라고 했기 때문에 구약 시대와 같이 하나님이 선택한 특정한 어떤 사람만 성령 체험하는 것이 아닙니다. 성령님이 오시면 청년들이 변하여 큰 비전을 품고 성장하게 됩니다. 록펠러 같은 사람은 어릴 때부터 십일조를 하면서 물질의 축복을 체험하고, 예배드릴 때는 항상 맨 앞에 앉아서 예배를 드렸습니다. 청년들이 비전을 갖는 것은 성령님 때문입니다.

맥잡기! 사도행전에서 120명의 성도들이 마가의 다락방에 모여 기도할 때 성령님이 임하셨습니다. 120명 모두가 방언이 터지니까, 옆에 있던 수많은 구경꾼들이 "미쳤구먼, 지금 아침 9시밖에 안 됐는데 술 취했네" 하며 빈정거렸습니다. 이 사람들이 누구입니까? 메시아 대망 사상에 젖어 메시아를 애타게 기다렸던 유대인 아닙니까? 그때 베드로가 성령 충만하여 담대히 일어나 이 말씀을 인용하며 설교했습니다. "너희들이 지금 우리더러 술 취했다, 미쳤다고 하는데 700년 전에 요엘을 통해 하신 말씀이 지금 너희 보는 데서 나타나는 것이다." 베드로의 이 말을 듣고 3천 명이나 되는 군중들이 회개했습니다. 베드로가 성령 충만하여 말씀을 전하자, 성령님이 듣는 이들의 마음을 감동시킴으로 회개가 일어난 것입니다. 그들이 회개하고 세례받아 초대교회가 탄생하는 놀라운 역사가 일어납니다.

✚ 하박국, 참신앙인의 노래

하박국 선지자는 유다의 18대 왕, 악한 여호야김 왕 때 활동했습니다. 여호야김 왕은 이스라엘이 점점 망해 가는데도 하나님께로 돌이키지 않고 계속해서 백성들을 착취했습니다. 하박국 선지자는 하나님께 부르짖으며 탄원을 올립니다. "하나님이 계시다면 왜 악한 왕 여호야김을 징계하지 않고 그냥 두십니까?"(합 1:2-4). 그러자 하나님은 바벨론(이라크)을 사용해서 심판할 것이라고 응답해 주셨습니다. 이에 하박국은 말합니다. "아이고, 하나님. 그것은 안 됩니다. 유다 백성이 패역하고 여호야김이 악한 왕이지만, 저 이방 바벨론의 왕보다는 낫지 않습니까?"(합 1:12-17). 이것은 순전히 선민사상을 가진 이스라엘 사람들의 생각입니다.

이에 하나님은 응답하셨습니다. "내가 갈대아도 심판할 것이다. 그러나 심판의 때와 장소와 방법은 내가 정한다"(합 2:3). 하나님은 이 심판을 약 100년 뒤에 바사 왕 고레스를 통해 이루셨습니다. 하박국은 "그러면 심판의 날에 의인은 어떻게 됩니까?" 하고 물어 봅니다. 이때 하나님은 말씀하십니다. "의인은 그의 믿음으로 말미암아 살리라"(합 2:4). 맥잡기⑪ 루터는 이 말씀을 붙들고 종교개혁을 일으켰습니다. 사도 바울은 로마서에서 이 말씀을 다시 강조합니다. "기록된 바 오직 의인은 믿음으로 말미암아 살리라 함과 같으니라"(롬 1:17).

하박국서는 오늘날 이 세상에 악한 자를 심판하지 않으시고 그냥 두시는 하나님을 원망하는 성도들이 반드시 읽어야 할 선지서입니다.

하박국서는 또 우리에게 참된 신앙에 대해 말해 줍니다. "비록 무화과나무가 무성하지 못하며 포도나무에 열매가 없으며 감람나무에 소출이 없으며 밭에 먹을 것이 없으며 우리에 양이 없으며 외양간에 소가 없을지라도 나는 여호와로 말미암아 즐거워하며 나의 구원의 하나님으로 말미암아 기뻐하리로다"(합 3:17-18). 이것이 진짜 믿음입니다. 하박국이 이야기하는 참된 신앙은 기복 신앙과 정반대입니다. 기복 신앙은 내가 채소밭에 1년 동안 농사를 열심히 지었으니까 채소가 당연히 가득 차야 하고, 열심히 노력해서 목축을 했으면 외양간에 송아지가 가득 차야 합니다. 하지만 "한 마리도 없을지라도 하나님이 내게 물질의 축복을 거두어 가셨을지라도 나는 그 여호와를 인하여 즐거워하고 그 이름을 찬양하리라"는 태도가 주님이 주시는 사랑에 대한 진정한 반응입니다. 하박국 선지자는 기복 신앙이 판치는 패역한 이 시대에 성도들이 가져야 할 참신앙인의 모습을 보여 줍니다.

오늘날 우리는 하나님을 보지 않고, 내게 주시는 축복만 붙잡으려고 하니까 문제가 생깁니다. "땅이 혼돈하고 공허하며… 하나님의 영은 수면 위에 운행하시니라"(창 1:2)는 말씀처럼 아무것도 없는 가운데서도 우리가 하나님을 찬양하면 그 공허를 채우시려고 하나님은 우리에게 임하십니다. 눈에 보이는 것이 없을 때가 공허를 채우시는 하나님을 체험할 수 있는 기회가 된다는 것을 명심하면, 우리도 하박국처럼 믿음의 고백을 할 수 있을 것입니다.

✚ 스바냐, 남은 자의 축복

스바냐 선지자는 남유다 16대 왕 요시야 왕 때 '여호와의 날'을 선포했습니다. 예루살렘에서 이방 신을 섬기고, 부패와 거짓에 빠져 있는 백성을 하나님이 반드시 심판하실 것을 선포하고, 진노의 날이 임박하기 전에 회개하고 돌아오라고 외쳤습니다. 여호와의 날은 믿지 않는 자들에게는 심판의 날이지만, 통회하고 회개하고 말씀을 지키는 자에게는 축복의 날입니다.

그러나 하나님은 심판하실 때 남은 자, 즉 구원하실 사람들을 남겨 놓겠다고 소망과 위로를 선포했습니다. 소돔과 고모라를 심판하실 때는 롯과 두 딸을 남겨 놓으셨습니다. 스바냐서에서 말하는 '남은 자'는 포로로 끌려갔다가 하나님의 성전을 회복하고 말씀을 회복하고 성벽을 회복하기 위해 돌아올 사람들을 뜻합니다.

스바냐는 고백합니다. "너의 하나님 여호와가 너의 가운데 계시니 그는 구원을 베푸실 전능자이시라"(습 3:17). 포로 생활 가운데서도 하나님을 잊지 않고, 그 하나님의 사랑에 응답하여 돌아올 자들에게 하나님은 '내가 너로 인해서 얼마나 기쁜 줄 아느냐?'고 말씀하시는 분입니다.

남유다가 망하기 전에 하나님은 이사야, 예레미야, 미가, 요엘, 하박국, 스바냐 이렇게 여섯 명의 선지자를 통해 '지금도 늦지 않았으니까 돌아오라'고 촉구하셨습니다 (포로 시대에서 예레미야를 다루었기에 예레미야서에 대한 설명은 생략합니다). 그러면서도 실제로는 '이제 너희 이스라엘의 시대는 끝났다. 내 아들을 이 땅에 보내서 그로 하여금 너희의 죄악을 담당하게 하고, 그로 인해 보혜사 성령을 너희 안에 보내 주겠다'는 약속을 하십니다. 예레미야는 자신이 예언한 대로 결국 유다가 망해서 포로로 잡혀가는 것을 지켜봅니다. 그는 포로로 끌려가는 다른 유다 백성들처럼 바벨론으로 끌려가지 않고, 정치 망명객들과 함께 애굽으로 피난 갑니다. 예레미야는 애굽에서 제자 바룩에게 글을 쓰게 했는데, 그것이 오늘날 우리가 보는 예레미야서입니다.

남북 이스라엘에 보내신 선지자들의 예언대로 하나님은 남북왕조를 모두 멸망시키고 이스라엘 백성을 열방 가운데 흩으셨습니다. 그러나 하나님은 포로로 끌려가는 이스라엘 백성들 가운데 찾아오셔서 에스겔과 다니엘과 함께 포로 생활에 동행하시고 자기 백성들을 위로하셨습니다. 택한 백성들을 끝까지 포기하지 않으시고 포로 생활 가운데에서도 소망의 메시지를 전해 주십니다.

 # 남유다의 포로귀환 후 예언서

✚ 학개와 스가랴, 훈계와 승리의 노래

남유다의 1차 포로귀환 후에(기원전 521) 하나님이 보내신 선지자는 학개와 스가랴입니다. 16년 전 스룹바벨을 중심으로 성전 재건을 위해 약 5만 명이 예루살렘으로 귀환했지만, 아직 성전 터만 닦아 놓고 있을 때입니다. 학개와 스가랴 선지자는 둘 다 성전 재건을 독려했습니다. 이스라엘 백성들이 성전을 지으려고 하자 사마리아 사람들의 방해가 심했고 가뭄이 뒤따랐습니다. 때문에 성전 재건을 포기한 채 의욕을 잃어버린 이스라엘 백성들에게 학개와 스가랴 두 선지자는 하나님의 말씀으로 경고합니다. "이 성전이 황폐한 상태에 있는데 너희는 성전을 재건하지 않고 너희 집을 장식하고 수리하는 것이 가하냐?"(학 1:4 참조). 스가랴 선지자는 회복된 성전에 임재하실 여호와의 영광을 보여 주면서 유다 백성들을 격려하고 용기를 불어넣어 20년 만에 성전 재건을 완성합니다.

특히 스가랴 선지자는 여덟 개의 환상을 통해서 그리스도 교회의 탄생과 교회가 승리할 것을 예언했습니다. 그리스도가 오시고 나서 로마 시대에 교회가 많은 탄압을 받지만 결국 교회가 승리한다는 내용입니다. 신구약 성경 전체의 결론은 하나님이 새 하늘과 새 땅을 주시겠다는 것이지만, 구약의 역사서와 예언서를 통해 하나님이 우리에게 알려 주시고자 하는 메시지는 '이제 오실 메시아(예수)'로 말미암아 하늘나라에 감춰두었던 교회를 주시겠다는 약속입니다. 하늘에서 주신 교회를 세우지 않고 교회를 분열시키는 것은 심판받을 일입니다. 하지만 그렇게 죄를 지은 사람에게도, 이스라엘 백성들처럼 찢어지고 갈라졌어도, 하나님은 '지금도 늦지 않았으니 회개하고 돌아오라'고 말씀해 주십니다. 이 예언서의 말씀이 없다면, 우리 인생은 소망이 없습니다.

"오라 우리가 서로 변론하자 너희의 죄가 주홍 같을지라도 눈과 같이 희어질 것이요 진홍같이 붉을지라도 양털같이 희게 되리라"(사 1:18). 우리가 심판받을 일을 했더라도 하나님께 고백하면 다 용서해 주시겠다는 것, 이것이 바로 주님의 사랑입니다. 이 사랑 때문에 교회가 승리할 수 있는 것입니다. 세상은 돈, 명예, 출세, 권력으로 살아가려고 혈안이 되어 있는데, 이러한 것들을 이길 수 있는 곳이 교회이기 때문에 교회는 승리합니다. 세상 역사 가운데서 교회를 박해하는 모든 자들, 모든 세력, 모든 나라는 다 망했으나, 교회는 계속 부흥하고 있습니다. 교회는 반드시 승리합니다. 스가랴는 이 사실을 우리에게 전해 줍니다.

✛ 말라기, 회복의 약속

구약 예언서에 마지막으로 등장하는 선지자가 말라기입니다. 말라기 선지자가 활약한 때는 기원전 400년 무렵입니다. 그는 구약 시대의 마지막에 하나님의 말씀을 외쳤습니다. 이후 400년 동안 예수님이 오실 때까지 하나님의 말씀이 그치고 침묵 시대가 펼쳐집니다.

예배의 회복

말라기서의 메시지는 "올바른 예배를 회복하라"입니다. 1차 포로귀환 때(기원전 537년) 약 5만 명의 사람들이 성전을 지으려고 예루살렘으로 돌아왔습니다. 이들은 이방 족속의 극심한 방해에도, 가뭄에도 굴하지 않고, 20년에 걸쳐서 성전을 짓고 말씀을 회복하고 성벽도 다시 지었습니다. 포로 생활 중에는 성경을 열심히 써서 서기관들이 생겨나기도 합니다. 이들이 이렇게 열심을 품었던 이유는, 하나님이 다윗의 후손이 나와서 영원히 공의로 다스릴 나라를 회복시켜 주신다고 했기 때문입니다. 하지만 1차 포로귀환 후 140년이 지나고, 그 어려운 가운데서 성전을 지었는데도 아무 일도 일어나지 않았습니다. 그러다 보니 하나님께 드리는 예배가 점점 엉망이 되고, 흠 없는 양 대신 병들고 다리 저는 양을 가져와서 제사를 드렸습니다.

말라기 선지자는 이렇게 외쳤습니다. "만군의 여호와가 이르노라 너희가 또 말하기를 이 일이 얼마나 번거로운고 하며 코웃음 치고 훔친 물건과 저는 것, 병든 것을 가져왔느니라 너희가 이같이 봉헌물을 가져오니 내가 그것을 너희 손에서 받겠느냐 이는 여호와의 말이니라"(말 1:13). **맥잡기▼** 이사야 59-66장을 보면, 말라기가 말한 이 부분을 그대로 예언하고 있습니다. 그러니까 이사야는 놀랍게도 약 300년 후에 일어날 일, 이들이 예루살렘으로 귀환한 후 제사를 엉망으로 드릴 것을 예언한 것입니다.

이러한 모습이 바로 이제까지 여러 번 언급한 기복 신앙입니다. 이스라엘이 왜 망합니까? 기복 신앙 때문에 망합니다. 하박국에서 말씀하는 것처럼 현실에는 눈에 보이는 열매가 없더라도 우리가 알지 못하고 보지도 못하는 놀라운 축복의 길을 하나님은 예비하고 계십니다. 그것을 깨닫지 못하고 우리 눈으로 보고 당장 내 몸으로 체험하는 것만을 축복으로 생각하면, 예배가 엉망이 됩니다. 그래서 말라기 선지자는 예배를 바르게 회복하라고 외쳤습니다.

십일조의 축복

말라기서는 십일조의 축복을 약속합니다. "만군의 여호와가 이르노라 너희의 온전한 십일조를 창고에 들여 나의 집에 양식이 있게 하고 그것으로 나를 시험하여 내가 하늘

문을 열고 너희에게 복을 쌓을 곳이 없도록 붓지 아니하나 보라"(말 3:10). 아브라함 이후에 드리기 시작했던 십일조는 하나님께 세금으로 바치는 것이 아닙니다. 세금으로 바친다고 생각하면 "내가 직장에 가서 윗사람한테 핀잔받으면서 피눈물 삼키며 번 돈인데, 어떻게 여기서 10분의 1일 떼어 헌금으로 바쳐?" 하는 생각이 들지 않겠습니까?

하나님께 십일조를 드리는 진정한 이유는, 내가 가진 모든 것은 하나님의 은혜로 받은 것이라고 고백하기 위해서입니다. 욥의 고백처럼, 우리는 알몸으로 이 땅에 태어났기에 돌아갈 때도 마찬가지로 아무것도 가져가지 못합니다. 우리가 하나님의 사랑의 대상으로 지음 받았기 때문에 하나님이 채워 주시는 것으로 공급받는 것뿐입니다. 십일조는 내 소득의 10분의 1을 하나님께 드리면서 '나머지 10분의 9도 전부 하나님의 것입니다'라고 고백하는 것입니다. 모든 것을 하나님의 것으로 고백한 이상 우리가 손해 보는 것은 아무것도 없습니다. 그런데 이 말씀을 믿지 못하면 아까워서 십일조를 못합니다.

한 집사님은 어느 달에 이익이 많이 생겨서 십일조를 다 내려니까 너무 아까웠다고 했습니다. 고민 끝에 원래 드려야 할 십일조의 10분의 1만을 드렸답니다. 과연 어떻게 됐겠습니까? 그 다음날 이제 겨우 운전면허를 딴 아내가 운전 연습을 하다가 아직 보험도 안 들었는데 충돌 사고를 일으켰답니다. 결국 원래 내야 할 십일조만큼의 돈이 들었다고 했습니다.

사탄은 우리가 하나님의 은혜로 받았다는 사실을 거부하게 하고, '이것은 다 내가 한 것이다. 다 내 것이다'라는 마음을 심습니다. 이런 마음으로는 하나님께 바칠 수도 없지만, 이웃에게도 나눠 줄 수 없습니다. 아모스나 미가 선지자가 이야기했던 것처럼 "정의를 물같이, 공의를 마르지 않는 강같이"(암 5:24) 받은 축복들을 이웃에게 흘려야 합니다. 하나님의 은혜로 받았으니 하나님께 드리는 겁니다. 하나님께 드릴 때, 이웃에게도 나눠 줄 수 있습니다.

세례 요한에 대한 예언

마지막으로 말라기 선지자는 엘리야의 심정으로 외칠 세례 요한에 대해 예언합니다. 이것이 구약 성경의 맨 마지막 장, 마지막 절입니다. "보라 여호와의 크고 두려운 날이 이르기 전에 내가 선지자 엘리야를 너희에게 보내리니 그가 아버지의 마음을 자녀에게로 돌이키게 하고 자녀들의 마음을 그들의 아버지에게로 돌이키게 하리라 돌이키지 아니하면 두렵건대 내가 와서 저주로 그 땅을 칠까 하노라 하시니라"(말 4:5-6). 세례 요한이 와서 자식들의 마음을 아버지 하나님께로 돌리고, 또 아버지 하나님이 자식을 긍휼히 여기는 마음으로 돌아서게 하실 것을 예언했습니다.

맥잡기🔍 말라기의 마지막 말씀 때문에, 이스라엘 백성들은 많은 선지자들을 통해 약속된 메시아가 오기 전에 반드시 엘리야가 올 것을 기대했습니다. 이것이 제자들이 "예수께 여짜오되 오실 그이가 당신이오니이까 우리가 다른 이를 기다리오리이까"(마 11:3) 하고 예수님께 물어본 이유입니다. 예수님이 제자들에게 말씀하십니다. "만일 너희가 즐겨 받을진대 오리라 한 엘리야가 곧 이 사람이니라"(마 11:14).

침묵 시대

말라기 선지자를 보내신 기원전 400년부터 예수님이 오실 때까지, 하나님은 더 이상이 땅에 말씀을 내려 보내지 않으십니다. 이사야와 말라기가 예언한 대로, 돌아온 자와 남은 자까지도 하나님을 잊어버리고 하나님을 알려고 하지 않았기 때문입니다. 그 400년 동안 하나님은 아들 예수 그리스도를 이 땅에 보내셔서 복음이 예루살렘과 온 유다와 사마리아와 땅 끝까지 이르러 전파될 수 있도록 준비하십니다. 하나님이 멋진 인프라를 만들어 내시는 역사의 변천 과정은 침묵 시대라고 이름 붙여집니다.

악인을 이 땅에 두시는 이유

"하나님은 왜 히틀러같이 나쁜 사람을 죽이지 않고 그냥 두셨습니까? 600만이라고 하는 죄 없는 유대인을 학살하는 일을 왜 하나님은 모른 체하셨습니까?"

이렇게 질문해 본 적이 있습니까? 저는 이런 질문을 했던 적이 있습니다. 그런데 구약성경을 보면, 약 2500년 전에 이미 하박국 선지자가 하나님께 이런 질문을 했던 것을 볼 수 있습니다.

당시 남유다에는 여호야김이라고 하는 악한 왕이 통치하고 있었는데, 앗수르의 침략 앞에 풍전등화 같았습니다. 북이스라엘은 이미 망해서 뿔뿔이 흩어지고 죽임당한 상태였습니다. 그때 여호야김은 고통 속에 있는 백성들에게 착취한 세금을 애굽 왕에게 조공으로 바치며 앗수르의 침략에서 유다 왕국을 지켜 달라고 했습니다.

남유다가 어떤 나라입니까? 하나님이 세우신 나라입니다. 그런데 여호야김은 전쟁을 주관하시는 하나님을 무시하고 백성들을 착취했습니다. 그러자 하박국 선지자가 하나님께 부르짖습니다.

"하나님! 하나님이 계시면 어찌하여 이렇게 악한 왕을 그냥 두십니까?"

"내가 갈대아(바벨론)를 사용해서 심판하리라. 너는 걱정하지 말라."

하나님은 노아 홍수 심판 이후에 무지개 언약을 주셨습니다. 죄인들을 그때마다 멸하지 않고 예수님이 재림하시는 마지막 날까지 심판을 미루신다는 것입니다. 그러나 하나님은 바벨론을 들어서 여호야김을 심판할 것이라고 말씀하십니다.

그러자 하박국은 반박했습니다. 이방인의 침입으로 백성들이 모두 죽게 될 것이기 때문입니다.

"하나님, 그러면 이 유다왕국 중에도 의인들이 있지 않습니까? 의인은 어떻게 됩니까?"

"의인은 그의 믿음으로 말미암아 살리라"(합 2:4).

고통과 박해를 겪을지라도 믿음으로 의인이 살 수 있다는 것은 엄청난 복음입니다.

나치 시대에 신실한 유대인들은 하나님의 말씀을 외우면서 가스실로 갔습니다. 고통으로 말미암아, 그동안 잊어버렸던 시편 "여호와는 나의 목자시니 내게 부족함이 없으리로다 그가 나를 푸른 풀밭에 누이시며 쉴 만한 물가로 인도하시는도다 내 영혼을 소생시키시고 자기 이름을 위하여 의의 길로 인도하시는도다"(시 23:1-3) 말씀을 외우며 하나님을 찬양하도록 만드신 것입니다. "내 육은 죽을지 몰라도, 내 영혼을 소생시키시고 자기 이름을 위해서 오히려 나를 의의 길로 인도하시는 하나님 감사합니다." 하나님이 악인을 살려 두셔서 주의 자녀들이 이 땅에서 고난을 받도록 허락하시는 이유는, 그 가운데서 믿음으로 의롭다 하심을 입을 자들이 있기 때문입니다.

히틀러 당시 독일은 기독교 국가였습니다. 나치스는 예수님을 십자가에 죽인 유대인들이 벌을 받아야 한다고 생각했습니다. 히틀러는 예수님을 십자가에 달리게 한 유대인을 "내가 심판하겠다"고 한 것입니다. 나치스의 깃발은 십자가를 상징합니다. 히틀러가 비엔나에서 유학할 때, 기숙사 방에서 본 중세 십자군의 마크를 활용해 나치의 깃발을 만든 것입니다. 로마서 11장에는 결코 유대인을 핍박하지 말라고 쓰여 있습니다. "돌감람나무인 네가 그들 중에 접붙임이 되어 참감람나무 뿌리의 진액을 함께 받는 자가 되었은즉"(롬 11:17). 참감람나무는 유대인을 가리킵니다. 그 참감람나무에 접붙임을 받아서 그 수액을, 진액을 먹는 것이 이방인인 우리입니다. 그렇기 때문에 절대로 참감람나무를 무시하거나 박해하지 말아야 합니다.

히틀러나 유대인은 엄청난 죄인이고, 나는 아닌 것 같습니까? "왜 저런 자는 죽이지 않습니까?"라는 질문은 바로 나 자신에게 해야 하는 질문입니다. "하나님, 어찌하여 나 같은 죄인을 죽이지 않으십니까? 어떻게 그렇게 오래 참으십니까?"

그 답이 여기 있습니다. "그러면 어떠하냐 우리는 나으냐 결코 아니라 유대인이나 헬라인이나 다 죄 아래에 있다고 우리가 이미 선언하였느니라 기록한 바 의인은 없나니 하나도 없으며 깨닫는 자도 없고 하나님을 찾는 자도 없고"(롬 3:9-11). "그들의 목구멍은 열린 무덤이요 그의 혀로는 속임을 일삼으며 그 입술에는 독사의 독이 있고 그 입에는 저주와 악독이 가득하고 그 발은 피 흘리는 데 빠른지라"(롬 3:13-15). 이것이 누구입니까? 바로 내 모습이요, 우리입니다. 흉악한 죄인들에 대해 오래 참으심처럼 지금도 나를 참고 계실 뿐 아니라, 고난을 통해서라도 돌아오라고 부르시는 그 하나님을 찬양하시기 바랍니다.

PART **4**

신약의 맥잡기와
뼈대 세우기

알렉산더 대왕과
사이비 유대 왕조

◇ **다니엘 7-12장**

말라기 선지자가 여호와의 크고 두려운 날이 임하기 전에 여호와가 엘리야를 다시 보내실 것을
예언한 지 400년 만에 세례 요한과 주님이 이 땅에 오십니다. 하나님이 말씀을 주지 않으신 400년
동안의 침묵 시대를 신학적으로는 '신구약 중간사'라고 합니다. 이것이 '신약의 배경'이 되는데,
우리가 살고 있는 세상의 역사가 성경에 어떻게 접목되는지를 분명하게 보여 줍니다.

신구약 중간사는, "오리라 한 메시아가 왜 그때, 그곳에 와야 했는가?" 하는 질문에 대한 답이라
할 수 있습니다. 그때, 그곳에 메시아를 보내시려고 하나님이 400년 동안 어떤 사역을 하셨는지
살펴보겠습니다.

 다니엘의 예언

✛   400년 동안 어떤 일이 일어났을까

다니엘 1-6장이 유다의 바벨론 포로 생활 모습을 그려 주고 있는 반면, 다니엘 후반부
인 7-12장은 묵시문학으로서 가나안 땅을 중심으로 바벨론 포로 이후 이 세상에 일어
날 변천사를 정확하고 자세하게 예언해 주고 있습니다.

하나님은 말라기 선지자 이후, 일어날 일에 대해서도 미리 예언해 주셨습니다. 다

니엘의 꿈과 환상을 통해 앞으로의 세계 역사와 그때 그 시기에 메시아를 보내신 이유를 보여 주셨습니다. 그것은 바벨론에서 바사로, 바사에서 헬라로, 헬라에서 로마로, 그리고 주님의 탄생으로 이어지는 과정입니다.

먼저 다니엘 2장에는 바벨론 느부갓네살 왕이 꾼 꿈에 대한 이야기가 나옵니다. 느부갓네살 왕이 어느 날 우상에 대한 꿈을 꿨는데 머리는 순금(純金), 가슴과 팔은 은(銀), 배와 허벅지는 동(銅), 종아리는 쇠, 발은 쇠와 진흙으로 되어 있었습니다. 꿈에서 산에 있던 돌이 날아와 우상을 박살 내자 느부갓네살 왕이 큰 두려움에 빠졌습니다. 다니엘이 하나님의 지혜로 이 꿈을 해석한 내용을 정리하면 다음과 같습니다.

순금으로 된 머리는 느부갓네살 왕이 통치하던 바벨론입니다. 가슴과 팔 부분이 은으로 된 것은 다른 나라인 바사 왕국이 일어나서 바벨론을 멸망시킬 것이라는 뜻입니다. 배와 허벅지가 동으로 이루어진 것은 그 뒤에 강대한 나라, 헬라가 일어나서 바사 왕국을 멸망시킨다는 뜻입니다. 마지막으로 종아리와 발이 쇠와 진흙으로 된 것은 큰 나라인 로마가 일어나서 헬라를 멸망시킨다는 뜻입니다. 진흙과 쇠로 이루어진 발은 동로마제국과 서로마제국의 분열을 보여 줍니다. 그러나 결국에는 산에서 나온 돌(인자, 그리스도)이 날아와 이 네 개의 제국들을 박살 내고 하나님의 나라를 회복할 것이라는 뜻입니다(단 2:37-45).

이것을 다니엘 7장에서 좀 더 구체적으로 설명합니다.

네 짐승의 꿈 _ 단 7장

다니엘은 바다에서 나온 네 짐승의 꿈을 꿉니다. 먼저 독수리의 날개를 단 사자가 두 날개가 뽑힌 채 물속에서 올라옵니다. 그 뒤에 곰 한 마리가 입에 세 갈빗대를 물고 올라옵니다. 다음에는 네 개의 뿔과 네 개의 날개와 네 개의 머리가 달린 표범 한 마리가 올라옵니다. 마지막에는 열 개의 뿔이 달린 쇠 괴물이 나왔습니다.

이렇게 무시무시한 꿈을 꾼 다니엘이 꿈속에서 "이 꿈이 무슨 뜻입니까?" 하고 물었을 때 천사가 해석해 줍니다. 네 짐승은 네 개의 왕국을 뜻합니다. 물론 천사가 구체적으로 나라 이름을 말하지는 않았으나 다니엘 2장과 8장에 바벨론과 메대 바사와 헬라(그리스)라는 국명이 등장하므로 이 네 짐승이 어떤 나라인지 알 수 있습니다.

독수리 날개가 꺾인 사자는 바벨론을 상징합니다(고대 이라크의 국기가 독수리 날개였다고 합니다). 갈빗대 세 개를 입에 물고 올라오는 곰은 바사 왕국이고 세 갈빗대는 주변 나라입니다. 바사 왕국이 바벨론을 침공해서 수리아와 애굽까지도 점령하는 것을 꿈으로 보여 주신 것입니다. 이 꿈대로 바사 왕국 때 중동 지역이 처음으로 통일됩니다.

그다음에 등장하는 네 개의 뿔과 네 개의 날개와 네 개의 머리가 달린 표범은 헬라 왕국입니다. 중동 지역을 통일한 바사 왕국의 다리오 3세 왕이 유럽 쪽을 공략하다 오히려 날쌘 표범 헬라 왕국에게 지고 맙니다. 유럽 세력이 급속도로 아시아를 점령했습니다.

그런데 그 후 다니엘의 꿈에서 두 뿔을 가진 숫양을 물리친 숫염소가 등장합니다. 그 숫염소의 두 눈 사이에 현저한 뿔이 나왔다가 금세 무너집니다. 헬라 왕국에서 두드러진 한 뿔이 나오는데(다니엘 8장의 숫염소에 대한 가브리엘 천사의 해석), 이것은 고대 그리스의 알렉산더 대왕입니다. 이 꿈대로 알렉산더 대왕은 요절했습니다. 이후에 다시 돋아난 네 뿔은 알렉산더 대왕이 죽으면서 헬라 왕국이 전 세계를 정복하던 현지 사령관들에 의해 네 개의 왕조로 분열되는 것을 뜻합니다.

닥치는 대로 집어먹고 삼키지 못한 것은 발로 밟아 부수는 쇠로 된 괴물, 넷째 짐승(다니엘 7장)은 로마 왕국입니다. 이 꿈대로 로마 왕국이 전 세계를 통일합니다. 열 개의 뿔 사이에서 나오는, 눈이 붙어 있는 작은 뿔(열한 번째 뿔)은 성도들을 엄청나게 박해하는 네로 황제를 말합니다.

꿈에서 가장 중요한 클라이맥스는 "인자 같은 이"가 하늘 구름을 타고 와서 넷째 짐승에게 엄청난 박해를 당하는 성도들을 구해 내고, 그들과 함께 영원히 다스리시는 그리스도의 승리입니다. 이것에 초점이 맞추어져 있습니다.

물론 이 꿈은 당시 시대 상황에 비추어 볼 때 '오실 메시아'(초림 예수)를 염두에 둔 것입니다. 하지만 이 세상 끝날 때 '다시 오실 주님'(재림 예수)이 천사들의 나팔소리와 함께 큰 영광 가운데 오시기 전에 성도들이 받을 환난과 최후 승리를 보여 주는 것이기도 합니다. 하나님은 앞으로 일어날 모든 과정을 바벨론에서 포로 생활하는 다니엘에게 꿈으로 보여 주고 천사의 해석을 들려주셨습니다.

숫양과 숫염소의 환상 _ 단 8장

다니엘 8장에는 숫양과 숫염소의 환상이 나타납니다. 뿔난 양이 서쪽과 북쪽과 남쪽을 치는데, 큰 뿔 달린 숫염소 하나가 서쪽에서 달려와서 숫양을 한 방에 쓰러뜨립니다. 숫양은 바사 왕국(페르시아, 오늘날 이란)을 뜻하고, 숫염소는 헬라의 알렉산더 대왕을 뜻합니다.

우리는 구약의 포로 시대에 하나님이 이란·이라크 전쟁을 일으키시고, 바사 왕 고레스(이란)가 이기도록 바벨론(이라크)의 손을 묶으셔서 바벨론에 포로로 끌려와 있는 이스라엘 백성을 예루살렘으로 돌려보내시는 걸 보았습니다. 하나님이 하나님의 뜻을 이루시려고 고레스 왕을 기름 부어 세우셨음을 알 수 있습니다(사 45:1-2). 하나님의 섭리 속에서 바사 왕국은 바벨론을 점령한 다음, 고대 중동 아시아 지역을 약 200년 동안 지배합니다.

하지만 아시아 중동 지방을 제패한 바사 왕은 여기에 만족하지 않았습니다. 바사 왕국의 다리오 3세는 헬라의 마게도냐 왕이었던 필리포스 2세(필립 2세)를 공격했습니다. 그러다가 필리포스 2세의 아들인 젊고 유능한 알렉산더 왕 앞에 힘없이 주저앉고 맙니다.

큰 뿔이 꺾인 후(알렉산더 대왕은 33세에 요절함)에 나온 네 뿔(네 개의 헬라 왕조) 중, 특히 네 번째 뿔(셀레우코스 왕조)이 거룩한 백성을 박해할 것을 보여 줍니다.

북방 왕과 남방 왕의 꿈 _ 단 11장

이 환상은 특별히 이스라엘 백성이 살고 있었던 가나안 땅을 누가 지배하느냐 하는 문제를 구체적으로 설명해 줍니다. 가나안을 지배하는 북방 왕은 헬라의 셀레우코스 왕조이고, 남방 왕은 애굽을 차지하고 있던 프톨레마이오스 왕조입니다. 이들은 이 지역을 탈환하려고 계속 전쟁합니다. 남방 왕이 이 지역을 오래 지배하고 있지만, 북방에서 어떤 악한 왕이 나타나서 이스라엘의 성전 예배를 금하고 그들을 핍박할 것을 환상을 통해 보았습니다. 이 꿈대로 셀레우코스 왕조에서 안티오코스 4세, 안티오코스 에피파네스가 예루살렘 성전을 봉쇄하고 하나님을 믿는 신앙을 뿌리째 흔들려고 합니다. 하나님은 이 사실을 몇 차례나 환상으로 보여 주셨습니다.

이것이 바로 예수님이 오실 때까지의 배경이 되는 구약 성경의 예언 내용입니다. 이 예언대로 실제 역사가 변화되어 온 것을 세계사를 통해 확인할 수 있습니다. 우리는 전지전능하신 하나님께 존귀와 찬송과 영광을 돌리지 않을 수 없습니다.

실제 세계사에서 일어난 일

✚ 바사의 멸망과 알렉산더 대왕의 출현

다니엘의 꿈 해석대로, 바벨론 이후 200여 년 동안 중동 지역을 제패한 바사 왕국이 유럽의 헬라 왕국에 의해 멸망합니다. 바사 왕 다리오 3세는 지중해 건너 유럽 진출을 통해 세계를 제패하려는 야심을 실현시키기 위해 지중해 건너편에 있는 헬라(그리스)의 필리포스 2세와 계속 전쟁을 벌입니다. 헬라가 초창기에 세력이 약한 틈을 타서 바사 왕국의 다리오 3세가 해전을 벌이고 육로로 싸움을 걸자, 헬라는 수세에 몰리기도 했습니다. 하지만 이 때문에 당시 바사 왕국은 국력이 많이 소모되었습니다. 이때 혜성처럼 역사에 등장한 피터 대제의 아들, 알렉산더 대왕이 바사 왕국을 멸망시킵니다(기원전 333년). 그래서 헬라가 발흥합니다. 이 사건은 아시아 세력이 쇠퇴하는 것뿐만 아니라 유럽 세력이 최초로 아시아에 진출하는 계기가 됩니다.

알렉산더 대왕은 세상 지식과 무술을 겸비한, 역사상 대단히 위대한 인물이었습니다. 20세의 젊은 나이에 왕이 되어, 다니엘이 꿈에서 보았던 것과 같이 날개 달린 표범처럼 육로와 해로를 통해 급속도로 아시아를 향해 진격했습니다. 알렉산더의 군대는 애굽과 수리아를 번갯불처럼 재빠르게 점령한 다음, 바사 제국(오늘날의 중동 지역 대부분)을 진멸하고, 인도까지 진출하여 아시아를 제패했습니다. 역사가 세워진 이래 최초로 동서양이 만난 것입니다. 그러나 동서양의 첫 만남은 전쟁을 통한 비극적인 만남이었습니다.

알렉산더 대왕이 유명한 이유는 전쟁을 잘해서 인류 최초로 아시아를 전부 장악했기 때문만이 아닙니다. 그는 유명한 학자이기도 했습니다. 그는 유라시아 대제국(엠파이어)을 만들어 냈다는 사실보다, 아리스토텔레스의 수제자로서 최초로 서양의 헬레니즘 사상을 아시아를 비롯한 전 세계에 전파한 인물로 인류사에 기록되었습니다.

헬라의 왕위에 오르기 전, 왕세자 알렉산더는 아리스토텔레스를 선생님으로 모시려고 했습니다. 아리스토텔레스가 누구입니까. 그는 근대 학문의 시조로서 철학자요,

과학자요, 수학자요, 물리학자요, 의학자였습니다. 정치학, 사회학, 인문과학, 사회과학, 자연과학을 통틀어 오늘날 우리가 배우고 있는 모든 고등 학문의 창시자입니다(하지만 그리스도인인 우리는 사도 바울이 이 모든 것을 초등학문이라고 불렀던 것을 잊지 말아야 합니다). 그러나 아리스토텔레스는 알렉산더를 매번 거절했다고 합니다. 서양판 '삼고초려'입니다.

청년 알렉산더는 자존심을 내세우지 않고 또다시 아리스토텔레스를 찾아가서 "당신이 만약 내 스승이 되어 준다면, 당신이 원하는 모든 것을 다 주겠습니다. 당신이 원하는 것이 무엇입니까?"라고 물었습니다. 이때 기하학을 연구하며 땅에 삼각형을 그리고 있던 아리스토텔레스는 알렉산더 왕자에게 "지금 내게 한 가지 소원이 있소. 내가 삼각형을 그리고 있는데 당신 때문에 그림자가 생겼으니 비켜 주시오" 했다는 겁니다. 꽤 유명한 일화입니다. 어쨌든 알렉산더 대왕은 결국 아리스토텔레스의 수제자가 되어 헬레니즘 사상을 오늘날 우리에게까지 전파했습니다.

알렉산더 대왕은 20세에 왕이 되어 아시아 일대를 점령해 가면서, 동양에 있는 야만인들의 사고방식을 합리적이고 냉철한 이성으로 채우고, 수학·물리학·철학·정치학·과학 등의 학문을 전수해서 살기 좋은 세상으로 만들겠다는 사명감이 충만했습니다. 얼마나 사명감이 투철했는지, 복음을 가지고 이 사람만큼 열정을 불태웠으면 벌써 전 세계의 반은 점령했을 거라는 말이 있을 정도입니다. 오토만(오스만) 터키가 세계를 정복할 때 칼이냐 코란이냐 선택하게 했던 것처럼, 알렉산더 대왕은 사상자가 생기더라도 하루빨리 야만인들을 개화시키고 계몽해야 한다는 당위성을 내세우며 침략했습니다. 그 때문에 아시아를 칼로 정복하며 무수히 사람을 죽여도 전혀 양심의 가책을 받지 않았습니다.

그로 인해 아시아와 유럽이 하나로 통일됩니다. 뒤에 나온 다른 왕조들도 전부 알렉산더 대왕의 유지를 받들어서 헬레니즘을 전파합니다. 알렉산더 대왕을 통해 헬레니즘이 아시아로 들어오면서 세상 학문은 서쪽에서 동쪽으로 전파되었습니다.

맥잡기! 알렉산더 대왕은 헬레니즘 사상으로 이 땅을 완전히 정복했다고 생각했겠지만, 동방의 예루살렘에서 출발한 예수의 복음은 "오직 성령이 너희에게 임하시면 너희가 권능을 받고 예루살렘과 온 유대와 사마리아와 땅 끝까지 이르러 내 증인이 되리라"(행 1:8)는 명령대로 온 땅에 퍼져 나갑니다. 땅 끝이 어디입니까? 당시에는 천동설을 믿었고 바다가 어딘가에서 끊겼다고 생각했기 때문에, 서바나(스페인)를 땅 끝이라고 생각했습니다. 그래서 사도 바울이 "서바나로 가리라"(롬 15:28) 한 것입니다. 그런데 실제로 지구는 둥글기 때문에, 그 뒤에 순례자들이 영국을 거쳐 계속 서쪽으로 배를 타고 한 바퀴 돌아서 미국으로 건너갔고, 미국에서 한국으로, 한국에서 중국 서쪽까지 가고 있습니다. 이렇게 복음은 계속 서쪽으로 가다가 다시 예루살렘이 복음화가 될 때 인류의 마지막 날이 될 것입니다.

그러므로 알렉산더 대왕은 세계사뿐 아니라 성경 역사에서도 매우 중요한 사람입니다. 지금도 이 두 사상, 헬레니즘과 헤브라이즘이 대결하고 있습니다. 오늘날 우리가 살고 있는 세상은 "복음이냐, 헬레니즘이냐"를 사이에 둔 영적 전쟁터입니다.

지식탐구 18

헬레니즘 사상

오늘날 우리의 모든 사고는 알렉산더 대왕이 전한 헬레니즘의 영향을 받았습니다. 아리스토텔레스의 사상은 세상 학문입니다. 헬리니즘 사상은 개인 중심적이고 합리적인 사상으로서, 하나님 중심 사상, 관계 중심, 체험 중심인 히브리 사상과 정반대입니다. 이 사상은 하나님의 생각과 정반대의 생각을 하도록 만듭니다.

알렉산더 대왕 때인 기원전 300년에 발생한 헬레니즘은 오늘날까지도 엄청난 영향을 미치고 있습니다. 그중 하나가 올림픽입니다. 그래서 보수적 복음주의 교단 중에는 올림픽을 문제 삼는 곳도 있습니다. 올림픽 사상은 사람의 육체를 강조합니다. "인간이 어디까지 높이 뛸 수 있는가?" 이것이 높이뛰기입니다. "인간이 얼마나 오래 달릴 수 있는가?" 이것이 마라톤입니다. "누가 누가 더 잘하나?" 하는 올림픽은 얼핏 보면 건전한 것 같지만, 사실은 헬레니즘 사상에서 비롯된 '인간의 짐승화'에 불과하다는 것입니다.

헬레니즘 사상의 인본주의는 보이지 않는 신을 의인화하는 데까지 발전합니다. 우리가 어렸을 때 한 번씩은 읽었던 《그리스 신화》에 보면, 신들이 사람처럼 자기들끼리 연애하고 불륜도 저지릅니다. 신을 사람의 단계로, 사람을 짐승의 단계로 끌어내린 것입니다.

사탄의 영이 역사하면 사람을 짐승의 본능으로만 채웁니다. 영의 문제에는 관심을 갖지 못하게 합니다. 냉철한 합리주의라는 명분으로 영의 세계를 거부하는 겁니다. 이러한 경향이 모두 헬레니즘 사상에서 비롯된 것입니다.

✚　프톨레마이오스 왕조와 셀레우코스 왕조

알렉산더 대왕은 바벨론, 오늘날의 이라크에서 동쪽으로까지 세계를 점령하는 계획을 세우고 있었는데, 말라리아에 걸려 33세에 요절했습니다. 알렉산더 대왕의 죽음으로 유럽과 아시아를 최초로 연결했던 거대한 헬라 제국이 분열됩니다. 현저한 뿔(알렉산더 대왕)이 나왔다가 없어지니까, 헬라 제국에서 네 개의 뿔이 나오는 겁니다(단 7장).

　세계사에서는 이 네 개의 왕조를 다 보겠지만, 우리는 그중에서 이스라엘 땅에 영향을 크게 미친 2개의 왕조만 보려고 합니다. 이 두 왕조는 다니엘 11장에 나왔던 북방 왕과 남방 왕입니다. 바로 애굽을 지배하고 있던 프톨레마이오스 왕조와 수리아를 지배하고 있던 셀레우코스 왕조입니다.

프톨레마이오스 왕조 _ 기원전 303-197년

젖과 꿀이 흐르는 가나안 땅, 팔레스타인은 세계에서 가장 중요한 전략 요충지입니다. 세계를 제패하려는 세력은 반드시 팔레스타인 땅을 거쳐 갔습니다. 애굽을 차지하고 있던 프톨레마이오스 왕조가 먼저 팔레스타인 땅을 차지합니다. 북방 왕과 남방 왕 사이에 싸움이 계속될 때 북방 왕(셀레우코스 왕조)이 계속 싸움에서 패하는데, 그럴 때마다 성막의 휘장을 찢어 놓든지, 무엇인가를 밟든지 해서 예루살렘 성전에 보복을 하고 갑니다.

　프톨레마이오스 왕조는 애굽의 헬라 왕조인데, 영어식으로는 '톨레미'라고도 합니다. 유명한 클레오파트라가 프톨레마이오스 왕조에서 나왔습니다. 프톨레마이오스 왕조는 기원전 303년부터 197년까지 약 100년 동안 팔레스타인 땅을 지배했습니다. 하지만 이들은 매우 관대했으며 문화 통치를 했습니다. 프톨레마이오스 왕조는 수도를 알렉산드리아에 정하고, 이곳을 헬레니즘의 성지(聖地)로 만듭니다. 당시에는 세계 문화의 중심 도시가 파리가 아니라 알렉산드리아였습니다. 전 세계 유럽과 아시아에 있는 모든 사상과 문학과 역사와 예술을 연구하는 기관이 알렉산드리아에 있었습니다. 그리고 큰 박물관을 지어서 동서고금의 모든 문화와, 각국의 사상과 종교의 경전을 모아서 보관했습니다.

　이때 프톨레마이오스 왕조는 역사적으로 큰 업적을 남겼습니다. 히브리 사람들의 경전인 구약 성경을 히브리어에서 헬라어로 번역한 것입니다. 그들은 예루살렘에 있는 랍비들에게 성경을 번역할 사람 약 70명을 보내 달라고 요청합니다. 결국 12지파에서 각 여섯 사람씩 72인을 파송했는데 이렇게 해서 우리가 알고 있는 '70인역' 성경이 탄생합니다. 이후 헬라어가 지금의 영어처럼 전 세계의 공용어가 되면서, 특히 루터가 헬라어 성경을 독일어로 번역하면서 이방인들도 성경을 읽게 되었습니다.

셀레우코스 왕조 _ 기원전 197-164년

그 뒤로 셀레우코스 왕조가 팔레스타인을 장악합니다. 셀레우코스 왕은 알렉산더 대왕이 못다 이룬 꿈을 이루기 위해 미개한 야만인들의 사상을 합리적이고 냉철한 이성의 사상으로 바꾸려고 강압적인 계몽운동을 펼쳤습니다. 그는 점령한 지역을 헬라 문화로 완전히 개화시키려고 종교를 탄압하고 매우 포악하게 통치했습니다. 이렇게 악한 왕조는 오래 못 갑니다. 셀레우코스 왕조는 기원전 197년부터 164년까지 약 30년 동안만 팔레스타인을 지배합니다. 역사책에 안티오코스 4세로 등장하는 셀레우코스의 안티오코스 에피파네스는 가장 악랄하게 유대교를 탄압한 사람입니다. 성전 출입을 금지하고 안식일을 지키지 못하게 하고 율법책을 전부 불태웁니다. 이에 이스라엘 백성들은 셀레우코스 왕조에 저항하는 운동을 일으킵니다.

✚ 사이비 유대 왕조, 하스몬 왕조

쇠망치를 휘둘러 독립하다, 마카베오 혁명

셀레우코스 왕조의 안티오코스 4세는 종교 탄압의 강도를 높여 갑니다. 성전 출입을 금해도 유대인들이 계속 성전에 들어가니까 나중에는 성전 앞에 돼지머리를 달아 놓고 "들어가고 싶으면 돼지머리에 절하고 입 맞추라"고 합니다.

이러한 때에 연로한 제사장 마타시아스가 그의 다섯 아들들과 함께 게릴라전을 펼치며 저항합니다. 사실 마타시아스는 레위 족속이 아니어서 제사장이 될 수 없지만, 이스라엘이 포로 생활에서 돌아오는 어수선한 때라 가능했던 것 같습니다. 그래도 그 열정은 대단합니다. 마타시아스가 1년 만에 죽자, 그의 셋째 아들 유다가 주도하여 대항을 계속합니다. 유다는 '마카베오'라는 쇠망치를 잘 돌려서 '마카베오'라는 별명을 얻습니다. 그는 마카베오를 휘두르고 다니면서 성전이나 회당을 지키는 헬라 군사를 게릴라전으로 습격해서 예루살렘 성전을 회복하는 데 성공합니다. 이것을 '마카베오 운동'이라고 합니다.

얼마 뒤에 셀레우코스 왕조가 멸망하는데, 이때가 기원전 164년입니다. 이스라엘 백성들은 자신들이 게릴라전을 벌여서 쇠망치 운동을 한 결과 성전이 회복되었다고 생각했습니다. 하지만 실제로는 하나님이 배후에서 간섭하셨음을 알 수 있습니다.

그때 새로운 세력으로 로마가 일어났습니다. 로마의 폼페이우스 장군이 헬라 세력을 무찌르며 점점 동쪽으로 나아가 팔레스타인 일부 지역까지 장악합니다. 그때 셀레우코스 안티오코스 4세가 폼페이우스 장군에 의해 전사하자 이스라엘에 대한 종교 탄압이 멈춥니다.

이때 이스라엘 백성들은 성전을 회복한 기념으로 '수전절'(하누카, 봉헌절, 마카베오 축제)을 처음으로 지킵니다. 수전절은 기원전 164년에 성전을 지켰다고 해서 이름 붙여진 것으로 오늘날도 이스라엘 백성의 중요한 절기 중 하나입니다.

하스몬 왕조는 바로 이 당시 "이때다. 우리 독립하자" 해서 탄생합니다. '하스몬'은 마카베오 가(家)의 조상 이름입니다. 그러니까 자기네 조상의 이름을 따서 왕조를 만든 겁니다. 구약의 율법과 선지자들을 통해 약속하신 다윗의 자손(이새의 뿌리)이 아니면서도 이스라엘의 왕위를 스스로 차지한 엉터리 왕조라 할 수 있습니다. 그런데 놀랍게도 하스몬 왕조는 기원전 164년부터 63년까지 무려 100년이나 지속됩니다.

북이스라엘과 남유다가 완전히 멸망했던 기원전 586년 이후 일시적으로나마 400년 만에 유대인 왕조가 들어선 것은 놀라운 일입니다.

바리새파의 등장

마카베오 운동을 했던 이유는 여호와 하나님의 신앙을 회복하기 위해서였습니다. 그런데 왕조가 세워지자 그들은 정치에 몰입했습니다. 그 결과 여호와 신앙을 회복하려고 벌인 운동이 오히려 유다의 헬라화를 촉진합니다. 하스몬 왕조가 헬레니즘의 상징인 올림픽을 해 보니 재미있었습니다. 하스몬 왕조는 예루살렘 성전 앞뜰에다가 원형 경기장을 만들었습니다. 당시 성전 제사장들은 서둘러 제사를 드리고 나와서 경기를 관람했다고 합니다. 축구 경기를 보려고 예배를 일찍 드리고 텔레비전을 켜는 요즘 사람들처럼 말입니다. 지금도 그곳에 가면 경기장 터가 남아 있습니다.

상황이 이렇다 보니 경건한 유대인이 반발합니다. 다윗의 후손도 아니요, 레위 족속의 후손도 아닌 사람들이 왕조를 만들어서 헬라화를 촉진하는 데 반기를 든 것입니다. 그래서 나온 것이 바리새파입니다. '파리시'(Pharisee)는 반대하고 반항한다는 뜻인데, 하스몬 왕조에서 붙여 준 이름입니다. 바리새인은 율법주의자들로 부활을 믿었고, 자기들이 하나님을 가장 잘 믿는다고 생각했습니다. 그러나 하나님 말씀을 가장 많이 연구하여 말씀대로 살기를 원했던 바리새인들은 막상 메시아로 오신 예수님을 가장 대적하는 모순을 보입니다.

로마의 정복

하스몬 왕조가 몰락한 결정적 이유는 권력 싸움이었습니다. 하스몬 왕조의 마지막 왕에게는 두 아들이 있었는데, 그들은 누가 왕위를 물려받을 것인지 싸우다가 결국 로마의 폼페이우스 장군에게 진짜 정통성을 가진 왕이 누구인지 심판을 받자고 했습니다. 이들의 초청으로 로마 군대는 전쟁도 없이 예루살렘을 점령해 버립니다. 폼페이우스 장군은 두 아들을 감옥에 가둬 버립니다. 이로써 하스몬 왕조가 몰락합니다.

전부터 폼페이우스 장군은 전략적 요충지인 가나안 지역을 호시탐탐 노리고 있었습니다. 그러나 그는 강제로 점령해 들어가지 않고 이스라엘 백성들이 스스로 "폼페이우스 장군이시여, 도와주시오" 할 때까지 기다렸습니다. 그는 예전에 알렉산더 대왕이 이곳을 지나다가 성전에 들어가 제사장들의 거룩함을 보고 "여호와 하나님이 누군지는 모르겠지만, 진짜 거룩한 사람들이다"라고 했던 것을 기억했기 때문입니다. 알렉산더 대왕은 예루살렘에 있는 제사장들에게서 어디서도 보지 못했던 하나님의 거룩함을 본 것입니다.

28 | 예수님이 로마 시대, 팔레스타인 땅에 오셔야 했던 이유

예수님은 로마 시대, 팔레스타인 땅에서 태어나셔야 했습니다.

그리고 구약에서 약속하신 일들을 성취하셔야 했습니다.

이 장에서는 왜 그럴 수밖에 없었는지를 살펴보고, 신약의 뼈대를 세울 것입니다.

신약의 뼈대는 크게 예수 그리스도 시대와 성령 시대로 나뉩니다.

 ## 왜 하필 그때, 그 땅에

✛ 유대 분봉왕 헤롯

하스몬 왕조가 몰락하고 폼페이우스 장군이 예루살렘에 진군함으로써 로마 시대가 열립니다. 세계 역사에서 로마같이 전 세계를 오래 지배한 나라도 없습니다. 로마는 동로마와 서로마로 분리되기는 했지만, 약 600년 정도 세계를 지배했습니다.

미국이 세계를 지배한 것은 제2차 세계대전 후니까 아직 80년밖에 안 됐습니다. 사람들은 "미국은 영원하리라"고 생각할지 모르지만, 얼마나 갈지는 아무도 모릅니다. 학생 시절에 〈타임〉지에서 닉슨 대통령이 아침에 일어나서 "로마식 건축양식을 본뜬 백악관의 기둥을 볼 때마다 영원히 세계를 지배할 것 같았던 로마가 망했다는 사실을 떠올리며, 항상 두렵고 떨리는 마음으로 나라를 지켜야겠다는 생각을 한다"는 기사를 읽은 적이 있습니다.

로마가 세계를 오래 지배할 수 있었던 이유는 현지 문화와 종교를 인정하고, 재산을 착취하지 않으며, 지배받는 나라가 스스로 다스리도록 했기 때문입니다. 로마는 '가이사랴' 항구를 개발하고 이곳을 로마 총독 본부로 삼습니다. 이 지역은 아름다운 곳이었지만 그동안 배가 정박하지 못하는 곳이었습니다. 로마는 이곳의 바다 밑에 모래 준설 작업을 해서 큰 항구를 만듭니다. 그리고 천부장, 백부장 제도를 통해 이스라엘을 식민 지배하기 시작합니다. 천부장은 천 명의 군사를, 백부장은 백 명의 군사를 거느린 사람입니다. 요즘으로 하면 천부장은 사단장, 백부장은 중대장쯤 되는 사람입니다. 각 주요 지방마다 백부장을 두고 문제가 생기면 가이사랴 본부에 있는 천부장이 직접 말을 타고 달려가서 해결하도록 했습니다.

그런데 실제로는 각 주요 지방마다 분봉왕 제도(자치 정부)를 두어서 현지인 스스로가 다스리도록 했습니다. 이런 배경에서 유대의 분봉왕 헤롯이 등장합니다.

헤롯은 이두메(에돔의 헬라 말) 총독의 아들입니다. 에돔('붉다'는 뜻) 족속은 에서의 후예로, 사해 밑에 자리 잡았습니다. 북이스라엘이 망해서 사라지고 남유다가 망해서 바벨론의 포로로 끌려가느라 그 땅이 비어 있을 때, 에돔이 슬금슬금 올라와서 유다 남부 지방을 장악했던 것입니다. 신약 시대 예수님 오실 당시, 로마 지배하에서는 에돔이 팔레스타인을 사실상 장악했습니다. 당시 로마 총독도 이두메 사람이었습니다.

헤롯은 정권욕이 강한 사람이었습니다. 아버지는 이두메 총독이었지만, 자신은 젊으니까 더 큰 자리를 차지해야겠다고 생각했습니다.

그러던 중 당시 갈릴리 지역에서 폭동이 일어났는데, 이를 진압하라는 로마의 명령에 이두메 총독은 아들 헤롯을 보냈습니다. 헤롯은 가버나움의 백부장과 함께 폭동을 진압한 후 폭동을 진압한 공로를 인정받은 데다가 로마의 폼페이우스 장군에게 뇌물을 주어 유다의 분봉왕이 됩니다. **맥잡기!** 당시 로마는 돈만 주면 다 통했던 것 같습니다. 나중에 사도 바울이 전도여행을 하다가 고난받을 때, 어떤 사람이 자신은 돈 주고 로마 시민권을 샀는데 바울도 시민권을 샀느냐고 물어보는 것도 이런 맥락입니다.

헤롯은 유대인이 가증스럽게 여기는 이두메 사람이어서 유다의 초대 분봉왕이 되고 나서는 '유대인이 언제 나를 쫓아낼까?' 하며 늘 두려워했습니다. 유대인이 아니라서 유대 왕조의 정통성이 없다는 사실이 헤롯에게는 큰 약점이었습니다. 왕의 자리를 놓치지 않으려고 정통성을 확보하기 위해 유대인의 엉터리 왕조, 하스몬 왕조의 공주와 결혼합니다. 유대인에게 "나는 유대 왕이다. 나도 유대 사람이다. 내 마누라는 너희와 같은 유대인이 아니냐?" 하는 것입니다. 그런데도 유대 백성이 따라 주지 않으니까, 정신분열증에 걸렸습니다.

헤롯은 아들마저 의심하기 시작했습니다. 유대인은 어머니가 성경 교육을 시키는 탓에 어머니가 유대인이면 그 자식들도 유대인으로 보았기 때문입니다(히틀러 당시에 유대인을 구분할 때도 이와 같았습니다). 헤롯은 정통성을 이유로 자신의 아들들에게 왕위를 빼앗길까 봐 아들들을 다 죽였습니다. 나중에는 자기 부인도 유대인이라고 죽이고, 어머니마저도 죽입니다. 사실 어머니가 무슨 권력욕이 있겠습니까?

이렇게 분봉왕 헤롯이 권력에 집착해서 미쳐 가고 있을 때, 동방박사 세 사람이 찾아옵니다. 왕 자리를 빼앗길까 봐 자식, 아내, 어머니까지 죽였는데, 동방박사들이 와서 유다와 이스라엘을 다스릴 왕이 탄생했다고 하니 얼마나 혼비백산했겠습니까? 결

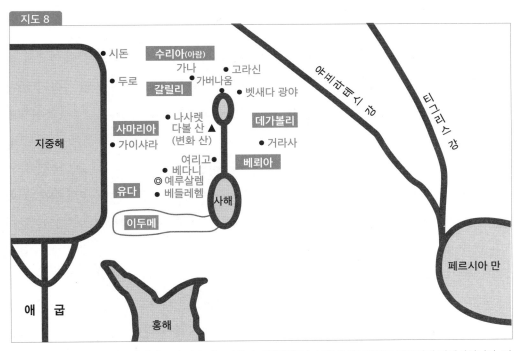

신약 시대 예수님이 팔레스타인에 오신 것은 아브라함과 다윗에게 주신 하나님의 언약을 이루시기 위해서입니다. 이미 미가 선지자를 통해 주님이 베들레헴에 나실 것을 예언하셨고, 이사야 선지자를 통해서는 이새의 뿌리 다윗의 후손으로 나실 것을 약속하셨기 때문입니다.

으로는 점잖은 척하면서 동방박사에게 경배한 다음 "반드시 자신에게 와서 보고하고 가라"고 했습니다.

그런데 천사의 지시를 받은 이들이 약속을 지키지 않고 되돌아오지 않으니까, 불안한 헤롯은 두 살 이하의 남자아이들을 무조건 죽이라는 끔찍한 명령을 내립니다. 그래서 요셉 부부는 말구유에서 탄생한 아기 예수를 안고 애굽으로 피난을 떠납니다.

아무리 해도 정통성을 회복할 수 없으니까, 헤롯은 건축 기술을 발휘해 헤롯 성전을 40년 만에 건축합니다. [맥잡기] 예수님이 "너희가 이 성전을 헐라 내가 사흘 동안에 일으키리라"(요 2:19) 했을 때 거기에 있던 유대인이 "헤롯이 40년 동안이나 걸려서 지은 것을 네가 3일 만에 다시 짓겠다고?" 하며 비웃습니다. "유대인들이 이르되 이 성전은 사십육 년 동안에 지었거늘 네가 삼 일 동안에 일으키겠느냐 하더라"(요 2:20).

✚ 줄리어스 시저와 옥타비아누스

줄리어스의 실패와 클레오파트라

기원전 49년 줄리어스 시저는 애굽에서 폼페이우스 장군을 암살하고 로마제국의 왕이 됩니다. 비록 줄리어스 시저는 기원전 49년부터 44년까지, 5년밖에 통치하지 못하고 단명했지만, 오늘날 그의 이름을 모르는 사람은 거의 없을 겁니다.

줄리어스 시저가 로마 공화정제를 과감히 물리치고 독재 체제를 확립해 가던 무렵 문제가 생겼습니다. 애굽을 차지하고 있던 프톨레마이오스 왕조의 여왕 클레오파트라가 등장했기 때문입니다. 세계사에는 "클레오파트라의 코가 1cm만 낮았어도 세계 역사가 바뀌었을 것이다"라는 일설이 있을 정도입니다. 어쨌든 클레오파트라에 의해 한 사람의 일생과 세계사가 바뀝니다. 클레오파트라는 로마제국에서 애굽을 독립시키려고 당시 로마제국의 1인자 줄리어스 시저에게 의도적으로 접근합니다.

줄리어스 시저는 로마제국의 1인 독재체제를 거의 장악해 가는 순간, 클레오파트라를 만나서 사랑에 푹 빠집니다. 클레오파트라는 시저에게 많은 것을 요구했습니다. 줄리어스 시저에게는 왕후와 장성한 아들이 있었는데도, "법적으로 나를 로마로 초청해서 애굽의 여왕으로 선포하라. 다음에 대로마제국의 황제인 줄리어스 시저의 왕후로 선포하라. 우리 둘 사이에서 태어난 아기를 로마의 황태자로 선포하라"고 요구합니다.

그것이 간단한 일입니까? 아직도 공화정의 반대 세력이 있는 데다 시저의 양자인 옥타비아누스가 엄청나게 반발하고 나섭니다. 옥타비아누스 입장에서는 자신이 곧 로마의 황제가 될 텐데 느닷없이 이상한 여자가 나타나서 자기 자리를 넘보니까 기가 막힙니다. 그러나 시저는 클레오파트라가 원하는 대로 다 해 줍니다. 얼마나 미인이면 그랬겠습니까? 하지만 결국 "브루투스 너마저!"라는 유명한 말을 남기고 신하 브루투스의 칼에 암살당했습니다.

그러자 클레오파트라는 줄리어스 시저의 친구이자 오랜 정치적 동지였던 안토니우스를 유혹해서 동맹관계를 맺습니다. 그 후 이들 연합군이 악티움 해전에서 시저의 아들인 옥타비아누스에게 패하자 둘은 함께 자결합니다.

절대 권력을 가지게 된 옥타비아누스는 이름을 아우구스투스 시저로 바꾸고 대로마제국의 새로운 황제가 됩니다. 이후로는 로마에 대항할 나라가 없었기 때문에 전쟁이 일어나지 않았고, 수백 년 동안 로마의 평화(Pax Romana)가 계속됩니다. 당시 로마는 오늘날 미국 이상 가는 초강대국이 된 것입니다.

로마의 인구조사

천하를 통일한 아우구스투스 황제는 대로마제국에 속한 모든 영토에서 세금을 얼마나 거둘 수 있는지, 군인으로 몇 명이나 동원할 수 있는지를 알아보려고 인구조사를 벌입니다. 이스라엘 사람들을 각기 고향으로 보내 신고하게 했습니다. 맥잡기 구약 다윗 왕 때 인구조사를 하다가 하나님이 전염병을 내리셔서 7만 명이 죽었던 일을 기억하십니까? 로마도 결국 다윗처럼 자신의 제국이 얼마나 큰지를 자랑하고 백성들을 폭압하기 위해 인구조사를 실시했습니다. "그때에 가이사 아구스도가 영을 내려 천하로 다 호적하라 하였으니"(눅 2:1).

마리아와 요셉은 정혼한 사이여서 아직 동거하지는 않았지만 유대의 혼인 관습에 따라 이미 법적 부부였습니다. 성령으로 잉태하여 만삭이 된 마리아도 언제 출산할지 알 수 없는 상태였지만, 법적 남편 요셉과 함께 베들레헴에 가서 로마의 인구조사에 응해야 했습니다. 마리아와 요셉은 삶의 터전인 갈릴리 호수 서남쪽 지역에 있는 농촌 나사렛을 떠나 나귀를 타고도 일주일이나 걸리는 베들레헴으로 향했습니다.

12지파 중에서 유다 지파가 제일 컸으니 후손들이 얼마나 많았겠습니까? 전국에서 베들레헴으로 다 몰려드니까 여관이 없어서 말구유에 유숙할 수밖에 없었습니다. 이 과정에서 메시아로 오신 하나님의 아들 예수 그리스도는 나사렛을 떠나 베들레헴에서 탄생하셨습니다. "베들레헴 에브라다야 너는 유다 족속 중에 작을지라도 이스라엘을 다스릴 자가 네게서 내게로 나올 것이라 그의 근본은 상고에, 영원에 있느니라"(미 5:2) 하는 미가의 예언과 "이새의 줄기에서 한 싹이 나며 그 뿌리에서 한 가지가 나서 결실"(사 11:1)한다는 이사야서의 예언을 이루셨습니다.

✚ 이스라엘의 세 가지 종파

예수님이 오실 당시 유대교에는 바리새파, 사두개파, 에세네파가 있었습니다. 하지만 이 세 가지 종파 모두 예수님을 메시아로 이해하지 못했습니다.

바리새파

첫째는 바리새파입니다. `맥잡기` 헬라 사상에 물든 하스몬 왕조에 반발해 나타난 부활을 믿는 율법주의자들로, 반대하고 반항한다는 뜻의 '파리시'(바리새)는 하스몬 왕조가 붙여 준 것이라고 앞에서 말했습니다. 바리새파의 율법주의는 너무 형식주의에 치우쳐서 율법을 문자적으로만 대했습니다. 어떻게 보면 이들은 이럴 수밖에 없었습니다. 아직 때가 차지 않아 예수님이 십자가에서 죽으시고 부활하지 않으셨으니 성령을 받지 못한 그들은 머리로만 하나님을 알았습니다. 말씀을 아는 것만으로 그들은 자신들이 가장 경건한 사람이라고 생각했습니다. 예수님은 이 사람들을 가리켜 "독사의 자식", "회칠한 무덤"이라고 했습니다. 이렇게 꾸짖으신 것은 부활을 믿는 바리새인들에게 조금이나마 소망이 있다고 믿으셨기 때문입니다. 주님이 야단치신 것은 회개를 촉구한 것이지 저주해서가 아닙니다.

사두개파

둘째는 사두개파입니다. '사두개'(Saducee)란 다윗과 솔로몬의 제사장이었던 사독의 후예라는 뜻입니다. 자신들이 사독의 후예라고 이름 붙여 놓은 것일 뿐, 진짜 사독의 후예는 아닙니다. 사실은 하스몬 왕조의 엉터리 제사장들입니다.

이들은 세속주의, 쾌락주의에 물든 권력 지향적인 사람들이었습니다. 권력자들에게 붙어서 아부하고 출세하는 것이 최고라고 생각했던 사람들입니다. 그들은 '이 땅에서 쾌락을 누리고 잘살면 됐지 부활이 뭐야? 죽으면 그만이지' 하고 생각했습니다.

사두개인은 로마가 외교와 국방 등 정치 권력의 핵심을 갖고 있지만, 현실적으로 각 지역에서 권력을 휘두를 수 있는 것은 종교적 권한이라고 생각했습니다. 그래서 당시 현지 원로들 10여 명이 모여 의회 겸 자치 정부의 기능을 수행하는 기관이자 종교 재판권을 가진 산헤드린 공회를 차지하고 있었습니다. 산헤드린 공회는 느헤미야가 성벽을 건축하고 바사로 돌아갈 때 유다 백성들에게 자치권을 주기 위해 바사 왕이 허락했던 제도입니다. 사두개파는 겉으로는 제사장인 척했지만, 신앙은 전혀 없고 권력 지향적이고 세속적이며 쾌락을 추구했습니다. 예수님은 이들에게 희망을 걸지 않았습니다.

에세네파

셋째는 에세네파입니다. 이들은 극단적 경건주의자들로 세상을 등진 사람들입니다. 쿰란 동굴로 피신해서 흰옷을 입고 메시아 오실 때만 기다리며 경건하게 집단생활을 했습니다. 그들은 주로 동굴 속에서 하나님의 말씀을 쓰는 일을 했습니다. 당시 이들이 쿰란 동굴에서 쓴 이사야서 두루마기가 발견되어 현재 예루살렘 박물관에 보존되어 있습니다.

✚   왜 그때, 그 땅에

왜 로마 시대였을까?

하나님이 메시아를 왜 로마 시대, 팔레스타인 땅에 보내셨겠습니까?

첫째, 언어가 통일되었습니다. 로마는 자신들의 모국어인 라틴어가 아니라 헬라어를 공용어로 해서 전 세계 언어를 통일했습니다. 하나님은 왜 바벨탑 사건 때와는 달리, 로마가 세계를 지배하게 하시고 헬라어로 세계 언어를 통일하셨을까요? 언어를 통일시켜서 예루살렘과 유다와 사마리아와 땅 끝까지 복음을 전파하시기 위해서였습니다. 헬라어를 잘 알고, 율법을 경건하게 배웠고, 엘리트였고, 로마 시민권을 가진 사도 바울을 통해 전 세계에 복음을 전하게 하셨습니다. 바울은 세 차례에 걸쳐 전도여행을 하면서 복음을 전합니다.

둘째, 행정이 통일되었습니다. 로마는 언어뿐 아니라 행정도 통일했습니다. 오늘날 선교사들이 선교지로 나갈 때 제일 먼저 준비해야 하는 것 중 하나가 비자입니다. 로마 시대에는 행정이 통일되어 비자가 필요 없었습니다. 하나님의 말씀이 아무 장애도 받지 않고 땅 끝까지 갈 수 있었던 것은 이 때문입니다.

셋째, 길이 뚫렸습니다. "모든 길은 로마로 통한다"는 말이 있듯이, 로마는 도로망을 완비하고 해로를 확충했습니다. 로마에 가면 지금도 벽돌로 된 길이 남아 있는데, 길바닥에 아스팔트 대신에 벽돌을 깔았습니다. 또한 해로를 확충하기 위해 지중해를 지배하고 있던 헬라의 잔류 세력인 해적들을 소탕했습니다. 이 해적 소탕전의 에피소드를 바탕으로 만들어진 영화가 〈벤허〉입니다(벤허가 탄 로마 장군의 배가 해적에게 포를 맞아 파선돼서 장군이 자살하려고 하는데, 그 장군을 살려내는 내용이 이 영화의 배경입니다). 로마가 해로를 완전히 장악했기 때문에, 사도 바울은 어디든 가서 말씀을 전할 수 있었던 겁니다.

새로운 침묵 시대 400년의 역사를 통해서 하나님은 복음이 땅 끝까지 전파될 수 있는 인프라를 완벽하게 준비해 놓고 계셨습니다.

왜 팔레스타인 땅이어야 했을까?

이것은 간단합니다. 하나님이 아브라함에게 복의 근원이 될 것을 약속하셨기 때문입니다. 아브라함과 다윗의 언약을 이루시기 위해 예수님이 아브라함과 다윗의 자손으로 이스라엘 땅에 오신 것입니다. 미가를 통해서 베들레헴에 나실 것을 예언하셨고, 이사야를 통해서는 이새의 뿌리 다윗의 후손으로 나오실 것을 약속하셨기 때문입니다.

지정학적으로 볼 때도, 어떤 나라든지 가나안 지역을 차지하지 않고는 세계를 지배할 수 없다는 것이 역사에 잘 나타나고 있습니다. 오늘날도 마찬가지입니다. 제2차 세계대전 후 동서 냉전 시대에 전 세계 2대 화약고가 중동과 한반도였습니다. 팔레스타인(블레셋) 분쟁과 남북한 문제인 것입니다. 미국의 어떤 정권도, 어떤 국무장관도 중동 평화를 이루지 못하면 능력 없는 사람으로 치부될 정도입니다.

가나안 땅이 고대 이후로 지금까지 계속해서 세계 정치의 중심이 될 수밖에 없는 이유는 하나님이 아브라함 언약을 통해 큰 민족을 만드시고, 약속의 땅을 기업으로 주시고, 세계 만민을 위한 복의 근원이 되라고 하셨기 때문입니다.

진짜 땅 끝인 이스라엘에 복음이 들어갈 때 세상 끝 날이 온다는 것은, 성경학자들의 공통된 견해입니다. 구약에서처럼 "눈은 눈으로, 이는 이로, 손은 손으로, 발은 발로"(출 21:24) 하면 아무리 훌륭한 나라와 지도자가 나와도 팔레스타인 문제를 해결할 수 없습니다. 예수님의 복음이 이스라엘 땅에 전해져서 유대인이 성령으로 복음화될 때에야 비로소 해결될 수 있습니다.

 # 신약의 구조와 역사

✚ 신약(27권)의 구조

신약의 구조는 크게 역사서와 서신서로 나눌 수 있습니다. 신약의 역사서는 마태복음, 마가복음, 누가복음, 요한복음의 '사복음서'에 사도행전까지 합해서 총 5권입니다. 그 외 나머지 22권은 모두 서신서입니다. 하지만 분량 면에서 보면 5권의 역사서가 22권의 서신서보다 더 많습니다.

구약을 공부한 방법대로 신약도 먼저 역사서를 중심으로 살펴보고, 서신서는 구약의 예언서처럼 총괄해서 보도록 하겠습니다.

신약의 역사는 크게 예수 그리스도 시대와 성령 시대로 나눌 수 있습니다.

첫째, 예수 그리스도의 시대는 사복음서에서 다뤄집니다. 예수님이 이 땅에 어떻게 오셨는가? 예수님의 탄생과 어린 시절은 어떠했는가? 이 땅에서 공생애 사역은 어떻게 하셨는가? 예수님은 어떻게 십자가에서 돌아가셨으며, 부활하고 승천하셨는가? 이 모든 답을 다루고 있습니다.

둘째, 성령 시대는 사도행전부터입니다. "사도와 함께 모이사 그들에게 분부하여 이르시되 예루살렘을 떠나지 말고 내게서 들은 바 아버지께서 약속하신 것을 기다리라 요한은 물로 세례를 베풀었으나 너희는 몇 날이 못 되어 성령으로 세례를 받으리라 하셨느니라"(행 1:4-5). 예수님이 부활하고 승천하면서 약속하신 대로, 성령님이 강림하심으로써 초대교회가 탄생합니다. 바울과 실라와 바나바를 통해 하나님의 말씀이 서아시아와 유럽, 그리고 땅 끝까지 전파되는 선교의 장이 열립니다. 이 선교의 연장선상에서, 주님이 초대교회를 세우시고 성도들에게 부탁하신 사명을 우리가 지금 감당하고 있는 것입니다.

표 5 신약의 뼈대

역사서	서신서	
	바울 서신(13권)	일반 서신(9권)
마태복음, 마가복음 누가복음, 요한복음 사도행전	로마서, 고린도전·후서 갈라디아서, 에베소서, 빌립보서 골로새서, 데살로니가전·후서 디모데전·후서, 디도서, 빌레몬서	히브리서, 야고보서 베드로전·후서 요한1, 2, 3서 유다서, 요한계시록

✚ 공관복음

사복음서 가운데 마태, 마가, 누가복음을 공관복음이라고 합니다. '같은 견해를 가진 복음서'라는 뜻입니다. 예수님의 삶과 가르침을 기록하는 데 있어서 사건의 내용, 순서, 단어 표현들이 매우 유사하기 때문입니다. 요한복음은 사건의 전개 순서가 이들

공관복음과 다릅니다.

공관복음 중에서 가장 짧은 마가복음은 103개의 이야기로 구성되어 있는데, 이 가운데 무려 98개가 마태복음에 들어 있으며, 50개 이상이 누가복음에도 나온다고 합니다. 마가복음의 총 661절 가운데 606절의 내용이 마태복음과 일치하며, 350절의 내용이 누가복음과 공통점을 보인다고 합니다. 세 복음서에 나타난 사건들은 언제나 같은 순서로 일어난다는 공통점이 있습니다.

사복음서에 나타난 사건들을 모두 종합해서 연대기적 순서를 따라간다는 것은 대단히 어렵습니다. 이 책에서는 사복음서 중 예수님의 사역을 비교적 연대기적으로 수록하려고 애썼으며, 주님의 가르침을 가장 자세히 기록하려고 애쓴 마태복음의 순서를 따라 주님의 생애를 살펴보고자 합니다. 복음서에 나오는 모든 사건을 다루지 못한 점을 이해해 주시기 바랍니다(앞으로 누군가 부족한 부분을 꼭 보충해 주시기를 바랍니다).

PART 5

신약의 뼈대에
살 붙이기

예수님, 자기 땅에 오시다

◇ **마태복음 1장, 누가복음 1-3장**

예수님을 믿으면서도 잘 믿지 않는 것 가운데 두 가지를 든다면, 동정녀를 통한 탄생과
부활 사건일 것입니다. 이것은 냉철한 이성과 합리적인 사고로는 이해가 잘 안 되기 때문입니다.
예수님의 탄생은 사복음서 중에 마태복음과 누가복음에만 기록되어 있으므로, 두 복음서를 통해
예수님이 동정녀 마리아에게 성령으로 잉태되는 과정과 예수님의 족보를 살펴보기로 합니다.

✚   예수님은 정말 동정녀에게서 탄생하셨을까?

예수님이 성령으로 잉태되어 동정녀에게서 탄생한 것이 정말 사실일까요? 이 사실을
믿을 수 있습니까? 누가복음 1장에서 하나님은 가브리엘 천사를 보내어 동정녀 탄생
을 예고합니다. 가브리엘 천사는 나이 들도록 자식을 낳게 해 달라고 하나님께 간구
했던, 예루살렘 성전에 시무하던 제사장 사가랴에게 먼저 나타나서 얘기합니다. "너
의 간구함이 들린지라 네 아내 엘리사벳이 네게 아들을 낳아 주리니 그 이름을 요한이
라 하라"(눅 1:13). "그가 또 엘리야의 심령과 능력으로 주 앞에 먼저 와서 … 주를 위하
여 세운 백성을 준비하리라"(눅 1:17).

　이것은 제사장 사가랴에게는 충격적인 말씀이었습니다. 그는 제사장이니까 구약의
마지막 선지자 말라기의 예언 "여호와의 크고 두려운 날이 이르기 전에 내가 선지자
엘리야를 너희에게 보내리니"(말 4:5)라는 말씀을 그 누구보다도 잘 알고 있었을 것입

니다. 그 일을 자신의 아들을 통해서 이루시겠다니 얼마나 놀랐겠습니까. 사가랴가 이 말을 믿지 못하자 가브리엘 천사가 말합니다. "보라 이 일이 되는 날까지 네가 말 못하는 자가 되어 능히 말을 못하리니 이는 네가 내 말을 믿지 아니함이거니와"(눅 1:20). 그래서 그는 아기가 할례받을 때까지 말 못하는 자로 지내야 했습니다.

6개월 후에 가브리엘 천사는 하나님의 보내심을 받들어 갈릴리 호수 서남쪽의 작은 농촌 나사렛 땅에 살고 있는 마리아에게 나타나서 "은혜를 받은 자여 평안할지어다 주께서 너와 함께하시도다"(눅 1:28) 하고 인사합니다. 그리고 "네가 잉태하여 아들을 낳으리니 그 이름을 예수라 하라 … 주 하나님께서 그 조상 다윗의 왕위를 그에게 주시리니 영원히 야곱의 집을 왕으로 다스리실 것이며 그 나라가 무궁하리라"(눅 1:31-33)는 예언을 합니다.

처녀가 임신을 한다니 이 얼마나 해괴망측한 소리입니까? 마리아는 곧바로 "나는 남자를 알지 못하니 어찌 이 일이 있으리이까"(눅 1:34) 하고 항변합니다. 그러자 가브리엘 천사가 다시 분명히 말합니다. "성령이 네게 임하시고 지극히 높으신 이의 능력이 너를 덮으시리니 이러므로 나실 바 거룩한 이는 하나님의 아들이라 일컬어지리라"(눅 1:35). 성령으로 잉태한다는 것입니다. "오직 성령이 너희에게 임하시면 너희가 권능을 받고"(행 1:8). 성령의 능력이, 권능이, 활력이, 에너지가 임할 때에 잉태할 수 있다는 얘기입니다. 이때 마리아가 뭐라고 고백합니까? "주의 여종이오니 말씀대로 내게 이루어지이다"(눅 1:38). 마리아의 믿음의 터 위에 성령의 능력, 하나님의 크신 능력이 임했을 때 생명이 잉태됩니다. 하나님이 흙으로 사람을 빚으시고 생기를 불어넣으심으로 피가 순환하며 의식을 가진 사람이 창조되었음을 믿는 사람들이, 동정녀 탄생은 왜 그렇게 믿지 못하는지 모르겠습니다.

✚ 왜 예수님은 동정녀에게서 태어나셔야 했을까?

구약 성경에서 많은 예언자와 선지자들의 입을 빌려 하나님은 분명히 말씀하십니다. "이새의 줄기에서 한 싹이 나며 그 뿌리에서 한 가지가 나서 결실할 것이요"(사 11:1). 메시아가 다윗의 후손으로 오신다는 것입니다. 그런데 실제로 예수님이 다윗의 후손으로 태어난다면 문제가 생깁니다. 다윗도 죄인인데 인류의 대속을 위해 오시는 메시아가 죄 있는 사람이라면 대속이 이루어질 수 없습니다. 이것이 메시아 탄생의 난제요, 딜레마입니다.

만약 구약에 이런 예언이 없었다면 문제는 간단합니다. 인류의 대속을 위해서 죄 없는 존재를 하나님이 하늘에서 뚝 떨어뜨리셔서 "이 사람이 메시아다" 하시면 됩니다. 하나님은 그리 하지 않으시고 메시아를 다윗의 후손으로 보내신다고 예언하셨는데, 진짜 다윗 후손의 몸에서 태어나면 죄인입니다. 그러니 예수님은 다윗의 후손이면서 죄 없는 사람으로 태어나서야 했습니다. 하나님은 이 딜레마를 유대인의 기가막힌 결혼 풍습으로 해결하셨습니다.

이스라엘의 결혼 제도는 이 세상 어느 나라에도 없는 독특한 제도입니다. 이스라엘 사람들은 어릴 때 약혼합니다. 어린 자녀를 둔 부모들끼리 "우리 사돈 맺읍시다" 하면서 약혼시킵니다. 그러다 13세에 성인식을 치르고 성년이 되면 자기 의지로 정혼합니다. 정혼하고 나면 호적에도 등재되고 법적으로 부부가 됩니다. 그러나 1년 동안은 순결 의무가 부과되어 동침할 수 없습니다. 부부라는 서약만 하고 실제로는 1년 동안 각자 집으로 돌아가 따로 지내는 겁니다. 그러다가 1년 후에 정식으로 결혼식을 올립니다. 정혼한 지 1년이 지난 후에 신랑은 신부를 데려오기 위해 밤에 신부의 집에 갑니다. 이때 신부는 등불을 준비해서 신랑에게 자신의 얼굴을 보여 줌으로써 자신이 정혼한 신부임을 확인해 줍니다. **맥잡기⚐** 마태복음 25장에 나오는 열 처녀 비유는 이러한 유대의 결혼 풍습에서 비롯되는 것입니다.

예수님은 마리아가 요셉과 정혼해서 법적 부부로 호적에 등재되어 있을 뿐, 아직 동침하지 않은 상태에서 성령으로 잉태하여 태어나셨습니다. 이로써 예수님이 다윗의 후손으로 이새의 뿌리에서 나온다는 언약을 이루십니다. 그러면서도 1년 동안의 순결 의무 때 마리아에게서 성령으로 잉태되었기 때문에 죄인의 몸으로 오시지 않을 수 있었습니다.

✛ 마리아의 찬가

마리아와 정혼하고 순결 의무를 지키고 있던 요셉은 정혼자인 마리아가 임신했다는 소식을 들었습니다. 요셉은 밤새 잠을 이루지 못하고 마리아를 아내로 데려와야 할지 말지 많이 갈등했습니다. 요셉은 신실해서 소문을 내지 않고 "가만히 끊고자"(마 1:19) 했다고 성경은 말씀합니다. 이 일이 발각되면 이스라엘 율법에 따라 마리아는 돌에 맞아 죽습니다. 요셉은 '아마, 저 여자가 순결 의무를 안 지켰나 보다. 동네방네 소문 내면 돌에 맞아 죽게 되니까 조용히 끊자'고 생각했을 것입니다. 그때 천사가 꿈에 나타나 요셉에게 말합니다. "다윗의 자손 요셉아 네 아내 마리아 데려오기를 무서워 말라"(마 1:20).

사실 마리아로서도 두려운 일이 아닐 수 없습니다. 정혼해서 아직 부부 관계도 하지 않은 여인이 임신했다고 하면 가문과 집안의 망신일 뿐 아니라 자신은 돌에 맞아 죽게 됩니다. 도저히 있을 수 없는 일입니다. 가브리엘 천사의 예고를 받았지만 얼마나 괴로웠겠습니까? 이에 마리아는 자기 친척인 엘리사벳을 만나러 갑니다. "빨리 산골로 가서 유대 한 동네에 이르러 사가랴의 집에 들어가 엘리사벳에게 문안하니"(눅 1:39-40). 마리아는 거의 아기를 가질 수 없는 나이였던 친척 엘리사벳이 벌써 6개월 전에 하나님의 은혜로 잉태했다는 소식을 가브리엘 천사로부터 전해 듣고 동병상련의 심정으로 찾아간 것입니다.

마리아가 엘리사벳의 집에 이르렀을 때, 엘리사벳이 마중 나오면서 말합니다. "내 주의 어머니가 내게 나아오니 이 어찌된 일인가"(눅 1:43). 성령으로 잉태한 마리아를 보자마자 엘리사벳이 '내 주의 어머니'라고 고백하며 "아이가 내 복중에서 기쁨으로 뛰놀았도다"(눅 1:44)고 말합니다. 마리아는 엘리사벳의 집에서 석 달쯤 함께 지냅니다. "마리아가 석 달쯤 함께 있다가 집으로 돌아가니라"(눅 1:56). 그렇게 지내면서 두 사람이 가브리엘 천사의 예언과 하나님의 은혜에 대해 얼마나 많이 나누었겠습니까? 서로 위로가 되었을 것입니다. 마리아는 숨어 지내야 할 형편이었지만, 엘리사벳의 집에 머물면서 하나님을 찬양합니다. "내 영혼이 주를 찬양하며 내 마음이 하나님 내 구주를 기뻐하였음은 그의 여종의 비천함을 돌보셨음이라"(눅 1:46-48). 〈아베 마리아〉라는 노래의 가사가 바로 이 내용입니다.

✚ 예수님의 족보가 다른 이유 _ 마 1장, 눅 3장

대부분의 사람들은 마태복음이 처음 시작부터 "낳고, 낳고"만 연발하니까, 읽기가 어렵다, 골치 아프다, 머리가 지끈거린다고 합니다. 그러나 구약의 맥을 다 배운 지금 마태복음 1장을 다시 읽어 보면 전혀 지루하지 않을 것입니다. "아브라함이 이삭을 낳고 이삭은 야곱을 낳고"(마 1:2). 등장하는 이름들이 다 배운 이름들이기 때문입니다. 구약에서 본 낯익은 이름들이 등장하는 것을 보면서 하나님의 약속이 성취되는 것에 감탄할 수밖에 없습니다.

문제는 "아브라함과 다윗의 자손 예수 그리스도의 계보라"(마 1:1) 하면서 시작하는 마태복음의 족보와, "예수께서 가르치심을 시작할 때에 삼십 세쯤 되시니라 사람들이 아는 대로는 요셉의 아들이니 요셉의 위는 헬리요"(눅 3:23) 하는 누가복음의 족보가 서로 다르다는 것입니다. 마태의 "낳고, 낳고"의 족보는 조상부터 아래로 내려가는데 반해, 누가의 "그 위는"의 족보는 예수님으로부터 위로 거슬러 올라간다는 면에서 서술 방식이 다를 뿐만 아니라, 열거한 조상들 수십 명의 이름이 차이가 납니다. 다윗 이후 요셉에 이르기까지 조상 이름이 모두 다른데 이 족보를 믿을 수 있겠습니까? 뭔가 좀 이상하지 않습니까? 헬라식 사고방식으로 보면 둘 중 하나는 분명 틀렸습니다.

그런데 성경은 하나님의 감동으로 된 것이지, 소설이 아닙니다. 그렇다면 족보가 다른 이유, 하나님이 다르게 서술해 주신 이유가 있지 않겠습니까? 하나님이 왜 예수님의 조상을 다르게 기록하셨을까요? 마태복음에는 "아브라함과 다윗의 자손 예수 그리스도의 계보라 … 다윗은 우리야의 아내에게서 솔로몬을 낳고 솔로몬은 르호보암을 낳고 르호보암은 아비야를 낳고 아비야는 아사를 낳고 아사는 여호사밧을 낳고"(마 1:1-8) 하며 우리가 열왕기에서 배웠던 다윗 계통 왕들의 이름이 죽 나옵니다. 그러다가 요시야 왕을 거쳐서 바벨론 포로 후에 왕의 이름이 그치고, 13대 만에 예수님의 아버지 요셉이 등장합니다.

로마 시대 당시에 유대인들은 메시아를 간절히 바랐습니다. 하나님이 선지자들을 통해 약속하신 메시아가 다윗의 자손 중에 나와서 유다 집을 영원히 다스릴 것을 말입니다. 메시아 대망 사상이 없었다면 유대인은 그 존재 가치를 잃었을 것입니다. 하나님은 마태복음에서 예수님이 바로 그들이 기다리던 이스라엘의 왕으로 오셨음을 말씀해 주십니다. 구약에서 약속하신 아브라함의 언약(창 12:1-3)과 다윗의 언약(삼하 7:8-16)이 아기 예수 탄생을 통해서 성취되었음을 선포하면서 신약이 시작되는 것입니다.

누가복음의 저자 누가는 초대교회인 안디옥 교회에서 예수 그리스도를 믿은 사람으로, 의사이며 헬라인입니다. 요즘 말로 하면 세계 공용어인 영어를 아주 잘하고 학식이 있고 여러 사상에 익숙한, 그러면서도 예수님을 잘 믿은 사람입니다. 하나님이 누가에게 복음서를 쓰게 하신 이유는, 복음을 주시는 목적이 이스라엘 왕국을 회복하는 차원을 넘어서 이 세상 전체를 하나님 나라로 변화시키는 데 있었기 때문입니다.

누가는 헬라인으로 이방인이었습니다. 당시 유대인은 이방인을 마치 개처럼 취급했습니다. 그러나 누가는 이방인도 예수님을 영접하면 성령님의 임재하심으로 말미암아 유대인이나 헬라인 구분 없이 구원받는다고 전했습니다. 그래서 누가복음에 나타난 메시아는 모든 인류를 대속하기 위해 오신 분입니다. 우리 모두의 죄를 대속하시기 위해 이 땅에 사람으로 오셔서 십자가에서 피 흘리신(제사장의 직분을 충실히 이행하신) 분이라는 것을 증거합니다.

마태는 "낳고"로 시작하지만 누가는 반대로 조상을 거슬러 올라가는 방식을 취합니다. '누구의 위는 누구' 하면서 마리아의 조상의 반열을 따라가고 있습니다. 다윗 직전에는 나단이 나옵니다. 마태는 법적 아버지인 요셉의 계보를 따랐으나, 누가는 성령으로 잉태한 예수님의 실제 혈통인 마리아의 계보를 따른 것으로 보입니다. 성령님의 능력으로 동정녀에게서 탄생하신 것을 강조하기 위해서 "사람들이 아는 대로는 요셉의 아들이니"(Being as was supposed the son of Joseph)(눅 3:23)라는 표현을 썼습니다. 다윗의 왕위를 계승한 솔로몬이 아닌, 다윗의 아들 가운데 나단이라는 사람의 계보를 따른 것입니다. 마태는 아브라함에서 시작하지만, 누가는 모든 인류의 구원자와 대속자라는 관점에서 썼기 때문에 하나님이 지으신 첫 아들 아담의 후손이라는 선상에서 예수 그리스도(메시아 예수)를 설명했던 것입니다.

누가는 3장 뒷부분(눅 3:23-38)에서 예수님이 첫 아담의 후손이자 둘째 아담으로 오신 분임을 지적합니다. 그리고 누가복음 3장 앞부분에서 언급한 세례 요한에게 세례 받으신 사건과, 누가복음 4장부터 시작되는 예수님이 마귀에게 시험받으신 사건 사이에 예수님의 족보를 소개합니다. 첫 아담이 에덴동산에서 마귀에게 시험받아 실패한 과목을, 둘째 아담으로 오신 예수님이 승리로 이끄셔야 하는 배경을 설명하고 있는 것입니다.

안디옥 교회에서 예수님을 영접한 누가는 오랫동안 예루살렘 교회에 체류하면서 예수님의 모친인 마리아에게서 주님의 탄생 배경에 대해 자세히 들은 것으로 알려져 있습니다. 그래서 누가는 자연스럽게 요셉이 아니라 성령으로 잉태된 사실에 초점을 맞추어 마리아의 계보를 따라간 것입니다.

여기서 우리는 하나님 계시의 부분성을 볼 수 있습니다. 요즘 같았으면 마태복음과 누가복음의 예수님 족보를 놓고 신학적인 논쟁이 붙었을 겁니다. 그런데 이들끼리는 전혀 다른 얘기를 써 놓고도 모순을 지적했다거나 투쟁했다거나 논쟁을 벌였다는 기록이 성경에 없습니다. 이것이 바로 "모든 성경은 하나님의 감동으로 된 것으로"(딤후 3:16), 은사자들의 부분성을 보여 주는 것입니다.

어떤 사람은 예수님을 다윗 왕의 계보를 따라 오신 분이라고 하고, 어떤 사람은 다윗의 후손이기는 하나 반드시 왕의 계보만 따라가야 하는 것은 아니라고 합니다. 그러나 이것이 상충하지 않습니다. 부분적인 것이 합쳐져 하나님의 뜻을 온전히 이룹니다. 마태는 예수님이 구약의 언약대로 다윗 왕의 계보를 따라 이스라엘의 왕으로 오신 분임을 강조했습니다. 반면 이방인 출신의 누가는 더 나아가 예수님이 아담의 자손임을 강조했습니다. 누가는 예수님이 아브라함의 후손임을 내세워, 이방인을 개 취급하는 유대인의 빛이실 뿐만 아니라 모든 이방인의 빛으로 오신 예수님을 조명하려 한 것입니다.

모든 것이 부분적이기 때문에, 두 개의 족보를 놓고 왜 다른가 비교하면서 고개를 갸우뚱하고만 있으면 시험에 듭니다. 성령님의 감동으로(은사로서) 성도에게 보여 주시는 모든 것이 부분적이니 너무 한쪽에 매달리지 맙시다. 이것은 성도들이 특정 은사자의 예언에 너무 매달리지 말라는 충고이기도 합니다. 사도 바울도 예언은 반드시 두세 사람에게 받으라고 했습니다(성경의 예언은 우리의 믿음과 은사를 진단하기 위한 것이지, 무슨 점쟁이처럼 당신 딸이 키 큰 사람하고 결혼한다든지 의사하고 결혼한다든지 하는 것은 예언이 아닙니다).

지식탐구 19

예수님의 족보에 등장하는 네 여인

마태복음 1장에 기록된 예수님의 족보에는 통상 구약에서 언급하지 않았던 여인들의 이름이 네 명이나 등장합니다.

"유다는 다말에게서 베레스와 세라를 낳고"(마 1:3).
"살몬은 라합에게서 보아스를 낳고, 보아스는 룻에게서 오벳을 낳고"(마 1:5).
"다윗은 우리야의 아내(밧세바)에게서 솔로몬을 낳고"(마 1:6).

다말, 라합, 룻, 밧세바. 이 네 여인은 모두 창녀, 과부, 남의 아내 등 순결한 여인이 아닌 손가락질받는 죄인들이었습니다. 이들의 이름을 예수님의 조상 대열에 기록함으로써 예수님은 정결한 귀족 태생이 아니며, 하나님은 낮고 천한 죄인들을 택하셔서 그들을 위대한 방법으로 사용하심을 보여 주셨습니다.

예수님은 세례 요한에게 세례받으실 때에도 죄인들인 보통 유대인들 틈에 섞여서 그들과 함께 세례를 받으셨으며(눅 3:21), 십자가에서 인생 최후의 순간을 맞을 때도 죄인들(강도들)과 함께 죽으셨습니다. "오히려 자기를 비워 … 자기를 낮추시고 죽기까지 복종하셨으니"(빌 2:7-8).

✚ 예수님의 어린 시절 _ 눅 2장

복음서에는 예수님의 탄생과 공생애를 자세히 기록해 놓았지만, 예수님이 30세 되실 때까지 어떤 교육을 받고 어떻게 살았는지에 대한 기록은 없습니다. 사복음서를 통틀어 딱 하나, 예수님이 12세 때 성전을 방문한 사건만 유일하게 기록해 놓았습니다

(눅 2:41-52). 나사렛에 사는 요셉 부부가 12세 된 예수님을 데리고 유월절에 예루살렘에 올라가다 돌아오는 길에 아이를 잃어버렸습니다. 아이를 찾으려고 사흘 길을 헤매고 다녔는데 나중에 보니 성전에 있었습니다.

어떤 사람은 요셉과 마리아가 얼마나 부주의했으면, 12세 된 아이를 잃어버렸느냐고 탓합니다. 하지만 아이를 잃어버린 것은, 성전의 구조 때문입니다. 당시 성전은 이방인이 들어가는 뜰, 남자만 들어가는 뜰, 여자만 들어가는 뜰이 따로따로 있었습니다. 그런데 아이는 아직 성년이 안 되었으니까 여기저기 드나들 수 있었습니다. 아이가 어머니한테도 갔다가 아버지한테도 갔다가 하니까, 서로 '아, 저쪽에 있겠지' 하고 생각하다가 잃어버렸을 것입니다. 유월절을 지키기 위해 전국 각지에서 몰려든 사람들 틈에서 정신이 없었을 것입니다.

유대 풍습에 의하면 남자아이는 가정에서 12세 때까지 율법교육을 받고 13세가 되면 성년으로서 회당에서 신앙생활을 시작할 수 있었습니다. 소년 예수는 율법 지식에 관해 성년을 바로 앞둔 12세 나이에 "내 아버지의 집"인 성전에 남아 서기관들과 함께 말씀을 토론하기로 결심한 것으로 보입니다. 주님은 하나님의 아들로서 말씀의 지식을 모두 갖추셨지만, 자신의 견해를 밝히고 서기관들의 말을 경청하기도 한 것입니다. "오히려 자기를 비워 종의 형체를 가지사 사람들과 같이 되셨고 사람의 모양으로 나타나사 자기를 낮추시고 죽기까지 복종하셨으니"(빌 2:7-8)라고 했습니다.

마리아는 참 온유한 사람이었습니다. 사흘이나 잃어버렸다가 찾았다면 호되게 야단칠 만도 한데, "보라 네 아버지와 내가 근심하여 너를 찾았노라"(눅 2:48)고만 말했습니다. 이에 아들은 대답합니다. "내가 내 아버지 집에 있어야 될 줄을 알지 못하셨나이까"(눅 2:49). 성년이 되기 직전에 부모들에게 "육신의 아버지"보다 "하나님 아버지"가 자신의 아버지 됨을 밝히십니다. 자신의 사명이 "내 아버지의 일"(about my father's business)을 하는 것이며 이를 위해 아버지 집에 있어야 함을 선포하십니다.

소년 예수는 성전에 있으면서 무엇을 보았겠습니까? 구약 시대의 성전은 피비린내 나는 곳입니다. 이스라엘 백성의 죄를 대속하려고 수많은 양들이 피 흘리며 죽어 나갔기 때문입니다. 소년 예수는 아버지의 집에서 인류의 대속을 위해 "염소와 송아지의 피로 하지 아니하고 오직 자기의 피로 영원한 속죄를 이루사 단번에 성소에 들어가"(히 9:12)셔야 할 사명을 깊이 깨달았을 것입니다. 하나님은 예수님이 십자가를 지

470

고 부활하심으로 통치와 권세와 현재 있는 것이나 앞으로 오는 이름이나 모든 이름 위에 뛰어나게 하시고 교회의 머리로 삼으셨습니다(엡 1:20-22). 예수님은 부활하심으로 교회의 머리가 되셨습니다. 예수님은 교회의 머리로서 영원히 내 아버지 집에 거하실 분이십니다. 그래서 "내 아버지 집에 있어야 한다"고 고백하신 것입니다. 이런 예수님의 고백이야말로 참으로 위대한 고백입니다.

예수님은 누구신가

창세전부터 계셨던 아들 하나님

성도들 중에는 예수님이 2천 년 전 베들레헴의 말구유에서 처음 탄생하신 분(원래 없었던 존재가 새로 생겨난 것)으로 잘못 알고 있는 경우가 있습니다. 하나님의 아들인 메시아가 올 것이라는 구약의 예언을 듣고 마태복음 1장에서 아브라함과 다윗의 자손으로 오신 아기 예수 탄생 소식을 접하게 되니까 하나님의 아들이 이 땅에 '태어났다'라는 인식을 갖기 쉽습니다. 마치 하나님이 오랫동안 아들을 기다리다가 드디어 아들 하나를 얻게 된 것처럼 생각하는 것입니다. 그러나 하나님은 이 땅에 오신 아들이 창세전부터 하늘나라에서 아버지와 함께 계셨던 것(요 1:1-2)과, 창세전에 아버지와 영광을 함께 나누셨던 아들이신 것(요 17:5)을 요한복음을 통해 공표하셨습니다.

하나님이 아들을 이 땅에 보내신 목적

첫째, 보이지 않는 영이시며 사랑의 본체이신 아버지의 사랑을 구약에서는 말씀으로만 나타내셨다가(사람이 귀로 듣게 하심) "때가 차매 하나님이 그 아들을 보내"(갈 4:4)서서 사람들이 눈으로 보고 깨닫고 믿도록 하기 위해서입니다(요 14:9-11). 둘째, 죄로 인해 도저히 그분 앞에 나아올 수 없는 사람들이 나올 수 있는 길을 열어 주시고 아들을 화목제물로 희생하기 위해서입니다(레 17:11). 셋째, 아들을 믿는 자마다 하나님의 자녀로 삼으시고 자녀로서의 특권과 모든 축복을 누리게 하시기 위해서입니다(요 1:12).
　넷째, 예수님이 십자가에서 죽으시고 부활하심으로 보좌 옆에 앉으신 뒤, 성령님을 성도들의 마음속에 풍성히 퍼부어 주시기 위해서입니다(롬 5:5).

삼위일체 하나님

말씀이 육신이 되어 이 땅에 오신 아들 하나님(예수님)은 본질상 하늘에 계신 아버지 하나님과 완전히 동일한 하나님이심을 이미 구약에서 설명한 바 있습니다. 아들 하나님을 우리 마음속에 받아들이도록 우리 마음 문을 열어 주시는 성령 하나님도 동일한 하나님이시므로 삼위일체 하나님이라고 부르는 것입니다. 각자의 정체성을 가지고 삼위로 계시는 하나님은 분명히 한 분이신 하나님이십니다(신 6:4, 엡 4:5-6). 성경이 그렇게 증거합니다. "태초에 말씀(아들)이 계시니라 이 말씀이 하나님(아버지)과 함께 계셨으니 이 말씀은 곧 하나님이시니라 그가 태초에 하나님과 함께 계셨고"(요 1:1-2). "너희 안에 이 마음을 품으라 곧 그리스도 예수(아들)의 마음이니 그는 근본 하나님의 본체(아버지)시나 하나님과 동등됨을 취할 것으로 여기지 아니하시고"(빌 2:5-6). 예수님도 "나와 아버지는 하나이니라"(요 10:30)고 말씀하셨습니다. 그리고 부활하신 후 보좌로 올라가시면서 제자들에게 대신 성령을 우리 안에 부어 주실 것이라고 하셨습니다. "보혜사를 너희에게 주사 영원토록 너희와 함께 있게 하리니 … 또 너희 속에 계시겠음이라"(요 14:16-17). 그러나 삼위의 하나님은 분명히 독특한 각자의 역할을 감당하고 계십니다.

때가 차매 아버지 하나님이 아들 하나님을 이 땅에 보내셨고(갈 4:4),
아들 하나님은 아버지께 기도하고(요 17:1) 복종하시며(빌 2:8),
성령 하나님은 아들 하나님을 영화롭게 하고(요 16:14) 아들을 증거하며(행 1:8),
아들 하나님은 아버지께 성령을 받아 성도들에게 부어 주십니다(행 2:33).

성령님의 임재는 아들 예수님과 아버지 하나님의 임재를 실제로 체험하게 해 줍니다. 모두 동일한 하나님이시기 때문입니다. 예수님은 삼위 하나님의 사랑의 상대인 사람에게 아버지의 사랑을 전해 주고, 사람들에게 존귀와 찬송과 영광을 받으시는 역할을 맡으셨습니다. 그래서 성도의 믿음의 상대는 예수 그리스도이며, 성도를 '그리스도인'(그리스도에 속한 사람들)이라 부르는 것입니다. 임마누엘, 영원토록 우리와 함께 계시는 하나님이신 예수님은 부활하신 후 보좌 옆에 계시지만 우리 안에 주신 성령님을 통해 늘 곁에서 함께 살아 주십니다. 우리는 예수님 때문에 하나님을 알게 되었고, 예수님 때문에 죄 사함을 받았으며, 예수님 때문에 하나님의 자녀가 되었습니다. 예수님 때문에 아버지의 모든 축복을 받아 누리며, 성령님의 인도하심으로 주님의 형상대로 거룩하게 변화되는 삶을 살아갈 수 있게 된 것입니다.
그리스도의 은혜의 영광을 영원토록 찬양할 이유가 바로 여기에 있습니다.

◇ **마태복음 3-4장, 누가복음 3-4장**

공생애를 시작하시기 전에 예수님은 준비 과정을 거치십니다. 먼저 세례 요한에게

세례를 받으시고, 성령에 이끌리어 40일 금식을 하고 마귀의 시험을 이기셨습니다.

✚ 요한에게 세례받으심 _ 마 3장, 눅 3장

나사렛에서 30세가 될 때까지 아버지를 도와서 목수 일을 하던 청년 예수가 어느 날 갑자기 대패와 망치를 버리고 요단 강으로 갔습니다. 거기서 예수님은 세례 요한에게 세례를 받으셨습니다. 세례는 이방인에게는 하나님의 백성으로 거듭난다는 뜻이며, 하나님의 선민인 유대인에게는 음부를 뜻하는 물속에서 건져져 참이스라엘 백성으로 인정됨을 의미합니다.

세례 요한이 많은 사람들에게 세례를 베푼 이유는 무엇입니까? 세례 요한은 유대인이라도 자신의 죄를 회개하고 세례받지 않으면 하나님의 진노를 피할 수 없다고 선포합니다. 아브라함의 후손은 하나님이 돌로도 만드실 수 있으므로 아브라함의 후손으로 태어난 것이 중요한 게 아니라 자신의 죄를 회개하고 세례받아야 참이스라엘 백성으로 인정받는다는 것입니다. "나는 너희로 회개하게 하기 위하여 물로 세례를 베풀거니와 내 뒤에 오시는 이는 나보다 능력이 많으시니 … 그는 성령과 불로 너희에게 세례를 베푸실 것"(마 3:11)임을 선포합니다. 즉, 뒤에 오실 메시아의 십자가 대속과 부

활에 따른 성령세례를 통해 하나님이 약속하신 대로 이스라엘이 새 언약의 백성으로 거듭날 것을 예고한 것입니다.

예레미야를 통해 전하셨던 "내가 이스라엘 집과 유다 집에 새 언약을 맺으리라 … 내가 나의 법을 그들의 속에 두며 그들의 마음에 기록하여 나는 그들의 하나님이 되고 그들은 내 백성이 될 것이라"(렘 31:31-33)는 말씀과, 에스겔에게 하셨던 "새 영을 너희 속에 두고 새 마음을 너희에게 주되 너희 육신에서 굳은 마음을 제거하고 부드러운 마음을 줄 것이며"(겔 36:26)라는 말씀은, 곧 사람 속에 성령을 부어 주실 것을 약속하시는 것입니다.

세례는 구약 시대에는 없었던 의식으로 세례 요한에 의해 "죄 사함을 위한 회개의 의식"으로써 시작되었습니다. 공생애 기간 중 예수님도 물세례를 주셨습니다. 성도들이 받는 물세례는 그리스도 예수와 연합하여 주님과 함께 장사됨을 뜻하므로(롬 6:3) 예수님을 믿고 세례받은 성도는 다시 자신의 몸으로 죄를 지으면 안 됩니다. 예수님을 영접하고 나서 받는 물세례는 "예수님과 함께 십자가에 죽은 자 되었으니 다시는 죄짓지 않고 살겠다"는 경건한 약속이기 때문입니다. 죽은 자는 죄를 짓지 않습니다. "너희 지체를 불의의 무기로 죄에게 내주지 말고 오직 … 너희 지체를 의의 무기로 하나님께 드리라"(롬 6:13).

예수님이 왜 세례 요한에게 세례를 받으셨겠습니까? 예수님이 세례 요한에게 물세례를 받으러 나오실 때 세례 요한은 예수님이 메시아임을 알아채고 "내가 당신에게서 세례를 받아야 할 터인데 당신이 내게로 오시나이까"(마 3:14) 하며 말립니다. 그때 주님은 "이제 허락하라 우리가 이와 같이 하여 모든 의를 이루는 것이 합당하니라"(마 3:15)고 말씀하십니다. 요한이 주님께 세례를 주지 않으면 하나님의 뜻을 이룰 수가 없다는 것입니다. 예수님은 세례 요한에게 물세례를 받아서 하나님이 구약의 율법과 선지자들을 통해 주신 모든 하나님의 약속을 인계받으셔야 했던 것입니다.

예수님이 세례 요한에게 세례받으실 때 "하나님의 성령이 비둘기같이 내려 자기 위에 임하심을 보시"(마 3:16)게 되었습니다. 성령님의 인치심을 받으신 것입니다. "하늘로부터 소리가 있어 말씀하시되 이는 내 사랑하는 아들이요 내 기뻐하는 자라 하시니라"(마 3:17). **맥잡기☞** 성령님의 임재 없이는 하나님의 음성을 들을 수 없습니다. 성령님은 기도할 때 임재하십니다. "예수도 세례를 받으시고 기도하실 때에 하늘이 열리며 성령이 비둘기 같은 형체로 그의 위에 강림하시더니 하늘로부터 소리가 나기를…"(눅 3:21-22). 예수님의 부활 승천 후 제자들이 마가의 다락방에 모여 "오로지 기도에 힘 쓸"(행 1:14) 때 성령이 불의 혀같이 기도하는 각 사람의 머리 위에 임했습니다. 어떤 신학자들은 이것을 '메시아 취임식'이라고도 설명합니다.

예수님은 성령님의 인치심과 하나님의 음성을 통해, 자신이 하나님의 아들임을 선포하셨습니다. 하나님의 아들인 예수님이 사람인 세례 요한에게 겸손히 무릎 꿇고 세례받으심으로, 섬김을 받는 게 아니라 오히려 섬기라고 보내신 아버지의 뜻에 순종하신 것입니다.

오늘날 주님이 명하신 두 가지 의식인 세례(Baptism)와 성찬식(Communion)은 성도의 생활 지침입니다. 십자가에서 우리 몸이 죽고, 예수님과 연합하여 죽음에서 부활함으로 죄에서 자유함을 얻어, 하나님과 이웃을 사랑하며 이 땅에서 하나님 나라를 이루라는 것입니다.

똑같은 음성이 십자가를 지시기 전, 변화 산에서 들립니다. "이는 내 사랑하는 아들이요 내 기뻐하는 자니 너희는 그의 말을 들으라"(마 17:5). 아들이 처참하게 십자가를 지고 피 흘리며 고통받을 것에 앞서서 영화롭게 변형시키심으로 예수님이 하나님의 아들임을 제자들에게 확인시켜 주신 것입니다.

✚ 광야의 시험 _ 마 4장, 눅 4장

예수님은 성령에 이끌리어 광야로 가서 마귀에게 시험을 받으십니다. "왜 예수님이 이 땅에 오셔서 공생애 사역을 하시기 전에 마귀에게 시험을 받으셔야 했습니까?" 하고 질문하는 사람이 있습니다. 이는 첫 아담은 에덴동산에서 마귀의 시험에 실패했지만, 예수님은 승리하심으로 모든 성도들이 시험을 이기도록 하시기 위해서입니다. 아담은 온 인류에게 죄를 유산으로 남겼는데, 이 죄의 피가 오늘날 우리에게도 흐르고 있습니다(예수님의 족보 참조). 예수님은 우리에게 구원을 유산으로 주기 위해 시험을 받으신 것입니다.

예수님은 세 가지 시험에 모두 "기록되었으되"라는 하나님의 말씀으로 답변하십니다. 신명기 8장을 비롯, 구약의 말씀을 사용하셨습니다. 주님은 바로 믿음의 방패요, 성령의 검인 말씀으로 사탄의 유혹을 이겨 내십니다. 사탄의 유혹이 들어올 때는 기도할 시간이 없습니다. 우리가 성경공부하는 이유가 여기에 있습니다. 성경을 내 안에다 집어넣지 않고는 절대로 사탄의 유혹을 이겨 낼 수가 없습니다. 항상 내 안에 말씀이 들어와 있어야 사탄의 유혹이 둥지를 틀기 전에 말씀으로 떨쳐 낼 수 있는 것입니다.

여기서 주님이 성령님께 이끌리어 성령님 안에서 시험을 감당하셨다는 것이 중요합니다. 세례 요한에게 세례받고 물 위로 올라오실 때 주님의 머리 위에 비둘기같이 임재한 성령님은 광야 시험 때에도 동행하셨을 뿐 아니라, 공생애 기간 내내 주님과 함께하셨습니다.

첫 번째 시험: 불신의 시험 _ 마 4:3-4

예수님이 받으신 첫 번째 시험은 돌로 떡을 만들어 먹으라는 불신의 시험입니다. 하나님께 의지하지 말고 자신의 능력으로 떡을 만들어 먹고, 곧 창조주 하나님을 부인하라는 겁니다. "육신의 정욕"(요일 2:16)이며, 사탄이 하와에게 선악과를 따먹으라고 유혹한 것(창 3:5)과 같은 시험 과목입니다.

오늘날 우리들이 사는 모습이기도 합니다. 새벽기도할 시간이나 성경을 읽을 시간은 없지만 새벽부터 일어나서 시험공부하고, 가게 문 열고 열심히 일합니다. 내가 떡 만들어서, 내 능력으로 먹고살기 위해서입니다. 하나님의 말씀을 따라 그 말씀에 의지해서 사는 것을 믿음이라 합니다. 마귀가 제일 먼저 우리에게 주는 시험이 바로 "네 힘으로 먹고살아라" 하는 불신의 시험입니다. 먹고사는 모든 것을 하나님이 은혜로 주셨다는 사실을 믿지 못하게 만듭니다. 주님은 "사람이 떡으로만 사는 것이 아니요 여호와의 입에서 나오는 모든 말씀으로 사는 줄을 네가 알게 하려 하심이니라"(신 8:3)는 말씀으로 시험을 이기셨습니다. 하나님의 말씀은 모든 창조의 원동력입니다. "하나님의 말씀은 살아 있고 활력이 있어"(히 4:12). 세상 모든 만물이 다 하나님 말씀의 에너지로 지어졌을 뿐만 아니라, 하나님의 말씀이 이 세상에 존재하는 모든 것들을 붙잡고 계십니다(히 1:3). 하나님의 말씀을 붙잡을 때 우리는 내 힘이 아니라 그 안에 있는 활력으로 살 수 있습니다.

두 번째 시험: 자기과시의 시험 _ 마 4:5-7

두 번째는 자기과시의 시험입니다. 하와가 나무를 볼 때 "지혜롭게 할 만큼 탐스럽게" 보이도록 마귀가 유혹한 것입니다(창 3:6). "이생의 자랑"(요일 2:16)입니다. 마귀는 "네가 만일 하나님의 아들이어든 뛰어내리라 기록하였으되 그가 너를 위하여 그의 사자들을 명하시리니 그들이 손으로 너를 받들어 발이 돌에 부딪치지 않게 하리로다"(마 4:6)고 말합니다. 그렇게 하면 예수님이 메시아임을 모든 사람이 인정할 거라고 합니다. 사탄은 "자기를 부인하지 말고 스스로 하늘 끝까지 높아지라"고 날마다 우리를 시험합니다.

그러나 예수님은 박수갈채를 받기 위해, 자기과시를 위해 기적을 행하지 않으셨습니다. 주님은 사랑의 본체이신 하나님과 동격이시지만 "동등됨을 취할 것으로 여기지 아니하시고 오히려 자기를 비워 … 자기를 낮추시고 죽기까지 복종"(빌 2:6-8)하심으로 부활의 영광을 받으신 것입니다. 예수님은 "주 너의 하나님을 시험하지 말라"(마 4:7)는 말씀으로 시험을 이겨 내십니다. 주님은 이적을 행하여 스스로 높아짐으로 영광을 취하는 방법 대신 십자가의 고난을 통해 낮아짐으로 영광받으셔야 했기 때문입니다.

세 번째 시험: 세상 영광의 시험 _ 마 4:8-11

사탄은 "내게 엎드려 경배하면 이 모든 것을 네게 주리라"(마 4:9)고 합니다. 좋은 차, 좋은 집 등 눈에 보이는 모든 것을 주겠다는 것입니다. 사람들은 재산, 출세, 명예 등 눈에 보이는 것을 얻으려고 사탄에게 경배합니다. 세상 영광을 좇아 삽니다. 하와가 사탄의 말을 듣고 선악과를 보니 "보암직"했습니다(창 3:6). "안목의 정욕"(요일 2:16)에 대한 시험입니다. 히브리서는 "믿음은 바라는 것들의 실상이요 보이지 않는 것들의 증거니"(히 11:1)라고 말씀합니다. 세상의 모든 영광들, 눈에 보이는 그림 같은 집, 멋진 자동차, 이런 것들은 전부 썩어져 없어질 것들입니다. 썩어지지 아니할 씨로 말미암은 믿음(벧전 1:23)이 보이지 않는 것, 우리가 바라는 것의 실상이며 진짜입니다. "모든 육체는 풀과 같고 그 모든 영광은 풀의 꽃과 같으니 풀은 마르고 꽃은 떨어지되 오직 주의 말씀은 세세토록 있도다"(벧전 1:24-25).

보이는 영광이 아니라, 보이지 않는 것을 바라는 것이 그리스도인의 삶입니다. "하나님은 (보이지 않는) 영이시니 예배하는 자가 영과 진리로 예배할지니라"(요 4:24). 이것이 성도가 보이지 않는 성령님과 말씀에 붙들려 예배드리는 이유입니다. 주님은 "사탄아 물러가라 기록되었으되 주 너의 하나님께 경배하고 다만 그를 섬기라"(마 4:10)는 말씀으로 시험을 이기셨습니다.

✚ 나사렛 회당 설교 _ 눅 4:16-30

주님은 광야 시험을 끝내고 나사렛의 회당으로 가십니다. 공생애 사역을 본격적으로 시작하기 전에 먼저 고향을 찾으신 것입니다. "예수께서 그 자라나신 곳 나사렛에 이르사 안식일에 늘 하시던 대로 회당에 들어가사 성경을 읽으려고 서시매"(눅 4:16).

그때는 안식일이었습니다. 안식일에는 제사장이 아닌 누군가가 회당에 모인 사람들에게 구약의 율법을 설명하게 되어 있습니다. 회당에 들어서신 예수님은 마침 회당장이 주는 이사야서의 한 구절을 읽으셨습니다. "주 여호와의 영이 내게 내리셨으니 이는 여호와께서 내게 기름을 부으사 가난한 자에게 아름다운 소식을 전하게 하려 하심이라 나를 보내사 마음이 상한 자를 고치며 포로 된 자에게 자유를, 갇힌 자에게 놓임을 선포하며 여호와의 은혜의 해와 우리 하나님의 보복의 날을 선포하여 모든 슬픈 자를 위로하되 무릇 시온에서 슬퍼하는 자에게 화관을 주어 그 재를 대신하며 기쁨의 기름으로 그 슬픔을 대신하며 찬송의 옷으로 그 근심을 대신하시고 그들이 의의 나무 곧 여호와께서 심으신 그 영광을 나타낼 자라 일컬음을 받게 하려 하심이라"(사 61:1-3).

성령님이 임재하시면, 기름 부으심이 있습니다. 기름 부음은 사명을 부여하는 것입니다. 하나님의 영, 성령님이 임하셔서 가난한 자들에게 아름다운 소식을 전하는 사명을 주십니다. 아름다운 소식이 뭘까요? 복음입니다. 치유와 자유와 놓임과 위로와 기쁨과 찬송입니다. 여기서 "하나님의 보복의 날"이라고 하는 것은 '희년'을 말합니다. 모든 노예를 풀어 주는 날입니다. 예수님은 이 말씀에 대해 장황한 설명과 설교를 하지 않으셨습니다. 다만 "이에 예수께서 그들에게 말씀하시되 이 글이 오늘 너희 귀에 응하였느니라"(눅 4:21) 하시며 "이 성경에 약속된 메시아가 너희 앞에 있는 나다" 하고 선포하셨습니다.

주님이 메시아로 이 땅에 오신 것은 포로 된 자에게 자유를, 눌린 자에게 놓임을 주시기 위해서입니다. 포로 된 자는 사탄의 영에 의해, 갇힌 자는 다른 사람에 의해 상처

받고 자신 안에 묶인 사람입니다. 자폐증이나 우울증과 같은 것입니다. 사람의 영이 눌리면 자유의지로 올바른 선택을 하지 못합니다. 스스로 하나님을 선택할 수 없습니다. 자유를 얻어야 하나님을 선택할 수 있고, 이웃을 바라볼 수 있습니다. 성령님을 통해서만 죄와 상처와 원통함에서 놓임 받고, 노예 상태에서 풀려날 수 있습니다. 성경을 문자 그대로 해석하면 이해가 안 됩니다. 왜 예수님이 동정녀 마리아에게서 나셔야 했습니까? 왜 예수님이 세례 요한에게 세례를 받으셔야 했습니까? 이 모든 의문은 성령님의 관점에서 보아야 풀립니다.

예수님은 처음부터 분명한 목표를 가지고 십자가를 지셨습니다. 하지만 그것이 끝이 아닙니다. 복음서 뒤에 나오는 사도행전은 '성령행전'입니다. 오늘날 우리는 성령 시대에 살고 있는데, 성령의 역사는 예수님의 십자가 사건이 아니면 도저히 일어날 수 없습니다. 예수님의 십자가 사건은 성령 시대의 개막을 알리는 신호탄이지 "십자가를 믿었으니 이제 우리는 아무것도 할 일이 없다"라는 메시지가 아닙니다. 성령님이 일하시는 방식을 신약 전체, 복음서 4권과 사도행전과 서신서에서 말씀하고 있습니다.

예수님이 "내가 바로 그 메시아"라고 했을 때, 모여 있던 사람들은 "저런 신성모독하는 발언을 하는 사람이 어디 있느냐?"고 합니다. 유대인의 신앙은 철저히 관념적인 신앙이었습니다. 유대인은 하나님이 너무나 거룩하고 위대하셔서 감히 볼 수도 만질 수도 느낄 수도 없다고 생각했습니다. 눈으로 보기만 해도 죽을 수밖에 없는 엄위하신 존재가 하나님이신데, 하나님의 아들 메시아가 사람으로 왔다는 것을 도저히 인정할 수 없는 것입니다. 이것이 유대교의 한계입니다. 바로 예수님을 잡아 죽인 첫 번째 이유이자 마지막 이유입니다.

예수님은 나사렛 회당에서 자신이 메시아로서 이 땅에 오신 목적을 분명하게 밝히신 다음 갈릴리 호수의 가버나움을 근거지로 많은 사역을 하셨습니다.

31 | 이 땅에서 천국을 누리라, 산상수훈

◇ **마태복음 4-10장**

이제부터 마태복음을 중심으로 마치 영화를 보듯 예수님이 어떤 삶을 사셨고

어떻게 사역하셨는가를 자세히 살펴보겠습니다.

예수님은 초기 사역 이전까지 혼자 외롭게 사역하셨습니다.

 예수님의 공생애 초기 사역

✚ 공생애의 시작 _ 마 4:17

예수님의 첫 외침은 "회개하라 천국이 가까이 왔느니라"(마 4:17)였습니다. 사실 이것은 광야에서 세례 요한이 외치던 소리였습니다. 세례 요한의 세례를 받으신 예수님은 구약의 모든 약속을 인계받고, "천국이 이미 왔왔다"고 선언하셨습니다. '천국'은 한마디로 '하나님의 임재'(His presence)를 말합니다. 찬송가에 나오듯 "초막이나 궁궐이나 내 주 예수 모신 곳(주님의 임재가 있는 곳)이 그 어디나 하늘 나라"입니다. 그래서 "천국인 내가 이미 너희들 옆에 와 있으니까 회개하라!"고 말씀하신 것입니다. 우리는 비록 육신을 입고 있지만 내 안에 오신 하나님의 임재로 하늘의 신령한 축복을 누리며, 예수님의 형상을 닮아 그 사랑 안에서 거룩하게 살아갈 수 있게 되었습니다. 천국이 이 땅에

서, 내 안에서 시작되는 것입니다.

유대인은 죽고 나서 천국에 가는 것은 당연하게 여겼지만, 천국은 하늘에만 있어서 보이지 않고 만질 수도 없다고 생각했습니다. 하지만 예수님은 우리가 이 땅 가운데서 천국을 누리게 하시려고 오셨습니다. 그리고 구약 시대 내내 비밀에 감춰져 있던 하나님 나라를 밝히 보여 주셨습니다. 예수님은 12제자를 부르신 뒤에 천국의 모습과 하나님이 어떤 분이신가를 그림처럼 선명히 말씀해 주셨습니다.

"온 갈릴리에 두루 다니사 그들의 회당에서 가르치시며 천국 복음을 전파하시며 백성 중의 모든 병과 모든 약한 것을 고치시니 그의 소문이 온 수리아에 퍼진지라 사람들이 모든 앓는 자 곧 각종 병에 걸려서 고통당하는 자, 귀신 들린 자, 간질하는 자, 중풍병자들을 데려오니 그들을 고치시더라"(마 4:23-24). 이는 예수님의 공생애를 짧게 요약하여 표현한 것입니다. 천국과 하나님에 대해 말씀하신 예수님이 십자가에 죽으시고 부활하신 후 성령님이 오심으로써 하늘에 감추었던 천국의 비밀이 이 땅에 나타난 것이 교회입니다. 주님이 친히 갈릴리에서 행하신 "전도와 가르침(양육)과 구제(마

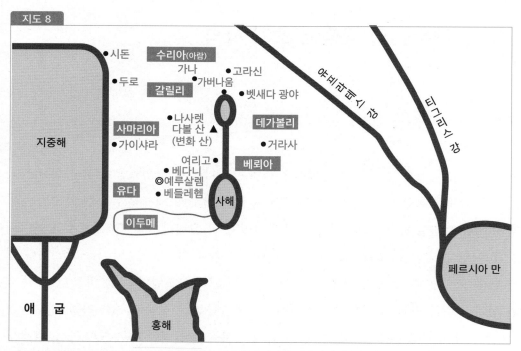

예수님 공생애 초기 사역지 갈릴리 호수 밑에는 예수님이 사셨던 나사렛이 있습니다. 나사렛 밑에는 다볼 산이 있는데, 오늘도 이스라엘 사람들은 이 산을 영산으로 생각합니다. 이 산을 변화 산이라고 봅니다.

4:23)"가 이 땅에 주신 교회의 사명입니다.

예수님의 소문이 수리아에 퍼졌습니다. 예수님은 나사렛 출신입니다. 나사렛은 북 이스라엘에 속해 있었습니다. 앗수르에 망한 북이스라엘의 10지파는 다 흩어졌고, 그 뒤에 앗수르와 수리아 사람들이 나사렛을 점령해서 살았습니다. 예수님이 주로 사역 하신 갈릴리 호수 북쪽은 수리아 땅이었습니다. 수리아는 아람이라고도 하며, 예수님 은 히브리어와 아람어를 다 사용하신 것 같습니다. 예수님의 이적과 말씀의 능력에 관 한 소문이 점점 퍼져 나가니까 수천 명, 수만 명씩 예수님을 따라다녔습니다.

✚ 초기 사역의 특징 _ 마 4:23, 9:35

"그들의 회당에서 가르치시며 천국 복음을 전파하시며 모든 병과 모든 약한 것을 고치 시니라"(마 9:35). 예수님은 마태복음 5-7장에 걸쳐서 산상수훈이라는 큰 설교를 통해 천국 복음을 전파하셨고 여러 회당에서 가르치셨으며, 마태복음 8-9장에서 모든 병과 약한 것을 고치셨는데, 예수님의 제자인 마태는 이 사건들을 잘 정리했습니다. 예수 님의 초기 사역의 특징은 이제까지 듣지 못한 천국 복음을 전파하고, 모든 병을 고치 며 귀신들을 쫓아내심으로써 당신이 구약에서 약속된(사 61:1-3) 메시아임을 이스라엘 백성들에게 나타내신 것입니다.

 ## 산상수훈의 축복 _ 마 5-7장

주님은 공생애 사역 기간 동안 두 가지 큰 설교를 하셨습니다. '산상수훈'과 공생애를 마감하시면서 십자가를 지시기 직전에 하신 '감람 산 강화'(마 24-25장)입니다. 먼저 살 펴볼 산상수훈은 이 땅에서 어떻게 천국을 누리고 살 것인지에 대한 말씀입니다. 우리 가 어떻게 살기를 원하시는지 하나님 아버지의 심정을 잘 알 수 있습니다.

✚ 어떻게 하면 세상에서 천국을 누릴 수 있을까?

갈릴리 호수 서북부의 가버나움이라는 마을 뒤에 조그마한 동산이 있는데, '축복의 산'(Mt. Beatitude)이라고 합니다. 여기서 내려다보는 갈릴리 호수는 무척 아름답습니다. 원래 이름이 있었는지 알 수 없지만, 예수님이 그곳에서 천국인이 누리는 축복에 관한 설교를 하셔서 후대에 그렇게 이름이 붙여진 것 같습니다.

예수님은 마태복음 5-7장에 이르는 방대한 설교로 이스라엘 백성을 가르치셨습니다. 팔복, 빛과 소금의 삶, 하나님 나라의 의에 대한 가르침, 구제와 금식, 재물관, 이웃 사랑의 구체적인 사례로 천국인의 삶의 자세에 대해 말씀해 주셨습니다.

당시 예수님을 따르는 무리의 관심은 표면으로 나타나는 기적과 병 고침에 집중되어 있었습니다(마 4:23-25). 기적을 보고 호기심과 병 고치려는 목적으로 많은 사람들이 따르자, 주님은 갑자기 산 위에 올라 앉으셔서 천국의 비밀 보따리를 쏟아 내십니다. 천국이 우리 안(내면)에서 이루어지기 시작하는 것임을 알려 주시기 위해서입니다. 사람들의 관심을 육적인 것(병 고침)과 눈에 보이는 것(여러 가지 기적)에서 보이지 않는 내면(안)으로 집중시키려고 하신 것입니다. 이적을 행하면 많은 사람들이 모이지만, 이적만으로는 구원이 일어나지 않고 말씀을 들어야 구원을 얻기 때문입니다.

많은 사람들은 산상수훈이 "하나님 나라에 어떻게 들어가는가?" 하는 천국에 들어가는 비결에 관한 말씀이고, 감람 산 강화는 "하나님 나라는 어떻게 이 땅에 다시 임하는가?" 하는 주님의 재림에 대한 말씀이라고 생각합니다. 하지만 산상수훈이 말하고자 하는 것은, 죽고 나서 "하나님 나라에 어떻게 들어가는가?"가 아니라 "어떻게 하면 이 험한 세상에서 천국을 누릴 수 있는가?"입니다. 그래서 산상수훈을 '천국헌장'이라고도 부릅니다. 천국인이 지키고 사는 규범이라고나 할까요? 다른 말로 하면 '성령의 법'입니다.

"그러므로 이제 그리스도 예수 안에 있는 자에게는 결코 정죄함이 없나니 이는 그리스도 예수 안에 있는 생명의 성령의 법이 죄와 사망의 법에서 너를 해방하였음이라"(롬 8:1-2). 예수 안에 있는 자에게 정죄함이 없다는 것, 그리스도인이 심판을 받지 않는 것은 예수 안에 있기 때문입니다. 예수 안에 있는 자여야 한다는 것이 중요합니다.

단순히 예수님을 믿는 사람이 아니라 그분의 말씀대로 순종하는 자가 예수 안에 있는 자라고 했습니다(요 14:21). 그러한 사람은 생명의 성령의 법이 죄와 사망의 법에서 해방시켜 주기 때문에, 육신을 입고 살아가지만 죄와 사망의 법에 의해 눌리고 휘둘리며 슬퍼하지 않습니다. 그래서 정죄함이 없는 겁니다. 세상을 살아가면서 지옥 같은 환란을 겪으면서도 천국을 누릴 수 있는 능력을 힘입습니다. 세상이 줄 수 없는 평안을 누린다는 말입니다.

오른뺨을 때리면 왼뺨을 내주고, 오 리를 걷자고 하면 십 리를 동행해 주는 등 산상수훈의 말씀대로 살아가기가 구약의 십계명 지키기보다 더 어려운 것 같습니다. 그러나 우리 같은 평범한 사람도 성령님 안에서 성화의 삶을 살아갈 수 있습니다. 위에서 주시는 능력으로, 산상수훈의 말씀대로 사신 주님의 형상을 닮아 가면 됩니다. 여기에 말씀의 초점이 맞추어져 있습니다.

✚ 천국헌장, 팔복에 대하여 _ 마 5:1-12

팔복은 유대인이 그렇게도 기다리던 메시아(다윗의 자손으로 오실 기름 부은 자)의 정치적 변혁(이스라엘 왕국의 독립)이나 외형적 물질의 축복이 아닌 사람들의 마음속에서 일어나는 내면적 변화에 초점을 맞추고 있습니다. "하나님의 나라는 … 여기 있다 저기 있다고도 못하리니 하나님의 나라는 너희 안에 있느니라"(눅 17:20-21). 천국은 우리 안에 찾아오신 성령님을 통해 내 안에서 느껴지는 것임을 최초로 선포하신 것입니다. 이 말씀을 들은 제자들과 무리들은 그 참뜻을 알아듣지 못했을 뿐만 아니라 오히려 실망했을 것으로 보입니다.

팔복은 단순히 축복을 받는 여덟 가지 비결이 아닙니다. 성령님의 임재를 통해 예수님의 사랑을 자신의 내면에서 절절히 느끼는 사람은 이러한 여덟 가지 삶의 자세를 가지게 되며, 그 결과로 축복(천국)을 누릴 뿐 아니라 영원한 천국에 큰 상급이 예비되어 있다는 의미입니다. 그래서 어떤 성경학자는 팔복(Beatitudes)이라기보다는 여덟 가지 삶의 자세(Be-Attitudes)라고 부르는 것이 더 적합하다고 주장합니다. 여덟 가지 복을 나열한 것같이 보이지만 일맥상통하는 한 가지는 천국의 평강에 대한 체험이라고 할 수 있습니다.

그러나 팔복의 자세를 삶에서 나타내는 것은 이웃 사랑을 위한 나의 희생과 고난이 전제되기에 "좁은 문"(마 7:13)으로 들어가는 길입니다. 찾는 이가 많지 않습니다.

만일 어떤 성도가 이 여덟 가지 삶의 자세 중에서 한 가지라도 자기 삶으로 나타내지 못하거나 사모하지 않는다면 그 사람은 예수님을 믿는 성도라고 할 수 없습니다. 그러나 어떤 성도가 이 여덟 가지를 다 갖추었다고 한다면 이것 역시 머리를 갸우뚱할 일입니다.

심령이 가난한 자 ⇒ 천국이 그들의 것임

예수님을 믿는 사람들 중에도 "죄와 사망의 법"(롬 8:2) 아래 있는 사람들이 있습니다. 죄와 사망의 법으로 사는 사람과 성령의 법으로 사는 사람은 너무 다릅니다. 죄와 사망의 법으로 사는 세상 사람들은 심령이 배부릅니다. 왜 그렇습니까? 내 생각, 내 계획으로 꽉 차 있기 때문입니다. 직장 동료 중에서 이런 말을 하는 사람이 있었습니다.

"이번에는 어느 나라에서 근무하고, 그다음에는 어디를 갔다 와서 무슨 과장을 하고, 무슨 국장을 한 다음에 차관보를 하고, 차관을 하고, 장관을 해야지."

저는 이제까지 자기 계획대로 된 사람을 본 적이 없습니다. 주님은 이렇게 말씀하셨습니다. "나는 알파와 오메가요 처음과 마지막이요 시작과 마침이라"(계 22:13). 처음은 우리 뜻대로 시작해도, 마지막은 절대로 처음 계획한 대로 끝마칠 수 없습니다. 알파를 계획하셔서 오메가로, 결론으로 만드실 수 있는 분은 오직 하나님 한 분밖에 안계십니다. 그런데도 우리는 내 생각과 내 계획으로 가득 차 있습니다. 이런 사람은 하나님의 은혜가 없고, 오직 자신의 지혜와 능력만 의지합니다. 그러다가 엄청난 좌절과 절망을 체험합니다. 당연히 천국이 멀어질 수밖에 없으며, 사는 동안 지옥 같은 삶을 체험합니다.

성령님의 법으로 사는 사람은 마치 한두 살 된 어린아이와 같습니다. 그 어린아이가 '내 생각', '내 계획'이 있습니까? '내가 이루어 놓은 것'이 있습니까? 그저 엄마 품에 안겨 모든 것을 맡겨 버리면 그만입니다. "걱정 근심 전혀 없네"입니다. 내 생각과 능력으로 모든 것을 이루려 하니까 걱정에 휩싸이고 자꾸 엉뚱한 방향으로 가고, 계획대로 안 되니까 밤에 잠을 못 이루는 겁니다. 이것이 죄와 사망의 법 아래 있는 인생입니다. 내 생각과 내 계획과 내 주장을 다 내려놓고 주님 안에서 가난한 심령이 될 때 천국을 체험할 수 있습니다.

성경에 나오는 심령이 가난한 자의 대표 인물이 베드로입니다. 그는 갈릴리에서 하루 종일, 밤늦도록 수고했으나 고기를 한 마리도 잡지 못했습니다(눅 5:5). 하루 종일 수고했으나 하나도 얻지 못했다면 세상의 생각으로 볼 때는 얼마나 억울합니까? 일평생 사업에 성공하기 위해 모든 것을 투자했는데 열매가 없다면 어떻겠습니까?

예수님은 그때 "깊은 데로 가서 그물을 내려 고기를 잡으라"(눅 5:4)고 하셨습니다. 베드로는 "하나님, 고기잡이 전문가인 내 모습이 이게 뭡니까?" 하며 원망할 수도 있었지만, "고기 잡는 전문가로서 제가 하루 종일 수고했으나 한 마리도 못 잡았습니다. 저로서는 할 수 없습니다" 하고 고백하며 주님께 순종했습니다. 그랬을 때 그물이 찢어질 만큼 많은 물고기를 잡았습니다(눅 5:6). 이렇게 내 모습 이대로 주님 품에 안길 수 있는 상태가 심령이 가난한 것입니다. 이때가 바로 주님을 만날 때입니다. 나로서는 아무것도 할 수 없다고 고백할 때, 비로소 천국을 누릴 수 있습니다. "천국이 그들의 것임이요"의 동사는 미래형이 아니라 현재형입니다. 장차 천국이 주어질 것이 아니라 지금 천국을 체험한다는 뜻입니다.

애통하는 자 ⇒ 위로

사람들은 고통을 싫어합니다. 세상 사람들은 고통 없이 웃기만 하는 사람이 복 있는 사람이라고 얘기합니다. 고통을 피하고 웃으며 살고 싶지만 실제로는 환난과 근심과 걱정 속에서 살아가는 것이 죄와 사망의 법 아래 있는 삶입니다.

우리에게 오는 고난의 90% 이상은 자신의 죄와 잘못된 선택에서 비롯된 것입니다. 하지만 욥처럼 하나님이 정금과 같이 단련시키기 위해, 성령님의 기름 부으심으로 새 사람으로 만들고 사명을 주려고 연단과 고난을 허락하시는 경우도 있습니다. 그래서 예수님을 잘 믿어도 고통은 옵니다. 예수님을 믿는다고 고통을 좋아하게 됩니까? 다 싫어합니다. 하지만 천국 백성은 고난이 축복의 시작임을 믿을 수 있는 사람입니다. 고통을 겪으면서 오히려 육이 깨지고 자아가 깨지는 것을 감사하면 진정한 위로를 얻습니다.

성령님을 의지하는 사람만이 엄청나게 고통받으면서도 "주님, 저는 아무것도 아닙니다. 이 고통 속에서 제가 할 수 있는 것은 아무것도 없습니다. 주님만 바라봅니다"

라는 고백을 드리며 자아가 깨지는 것에 감사할 수 있습니다. 이런 사람이 하나님의 진정한 위로를 체험할 수 있습니다. 이것이 천국의 축복입니다.

그렇기에 기도하지 않는 사람은 말씀을 아무리 알아도 위로를 받지 못합니다. 성령님의 인도하심을 받아 기도할 때 내 죄의 실상을 볼 수 있습니다. 회개하기 위해 머리로 죄를 기억해 봐야 별로 생각나지 않습니다. 너무 많은 죄가 내 의식 가운데서 사라집니다. 자신의 기억으로는 죄의 5%도 기억하지 못합니다. 하지만 성령님은 내가 까맣게 잊고 있었던 죄까지도 전부 고백하게 하십니다. 기도를 통해 내가 엄청난 죄인이라는 실상을 깨달을 때, 통회하고 뒤집어지고 애통합니다. 애통하며 죄를 고백할 때 사탄의 영이 쫓겨나고 성령님의 위로가 내 안을 가득 채웁니다. 이때 비로소 예수님의 말씀이 이뤄집니다. "나를 믿는 자는 성경에 이름과 같이 그 배에서 생수의 강이 흘러나오리라"(요 7:38).

죄로 인한 눌림이 있습니까? 성령님의 인도하심 속에 기도로 애통하며 깨질 때 하나님의 위로가 임합니다. 내 심령을 비우면 성령님이 애통하게 하십니다. 심령이 가난한 자는 애통하게 됩니다.

온유한 자 ⇒ 땅을 기업으로 받음

로마 사람들의 덕목은 용맹이었습니다. 용기와 권력, 물리력과 재력을 가진 사람만이 땅을 차지합니다. 그러나 세상의 용기와 힘으로 땅을 차지하면 빼앗겨 슬피 우는 이웃이 반드시 생깁니다.

주님은 땅을 많이 가지고 있는 사람들이나 재산이 많은 사람들을 부러워하지 말고, 성령으로 스스로를 낮추고 온유함과 겸손함으로 이웃을 섬기라고 말씀하십니다. 이렇게 자신을 낮추고 이웃을 섬기면 하늘나라의 땅을 기업으로 주겠다고 약속하십니다.

예수님을 영접한 사람들 중에도 주일에 한 번 교회에 나가 예배드리고 세상에서는 자기 욕심대로 이웃을 짓밟고 세상 것으로 채우기 위해 힘쓰는 사람들이 있습니다. 이런 성도는 하늘나라에서 기업으로 받을 땅이 없습니다. 이것을 흔히 '부끄러운 구원'이라고 합니다.

온유한 사람은 다른 사람이 자신을 비난해도 보복하거나 핑계대지 않고 겸손히 받아들입니다. 이것은 또 다른 차원에서 자신을 비우는 자세입니다.

의에 주리고 목마른 자 ⇒ 배부름

세상에서는 어떤 사람이 배부릅니까? 돈 많이 벌고 출세한 사람입니다. 하지만 돈이 없고 출세하지 못했더라도 자신이 받은 축복을 이웃에게 나눠 주기를 즐거워하는 천국 백성은 하나님이 주시는 생명의 양식으로 배부릅니다. 가난하고 약한 사람들에게 조금이라도 더 많이 주려고 안타까워하는 사람이 의에 주리고 목마른 사람입니다. 이런 성도가 이 땅과 하늘나라에서 배부르고 충만하게 될 것이라는 약속입니다. "정의를 물같이, 공의를 마르지 않는 강같이 흐르게 할지어다"(암 5:24) 하는 말씀처럼, 하나님의 공의는 물 흐르듯 아래로 흘려주는 것이기 때문입니다. 성도 중에 자기와 함께 일하는 종업원의 급여를 어떻게라도 깎으려는, 사망의 법을 따라 사는 성도들도 있습니다. 이들이 과연 배부를 수 있겠습니까?

긍휼히 여기는 자 ⇒ 긍휼히 여김을 받음

팔복을 전반부 4복(비우는 자의 축복)과 후반부 4복(채워진 자의 능동적 자세)으로 나눌 수 있습니다. 심령을 비워 성령으로 배부르게 채워진 성도는 능동적으로 이웃을 긍휼히 여기며, 청결한 마음을 나타내며, 자신이 평강을 누릴 뿐 아니라 주위에 평강을 가져다주며, '의'(righteousness)를 위해 기꺼이 핍박을 받습니다.

사람들은 누군가가 자신에게 상처를 주거나 손해를 입혔을 때 그를 증오합니다. 하지만 성령님께 늘 사랑을 체험하고 공급받는 성도는 그런 상대를 잠깐 미워할 수는 있으나, 성령님이 상대를 긍휼히 여기는 마음을 주시므로 미워하기보다는 그의 연약함을 위해 기도하게 됩니다. 자신도 결함이 많고 늘 실수가 많다는 것을 깨닫는 사람일수록 남을 긍휼히 여깁니다. 자신의 부족함을 깨닫는 것은 성령님의 법을 따라 사는 사람이 받는 축복입니다.

교회 내에서도 목사님의 잘못을 발견할 때, 성령님의 인도를 받는 사람은 오히려 목사님을 긍휼히 여기고 목사님을 위해 중보기도합니다. 하지만 율법에 따라 사는 성도는 목사님을 정죄하고 고치려 하며 교회를 파탄으로 몰아넣습니다.

세상에서는 누가 부러움을 삽니까? 재산 많이 모으고 출세해서 높아진 사람입니다. 하지만 아무리 모은 재산이 없고 출세하지 못했어도 나보다 못한 사람을 진심으로 긍휼히 여기고 위로해 주는 사람은 천국에 속한 사람입니다. 그런 사람은 천국을 누릴 수 있습니다.

마음이 청결한 자 ⇒ 주님을 봄

'하나님을 볼 것'이라는 말은 '하나님을 내 안에서 체험한다'거나, '하나님의 사랑을 내 안에서 느낀다'라는 뜻입니다. 온갖 악한 마음이나 독심을 품고 세상 영광을 따라가다 보면 결국 지옥을 체험합니다. 세상 생각을 좇아가지 말고 성령님의 인도하심에 따라 생명수인 말씀과 기도로 세상 생각을 청소하고 마음을 깨끗이 해야 합니다. 학업이나 직장 생활이 바빠서 말씀 듣고 기도할 시간이 없다는 것은 다 핑계입니다. 심령을 비움으로 성령님으로 배불리 채워진 성도, 마음에 있는 세상 생각들을 청소하여 청결한 성도는 이 세상에서 천국을 누리며, 하나님을 체험할 수 있습니다. "이 세대를 본받지 말고 오직 마음을 새롭게 함으로 변화를 받"(롬 12:2)는 삶과 일맥상통하는 자세입니다.

화평하게 하는 자 ⇒ 하나님의 아들이라 일컬음을 받음

세상은 화평과 거리가 멉니다. 세상은 계속 경쟁시키고 싸우게 하고 이간질시킵니다. 육에 속한 성도들은 세상 사람과 똑같습니다. 주님은 경쟁하고 싸우고 험담하고 이간질하는 사람은 천국 백성이 아니고, 사탄의 자식이라고 말씀하십니다.

가정과 직장과 교회에서 다른 사람들과 화평하게 지내기 위해서는 내가 손해 보아야 합니다. 손해 보지 않은 채 이웃이나 동료와 잘 지낼 수는 없습니다. '내가 조금 손해 보자' 하는 마음이 있을 때 화평하게 됩니다. 화평하게 하는 자는 하나님의 아들이라 일컬음을 받는다고 하셨습니다. 예수님을 믿는다고 하면서도 악착같이 다른 사람들을 밟고 경쟁해서 좋은 자리를 차지하려고 하니까, 주위에서 "저런 사람이 예수 믿는다고 하니 내가 교회를 안 나가지" 하는 겁니다.

앞서 설명한 대로 심령을 비움으로 성령으로 배부르게 채워진 성도는 혼자만 평강을 누리는 데 그치지 않고 능동적으로 주변을 화평케 합니다.

의를 위해 박해받는자 ⇒ 천국이 그들의 것임

의를 위해 박해를 받는다는 것은 무엇입니까? 예수님을 믿는다고 박해하는 시대는 지나갔으니, 이 말씀이 자신과는 상관없다고 생각한다면 큰 오산입니다. 의를 위해 박해를 받는다는 것은 하나님 나라를 위해 대가를 치르겠다는 믿음을 갖는 것입니다. '하나님 나라를 세우기 위해, 교회를 세우기 위해 대가를 치르겠다. 힘들고 어렵지만 내가 그 고통을 감수하겠다'는 성도는 반드시 천국을 소유할 수 있습니다. "누구든지 나를 따라오려거든 자기를 부인하고 자기 십자가를 지고 나를 따를 것이니라"(막 8:34).

충만함으로 이웃을 긍휼히 여기고, 충만함으로 마음을 청결케 하고, 충만함으로 이웃을 화평케 하려고 하면 오히려 박해를 받지만, 이런 성도에게는 이미 천국이 와 있습니다.

소금과 빛

팔복 설교에 이어 예수님은 소금과 빛에 대해 말씀해 주십니다. "너희는 세상의 소금이니 소금이 만일 그 맛을 잃으면 무엇으로 짜게 하리요 후에는 아무 쓸데없어 다만 밖에 버려져 사람에게 밟힐 뿐이니라"(마 5:13).

그리스도인에게서는 소금의 짠맛이 나야 합니다. "우리가 이 보배를 질그릇에 가졌으니"(고후 4:7). 영을 담는 그릇인 내가 과연 예수의 영으로 말미암아 다른 사람들에게 생명의 물을 전해 주고 있는지 생각해 봐야 합니다.

성령님의 인도하심을 받아 죄와 더러운 생각들을 계속해서 깨끗이 씻어 내고 하나님의 선한 것으로 채워 나가지 않고는 소금이 될 수 없습니다. 선한 것은 '하나님의 영' 밖에 없기 때문에 끊임없이 말씀과 기도로 내 안에 선한 것, 하나님의 영을 채워야 합니다. "선한 사람은 그 쌓은 선에서 선한 것을 내고"(마 12:35). 내게서 나오는 선한 것으로 이웃과 사회의 썩어 가는 부분을 썩지 않게 하고, 무미건조한 사람에게 신선한 맛을 내게 하는 소금이 되어야 합니다. 로마 시대에는 로마 병정의 월급을 소금으로 지급할 정도로 소금은 값어치 있는 물품이었습니다. 성도가 선한 것으로 속을 채우면 세상과 구별된 매우 값어치 나가는 사람이 되는 것입니다.

"너희는 세상의 빛이라 … 이같이 너희 빛이 사람 앞에 비치게 하여 그들로 너희 착한 행실을 보고 하늘에 계신 너희 아버지께 영광을 돌리게 하라"(마 5:14-16). 우리는 흙으로 지어졌고, 하나님이 주신 생기로 움직이는 존재입니다. 우리가 어떻게 빛이 됩니까? 말씀으로, 생명으로, 빛으로 찾아오신 예수님이 내 안에 계실 때 빛이 되는 겁니다. "빛이 되라"는 말씀은 아브라함에게 주신 "너는 복이 될지라"(창 12:2) 하는 말씀과 같습니다. 우리 안에 오신 빛을 어둠 속에 있는 사람들에게 비춤으로써 그들이 빛을 받아 어둠에서 나오도록 빛의 역할을 하라는 것입니다.

어둠이 있는 곳에 빛을 비춰 준다는 것은 말씀 전하는 것 외에 구제(선한 행실)하는 것도 포함합니다. 중보기도뿐만 아니라 자신이 기도 응답의 일부가 되어 주는 겁니다. 기도만 하지 말고 기도의 응답이 되어 주기 위해 선교헌금을 하고 구제헌금을 하는 것이 바로 빛이 되는 것입니다.

우리가 말씀을 공부하고 기도만 한다고 해서 빛이 되는 것이 아닙니다. 내 육과 자아를 희생하고 내려놓지 않고서는 어두운 이웃, 눌린 이웃, 어려운 이웃에게 빛을 줄 수 없습니다. 이 모든 것들은 성령님이 우리 안에서 일하심으로 주님의 사랑이 마음속에 뭉클거리지 않고는 할 수 없는 일입니다(빌 3:8-9). 예수님은 이 빛을 선한 행실이라고 하셨습니다.

내 자아가 깨졌을 때 이웃에게 선한 행실을 할 수 있습니다. 내 안에 찾아오신 빛을 전하려면 내 모든 것을 포기하고 희생해야 합니다. 나의 육이 깨어질 때 내 안에 계신 빛이 바깥을 비추기 때문입니다. **맥잡기 ⑰** 기드온과 300명의 용사가 미디안 족속을 공격할 때 일제히 함성을 지르며 횃불이 담긴 질그릇을 깨 버렸을 때, 그 속에 있던 빛이 어두움을 헤치고 수십만의 적을 포위해서 승리한 것처럼 말입니다. 우리는 매일같이 이 질그릇을 깨기 위해 십자가 앞에 엎드려야 합니다.

소금과 빛이라는 것은 세상과 구별된 존재라는 뜻입니다. 세상은 어둡고 썩어져 가는 것뿐이지만 성도는 썩지 않게 하고 무미건조한 세상에 살맛을 더해 줍니다. 세상은 어두움을 즐기고 어두움 속에서 헤매고 있지만, 성도는 마음 안에 찾아오신 기이한 빛과 생명을 이웃에 비춤으로써 이웃들을 어둠 속에서 구해 내는 '구별된 자'입니다. 예수님은 사회적으로 초라한 신분이었던 제자들에게 그들의 영향력이 세상을 변화시키고 어두움에 빛을 발할 만큼 크다는 것을 깨우쳐 주기를 원하셨습니다. 과연 내가 빛과 소금의 역할을 하는지 그렇지 못한지 자신을 돌아보아야겠습니다.

율법의 완성자로 오신 주님

"내가 율법이나 선지자를 폐하러 온 줄로 생각하지 말라 폐하러 온 것이 아니요 완전하게 하려 함이라"(마 5:17). 주님은 율법을 완성하러 왔다고 하셨습니다. 성도들이 서로를 힐난하며 "너무 율법주의적으로 하지 말아요. 예수님의 십자가로 우리는 지금 은혜 시대를 살고 있는데 무슨 구닥다리 같은 율법(십계명)이에요?" 합니다. 그러나 주님은 천지가 없어지지 않는 한 율법의 말씀은 일점일획이라도 다 이루어질 것이라고 하셨습니다.

주님은 실제로 율법을 완성하셨습니다. 구약 신명기의 두 갈래 길, 축복과 저주를 예수님의 생애로 다 이루심으로 율법을 완성하신 것입니다. 하나님의 축복을 병 고침과 오병이어를 비롯한 여러 기적을 통해 실제로 나타내 보이셨으며, 십자가를 지심으로 모든 인류의 저주를 온몸으로 감당하셨습니다. "말씀하시되 나를 따라오라 내가 너희를 사람을 낚는 어부가 되게 하리라"(마 4:19). 우리는 율법을 도저히 지킬 수 없을 것 같습니다. 하지만 예수님은 성령의 법이 역사하시면 충분히 할 수 있다고 말씀하십니다.

"너희 의가 서기관과 바리새인보다 더 낫지 못하면 결코 천국에 들어가지 못하리라"(마 5:20). 이 말씀은 서기관과 바리새인이 지키려던 율법보다 더 지키기 어려운 명령을 주시는 것처럼 들립니다. 하나님의 법은 외형적 행위뿐만 아니라 우리 안에 있는 의식(마음)에까지 미치기 때문입니다. 그러나 이 말씀의 더 깊은 뜻은 성도의 내면이 변화되어야 천국을 누릴 수 있음을 다시 한 번 강조하신 것입니다(빌 3:9). 밖으로 나타난 행위도 중요하지만 하나님은 마음속에 어떤 의도를 품고 있는지 그 중심을 보고 판단하신다는 것입니다. 신문에 크게 보도된 살인자는 들킨 죄인이고, 우리는 들키지 않은 죄인일 뿐입니다. 그러나 주님은 우리가 율법의 준행 여부로 판단하시기보다는 말씀을 지키려고 애쓰며 몸부림치는 마음의 중심을 보시는 사랑의 하나님이십니다. 그래서 그분을 바라보아야 합니다.

율법은 '나의' 죄를 깨닫게 합니다. 내 안에는 율법을 이행해 하나님을 기쁘게 해드릴 수 있는 것이 하나도 없음을 고백하고 주님 앞에 무릎 꿇도록 인도하는 것이 율법입니다. 그래서 율법의 잣대를 남에게 대고 질책하지 말고, 주야로 묵상하여 내 속에 있는 죄를 깨닫고 회개하도록 항상 깨어 기도해야 합니다.

살인하지 말라

"옛 사람에게 말한 바 살인하지 말라 누구든지 살인하면 심판을 받게 되리라 하였다는 것을 너희가 들었으나 나는 너희에게 이르노니 형제에게 노하는 자마다 심판을 받게 되고 형제를 대하여 라가라 하는 자는 공회에 잡혀 가게 되고 미련한 놈이라 하는 자는 지옥 불에 들어가게 되리라"(마 5:21-22). 구약의 십계명은 사람의 몸을 죽이는 것을 살인이라고 합니다. 그러나 사람은 영이어서 이웃에게 화를 내는 순간 그의 영도 죽습니다.

바보라고 하는 것은 이웃을 무시하는 행위입니다. 우리는 나보다 못한 사람을 무시해 버리기 쉽습니다. 이때 사람의 몸은 죽지 않지만, 영은 엄청난 상처를 받습니다. 예수님은 이 영을 죽이는 일을 하지 말라고 하셨습니다.

간음하지 말라

"또 간음하지 말라 하였다는 것을 너희가 들었으나 나는 너희에게 이르노니 음욕을 품고 여자를 보는 자마다 마음에 이미 간음하였느니라"(마 5:27-28). 이 말씀을 보고 사람들은 "이런 기준이라면 이 세상에서 간음하지 않은 사람이 어디 있느냐?"고 반문합니다. 일반적으로는 맞습니다. 하지만 날마다 말씀과 기도로 성령님의 인도를 받으면 여인을 보고도 음욕을 품지 않게 됩니다. 거기에 관심을 두지 않습니다. 이것이 성령님의 놀라운 역사입니다.

대적하지 말라

구약에서는 "다른 해가 있으면 갚되 생명은 생명으로, 눈은 눈으로, 이는 이로, 손은 손으로, 발은 발로, 덴 것은 덴 것으로, 상하게 한 것은 상함으로, 때린 것은 때림으로 갚을지니라"(출 21:23-25)며 이웃에게 손해를 끼친 자는 반드시 처벌하라고 했습니다. 하지만 주님은 "네 오른편 뺨을 치거든 왼편도 돌려 대"(마 5:39)라고 하십니다. 내게 손해 끼친 자에게 보복하지 말라는 것입니다. 오히려 '하나님이 주신 기회다'라고 생각하고 나를 완전히 부인하면 엄청난 승리의 기쁨이 있습니다. 세상적인 눈으로 볼 때는 사람이 어떻게 이렇게 할 수 있는가 하겠지만 성령님께 붙잡힌 사람은 이 말씀이 무슨 뜻인지 알 수 있습니다.

달라면 주라

"또 너를 고발하여 속옷을 가지고자 하는 자에게 겉옷까지도 가지게 하며 또 누구든지 너로 억지로 오 리를 가게 하거든 그 사람과 십 리를 동행하고 네게 구하는 자에게 주며 네게 꾸고자 하는 자에게 거절하지 말라"(마 5:40-42). 꿔 달라고 하면 꿔 주고, 달라면 거저 주라는 것입니다.

어느 날 제 두 딸이 서로 싸웠습니다. 한 아이는 돈을 꿔 달라고 하고 다른 아이는 절대 못 꿔 준다고 티격태격합니다. 그때 제가 이 말씀으로 무섭게 야단쳤습니다. 몇 년이 지나 막내딸이 그때 아빠의 사랑을 느꼈다고 고백했을 때, 저는 무척 기뻤습니다.

중국에서 한센인과 고락을 같이하는 김요석 선교사님이 강도를 만났을 때의 이야기입니다. 강도가 돈을 달라고 하자 김 선교사님은 농산물을 판매하고 받은 돈뭉치 두 개를 고스란히 다 주었습니다. 그러자 강도가 "이런 사람 처음 봤다. 범상치 않은 사람이라 후환이 두렵다"고 하면서 덤까지 얹어 돌려주었다고 합니다.

원수를 사랑하라

"원수를 미워하라 하였다는 것을 너희가 들었으나 … 너희 원수를 사랑하며 너희를 박해하는 자를 위하여 기도하라"(마 5:43-44). 나를 못살게 굴고 무시하고 나쁘게 대하는 사람을 위해서 기도할 수 있습니까? 주님은 성령님의 능력으로 할 수 있다고 말씀하십니다. 제가 뉴욕에 있을 때 어떤 분이 서울에서 저를 괴롭히기로 작정하고 찾아오셨습니다. 그때 제가 이 말씀을 붙잡고 오히려 그분을 위해 기도하면서 주님의 사랑으로 따뜻하게 대접했습니다. 그때 주님이 제게 얼마나 놀라운 축복을 주셨는지 모릅니다.

계명을 하나라도 버리지 말라

"그러므로 누구든지 이 계명 중의 지극히 작은 것 하나라도 버리고 또 그같이 사람을 가르치는 자는 천국에서 지극히 작다 일컬음을 받을 것이요 누구든지 이를 행하며 가르치는 자는 천국에서 크다 일컬음을 받으리라"(마 5:19). 주님의 말씀을 지키기 어렵다며 특정 계명은 빼놓고 가르치면 안 된다는 것입니다. 이것을 행하며 가르치는 자는 천국에서 큰 자가 되게 해 주겠다고 하셨습니다.

✚ 말라, 외식과 염려를 _ 마 6장

마태복음 6장은 소위 '말라' 장입니다. 대부분이 "외식과 염려하지 말라"는 내용이기 때문입니다.

외식하지 말라 _ 마 6:1-18

주님은 기도할 때와 구제할 때 "외식하지 말라"고 하시며 두 가지를 말씀하셨습니다.

　첫 번째, 기도할 때 외식하지 말라고 하셨습니다(마 6:5). 거리에 서서 기도하는 바리새인의 모습은 겉으로는 경건해 보이지만 그 속은 회칠한 무덤과 같다고 말씀하셨습니다. 예수님을 믿고 구원받은 사람은 말씀으로 '나' 중심의 생각을 주님의 생각으로 바꾸어 나가야 합니다. 기도로 자신의 기분, 감정, 마음을 주님의 것으로 점점 바꾸어야 합니다. 기도는 나와 하나님과의 인격적 교제요 하나님 사랑에 대한 나의 응답입니다. 그래서 기도할 때 사람들을 의식해서는 안 됩니다. 주님은 외식하지 않고 중언부언하지 않으며 아버지께 기도하는 '주기도문'을 가르쳐 주셨습니다(마 6:9-13). 금식할 때도 슬픈 기색을 보여 외식하지 말고, 사람에게 보이지 않고 오직 하늘 아버지께만 보이도록 하라고 하셨습니다. 또 보물이 있는 곳에 마음이 있으므로 보물을 땅에 쌓아 두지 말고 하늘에 쌓아 놓으라고 하십니다.

　두 번째, 구제는 은밀히 하라고 하셨습니다. "너는 구제할 때에 오른손이 하는 것을 왼손이 모르게 하여"(마 6:3). 내가 주님이 하시는 기도 응답의 일부가 되어 드리는 것이 구제입니다. 성도가 주님의 모습을 닮아 변화되어 가는 중요한 도구가 말씀과 기도 외에 구제입니다. 내가 가진 돈을 '내가 번 것'이라고 생각하는 한 이웃에게 나눠 줄 수 없습니다. '하나님의 은혜로 받은 것'이라는 마음이 있을 때만 줄 수 있습니다.

염려하지 말라 _ 마 6:25-34

우리는 살면서 먹을 것, 마실 것, 입을 것이 떨어질까 고민하고 염려합니다. 그러나 예수님은 "염려하지 말라"(마 6:34)고 하십니다. "공중의 새를 보라 심지도 않고 거두지도 않고 창고에 모아들이지도 아니하되 너희 하늘 아버지께서 기르시나니 너희는 이것들보다 귀하지 아니하냐"(마 6:26). 참새를 먹이실 뿐 아니라 들의 백합화도 입히시는 아버지가 자녀인 우리를 먹이시고 입히실 것이니 아버지의 사랑을 믿으라는 것입니다. 말씀의 에너지로 만물을 창조하신 분께서 사랑하는 자녀들에게 먹을 것, 입을 것, 필요한 것을 주시는 것은 당연한 이치입니다. 그래도 우리가 세상을 살면서 먹을 것, 입을 것을 염려할까 봐 구약에서 이스라엘 백성들의 광야 생활을 보여 주셨습니다.

모든 걱정의 근원은 어디입니까? 세상 생각입니다. 세상 생각을 주는 것은 세상의 영입니다. "우리가 세상의 영을 받지 아니하고 오직 하나님으로부터 온 영을 받았으니 이는 우리로 하여금 하나님께서 우리에게 은혜로 주신 것들을 알게 하려 하심이라"(고전 2:12). 세상의 영, 사탄의 영이 주는 세상 생각을 소멸하지 않고는 절대 염려, 걱정, 불안을 떨칠 수 없습니다.

성령님이 세상 생각을 소멸해 주실 때 내 근심과 걱정, 모든 것들이 소멸됩니다. 그래서 성령님의 인도하심을 따라 항상 기도하라고 말씀하신 것입니다. "모든 기도와 간구를 하되 항상 성령 안에서 기도하고 이를 위하여 깨어 구하기를 항상 힘쓰며 여러 성도를 위하여 구하라"(엡 6:18). 이렇게 항상 성령님 안에서 기도하다 보면 나도 모르게 걱정이 스르르 사라짐을 체험할 수 있습니다. 세상의 문제들을 붙들고 해결하려고 몸부림치기보다, 먼저 하나님 나라(하나님의 임재)를 구하고 이웃에게 흘러주기 위해 간구하면(그의 의를 구하면) 이 세상을 살아갈 때 필요한 모든 것들을 당연히 채워 주신다고 약속하십니다(마 6:31-33).

✚ 　말라, 비판을 _ 마 7장

비판하지 말라

이어 7장에서도 "비판하지 말라"가 나옵니다. "비판을 받지 아니하려거든 비판하지 말라 너희가 비판하는 그 비판으로 너희가 비판을 받을 것이요 너희가 헤아리는 그 헤아림으로 너희가 헤아림을 받을 것이니라"(마 7:1-2).

사람의 판단 기준은 무엇입니까? '내 생각'입니다. 내 생각에 옳으면 좋은 것이고, 내 생각에 악하면 나쁜 것입니다(즉 선악과를 따먹는 것입니다). 그러나 '내 생각' 대신 하나님의 말씀(생명과)이 기준이 되어야 합니다. 나도 모르게 누구를 판단하고 정죄하려는 생각이 들면 이 말씀을 기억하고 입을 다물어야 합니다. 성도들이 가장 범하기 쉬운 죄가, 남을 판단하는 일에 쉽게 동참하는 것입니다. 저도 예외가 아닙니다. 그래서 자주 회개합니다. 선악과를 따먹으면 "눈이 밝아져서" 남의 허물이 잘 보입니다. 형제의 눈 속에 있는 티는 보이는데 자기 속에 있는 대들보만 한 죄는 깨닫지 못하는 것입니다.

기도 응답의 약속

마태복음 7장에는 우리가 잘 아는 기도 응답의 약속이 있습니다. "구하라 그리하면 너희에게 주실 것이요 찾으라 그리하면 찾을 것이요 문을 두드리라 그리하면 너희에게 열릴 것이니 구하는 이마다 받을 것이요 찾는 이는 찾아낼 것이요 두드리는 이에게는 열릴 것이니라"(마 7:7-8). 구하는 자에게 반드시 주실 것이며, 찾는 자는 반드시 찾게 하실 것이며, 두드리는 자에게는 반드시 열어 주신다는 하나님의 약속입니다.

이미 우리 곁에 와 계시는 주님의 임재를 구하고(ask for), 주님을 지속적으로 찾고(seek), 문 안에서 기다리고 계시는 주님께 문을 두드리면 즉각 만나 주시겠다는 약속입니다. 이는 기도하는 자에게는 반드시 응답하겠다는 약속이면서, 동시에 구하지 않는 자에게는 결코 주지 않으며, 찾지 않는 자는 결코 찾지 못할 것이며, 두드리지 않는 자에게는 결코 열어 주지 않으신다는 말씀이기도 합니다. 기도하지 않으면 주님을 만날 수 없으니까 좋은 일이 생기지 않습니다. 그래서 계속 기도하라는 것입니다.

대부분의 성도들은 문제가 닥쳐야 비로소 기도하는데, 그때는 너무 늦습니다. 가게가 망했는데 기도한다고 즉시 해결됩니까? 암에 걸렸는데 그제야 울고불고하면서 "고쳐 주십시오" 하면 너무 늦다는 것입니다.

평소에 기도해서 천사 울타리(산울)를 쌓아 큰일을 막는 것이 중요합니다(욥 1:10). 그러나 이미 위기가 발생했다면 그때라도 감사함으로 주님 앞에 나가십시오. 세상이 알 수 없는 평강(모든 지각에 뛰어난 평강)으로 우리의 생명을 감싸 주셔서 위기의 터널을 무사히 지나게 하시며, 시간을 두고 문제를 해결해 주십니다(빌 4:6-7).

좁은 문으로 들어가라

예수님은 "좁은 문으로 들어가라"고 하십니다. "좁은 문으로 들어가라 멸망으로 인도하는 문은 크고 그 길이 넓어 그리로 들어가는 자가 많고 생명으로 인도하는 문은 좁고 길이 협착하여 찾는 자가 적음이라"(마 7:13-14). 생명으로 인도하는 문은 좁아서 사람들에게 별로 인기가 없습니다. 그렇지만 그 길이 우리를 생명으로 인도하는 길입니다. 멸망으로 인도하는 문은 크고 넓어서 많은 사람들이 찾습니다. 재미있어서 사람들이 많이 모여듭니다. 이렇게 생명으로 인도하는 손길이 있는가 하면, 멸망으로 인도하는 손길이 있습니다. 그러므로 인도자가 누구인가를 잘 분별해야 합니다.

맥잡기 구약에서는 '율법'(말씀)을 좇아가면 축복이요 말씀을 떠나 우상을 숭배하면 '저주'라고 했습니다. 율법과 우상숭배 두 가지 길이 놓여 있습니다. 그런데 예수님이 오신 신약 시대의 두 갈래 길은, 육에 속한 성도와 영에 속한 성도로 나뉩니다. "너희가 육신대로 살면 반드시 죽을 것이로되 영으로써 몸의 행실을 죽이면 살리니"(롬 8:13). 사도 바울은 서신서 13권에서 "육을 따라 갈 것인가? 성령님의 인도하심을 받을 것인가?" 하는 두 갈래 길을 말하고 있습니다. 바울 서신의 중심 사상은 성령님의 인도하심을 받아서 살라는 것입니다. 보이는 현상을 좇느냐, 보이지 않는 실상인 말씀과 주님 안으로 들어가기를 사모하느냐의 선택에서, 어려워 보이지만 생명으로 인도하는 영에 속한 성도가 되라고 권면합니다.

✚ 열매 맺는 성도

산상수훈의 결론입니다. 주님은 참성도와 가짜 성도를 그 열매로 구분할 수 있다고 말씀하십니다. "거짓 선지자들을 삼가라 양의 옷을 입고 너희에게 나아오나 속에는 노략질하는 이리라"(마 7:15).

거짓 선지자나 이단들이 나와서 논리적으로 성경을 설명하면 많은 사람들이 빠져듭니다. 나름대로 논리적인 체계를 세워 놓았기 때문에 성경의 체계가 안 서 있는 사람들에게는 그럴듯하게 들립니다. 천국으로 인도하는 넓은 문이 있다고 유혹하니까 많은 사람들이 거짓 선지자를 따라갑니다. 주님은 거짓 선지자를 경계하라고 말씀하시면서 "너희들이 거짓 선지자들을 어떻게 알 수 있겠느냐, 어떤 열매를 맺는지만 보라"고 하십니다. "그들의 열매로 그들을 알지니 가시나무에서 포도를, 또는 엉겅퀴에서 무화과를 따겠느냐"(마 7:16).

"나더러 주여 주여 하는 자마다 천국에 다 들어갈 것이 아니요 다만 하늘에 계신 내 아버지의 뜻대로 행하는 자라야 들어가리라"(마 7:21). 이 말씀대로라면 과연 믿음으로 구원을 받는 것입니까? 행함으로 구원받는 것입니까? 믿음이 있는 자에게는 반드시 행위가 따릅니다(마 7:24). 그러나 행함 때문에 구원받는 것이 아니라 행함을 있게 한 믿음으로 구원받는 것입니다. 중요한 것은 주님은 열매를 보고 판단하신다는 것입니다. 아버지의 뜻대로 행했는지, 자기의 뜻대로 행했는지 열매를 보면 안다고 하셨습니다.

여기에 이의를 제기하는 사람들이 있을 것입니다. "그날에 많은 사람이 나더러 이르되 주여 주여 우리가 주의 이름으로 선지자 노릇 하며 주의 이름으로 귀신을 쫓아 내며 주의 이름으로 많은 권능을 행하지 아니하였나이까 하리니"(마 7:22). 주님은 "그 때에 내가 그들에게 밝히 말하되 내가 너희를 도무지 알지 못하니 불법을 행하는 자들아 내게서 떠나가라 하리라"(마 7:23)고 하셨습니다. 여기서 주님이 언급하신 사람들은 성령의 은사를 행한 사람들입니다. 주님의 이름으로 말씀을 전하고, 병 고치고, 귀신 쫓고, 예언하는 등 은사 사역 자체를 열매 맺는 것이라고 착각하기 쉽다는 겁니다. 은사자들은 많은 능력을 행하고도 버림받을 수 있다는 점에 대단히 유의해야 합니다.

결국 산상수훈의 결론은 마지막 날에 열매를 보고 판단할 테니 "성령의 열매를 맺으라"는 것입니다. 주님의 사랑의 모습으로 변화되라는 것입니다. 성령의 열매는 "사랑과 희락(기쁨)과 화평(평강)과 오래 참음과 자비와 양선과 충성과 온유와 절제"(갈 5:22-23)입니다. 주님의 모습을 닮아 내면이 변화되면 말과 눈짓과 손짓과 몸짓으로, 삶 전체로 드러납니다. 먼저 자신의 내면을 주님의 사랑으로 가득 채워 변화된 참된 성도는 다른 사람들이 회개하여 주님 앞으로 나오도록 그들을 변화시킵니다. 성령의 열매를 맺도록 이웃을 권면합니다. 무엇보다도 두렵고 떨림으로 자신의 구원을 이루면서 이웃을 변화시키는 사역이 뒤따라야 할 것입니다. 그렇지 않으면 솔로몬 왕처럼 자신의 사역을 통해 남을 구원하고 자신은 버림받을지도 모릅니다. 이 사실을 잊지 말라는 사랑의 권면입니다.

성령의 은사와 열매

성령의 은사

사도 바울은 고린도전서 12-14장에서 성령의 은사를 말했습니다. 성령의 은사에는 말씀의 은사, 방언하고 통역하고 예언하는 은사, 귀신 쫓고 병 고치는 은사, 섬기는 은사, 다스리는 은사(장로들이 교회 행정을 담당하는 것) 등 여러 은사(21가지 정도)가 있습니다.

성령의 은사는 주님께 사명을 받는 것입니다. "그러므로 이르기를 그가 위로 올라가실 때에 사로잡혔던 자들을 사로잡으시고 사람들에게 선물을 주셨다 하였도다"(엡 4:8). 주님이 친히 십자가를 지고 음부에 내려가서 음부에 빛을 비춰 주고 사탄에게 음부의 열쇠를 빼앗아 보좌 옆으로 올라가실 때, 사탄에게 사로잡혔던 자를 성령으로 사로잡고 성령의 선물(일하면서 은혜받는 사역)을 나누어 주셨다는 것입니다. 성령의 은사는 나 자신을 위해 쓰는 것이 아닙니다. 말씀의 은사는 여러 사람에게 말씀을 나눠 주기 위한 것이고, 통변과 예언의 은사는 다른 성도의 믿음을 격려하고 북돋아 주기 위한 것입니다. 복음의 사람은 항상 다른 사람과의 관계를 먼저 생각합니다. 관계를 떠나서 혼자 있는 것은 사탄이라고 했습니다.

주님이 다시 오실 때까지 연약한 이웃들을 도우라고 일시적으로 주신 것이 은사입니다. 따라서 성도인 우리가 이 땅에서 이루어야 할 최종 목표는 성령의 열매를 맺는 것입니다. 성령의 은사는 성령의 열매를 맺기 위한 과정일 뿐이며, 부분적이고 일시적입니다. 그래서 성령의 은사로 병을 고치고 말씀을 전하고 능력을 행하는 사람들이 이제 바랄 것이 없는 사람인 것처럼 생각하면 착각입니다. 주님이 다시 오시는 마지막 날에는 거울로 보는 것같이 희미하지 않을 것이며 예언과 방언과 지식을 다 폐한다고 하셨습니다(고전 13:9-12).

성령의 열매

"오직 성령의 열매는 사랑과 희락과 화평과 오래 참음과 자비와 양선과 충성과 온유와 절제니 이 같은 것을 금지할 법이 없느니라"(갈 5:22-23). 성령의 열매는 한마디로 사랑입니다. 성령의 열매인 사랑 없이 은사만 사용하는 것은 의미 없습니다(고전 13장). 성화는 성령의 열매를 맺기 위한 과정입니다. "나의 사랑하는 자들아 너희가 나 있을 때뿐 아니라 더욱 지금 나 없을 때에도 항상 복종하여 두렵고 떨림으로 너희 구원을 이루라 너희 안에서 행하시는 이는 하나님이시니 자기의 기쁘신 뜻을 위하여 너희에게 소원을 두고 행하게 하시나니"(빌 2:12-13). 성령의 열매는 예수님의 형상이요, 주님의 아가페 사랑입니다.

성령 충만

성령 충만은 성령의 열매를 맺기 직전 단계입니다. 예수님은 승천하시기 전에 제자들에게 "예루살렘을 떠나지 말고 내게서 들은 바 아버지께서 약속하신 것을 기다리라"(행 1:4)고 말씀하셨습니다. 그 말씀대로 성령님이 오셨습니다. "그들이 다 성령의 충만함을 받고 성령이 말하게 하심을 따라 다른 방언으로 말하기를 시작하니라"(행 2:4).

성령 충만은 '일시적인 성령 충만'과 '성령 충만한 삶'으로 나눌 수 있습니다. 마가의 다락방에서 사람들이 성령을 받고 방언으로 말하는 것을 보고, 군중들은 미쳤다고 손가락질합니다. 그러자 성령 충만함을 받은 베드로가 조롱하는 군중들을 향해 큰소리로 담대히 말씀을 전합니다. "유대인들과 예루살렘에 사는 모든 사람들아 이 일을 너희로 알게 할 것이니 내 말에 귀를 기울이라"(행 2:14). 이때의 성령 충만함은 일시적인 것입니다. 예루살렘 산헤드린 공회 앞에서 사람들과 변론을 벌이던 스데반도 성령 충만함을 입었습니다. "스데반이 지혜와 성령으로 말함을 그들이 능히 당하지 못하여"(행 6:10).

일시적인 성령 충만의 상태와 대비되는 성령 충만한 삶의 모습은 에베소서에서 찾을 수 있습니다. "술 취하지 말라 이는 방탕한 것이니 오직 성령으로 충만함을 받으라"(엡 5:18). 술에 취하여 자기를 완전히 잊어버리듯 성령에 취해 자신을 완전히 그분께 맡기는 삶 자체를 말합니다. 일시적이 아니라 자신의 삶을 완전히 주님께 맡길 때 성화가 이루어집니다.

성령 충만하려면 주님께 전적으로 의지하고, 완전히 복종해야 합니다. 날마다 자신을 부인하며 십자가에 못 박고, 주님을 따라갈 것을 의지적으로 결단해야 합니다. 주님도 십자가에 달리시기 전에 겟세마네 동산에서 "이르시되 아버지여 만일 아버지의 뜻이거든 이 잔을 내게서 옮기시옵소서 그러나 내 원대로 마시옵고 아버지의 원대로 되기를 원하나이다"(눅 22:42)라고 땀방울이 핏방울이 되도록 기도하셨습니다. 내 의지를 내려놓는다는 것이 이렇게 어렵다는 것을 우리가 알아야 합니다. 말로는 쉬운데, 말처럼 쉽지 않습니다.

성령 하나님은 이것을 이루어 주려고 찾아오셨습니다. 우리 안에 겨자씨만 한 믿음의 씨가 자라서 가지와 잎을 내고 꽃을 피우면, 꽃에서 향기가 납니다. 성령 충만한 사람은 그리스도의 향기가 납니다. 열매는 꽃이 떨어질 때 열립니다. 이처럼 성령 충만한 삶을 이룬 사람은 주님의 사랑, 예수님의 형상을 닮은 모습으로 나타나는 성령의 열매를 맺습니다.

치유하시는 예수님

◇ **마태복음 8-10장**

주님이 산상수훈을 말씀하고 산에서 내려오실 때 많은 병자들을 만나셨습니다.

마태복음 8-9장은 예수님이 많은 병자들을 만나서 고쳐 주시는 이야기들을 기록하고 있습니다.

 치유 사역

✚   네가 낫기를 원하느냐 _ 마 8-9장

나병환자를 고쳐 주심

예수님이 산에서 내려오실 때 제일 먼저 어떤 나병환자를 만납니다. 나병환자가 예수님께 말합니다. "주여 원하시면 저를 깨끗하게 하실 수 있나이다"(마 8:2). 구약에서 나아만의 나병이 나은 적이 있지만, 사실 나병은 낫기 힘든 병입니다. 예수님이 고쳐 주실 수 있다고 믿은 이 나병환자의 믿음은 대단한 것입니다. 그는 예수님을 하나님의 아들로 믿은 것입니다. 예수님은 "내가 원하노니 깨끗함을 받으라"(마 8:3)고 말씀하시며 손을 내밀어 고름이 줄줄 흐르는 나병환자를 만지셨습니다.

  나병은 자기 몸이 불에 데어도 아픈 줄 모릅니다. 오늘날 많은 사람들이 영혼의 나병에 걸려, 죄로 자기 몸이 썩어 가는데도 아픈 줄 모르고 제 잘난 맛에 큰소리칩니다.

전도는 영혼의 나병을 치유해 주시는 주님의 사랑을 전하는 것입니다.

백부장의 큰 믿음

이번에는 한 백부장이 간청합니다. "주여 내 하인이 중풍병으로 집에 누워 몹시 괴로워하나이다"(마 8:6). 주님이 응답하셨습니다. "내가 가서 고쳐 주리라"(마 8:7). 그러자 백부장이 믿음의 고백을 합니다. "주여 내 집에 들어오심을 나는 감당하지 못하겠사오니 다만 말씀으로만 하옵소서 그러면 내 하인이 낫겠사옵나이다 나도 남의 수하에 있는 사람이요 내 아래에도 군사가 있으니 이더러 가라 하면 가고 저더러 오라 하면 오고 내 종더러 이것을 하라 하면 하나이다"(마 8:8-9). 이 말을 듣고 주님이 백부장의 믿음을 칭찬하십니다. "내가 진실로 너희에게 이르노니 이스라엘 중 아무에게서도 이만한 믿음을 보지 못하였노라"(마 8:10). 백부장은 예수님을 하나님 나라의 왕으로 믿었습니다.

주님의 병 고치는 사역은 병자의 믿음의 터전 위에서 이루어짐을 알 수 있습니다. 백부장의 믿음의 고백은 예수님의 구원이 이방인에게 미치는 첫 사례가 되었습니다.

예수님은 열병에 걸린 베드로의 장모를 고쳐 주시고, 이어 무덤가를 지나시다가 귀신 들린 두 사람에게서 귀신을 쫓아내셨습니다.

중풍병자와 친구들

주님은 배를 타고 가버나움으로 건너가신 후 사람들이 데려온 중풍병자를 고쳐 주셨습니다. 마태복음에는 기록되어 있지 않지만 다른 복음서에는 그 친구들이 예수님 계신 곳의 지붕을 뚫고 중풍병자를 달아 내렸다고 되어 있습니다. 지붕을 뚫고 들것을 위에서 달아 내리는 친구들의 믿음을 보시고, 예수님은 중풍병자를 고쳐 주신 것입니다. 이것은 이웃을 위한 우리의 중보기도를 들어주신다는 증거입니다. 병을 못 고치는 것은 주님의 능력이 없어서가 아니라, 주님을 붙잡고 나아가는 믿음이 없기 때문입니다. 내게 믿음이 없어도 주변에 믿음 좋은 친구들이 중보해 줄 때 구원받을 수 있습니다.

이때 중풍병자를 고쳐 주시면서 주님이 말씀하십니다. "작은 자야 안심하라 네 죄 사함을 받았느니라"(마 9:2). 그러자 듣고 있던 많은 사람들이 수군거립니다. "속으로 이르되 이 사람이 신성을 모독하도다"(마 9:3). 주님이 이것을 아시고 말씀하십니다.

"너희가 어찌하여 마음에 악한 생각을 하느냐 네 죄 사함을 받았느니라 하는 말과 일어나 걸어가라 하는 말 중에 어느 것이 쉽겠느냐 그러나 인자가 세상에서 죄를 사하는 권능이 있는 줄을 너희로 알게 하려 하노라"(마 9:4-6). "이는 하나님의 영광의 광채시요 그 본체의 형상이시라 그의 능력의 말씀으로 만물을 붙드시며 죄를 정결하게 하는 일을 하시고 높은 곳에 계신 지극히 크신 이의 우편에 앉으셨느니라"(히 1:3).

물론 모든 병이 죄 때문에 오는 것은 아닙니다. 욥처럼 정금같이 되도록 연단받는 경우도 있고, 무리하다가 몸이 상하는 경우도 있습니다. 하지만 많은 경우 우리의 죄 때문에 병을 얻습니다. 하나님이 말씀으로 태초의 혼돈을 해결하셨는데 인간이 죄를 지음으로 몸의 순환질서가 파괴되어 질병이 나타나는 것입니다. 그래서 죄 사함은 병 나음을 가져옵니다.

보이지 않는 하나님만이 죄 사함의 권세를 가졌다고 생각하는 당시 유대인에게 예수님의 말씀은 신성 모독이었습니다. 이 사건은 초기 사역에 일어난 일로서 주님이 자신이 메시아임을 슬쩍 드러내신 것이지, 자랑하려고 하신 것이 아닙니다. 십자가를 향한 행진의 일보를 내딛으신 것입니다. 주님은 십자가라는 목표를 향해 달려가고 계셨습니다.

혈루병 여인의 믿음

예수님의 옷자락이라도 만져서 낫고자 하는 혈루병 걸린 여인의 마음을 보시고, 주님은 "딸아 안심하라 네 믿음이 너를 구원하였다"(마 9:22)고 하십니다. 마태복음에서는 특별히 예수님이 병자에게 나을 만한 믿음이 있는가를 보고 고치셨음을 강조하고 있습니다.

두 맹인의 믿음

두 맹인이 예수님을 따라오며 "다윗의 자손이여 우리를 불쌍히 여기소서"(마 9:27) 외치자 예수님이 "내가 능히 이 일 할 줄을 믿느냐"(마 9:28)고 물으십니다. 두 맹인이 "주여 그러하오이다"(마 9:28) 하고 대답하자, 예수님은 "너희 믿음대로 되라"(마 9:29) 하십니다. 주님이 병을 고쳐 주실 것이라는 믿음을 고백하는 사람은 모두 병 고침을 받을 것입니다(마 9:27-30).

✚ 새 언약, 새 믿음

세례 요한의 제자들이 주님께 와서 "우리와 바리새인들은 금식하는데 어찌하여 당신의 제자들은 금식하지 아니하나이까"(마 9:14) 하고 질문합니다. 이에 주님은 금식의 필요성은 인정하시지만 금식할 때와 금식할 필요가 없을 때가 있다고 지적하십니다. 신랑이신 주님과 함께 있을 때는 기뻐하며 함께 먹고 즐기다가 주님이 떠나신 후에는 금식할 것이라고 말씀하셨습니다. "혼인집 손님들이 신랑과 함께 있을 동안에 슬퍼할 수 있느냐 그러나 신랑을 빼앗길 날이 이르리니 그때에는 금식할 것이니라"(마 9:15). 주님이 내게서 멀어졌다고 생각될 때야말로 금식해야 합니다. 금식은 내 목적을 이루려고 하는 것이 아니라 주님의 임재를 구하기 위해 하는 것입니다.

주님은 옛것을 버리고 새 믿음의 옷을 입는 자에게 주님의 피로 세운 새 언약(새 포도주)이 주어진다고 말씀하십니다. "새 포도주는 새 부대에 넣어야 둘이 다 보전되느니라"(마 9:17). 옛 습관을 그대로 가지고 적당히 타협하려 한다면 사람이 망가집니다. 온전히 새것으로 변화되어야 합니다. 예수님을 믿는다는 것은 선한 일을 한다기보다 본질이 변화되는 것, 성품 자체가 변하는 것(새 부대로 변화됨)을 뜻합니다. 이를 위해서 성화의 과정이 필요한 것입니다.

제자 파송 _ 마 10장

✚ 추수할 일꾼

주님은 초기 사역을 마감하며 제자들을 파송하십니다. 부활 승천하신 후 성령 강림으로 탄생할 교회 사역의 예표로 12제자들을 세상으로 보내신 것입니다. 주님은 사역하실 때 너무나 많은 병자들이 주님 앞에 나오는 것을 보고 불쌍해서 눈물을 흘리셨습니다. 주님이 병을 고치신 것은 긍휼히 여기심, 주님의 사랑 때문이었습니다. "무리를 보시고 불쌍히 여기시니 이는 그들이 목자 없는 양과 같이 고생하며 기진함이라"(마 9:36).

"이에 제자들에게 이르시되 추수할 것은 많되 일꾼이 적으니 그러므로 추수하는 주인에게 청하여 추수할 일꾼들을 보내 주소서 하라 하시니라"(마 9:37-38). 추수할 것은 예수님 때만 많았던 것이 아닙니다. 지금도 많은 사람들이 말씀을 목마르게 기다립니다. 구제와 치유를 기다립니다. 세상에는 병들어 고생하는 사람들과 복음 없이 방황하는 사람들이 너무나 많습니다.

하지만 정말로 일꾼이 적습니다. 우리는 기도할 때 내 것을 구하지 말고, 추수할 일꾼들을 많이 구해야 합니다. 복음을 필요로 하는 사람들이 많다는 사실은, 성도에게는 추수할 기회가 많다는 축복이기도 합니다. 추수할 일꾼들을 보내 달라는 것은 "나를 일꾼 삼아 주옵소서" 하는 기도입니다. 우리는 씨를 뿌리러 간다고 생각하지만 주님은 우리에게 수확의 기쁨을 주겠다고 말씀하시니 얼마나 감사합니까?

✚ 12제자를 부르심

다양한 배경을 가진 예수님의 12제자의 공통점은 대부분이 상류층이나 특권층 출신이 아니라 가난하고 볼품없는 사람들이라는 점입니다. "형제들아 너희를 부르심을 보라 육체를 따라 지혜로운 자가 많지 아니하며 능한 자가 많지 아니하며 문벌 좋은 자가 많지 아니하도다 그러나 하나님께서 세상의 미련한 것들을 택하사 지혜 있는 자들을 부끄럽게 하려 하시고 세상의 약한 것들을 택하사 강한 것들을 부끄럽게 하려 하시며 하나님께서 세상의 천한 것들과 멸시받는 것들과 없는 것들을 택하사 있는 것들을 폐하려 하시나니 이는 아무 육체도 하나님 앞에서 자랑하지 못하게 하려 하심이라"(고전 1:26-29).

12제자들은 하나님의 구속 사역에 있어 매우 중요합니다. "너희는 사도들과 선지자들의 터 위에 세우심을 입은 자라 그리스도 예수께서 친히 모퉁잇돌이 되셨느니라 그의 안에서 건물마다 서로 연결하여 주 안에서 성전이 되어 가고"(엡 2:20-21). 주님은 12제자들에게 주님이 다시 오셔서 심판하실 때에 주님과 함께 12보좌에 앉아 심판하는 영광된 자리에 앉히실 것을 약속하셨으며(마 19:28), 재림의 때에 이 땅에 내려온 새 예루살렘 성의 기초석 위에 어린양의 12사도의 이름이 새겨질 것이라는(계 21:14) 엄청난 축복을 약속하셨습니다.

능력을 주심

지금까지는 주님이 혼자 사역하셨지만, 이제는 제자들에게 능력을 주시며 제자들을 유다 각 마을로 파송하십니다. 주님은 사랑하는 제자들에게 무턱대고 나가서 전도하라고 하시지 않고 하나님의 살아 계심을 나타내는 능력을 덧입혀 보내십니다. 제자들은 주님의 병 고치는 능력, 귀신 쫓는 능력, 죽은 자를 살리는 능력을 받습니다. 주님은 또 말씀하십니다. "내가 진실로 진실로 너희에게 이르노니 나를 믿는 자는 내가 하는 일을 그도 할 것이요 또한 그보다 큰 일도 하리니 이는 내가 아버지께로 감이니라"(요 14:12).

추수할 것은 많은데 일꾼이 부족하기에 주님의 사랑을 나타내는 일에 자신을 도구로 사용해 달라고 하는 사람, 성령을 간청하는 사람에게 능력을 주겠다고 하십니다. "내가 너희에게 말하노니 비록 벗 됨으로 인하여서는 일어나서 주지 아니할지라도 그 간청함을 인하여 일어나 그 요구대로 주리라"(눅 11:8). 나로 하여금 주님의 사랑을 나타낼 수 있게 해 달라고 간청할 때 성령의 선물을 주시겠다는 약속을 믿으시기 바랍니다.

능력(은사)은 주님의 사랑 때문에 주어지는 것입니다. 은사를 간청할 때 막연히 기도하지 말고, "주님이 말씀하신 대로 추수할 것은 많은데 일꾼이 심히 부족하니 저같이 부족한 죄인도 주님의 능력을 힘입어 주님의 일꾼으로 사용해 주세요" 하고 구하기 바랍니다. "사랑을 추구하며"(고전 14:1). 주님께 부르심 받았을 때 두려워하지 마십시오. 주님이 예비해 주신 선물을 가지고 나가도록 하심을 믿으면 능력이 나타날 것입니다.

예수님의 선교 지침

주님은 12제자들의 선교 지역을 먼저 이스라엘 집의 잃어버린 양으로 제한하시고, 나중에 사도 바울을 통해 이방으로 확장하셨습니다. **제자들이 가서 행할 사역의 내용은 첫째는 복음 전파할 것과, 둘째는 병든 자들을 고치는 것이었습니다.** 부르심에 순종하여 복음 들고 나가는 성도에게는 병 고치는 능력도 함께 주심을 믿으시기 바랍니다. 재정 문제는 선교사가 염려할 것이 아닙니다. 하나님은 필요한 것들을 채워 주겠다고 이미 약속하셨습니다.

생명을 소중히 여기심

주님은 제자들을 파송하면서 능력만 준 것이 아니라 다가올 박해를 대비해 생명의 귀함에 대해서도 말씀하십니다. "참새 두 마리가 한 앗사리온에 팔리지 않느냐 그러나 너희 아버지께서 허락하지 아니하시면 그 하나도 땅에 떨어지지 아니하리라"(마 10:29). 한 앗사리온은 동전 한 닢입니다. 그렇게 값어치 없는 참새의 생명도 하나님이 소중하게 여기신다는 것입니다.

그러니 주님의 사랑을 나타내기 위해 세상을 향해 나아가는 제자들, 주님이 추수할 일꾼으로 부르신 자들의 생명을 얼마나 귀하게 여기시겠습니까! 아무리 힘들어도, 사역 현장에서 지쳐 당장 죽을 것 같아도, 사명이 있는 자는 결코 하나님이 땅에 떨어뜨리지 않으십니다.

◇ **마태복음 11-15장**

제자들을 파송하고 나서 예수님이 십자가에 달리시기까지의 사역을 후기 사역이라고 합니다.

주님은 초기 사역 때는 메시아임을 드러내지 않으시다가 후기 사역에서는 자신이 메시아임을

드러내시며 십자가라는 목표를 향해 뚜벅뚜벅 다가가셨습니다. 그동안에는 갈릴리 호수

주변에서만 사역하셨는데, 이제는 이스라엘 전역을 두루 다니며 사역하십니다.

그리고 예루살렘으로 향하십니다.

✛ 낮은 자로 오신 주님 _ 마 11장

세례 요한의 착각

왕의 잘못을 고발하다가 감옥에 간 세례 요한은 자신의 제자들을 예수님께 보내 물어봅니다. "요한이 옥에서 그리스도께서 하신 일을 듣고 제자들을 보내어 예수께 여짜오되 오실 그이가 당신이오니이까 우리가 다른 이를 기다리오리이까"(마 11:2-3).

예수님은 "내가 메시아다"라고 하지 않으시고 "너희가 가서 듣고 보는 것을 요한에게 알리되"(마 11:4)라고 대답하십니다. 그들은 무엇을 듣고 보았습니까? 귀신이 쫓겨나고, 병든 자가 낫고, 눈먼 자가 보고, 죽은 자가 살아나고, 나병환자가 깨끗해진 것을 보았습니다. 예수님이 공생애 사역을 시작하시기 전에 나사렛 회당에서 언급하셨던 이사야의 예언(사 61:1-3) 대로입니다. 선지자들의 예언이 예수님의 사역을 통해 이

루어졌다는 것을 세례 요한에게 전하라고 하시면서 자신이 메시아로 오셨음을 증거하신 것입니다.

예수님은 세례 요한에 대해서도 선지자들의 예언이 이루어졌음을 증거하셨습니다. "기록된 바 보라 내가 내 사자를 네 앞에 보내노니 그가 네 길을 네 앞에 준비하리라 하신 것이 이 사람에 대한 말씀이니라"(마 11:10). 엘리야의 심정으로 주의 길을 준비하는 자, 곧 오리라 한 엘리야가 바로 세례 요한이라는 말씀입니다. "보라 여호와의 크고 두려운 날이 이르기 전에 내가 선지자 엘리야를 너희에게 보내리니 그가 아버지의 마음을 자녀에게로 돌이키게 하고 자녀들의 마음을 그들의 아버지에게로 돌이키게 하리라 돌이키지 아니하면 두렵건대 내가 와서 저주로 그 땅을 칠까 하노라"(말 4:5-6).

예수님은 세례 요한에 대해 "여자가 낳은 자 중에 세례 요한보다 큰 이가 일어남이 없도다 그러나 천국에서는 극히 작은 자라도 그보다 크니라"(마 11:11)고 하십니다. 왜 세례 요한이 여인이 낳은 자 중에 가장 큰 자가 됩니까? 세례 요한은 구약의 약속대로 이 땅에 오신 메시아를 직접 가리키면서 증거한 유일한 선지자였으며, 예수님께 세례를 베풀어 하나님이 주신 구약의 모든 약속을 인계해 주었기 때문입니다. 그런데 왜 천국에서 가장 낮은 자라고 하십니까? 세례 요한은 오실 메시아를 증거하는 큰 역할을 했지만, 예수님이 십자가에 죽으시고 부활하심으로 이 땅에 오실 성령님의 역사로 내면의 변화(천국)를 체험하지는 못하고 죽었기 때문입니다. 예수님은 그를 구약의 마지막 선지자로 여기셨습니다(마 11:13-14).

세례 요한은 분명 예수님이 하나님의 아들이요 메시아라는 것을 알았습니다. "내가 보고 그가 하나님의 아들이심을 증언하였노라"(요 1:34). 하지만 세례 요한은 예수님의 초림과 재림을 구분하지 못했습니다. 세례 요한이 기대한 것은 큰 영광과 권능으로 오셔서 이 땅을 회복하고 심판하시는 메시아였습니다. 로마 지배에서 이스라엘 왕국을 회복하지 않고, 옥에 갇힌 자신을 꺼내 주지도 않는 예수님에 대해 세례 요한은 의아한 심정을 가졌을 것입니다.

세례 요한이 전한 것은 "예수님이 심판하실 것이다"라는 것이었습니다. "회개하라 천국이 가까이 왔느니라"(마 3:2). "이미 도끼가 나무 뿌리에 놓였으니 좋은 열매 맺지 아니하는 나무마다 찍혀 불에 던져지리라"(눅 3:9). 자기는 구세주를 심판주로 이해했는데 예수님은 거지, 세리, 창녀처럼 세상에서 버림받은 자들과 어울려 다니며 불쌍한 사람들과 함께 굶고 울었습니다. 예수님은 심판주로서의 권위를 보이시지 않았습니다. 그래서 세례 요한이 옥에서 "그이가 당신이오니이까"(마 11:3) 하고 질문했던 것입니다.

초림 예수는 가장 낮은 자로 오셨습니다. 낮은 자로 오셔서 보이지 않는 아버지 하나님의 사랑을 나타내셨습니다. 세례 요한은 이 사랑의 개념을 이해하지 못해서 자기가 예언한 심판이 하나도 이뤄지지 않는다고 생각했고, "하늘나라에서 가장 낮은 자"라고 하시는 말씀을 들을 수밖에 없었습니다.

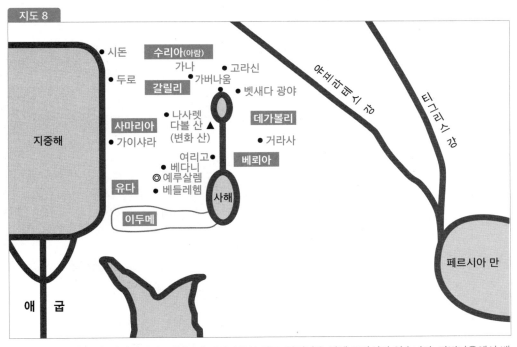

예수님의 공생애 후기 갈릴리 호수 서북부에 가버나움이 있고, 가버나움 뒤에 고라신이 있습니다. 가버나움에서 배를 타고 동쪽으로 가면 벳새다 광야가 있습니다.

구원은 기적으로 나타나는 것이 아니다

마지막 선지자인 세례 요한은 예수님이 메시아이심을 증거했고, 예수님 자신도 세례 요한의 제자들에게 자신이 메시아임을 분명히 밝히셨습니다. 마태복음 11장에서는 오신 메시아를 영접하지 않는 자들과 영접하는 자들, 두 부류가 있다는 사실과 이들에 대해 각각 심판과 축복이 있을 것임을 증거하고 있습니다.

주님은 많은 기적을 베풀어 자신이 메시아임을 선포하셨음에도 자신을 영접하지 않은(구원을 얻지 못한) 마을들을 향해 저주하십니다. "예수께서 권능을 가장 많이 행하신 고을들이 회개하지 아니하므로 그때에 책망하시되 화 있을진저 고라신아 화 있을진저 벳새다야 너희에게 행한 모든 권능을 두로와 시돈에서 행하였더라면 그들이 벌써 베옷을 입고 재에 앉아 회개하였으리라 … 가버나움아 네가 하늘에까지 높아지겠느냐 음부에까지 낮아지리라 네게 행한 모든 권능을 소돔에서 행하였더라면 그 성이 오늘까지 있었으리라"(마 11:20-23). 고라신은 예수님이 오병이어의 기적을 행하신 곳입니다. 예수님은 갈릴리 지역의 고라신, 벳세다, 가버나움 이 세 곳에서 집중적으로 사역하면서 많은 이적을 행하셨습니다. 하지만 이들은 하나님의 살아 계심을 체험하고도 회개하지 않고 구원받지 못했던 것입니다.

성지순례를 가 보면 이 일대에는 아무런 유적도 남아 있지 않습니다. 벳새다나 고라신이라는 마을은 흔적도 없고, 가버나움에는 기원후 3-4세기 무렵에 있었던 회당으로 추정되는 돌기둥만 하나만 남아 있을 뿐입니다. 그곳은 예수님이 말씀을 가르치신 회당도 아닌데, 이스라엘 정부가 관광 수입을 얻으려고 기둥 위에다가 '예수 마을'(Jesus Town)이라는 간판을 붙이고 입장료를 받고 있습니다. 주님이 저주하신 대로 아무것도 남아 있지 않습니다.

구원은 기적으로 나타나는 것이 아닙니다. 병 고치고 귀신 쫓아내고 죽은 자를 살려 내어도 그것으로는 구원이 이루어지지 않습니다. 예수님은 이 땅에 오신 하나님의 아들이 피 흘리고 고난받는 것, 오직 대속의 십자가 외에는 인류를 죄에서 구원할 다른 방법이 없음을 보고 한탄하신 것입니다.

영원한 안식으로의 초대 _ 마 11:28-30

주님은 똑똑하고 잘난 사람들이 아니라 어리석고 연약한 사람들이 주님을 영접할 수 있도록 성령님이 도우신 것을, 아버지께 감사했습니다. 그리고 고난받으신 후에 주실 성령님을 통해 이 땅에 오신 메시아를 영접한 성도가 누릴 축복(영원한 안식)에 대해 말씀해 주셨습니다. "수고하고 무거운 짐 진 자들아 다 내게로 오라 내가 너희를 쉬게 하리라"(마 11:28). 많은 그리스도인이 이 말씀을 대단히 좋아하면서도 실제로 쉼을 누리지 못하고 힘들게 살아가는 경우가 많습니다.

"나는 마음이 온유하고 겸손하니 나의 멍에를 메고 내게 배우라 그리하면 너희 마음이 쉼을 얻으리니 이는 내 멍에는 쉽고 내 짐은 가벼움이라"(마 11:29-30). 멍에가 무엇입니까? '멍에'(Yoke)는 두 마리 짐승이 따로 행동하지 못하도록 함께 목에 메워 나이 든 숙련된 짐승이 젊고 미숙한 짐승을 이끌며 배우게 하는 도구입니다. 함께 멍에를 진 어리고 훈련되지 않은 나귀나 말이나 소는 무거운 짐을 지는 고통을 참아 내며 숙달된 선배가 이끄는 대로 따라가면서 조금씩 기술을 배워 나가는 것입니다.

"나의 멍에를 메고 내게 배우라"(마 11:29)는 말씀은 주님과 함께 멍에를 메고 선악과를 먹지 말고 '생명과'인 말씀을 먹으며 예수님 곁에 딱 붙어서 제자훈련을 받으라는 것입니다. 자기 생각과 판단을 버리고 주님의 말씀에 따라가는 법을 배우라고 하십니다. 멍에를 지는 것은 말씀에 순종하고, 내 뜻대로 하지 않는 것입니다. 성령님의 도우심으로 내 생각을 버리고 주님이 인도하시는 대로 따라가는 멍에를 멜 때 영원한 안식이 주어집니다.

✚ 안식일의 주인이신 예수님 _ 마 12장

안식일 시비

마태복음 12장은 지도자들이 예수님을 영접하지 않고 강력하게 대적하는 장면으로 채워져 있습니다.

예수님이 안식일에 밀밭 사이를 거니실 때 제자들이 너무 배가 고파서 이삭을 손으로 비벼 먹었습니다(마 12:1). 그것을 본 바리새인들은 왜 하나님 말씀을 지키지 않느냐, 왜 십계명을 어기느냐고 합니다. 앞서 언급했듯, 포로 시대 이후 안식일 율법이 엄격해졌습니다. 율법에 의하면 안식일에는 몇 리 이상을 걷지 못하고 아무것도 하지 않고 집에 앉아서 여호와 하나님만을 묵상하고 하나님 얘기만 해야 했습니다.

그러나 예수님은 사람의 필요(배고플 때 먹는 것)가 율법을 형식적으로 지키는 것보다 중요하다고 말씀하십니다. "다윗이 자기와 그 함께한 자들이 시장할 때에 한 일을 읽지 못하였느냐 그가 하나님의 전에 들어가서 제사장 외에는 자기나 그 함께한 자들이 먹어서는 안 되는 진설병을 먹지 아니하였느냐 또 안식일에 제사장들이 성전 안에서 안식을 범하여도 죄가 없음을 너희가 율법에서 읽지 못하였느냐"(마 12:3-5). 제사장들은 하나님께 제사 드리기 위해서 늘 안식일을 범하고 있다는 말씀입니다.

게다가 "인자는 안식일의 주인이니라"(마 12:8)는 폭탄선언을 하십니다. 이 말은 자신이 하나님이라는 말씀입니다. 바리새인이 볼 때는 신성모독입니다. 바리새인들과 서기관들은 이를 갑니다. 이때부터 바리새인들은 주님을 대적하여 죽일 음모를 꾸미기 시작합니다. 이들이 예수님을 십자가에 달 때의 죄목이 '신성모독'이었습니다.

예수님은 또한 안식일에 오랫동안 손이 말라 고통스러워하는 병자를 고치셨습니다. 그것을 본 바리새인들이 난리가 났습니다. "사람들이 예수를 고발하려 하여 물어 이르되 안식일에 병 고치는 것이 옳으니이까"(마 12:10). 주님이 말씀하셨습니다. "너희 중에 어떤 사람이 양 한 마리가 있어 안식일에 구덩이에 빠졌으면 끌어내지 않겠느냐 사람이 양보다 얼마나 더 귀하냐 그러므로 안식일에 선을 행하는 것이 옳으니라 하시고 이에 그 사람에게 이르시되 손을 내밀라 하시니 그가 내밀매 다른 손과 같이 회복되어 성하더라"(마 12:11-13). 생명을 소중히 여기기 위해 안식일이 있다고 말씀하십니다.

주님은 손이 마른 자가 도저히 할 수 없는 일, "손을 내밀라"고 하십니다. 말씀대로 병자는 손을 뻗었고 병이 나았습니다. 주님이 우리에게 하라고 하실 때는 할 수 있는 능력도 함께 주십니다. 믿고 순종할 때 기적을 체험할 수 있습니다.

바리새인과 서기관은 성경 말씀을 누구보다 많이 알아서 머릿속이 터져 나가는 사람들이었습니다. 요즘으로 말하면 전부 신학 박사들입니다. 그런 사람들이 문자에 얽매여서 안식일의 주인이신 예수님을 몰라봤습니다. 성경은 말합니다. "율법 조문은 죽이는 것이요 영은 살리는 것이니라"(고후 3:6). 써 놓은 글자, 율법은 죽이는 것이지만 사랑의 영인 성령은 우리의 영을 살릴 수 있습니다. 그래서 주님은 "나는 인애를 원하고 제사를 원하지 아니하며"(호 6:6)라는 말씀을 인용하신 것입니다.

저도 율법을 문자 그대로 지키는 유대인 때문에 웃지 못할 일을 겪었던 적이 있습니다. 언젠가 휴가 때 마이애미 콘도에서 엘리베이터를 탔는데, 층마다 문이 열리며 서는 것이었습니다. 43층에서 내려야 하는데, 층마다 문이 열리니 얼마나 당황했겠습니까. 처음에는 아이들이 장난으로 눌렀는 줄 알았습니다. 나중에 그날이 유대인의 안식일이 시작되는 금요일 저녁이라서 그랬다는 것을 알았습니다. 유대인은 안식일에는 엘리베이터 버튼 누르는 일도 해서는 안 되기 때문에 유대인을 위해 층마다 저절로 엘리베이터가 서도록 했던 것입니다. 유명 콘도들은 대부분 유대인 소유이고, 그 지역의 거주자 대부분이 돈 많은 유대인이라 그렇다고 합니다.

바알세불의 시비

예수님이 귀신 들리고 말 못하는 자를 고쳐 주시니까, 바리새인들은 바알세불을 힘입어서 고쳤다고 주장합니다. **맥잡기!** 출애굽할 때 파리 떼 재앙을 내린 것도 애굽이 당시 바알세불을 섬겼기 때문이라고 했습니다. 자신의 병이 나을 것인지를 바알세불에게 알아보려고 했던 북이스라엘의 아하시야 왕은 엘리야의 예언대로 죽어 버리고 말았습니다.

예수님은 "그러나 내가 하나님의 성령을 힘입어 귀신을 쫓아내는 것이면 하나님의 나라가 이미 너희에게 임하였느니라"(마 12:28)고 성령님이 함께하셨음을 말씀하십니다. "사람에 대한 모든 죄와 모독은 사하심을 얻되 성령을 모독하는 것은 사하심을 얻지 못하겠고"(마 12:31). 예수님을 증거하는 성령님을 부인하는 죄가 얼마나 큰 죄인가를 지적하십니다.

"내가 진실로 진실로 너희에게 이르노니 아들이 아버지께서 하시는 일을 보지 않고는 아무것도 스스로 할 수 없나니 아버지께서 행하시는 그것을 아들도 그와 같이 행하느니라"(요 5:19)고 하셨던 것처럼 삼위일체 하나님이 함께 일하시는 것을 알 수 있습니다. 그래서 스스로 행한 것이 아니라 성령님의 능력으로 행했다고 말씀하십니다. 이것은 성령님의 능력으로 천국이 이미 이 땅에 이루어진다는 말씀입니다.

그러자 바리새인들은 표적을 요구합니다. "그때에 서기관과 바리새인 중 몇 사람이 말하되 선생님이여 우리에게 표적 보여 주시기를 원하나이다 예수께서 대답하여 이르시되 악하고 음란한 세대가 표적을 구하나 선지자 요나의 표적밖에는 보일 표적이 없느니라"(마 12:38-39). 사실 예수님은 이미 많은 표적을 행하셨습니다. 나병환자를 고친 일부터 죽은 자를 살리는 등 많은 이적을 보이셨지만, 요나의 표적밖에는 보일 표적이 없다고 하십니다. 요나의 표적이 무엇입니까? 요나는 물속(음부)에 빠졌다가 사흘 만에 살아났습니다. 이것은 십자가를 뜻합니다. 이 땅에 오신 하나님의 아들, 메시아의 영광은 주님이 십자가를 지고 부활하실 때까지 철저하게 감춰집니다. 마가복음은 고난받는 인자로서 하나님의 아들을 표현하고 있습니다.

주님은 또 대적하는 자들의 말로를 전보다 형편이 더욱 나빠진 귀신 들린 자를 비유로 들어 말씀하셨습니다. 주님을 대적하는 서기관들이나 바리새인들과 대비되는, 예수님의 진정한 가족은 아버지의 말씀에 순종하는 자라고 하셨습니다.

✚ 천국 비유 _ 마 13장

주님은 병 고치고 죽은 자를 살리고 오병이어의 기적 등을 행하셨지만, 이보다 더 귀한 것은 천국에 대해 말씀해 주셨다는 것입니다.

씨 뿌리는 사람의 비유

주님은 씨 뿌리는 사람의 비유로 천국을 말씀해 주십니다. "천국은 좋은 씨를 제 밭에 뿌린 사람과 같으니"(마 13:24).

첫째, 길가에 뿌려진 씨입니다. 길가에 뿌려졌다 함은 복음의 말씀이 전해졌는데, 아예 무슨 말인지 알려고 하지도 않고 관심도 없는 상태입니다. 그러니까 새가 와서 집어먹어 버립니다. 말씀을 듣고도 받아들이지 않으니까 사탄이 와서 빼앗아 가는 것입니다.

둘째, 돌밭에 뿌려진 씨입니다. 말씀을 들을 때에는 은혜로 받아들이지만 뿌리가 깊지 못해서 쉽게 마릅니다. 이것이 예수님을 믿는 사람들에게 제일 큰 문제입니다. 바리새인과 같은 경우입니다. 말씀을 정보로 받아들이는 겁니다. 물론 처음에 말씀을 받을 때는 정보로 들어오겠지만, 그다음에는 말씀이 마음에 뿌리를 내려야 합니다. 그래서 말씀의 씨가 들어오면 반드시 입으로 시인하고 고백(기도)해야 합니다. 이 과정을 거치지 않기 때문에 말씀이 영으로 임재하지 못합니다. "사람이 마음으로 믿어 의에 이르고 입으로 시인하여 구원에 이르느니라"(롬 10:10). 우리가 말씀을 받는다, 배운다, 묵상한다고 하는 것은 결국 말씀이 마음에 뿌리내리는 것입니다. 말씀을 받아서 영으로 임재시키는 것입니다.

복음이 들어오기 전 우리는 온갖 죄와 세상 생각으로 꽉 차 있었습니다. 돌밭 같은 육의 에너지로 꽉 차 있는 우리를 뚫고 천국의 씨가 내 안에 들어온 것, 이것이 예수님을 영접한 것입니다. 이 씨가 자라지 않는 이유는 육의 에너지가 누르고 있기 때문입니다. 육의 에너지가 빠져 나갈수록 씨의 영역이 점점 넓어집니다. 이것이 겨자씨 비유입니다.

육의 에너지를 제거하려면, 기도함으로 말씀을 영으로 임재시켜서 육의 에너지를 씻어 내야 합니다. 애통하는 기도, 성령님의 인도하심을 받은 기도를 할 때에만 육의 에너지, 돌밭이 깨져 나갑니다. 그때 씨앗의 범위가 점점 커져 갑니다. 천국이 우리 안에서 확장되는 것을 느낄 수 있습니다.

셋째, 가시덤불에 떨어진 씨입니다. 어느 정도 뿌리를 내리기는 했지만 세상의 염려와 재물의 유혹에 막혀 결실치 못하는 씨앗입니다. 세상의 재물은 재물에 대한 욕심입니다. 영어로는 '재산의 속임수'라는 뜻입니다. 말씀으로 매일 씻어 내도, 계속 들어오는 생각 중 하나가 재물에 대한 욕심과 세상 염려입니다.

새벽기도에 열심히 나갔더니 장사가 잘됩니다. 장사가 잘되니까 가게를 확장하고 큰 빌딩까지 사게 되고 그러다 보니 시간이 없어서 성경공부도, 새벽기도도 하지 않습니다. '아이고, 이렇게 하다가 빌딩 날아가겠네' 하며 점점 걱정이 늘어납니다. 하나님에 대한 사랑과 열정이 식고 세상 재물과 염려 때문에 그동안 자란 신앙이 시들어 버립니다.

이런 사람을 '추억 교인'이라고 합니다. 하나님은 청년의 때에 주를 섬긴 사람을 세상에서 축복해 주십니다. 나이가 들어 신앙을 다 까먹었어도 세상에서는 점점 출세합니다. 그러면 예수님의 사랑과 은혜를 다 잊어버리고 자기가 잘나서 출세한 줄 압니다. 아무리 옆에서 이야기해도 신앙으로 돌아오지 못합니다. 옛날에는 성령님께 이끌려 주일만 되면 새벽기차 타고 가서 개척 교회를 도왔다고 자랑합니다. 자신이 옛날에 잘 믿었다는 것을 추억하며 그 정도 했으면 됐다는 생각으로 현재의 믿음 없음을 회개하지 않고 스스로 위안합니다. 그런 삶은 열매 맺지 못하고 시들어 버립니다. 오늘날 성도 중에도 이러한 추억 교인이 너무나 많습니다.

예수님을 믿는다고 하면서도 환경에 매인 사람은 자기의 정체성을 명함에 맡깁니다. "나는 지금 어디 대리입니다. 나는 어디 사장입니다. 나는 어디 장로입니다." 세상의 지위와 재산과 직분에서 정체성을 찾고, 이것을 놓칠까 봐 염려합니다. 어느 날 갑자기 회사를 그만두라고 할까 봐, 지위와 재산이 없어질까 봐 불안해합니다. 그래서 예수님을 믿는다고 하면서도 입만 열면 "나 요새 죽을 지경이에요. 수금이 안 돼서, 손님이 뚝 떨어져서, 납품이 안 돼서요" 하고 걱정만 합니다. 이런 성도들은 육의 쾌락을 추구하게 하는 사탄의 영에 눌려 있어서 "뭐 재미있는 것 없나? 아이고 심심해" 하고 말합니다.

아무리 은혜 충만한 사람이라도 기도하지 않으면 힘든 환경에 부딪힐 때 극복하기가 쉽지 않습니다. 하지만 기도하는 사람은 눈에 보이는 현실이 비참하더라도 환경을 뛰어넘을 수 있습니다. "아무것도 염려하지 말고 다만 모든 일에 기도와 간구로 너희 구할 것을 감사함으로 하나님께 아뢰라 그리하면 모든 지각에 뛰어난 하나님의 평강이 그리스도 예수 안에서 너희 마음과 생각을 지키시리라"(빌 4:6-7). "모든 지각에 뛰어난"은 모든 지식을 뛰어넘는다는 뜻입니다. 세상 지식뿐만 아니라 우리가 눈으로 보는 모든 것들을 뛰어넘는다는 말입니다. 현실이 고통스러울지라도 하나님의 평강이 우리의 마음과 생각을 지키시기 때문입니다.

"주님, 제게 나타난 현실은 너무나 비참하고 견디기 어렵습니다. 이 현실을 받아들이기가 힘이 듭니다. 그러나 주여! 오감으로 보이는 현실을 뛰어넘을 수 있는 하나님의 평강을 제게 주시옵소서." 이렇게 성령님의 인도하심을 받아 기도하십시오. 한 시간만 방언으로 기도해 보십시오. 성령님이 마음을 만져 주시기 시작하면 눈앞에 보이는 현실을 분명히 이길 수 있습니다.

넷째, 좋은 밭에 뿌려진 씨입니다. 좋은 밭에서 백 배, 육십 배, 삼십 배의 결실을 맺을 수 있습니다. 씨는 같지만 받는 땅이 문제입니다. 결국 이 비유는 말씀과 기도로 마음 밭을 좋은 밭으로 일구라는 말씀입니다. 성도는 좋은 밭을 일구어 한 알의 씨가 잘 자라날 수 있도록 토양을 변화(내면의 변화)시켜서 이 땅에서 천국에 갈 준비를 하는 과정이 필요합니다. 누룩의 비유도 이와 같은 맥락에서 말씀하신 것입니다(마 13:33).

가라지의 비유

이 비유는 주님이 악한 자를 왜 이 세상에 그냥 내버려 두시는가에 대한 말씀입니다. 어떤 나쁜 사람이 남의 밭에 와서 가라지를 확 뿌리고 갔습니다. 종들이 주인에게 알

주님은 왜 비유로 말씀하셨을까

"제자들이 예수께 나아와 이르되 어찌하여 그들에게 비유로 말씀하시나이까"(마 13:10) 하고 질문했을 때 주님은 "천국의 비밀을 아는 것이 너희에게는 허락되었으나 그들에게는 아니되었나니"(마 13:11), "그들이 보아도 보지 못하며 들어도 듣지 못하며 깨닫지 못함이니라"(마 13:13) 하고 말씀하셨습니다. 주님의 말씀을 듣고 마음을 더 완악하게 하여 눈과 귀를 막고 보려고도 들으려고도 하지 않는 사람들이 있기 때문이며, 또 주님 말씀을 깨달으려고 민감하게 귀 기울이는 사람들을 위해 오히려 번뜩 깨달을 수 있도록 비유로 말씀하신다고 설명하십니다.

모두가 천국을 원하는 것은 아닙니다. 햇빛은 버터를 녹이기도 하지만 진흙을 더욱 딱딱하게 만들기도 하기 때문입니다. 어두움 가운데 있는 지렁이는 햇빛이 들어오면 싫어서 몸을 숨길 곳을 찾아 꿈틀거립니다. 하지만 말씀에 귀 기울이며 늘 깨어 있는 자는 비유의 말씀을 들을 때 천국을 바로 깨닫고 그 기쁨이 충만해집니다. "무릇 있는 자는 받아 넉넉하게 되되 없는 자는 그 있는 것도 빼앗기리라"(마 13:12).

곡과 같이 자라는 가라지를 뽑아야 하는지를 묻자, 주인이 이렇게 대답합니다. "둘 다 추수 때까지 함께 자라게 두라"(마 13:30). 그 이유는 "가라지를 뽑다가 곡식까지 뽑을까"(마 13:29) 걱정이 돼서 그렇습니다.

하나님은 홍수 심판 후에 노아에게 메시아가 재림해서 최후 심판을 하시는 날까지 악인을 심판하지 않겠다고 무지개를 보여 주며 약속하셨습니다(창 9:12-13). 우리는 악한 자를 왜 그냥 두시냐고 하나님을 원망하지만 하나님은 악인을 심판하려다가 의로운 성도들이 다치기 때문에 내버려둔다고 하십니다. 우리가 다치는 것(고통받는 것)을 원치 않으시는 하나님의 사랑 때문입니다.

하나님은 악인과 선인을 구별하지 않고 비를 내려 주십니다. 우리는 어떻게 합니까? "이 사람은 좋지만, 저 사람은 싫으니까 물을 주지 말아야지" 합니다. 이러한 마음이 하나님이 금하신 선악과를 따먹는 것, 내 마음대로 선악을 구분하는 행위입니다.

겨자씨 비유

천국은 작은 씨앗이 열매를 맺어 가는 것이며, 씨를 뿌리고 계신 이가 바로 주님임을 말씀하십니다. 천국은 마치 작은 씨와 같아서 때로는 새에게 먹혀 버리기도 하고, 길가에 떨어져 사람들에게 밟히기도 하고, 돌밭에 떨어져 강한 햇빛에 시들어 버리기도 하고, 출세와 재물에 대한 염려 때문에 가시덤불에 걸려 자라지 못하기도 합니다. 하지만 그 안에는 생명이 있어서, 죽은 것 같아도 다시 살아나는 영원함이 있습니다.

겨자씨를 심으면 자라서 조그만 묘목이 되고 점점 큰 나무가 되어, 가지가 무성해지고 새들의 휴식처가 됩니다. 나무는 자라서 열매를 생산하지만 자기가 만든 과일을 먹는 나무는 없습니다. 이웃이 먹으라고 열매를 맺는 것입니다. 이 비유는 이웃이 예수님의 평강과 사랑과 은혜로 안식을 취할 수 있도록 천국을 내 안에 확장해 나가라는 말씀입니다. 예수님을 영접하여 구원받은 성도(칭의 구원)는 좋은 밭을 이루어(성화의 과정) 천국의 열매를 맺으라고 말씀하십니다.

밭에 감추인 보화의 비유

"천국은 마치 밭에 감추인 보화와 같으니 사람이 이를 발견한 후 숨겨 두고 기뻐하며 돌아가서 자기의 소유를 다 팔아 그 밭을 사느니라 또 천국은 마치 좋은 진주를 구하는 장사와 같으니 극히 값진 진주 하나를 발견하매 가서 자기의 소유를 다 팔아 그 진주를 사느니라"(마 13:44-46). 천국은 마치 비즈니스맨 같다고 하십니다. 비즈니스맨은 세상에서 가장 값진 진주를 구하기 위해 얼마든지 값을 지불할 것입니다. 이런 귀한 진주와도 같은 것이 천국입니다. 천국을 발견한 사람은 술집, 게임, 인터넷, 골프 등 세상 즐거움을 버리고, 그토록 열심히 추구하던 재물과 출세, 명예, 세상 지위를 배설물같이 포기하고, "주 예수밖엔 없네" 하고 고백합니다.

정말 귀한 보화를 발견하고는 자신의 전 재산을 팔아 그것을 산 사람은 어떤 사람입니까? 진리를 발견했기 때문에 모든 것을 팔아 버리고 천국을 찾아 나선 사람, 가진 것 모두 버리고 선교지로 떠나는 성도와 같습니다. 이 비유는 자신의 모든 것을 다 버리고 죗값을 치러 우리를 대속해 주신 주님의 사랑을 보여 주는 것이기도 합니다.

✚ 기적을 베푸시는 주님 _ 마 14-15장

오병이어의 기적

헤롯 왕은 예수님의 행적을 보고 자신이 죽인 세례 요한이 다시 살아났다며 두려워합니다(세례 요한은 헤롯 왕의 잘못을 지적하다가 죽임을 당했습니다). 이 소식을 듣고 예수님은 일단 도시를 떠나 인적이 드문 광야로 피신하셨습니다. 아직 십자가의 때가 아니기 때문입니다.

그러나 수많은 사람들이 주님께 몰려들었습니다. 그들이 주님께 치료를 받고 주님의 말씀을 듣고 있다 보니 저녁이 되었습니다. 날이 저물어 가니까 말씀을 전하고 병을 고치는 신령한 역사가 나타나는 현장에서 '먹는 문제'라는 현실적 어려움이 드러났습니다. 그때 제자들은 각자 해결케 하자고 한 데 반해 주님은 제자들에게 "너희가 먹을 것을 주라"고 하셨습니다.

"나는 생명의 떡이니 내게 오는 자는 결코 주리지 아니할 터이요 나를 믿는 자는 영원히 목마르지 아니하리라"(요 6:35). 주님은 너무나 많은 무리가 병으로 고통받는 모습을 보고 그들을 하루 종일 고쳐 주셨습니다. 주님은 몸이 피곤하고 시장하신 상태였지만 이들을 긍휼히 여기고 직접 먹이기로 결정하신 것입니다. 【맥잡기!】 하나님이 이스라엘 백성을 출애굽시키신 후 광야에서 만나로 먹이신 것처럼, 예수님은 고라신에서 병을 고치신 뒤에 보리떡을 먹이셨습니다. 이날 장정만 5천 명이니까 실제로는 약 1만 5천 명가량을 먹이신 것으로 추정됩니다. 사람들은 종종 예수가 밥 먹여 주냐고 합니다. 그런데 예수님은 이렇게 밥을 먹여 주셨습니다. "너희는 먼저 그의 나라와 그의 의를 구하라 그리하면 이 모든 것을 너희에게 더하시리라"(마 6:33)는 말씀처럼, 주님 앞에서 하나님 나라를 구하고 있는 무리들에게 아버지의 사랑을 보여 주시기 위해 주님은 '모든 것을 더해' 주셨습니다.

【맥잡기!】 주님은 한 어린아이가 바친 물고기 두 마리와 보리떡 다섯 개로 오병이어

의 기적을 일으켜 주셨습니다(마 14:19-21). 이 어린아이처럼 우리에게 남아 있는 아주 작은 것이라도 주님의 손에 드려 나눌 때 수천 명, 수만 명이 먹고도 남는 기적을 이끌어 낼 수 있습니다. 사르밧 과부처럼 내 통장에 남은 돈이 불과 몇 만 원뿐이라도 이웃과 함께 나누기 위해 주님께 올려 드리면 3년 반 동안의 기근(백수 생활) 중에도 궁핍하지 않는 복을 체험할 것입니다(왕상 17:14-16). 작은 헌금, 몇 푼의 구제가 무슨 일을 할 수 있을까 의구심을 가질 수 있지만 주님의 손이 함께하시면 수만 명을 먹이고 수천 명을 살릴 수 있음을 믿기 바랍니다. 주님을 따라가면 영적으로도, 육적으로도 배부른 진짜 행복한 사람이 됩니다.

주님이 오병이어의 기적을 행하셨을 때 많은 사람들이 열광했습니다. "이는 참으로 세상에 오실 그 선지자라 하더라"(요 6:14). 사람들은 밤에 잠을 못 이루고 기다렸다가 내일 아침에 당장 왕으로 추대해야겠다고 할 정도였습니다. 세마포로 감아 둔 지 사흘이 지나서 이미 냄새가 나는 죽은 나사로를 살리고 동굴에서 "나오라"(요 11:43)고 하셨을 때, 이것을 본 사람들은 얼마나 기절초풍했겠습니까? 그러나 사람들은 오병이어 기적만큼 열광하지는 않았습니다. 그동안 베푸신 여러 가지 기적 중 오병이어에 관심이 컸던 것은 단지 그 혜택을 누리는 사람이 많았기 때문만은 아닐 것입니다. 역시 사람들은 그 어떤 기적보다도 먹는 문제를 해결해 주는 것을 가장 중요하게 생각하는 모양입니다.

세상 사람들은 큰일을 하고 나서 사람들이 박수갈채를 보내면 마음껏 폼을 잡습니다. 그러면 반드시 음부로 추락하고 맙니다(사 14:12). 주님은 사람들이 원하는 대로 끌려다니지 않으셨습니다. "그러므로 예수께서 그들이 와서 자기를 억지로 붙들어 임금으로 삼으려는 줄 아시고 다시 혼자 산으로 떠나가시니라"(요 6:15). 예수님은 오히려 기도하러 산으로 올라가셨습니다. 주님은 아버지 앞에 겸손히 엎드려 높아진 자아를 낮추셨습니다. 모든 존귀와 찬송과 영광을 하나님께 돌리고, 자신을 부인하고 죽이신 겁니다. 예수님, 하나님 아들의 영광은 사람들의 환호로 나타나는 것이 아니라 십자가의 고통을 통해서 나타날 것이기 때문입니다.

물 위를 걸으심
오병이어의 기적으로 신이 난 제자들이 배를 타고 가버나움으로 갈 때, 풍랑을 만나서 고생합니다. 그때 예수님이 물 위로 걸어오십니다. 진짜 하나님의 아들이 아니고서는 할 수 없는 일이었습니다. 왜 이렇게 하셨을까요? 이제 주님은 제자들에게 자신이 메시아임을 분명히 확인시키려고 하셨습니다. 이렇게 대단한 일을 행하지만 결국은 십자가에서 죽고 다시 살아나셔야 한다는 것을 알리고, 제자들을 준비시켜야 하셨기 때문입니다.

제자들은 풍랑 속에서 불안과 두려움에 떨고 있었지만, 주님은 풍랑을 발로 밟고 해결하는 능력을 행하셨습니다. 이처럼 인생의 고난과 풍파를 만나 허덕이고 있을 때 물 위로 걸어오며 풍파를 잠잠하게 하시는 주님의 사랑과 은혜를 기대할 수 있습니다. 이런 주님을 기대할 수 있는 성도는 얼마나 행복합니까?

주님은 실제로 아무것도 기댈 것도 의지할 것도 없는 풍랑 속으로 제자들(성도들)을 보내십니다. 이때 어지러운 세상 환경(풍랑)만 쳐다보고 있으면 누구든지 베드로처럼 물에 빠집니다. 풍랑을 잠잠하게 하시는 주님, 물을 밟고 계신 주님께만 시선을 고정할 때 승리할 수 있습니다.

중심을 보시는 주님 _ 마 15장

예수님은 오병이어의 기적을 행하신 다음 배를 타고 다시 가버나움으로 들어가셨습니다. 가나안 땅은 모래바람이 부는 광야 지대이기 때문에 발만 더러워지는 것이 아니라 손도 더러워져서 음식 먹을 때는 반드시 손을 씻어야 했습니다. 예수님 일행이 손을 씻지 않고 음식 먹는 것을 보고, 소문을 듣고 예루살렘에서 찾아온 바리새인들과 서기관들이 시비를 겁니다. 그때 주님이 말씀하십니다.

"입으로 들어가는 모든 것은 배로 들어가서 뒤로 내버려지는 줄 알지 못하느냐 입에서 나오는 것들은 마음에서 나오나니 이것이야말로 사람을 더럽게 하느니라"(마 15:17-18).

동물이나 다른 피조물들은 마음이 없고 본능에 따라 움직이니까 속에 더러울 것이 없습니다. 그런데 사람의 마음은 더럽고 부패합니다. 사람의 마음에서 나오는 것이 사람을 더럽게 합니다. "만물보다 거짓되고 심히 부패한 것은 마음이라 누가 능히 이를 알리요"(렘 17:9). 사람이 그 입으로 선한 말을 하더라도 안에서 나오는 것이 악한 것(영)이 될 수도 있고, 입으로는 악한 말을 하나 실제로 나오는 것은 선한 것(영)이 될 수도 있습니다.

맥잡기 주님은 가이사랴 빌립보에서 제자들에게, "예루살렘에 올라가 장로들과 대제사장들과 서기관들에게 많은 고난을 받고 죽임을 당하고 제 삼 일에 살아나야 할 것을 제자들에게 비로소 나타내"(마 16:21)셨습니다. 그러자 베드로가 "주여 그리 마옵소서 이 일이 결코 주께 미치지 아니하리이다"(마 16:22)라고 말했습니다. "선생님 죽으시면 안 됩니다" 하며 선한 뜻으로 말했지만, 주님 보시기에는 악한 뜻(영)이었습니다. 그래서 주님은 "사탄아 내 뒤로 물러가라 너는 나를 넘어지게 하는 자로다 네가 하나님의 일을 생각하지 아니하고 도리어 사람의 일을 생각하는도다"(마 16:23)라고 하셨습니다. 반면 예수님이 바리새인에게 외친 "독사의 자식들아"(마 12:34)라는 표현은 악한 말처럼 들리지만 "회개하라"는 선한 말(영)임을 알 수 있습니다.

우리가 어떤 말을 하든 중요한 것은 말의 동기입니다. 우리는 무엇이 선하고 무엇이 악한 것인지 분별할 능력이 없습니다. 선한 것을 쌓아야 합니다. 선한 것(하나님의 영)을 우리 안에 쌓으려면(마 12:35) 먼저 말씀을 계속 받아들여 영으로 임재시켜야 할 뿐만 아니라, 기도를 해서 육의 에너지를 쉬지 않고 뽑아내야 합니다. 방언기도는 우리 안에 선한 것을 쌓아 주는 귀한 도구입니다.

가나안 여인의 믿음

갈릴리 호수를 중심으로 사역하시던 예수님은 사역 후기에는 차츰 위쪽 지방으로 사역 범위를 넓히면서 오늘의 레바논인 시돈 지방까지 가셨습니다. 그곳에서 예수님은 귀신 들린 자신의 딸을 불쌍히 여겨 달라고 요청하는 가나안(수로보니게) 여인을 만나십니다. 그러자 예수님은 "나는 이스라엘 집의 잃어버린 양 외에는 다른 데로 보내심을 받지 아니하였노라"(마 15:24)고 하십니다. 이방인은 고쳐 주지 않으시겠다는 말씀입니다. 이 가나안 여인은 더욱 겸손하고 간절하게 부탁했습니다. "여자가 와서 예수께 절하며 이르되 주여 저를 도우소서 대답하여 이르시되 자녀의 떡을 취하여 개들에게 던짐이 마땅하지 아니하니라 여자가 이르되 주여 옳소이다마는 개들도 제 주인의 상에서 떨어지는 부스러기를 먹나이다"(마 15:25-27).

맥잡기 예수님은 산상수훈에서 이웃에게 분노를 발하거나 친구에게 바보라고 하거나 영적으로 모욕감을 주거나 그를 업신여기면 살인하는 것이라고 하셨습니다. 주

526

님은 경멸과 멸시를 받으며 거절당하는 이들을 구원하러 오신 분입니다. 예수님 자신도 이미 슬픔을 경험해서 '질고'를 잘 알고 고통스러움에 익숙하셨습니다(사 53:3). 그런데 주님은 왜 이 가난하고 불쌍한 여인에게 모욕적인 말씀을 하며 거절하셨겠습니까? 그것은 이 여인의 믿음을 알기 때문에 사람들 앞에서 그 믿음을 드러내시기 위해서입니다. 이 여인의 믿음을 본이 되게 하시려는 것입니다. 이 믿음의 여인의 딸이 병 고침을 받았음은 당연합니다.

당시 유다 사람들은 북쪽에 있는 사마리아 사람들(가나안 사람들)을 개라고 여겼습니다. 맥잡기 구약 시대에서 이미 보았다시피 북이스라엘 멸망 이후 10지파는 다 흩어졌고, 북이스라엘의 수도였던 사마리아는 이방인들이 차지하게 되었습니다. 이들은 유다 백성들이 포로 생활에서 귀환해 예루살렘 성전을 재건하고 성벽을 쌓으려 할 때마다 방해를 했기에, 그 이후로 유대인과 사마리아인 사이에는 원한이 생겼습니다.

예수님은 유대인들의 업신여김을 직접적으로 표현하셨습니다. 그랬을 때 이 여인은 자신이 죄인임을 주님 앞에 고백합니다. 자신을 완전히 부인하고 죽인 것입니다.

"주여, 그렇습니다. 나는 개입니다. 당신 같은 유대인들이 개만도 못하다고 여기는 가나안 여인입니다. 그러나 개도 주인에게 은혜를 입습니다."

가나안 여인은 자신의 낮은 위치를 무시하는 주님께 반박하지 않았습니다. 세상에서 업신여김을 받는 그 상태 그대로 자기를 낮추고(자기를 부인하고) 주인의 호의를 기다리는 개처럼, 은혜를 주시기만 하면 받겠다는 낮은 자세를 취했습니다. 주님은 이 여인을 믿음이 큰 여인이라고 칭찬하셨습니다.

이 여인의 태도가 바로 주님이 산상수훈에서 얘기하신 "네 오른편 뺨을 치거든 왼편도 돌려 대"(마 5:39)는 것입니다. 많은 사람들이 "아니, 내 오른뺨을 때리면 쫓아가서 오른뺨 왼뺨 10대씩 때려 주고 싶은데, 어떻게 이럴 수 있습니까?" 하고 물어봅니다. 이런 사람들에게 주님은 실제로 이렇게 한 사람이 있다고 보여 주신 것입니다.

칠병이어

주님도 말씀을 전하며 수많은 병자들을 고치다 보니 사흘 동안이나 굶으셨습니다. 마침 한 병자가 고침을 받고 걸어나가는 뒷모습을 보신 주님은 측은한 마음에 속으로 한참 흐느껴 우신 것 같습니다. 병 고침은 받았지만 자기 순서를 기다리느라 그도 사흘을 굶었기 때문입니다. "예수께서 제자들을 불러 이르시되 내가 무리를 불쌍히 여기노라 그들이 나와 함께 있은 지 이미 사흘이매 먹을 것이 없도다 길에서 기진할까 하여 굶겨 보내지 못하겠노라"(마 15:32). 그러고는 "너희에게 떡이 몇 개나 있느냐"(마 15:34) 하고 물으신 뒤, 칠병이어로 4천 명을 먹이는 이적을 행하셨습니다.

병자를 불쌍히 여기고, 못 먹고 굶주렸던 그들을 긍휼히 여기시는 사랑 때문에 이적이 일어났습니다. 우리도 주님의 사랑으로 이웃을 긍휼히 여겨, 우리에게 있는 작은 것으로 주님 앞에 축사해 봅시다. 그러면 많은 이들을 먹이고도 남는 이적을 체험할 것입니다.

34 | 수난을 예고하시는 예수님

◇ **마태복음 16-20장**

제자들은 오병이어의 기적을 본 후, 나중에 한자리하겠다는 세상적인 영광에 들떠 있었습니다.

바로 이때에 예수님은 십자가에서 고난받으실 것을 제자들에게 선포하십니다.

예수님은 그들이 기대하는 것처럼 세상의 영광을 누리는 메시아가 아니셨습니다.

그분은 십자가에 달리고 부활하셔서 영원히 영광받으실 분입니다.

✚　　표적을 구하는 바리새인들과 사두개인들

마태복음 12장에서 바리새인들과 서기관들(모두 율법에 정통한 사람들)이 결탁하여 주님께 도전했다면, 마태복음 16장에서는 바리새인들과 사두개인들(이 두 종파는 지금도 엄청난 대적 관계입니다.)이 연합해서 주님께 메시아라는 표적(sign)을 보여 달라고 합니다. 이들은 아마 엘리야 때처럼 하늘에서 불을 내려 로마 군대를 멸망시켜 달라는 식의 이적을 요구한 것 같습니다. 지금까지 예수님이 보이신 이적을 인정하지 못하겠다는 말입니다. 주님은 이제껏 귀신을 쫓고, 못 걷게 된 이와 눈먼 자와 나병환자를 고치셨습니다. 이사야서의 말씀이 이루어지고 있는 것(사 61:1-3)인데도, 이들은 이것을 표적으로 받지 못했습니다.

　주님은 악하고 음란한 세대가 표적을 구한다고 꾸짖으셨습니다. 주님은 요나의 표적, 십자가의 죽으심과 사흘 만의 부활 외에는 표적이 없음을 분명히 하시고 제자들에게 처음으로 십자가의 고난과 죽음을 예고하셨습니다. 사람을 구원하는 것은 기적이 아니라 십자가 대속 이외에는 아무것도 없음을 깨닫게 하시려는 것입니다.

예수님은 3년 동안 갈릴리 사역을 마치고 십자가를 향해 예루살렘으로 발걸음을 옮기기 시작하면서 제자들에게 십자가의 고난을 예고하십니다. 제자들의 마음가짐을 준비시키십니다.

✚ 1차 수난 예고와 교회 탄생 예고 _ 마 16장

예수님은 갈릴리 사역을 마치고 십자가를 지기 위해 예루살렘을 향해 나아가십니다. 그 첫 기착지인 갈릴리 호수 위쪽 가이사랴 빌립보라는 작은 마을에서 예수님이 제자들을 불러 모아 질문하십니다.

"사람들이 인자를 누구라 하느냐"(마 16:13).

제자들은 이렇게 대답합니다.

"더러는 세례 요한, 더러는 엘리야, 어떤 이는 예레미야나 선지자 중의 하나라 하나이다"(마 16:14).

사람들은 예수님을 당시 헤롯이 죽인 세례 요한이 살아났다거나, "보라 여호와의 크고 두려운 날이 이르기 전에 내가 선지자 엘리야를 너희에게 보내리니"(말 4:5)에 나오는 엘리야가 왔다고 한다는 것입니다. 그러자 예수님은 물으십니다.

"너희는 나를 누구라 하느냐"(마 16:15).

"주는 그리스도시요 살아 계신 하나님의 아들이시니이다"(마 16:16).

베드로의 이 대답에 예수님이 말씀하십니다.

"바요나 시몬아 네가 복이 있도다 이를 네게 알게 한 이는 혈육이 아니요 하늘에 계신 내 아버지시니라 또 내가 네게 이르노니 너는 베드로라 내가 이 반석 위에 내 교회를 세우리니 음부의 권세가 이기지 못하리라"(마 16:17-18).

하늘나라에 감춰 두었던 놀라운 비밀, '교회'를 예수님이 처음으로 제자들에게 예고하고 선포하십니다. 실제로 교회가 탄생하는 것은 예수님의 십자가 사건 이후지만, 베드로가 믿음의 고백을 했을 때 그 위에 교회를 세우시겠다는 약속을 미리 하신 것입니다. 예수님은 베드로에게 놀라운 축복을 하십니다. "내가 천국 열쇠를 네게 주리니 네가 땅에서 무엇이든지 매면 하늘에서도 매일 것이요 네가 땅에서 무엇이든지 풀면 하늘에서도 풀리리라"(마 16:19).

예수님은 십자가에서 죽으심으로 음부로 내려갔고, 음부의 권세를 이기고 부활하셨으며, 하나님 보좌 옆으로 승천하셨습니다. 친히 음부에 들어가서서 사탄에게서 음부의 열쇠를 빼앗아서 하늘에 오르셨습니다. 이제 주님은 사람을 음부에 빠뜨리는 권세를 빼앗아 버리시고, 천국 열쇠는 베드로(성도)에게 맡기셨습니다(마 16:19).

주님이 베드로의 믿음의 터(고백 위)에 교회를 세우겠다고 선포하셨을 때 베드로는 신이 났습니다. 더군다나 천국 문 열쇠까지 준다고 하셨으니, 그렇지 않아도 수제자라고 뽐내고 다니는데 얼마나 기뻤겠습니까. **맥잡기🡒** 가톨릭에서는 베드로를 초대 교황으로 세우고 교황을 통하지 않으면 천국에 들어가지 못한다고 했습니다. 로마의 성베드로 광장에 가면 베드로가 천국 문 열쇠를 들고 서 있는 동상이 있을 정도입니다.

베드로가 예수님의 칭찬으로 우쭐해 있을 때, 예수님은 공생애 기간 중 최초로 십자가에서 고난받고 부활하실 것을 예고하십니다. 주님은 이후 세 번에 걸쳐서 거듭 이 내용을 말씀하십니다. 이 땅에 교회가 탄생하려면 먼저 예수님이 십자가에서 고난받고 죽고 부활하셔야 하며, 초림 예수님의 영광은 십자가의 고난 뒤에 나타나는 것임을 분명히 가르쳐 주셨습니다.

그런데 제자들은 그 사실을 깨닫지 못했습니다. 다윗의 왕위가 예수님께 주어지면, 나라가 영속되리라는 약속대로 유다가 회복되어 로마로부터 독립할 것이고 그렇게 되면 자기들이 한자리 차지한다는 생각들로만 가득 찼습니다. 12제자들이 똑같이 그런 속셈으로 예수님을 따라다녔기 때문에 예수님의 말씀을 전혀 알아듣지 못했습니다.

급기야 베드로가 "아니 조금 전까지도 엄청난 일이 일어날 것처럼 얘기하시더니 주님이 죽는다고요? 주님! 그런 일이 일어나면 절대로 안 되지요. 주님이 돌아가시면 나는 무엇입니까?"라고 만류했다가, "사탄아 내 뒤로 물러가라 너는 나를 넘어지게 하는 자로다 네가 하나님의 일을 생각하지 아니하고 도리어 사람의 일을 생각하는도다"(마 16:23) 하는 꾸지람을 들었습니다. 역사상 어떤 사람이 이렇게 몇 분 사이에 천국과 지옥을 왔다 갔다 할 수 있겠습니까?

'사람의 일'이 무엇입니까? '나의 일'입니다. 나만 생각합니다. 주님 죽으시면 모든 소유를 버리고 예수님만 따라다닌 '나'는 어떡해야 할지 걱정한 베드로처럼 나만 생각합니다. 사탄은 하나님의 일을 생각하지 않고 나의 일만 생각하게 만듭니다. 하나님의 일은 무엇입니까? 유대인이 생각한 대로 예수님이 면류관 쓰고 왕이 되는 것이 아니라 십자가에서 엄청난 고통을 받고 피 흘리며 죽으시는 것입니다. 예수님 한 분의 죽으심으로 모든 인류가 구원받는 교회가 탄생합니다. 주님이 베드로에게 교회가 탄생할 것을 약속하셨지만 교회는 거저 생기지 않습니다. 피 흘림이 있어야 합니다. 죽음이 있어야 합니다. 주님은 이것을 알려 주셨습니다.

그래서 주님은 제자들에게 예수님의 제자 되는 가장 중요한 요건은 자기를 부인하는 것이라고(마 16:24) 말씀해 주셨습니다. 예수님을 닮아 거룩하게 변화되려면 늘 자기가 손해 보고 희생하는 삶을 살아야 한다는 귀한 원칙을 가르치셨습니다.

✚ 2차 수난 예고 _ 마 17장

변화 산 사건

제자들은 교회의 비밀을 듣고도 깨닫지 못하고 오히려 서글퍼했습니다. 그래서 하나님이 아들의 영광을 미리 보여 주면서 예수님이 메시아임을 분명히 알게 하신 사건이 변화 산 사건입니다. 성경학자들마다 변화 산을 갈릴리 호수 뒤에 있는 헤르몬(Hermon) 산이라고 하기도 하고, 갈릴리 호수 서남쪽에 있는 다볼(Tabol) 산이라고 하기도 하는데, 어떤 산이든 상관없습니다.

예수님이 산 위에 올라가셨을 때, 얼굴과 옷에 하얀 빛이 나면서 예수님이 변형되셨습니다. 그것이 기적이라기보다는, 평소에 영광스러운 모습을 드러내지 않고 평범한 사람의 모습으로 계실 수 있는 것(그리스도의 영광을 때가 찰 때까지 억제하고 계신 것)이 주님의 능력이라고 할 수 있습니다.

그와 동시에 모세와 엘리야가 내려와서 예수님과 대화했습니다. 모세는 율법을, 엘리야는 모든 선지자들을 뜻하는데, 율법과 선지자들은 메시아가 올 것을 예언했습니다(구약 성경 전체). 율법과 선지자들의 대표인 모세와 엘리야가 예수님 옆에 서서 예수님이 그리스도시며 살아 계신 하나님의 아들임을 제자들이 분명히 눈으로 보고 깨달도록 증거한 것입니다. 모세는 죽어서 하나님의 영광에 참여한 사람이고, 엘리야는 죽음을 보지 않고 들림 받아 하나님 나라에 올라간 사람입니다. 주님은 제자들에게 이 두 사람을 보이심으로 마음에 큰 위로와 기쁨을 주시려 했습니다(살전 4:13-14).

이때 베드로는 어떻게 반응했습니까? "주여 우리가 여기 있는 것이 좋사오니 만일 주께서 원하시면 내가 여기서 초막 셋을 짓되 하나는 주님을 위하여, 하나는 모세를 위하여, 하나는 엘리야를 위하여 하리이다"(마 17:4). 저 푸른 초원 위에 그림 같은 집을 짓고 우리끼리 천년만년 살자는 얘기입니다. 예수님을 믿는 사람들이 자신과 자신의 가족만 잘살게 해 달라고 기도하는 것과 같습니다. 베드로는 예수님을 구약의 대표 인물인 모세와 엘리야와 동격으로 취급했습니다. 그러나 주님은 모든 율법과 선지자들 위에 계시는 분이십니다.

하나님은 구름으로 이 장면을 지워 버리고 말씀하십니다. "이는 내 사랑하는 아들이요 내 기뻐하는 자니 너희는 그의 말을 들으라"(마 17:5). 앞으로 주님이 하시는 말씀에 귀를 기울이라고 하십니다. 이 음성은 예수님이 요단 강에서 세례를 받으실 때 하늘에서 들렸던 음성과 똑같습니다. 예수님이 율법과 선지자들이 예언한 하나님의 아들이라는 것을 눈으로 보게 하고 귀로 듣게 하십니다. 베드로는 자신이 이 음성을 두 번이나 직접 들었다고 고백하고 있습니다(벧후 1:17-18). 주님은 이때 오리라 한 엘리야가 세례 요한임을 밝히셨으며, 부활하실 때까지 변화 산 사건을 대외적으로 알리지 못하게 하셨습니다.

변화 산 사건 뒤에 주님이 갈릴리에서 말씀하신 내용이 2차 수난 예고입니다. 변화 산에서 보여 준 멋진 영광이 나타나려면 먼저 십자가의 고난이 있어야 한다는 것입니다. "인자가 장차 사람들의 손에 넘겨져 죽임을 당하고 제 삼일에 살아나리라"(마 17:22-23). 이 말을 듣고 제자들은 예수님이 이스라엘 왕으로 등극해서 다윗 왕의 영광을 회복하지 못하고 죽는다면 그동안 따라다닌 보람이 없다고 매우 근심했을 것입니다. 제자들은 주님의 십자가 고난을 두 번이나 듣고도 깨닫지 못했습니다.

간질병 환자를 고치심

변화 산에서 내려올 때, 제자들이 간질병 환자를 고치려다 실패했습니다. 그래서 주님께 물어보았습니다. "우리는 어찌하여 쫓아내지 못하였나이까"(마 17:19). 주님이 말씀하십니다. "너희 믿음이 작은 까닭이니라 진실로 너희에게 이르노니 만일 너희에게 믿음이 겨자씨 한 알만큼만 있어도 이 산을 명하여 여기서 저기로 옮겨지라 하면 옮겨질 것이요 또 너희가 못할 것이 없으리라"(마 17:20). 다른 복음서에는 "기도 외에 다른 것으로는 이런 종류가 나갈 수 없느니라"(막 9:29)고 기록되어 있습니다. 이 말씀은 겨자씨만한 믿음을 가진 사람은 기도하는 사람이며 기도가 아니고는 성령님의 역사가 일어날 수 없다는 뜻입니다. "위로부터" 받은능력은 기도할 때 입혀지기 때문입니다(눅 24:49).

성전세를 내심

가버나움에 가셨을 때 주님이 성전세를 내지 않으신다고 바리새인들이 시비를 걸었습니다. 주님은 세상 임금들이 세금을 아들과 타인 중 누구에게서 받느냐고 베드로에게 물으며 아들에게는 세금을 받지 않는다는 것을 깨닫게 하십니다. 그러나 주님은 유대인들에게 오해를 사지 않도록 첫 번째 잡히는 물고기 입에서 한 세겔 동전을 취해 세금을 바치게 하십니다. 바다 한가운데서 낚싯대에 물려온 물고기 입에서도 돈을 만들어 내시는 하나님이신 창조주 예수님을 직접 체험한 베드로의 감격은 얼마나 컸겠습니까?

✚ 가장 큰 자 _ 마 18장

어린아이와 같은 자

예수님이 두 번에 걸쳐 죽으심을 얘기하셨지만 제자들은 그것을 잊어버렸습니다. 오히려 "천국 열쇠를 약속받았을 뿐 아니라 엘리야와 모세가 내려와서 예수님이 메시아임을 증거하셨으니 조금 있으면 정권을 잡으실 거야" 하며 신이 났습니다. 예수님이 말씀하신 천국을 자신들이 생각하는 천국으로 믿었던 것입니다. 그리고 정권을 잡으면 제자 중에서 누가 가장 높은 자리를 차지할 것인가에 관심을 집중했습니다. 예수님이 베드로를 각별히 여기신다는 질투심 때문에 다른 제자들이 질문했을 수도 있습니다.

"천국에서는 누가 크니이까"(마 18:1).

천국에서 가장 큰 자는 단연 예수님이십니다. 주님은 "이 바보들아! 내가 가장 큰 자가 아니냐?"고 힐책하지 않고 자신을 어린아이에 비유하셨습니다. 주님은 우리가 어린아이처럼 순전하게 변화되어야 천국에 들어갈 수 있다고 하십니다. "누구든지 이 어린아이와 같이 자기를 낮추는 사람이 천국에서 큰 자니라"(마 18:4). 실제 우리 삶에서 어린아이처럼 자신을 낮추기란 말처럼 쉽지 않습니다. 잘난 척하는 사람이 세상에만 있습니까? 교회 안에도 많습니다. 특히 직분이 있거나 은사를 가진 사람일수록 폼 잡고 목에 힘주기 쉽습니다.

제가 수년 전 시카고 미주 코스타(KOSTA, 해외유학생수련회) 세미나에 강사로 참석했을 때의 이야기입니다. 강사로 온 사람들은 까만 티셔츠를 입고, 자원봉사자들은 빨간 티셔츠를 입었습니다. 빨간 옷을 입은 자원봉사자 중에는 학생들만 있는 것이 아니라 사회적으로 높은 지위에 있는 사람, 목사, 선교사도 있습니다. 한 젊은 자원봉사자가 제게 와서 자꾸 아는 척을 하는데 세상식으로 말하면, 저하고 맞먹으려는 겁니다. 그는 자신이 대학교수인데, 이번에 강사로 참석하지 않고 자원봉사자로 학생들을 섬기러 왔다고 했습니다. 저보다 열 살은 어린 것 같은데, 말도 반말 비슷하게 했습니다. 자기랑 비슷한 연배라고 생각하는 것 같았습니다. 그가 반말을 할 때마다 속으로 '나는 강사이고 당신보다 나이도 열 살 정도는 많은 것 같은데' 하는 언짢은 마음이 들었습니다.

그 뒤에 어느 날 새벽에 기도하는데 주님이 깨닫게 해 주셨습니다.

'너는 말로 성령을 전하지만, 그는 성령님의 인도하심으로 삶에서 자신을 낮추고 잠도 거르면서 학생들과 강사들을 섬기고 있느니라. 누가 큰 자냐? 누가 높은 자냐?'

그날 저는 크게 통곡하고 회개했습니다. 잘난 척하며 말씀 전하는 것은 아무것도 아니라고 하십니다. 말씀의 주인이신 주님을 본받아 그대로 행하는 것이 중요하다는 겁니다. 그 대학교수도 강사로 와서 까만 옷을 입을 수 있었지만, 자기를 어린아이와 같이 낮추기 위해 섬기려고 빨간 옷을 입은 것입니다. 이러한 사람이 천국에서 큰 자입니다.

불구자의 축복

주님은 한 손이 범죄하면 그 손을 잘라 버리고, 발이 범죄하면 한 발로, 한 눈이 범죄하면 그 눈을 빼어 버리고 불구자가 되어서라도 천국에 가는 것이 낫다고 하셨습니다(마 5:29-30). 우리는 성한 몸으로 얼마나 죄를 많이 짓습니까? 그래서 장애를 가졌다고 절대 경시하면 안 됩니다.

"아침부터 장님을 보면 재수가 없다"는 말은 우리나라에서 제일 나쁜 말이라고 생각합니다. 저는 어렸을 때부터 동네 사람들한테 이 말을 많이 들어서 정말 그런 줄 알고 장님을 만날까 봐 멀리 돌아다녔습니다.

그런데 성령님의 인도하심을 따라 기도하기 시작했을 때 주님이 제게 맹인을 불쌍히 여기는 마음을 주셨고 저축의 일부를 맹인 교회에 주도록 하셨습니다. 사실 저도 젊은 시절에 시력을 완전히 잃어버릴 뻔했던 위기를 경험했습니다. 외교관으로 한창 일할 때인 제네바 참사관 시절, 갑자기 안구 조절 불량으로 사람을 마주 쳐다보기 힘든 병에 시달려 인생을 포기하고 싶었던 때도 있었습니다. 하지만 하나님이 은혜로 고쳐 주셔서, 두 눈이 있을 때 온전히 하나님께 영광 돌리라는 음성으로 받았습니다.

주님은 어떤 형제를 말로나 행동으로 실족하게 한다면 연자 맷돌을 달고 물속에 빠져 죽는 것이 낫다고 하셨습니다(마 18:6). 이 세상에 주님을 영접하고 극심한 어려움을 겪으면서도 주님을 찬양하며 은혜를 전하는 장애우들이 얼마나 많습니까? 오히려 성한 몸으로 날마다 골프나 치고 헬스클럽 가서 뛰어 봤자 우리의 육(겉 사람)만 확장되어서 말씀의 주인이 계신 삼층천으로 들림 받는 일에 방해만 될 뿐입니다. "너희도 알거니와 너희가 이방인으로 있을 때에 말 못하는 우상에게로 끄는 그대로 끌려갔느니라"(고전 12:2). "살리는 것은 영이니 육은 무익하니라 내가 너희에게 이른 말은 영이요 생명이라"(요 6:63). 이 말씀을 명심해야 합니다.

우리가 범죄하여 오른손을 잘라버려도 왼손으로 범죄할 수 있습니다. 만약 왼손까지 자른다 해도 마음속으로 범죄할 수 있습니다. 사람의 죄성은 그만큼 뿌리 깊습니다. 우리를 죄에서 끊으실 분은 예수님뿐입니다. 우리 안에 오신 성령님의 도움으로 주님을 닮아 속사람이 온전히 변화되도록 늘 말씀과 기도로 깨어 있어야 합니다.

합심기도의 능력

주님은 "네 형제가 죄를 범하거든" 먼저 둘 사이에 조용히 해결하고(마 18:15), 그다음에는 두세 증인을 통해서 이야기하고, 교회의 중재도 듣지 않거든 교제를 끊으라고 하십니다. 그만큼 형제 간의 화합의 중요성을 강조하셨습니다. 형제는 서로의 약점을 보완해 주는 관계가 되어야 함을 강조하면서 두 사람이 합심해서 기도하면 응답하겠다는 약속을 주십니다. "너희 중의 두 사람이 땅에서 합심하여 무엇이든지 구하면 하늘에 계신 내 아버지께서 그들을 위하여 이루게 하시리라 두세 사람이 내 이름으로 모인 곳에는 나도 그들 중에 있느니라"(마 18:19-20).

"여호와께서 그들을 내주지 아니하셨더라면 어찌 하나가 천을 쫓으며 둘이 만을 도망하게 하였으리요"(신 32:30). 하나님의 도우심으로 한 사람이 천 명의 적을 상대할 수 있다면 두 사람은 열 배나 많은 적을 상대할 수 있다는 구약의 약속과 같은 말씀입니다. 길 잃은 한 마리 양을 귀히 여기시는 아버지의 사랑을 말씀하신 뒤에 한 생명도 귀한데 둘이 합심해서 기도하면 아버지께서 얼마나 사랑하시겠느냐는 말씀을 주셨습니다.

용서의 중요성

베드로는 주님께 "주여 형제가 내게 죄를 범하면 몇 번이나 용서하여 주리이까 일곱 번까지 하오리이까"(마 18:21)라고 질문합니다. 베드로는 하나님이 범죄한 가인에게도 축복하시면서 "가인을 죽이는 자는 벌을 칠 배나 받으리라"(창 4:15)고 하신 말씀을 기억하고 일곱 번 용서하면 되느냐고 물었던 것입니다. 당시 랍비들은 세 번까지 용서하라고 가르쳤습니다. 이에 주님은 "일곱 번뿐 아니라 일곱 번을 일흔 번까지라도 할지니라"(마 18:22) 하십니다. 이 말씀은 무조건 다 용서하라는 말씀입니다.

하지만 생활 속에서 누군가를 용서하는 일은 쉬운 일이 아닙니다.

제가 뉴질랜드에 있을 때의 일입니다. 한 청년이 큰 범죄로 잡혀 왔는데, 진심으로 회개했습니다. 다시는 씻을 수 없는 죄를 지었지만 그 청년을 용서해 주라고, 저는 피해자 가족에게 전화를 걸었습니다.

"저는 죽어도 용서 못합니다. 다시는 전화하지 마세요."

그들 부부는 차갑게 거절했습니다. 불신자인 그 나라 법무장관도 사면을 결정했는데, 오히려 예수님을 믿는 집사님 부부가 용서를 못한다고 나오는 겁니다. 그래도 저는 물러서지 않고 계속 설득했습니다.

"집사님, 주기도문 아시지요. 주기도문 믿으면서 그런 말씀을 하십니까? '우리가 우리에게 죄 지은 자를 사하여 준 것같이 우리 죄를 사하여 주시옵고'라고 주님께 기도하지 않습니까? 나에게 죄 지은 자를 용서 못하면서 어떻게 주님 앞에 감히 나 같은 죄인을 용서해 달라고 기도합니까?"

"그래도 용서 못합니다."

그래도 계속해서 전화하고 기도했더니 결국 집사님 부부는 마음을 열고 용서했습니다.

1만 달란트(1억 달러)의 빚을 탕감받고도 자기에게 불과 100데나리온(약 1천 달러) 빚진 사람을 괴롭히는 종을 벌하시는 비유를 주님은 들려주셨습니다. 형제를 용서하지 않으면 하나님도 그를 용서하지 않으십니다(마 18:35).

하나님은 미움이 있는 곳에 역사하지 않으십니다. 미운 마음을 가지면서 교회 나와서 기도하고 말씀을 달달 외운들 무슨 소용이 있습니까? 주님은 그런 예배는 받지 않으십니다. 빛이신 하나님은 눈물로 회개하며 서로 용서하고 사랑하는 곳에 임재하십니다.

✛ 결혼, 이혼, 독신 생활에 관하여 _ 마 19:3-12

예수님은 십자가를 지기 위해 갈릴리 지방을 떠나 요단 동편을 거쳐 유다 지역으로 향하십니다. 그러면서 무리의 질병을 고치셨습니다. 이때 바리새인들이 남자가 이혼하는 것이 율법에 맞는 일인지 질문합니다. "사람이 아내를 맞이하여 데려온 후에 그에게 수치 되는 일이 있음을 발견하고 그를 기뻐하지 아니하면 이혼 증서를 써서 그의 손에 주고 그를 자기 집에서 내보낼 것이요"(신 24:1). 당시 유대인은 이 말씀을 둘러싸고, 성적 부정 외에는 이혼할 수 없다는 쪽과 아침밥만 태워도 '수치스러운 것'으로 해석하여 이혼을 쉽게 용납하는 쪽으로 나뉘었습니다. 그런데 대다수가 후자를 지지했다고 합니다.

이들은 예수님이 어느 쪽을 지지하든 곤란한 상황에 놓일 것을 알고 질문했으나, 예수님은 이혼 문제가 아닌 본질적인 결혼으로 관심을 돌리셨습니다. 하나님이 남자와 여자로 지으셨고 결혼으로 남녀가 하나 되게 하신 이상, 결혼은 단순한 사회적 계약이 아니며 하나님의 창조 원칙이므로 인간이 마음대로 가정을 깨뜨려서는 안 된다고 가르치셨습니다(마 19:6). 모세가 이혼을 허용한 것은 인간의 완악함 때문이며 그 경우에도 아내의 간통죄에 한정했음을 상기시키셨습니다.

서로 성격이 맞지 않는다든지, 더 이상 서로 사랑하지 않는다든지, 상대방을 비참하게 만든다든지 하는 것은 이혼 사유가 될 수 없다는 것입니다(고전 7:10-14). 음욕을 억제하지 못할 사람은 결혼을 선택하고, 감당할 수 있을 자만 독신으로 지내라고 하셨습니다. "어머니의 태로부터 된 고자도 있고 사람이 만든 고자도 있고 천국을 위하여 스스로 된 고자도 있도다 이 말을 받을 만한 자는 받을지어다"(마 19:12). 이혼율이 높은 요즘, 주님의 말씀을 청종해야 합니다. 예수님이 한 사람에게 집중하도록(사랑하도록) 붙잡아 주시면 결혼 생활에서 승리할 수 있습니다.

✚ 부자 청년의 이야기 _ 마 19장

어떤 부자 청년이 주님께 "선생님이여 내가 무슨 선한 일을 하여야 영생을 얻으리이까"(마 19:16) 하고 묻자, 주님은 계명을 지키라고 하셨습니다. "이르되 어느 계명이오니이까 예수께서 이르시되 살인하지 말라, 간음하지 말라, 도둑질하지 말라, 거짓 증언하지 말라, 네 부모를 공경하라, 네 이웃을 네 자신과 같이 사랑하라 하신 것이니라"(마 19:18-19). 십계명을 지키라고 말씀하셨습니다. "그 청년이 이르되 이 모든 것을 내가 지키었사온대 아직도 무엇이 부족하니이까"(마 19:20). "예수께서 이르시되 네가 온전하고자 할진대 가서 네 소유를 팔아 가난한 자들에게 주라 그리하면 하늘에서 보화가 네게 있으리라 그리고 와서 나를 따르라 하시니"(마 19:21). "그 청년이 재물이 많으므로 이 말씀을 듣고 근심하며 가니라"(마 19:22).

부자 청년은 십계명을 다 지켰다고 했지만, 재산을 나누어 주라는 말씀에는 순종할 수 없었습니다. 부자 청년이 돌아가자 예수님이 제자들에게 말씀하십니다. "내가 진실로 너희에게 이르노니 부자는 천국에 들어가기가 어려우니라 다시 너희에게 말하노니 낙타가 바늘귀로 들어가는 것이 부자가 하나님의 나라에 들어가는 것보다 쉬우니라"(마 19:23-24).

제자들은 환호했습니다. "그러면 그렇지. 부자들은 천국 가기 어렵겠지. 가난했지만 모든 것을 다 버리고 예수님을 따른 우리 같은 사람들이 천국 가는 거지. 저 부자들이 어떻게 천국을 가?"

하지만 주님은 그런 뜻으로 말씀하신 게 아닙니다. "예수께서 그들을 보시며 이르시되 사람으로는 할 수 없으나 하나님으로서는 다 하실 수 있느니라"(마 19:26). 오직 하나님만이 하실 수 있습니다. 우리가 좁은 문을 선택할 수 있도록 성령님을 부어 주시겠다는 것입니다. 산상수훈의 말씀과 마찬가지로 "천국에 들어가기 어려운 부자라도 하나님이 함께하시면 천국을 누릴 수 있다"는 아주 긍정적인 말씀입니다.

또한 모든 것을 버리고 주님을 따른 제자들이 주님이 다시 오실 때 받을 상급에 대한 약속도 하셨습니다. "세상이 새롭게 되어 인자가 자기 영광의 보좌에 앉을 때에 나를 따르는 너희도 열두 보좌에 앉아 이스라엘 열두 지파를 심판하리라"(마 19:28). 이 세상의 부귀영화를 뒤로하고 주님께 헌신한 모든 사람에게, 주님 보좌 옆에서 함께 세상을 심판할 것이라는 축복을 약속하셨습니다. 사도 바울은 이러한 상급을 바라보며 눈앞의 고통을 참고 견뎠습니다.

✚ 3차 수난 예고 _ 마 20장

처음 된 자와 나중 된 자

예수님은 포도원 품삯을 비유로 처음 된 자와 나중 된 자를 말씀하십니다. 어떤 포도원 주인이 아침 일찍부터 인력시장에 나가 일당 한 데나리온을 주기로 하고 일꾼을 데리고 와서 일을 시켰습니다. 주인은 점심 때와 저녁 무렵에도 일꾼들을 데려왔습니다. 일이 끝나자 주인은 아침에 불러서 일한 사람, 점심 때 불러서 일한 사람, 저녁 때 불러서 일한 사람들에게 똑같이 한 데나리온을 주었습니다. 아침부터 일한 사람들은 불평했습니다. 왜 늦게 일을 시작한 사람들과 품삯이 똑같냐는 것입니다. 주인이 대답했습니다.

"친구여 내가 네게 잘못한 것이 없노라 네가 나와 한 데나리온의 약속을 하지 아니하였느냐 네 것이나 가지고 가라 나중 온 이 사람에게 너와 같이 주는 것이 내 뜻이니라 내 것을 가지고 내 뜻대로 할 것이 아니냐 내가 선하므로 네가 악하게 보느냐 이와 같이 나중 된 자로서 먼저 되고 먼저 된 자로서 나중 되리라"(마 20:13-16).

저녁에 일을 시작한 사람들은 아침부터 일한 사람과 똑같이 품삯을 준 주인의 은혜에 감동하여 그다음 날부터 더 열심히 일할 것입니다. 이처럼 뒤늦게 주님의 사랑을 깨달은 초신자가 오래 믿은 장로, 권사보다 더욱 열심히 주님 앞에 엎드리며 주님과 동행하는 삶을 사는 모습을 자주 봅니다. 누가 하나님의 은혜를 더 사모하고 축복받겠습니까? 저녁에 와서 한 데나리온 받은 사람은 그 은혜에 감격해서 더욱 열심히 뛸 수밖에 없습니다. 주님의 보상 방식은 세상의 방법과는 다릅니다.

십자가를 말씀하심

세 번째 수난 예고가 이어집니다. 주님은 드디어 십자가를 언급하십니다. "보라 우리가 예루살렘으로 올라가노니 인자가 대제사장들과 서기관들에게 넘겨지매 그들이 죽이기로 결의하고 이방인들에게 넘겨 주어 그를 조롱하며 채찍질하며 십자가에 못 박게 할 것이나 제 삼일에 살아나리라"(마 20:18-19).

예수님이 저주의 십자가에서 흉악한 범죄자들과 함께 죽어야 할 것과 사흘 만에 살아나실 것을 말씀하실 때, 제자들은 놀랍게도 너무나 엉뚱한 반응을 보입니다. 조금 전에 주님이 "세상이 새롭게 되어 인자가 자기 영광의 보좌에 앉을 때에 나를 따르는 너희도 열두 보좌에 앉아 이스라엘 열두 지파를 심판하리라"(마 19:28)고 하신 말씀을, 이 세상에서 장관 자리 하나 주겠다는 약속으로 받아들였습니다. 이런 생각으로 예수님을 따라다녔기 때문에, 세 번씩이나 십자가의 고난을 말씀하시는데도 그 뜻을 깨닫지 못했습니다. 주님은 "인자가 자기 영광의 보좌에 앉기" 위해서는 먼저 십자가의 죽음이 선행되어야 함을 말씀하셨으나, 제자들은 동상이몽에 젖어 있었습니다.

야고보와 요한의 모친 마리아는 상당한 부자로 당시 예수님을 많이 대접했습니다. 그래서 '이 정도 했으니까 주님이 왕이 되면 수제자들한테는 큰 자리를 주시겠지'라고 생각했을 것입니다. 치맛바람 휘날리며 두 아들, 야고보와 요한을 양손에 꼭 잡고 예수님 앞에 데리고 섰습니다. 그리고 주변에 제자들이 둘러앉아 있는데도, "나의 이 두 아들을 주의 나라에서 하나는 주의 우편에, 하나는 주의 좌편에 앉게 명하소서"(마 20:21) 하고 인사 청탁을 합니다. 오늘날로 말하자면, 두 아들을 총리와 비서실장을 시켜 달라는 것입니다. 주님은 나무라지 않고, 오히려 질문하십니다.

"너희는 너희가 구하는 것을 알지 못하는도다 내가 마시려는 잔을 너희가 마실 수 있느냐"(마 20:22).

'내가 마시려는 잔'이 무엇입니까? 예수님이 나중에 겟세마네 동산에서 이렇게 기도

하셨습니다. "내 아버지여 만일 할 만하시거든 이 잔을 내게서 지나가게 하옵소서 그러나 나의 원대로 마시옵고 아버지의 원대로 하옵소서"(마 26:39). 제자들은 그 잔의 의미를 몰랐기 때문에 당연히 마실 수 있다고 대답했습니다.

율법을 완성하러 오신 주님은 공생애 3년 동안 축복의 약속을 이루셨습니다. 눌린 자에게는 놓임을, 포로 된 자에게는 자유를, 병든 자에게는 치유를 주셨습니다. 그런데 저주의 언약도 이루셔야 했습니다. 구약의 율법은 축복과 저주 두 가지 측면을 모두 약속하셨기 때문입니다(신 11장). 말씀에서 떠난 자, 죄 가운데 있는 자들은 심판을 받아야 한다는 약속 때문에 "내가 마시려는 잔을 너희가 마실 수 있느냐"(마 20:22)고 물어보신 것입니다.

이때 야고보는 "할 수 있나이다"(마 20:22) 하고 대답했는데, 대답대로 그는 헤롯 왕에 의해 참수되는 첫 번째 순교자가 됩니다. 또 사도 요한은 밧모 섬에 귀양 가서 요한계시록, 요한일서, 요한이서, 요한삼서, 요한복음을 남긴 후 순교했습니다. 하나님 나라를 위해 자신의 입으로 시인한 대로 둘 다 예수님의 고난의 잔을 마셨습니다.

다른 열 명의 제자들은 이런 대화를 보고 주님이 두 제자에게 특혜를 주셨다고 오해하고 분히 여겼습니다. 그러자 주님은 교회 안에서의 권세는 섬김을 받는 자가 아니고 오히려 낮아져서 섬기는 자에게 주어진다고 가르쳐 주셨습니다(마 20:26-28).

맹인 바디매오

마태복음 20장 마지막에 두 맹인이 등장합니다. 맹인에다가 거지인 바디매오는 주님이 여리고 성에 들어가셨을 때 소리쳤습니다. "주여, 우리를 불쌍히 여기소서 다윗의 자손이여"(마 20:30). 제자들과 사람들은 그에게 떠들지 말라고 나무랐지만, 말리면 말릴수록 더 큰소리로 외쳤습니다. "무리가 꾸짖어 잠잠하라 하되 더욱 소리 질러 이르되 주여 우리를 불쌍히 여기소서 다윗의 자손이여 하는지라"(마 20:31). 이것이 바로 의지적 결단입니다. 예수님의 긍휼과 사랑을 얻기 위해, 메시아를 만나기 위해 그 어떤 것에도 좌절하지 않고 "주여 나를 불쌍히 여겨 주소서. 나를 구해 주소서" 하고 부르짖어야 합니다. 그때 주님이 네가 "낫기를 원하느냐"고 물으십니다. 주님을 신뢰하고 우리의 필요를 입으로 고백할 때 주님은 기뻐하고 즉시 반응하십니다.

교회의 축복과 성도의 위치

교회는 세상의 소망이다

하늘에 감추어진 비밀이, 주님의 십자가 보혈과 부활로 이 땅에 나타난 것이 교회입니다. 교회만이 음란하고 패역한 세상을 이길 수 있는 유일한 대안이요 소망입니다.

교회의 머리 되시는 예수님은 하나님 우편에 영으로 앉아 계십니다. 하나님과 예수님은 보이지 않는 영이십니다. 그렇기 때문에 믿지 않는 사람들에게 복음을 전하거나, 가난한 사람들을 구제하기 위해서 교회를 이룰 수 있는 몸, 질그릇으로 된 성도들을 사용하십니다. 예수의 영을 담은 질그릇들이 모여서 교회를 이루는 것입니다.

"그의 안에서 건물마다 서로 연결하여 주 안에서 성전이 되어 가고"(엡 2:21). 주의 몸 된 교회가 이 세상에 나가서 믿지 않는 사람들에게 복음을 전해야 합니다. 사람은 발로 땅을 딛고 있기 때문에 세상을 향해서 나갈 때 교회의 머리 되신 주님이 우리 안에 찾아오시고, 이 세상에 하늘의 놀라운 복음이 전파됩니다. 하늘의 모든 축복과 하나님의 보이지 않는 사랑이 성도들을 통해서 세상에 전파되도록 주님이 교회를 만드신 것입니다.

예수님은 십자가에서 피 흘리고 부활하시면서 사탄으로부터 음부의 열쇠를 빼앗아 보좌에 오르셨기 때문에 "몸은 죽여도 영혼은 능히 죽이지 못하는 자들을 두려워하지 말고 오직 몸과 영혼을 능히 지옥에 멸하실 수 있는 이를 두려워하라"(마 10:28)고 하신 것입니다.

예수님은 베드로처럼 "주는 그리스도시요 살아 계신 하나님의 아들"(마 16:16)이라고 고백하는 성도들에게 천국 문 열쇠를 맡기며 말씀하십니다. "네가 땅에서 무엇이든지 매면 하늘에서도 매일 것이요 네가 땅에서 무엇이든지 풀면 하늘에서도 풀리리라"(마 16:19). 로마 시대의 열쇠는 돌리는 방식으로 되어 있었습니다. 땅에서 조이면(tighten) 하늘에서도 조여지고, 땅에서 풀면(loosen) 하늘에서도 풀린다고 말씀하신 것은 천국에 들어가는 열쇠가 땅에 있는 성도에게 있다는 것을 말씀하시는 것입니다.

이것이 바로 우리에게 주어진 의지의 선택권입니다. 천국 창고의 엄청난 보화와 축복을 땅에서 열면 그것이 전부 우리에게 부어질 것이요, 땅에서 잠그면 하늘에서도 주시지 않는다는 뜻입니다. 천국 문 열쇠를 가지고 있다는 것은 놀라운 축복입니다. 천국을 누리느냐 생지옥 속에서 사느냐 하는 것은 선택에 달려 있음을 분명히 말씀하십니다.

성도의 목표는 거룩한 삶이다

성도는 창세전에 그리스도 안에서 택함 받았고 주님이 부르셨을 때 그분을 믿은 사람들입니다. 주님이 하늘로 올라갈 때 성도들도 함께 일으켜 보좌 옆에 데리고 가셨다고 성경은 말씀합니다. "또 함께 일으키사 그리스도 예수 안에서 함께 하늘에 앉히시니"(엡 2:6). 성도인 우리는 이 땅에 발을 딛고 있지만, 영적으로는 이미 보좌 옆에 있다는 것을 알 수 있습니다. "너희가 내 안에, 내가 너희 안에"(요 14:20). 우리가 예수 안에 있기 때문에 보좌로 올라가신 그분과 함께 우리도 보좌 옆에 앉아 있는 것입니다.

그러므로 성도는 죽고 나서 천국 가는 데 관심 가질 필요가 없습니다. 우리는 주님과 함께 이 땅에서 주님의 일을 하도록 사명을 받았습니다. 예수님은 이 땅에서 사역하실 때 "내 아버지께서 (쉬지 않고) 이제까지 일하시니 나도 일한다"(요 5:17)고 하셨습니다. 하나님 아버지께서 졸지도 주무시지도 않고 일하시듯 주님은 부활하신 후 보좌 옆에서 끊임없이 일하십니다.

성도의 위치는 하나님 보좌 옆인데, 몸이 땅에 있어서 땅에 보이는 것에만 끌려다니는 육에 속한 성도가 되기 쉽습니다. 영에 속한 성도는 끊임없이 위로 끌어올리시는 성령님의 인도를 받습니다. 주님을 따라 위로 올라감으로써 그분을 내 안에서 의식할 뿐 아니라 그분의 형상을 담기 위해 끊임없이 노력해야 합니다. 그러기 위해서 기도해야 합니다. 기도 없이 말씀만 아는 사람은 보좌 옆에 올라갈 수 없습니다. 말씀이 목표가 아닙니다. 기도를 통해 말씀의 주인이신 주님의 사랑을 느끼고 주님과 하나 되는 것이 목표입니다.

오늘날 교회 안에 문제가 많이 발생하는 것은 전도하는 데만 관심을 기울여 복음을 단순화한 데도 이유가 있습니다. "예수님을 믿기만 하면 구원받고 다 천국에 갑니다. 예수님이 십자가에서 다 이루셨으므로 우리는 아무것도 할 것이 없습니다." 이런 식의 가르침은 육에 속한 성도를 만듭니다. 일단 교회로 들어온 성도에게는 사랑 안에서 흠 없고 거룩한 존재로 변화되는 성화의 목표를 심어 주어야 합니다. 성도들은 이 땅에서 우리가 받은 은사와 직분을 잘 감당함으로써 천국의 현주소를 확인하게 됩니다.

우리가 받은 은사가 한 달란트인지, 두 달란트인지, 다섯 달란트인지는 알 수 없습니다. 다만 은사와 교회에서 받은 직분을 잘 감당해서 천국의 현장에 참여하고 있다는 것을 체험해야 합니다. 천국은 할 일 없어 지루한 곳이 아닙니다. "아버지께서 일하시므로 나도 일한다." 주님께서 말씀하신 대로 일하는 기쁨이 있는 곳입니다. 교회 봉사를 꺼리며 피해 다니는 사람은 천국을 모르는 사람입니다.

모든 축복의 원천은 교회다

"교회는 그의 몸이니 만물 안에서 만물을 충만하게 하시는 이의 충만함이니라"(엡 1:23). 교회는 모든 축복의 원천입니다. 만물을 충만하게 채워 주는 분이 부활하신 주님이고, 예수님의 성령으로 충만한 곳이 교회입니다. 그래서 교회를 떠나서는 절대로 축복을 받을 수 없습니다. 교회의 머리는 주님이십니다. 성도들이 모여 있어서 교회가 아니라 교회의 머리 되신 주님이 성도들을 마디마디 연결해서 성전을 이루십니다. 교회를 세우는 분도, 교회를 이끌어 가는 분도 주님이십니다. 교회 안에서 성도들에게 축복하는 분도 주님이십니다.

성도들은 전깃줄과 같습니다. 전깃줄은 오래되면 녹슬고 구부러지고 찌그러지고 모양도 별 볼일 없습니다. 그러나 서로 연결되어 있기만 하면 전기가 통하고 에너지가 흐릅니다. 마찬가지로 성도들이 마디마디 연결되어 교회에 붙어 있으면 교회의 주인이신 주님이 사랑의 에너지로 교회를 묶어 주십니다. 성도들이 할 일은 옆에 붙어서 줄이 되는 것입니다. 줄이 너무 똑똑할 필요가 있을까요? 교회는 똑똑한 사람이 많다고 되는 것이 아닙니다. 어떤 교회는 성도 대부분 주류 지식인층이라고 자랑하는데, 교회론으로 말하면 "우리는 너무 똑똑해서 줄로 연결하기가 참 어려운 사람들입니다"라는 고백입니다. 너무 똑똑하고 잘났기 때문에 마음에 안 맞으면 먼지 툭툭 털고 튀어 나갑니다.

연결이 잘 안 되고 마음에 안 들더라도 참고 견디면 머리 되신 주님이 사랑의 에너지를 흐르게 하셔서 조금 있으면 따스함을 느끼게 됩니다. 교회 안에 전류를 흐르게 할 분은 그분이기 때문에 불편해도 가만히 붙어 있어야 합니다. 교회에서 너무 돋보이려고 애쓰지 마십시오. 그러다 보면 자기 마음에 안 든다고, 자기를 우습게 본다고, 대접 안 해 준다고 툭툭 털고 교회를 떠나게 되고 축복의 원천에서 떨어지게 됩니다.

◇ 마태복음 21-25장

예수님 공생애의 마지막 부분입니다. 주님은 월요일에 예루살렘 성전을 깨끗하게 하셨습니다.

화요일에는 마지막으로 성전에서 바리새인, 서기관, 장로들의 회개를 촉구하며 여러 가지 비유로

복음이 이방인에게 먼저 들어갈 것을 경고하셨습니다. 그다음 성전을 나오셔서 예루살렘

앞에 있는 높은 산, 감람 산 위에 올라가 제자들을 모아 놓고 마지막으로 재림을 말씀하십니다.

이 세상은 반드시 끝이 있고 세상 끝날은 주님이 다시 오시는 영광의 날임을 선포하십니다.

이것이 사흘 뒤 십자가에 달려 죽으시기 전까지 예수님이 행하신 사역입니다.

예수님 생애의 마지막 일주일

+ 예루살렘 입성 _ 마 21장, 월요일

나귀를 타고 입성하심

예수님은 호화로운 말이나 마차가 아니라, 나귀를 타고 예루살렘에 입성하셨습니다.

예수님은 섬김을 받으러 온 것이 아니고, 섬기기 위해서 오셨다는 것을 보여 줍니다.

맥잡기🔎 구약의 사사 시대에 많은 사사들과 자손들이 나귀를 탄 것은 지도자임을 나

타내기 위해서입니다. 하지만 예수님은 겸손과 온유를 나타내시려고 멍에를 매는 짐

승 나귀를 타셨습니다.

이스라엘 백성들은 나귀 타고 입성하시는 주님을 보고 '호산나'를 외치며 찬송했습니다. "앞에서 가고 뒤에서 따르는 무리가 소리 높여 이르되 호산나 다윗의 자손이여 찬송하리로다 주의 이름으로 오시는 이여 가장 높은 곳에서 호산나 하더라"(마 21:9). 하지만 단지 그들은 로마 식민지에서 독립을 성취하여 다윗 왕국을 회복할 메시아를 기대했을 뿐입니다. 그들이 기대하는 메시아는 예수님의 십자가 사건과는 거리가 멀었습니다.

예수님은 무리가 호산나를 외치는 소리를 받아들이심으로써 더 이상 메시아임을 숨기지 않으셨습니다. 주님을 죽이려는 바리새인들과 서기관들의 계략을 다 알고 계셨기 때문에 그들을 두려워하실 필요가 없었기 때문입니다. 십자가라는 분명한 목표를 향해 발걸음을 내딛으신 것입니다.

성전 정화 작업

예루살렘에 들어가서 예수님은 제일 먼저 성전을 정화하는 일을 하셨습니다. "예수께서 성전에 들어가사 성전 안에서 매매하는 모든 사람들을 내쫓으시며 돈 바꾸는 사람들의 상과 비둘기 파는 사람들의 의자를 둘러 엎으시고"(마 21:12). 당시 예루살렘 성전에 들어가기 위해서는 성전세를 내야 했습니다. 유대 절기가 되면 전 세계에 흩어져 살던 이스라엘 백성들이 예루살렘 성전으로 올라왔습니다. 당시 성전에는 이들이 성전세를 내도록 각 지역의 돈을 이스라엘 화폐로 바꿔 주는 환전 상인이 있었습니다. 주님은 이 환전상의 좌판을 뒤엎으신 것입니다. 제사장들과 방문객들에게 공인된 예물을 바가지 씌우고 "기도하는 집"(마 21:13)을 매매터로 바꾸고 강매하는 장사꾼들을 쫓아내신 것입니다.

기도는 우리가 주님께 사랑을 고백하고, 주님의 사랑을 받는 통로입니다. 기도할 때 주님의 임재를 경험하고 주님과 하나 됩니다. 또한 성령님의 인도로 하나님의 온전하심과 충만하심을 덧입는 현장이 성전입니다. 보이지 않는 영이신 주님과 교제하는 곳, 기도하는 곳, 바로 그곳이 교회입니다. 오늘날에도 돈을 벌겠다고, 물질 축복을 받겠다고 교회에 다니는 사람들이 있다면 주님이 쫓아내실 것입니다.

주님은 성전에서 악을 행하는 자들에게는 무섭게 대하셨지만, 성전에 있는 맹인과 다리 저는 자들에게는 치유를 베푸셨습니다. 어린이들이 성전 안에서 호산나 찬양하며 뛰노는 것을 당연하다고 하셨습니다. 두 가지를 모두 메시아의 사역입니다. 그러나 대제사장과 서기관들이 예수님의 이런 행동에 분개했습니다.

무화과나무의 저주 _화요일

예수님이 이른 아침에 예루살렘 성으로 들어오셨습니다. 마침 배가 고파서 무화과나무에서 열매를 얻으려 하셨습니다. 하지만 잎사귀밖에 없음을 보고 다시는 열매 맺지 못하도록 저주하셨습니다. 이 무화과나무의 저주는 마지막 날 열매 맺지 못하고 경건의 모양만 갖춘(잎사귀만 무성한) 성도들에 대한 경고입니다. 예수님은 무화과나무가 말라 버린 것과 관련해서 기도할 때 무엇이든지 믿고 구하면 다 받을 것이라고, 믿음의 중요성을 깨우쳐 주셨습니다.

두 아들의 비유

예수님이 성전에서 장사꾼들을 쫓아내고 병을 고치시자 대제사장들과 장로들이 무슨 권위로 이런 일들을 하냐고 묻습니다. 예수님은 세례 요한의 세례의 권위 문제를 되물으며 그들의 입을 막으셨습니다. 그러고 나서 아버지의 뜻대로 사는 자녀가 누구인지를 비유로 말씀하셨습니다.

　포도원에 일하러 가겠다고 약속한 다음 실제로는 가지 않은 첫째 아들과, 가지 않겠다고 했지만 실제로는 일하러 간 둘째 아들이 있습니다. "그 둘 중의 누가 아버지의 뜻대로 하였느냐 이르되 둘째 아들이니이다 예수께서 그들에게 이르시되 내가 진실로 너희에게 이르노니 세리들과 창녀들이 너희보다 먼저 하나님의 나라에 들어가리라"(마 21:31). 둘째 아들은 창녀와 세리들을 말합니다. 유대인이 경멸했던 그들은 처음에는 하나님을 거부했지만 나중에 회개하고 주님을 따랐습니다. 첫째 아들은 바로 제사장들과 장로들입니다. 예수님은 이 비유로 제사장들과 장로들을 꾸짖으셨습니다.

악한 포도원 농부들의 비유

악한 포도원 농부의 비유는 더욱 직접적으로 제사장들을 자극합니다. 어떤 주인이 농부들에게 포도원을 세놓고 타국으로 떠났습니다. 주인은 나중에 포도원의 열매를 거두기 위해 자기 종들을 보냈는데 농부들은 이익을 챙기려고 종들을 잡아 죽였습니다. 주인은 할 수 없이 아들을 보냈는데 악한 이들은 결국 아들까지 죽였습니다.

"후에 자기 아들을 보내며 이르되 그들이 내 아들은 존대하리라 하였더니 농부들이 그 아들을 보고 서로 말하되 이는 상속자니 자 죽이고 그의 유산을 차지하자 하고 이에 잡아 포도원 밖에 내쫓아 죽였느니라 그러면 포도원 주인이 올 때에 이 농부들을 어떻게 하겠느냐"(마 21:37-40).

사람들은 이렇게 대답했습니다.

"이 악한 자들을 진멸하고 포도원은 제 때에 열매를 바칠 만한 다른 농부들에게 세로 줄지니이다"(마 21:41).

농부들이 누구입니까? 바리새인, 제사장들, 서기관들이 아닙니까? 비유를 깨달은 제사장들과 서기관들은 주님을 당장 죽이고 싶었을 것입니다. 주님은 이들에게 도전하심으로써 '나를 당장 잡아서 십자가에 처형하라'고 십자가의 죽음을 자청하셨습니다. 그들이 메시아를 거부하지만 주님이 모퉁이의 머릿돌 되심을 밝히신 것입니다(시 118:22).

성도는 주님 앞에서 겸손히 굴복하여 자아가 깨어지든지, 주님 다시 오시는 날 심판을 받든지 둘 중 하나를 선택해야 한다고 말씀하십니다. "이 돌 위에 떨어지는 자는 깨지겠고 이 돌이 사람 위에 떨어지면 그를 가루로 만들어 흩으리라"(마 21:44).

요즘 자유주의자들은 주님이 어쩌다가 운이 나빠서 십자가에 달리게 되셨다고 말합니다. 하지만 주님은 아버지의 계획에 순종하여 '십자가'라는 분명한 목표를 향해서 한 걸음씩 움직이셨습니다. 오래 전 아브라함이 독생자 이삭을 드린 모리아 산(예루살렘)에서, 인류를 위한 대속의 제물로 드려지려는 분명한 목표가 있었습니다.

✝ 천국에 대해서 _ 마 22장

혼인 잔치의 비유

어느 임금이 혼인 잔치를 준비하고 사람들을 초청했습니다. 하지만 첫 번째 초청은 물론 두 번째 초청도 사람들이 이유를 대면서 참석을 거부했습니다.

"나는 장사하러 가야 해서 바빠서 못 가겠습니다."

"나는 이제 농사지으러 가야 하니까 바빠서 못 가겠습니다."

참석을 거부할 뿐 아니라 초청하러 나온 임금의 종들을 잡아 죽이기까지 했습니다. 격분한 임금은 군대를 보내어 살인자들을 처형했습니다. 임금은 사람들을 풀어서 "길가나 장터에서 만나는 아무 사람이나 다 데려오라"고 명합니다(세 번째 초청). 이것은 이스라엘 백성이 거부해서 이방인에게 복음이 돌아가는 비유라고 할 수 있습니다.

그런데 초청을 받은 사람 중 "예복을 입지 않은 한 사람"(마 22:11)이 있었습니다. 아무나 막 오라고 했으니 준비가 미흡할 수밖에요. 그런데 임금은 이렇게 말합니다. "임금이 사환들에게 말하되 그 손발을 묶어 바깥 어두운 데에 내던지라 거기서 슬피 울며 이를 갈게 되리라"(마 22:13). 아무나 오라고 해 놓고 이렇게 무서운 심판을 내린다는 게 이상하지요?

당시 유대에서는 결혼 예식에 참석하는 손님들을 위해 주인이 예복을 마련해서 입혀 주는 풍습이 있었습니다. "내가 여호와로 말미암아 크게 기뻐하며 내 영혼이 나의 하나님으로 말미암아 즐거워하리니 이는 그가 구원의 옷을 내게 입히시며 공의의 겉옷을 내게 더하심이 신랑이 사모를 쓰며 신부가 자기 보석으로 단장함 같게 하셨음이라"(사 61:10).

주인이 예복을 준비해 주었는데 입지 않았다는 겁니다. 예수님의 보혈의 피로 하얀 예복(구원의 옷)을 제공한 주인께 감사하지 않았습니다. 이들은 주인의 말을 업신여기는 성도들을 가리킵니다. 주인이 입혀 준 예복을 벗어 던지고 자신의 옷(자기 의)으로 단장한 사람은 혼인 잔치에서 쫓겨난다는 말씀입니다. 교회에 들어왔지만 말씀에는 관심 없고, 기도는 절대 안 하고, 주인의 기쁨을 함께 나눌 자세가 전혀 되어 있지 않은 사람입니다. "내가 증언하노니 그들이 하나님께 열심이 있으나 올바른 지식을 따른 것이 아니니라 하나님의 의를 모르고 자기 의를 세우려고 힘써 하나님의 의에 복종하지 아니하였느니라"(롬 10:2-3). 천국 잔치에 초청받아 온 사람은 많되 택함을 입은 자(나팔 불 때 이름 불리는 자)는 적다고 하신 말씀을 명심해야 합니다(마 22:14).

가이사의 것은 가이사에게

바리새인들이 예수님을 올무에 걸리게 하려고 "가이사에게 세를 바쳐야 합니까?"라는 질문을 했을 때, 예수님은 "가이사의 것은 가이사에게, 하나님의 것은 하나님께 바치라"(마 22:21)고 하십니다. 예수님은 이 세상 모든 만물이 하나님의 것이지만 현존하는 국가나 정부의 권력을 인정하고 순종하라고 하셨습니다. 또 모든 사람은 하나님의 형상으로 지음 받았으므로 하나님께 자신을 드려야 한다는 의미입니다.

천국은 이 땅과 같지 않다

당시 율법에는 '형수 취수 제도'가 있었습니다. 형이 죽으면 동생이 형수를 취해서 결혼하고 자식을 낳아도 재산이나 그 외 모든 것을 형의 것으로, 형의 기업으로 여기는 것입니다(신 25:5-10). 사두개인은 세속주의자들이라고 했습니다. 자신들은 부활이 없다고 생각하는데, 예수님이 부활을 주장하시니까 이런 질문을 합니다. "우리 중에 칠 형제가 있었는데 맏이가 장가들었다가 죽어 상속자가 없으므로 그 아내를 그 동생에게 물려주고 그 둘째와 셋째로 일곱째까지 그렇게 하다가 최후에 그 여자도 죽었나이다 그런즉 그들이 다 그를 취하였으니 부활 때에 일곱 중에 누구의 아내가 되리이까"(마 22:25-28).

예수님은 의외로 예상치도 못한 대답을 하십니다. "부활 때에는 장가도 아니 가고 시집도 아니 가고 하늘에 있는 천사들과 같으니라"(마 22:30).

놀라운 말씀입니다. 천국에는 가족 관계가 없다는 것입니다. 천국에서는 더 이상 내 자녀, 내 부모님이 아니라 전부 예수님의 자녀요 하나님의 자녀입니다. 부활은 이 세상의 단순한 연장이 아니고 우리가 상상할 수도 없는 영의 세계가 열리는 것입니다.

그러면 하나님은 이 땅에 사는 우리에게 왜 가정을 주셨습니까? 가정은 하나님의 형상, 사랑이신 하나님의 영을 따라 자기를 부인하고 희생하며 서로 사랑할 수 있는 기본 공동체이기 때문입니다. 만약 하나님이 인간에게 가정을 주시지 않았다면 세상은 엄청난 혼돈에 빠졌을 것입니다. 나밖에 모르고 내 것만 추구하다가 인류는 파멸했을 것입니다. 육을 쓴 사람은 '나'만을 위해서 움직이는 속성이 있기 때문에, 그냥 두면 짐승처럼 서로 물어뜯고 싸우기 마련입니다. 서로 사랑하는 관계가 없다면, 절대로 '나'를 부인할 수 없습니다. 하지만 천국에는 이러한 가정이 필요 없습니다.

혼자되신 어떤 권사님이 이 이야기를 듣고 무척 실망했습니다. 권사님의 유일한 소망은 천국에 가서 10년 전에 사별한 남편을 만나는 일이었기 때문입니다. 천국은 이 땅에서와 같은 가정은 없지만, 모두가 사랑의 본체이신 주님 사랑 안에서 한 형제자매입니다. 그러니까 그 권사님처럼 서운해하지 마십시오.

✚ 예수님의 애타는 가르침 _ 마 22-23

가장 큰 계명

이번에는 바리새인 율법사가 질문합니다.

"선생님 율법 중에서 어느 계명이 크니이까"(마 22:36).

예수님은 이렇게 말씀하십니다.

"네 마음을 다하고 목숨을 다하고 뜻을 다하여 주 너의 하나님을 사랑하라 하셨으니 이것이 크고 첫째 되는 계명이요 둘째도 그와 같으니 네 이웃을 네 자신같이 사랑하라 하셨으니 이 두 계명이 온 율법과 선지자의 강령이니라"(마 22:37-40).

하나님의 사랑 없이는 이웃을 사랑할 수 없습니다. 먼저 하나님을 사랑해야 그 사랑 때문에 이웃을 사랑할 수 있습니다. 하나님을 사랑하는 자는 반드시 이웃 사랑으로 나타내야 합니다. 하나님 사랑이 아닌 자기 사랑으로 이웃을 사랑하는 자는 자기 의만 더욱 키울 뿐입니다.

그리스도는 누구신가?

주님이 바리새인들에게 "너희는 그리스도를 누구라고 생각하느냐?"고 물으시자 바리새인들은 다윗의 자손이라고 답했습니다. 주님은 다윗이 그리스도를 주라고 칭한 것에 비추어 그리스도는 다윗의 후손이 될 수 없다고 지적하십니다(마 22:42-45). 그날 이후 감히 예수님께 질문하는 자가 없었습니다. 주님은 오늘도 성도들에게 "너는 그리스도를 누구로 생각하느냐"고 물으십니다.

바리새인을 저주하심 _ 마 23장

예수님은 바리새인들을 저주하셨습니다.

"뱀들아 독사의 새끼들아 너희가 어떻게 지옥의 판결을 피하겠느냐"(마 23:33).

대부분 성경을 읽으면서 이 부분을 의아해합니다. 바리새인이 얼마나 거룩한 사람들입니까? 얼마나 율법을 잘 지키려고 애썼던 사람들입니까? 구약의 율법을 머릿속에 통째로 집어넣고 매일 가르쳤던 사람들입니다. 당대에 대단했던 랍비, 오늘날의 성경 선생님들입니다. **맥잡기☞** 하스몬 왕조의 세속주의에 반해 나타난 저항파를 바리새인이라고 했습니다.

그런데 주님은 이들을 향해서 "독사의 새끼들아. 외식하는 자들아. 회칠한 무덤 같은 자들아"라고 하셨습니다. '회칠한 무덤'이란 겉으로는 하얗게 칠해서 깨끗한 것 같으나, 속은 썩어서 냄새나는 더러운 것들로 꽉 차 있는 무덤이라는 뜻입니다. 이것은 바리새인에게만 국한된 것이 아니라 오늘날 성도들에게도 적용되는 말씀입니다. 성경을 통째로 머릿속에 넣고 남들을 잘 가르치면서, 정작 자신은 말씀대로 살지 않는 사람들에게 주님은 말씀하십니다. "화 있을진저 외식하는 서기관들과 바리새인들이여 너희는 천국 문을 사람들 앞에서 닫고 너희도 들어가지 않고 들어가려 하는 자도 들어가지 못하게 하는도다"(마 23:13). 말씀을 그렇게 잘 가르치는 사람이 말씀과 역행해서 말씀대로 살지 않는다면, 자신은 물론 다른 사람들도 천국으로 들어가지 못하게 막는 셈입니다. 그래서 주님은 말씀대로 살 수 있도록 항상 깨어 기도하라고 하셨습니다.

예루살렘을 애통해하심

"예루살렘아 예루살렘아 … 암탉이 그 새끼를 날개 아래에 모음같이 내가 네 자녀를 모으려 한 일이 몇 번이더냐 그러나 너희가 원하지 아니하였도다 보라 너희 집이 황폐하여 버려진 바 되리라"(마 23:37-38). 예수님은 앞으로 다가올 심판을 예견하고 예루살렘 성을 바라보며 우셨습니다(눅 19:41). 예수님이 유대인들을 심하게 꾸중하신 것은 나중에 이들이 심판받지 않도록 하시기 위해서였습니다. 주님은 성도가 죄를 지어도 미워하지 않고 불쌍히 여기고 눈물을 흘리시는 분입니다.

 감람 산 강화 _ 마 24-25장

✚   재림의 때와 예루살렘의 멸망 _ 마 24장

예수님은 십자가를 지시기 직전에 예루살렘 옆에 있는 감람 산에 오르셔서 말씀을 가르치셨습니다. 이것이 감람 산 강화입니다. 감람 산 강화는 산상수훈과 함께 예수님의 2대 설교로 꼽힙니다. 하지만 두 설교 내용은 아주 다릅니다. 예수님은 이때 재림과 종말에 관해 말씀하셨습니다.

세상의 종말 _ 재림의 때

예수님이 마지막으로 성전을 나오실 때 제자들은 헤롯 성전의 위용을 가리켰습니다. 그러자 예수님은 제자들에게 인간의 손으로 지은 위대한 건물과 성전이라도 돌 위에 돌이 하나도 남김 없이 파괴될 날이 올 것임을 예고하셨습니다(마 24:2).

제자들이 그때와 징조에 대해 질문했습니다. 예수님은 눈에 보이는 세상은 반드시 끝날이 있을 것이며(마 24:29), 이 세상의 종말은 주님이 다시 오시는 재림의 날이라고 하셨습니다. 그날은 구원을 얻을 성도들에게는 기쁨과 영광의 날이지만(마 24:31), 불신자들에게는 통곡과 후회의 심판 날이 될 것이라고 말씀하십니다(마 24:30).

주님은 죽음이 사흘 뒤로 다가오고 있고, 그러면 제자들이 커다란 충격과 좌절에 휩싸일 것을 아셨습니다. 그래서 제자들에게 장차 올 영광에 대한 소망을 심어 주려고 무척 애쓰셨습니다. "인자가 자기 영광으로 모든 천사와 함께 올 때에 자기 영광의 보좌에 앉으리니"(마 25:31), "번개가 동편에서 나서 서편까지 번쩍임같이 인자의 임함도 그러하리라"(마 24:27). "그때에 사람들이 인자가 구름을 타고 능력과 큰 영광으로 오는 것을 보리라"(눅 21:27). "나와 내 말을 부끄러워하면 인자도 아버지의 영광으로 거룩한 천사들과 함께 올 때에 그 사람을 부끄러워하리라"(막 8:38). 이때가 언제인지는 분명치 않습니다. 주님이 재림의 때와 이스라엘 백성이 곧 당할 재난, 예루살렘의 멸망 때(기원후 70년) 일어날 일들을 함께 말씀하셨기 때문입니다. 주님은 다가올 엄청난 재앙을 너무 크게 느끼지 않게 하려고 일부러 그렇게 말씀하셨는지도 모르겠습니다. "그날에는 아이 밴 자들과 젖 먹이는 자들에게 화가 있으리로다 너희가 도망하는 일이 겨울에나 안식일에 되지 않도록 기도하라"(마 24:19-20).

세상 끝날과 재림의 징조는 적그리스도의 날뜀, 지진, 기근, 전쟁 등 엄청난 환난입니다. 하지만 환난 자체가 종말을 뜻하는 것은 아니며 종말이 다가오는 신호일 뿐이라고 하셨습니다. "난리와 난리 소문을 듣겠으나 너희는 삼가 두려워하지 말라 이런 일이 있어야 하되 아직 끝은 아니니라"(마 24:6). 오늘날도 세계 도처에서 말세의 징조들이 보이지만 말세가 언제인지 아무도 모른다고 하셨습니다. "그러나 그날과 그때는 아무도 모르나니 하늘의 천사들도, 아들도 모르고 오직 아버지만 아시느니라"(마 24:36). 예수님이 이렇게 말씀하셨는데도 재림 날짜를 맞추며 혹세무민하는 사람들이 많습니다. "몇 년, 몇 월, 며칠에 재림하신다"는 것은 전부 허황된 말입니다.

재림의 때와 관련해서는 "무화과나무의 비유를 배우라 그 가지가 연하여지고 잎사귀를 내면 여름이 가까운 줄을 아나니"(마 24:32)라고 하심으로써 정확한 시기는 알 수 없으며 오직 징조를 통해 짐작할 뿐이라고 말씀하셨습니다. 계시록을 연구하는 분들은, 무화과나무의 비유를 2천 년 동안 사라졌다가 1949년에 독립 국가로 회복된 이스라엘에 적용하여 예수님이 다시 오실 때가 가까워졌다고 해석하기도 합니다. 그러나 주님이 다시 오실 구체적 징조는 "이 천국 복음이 모든 민족에게 증언되기 위하여 온 세상에 전파되리니 그제야 끝이 오리라"(마 24:14)는 말씀에서 찾아야 합니다. 미전도 종족의 수가 점점 줄어들면 재림의 때가 가까워 오는 징조이고, 미전도 종족이 다 없어지면 그때가 끝날인 것입니다.

성도들이 깨어 기도하며 땅 끝 선교에 앞장서면 주님 오시는 날을 앞당길 수도 있다는 말입니다. 하나님은 자녀들이 주님이 속히 오시도록 항상 깨어 예비하기를 기다리신다고 할 수 있을 것입니다. 할렐루야! **맥잡기!** 신약의 결론인 요한계시록에서 사도 요한은 "이것들을 증언하신 이가 이르시되 내가 진실로 속히 오리라 하시거늘 아멘 주 예수여 오시옵소서"(계 22:20)라고 말했습니다. 성도들은 주님이 속히 오시도록 주님이 주신 지상명령(땅 끝 선교)을 따라서 지켜야 할 것입니다.

그러므로 깨어 있으라 _ 마 24:40-44

주님은 다시 오실 날 일어날 휴거에 대해 얘기하십니다. 여인 둘이서 들판에서 맷돌을 갈고 있다가 한 사람은 들림을 받는데 한 사람은 들림을 받지 못했습니다. 휴거는 믿는 사람들에 대한 말씀입니다. 예수님을 믿지 않는 사람이라면 이런 얘기가 필요 없습니다. 예수님을 믿지 않는 사람이 들림을 받지 못하는 것은 당연한 일입니다.

예수님을 믿었으되 들림 받는 자는 영에 속한 성도요, 들림 받지 못하는 자는 육에 속한 성도입니다. 혼인 잔치에 초청을 받았지만 예복을 입지 않고 들어온 사람이 있다고 했습니다. 교회에 들어와서도, 말씀과 기도로 주님의 거룩함을 입지 않고 자신의 생각과 세상 즐거움을 따라 살고 있는 사람은 육에 속한 성도입니다. 세상 즐거움을 뺏길 수 없어서 말씀을 배울 시간이 없습니다. 세상 영광을 쫓아가다 보니 새벽기도할 시간이 없습니다. 예수님은 그런 사람들을 쫓아내셨을 뿐만 아니라 "거기서 슬피 울며 이를 갈리라"(마 24:51), 고통이 있을 것이라고 말씀하셨습니다. 육에 속한 성도는 결코 들림 받을 수 없습니다.

그러면 육에 속한 성도들은 지옥에 갑니까? 요한복음에서는 "나 보내신 이를 믿는 자는 영생을 얻었고 심판에 이르지 아니하나니 사망에서 생명으로 옮겼느니라"(요 5:24)고 하셨으니 지옥에는 분명히 가지 않습니다. 하지만 계시록을 연구하는 학자들은 이렇게 말합니다. 육에 속한 성도는 주님이 1차로 공중 재림하실 때 휴거의 대상이 되지 않으므로 이 땅에서 7년 대환란 기간에 엄청난 고통을 겪고 나서야 지상 재림 때에 온전히 구원받는다고 합니다. 신학적인 논쟁이 있을 수 있으나 평신도인 저는 이 견해를 지지합니다. 영에 속한 성도와 육에 속한 성도는 어떤 형태로든 차별 대우를 받을 수밖에 없습니다. 주님은 우리에게 말씀하십니다. "그러므로 깨어 있으라 어느 날에 너희 주가 임할는지 너희가 알지 못함이니라 … 이러므로 너희도 준비하고 있으라 생각하지 않은 때에 인자가 오리라"(마 24:42-44).

✚ 재림을 준비하는 성도들의 삶 _ 마 24:45-25:46

언제 오실지 모르는 주님의 재림에 대비하여 주님은 '깨어 있어 준비하는 삶'이 구체적으로 어떤 삶인지 네 가지의 비유를 들어 가르쳐 주십니다.

충성되고 지혜 있는 종의 비유 _ 마 24:45-50

"충성되고 지혜 있는 종이 되어 주인에게 그 집 사람들을 맡아 때를 따라 양식을 나눠줄 자가 누구냐 주인이 올 때에 그 종이 이렇게 하는 것을 보면 그 종이 복이 있으리로다 … 주인이 그의 모든 소유를 그에게 맡기리라"(마 24:45-47).

주님의 재림에 대비하여 깨어 있는 삶은 생명의 양식인 말씀을 열심히 먹고 묵상하고 연구하여 주인이 맡겨 주신 사람들에게 때에 따라 나누어 주는 삶입니다. 목사님에게만 하시는 말씀이 아니라 주일학교 교사들, 직장 신우회 담당자를 비롯한 모든 성도에게 하신 말씀입니다. 모든 성도는 "배우든지 가르치든지" 둘 중의 하나를 해야 합니다. 그래야만 주님께 충성되고 지혜 있는 종이라 칭찬받을 수 있습니다.

열 처녀의 비유 _ 마 25:1-13

이스라엘에서는 정혼하고 1년 뒤에 남편이 밤에 신부를 데리러 온다고 했습니다. 그래서 미리 그릇에 기름을 준비해 둔 신부들은 신랑을 맞이할 수 있었고, 기름을 준비하지 않은 처녀들은 혼인 잔치에 들어가지 못했습니다. 예수님은 등과 기름을 준비한 슬기로운 다섯 처녀와 등은 있지만 기름을 준비하지 않은 미련한 다섯 처녀의 이야기를 들려주십니다.

기름이 점점 떨어져 가는데, 신랑은 오지 않았습니다. 신랑이 금방 올 줄 알고 기름을 준비하지 않은 다섯 처녀들은 기름을 준비한 다섯 처녀들에게 좀 빌려 달라고 부탁합니다. 그런데 기름을 준비한 다섯 처녀들은 기름을 빌려주지 않습니다.

예수님을 영접하는 순간 성도에게는 등이 주어집니다(성령의 내주). 그 등에는 어느 정도 기름이 들어 있어서 처음에는 불이 켜집니다. 하지만 신랑이 언제 올지 모르기 때문에 신랑이 늦게 오면 처음 믿을 때 받았던 기름만으로는 버틸 수가 없습니다. 계속해서 기름을 채워 놓아야 합니다. 그 기름은 성령님의 기름 부으심이기 때문에 아무한테도 빌릴 수 없습니다. 누구에게 빌려줄 수도 없습니다. 내가 성령님께 직접 받는 수밖에 없습니다. 성령의 기름 부으심은 성령님의 임재요, 성령님의 일하심입니다. 성령님의 기름 부으심이 있는 사람들에게는 반드시 사명이 부여되며, 사명은 은사와 직분으로 나타납니다.

그럼 어떻게 하면 성령님의 기름 부으심을 받을 수 있을까요? 기도할 때 성령님의 기름 부으심을 받을 수 있습니다. "이러므로 너희는 장차 올 이 모든 일을 능히 피하고 인자 앞에 서도록 항상 기도하며 깨어 있으라 하시니라"(눅 21:36). 교회 다닌다고 하면서 세상 말로 '깡' 좋은 사람들이 많습니다. 남 보는 데서 식사기도를 열심히 하지만, 주님과 일대일로 교제하는 기도 시간을 갖지 않습니다. 말씀을 열심히 찾아다니지만 기도하지 않습니다. 기도가 어렵기 때문입니다.

예수님은 기름을 빌려 줄 수가 없다고 분명히 말씀하셨습니다. 기름을 준비하지 못한 처녀들은 어린양의 혼인 잔치에 못 들어갈 뿐만 아니라 "슬피 울며 이를 갈"(마 25:30) 것입니다. 이것은 영에 속한 성도와 육에 속한 성도의 차이가 분명히 드러나리라는 무서운 말씀입니다. 마지막 때를 사는 성도들은 항상 근신하고 깨어 기도해야 합니다.

달란트 비유 _ 마 25:14-30

주인이 하인들에게 각각 다섯 달란트, 두 달란트, 한 달란트를 나눠 줍니다. 마침내 회계의 날이 왔습니다. 주인은 하인들이 어떻게 달란트를 활용했는지를 보고 많이 남긴 사람을 칭찬하고 그렇지 않은 사람을 책망합니다. 예수님을 믿는 사람에게는 반드시 달란트가 있습니다. 달란트가 뭡니까? 우리는 보통 은사라고 합니다. 말씀 전하는 은사, 신유 은사, 귀신 쫓는 은사, 섬기는 은사, 봉사의 은사, 다스리는 은사 등 성령의 은사는 21가지나 됩니다. 하나님은 다양한 은사로 교회와 이웃들을 섬기게 하십니다. 자기가 받은 달란트가 한 달란트이건 다섯 달란트이건 간에 하나님이 주신 달란트를 전부 사용해야 합니다.

교회에 와서 예배만 드리고 은사를 감추어 둔 채 사라져 버리는 성도들이 있습니다. 이런 사람들은 한 달란트를 감추어 놓은 종입니다. 주님은 달란트가 있는데도 교회에서 섬기지 않고, 봉사하지 않고, 아무것도 하지 않고 감추어 두는 것을 책망하십니다. 우리는 우리에게 주신 성경 지식과 시간과 돈과 능력으로 주님을 위해 무엇을 했는가 스스로 점검해야 합니다. 십계명을 어긴 것도 죄지만 주님이 주신 달란트를 사용하지 않는 것도 큰 죄입니다. 주님은 이것을 "악하고 게으른" 죄라고 지적하셨습니다. "악하고 게으른 종아 … 슬피 울며 이를 갈리라"(마 25:26-30). 주님은 주님이 주신 달란트를 성실히 사용해서 열매 거두기를 원하십니다. 자기에게 주어진 달란트를 열심히 사용해서 열매를 거둔 성도는 천국에서 엄청난 상급과 칭찬을 받습니다.

양과 염소를 가르는 비유 _ 마 25:31-46

예수님은 큰 영광 가운데 다시 오실 때에 믿는 자들을 다 모아 놓고 오른편에 양, 왼편에 염소로 가른다고 하셨습니다. 주님은 오른편의 양들에게 이렇게 말씀하십니다. "내 아버지께 복 받을 자들이여 나아와 창세로부터 너희를 위하여 예비된 나라를 상속받으라 … 이에 의인들이 대답하여 이르되 주여 우리가 어느 때에 주께서 주리신 것을 보고 음식을 대접하였으며 목마르신 것을 보고 마시게 하였나이까"(마 25:34-37). 오른편에 있는 성도들은 자신들이 주님께 직접 해 드린 것이 없다고 답합니다. 이 질문에 주님이 뭐라고 하십니까? "너희가 여기 내 형제 중에 지극히 작은 자 하나에게 한 것이 곧 내게 한 것이니라"(마 25:40).

작은 자가 누구입니까? 내 친척입니까? 내 자식입니까? 내가 아는 사람입니까? 내 친구입니까? 아닙니다. 내 가족이나 아는 사람이 길가에 쓰러져 있으면 당장 데려 갈 겁니다. 나와 아무 관계없는 사람이 옆에 쓰러져 있으니까 무심코 지나가는 것입니다. 나와 아무 관계가 없는 사람을 도와주는 사람은 주님의 사랑을 나타낸 사람입니다.

왼편의 염소들은 이렇게 하지 못했지만, 자신들이 평소 주님께 매우 잘했다고 생각했습니다. 주님을 사랑했고, 열심히 말씀 공부하며 기도했다고 말합니다. 성경공부하고 기도 많이 한 사람이 작은 자에게 사랑을 베풀 수 있지만, 모두가 작은 자에게 사랑을 베풀 수 있는 것은 아닙니다. "내가 주릴 때에 너희가 먹을 것을 주지 아니하였고 목마를 때에 마시게 하지 아니하였고 나그네 되었을 때에 영접하지 아니하였고 헐벗었을 때에 옷 입히지 아니하였고 병들었을 때와 옥에 갇혔을 때에 돌보지 아니하였느니라"(마 25:42-43).

나하고 아무 관계가 없는 사람에게 연민과 사랑을 베푸는 것은 예수님의 사랑이 부어졌을 때만 할 수 있는 일입니다. 우리는 주님의 사랑을 나와 상관없는 불쌍한 이웃들에게 반드시 표현해야 합니다. 예수님은 감람 산에서 사람들에게 분명하게 말씀하셨습니다. "너희 예수님을 믿는 성도들아, 똑바로 들어라. 이 세상에서 너희가 작은 자, 너와 아무 관계없는 사람이 주리고 목마를 때 마시게 하고 집에 바래다주고 병들었을 때 그를 위로하고 감옥에 있을 때 면회하라. 그 사람에게 대접한 것이 내게 한 것이다."

감람 산 강화의 교훈은 산상수훈에서와 마찬가지로 구약의 계명을 어긴 죄만 죄가 아니고 주님과 그의 나라와 백성들에 대한 '무관심'(주님 재림에 대한 무관심, 재림에 대비하게 하는 성령님에 대한 무관심, 말씀과 기도에 대한 무관심, 우리에게 주신 은사에 대한 무관심, 이웃에 대한 무관심)이 진짜 죄라는 것입니다. 더불어 주님 오실 날이 다가왔으니 항상 깨어 준비하라고 경고하셨습니다.

신앙 성장의 4단계

깨어 있어 준비하는 삶을 살라는 '충성되고 지혜 있는 종', '열 처녀', '달란트', '양과 염소 가르기' 이 네 가지 비유는 신앙 성장의 단계를 설명하고 있습니다.

예수님이 먼저 우리를 부르셨습니다. 우리는 복음을 믿음으로 말미암아 구원을 얻었습니다. 이 단계가 칭의의 단계입니다. 칭의의 단계에서 예수님을 진정으로 영접하게 되면 주님은 우리 안에 말씀을 사모하는 마음을 주십니다. 그래서 말씀을 공부하고, 말씀으로 나타나신 주님을 알아 가려고 점점 말씀 안에 들어갑니다. 처음에는 기도가 잘 안 되지만 말씀을 접하다 보면 기도할 수 있는 마음을 주시고, 말씀을 따라 기도할 수 있게 됩니다.

말씀을 열심히 배우고, 열심히 기도하는 사람들에게 성령님의 기름 부으심이 있습니다. 성령의 은사(달란트)가 주어집니다. 교회에서는 집사, 권사, 안수집사, 장로 등의 직분을 받습니다. 은사와 직분은 이웃을 섬기라고 주는 것이지, 내가 갖는 것이 아닙니다. 때문에 은사와 직분을 받으면 주는 훈련, 섬기는 훈련을 해야 합니다. 세상에서는 하나 주어야 하나 받기 때문에, 이웃을 섬기기가 쉽지 않습니다. 그러나 은사와 직분은 거저 받는 것입니다. 공짜로 받은 겁니다. 공짜로 받은 것으로 이웃에게 나눠 준다고 해서 "나는 위대한 그리스도인인가 보다"라고 생각해서는 안 됩니다.

저도 예전에는 말씀 전하는 은사를 받은 것이 대단한 줄 알았으나, 지금 보니 아무 것도 아닙니다. 저는 계속 성장해 가는 과정에 있을 뿐임을 알았습니다. 우리가 더 나아가야 하는 과정이 무엇입니까? 성령 충만의 단계입니다. 성령 충만은 예수님의 향기가 물씬 풍겨나는 것입니다. 이것이 성령의 열매입니다. 우리가 가야 할 목표는 성령의 열매를 맺는 것입니다. "오직 성령의 열매는 사랑과 희락과 화평과 오래 참음과 자비와 양선과 충성과 온유와 절제니 이 같은 것을 금지할 법이 없느니라"(갈 5:22-23). 성령의 열매를 맺어서 예수님의 형상을 닮아야 합니다.

은사는 거저 받은 것이지만, 열매는 거저 열리지 않습니다. 열매는 자라야 맺힐 수 있습니다. 말씀 전하고, 병 고치고, 능력을 행하는 사람을 능력의 종이라고 하는데, 이 것은 일시적으로 나타나는 현상입니다. 아무리 예수님을 잘 믿고, 말씀을 잘 전하고, 기도를 많이 하고, 은사를 행해도 열매를 맺지 못하면 소용이 없습니다.

거지 출신 목사님 한 분이 이렇게 말씀하셨습니다. 소년 시절에 부모가 없어서, 거 지 소굴에서 자랐다고 합니다. 두목 격인 사람이 무엇을 훔쳐 오라고 해서, 훔치는 것 은 싫고 얻어 오는 것은 하겠다고 하니, 때리기 시작했습니다. 죽기 직전까지 맞고 청 량리 역전에 버려졌습니다. 너무 많이 맞아 일어날 수 없어서 차가운 아스팔트 바닥 에 누워 있었는데, 아침 출근 시간이 되어 사람들이 청량리역 앞을 지나가는 소리가 들렸습니다. 수천 명의 병을 고친 부흥 강사도, 기도를 엄청나게 잘하는 권사님도 분 명 자기 옆을 지나갔을 텐데 아무도 매 맞고 쓰러진 자기를 아는 척하지 않았습니다. 예수님을 잘 믿는다는 사람들이 그냥 지나갔다는 사실이 너무 슬펐습니다. 나중에 야 청량리 역전 근처에 있는 거지 소년들이 거지 친구 하나가 살아났다고 박수를 치 더랍니다.

엄청난 은사를 행하고, 말씀을 줄줄이 외우고, 기도하고, 열심히 찬양해도 이웃에 게 사랑을 나타내는 것(양으로 분류)과는 다릅니다. 성령 충만의 단계는 전인격으로, 예 수님의 생각(지)과 예수님의 긍휼히 여기는 마음(정)과 예수님의 행동(의)으로 예수님의 형상을 닮은 사람에게 나타나는 것입니다. 이렇게 되기까지는 자라야 합니다.

열매 맺는 것은 거저 되는 것이 아니라 예수님의 형상을 닮기 위한 의지적 결단과 훈련이 필요합니다. 물론 열매 맺게 하는 분은 하나님이시지만 성도가 의지적으로 끊 임없이 주님을 선택하며 나아갈 때 성령님이 이끌어 주셔서 열매를 맺을 수 있습니다.

말씀(충성된 종)과 기도(열 처녀 비유)로 은사(달란트 비유)가 오고 직분이 주어지지만, 우 리가 가야 할 길은 열매 맺는 길(이웃 사랑, 양과 염소의 비유)입니다. "나는 장로네", "나는 말씀 전하는 사람이네", "나는 병 고치는 사람이네" 하며 폼 잡지 말고, 정말로 예수님 의 형상을 닮기 위해 날마다 '나'를 부인하고 주의 도우심을 간구해야 합니다.

오늘날 그리스도인의 큰 문제점

복음은 체험입니다. 기독교의 복음은 우리 안에 임재하시는 주님을 체험하는 것인데, 현대 기독교는 임재를 의식(Ceremony)과 교리로 바꾸어 놓았습니다. 모태신앙인들은 "성당이나 한 번 가 볼까?" 생각합니다. 성당에는 의식이 있고 거룩해 보이기 때문입니다. 사람들은 하나님의 임재를 체험하길 원하는 마음이 있습니다. 그런데 영이신 하나님은 보이지 않으니까 외형적인 의식을 찾습니다. 하나님의 임재를 체험하고 싶은 열망을 충족시키기 위해 일부 교회들은 거룩해 보이는 의식을 갖추어 놓았습니다.

믿음은 삶이요 삶의 변화입니다. 구약에는 믿음이라는 단어가 두세 번밖에 안 나오지만, 신약에는 믿음이라는 단어로 꽉 차 있습니다. 왜 구약에 믿음이라는 단어가 없을까요? 아브라함부터 시작해서 하나님을 만난 사람들의 삶이 변하는 과정을 기록해 놓았기 때문입니다. 야곱이 벧엘에서 하나님을 만난 후에, 요셉과 다윗이 고난받은 후에 하나님만을 의지하고 사랑하는 사람으로 변화된 이야기를 하면서 믿음을 보여 줍니다.

오늘날의 기독교는 삶의 변화를 제쳐 두고 믿음만 강조해서 교리에만 집중하고 있습니다. 많은 교회와 교단에서 삶의 변화 대신에 진리의 체계화에만 힘쓰고 있습니다. 교회마다 성경공부와 프로그램이 많습니다. "복음이 너무 쉬워서 믿기 어렵다"고 말하는 사람도 있습니다. 실제로는 예수 잘 믿기가 얼마나 힘듭니까? 많은 교회들이 말씀에만 집착하고 날마다 나를 부인하는 삶을 살지 못합니다. 말씀을 잘 선포하지만 말씀의 주인이신 주님은 만나지 못합니다. 주님을 머릿속으로만 이해합니다. 이것은 바리새인의 모습입니다.

성경에 나오는 바리새인들이 아주 나쁘고 괴상하게 행동해서 예수님이 "독사의 자식들아, 외식하는 자들아"라고 나무라신 것이 아닙니다. 바리새인들이 말씀에만 집착하고, 교리와 의식에만 관심 있었기 때문에 예수님이 저주하신 것입니다. "화 있을진저 외식하는 서기관들과 바리새인들이여 너희는 천국 문을 사람들 앞에서 닫고 너희도 들어가지 않고 들어가려 하는 자도 들어가지 못하게 하는도다"(마 23:13).

이 말씀이 너무나 충격적이지 않습니까? 성령님의 도우심 없이 말씀의 주인이신 주님을 체험할 수는 없습니다. 그런데 많은 교회와 교단이 성령님을 입 밖에 내는 것조차 싫어합니다. 옛날에 잘못된 성령 운동으로 많은 상처를 받았기 때문이라고 합니다. 그런 말을 하는 사람은 스스로 바리새인임을 자부하는 것입니다. 성령님을 얘기하지 않으면서 십자가에서 죽으신 주님의 피가 우리의 죄를 사하는 것을 어떻게 알 수 있습니까?

예수님의 피가 어떻게 내 죄를 사했습니까? 피 흘리신 주님이 내 안에 성령님으로 임재하셨기 때문에 내 죄가 사해졌습니다. 그때 성령님의 위로가 내 영혼을 말할 수 없는 평강으로 사로잡는 것입니다. 이것이 예수님의 피가 내 죄를 사해 주시는 과정입니다.

◇ **사복음서**

이제까지 마태복음을 중심으로 예수님의 공생애를 정리해 보았습니다. 이제 십자가 사건은

사복음서를 종합해서 정리할 것입니다. 예수님이 십자가를 지시기 이틀 전은

오늘날의 수요일입니다. 이날 마리아는 주님의 죽음을 예비하여 자신의 향유 옥합을 깹니다.

예수님은 제자들과 최후의 만찬을 드시며, 마지막 고별 설교를 하십니다.

예수님의 십자가 행진

✚ 마리아의 향유 옥합 사건 _ 수요일

예수님이 베다니의 나병환자 시몬의 집에 계실 때 마르다의 여동생 마리아가 그곳
에 찾아와서 예수님께 향유 옥합을 부었습니다. 마태복음과 마가복음에서는 머리(마
26:7, 막 14:3)에 부었다고 했지만, 요한복음과 누가복음에서는 발(요 12:3, 눅 7:38)에 부었
다고 기록했습니다. 향유를 부은 부위가 중요한 것이 아니고, 그녀의 가장 귀한 것을
깨뜨려 주님의 몸에 부었다는 것이 중요합니다. 그때 방 안에 향이 가득해졌습니다.

그러나 제자들은 비아냥댑니다. "분개하여 이르되 무슨 의도로 이것을 허비하느냐
이것을 비싼 값에 팔아 가난한 자들에게 줄 수 있었겠도다"(마 26:8-9). 얼마나 '비싼 값'

564

이었냐 하면, 마가복음과 요한복음에는 "삼백 데나리온"(막 14:5, 요 12:5)이라고 구체적인 금액을 밝힙니다. 당시 1데나리온은 노동자의 하루 품삯이었습니다. 300데나리온은 노동자가 일 년 동안 한 푼도 안 쓰고 모아야 할 만큼 큰돈입니다. 제자들은 '300데나리온이나 되는 것을 예수님한테 붓다니 정신이 돌았군. 아니, 예수님은 말로는 가난한 이웃을 도와주라고 해 놓고 저 비싼 향유 선물을 즐기시다니' 하는 심정이었던 것입니다.

바로 얼마 전, 여리고에서 예수님이 세 번째로 제자들에게 십자가에 죽으실 것과 죽은 자 가운데서 부활하실 것을 말씀하셨을 때도 이들은 생각 없이 들떠 있었습니다. 예수님이 예루살렘에서 메시아로 등극하실 그날에 자신들이 12보좌에 앉을 생각만 하고 있으니까, 마리아의 행동을 이해할 수 없었던 것입니다.

마리아의 행동을 보고 예수님은 말씀하십니다. "그를 가만두어 나의 장례할 날을 위하여 그것을 간직하게 하라"(요 12:7). "내가 진실로 너희에게 이르노니 온 천하에 어디서든지 이 복음이 전파되는 곳에는 이 여자의 행한 일도 말하여 그를 기억하리라"(마 26:13). 제자들의 생각대로 예수님은 가난한 자들을 구제하라는 가르침과 달리 값비싼 향유를 즐기신 것일까요?

예수님은 예루살렘에 오실 때마다 감람 산 너머 베다니 마을에 있는 마리아의 집에서 쉬셨습니다. 마르다는 음식을 준비했고, 마리아는 항상 주님의 발 앞에 앉아서 말씀을 들었습니다. 마리아가 향유 옥합을 깨뜨리던 날도 그랬습니다. 이날이 평소와 다른 점이 있다면, 예수님의 마음이 고뇌로 가득 차 있었다는 사실입니다.

100% 인간으로 오신 주님이 33세 청년으로 젊은 나이에 죽을 것을 생각해 보십시오. 예수님은 우리와 똑같이 배고프고 피곤하셨고 사람의 성정을 다 느끼셨는데, 그때 예수님의 마음이 어떠셨겠습니까?

제가 북경에서 위암 4기 판정을 받았을 때가 47세였습니다. 인생의 중반을 훨씬 넘긴 나이였음에도 상당히 억울하다는 생각이 들었습니다. 공원 벤치에 앉아서 '이것으로 인생을 마감하는가? 이제 나는 끝이구나'라는 생각에 앞이 캄캄했습니다. 그 상황에서 다른 무엇이 생각나겠습니까? 누가 즐거운 얘기를 해도 들리겠습니까?

예수님은 죽음을 비장하게 맞이하셨습니다. 예수님은 인간으로서 자기 자신을 사랑하는 마음과 아버지 하나님의 사랑의 도구가 되어야 하는 사명 사이에서 엄청난 갈등을 겪으셨을 것입니다. 그 갈등이 얼마나 심했는지를 보여 주는 것이 바로 겟세마네 기도입니다.

마리아는 예수님이 십자가에서 고통받고 죽으셔야 한다는 말씀을 듣고, 주님의 애타는 마음을 헤아렸던 유일한 사람입니다. 늘 주님 발 앞에 앉아 말씀에 귀 기울였던 마리아만이 고뇌에 가득 찬 주님의 마음을 알고 '어떻게 하면 위로해 드릴 수 있을까?' 생각했습니다. 그랬기에 그녀는 자신의 가장 귀한 것을 깨서 주님의 장사를 기념할 수 있었습니다.

예수님은 마리아의 행동을 보면서 속으로 눈물 흘리고 기뻐하며 고마워하셨을 것입니다. 오늘도 주님의 마음을 알아서 자신의 가장 귀한 것(시간, 마음, 물질 등)을 주님께 드리는 성도를 주님은 기억하십니다.

✚ 최후의 만찬 _ 목요일

세족식

예수님은 제자들과 최후의 만찬을 하십니다. 목요일은, 금요일 저녁부터 시작되는 안식일의 예비일입니다. 마침 유월절 절기에 해당하는 날이었습니다. 예수님은 마지막 만찬으로 제자들과 유월절 음식을 나눠 드시길 원하셨습니다.

만찬에 앞서 제자들의 발을 씻기셨습니다.

"저녁 잡수시던 자리에서 일어나"(요 13:4) - 하늘 보좌를 버리시고 일어나

"겉옷을 벗고"(요 13:4) - 하늘 영광을 제쳐 놓고

"수건을 가져다가 허리에 두르시고"(요 13:4) - 종의 자세로(일할 준비를 하시고)

"대야에 물을 떠서 제자들의 발을 씻으시고"(요 13:5) - 자신의 피로 우리의 죄를 씻으시고

"그들의 발을 씻으신 후에 옷을 입으시고 다시 앉아"(요 13:12) - 우리 죄를 씻으신 후 하늘 보좌 옆에 앉으시고

주님은 천국에서 가장 큰 자가 누구냐고 서로 말다툼하면서 주님 오른편, 왼편 자리에 누가 앉을 것인지 다투고 있는 제자들에게 비유가 아닌 행동으로 보이셨습니다. 섬기는 자가 가장 높은 자리에 앉을 것임을 가르쳐 주신 것입니다.

주님은 33세의 젊은 나이에 사형선고를 받아 죽음을 앞둔 것이 억울해서 뭐를 해도 심란했을 텐데 참담한 마음을 삭이며 자신을 부인하고 제자들을 끝까지 사랑하셨습니다.

베드로는 세월이 한참 흐른 후에 성도들에게 '겸손'을 가르치면서 세족식을 하신 주님의 모습을 배우라고 합니다. "다 서로 겸손으로 허리를 동이라 하나님은 교만한 자를 대적하시되 겸손한 자들에게는 은혜를 주시느니라"(벧전 5:5). 제자들의 발을 씻기기 위하여 수건을 허리에 두르신 모습을 연상하며 "서로 겸손으로 허리를 동이라"고 권면한 것입니다.

성찬 예식

그다음 "내 살을 먹고 내 피를 마시는 자는 내 안에 거하고 나도 그의 안에 거하나니"(요 6:56) 하고 말씀하며 성찬 예식을 하십니다.

주님의 살과 피를 먹는 성도는 주님과 하나 됩니다. 이것이 주님과 하나 되는 예표입니다. 우리가 절기 때마다 성찬 예식을 거행하는 것은 주님과 하나 되기 위해, 주님의 피와 살을 먹고 주님의 십자가 죽음과 부활에 동참하기 위해서입니다. 떡을 떼며 주님의 몸이 어떻게 찢기고 고통받으셨는지를 기억하고, 잔을 받을 때 주님의 보혈이 갈보리 언덕에서 우리를 위해 뿌려졌음을 기억하며 주님의 십자가 고난에 동참하겠다는 결단입니다.

사람들은 부활에 동참하는 것을 원하고, 십자가 죽음에 동참하는 것은 싫어합니다. 날마다 자신을 부인하고 자기 십자가를 지고 주님을 따르라고 하셨는데, 이것은 하지 않으려 합니다. 이 때문에 성령 충만의 단계로 가는 것이 너무 어렵습니다. 진정 주님과 하나 되려고 하는 사람은 반드시 주님의 십자가에 동참해야 합니다. 예수님을 정말 믿고 사랑하는 사람은 하나님 나라의 의를 위해서 반드시 손해 보는 대가를 치러야 합니다. '주님을 늘 생각하고(지), 마음으로 기뻐하고 의지하며(정), 주님을 위해 행동(의)' 하는 사람이 진짜 성도입니다. 주님을 생각하고 의지할 뿐 아니라 그분을 위해 움직여야(나를 희생함, 내 몸이 하고 싶어하는 것을 포기함, 내게 가장 귀한 것을 내려놓음) 합니다.

예수님은 최후의 만찬에서 고별 설교를 할 때 네 가지 주제를 말씀하셨습니다.

첫 번째는 새 계명을 주셨습니다.

예전에 "율법 중에서 어느 계명이 크니이까"(마 22:36) 하고 제자들이 질문했을 때, "주 너의 하나님을 사랑하라 … 네 이웃을 네 몸과 같이 사랑하라"(마 22:37-39)고 하셨습니다. 하지만 최후의 만찬에서 새로운 계명을 주십니다. "내 계명은 곧 내가 너희를 사랑한 것같이 너희도 서로 사랑하라 하는 이것이니라"(요 15:12). 주님을 사랑하는 마음이 이웃 사랑으로 나타나야 한다고 하셨는데, 두 계명을 합친 것이 "서로 사랑하라"입니다. "온 율법은 네 이웃 사랑하기를 네 자신같이 하라 하신 한 말씀에서 이루어졌나니"(갈 5:14). '서로 사랑'하기 위해서는 '주님 사랑'이 반드시 선행되어야 합니다. 주님을 사랑하는 자는 서로 사랑할 수 있지만, 이웃을 사랑한다고 해서 주님을 사랑하는 것은 아닙니다.

내가 이웃을 사랑한다고 할 때 문제가 생깁니다. 이웃 사랑한다고 하다가 밀가루 포대 때문에 서로 싸움질하는 것이 오늘날 많은 구제 단체들이나 종교 단체들의 실상입니다. 내 힘으로 사랑하려니까 그렇습니다. 주님을 사랑한다고 하면서 이웃을 미워하는 것은 말도 안 됩니다. 교회 안에 미움이 많다는 것은 문제입니다. "너희가 서로 사랑하면 이로써 모든 사람이 너희가 내 제자인 줄 알리라"(요 13:35). 예수님을 믿는 사람들끼리 서로 사랑하고, 미움이 없어야 합니다. 그리스도인이 행동하는 모든 이유는 사랑이며, 성도는 서로 사랑할 때 비로소 하나님의 완전한 사랑의 상대가 된다는 사실을 잊어서는 안 됩니다.

두 번째는 처소를 예비하러 간다고 말씀하십니다.

예수님이 최후의 만찬이라고 하니까 베드로는 정신이 바짝 났습니다. "주여 어디로 가시나이까"(요 13:36). "내가 어디로 가는지 그 길을 너희가 아느니라"(요 14:4).

예수님이 베드로의 얘기에 대답하시자마자 의심 많은 도마가 질문합니다. "주여 주께서 어디로 가시는지 우리가 알지 못하거늘 그 길을 어찌 알겠사옵나이까"(요 14:5), "예수께서 이르시되 내가 곧 길이요 진리요 생명이니 나로 말미암지 않고는 아버지께로 올 자가 없느니라"(요 14:6). 예수님의 십자가 사건, 피 흘리는 것이 아버지께로 가는 길, 하나님이 계획하신 길입니다.

주님이 이만큼 얘기했으면 알아들어야 하는데 빌립이 또 묻습니다. "빌립이 이르되 주여 아버지를 우리에게 보여 주옵소서 그리하면 족하겠나이다"(요 14:8). 빌립의 이 말은 하나님을 보여 주시면 믿겠다는 말입니다. "내가 아버지 안에 거하고 아버지는 내 안에 계신 것을 네가 믿지 아니하느냐 내가 너희에게 이르는 말은 스스로 하는 것이 아니라 아버지께서 내 안에 계셔서 그의 일을 하시는 것이라"(요 14:10).

주님은 "내 아버지 집에 거할 곳이 많도다 그렇지 않으면 너희에게 일렀으리라 내가 너희를 위하여 거처를 예비하러 가노니 가서 너희를 위하여 거처를 예비하면 내가 다시 와서 너희를 내게로 영접하여 나 있는 곳에 너희도 있게 하리라"(요 14:2-3) 하십니다. 거처를 예비하러 가신다 함은 제자들에게 큰 소망의 약속을 주신 것입니다. 비록 십자가를 지고 떠나지만 부활하여 아버지 보좌 옆으로 가시기 때문에, 제자들이 주님이 이 땅에서 하신 일은 물론 그보다 더 큰일도 할 수 있는 능력을 부여받을 것이라는 뜻입니다. "나를 믿는 자는 내가 하는 일을 그도 할 것이요 또한 그보다 큰 일도 하리니 이는 내가 아버지께로 감이니라"(요 14:12).

세 번째는 보혜사 성령님을 주시겠다고 약속하십니다(요 14:16-17).

"내가 떠나가는 것이 너희에게 유익이라 내가 떠나가지 아니하면 보혜사가 너희에게로 오시지 아니할 것이요 가면 내가 그를 너희에게로 보내리니"(요 16:7). "그러나 진리의 성령이 오시면 그가 너희를 모든 진리 가운데로 인도하시리니 그가 스스로 말하지 않고 오직 들은 것을 말하며 장래 일을 너희에게 알리시리라"(요 16:13).

네 번째는 포도나무와 가지 비유를 말씀하십니다.

"내 안에 거하라 나도 너희 안에 거하리라 가지가 포도나무에 붙어 있지 아니하면 스스로 열매를 맺을 수 없음같이 너희도 내 안에 있지 아니하면 그러하리라"(요 15:4). 예수님은 보혜사 성령님을 보내서 우리 안에 임재하실 것을 약속하셨습니다. 창세로부터 계획하신 아버지의 뜻, 십자가 대속의 구원 계획을 따라 아들이 순종함으로써 아버지 하나님과 아들 하나님의 은혜로 성령님의 임재가 이루어진 것입니다.

주님 안에 거하려면 그분의 말씀대로 순종해야 합니다. 그분의 말씀을 계속 거역하면 성령님이 역사하지 않으실뿐더러 주님 안에 있던 성도를 토해 버리십니다. "네가 이같이 미지근하여 뜨겁지도 아니하고 차지도 아니하니 내 입에서 너를 토하여 버리리라"(계 3:16). 순종하는 사람은 예수님 안에 거하므로 많은 열매를 맺습니다.

예수님은 최후의 만찬에서 이 말씀을 마지막으로 하시고 겟세마네 동산으로 향하셨습니다. 이때 예수님이 함께 가겠다는 베드로에게, 그가 닭이 울기 전 세 번 예수님을 부인할 것을 말씀하십니다.

겟세마네 동산의 기도

예수님은 가장 사랑하는 베드로와 야고보와 요한을 데리고 기도하기 위해 감람 산 초입에 있는 겟세마네 동산으로 가셨습니다. 기도하기 전에 세 제자들에게 기도를 부탁합니다. "내 마음이 매우 고민하여 죽게 되었으니 너희는 여기 머물러 나와 함께 깨어 있으라"(마 26:38). 그동안 예수님이 이런 말씀을 하신 적이 한 번도 없습니다. 공생애 사역 기간 주님은 다른 사람들을 위해 기도해 주셨고, 다른 사람들의 필요를 채워 주셨고, 다른 사람들의 아픔을 위로해 주셨고, 낫게 해 주셨고, 치료해 주셨습니다. 자신의 고통에 대해서는 말씀하지 않으셨습니다.

그러나 이번에 예수님이 세 차례나 부탁하셨는데 제자들은 매번 잠들었습니다. 물론 슬픔에 압도되어 기도하기 어려웠을지도 모르지만, 결국 제자들은 기도에 실패한 것입니다. 제자들은 3년 동안 주님을 따라다니며 산상수훈부터 하늘에 감추어진 온갖 비밀의 말씀들을 듣고 배웠으나 기도에 실패했습니다.

그 결과 주님이 잡히실 때 모두 달아나 버렸습니다. 말씀을 귀로 듣고 머리로는 알아서 주님을 사랑하는 마음은 있었습니다. 방향을 제대로 잡았습니다. 하지만 기도하지 않으면 이를 몸으로 실천할 에너지, 능력을 받지 못하므로 겁에 질려 도망갈 수밖에 없습니다. **맥잡기** 주님이 부활 승천하신 뒤 약속대로 성령님을 부어 주셨습니다. 마가의 다락방에 모여 "오로지 기도에 힘쓰"(행 1:14)자, 몇 날이 지나지 않아 성령님의 임재를 받습니다. 비로소 위로부터 능력을 받아(눅 24:49) 목숨 걸고 땅 끝까지 예수님을 증거하는 '사도'(보내심을 받은 자)로 변화된 것입니다.

예수님은 땀방울이 핏방울이 되도록 기도하셨습니다. "조금 나아가사 얼굴을 땅에 대시고 엎드려 기도하여 이르시되 내 아버지여 만일 할 만하시거든 이 잔을 내게서 지나가게 하옵소서 그러나 나의 원대로 마시옵고 아버지의 원대로 하옵소서"(마 26:39). 33세 젊은 청년이 모든 것을 버리고 세상을 떠나야 하는 고뇌를 고백한 것입니다.

예수님은 왜 "내 마음이 매우 고민하여 죽게 되었으니"(마 26:38)라고 토로하시고, 십자가에 달려서는 "나의 하나님, 나의 하나님, 어찌하여 나를 버리셨나이까"(마 27:46) 하고 말씀하셨을까요? 창세전부터 영원토록 아버지 안에서 함께 나눈 사랑에서 사흘 동안 떨어져 있어야 하기 때문입니다. 잠시 버림받는 것입니다. 하나님 사랑에서 완전히 떨어져 음부로 내려가야만 인간을 대속할 수 있다는 것을 아셨지만, 아버지의 사랑에서 떠나야 하는 고통 때문에 주님은 땀방울이 핏방울이 되도록 기도하실 수밖에 없었습니다(눅 22:44).

주님이 이렇게 말씀하신 것은 실패가 아닙니다. 예수님은 이미 마리아의 옥합 사건과 최후의 만찬에서 자기를 버리는 훈련을 하셨습니다. 제자들의 발을 씻겨 남을 섬기는 종의 도를 보이셨습니다. 그러나 최종적으로는 겟세마네의 기도를 통해 승리하셨습니다. 예수님은 "아버지께는 모든 것이 가능하오니 이 잔을 내게서 옮기시옵소서"(막 14:36) 하는 자신의 뜻을 버리고 "아버지의 원대로 하옵소서"(막 14:36) 하는 고백이 나오기까지 밤새도록 기도하셨습니다. 내 육체의 소원과 아버지의 계획에 순종하는 것 사이에서 내면의 투쟁을 벌이셨던 것입니다. '내 원대로'가 무엇입니까? 아담처럼 선악과를 따먹는 것입니다. 주님은 자기 뜻대로 선악과를 따먹지 않고, 아버지 뜻대로 자기 뜻을 포기하셨습니다. 생명과를 선택하셨습니다. 주님도 십자가의 고난을 당하시기 직전까지 '내 생각'이라는 선악과를 포기하고 아버지의 말씀에 순종하여 생명과를 선택하는 처절한 기도의 투쟁이 있었습니다.

예수님은 겟세마네 기도를 통해 완전히 승리하셨습니다. 완전히 자신을 버리셨기 때문에, "나의 원대로 마시옵고 아버지의 원대로 하옵소서"(막 14:36)라는 고백 속에서 십자가를 거뜬히 지셨습니다. 겟세마네 기도에서 승리했기 때문에 기도 후에 현실적으로 다가온 십자가의 고통을 감내하셨습니다. 기도에서 승리하는 자는 실제 삶에서 넉넉히 승리합니다. 〈패션 오브 크라이스트(Passion of Christ)〉라는 영화를 보면, 예수님은 빌라도 법정에서 로마 병정의 채찍질이 시작되기 직전에 아버지께 "내 마음은 준비되어 있습니다"(My heart is ready)라고 고백하십니다. 겟세마네 기도의 승리를 통해 십자가의 고통을 능히 이겨 내실 준비를 마치신 주님의 모습을 보며, 기도의 능력을 확신하게 됩니다.

산헤드린 공회: 종교 재판

겟세마네 동산에서 기도를 마치고 나오실 때 가룟 유다가 로마 군병들과 성전 수비 대원들을 데리고 예수님을 붙잡으러 왔습니다. 그때 베드로는 칼을 빼어 대제사장의 종 말고의 귀를 잘라 버렸습니다. 하지만 '세상의 검'의 힘으로는 예수님을 지키지 못했을 뿐 아니라 예수님께 야단만 맞았습니다. "칼을 가지는 자는 다 칼로 망하느니라"(마 26:52). 베드로는 칼을 가지고 용맹을 보일 수는 있었으나 주님을 위해서는 한 시간도 기도할 수 없었습니다. **맥잡기!** 예수님이 십자가에서 아버지의 뜻을 이루시기 전까지는(성령님이 오실 때까지는) 기도하는 것이 너무도 어려웠음을 알 수 있습니다. 그러나 베드로를 비롯한 120명이 마가의 다락방에서 기도함으로 성령님의 능력을 덧입고 나니까 '성령의 검'인 말씀(설교)으로 3천 명을 구원하는 능력의 사람으로 변화되었습니다(행 2장).

그들은 예수님을 붙잡아서 산헤드린 공회에 넘겼습니다. "날이 새매 백성의 장로들 곧 대제사장들과 서기관들이 모여서 예수를 그 공회로 끌어들여"(눅 22:66). 피고인 심문을 하는데 "네가 하나님의 아들이냐"(눅 22:70)라는 질문 하나로 판결이 끝납니다. 예수님은 "너희들이 내가 그라고 말하고 있느니라"(눅 22:70)고 대답해 주십니다. 이것은 유대인이 가장 두려워하는 신성모독 죄입니다. 이들은 보이지 않는 영으로 계신 하나님을 관념적으로, 율법의 말씀으로만 믿었습니다. 보이지 않는 사랑과 말씀을, 육신이 되어 우리에게 보여 주신 아버지 하나님의 뜻을 몰랐습니다. 그래서 하나님을 모독했다는 죄로 예수님을 죽입니다.

예수님은 약 700여 년 전 이사야 선지자가 예언(사 53장, 고난의 종의 노래)한 대로 거절당하고 수치당하는 고난을 받으십니다. 당시 로마의 식민 지배를 받고 있던 유대는 사형을 언도할 수 있는 권한이 없었습니다. 그래서 주님은 산헤드린 공회의 종교 재판에서 사형에 해당한다는 판결을 받고, 빌라도 총독에게 정치적인 재판을 받으십니다.

빌라도 재판: 정치 재판

예수님은 정치 재판에서 사형 선고를 받으십니다. 예수님의 재판은 새벽부터 이른 아침에 이르기까지 대단히 신속하게 이루어집니다. 유대인은 안식일의 규례상 안식일 동안에는 사람을 십자가에 달지 못하기 때문에, 안식일이 시작되는 금요일 저녁이 되기 전에 빨리 이 사건을 처리해야 했던 것입니다. 주님은 목요일 밤에 붙잡히셔서, 금요일 새벽에 재판받으시고, 금요일 아침에 십자가에 달리셨습니다.

"이는 그가 그들의 시기로 예수를 넘겨준 줄 앎이더라"(마 27:18). 로마 총독인 빌라도는 예수님이 죄 없는 분이심을 알았습니다. 예수님을 놓아주기 위하여 명절 때의 전례를 따라 "내가 누구를 놓아주기를 원하느냐"고 물었습니다. 백성들은 강도였던 바라바('아버지의 아들'이라는 뜻)를 놓아 달라고 합니다. 진정한 하늘 아버지의 아들 대신 세상의 아들을 선택합니다. 주님이 다시 오실 때도 사람들은 '적그리스도'를 환호하게 될 것임을 예견할 수 있습니다. 백성들은 이때 "그 피를 우리와 우리 자손에게 돌릴지어다"(마 27:25)라고 외치는데, 이로써 주님의 십자가 사건과 부활 이후 그들과 후손들이 당할 엄청난 재난을 스스로 초래했습니다.

십자가 처형 전에 주님은 이사야 53장의 예언대로 옷을 벗기고 침 뱉음과 조롱과 채찍을 맞는 등 형언할 수 없는 정신적 모욕과 육체적 고통을 받으셨습니다. 그러나 주님은 묵묵히 참아 내셨습니다. 우리들은 주님의 모습을 본받아 억울하게 고통과 핍박을 당할 때에 소리 질러 다투지 말고 "나중에 두고 보자"는 식의 협박도 하지 말아야 합니다.

십자가 처형

예수님은 오늘날의 시간으로 오전 9시에서 오후 3시까지 약 6시간을 십자가에 달리셨습니다. 십자가 처형의 사인은 피를 많이 흘려 죽는 출혈사가 아니라 질식사라고 합니다. 나무 십자가 위에 못으로 두 손과 발을 박기 때문에 몸무게를 이기지 못해 상체가 밑으로 끌려 내려가다 기도가 막히는 것입니다. 본능적으로 다시 발에 힘을 주어 몸을 끌어올리는데 두 발에 못이 박혀 있으니 고통이 이루 말할 수 없습니다. 주님은 하루 종일 십자가 고통 가운데 시달리다 결국 기도가 막혀 죽으셨습니다. 예수님의 대속의 십자가에는 절대로 기적이 없습니다. 예수님은 온갖 고통을 그대로 다 당하셨습니다.

그 광경을 지켜보는 사람들도 고통스러웠던지, 포도주에 쓸개즙을 타서 해면에 적셔 막대기에 달아 위로 올렸습니다. 하지만 예수님은 그것마저 거부하셨습니다. 마취

기운으로 버텨 내지 않으신 것입니다. 대속의 십자가의 고통을 그대로 받으면서 완전히 자신을 죽이신 것입니다. 약 1천 년 전에 다윗이 시편을 통해 예언한 대로 주님은 물같이 자신을 쏟으셨습니다. "나는 물같이 쏟아졌으며 내 모든 뼈는 어그러졌으며 내 마음은 밀랍 같아서 내 속에서 녹았으며"(시 22:14). '나'는 사탄의 통로이기에 사탄이 내게 주는 '나'를 물같이 쏟아 버리신 것입니다. 십자가의 피로 말미암아 우리의 죄가 모두 사함 받게 되었습니다. "율법을 따라 거의 모든 물건이 피로써 정결하게 되나니 피 흘림이 없은즉 사함이 없느니라"(히 9:22).

성경은 예수님이 십자가에 달리셨을 때 성소와 지성소를 가르는 휘장이 위에서부터 아래로 완전히 찢어졌다고 말씀하고 있습니다. 언약궤가 있는 지성소는 대제사장이 1년에 한 번만 양의 피를 가지고 들어갈 수 있는 곳으로, 휘장으로 막혀 있었습니다. 예수님의 보혈로 휘장이 찢어짐으로써 하나님 보좌 앞에 나갈 수 있는 길이, 하늘과 땅의 경계가 완전히 열린 것입니다(히 9:12). 맥잡기! 주님이 십자가에 흘리신 보혈의 공로로 드디어 성령님이 성도 안으로 들어오는 길이 열렸으며, 성령 강림을 통해 교회가 탄생합니다.

 ## 사망의 권세를 이기시다

✚　　주님, 부활하시다

아버지 하나님은 죽기까지 복종한 아들을 사랑하사 죽은 자 가운데서 부활하게 하셨습니다. "그의 능력이 그리스도 안에서 역사하사 죽은 자들 가운데서 다시 살리시고 하늘에서 자기의 오른편에 앉히사 모든 통치와 권세와 능력과 주권과 이 세상뿐 아니라 오는 세상에 일컫는 모든 이름 위에 뛰어나게 하시고 또 만물을 그의 발 아래에 복종하게 하시고 그를 만물 위에 교회의 머리로 삼으셨느니라"(엡 1:20-22).

주님이 공생애 동안 세 번에 걸쳐 제자들에게 예고하신 대로 십자가의 고난을 받고 사흘 만에 부활하셨습니다. "안식 후 첫날 일찍이 아직 어두울 때에 막달라 마리아가 무덤에 와서 돌이 무덤에서 옮겨진 것을 보고"(요 20:1). "주의 천사가 하늘로부터 내려와 돌을 굴려 내고 그 위에 앉았는데 … 천사가 여자들에게 말하여 이르되 … 그가 여기 계시지 않고(He is not here) 그가 말씀하시던 대로 살아나셨느니라"(마 28:2-6).

예루살렘에는 성전 근처와 감람 산에 그렇게도 많은 무덤이 있지만 예수님의 무덤은 어디에서도 찾을 수 없습니다. 부활하신 주님은 하늘 보좌 옆에 앉아 계시기 때문입니다. 예수님의 부활은 그의 죽으심이 죄에 대한 실질적 대가 지불 행위요 아버지 하나님이 그것을 받아들이셨다는 증거입니다. 다시 말하면 십자가는 죗값을 지불하는 행위이며, 부활은 값이 완전히 치러졌음을 증명하는 영수증인 것입니다. 예수님은 부활 후 40일 동안 이 땅에 계시면서 많은 사람들에게 여덟 번 나타나셨습니다.

마리아와 제자들과 여러 사람들을 만나 주시다

첫 번째, 부활하신 주님은 제일 먼저 자신의 가장 귀한 향유 옥합을 깨트려 드린 막달라 마리아에게 나타나셨습니다. 막달라 마리아는 안식 후 첫날 미명에 향품을 준비하여 무덤으로 달려갔지만, 주님을 알아보지 못했습니다. 주님은 마리아를 부르셨습니다. "예수께서 마리아야 하시거늘 마리아가 돌이켜 히브리 말로 랍오니 하니(이는 선생님이라는 말이라)"(요 20:16). 만약 내가 죽었다가 살아났다면 누구를 가장 먼저 만나고 싶을까요? 자신을 가장 사랑한 사람이 아닐까요?

두 번째, 열 명의 제자에게 나타나셨는데, 그때 도마가 없었습니다(요 20:19-20).

세 번째, 도마가 의심하자 주님이 도마가 있을 때 열한 명의 제자들 앞에 나타나시고 도마에게 상처 자국을 만지게 하셨습니다(요 20:26-29).

네 번째, 베드로를 만나 주십니다(눅 24:34).

다섯 번째, 엠마오로 가는 두 제자와 길을 같이 가시면서 모세와 선지자로 더불어 성경에 쓰인 자신에 관한 것을 풀어서 설명해 주셨습니다(눅 24:13-35).

여섯 번째, 부활하신 주님은 제자들에게만 왔다 가신 것이 아니라, 갈릴리 호수 옆에 있는 산에서 5백여 명의 사람들을 만나 천국에 대한 말씀을 전하셨습니다(고전 15:6).

일곱 번째, 갈릴리 호숫가에서 일곱 제자들을 만나 주셨습니다(요 21장).

여덟 번째, 예수님의 동생인 야고보에게 나타나셨습니다.

제자들은 예수님이 죽었다가 살아나신 것을 분명히 들었고, 최후의 만찬에서 고별 설교를 통해 부활의 소망을 들었으나, 실제로 부활하신 주님을 만나 보고도 더러는 유령이 아닌지 의심했습니다(마 28:16-17). 아직까지 '열두 제자'(배운 사람)가 '사도'(보내심을 받은 자)로 변화되지 못했습니다. 주님의 부활 사건 자체가 제자들을 변화시킨 것이 아닙니다. 예수님이 승천하며 약속하신 대로 이들이 예루살렘 성에서 기도에 힘쓸 때 성령 강림으로 제자가 사도로 변화되는 감격적인 체험을 하게 되는 것입니다.

베드로를 회복시키시다

요한복음 21장은 부활하신 주님이 자신을 나타내신 여덟 번의 사건 가운데 가장 감동적인 사건, 그러니까 갈릴리 호수에서 새벽에 일어난 베드로와의 만남을 소개하고 있습니다.

베드로는 부활하신 주님을 만나고도 실의에 가득 찼습니다. 그는 갈릴리 호수의 어부의 삶으로 돌아갔습니다. 베드로와 일곱 제자들은 밤새도록 고기를 잡았는데도 아무것도 건지지 못했습니다. 그때 주님이 이들에게 나타나셨습니다. 특별히 주님을 배반하고 저주하며 부인했던 베드로에게 말씀하십니다.

"그들이 조반 먹은 후에 예수께서 시몬 베드로에게 이르시되 요한의 아들 시몬아 네가 이 사람들보다 나를 더 사랑하느냐 하시니 이르되 주님 그러하나이다 내가 주님을 사랑하는 줄 주님께서 아시나이다 이르시되 내 어린 양을 먹이라 하시고"(요 21:15).

베드로는 예수님을 부인하기 전에 "모두 주를 버릴지라도 나는 결코 버리지 않겠나이다 … 내가 주와 함께 죽을지언정 주를 부인하지 않겠나이다"(마 26:33-35)라며 호언장담했습니다. 그랬지만 주님을 배반할 수밖에 없었던 나약함을 아시기에 주님은 다른 제자들과 비교하면서 베드로에게 "아직도 그들보다 가장 나를 사랑하느냐?"고 물으셨습니다. 베드로가 다른 제자들 앞에서 공개적으로 회복하기를 원하셨던 것입니다.

베드로는 이제 자신이 얼마나 나약한 사람인지 알고 "내가 주를 사랑하는 줄 주께서 아십니다. 내가 판단할 수 없습니다. 주님의 판단에 맡겨 드립니다" 하고 겸손하게 대답합니다. 베드로는 사람이 아무리 누군가를 사랑해도 '하나님의 사랑'(Agape)이 아닌 '사람의 사랑'(Phileo)으로 사랑할 수밖에 없음을 알았습니다. 사람은 이기적이기에 목숨이 위태로워지면 상대를 부인하는 제한적인 사랑밖에 할 수 없음을 고백한 것이

기도 합니다. 다른 한편으로는 "내가 얼마나 주께 사랑받은 자인지 주께서 아십니다" 하는 고백입니다. 예전의 베드로는 자신이 주님을 가장 사랑한다고 자랑하고 다녔지만, 이제는 자신이 주님의 사랑을 가장 많이 받은 사람임을 고백했습니다. 주님의 사랑을 느끼며 사는 사람이 주님을 사랑한다는 고백을 할 수 있습니다.

예수님은 베드로가 세 번 부인한 것을 회복시키려고 질문을 세 번 반복하신 후에 "내 양을 먹이라"(요 21:17)고 하십니다. 베드로에게 "너는 베드로라 내가 이 반석 위에 내 교회를 세우리니"(마 16:18)라고 했던 약속을 드디어 구체적으로 확인해 주신 것입니다. 믿음의 반석은 주님께 사랑을 받아서 주님을 사랑할 수 있는 자입니다. 그 고백이 있는 자만이 양을 칠 수 있습니다. 그 고백의 터 위에 교회가 탄생함을 주님은 약속하셨습니다. 주님은 그렇게 성급하고 실수 많은 베드로를 가슴 깊이 사랑하셨습니다.

승천하시다

주님은 예루살렘을 떠나지 말고 모여서 기도하고 있으면, 아버지가 보내 주시리라 약속하셨던 보혜사 성령님을 보내겠다고 하며 승천하십니다(행 1:4-5).

예수님은 자신의 피를 하늘에 있는 제단에 단번에 뿌림으로써 구속 사역을 온전히 이루셨습니다. "염소와 송아지의 피로 하지 아니하고 오직 자기의 피로 영원한 속죄를 이루사 단번에 성소에 들어가셨느니라"(히 9:12). 하늘 보좌를 버리고 하늘과 땅의 죽음의 경계를 넘어 이 땅에 사람으로 내려오신 주님은, 아버지의 뜻에 죽기까지 복종하심으로, 하늘과 땅의 죽음의 경계를 넘어 다시 아버지의 보좌 옆으로 올라가신 것입니다. 이로써 아버지가 아들의 이름으로 보내시리라고 약속하신 보혜사 성령님이 우리에게 내려오신 것입니다. 성령이 오신 길을 따라서 우리 성도가 주님 보좌 옆으로 인도되는 길이 열렸습니다.

십자가에서 대속의 피를 흘리고 부활하신 주님이 승천하셔서 하늘 보좌 옆에 앉아 지금 이 순간에도 우리를 사랑하고 계십니다. 세상이 줄 수 없는 모든 지각에 뛰어난 (beyond our knowledge) 평강을 주시는 왕 중의 왕이십니다. **맥잡기** 구약의 왕국 시대를 거치면서 이스라엘 백성들의 삶은 왕의 신앙 상태에 따라 크게 좌우되고 그로 인해 이방 세력들을 도구로 한 하나님의 징계를 수없이 겪었습니다. 이스라엘 백성들은 '히스기야 왕처럼 하나님과 동행한 선한 왕이 죽고 난 뒤에 악한 임금이 나오면 우리의 인생은 어떻게 되나?' 하고 불안과 근심에 싸였을 것입니다. 반면에 므낫세 왕같이 하나님을 배역하고 악한 길로 인도한 왕이 죽었을 때에는 '휴! 이젠 살았구나!' 하고 안도의 숨을 내쉬면서도 '차기 왕이 하나님께 헌신하지 않았으면 어쩌나?' 하는 불안감에 떨었을 것입니다. 그러나 이제 더 이상 세상에서 불안해하거나 초조해할 이유가 없어졌습니다. 십자가를 이기고 보좌 옆에 앉으신 주님은 우리를 늘 생각하고 마음으로 기뻐하고 필요한 것을 공급하십니다. 날마다 내 영혼을 소생시켜 새로운 피조물로 재창조하십니다. 우리의 지, 정, 의를 돌보십니다. 이러한 사실은 오늘날의 성도들이 누리는 영원한 평강의 축복이 될 것입니다.

'교회'의 의미

예수님은 죽음을 통해 하늘과 땅의 경계를 허무셨습니다. 이것이 대속의 십자가가 한 일입니다. 예수님은 대속의 십자가를 통하여 부활하심으로써 하늘에 있는 것과 땅에 있는 것, 보이는 것과 보이지 않는 모든 것을 당신의 발 아래 놓으셨습니다. 부활하신 예수님이 교회의 머리가 되신 것입니다.

교회는 "만물 안에서 만물을 충만하게 하시는 이의 충만함"(엡 1:23)으로써, 교회만이 하늘과 땅을 그리스도 안에서 통일되게 합니다. "하늘에 있는 것이나 땅에 있는 것이 다 그리스도 안에서 통일되게 하려 하심이라"(엡 1:10) 그리스도가 머리 되신 교회만이 하늘의 것과 땅의 것을 하나 되게 할 수 있습니다. 교회 안에서 하늘과 땅이 실제로 하나가 되어 하늘에서 영광되고, 기쁜 것이 그대로 땅에서도 영광이요, 기쁨이 됩니다. 이 땅의 권력, 명예, 재물 같은 것을 교회에 드렸을 때 비로소 하늘나라의 영광이요, 기쁨이 될 수 있는 것입니다.

우리는 충만의 현장인 교회에서 이 세상에서는 채울 수 없는 것을 충만하게 채울 수 있습니다. 만물 안에서 만물을 충만하게 채워 주시는 자, 그분으로 충만한 곳이기에 교회를 떠나서는 축복을 받을 수가 없고, 교회를 떠나서는 좋은 일이 일어날 수 없습니다. 아브라함이 약속의 땅을 떠나 애굽으로 들어감으로써 아내를 빼앗길 뻔했던 사건은 우리에게 교회의 중요성을 다시 한 번 일깨워 줍니다.

◇ **사도행전 1-11장**

승천하신 예수님은 약속하신 대로 성령님을 보내 주셨습니다. 성령을 받은 제자들을 중심으로
초대교회가 탄생합니다. 예수님을 받아들이지 않는 유대인이 핍박을 하자 예루살렘 교회의
성도들은 사마리아와 다른 지역으로 나가서 전도를 합니다. 이로써 교회는 점점 확장됩니다.

 초대교회의 탄생 _ 행 2장

✛ 성령이 임하다

"사도와 함께 모이사 그들에게 분부하여 이르시되 예루살렘을 떠나지 말고 내게서 들
은 바 아버지께서 약속하신 것을 기다리라 요한은 물로 세례를 베풀었으나 너희는 몇
날이 못 되어 성령으로 세례를 받으리라"(행 1:4-5).

　제자들이 부활하신 주님을 만난 백여 명의 성도들과 함께 마가의 다락방에서 기도
하고 있을 때, 열흘 만에 기도하는 각 사람에게 성령님이 임하셨습니다. "홀연히 하늘
로부터 급하고 강한 바람 같은 소리가 있어 그들이 앉은 온 집에 가득하며 마치 불의
혀처럼 갈라지는 것들이 그들에게 보여 각 사람 위에 하나씩 임하여 있더니"(행 2:2-3).
성령 임재의 결과, 기도하는 모든 사람들이 방언으로 말했습니다. '성령님이 이 땅에

오셨다'는 표적을 주신 것입니다.

성령님은 활력(에너지)을 동반하기 때문에(행 1:8) 급하고 강한 바람의 형태로 나타나고, 불의 혀처럼 갈라지는 모습으로 나타납니다. 가슴이 활활 타는 불처럼 엄청난 에너지로 역사합니다. 성령님은 육으로 된 사람이 오감을 통해 분명히 느끼고 체험하도록 우리에게 임재하십니다. 하나님이 분명히 살아 계심을 성령님은 우리에게 증거하십니다. 말씀의 '활력'(히 4:12)이 역사할 때, 주님의 살아 계심을 우리가 체험하게 된다는 말입니다.

이때는 전 세계에 흩어져 있던 많은 유대인이 유월절을 지키기 위해 예루살렘에 모여 있을 때였습니다. 예루살렘 시내에 있던 마가의 다락방에서 아침부터 120명이 방언으로 떠들어댔으니 얼마나 시끄러웠겠습니까? 세계 각지에서 온 순례객 3천 명이 마가의 다락방으로 몰려들었습니다. 바사(이란), 바벨론(이라크), 심지어 로마, 그리스 등지에서 온 사람들은 120명이 자기 나라의 방언으로 말하는 것을 보고 기이히 여겼습니다.

이 모습을 보고 사람들이 술 취했다고 하니까, 베드로가 성령 충만해서 담대히 말씀을 전합니다(행 2:14-36). 맥잡기! 여기서 '성령 충만'이라 함은 성령님이 오셨다는 '도착'(arrival)의 뜻이 있습니다. 성령 체험을 한 번 했다고 해서 성령 충만한 삶을 이룬 것은 아닙니다.

"내가 내 영을 만민에게 부어 주리니 너희 자녀들이 장래 일을 말할 것이며 너희 늙은이는 꿈을 꾸며 너희 젊은이는 이상을 볼 것이며"(욜 2:28). 베드로는 지금 그들이 보고 있는 것이 예언자 요엘의 말씀대로 나타난 것임을 설명한 후 예수님에 대해 증거합니다. "이스라엘 사람들아 이 말을 들으라 너희도 아는 바와 같이 하나님께서 나사렛 예수로 큰 권능과 기사와 표적을 너희 가운데서 베푸사 너희 앞에서 그를 증언하셨느니라 그가 하나님께서 정하신 뜻과 미리 아신 대로 내준 바 되었거늘 너희가 법 없는 자들의 손을 빌려 못 박아 죽였으나 하나님께서 그를 사망의 고통에서 풀어 살리셨으니 이는 그가 사망에 매여 있을 수 없었음이라 … 미리 본 고로 그리스도의 부활을 말하되 그가 음부에 버림이 되지 않고 그의 육신이 썩음을 당하지 아니하시리라 하더니 이 예수를 하나님이 살리신지라 우리가 다 이 일에 증인이로다 하나님이 오른손으로 예수를 높이시매 그가 약속하신 성령을 아버지께 받아서 너희가 보고 듣는 이것을 부어 주셨느니라"(행 2:22-24, 31-33).

이에 사람들이 "형제들아 우리가 어찌할꼬"(행 2:37) 합니다. 베드로의 말씀에 은혜를 받았다는 얘기입니다. 베드로는 예수님의 이름으로 3천 명에게 세례를 베풉니다. 이것이 초대교회가 탄생한 사건입니다. 오늘날의 기준으로 보면 초대교회는 개척 교회가 아닌 대형 교회 수준으로 탄생했습니다. 베드로는 예수님이 살아 계실 때 자신에게 약속하신 교회의 탄생을 직접 목격했습니다. "너는 베드로라 내가 이 반석 위에 내 교회를 세우리니"(마 16:18). 베드로가 얼마나 감격의 눈물을 흘렸을지 상상해 보시기 바랍니다. 저도 제네바에서 다른 네 가족과 함께 서울에서 목회자를 청빙하여 1992년 봄에 처음으로 예배를 드리게 되었을 때(제네바 한인교회 창립) 얼마나 감격의 눈물을 흘렸는지 모릅니다.

✚ 가르치고 교제하고 기도에 힘쓰다

사도들의 가르침을 받아 함께 떡을 떼고 오로지 기도에 힘쓰는 것(행 2:42), 이것이 초대교회의 모습입니다. 사도들의 가르침을 받는다는 말은 성경공부를 말하고, 함께 떡을 떼는 것은 교제를 말합니다. 교제란 '예수 안에 있는 우리'입니다. 그러다 보니 재산에 대한 개념이 없어졌습니다. "믿는 사람이 다 함께 있어 모든 물건을 서로 통용하고"(행 2:44). 같이 쓰고 필요에 따라서 나누어 주었습니다.

초대교회의 성도들은 성경공부와 교제만 한 것이 아닙니다. 함께 기도함으로써 내면의 변화를 체험할 뿐 아니라, 위로부터 내리는 성령님의 능력을 힘입어 귀신을 쫓고 새 방언을 말하며 병든 자들을 고치는 표적을 행했습니다. 오늘날도 교회가 말씀 배우기를 힘쓰고 교제하며 함께 기도하면 초대교회와 같은 성령님의 일하심을 체험할 수 있습니다.

✚ 초대교회의 성장 _ 행 3-4장

초대교회가 성장하는 과정에 베드로와 요한의 이적 행사가 있었습니다. 베드로와 요한이 성전으로 올라가다가 못 걷게 된 이가 성전 미문에 앉아서 구걸하는 모습을 봅니다. 주님의 사랑과 긍휼로 베드로와 요한이 "은과 금은 내게 없거니와 내게 있는 이것을 네게 주노니 나사렛 예수 그리스도의 이름으로 일어나 걸으라"(행 3:6) 하며 붙잡아 일으켰고, 못 걷게 된 이가 일어나 뛰었습니다. 그는 수십 년 동안 성전 미문 앞에 앉아 있었기 때문에 그를 모르는 유대인은 사람이 하나도 없었습니다.

이 사건이 장안에 화제가 되었습니다. 예수님을 산헤드린 공회에서 재판했던 안나스와 가야바 두 제사장이 베드로와 요한을 잡아와서는 심문합니다. "너희가 무슨 권세와 누구의 이름으로 이 일을 행하였느냐"(행 4:7). 그러자 두 제자는 "다른 이로써는 구원을 받을 수 없나니 천하 사람 중에(예수 이외에) 구원을 받을 만한 다른 이름을 우리에게 주신 일이 없음이니라"(행 4:12)고 선언합니다. 안나스와 가야바는 성령의 능력과 권위를 도저히 감당하기 어려워서 다시는 예수님을 전하지 말라며 놓아 줍니다.

초대교회는 사도들의 말씀을 들을 때 수천 명 단위로 회개하고 예수님을 믿는 역사가 일어나 크게 부흥했습니다. "말씀을 들은 사람 중에 믿는 자가 많으니 남자의 수가 약 오천이나 되었더라"(행 4:4). 성도의 수가 너무 많아 예배드릴 장소가 없어서 성전 뜰이나 예루살렘 성벽 위에 수천 명씩 모여 예배드렸다고 전해집니다. 교회는 사람들이 지은 건물이 아니고, 성령님으로 회개하고 예수님의 이름으로 모이는 '성도들'(Congregation)을 말합니다. 건물이 문제가 아닌 것입니다. 오늘날 특히 이민 교회에서, 교회를 오래 섬기고 건물 짓는 데 물질과 기도로 헌신한 장로님들이 교회 주인 행세를 하면서 교회를 분열시키는 안타까운 일들을 종종 봅니다. 교회가 어떻게 탄생한 것인지를 성도들이 다시 한 번 상기해야 합니다.

성장에 성장을 거듭하던 예루살렘 초대교회에도 문제가 생깁니다. 부활하신 예수님이 승천하시기 전 "예루살렘과 온 유대와 사마리아와 땅 끝까지 이르러 내 증인이 되리라"(행 1:8)는 명령을 남기셨습니다. 그런데 사도들과 예루살렘 교회 성도들은 땅 끝까지 흩어져서 말씀 전할 생각을 하지 못했습니다. 교회가 아무리 부흥해도 세상에 나가 전도하고 선교하지 않으면 교회 안에서 자기네끼리 쑥덕거리고 싸웁니다. 거기서 교회의 문제가 생기는데, 초대교회도 마찬가지였습니다. 그러나 초대교회는 문제가 많았지만 크게 성장했습니다. 초대교회 성도들 마음속에 성령님이 살아 움직이셨기 때문입니다.

물질 시험: 아나니아와 삽비라 _행 5장

헌금은 받은 은혜를 따라서 자발적으로 드리는 것입니다. 그런데 아나니아와 삽비라는 바나바가 자기 재산을 다 팔아 사도들에게 선뜻 헌금 드리는 것을 보고(행 4:36-37) 질투가 났습니다. 그래서 집, 전답을 판 돈의 일부를 감추고 사도들에게 전부라고 내놓았습니다. 자발적으로 한 헌금이었는데도, 사도에게 거짓말을 하고 성령님을 속임으로써 부부는 죽었습니다.

지금 이런 일이 일어난다면 저를 포함해서 많은 사람들이 죽을지도 모릅니다. 제가 미국에서 월급을 받을 때, 실수령액에서 십일조 금액 정도를 의료보험으로 뗐습니다. 그러니 십일조를 낼 때, 실수령액의 십일조를 내어야 할지, 의료보험을 공제한 금액의 십일조를 내어야 할지 갈등이 생겼습니다. '십일조는 나머지 10분의 9가 내 것이 아니라 하나님의 것이라는 선포지. 십일조하면 주님이 채워 주신다고 말씀하셨지' 하고 간신히 십일조를 적게 내려는 유혹을 뿌리쳤던 기억이 납니다. 주님은 정말 늘 차고 넘치게 채워 주셨습니다. "주라 그리하면 너희에게 줄 것이니 곧 후히 되어 누르고 흔들어 넘치도록 하여 너희에게 안겨 주리라 너희가 헤아리는 그 헤아림으로 너희도 헤아림을 도로 받을 것이니라"(눅 6:38).

본토계 유대인과 헬라계 유대인 사이의 싸움 _행 6:1-7

당시 교회의 주도권자는 당연히 예수님의 12제자였습니다. 이들은 본토계 유대인입니다. 그렇지만 초대교회에는 헬라계 유대인, 이방 계통의 유대인도 많이 들어와 있었습니다. 교회 안에서 과부에 대한 구제 문제로 헬라계 유대인과 본토계 유대인 사이에 갈등이 생겼습니다. 본토계 유대인인 사도들은 교회의 주도권을 쥐고 있으니까 떡을 나누어 줄 때 본토계 유대인 과부들에게는 떡을 두 덩이씩 주고, 헬라계 유대인 과부들에게는 한 개씩 주거나 아예 안 주기도 했습니다. 그러자 헬라계 유대인 성도들이 불평하기 시작합니다. 교회 안에서 떡 문제로 다툼이 생긴 것입니다. 그래서 사도들은 말씀을 가르치고 기도하는 데만 전념하기로 결정하고, 일곱 명의 집사를 세워 교회 행정과 구제 업무를 맡겼습니다.

스데반 집사의 순교 _ 행 6:8-7:60

헬라계 유대인 스데반은 일곱 집사 중 한 사람으로 교회 행정, 구제의 임무를 부여받았습니다. 회당에서 스데반은 바리새인, 서기관들과 논쟁했는데 성령님의 지혜로 말씀을 전하는 스데반을 그들이 감당할 수 없었습니다. 그러자 그들은 스데반이 하나님을 대적했다고 거짓말을 했습니다.

스데반은 일어나서 베드로처럼 복음을 전했습니다. 하지만 반응이 전혀 달랐습니다. 베드로는 유대인들이 나빠서 예수님을 죽인 것이 아니라, 하나님의 뜻에 따라 그들이 몰라서 이방인에게 넘겨준 것이라고 얘기했습니다. 그때 사람들은 "어찌할꼬"(행 2:37) 하며 회개했습니다. 하지만 스데반은 "너희 조상들이 선지자들 중의 누구를 박해하지 아니하였느냐 의인이 오시리라 예고한 자들을 그들이 죽였고 이제 너희는 그 의인을 잡아 준 자요 살인한 자가 되나니"(행 7:52) 하고 유대인을 대적하는 설교를 했습니다.

사도행전 7장에 나오는 스데반의 설교 내용은 구약 성경의 맥을 요약한 것입니다. 산헤드린 공회 사람들은 구약의 역사서 내용을 모르지는 않지만, 스데반이 예수님을 전하면서 모세와 율법을 대적하고 있다고 주장했습니다. "모세와 하나님을 모독하는 말을 하는 것을 우리가 들었노라"(행 6:11), "또 모세가 우리에게 전하여 준 규례를 고치겠다 함을 우리가 들었노라"(행 6:14).

스데반은 구약의 맥을 정리해 주면서, 하나님이 보내신 선지자들을 배척하는 이스라엘 백성들에게 더 이상 예수님을 거절하지 말라고 훈계했습니다. 또 하나님의 임재를 이스라엘이 중시하는 성전이라는 건물에 한정하지 말라고 했습니다. 실례로 하나님이 모세를 성전이 아닌 호렙 산의 불타는 나무에서 만나 주셨음을 상기시켰습니다. 스데반은 유대교의 전통인 성전 건물이 더 이상 예수라고 하는 새 술을 담을 수 있는 그릇이 아니라는 메시지를 전한 것입니다. "그들이 이 말을 듣고 마음에 찔려 그를 향하여 이를 갈거늘 … 그들이 돌로 스데반을 치니"(행 7:54, 59).

어떤 사람들은 스데반이 좀 더 지혜롭게 달래면서 설교했더라면 죽임을 당하지 않고 말씀의 열매를 얻었을 것이라고 말합니다. 너무 강성으로 야단치다가 아깝게 죽었다고 할지 모르겠습니다. 하지만 수천 명씩 회개시키며 놀라운 열매를 거둔 베드로 역시 순교했습니다. 하나님이 사용하시는 방법이 달랐을 뿐입니다. 베드로의 설교로 교회를 세우고 부흥시키셨다면, 스데반의 순교로 박해가 일어나게 해서 교회를 흩어 땅 끝까지 전도하게 하셨습니다.

저도 여러 교회에서 집회할 때 장로님들을 큰소리로 나무랄 때가 많았습니다. 그때마다 아내로부터 일개 장로가 다른 교회의 장로들을 야단쳐도 되느냐는 지적을 받곤 합니다만, 강력한 성령님의 손길에 인도되어 저도 모르게 그렇게 외친 것입니다. 이튿날이면 새벽에 혼자 무릎 꿇고 기도하며 "주님, 제가 무엇이기에 저들에게 큰소리치게 하셨습니까. 저들을 위로하여 주시고 이 부족한 죄인을 가려 주시옵소서" 하며 눈물로 호소하곤 했습니다. 그런데 2007년 신년예배를 드릴 때, "이제까지는 어두움을 거두어 내는 빛으로, 호령하며 소리치는 역할을 하였으나 새해부터는 추운 곳을 따스하게 비추어 주는 빛으로 위로자가 되라"는 주님의 음성이 들렸습니다. 제 영혼의 깊은 곳부터 말할 수 없는 따스함으로 충만하게 채워지는 것을 느꼈습니다. 저는 한없는 감사의 눈물을 흘렸습니다. 그 이후로는 말씀을 전하면서 큰소리로 야단치는 일이 크게 줄었습니다.

스데반은 "성령 충만하여 하늘을 우러러 주목하여 하나님의 영광과 및 예수께서 하나님 우편에 서신 것을 보고 말하되 보라 하늘이 열리고 인자가 하나님 우편에 서신 것을 보노라"(행 7:55-56)라고 말하며 돌에 맞아 죽습니다. "주 예수여 내 영혼을 받으시옵소서 하고 무릎을 꿇고 크게 불러 이르되 주여 이 죄를 그들에게 돌리지 마옵소서 이 말을 하고 자니라"(행 7:59-60). 스데반은 고통을 겪었지만 천국의 기쁨을 누리며 하늘나라에 갔습니다.

육신이 죽어 이 땅에서의 고통이 사라져야만 천국이 된다고 착각하지 마십시오. 이 땅은 정말 고통스럽고 괴로운 곳이지만, 돌을 맞아 죽으면서도 천국을 누리라고 주님이 성령님을 주셨습니다. 그래서 예수님이 십자가에 달리신 것입니다. 성령님을 통해서만 교회가 탄생하고, 교회를 통해서만 우리에게 천국이 주어집니다.

✚ 초대 교회의 흩어짐: 1차 박해 _ 행 8장

초대교회는 점점 부흥했지만 스데반의 순교로 헬라계 유대인 성도에 대한 박해가 시작되었습니다. 스데반이 본토 유대인 지도자들을 대적했기 때문입니다. 언뜻 보면 스데반의 죽음이 교회와 성도의 박해만 초래하고 한 영혼도 구원하지 못한 무의미한 사역같이 보일 수 있지만, 순교자의 흘린 피는 무수한 교회의 씨앗이 됩니다. "그날에 예루살렘에 있는 교회에 큰 박해가 있어 사도 외에는 다 유대와 사마리아 모든 땅으로 흩어지니라"(행 8:1)는 말씀을 보니, 사도들은 본토계 토종 유대인이어서 박해를 받지 않은 것 같습니다.

예수님이 사도행전 1장 8절에서 땅 끝까지 선교하라고 명령하신 말씀이 여기서 이루어지기 시작합니다. 박해를 받으니까 흩어지면서 말씀을 전하게 됩니다. 이것이 땅 끝까지 교회가 확장되어 나가는 계기가 됐습니다. 결국 하나님이 일하신 것입니다. 사도행전은 유대인의 박해를 피해 예루살렘 교회의 성도들이 이방 지역, 즉 사마리아와 다른 지역으로 나가서 전도함으로써 교회가 확장되는 과정을 서술해 놓은 것입니다.

빌립과 에디오피아 내시

먼저 빌립이 사마리아에서 전도합니다. 빌립도 스데반처럼 교회 일꾼으로 선택된 일곱 집사 중 한 사람이었으나 박해로 인해 선교에 쓰임 받습니다. 빌립이 사마리아에서 전도할 때 무리가 그의 말씀과 기적을 보았습니다. 귀신을 쫓아내고, 중풍병자를 비롯한 여러 병자를 고치는 역사가 일어났습니다. 예수님이 미리 사마리아에서 뿌리신 씨앗(요 4:1-26)을 빌립이 거둔 것입니다. "성령이 빌립더러 이르시되 이 수레로 가까이 나아가라 하시거늘"(행 8:29). 이에 빌립이 달려가서 수레를 타고 가는 에디오피아 내시를 만납니다. 빌립은 그에게 이사야의 글을 깨닫는지 묻습니다. 그러자 내시가 "지도해 주는 사람이 없으니 어찌 깨달을 수 있느냐 하고 빌립을 청하여 수레에 올라 같이 앉으라"(행 8:31)고 합니다. 빌립은 내시가 질문한 "이 글에서 시작하여 예수를 가르쳐 복음을 전"(행 8:35)합니다. 내시는 예수님을 믿고 세례받았습니다. 에디오피아 내시 덕분에 오늘날 에티오피아 정교가 생겨났습니다. 베드로와 요한도 사마리아로 내려가서 사람들에게 성령세례를 주었습니다.

사울의 회심 _ 행 9장

사울은 스데반의 죽음을 당연한 것으로 여기며 순교 현장에 있었고, 예수님을 믿는 사람들을 열심히 박해했던 사람입니다. 사울은 그날도 그리스도인을 잡아 옥에 가두기 위해 예루살렘에서 체포 영장을 발급받아 다메섹으로 가는 길이었습니다. 그런데 대낮인데도 엄청난 빛이 홀연히 나타났습니다. 그 빛 때문에 사울은 앞을 보지 못하게 되었습니다. "땅에 엎드러져 들으매 소리가 있어 이르시되 사울아 사울아 네가 어찌하여 나를 박해하느냐 하시거늘 대답하되 주여 누구시니이까 이르시되 나는 네가 박해하는 예수라"(행 9:4-5). 예수님은 사울이 사람을 박해하는 것이 아니라 하나님을 박해하고 있음을 깨닫게 하셨습니다.

사울은 자신을 가말리엘 문하에 있던 바리새인 중의 바리새인이라고 고백했습니다. 당대의 성경학자였습니다. 사울은 왜 예수님을 박해했습니까? 당시 대부분의 유대인은 구약의 율법에 의해 하나님을 볼 수도 없고 만질 수도 없다고 생각했습니다. 그런데 이 땅에 있는 사람이 감히 하나님의 아들이라고 주장하니, 사울 입장에서 예수님은 죽어 마땅했습니다. 이런 대단한 성경학자도 성령님이 임재하시지 않으니까 자기 생각을 따라서 움직일 수밖에 없었습니다.

그런데 예수님의 영이, 부활하신 주님이 직접 사울을 만나 주셨습니다. 사울이 땅에 거꾸러졌을 때, 예수님은 "너는 일어나 시내로 들어가라 네가 행할 것을 네게 이를 자가 있느니라"(행 9:6) 하고 명하셨습니다. 한편, 다메섹에 있던 제자 아나니아는 사울에 대한 하나님의 뜻을 듣습니다. "이 사람은 내 이름을 이방인과 임금들과 이스라엘 자손들에게 전하기 위하여 택한 나의 그릇이라"(행 9:15). 사울은 축복받은 사람입니다. 주님은 죄인 중의 죄인인 사울을 택하셨습니다. 사도 바울이 대단한 사람이 아니라 그 안에 계신 성령님이 대단하신 분입니다.

아나니아가 사울을 축복하고 "그가 내 이름을 위하여 얼마나 고난을 받아야 할 것을 내가 그에게 보이리라"(행 9:16)는 예언을 전하자, 사울은 사흘 만에 다시 보게 되고 성령세례를 받았습니다(행 9:17-18). 사울은 사흘 동안 눈이 멀어 암흑 가운데서 사실상 죽은 사람처럼 지낼 수밖에 없었습니다. 그가 할 수 있는 것은 회개의 기도밖에 없었을 것입니다. 주님은 사울을 주님의 이름을 위하여 고난받을 그릇으로 택했다고 말씀하십니다. 주님과 성도들을 엄청나게 박해했던 사울은 주님을 위해 고난받는 것을 억울해하지 않고 당연히 치러야 할 대가로 생각했을 것입니다. 오히려 주님을 위해 고난받는 것을 감사로 받아들였으리라 믿습니다.

사울은 아나니아의 안수기도를 받고 육신의 눈과 영의 눈을 모두 뜨는 축복을 받았습니다. 사울이 바울로 변하는 회심 사건이 일어난 것입니다. 부활하신 주님을 강렬히 만난 뒤 사울의 인생은 송두리째 바뀌었습니다. 그는 이제 사도 바울이 되어 "살 소망까지 끊어지고"(고후 1:8) 힘든 상황 가운데서도 끝까지 포기하지 않고 달려갈 "경주"(히 12:1)를 완주합니다.

주님을 만난 사람은 분명한 사명과 목표를 갖게 되며, 결코 중도에 포기하지 않습니다. 주님의 음성을 듣는 성도는 끝까지 달려갈 능력을 힘입는 것입니다. "내가 달려갈 길과 주 예수께 받은 사명 곧 하나님의 은혜의 복음을 증언하는 일을 마치려 함에는 나의 생명조차 조금도 귀한 것으로 여기지 아니하노라"(행 20:24). 이 고백이 저의 고백이자 모든 성도들의 고백이 되기를 바랍니다. 사도 바울은 자신이 죄를 행하고 있을 때 변화받고 하늘나라의 도구로 사용된 것과 같이 주님이 성도들을 찾아와 만나 주실 것이라고 말했습니다(딤전 1:13-16).

베드로와 고넬료와의 만남 _ 행 10장

한편 베드로는 8년 된 중풍병자 애니아를 고쳐 주고, 욥바에 사는 여제자 다비다가 병들어 죽었을 때 기도로 살려 내는 엄청난 성령의 역사를 행합니다. 예수님이 십자가에서 피 흘리고 부활하고 승천하심으로 약속하신 성령님이 이 땅에 오셔서 예수님의 제자 베드로에게뿐만 아니라 로마 군대의 백부장 이방인 고넬료에게도 찾아오셨습니다. 베드로는 욥바에서, 고넬료는 가이사랴에서 각각 기도하고 있는데 성령님이 임재하십니다.

베드로가 기도하는데, 환상이 보이면서 하늘에서 끈이 달린 보자기가 내려왔습니다. 네 발로 걷는 짐승부터 뱀같이 기는 것과 별난 짐승들이 보자기 안에 있었는데, 예수님이 "베드로야 일어나 잡아먹어라"(행 10:13)고 하십니다. 본토계 유대인인 베드로는 율법에 의해 더러운 것과 불결한 것을 못 먹습니다. 베드로는 성령님을 만났지만, 아직 율법의 말씀에 묶여 있었던 것입니다. 그래서 "주여 그럴 수 없나이다 속되고 깨끗하지 아니한 것을 내가 결코 먹지 아니하였나이다"(행 10:14) 하고 대답합니다. 예수님을 믿고 나서도 예전의 생각과 관습과 사고방식으로부터 벗어나는 것은 매우 어렵습니다. 하루아침에 바뀌는 것이 아니라 서서히 바뀌기 때문입니다. 예수님은 "하나님께서 깨끗하게 하신 것을 네가 속되다 하지 말라"(행 10:15)고 하십니다. 이 말씀을 세 번 반복하십니다.

이방인이지만 경건한 고넬료가 기도하고 있을 때, 성령님은 "네가 지금 사람들을 욥바에 보내어 베드로라 하는 시몬을 청하라 그는 무두장이 시몬의 집에 유숙하니 그 집은 해변에 있다"(행 10:5-6)고 하십니다. 고넬료는 성령님의 말씀을 듣고 사람을 보내 베드로를 불러왔습니다. 하나님은 경건한 이방인 고넬료의 기도를 들으시고 복음을 전하시려 베드로를 고넬료 집에 보내셨습니다.

복음을 들으려는 고넬료의 자세가 너무도 은혜롭습니다. "내가 곧 당신에게 사람을 보내었는데 오셨으니 잘하였나이다 이제 우리는 주께서 당신에게 명하신 모든 것을 듣고자 하여 다 하나님 앞에 있나이다"(행 10:33).

베드로가 말씀을 전하고 고넬료에게 안수했을 때, 성령님이 임재하시면서 이들이 방언을 했습니다. "베드로가 이 말을 할 때에 성령이 말씀 듣는 모든 사람에게 내려오시니 베드로와 함께 온 할례 받은 신자들이 이 이방인들에게도 성령 부어 주심으로 말미암아 놀라니 이는 방언을 말하며 하나님 높임을 들음이러라 이에 베드로가 이르되 이 사람들이 우리와 같이 성령을 받았으니 누가 능히 물로 세례 베풂을 금하리요 하고 명하여 예수 그리스도의 이름으로 세례를 베풀라 하니라"(행 10:44-48). 이 사건이 나중에 중요한 역할을 하게 됩니다.

그리스도인은 로마의 핍박을 피해 예루살렘을 떠나 흩어졌고, 드디어 수리아 안디옥에 교회를 세웁니다. 처음으로 예루살렘 바깥 지역에 교회를 세운 것입니다. 이것은 교회가 구체적으로 확장된 사건입니다. 예루살렘 교회는 바나바를 안디옥 교회의 목회자로 파송합니다. 바나바는 회심한 다음 조용히 고향에서 지내고 있는 바울을 예루살렘 교회에 데려와 그의 변화를 소개하는 역할을 했습니다.

사실 사울은 회심한 다음 열두 사도들을 만나고 싶어 했으나, 그들은 사울을 두려워했습니다. 사울은 회심한 직후 사우디아라비아에 가서 3년 동안 기도와 말씀 묵상을 하면서 성령님을 체험하고 참으로 신실한 능력의 종이 됩니다. 사도 바울로 변화됩니다. 분열왕국 시대에 하나님이 엘리사를 통해 열매 맺지 못하는 여리고의 물의 근원을 고쳐 주셨던 것처럼, 백성들을 열매 맺게 할 수 없었던 율법학자 사울을 바꿔 세상 모든 사람들을 열매 맺게 하는 새 사람으로 고쳐 주신 것입니다. 하지만 당시 성도들이 그를 알아주지 않았기 때문에, 사울은 고향인 다소에 머물러 있었습니다. 바로 이때 바나바가 바울을 공동 목회자로 초빙한 것입니다.

만약 바나바가 바울을 데리고 오지 않았다면, 사도 바울이 세상에 알려지기 어려웠을 것입니다. 바울은 아나니아 선지자가 예언한 대로, 예수님의 이름을 이방인들과 온 임금들과 세상에 전파하기 위해 예수님이 택하신 그릇이었습니다. 바나바와 바울은 함께 안디옥 교회를 부흥시켜 나갑니다. 안디옥 교회를 중심으로 선교의 새로운 지평이 열렸습니다. 드디어 아브라함의 후손들을 통해 이방인들에게 하나님의 축복의 손길이 뻗어 나가기 시작한 것입니다.

'성전'의 의미

성경은 에덴동산에서 아담, 하와와 함께 거닐며 대화하시는 하나님의 임재로 시작해서 "하나님의 장막이 사람들과 함께 있으매 하나님이 그들과 함께 계시리니 그들은 하나님의 백성이 되고 하나님은 친히 그들과 함께 계셔서 모든 눈물을 그 눈에서 닦아 주시니"(계 21:3-4)라며 하나님이 친히 사람들과 함께 계시는 새 하늘과 새 땅으로 끝을 맺고 있습니다. 창세기 2장에서 계시록 21장까지 그 사이를 메우고 있는 성경 66권의 이야기는 인간이 하나님의 임재에서 벗어난 역사와, 하나님이 자신의 사랑의 대상인 사람들이 살고 있는 이 땅에 하나님의 임재를 회복시켜 나가시는 이야기로 채워져 있습니다.

광야 생활에서 성막에 구름기둥과 불기둥으로 임재하시던 하나님은 가나안 땅 정복 후 약속의 땅에 이스라엘의 수도 예루살렘 성에서 다윗에게 약속하신 대로(삼하 7:8-16) 다윗의 아들 솔로몬에게 성전봉헌을 받으셨습니다. 하나님은 성전을 빽빽한 구름으로 덮어 이스라엘 백성들과 함께하심을 나타내셨습니다.

하나님이 이스라엘에 임재하시는 구체적인 장소는 지성소 내에 있는 언약궤 위, 양의 피가 뿌려지는 시은좌였습니다. 그래서 성전이 있는 예루살렘은 특별한 장소였습니다. **맥잡기!** 여로보암이 벧엘과 단에 제멋대로 제단을 만들었을 때 북이스라엘이 하나님의 저주 아래 놓인 이유가 여기 있습니다. 성전이 있는 장소가 중요했기 때문에 성전이 있는 예루살렘을 향해 기도하면 응답해 달라고 솔로몬이 하나님께 구한 것입니다.

하나님이 다윗에게 언약하신 대로 다윗의 자손으로 오신 예수님은 공생애 기간 중 성전 안에서 "이 성전을 헐라 내가 사흘 동안에 일으키리라"(요 2:19)고 선포하시며 자신의 몸이 성전임을 나타내셨습니다. 구약 시대에는 하나님이 사람들을 성전 건물에서 만나 주셨지만 이제부터 하나님의 임재는 예수 그리스도 안에서만 이루어짐을 선포하신 것입니다. 예수님이 십자가에 못 박히셨을 때 성전인 그분의 몸은 갈기갈기 찢겨졌으나 주님의 부활로 말미암아 주님의 몸 된 교회가 탄생했습니다.

마치 이를 증명하듯 하나님은 주후 70년 로마군에 의해 파괴된 후 지금까지 결코 예루살렘 성전의 재건을 허용하지 않으셨습니다. 하나님은 다윗의 자손이 하나님의 이름을 위해 집을 지을 것이라고 다윗과 언약하셨으나 주님은 어떤 건물도 세우지 않으셨으며, 성령을 받은 성도들로 이루어진 집을 세워 가고 계십니다.

하나님은 사람의 "손으로 지은 전에 계시지 아니하시고"(행 17:24), 그리스도 안에서 살아 있는 성전으로 지어져 가고 있는 성도들 가운데 거하겠다고 말씀하십니다. "그리스도 예수께서 친히 모퉁잇돌이 되셨느니라 그의 안에서 건물마다 서로 연결하여 주 안에서 성전이 되어 가고"(엡 2:20-21). 하나님은 예수님의 이름으로 모이는 하나님의 백성들 가운데 임재하십니다. 성경은 예수님 자신이 성전이며, 예수님을 믿어 성령을 받은 성도들 한 사람 한 사람도 성전이라고 말씀합니다. "너희 몸은 너희가 하나님께로부터 받은 바 너희 가운데 계신 성령의 전인 줄을 알지 못하느냐"(고전 6:19).

중요한 것은 아버지 하나님이 부활하신 주님을 교회의 머리로 삼으시고, 성도들은 모퉁잇돌(머리)을 중심으로 건물마다 연결하여 성전을 이루어 가는 것(엡 2:21-22)이라는 공동체 개념입니다. 성도는 주님의 몸 된 교회의 지체로서 머리 되신 주님께 마디마다 서로서로 연결될 때 하나님이 임재하시는 성전을 이루게 됩니다. 혼자 집에서 기도하지 않고, 새벽시간에도 성도들과 함께 주님의 몸 된 교회에서 기도할 때 강력한 성령님의 임재를 체험할 수 있는 것입니다.

구약 시대에는 성전 건축을 위해 채석장에서 돌들이 깎이고 다듬어지고 손질되어 성전 건축 장소로 운반되었으나, 오늘날의 성도들은 하나님의 영광을 위해 존재할 성전으로 세워져 가고 있는 "산 돌들"로 묘사되고 있습니다(벧전 2:5). 각각의 돌은 성전 건물에 맞춰 들어가도록 다듬어져야 하기 때문에 채석장에서 깎이고 다듬어져야 합니다. 삶 속에서 허락하시는 고통과 환난을 감사해야 할 이유가 여기에 있습니다.

◇ **사도행전 12-26장**

헤롯 왕이 그리스도인을 크게 박해했습니다. 제2차 박해가 일어나자 안디옥 교회 성도들이 하나님의 말씀을 땅 끝까지 전파하기 시작합니다. 선교 시대가 개막된 것입니다.

✚　선교 시대의 개막 _ 행 13장

예루살렘에 제2차 박해가 일어나면서 순교자가 탄생합니다. 예수님이 내 잔을 마실 수 있느냐고 물었을 때 마실 수 있다고 대답했던 야고보가 12제자 중에서 첫 순교자가 됩니다. 예수님의 잔은 영광의 잔이 아니고 십자가의 잔이었던 것입니다.

　뒤를 이어 베드로가 체포됩니다. 예루살렘 교회 성도들이 다 같이 모여 기도했을 때 주께서 천사를 보내어 옥문을 열고 베드로를 구하셨습니다. 그를 투옥시킨 헤롯 왕은 벌레에게 먹혀 죽었습니다(행 12장).

✚　1차 전도여행 _ 아시아 전도

바나바와 바울은 마가 요한과 함께 예루살렘 교회에 구제헌금을 전하고 안디옥 교회로 돌아와서 복음 전파를 위해 금식하면서 기도했습니다. 그때 성령님이 명령하셨습니다. "안디옥 교회에 선지자들과 교사들이 있으니 … 주를 섬겨 금식할 때에 성령이 이르시되 내가 불러 시키는 일을 위하여 바나바와 사울을 따로 세우라"(행 13:1-2). 아시아 지역 선교를 위해 바나바와 바울을 파송하라고 성령님이 구체적인 사역 명령을 내리셨습니다. 바나바와 바울은 마가 요한을 데리고 갑니다. 마가 요한은 성령님이 최초로 강림하셨던 다락방을 제공했던 사람입니다.

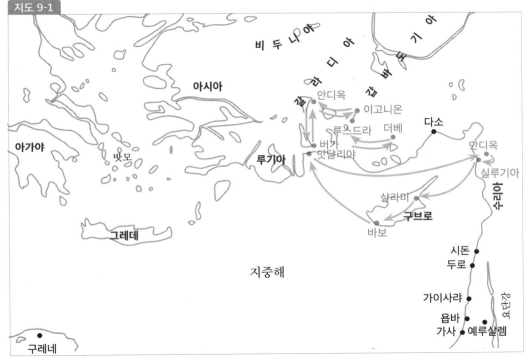

지도 9-1

사도 바울의 1차 전도여행 바울과 바나바는 먼저 구브로 섬에 건너가 섬 전체를 순회한 뒤, 소아시아에 건너가 밤빌리아의 버가, 비시디아의 안디옥, 이고니온, 루스드라, 더베 등을 돌아다니면서 전도했습니다.

구브로 섬 서기오 총독

바나바와 바울과 마가 요한, 전도여행 일행은 배를 타고 구브로 섬을 지나갑니다. 구브로 섬은 오늘날의 터키와 그리스가 영토 분쟁을 벌이고 있는 사이프러스 섬입니다. 이 전도팀은 사이프러스 섬을 횡단해서 섬의 수도인 '바보'에 이르러 섬의 총독인 서

기오 바울을 만났습니다. 전도팀은 총독을 전도하려고 애썼으나 그 옆에 붙어 있는 거짓 선지자 '바예수'라는 박수무당이 끝까지 방해합니다. 그래서 사도 바울이 박수무당을 저주합니다. 박수무당이 바울의 저주를 받아 맹인이 되는 것을 본 총독은 예수님을 영접합니다. 1차 전도여행의 첫 열매는 구브로 섬의 총독 서기오 바울이라는 고위 인사였습니다.

이들이 비시디아로 출발하기 전 버가라는 마을에 이르렀을 때, 부잣집 아들 마가 요한은 나약한 모습을 드러내고야 맙니다. 전도여행이 엄청나게 고난스러운 길임을 알고 고향으로 돌아가 버린 것입니다(행 13:13).

비시디아의 안디옥

바울과 바나바 두 사람만 소아시아 갈라디아 지방에 도착했습니다. 그들은 제일 먼저 비시디아 안디옥 회당에서 전도합니다. 맥잡기▣ 포로 시대 때부터 유대인의 회당이 생겼습니다. 유대인은 예루살렘 멸망 이후 전 세계로 흩어졌지만, 그들은 가는 곳곳마다 회당을 만들었습니다. 회당에 가면 유대인을 만날 수 있으니까 회당을 먼저 찾았던 것입니다. 물론 자기 민족을 사랑하는 마음에서 유대인에게 먼저 말씀을 전하려했던 것이기도 하지만, 하나님의 약속이 성취되었다는 복음을 전하기가 수월했기 때문이기도 합니다.

바울은 안디옥에 있는 회당에서 설교하면서 이스라엘의 역사를 개괄합니다. 출애굽 사건부터 광야 시대, 여호수아 정복 시대, 사사 시대를 거쳐 사무엘 선지자를 통해 하나님이 기름 부으신 다윗 왕에 이르기까지 설명합니다. 그다음에 다윗 언약(삼하 7:8-16)대로 하나님이 예수님을 다윗의 자손으로 이 땅에 보내셨으나 유대인이 예수님을 정죄하여 십자가에 못 박았다는 사실을 전합니다. 하지만 시편을 인용하면서 하나님이 죽은 자 가운데서 살리셨음을 증거하고 예수님으로 말미암아 죄 사함과 의롭다 칭함을 받아야 한다(행 13:16-39)는 복음의 핵심을 선포했습니다. 사도 바울은 이스라엘의 긴 역사가 예수라는 정점을 향하고 있으며 하나님이 역사를 계획하셨음을 말합니다. 결국 우리가 예수님 안에 있으면 하나님의 위대한 구속 계획이라는 흐름 속에 존재하는 것입니다.

바울 일행이 회당에서 전도했을 때 약속의 성취를 믿어야 할 유대인들은 오히려 복음을 배척했고, 도리어 하나님을 전혀 모르던 이방인들이 믿음을 고백했습니다. 유대인이 매우 심하게 박해하니까 사도 바울은 "나는 이방인에게 가노라" 하고 선언합니다. 예수님이 공생애 동안 포도원 품꾼의 비유(마 20:1-16), 임금의 혼인 잔치 비유(마 22:1-10) 등 여러 비유로 말씀하신 것처럼, 하나님이 선택한 백성인 유대인이 아니라 이방인이 먼저 복음을 받아들였습니다.

이고니온 성

바나바와 바울은 이고니온 성에 있는 회당에 들어가 복음을 전합니다. 허다한 헬라인이 복음을 받아들였으나, 유대인은 이방인을 선동하여 대적했습니다. 바나바와 바울은 더욱 담대히 오랫동안 말씀을 전했고, 주님이 이들의 손으로 많은 이적과 기사를 행하게 하셔서 은혜의 말씀을 친히 증거하셨습니다. 바나바와 바울은 많은 이적과 기사를 행하면서 이고니온에서 오래 머물렀으나, 유대인과 이방인과 관헌들은 이 두 사람을 돌로 치려 했습니다.

루스드라

그래서 바나바와 바울은 루스드라로 갑니다. 그곳에서 사도 바울은 자신의 말을 열심히 듣고 있는 걷지 못하는 자에게 믿음이 있음을 주목하고 "네 발로 바로 일어서라"(행 14:8-10)고 했습니다. 그 사람이 벌떡 일어나 걷고 뛰기 시작하는 것을 보고 헬라 사상을 교육받은 그 지역 사람들은 "나면서부터 걷지 못하던 자가 어떻게 걸을 수가 있느냐?" 하면서 바울을 '헤르메스'(말하는 신), 바나바를 '제우스'라 하여 이들에게 제사 드리려 합니다. 바울과 바나바가 깜짝 놀라서 "여러분이여 어찌하여 이러한 일을 하느냐 우리도 여러분과 같은 성정을 가진 사람이라 여러분에게 복음을 전하는 것은 이런 헛된 일을 버리고 천지와 바다와 그 가운데 만물을 지으시고 살아 계신 하나님께로 돌아오게 함이라"(행 14:11-15) 하며 예수님께로 관심을 돌립니다.

많은 사람들이 예수님을 믿었지만 "유대인들이 안디옥과 이고니온에서 와서 무리를 충동하니 그들이 돌로 바울을 쳐서 죽은 줄로 알고 시외로 끌어 내"(행 14:19)칩니다. 이때 바울이 입신해서 예수님 보좌 옆으로 올림을 받았습니다. "내가 그리스도 안에 있는 한 사람을 아노니 십사 년 전에 셋째 하늘에 이끌려 간 자라(그가 몸 안에 있었는지 몸 밖에 있었는지 나는 모르거니와 하나님은 아시느니라)"(고후 12:2).

루스드라에서 일어났던 이 일을 볼 때, 사도 바울이 얘기했듯 죽는 것도 유익한 것입니다. "만일 땅에 있는 우리의 장막 집이 무너지면 하나님께서 지으신 집 곧 손으로 지은 것이 아니요 하늘에 있는 영원한 집이 우리에게 있는 줄 아느니라"(고후 5:1). "땅에 있는 우리의 장막 집"은 우리의 육이요, 이 땅의 텐트를 말합니다. 인생은 나그네 길입니다. 우리는 장막에서 벗어나 하늘에서 내려오는 처소로 덧입기를 소망해야 합니다. 장막에서 벗어난다는 것은, 실제로 죽는다는 뜻이 아니고 육적인 것을 죽인다는 뜻입니다. "아무든지 나를 따라오려거든 자기를 부인하고 날마다 제 십자가를 지고 나를 따를 것이니라"(눅 9:23). "나는 날마다 죽노라"(고전 15:31). 날마다 죽는 것은 육이 점점 깨지는 것을 말합니다. 나를 확장하지 말고, 예수님의 생명으로 나를 죽여야 합니다. 직장에서 상사한테 혼나기도 하고, 사람들과의 관계 속에서 거절당하기도 합니다. 그럴 때 내가 죽습니다.

바울은 유대인들에게 돌로 맞을 때 스데반의 순교 현장을 떠올렸을 것입니다. 바울은 기절했다가 깨어나서 루스드라를 떠나지 않고 담대하게 루스드라 성으로 다시 들어가 복음을 전했습니다. 이 모든 과정을 지켜보고 은혜를 받은 디모데가 사도 바울을 스승으로 따르기로 결심한 듯 보입니다. 바울과 바나바는 더베로 가서 계속해서 전도했고, 가이사랴를 거쳐서 안디옥으로 돌아와 소아시아 지역의 제1차 전도여행을 끝냅니다.

예루살렘 교회 회의 _ 행 15장

1차 전도여행 뒤에 예루살렘 교회에서 회의가 열립니다. 예루살렘 교회의 지도급 인사가 안디옥 교회에 와서 "아무리 예수님을 믿어도 유대인의 율법을 지키지 않으면 구원받지 못한다"고 경고했습니다. "어떤 사람들이 유대로부터 내려와서 형제들을 가르치되 너희가 모세의 법대로 할례를 받지 아니하면 능히 구원을 받지 못하리라 하니"(행 15:1). 안디옥 교회에는 누가복음의 저자인 의사 출신 누가를 비롯해서 많은 이방인이 있었는데, 이들이 얼마나 당황했겠습니까? 사도 바울은 하나님의 구원은 오직 그리스도를 믿음으로 말미암는다고 가르쳤기 때문입니다. 예루살렘 교회 지도자들은 "우리가 예수님을 따라다닌 제자요 사도인데, 바울은 사도도 아니면서 무슨 자격으로 율법을 지키지 말라고 하는가?"라고 문제를 제기한 것 같습니다.

반면에 바울은 부활하신 주님을 직접 만나고 그분에게서 직접 이방을 비추는 빛이 되라는 사명을 받았기에, 그리스도로 말미암아 사도가 되었다고 주장했습니다.

맥잡기 ☞ 바울은 성령님의 임재로 '구원은 율법의 행위가 아닌 믿음으로 말미암는다'는 것을 깨닫는데, 이 진리가 갈라디아서와 로마서의 주제입니다. 갈라디아서는 1차 전도여행 때 개척한 갈라디아 지역에 있는 교회들에 보냈기 때문에, 바울의 서신서 중에서 제일 먼저 썼을 거라고 추정됩니다. 바울은 이렇게 고백합니다. "사람에게서 난 것도 아니요 사람으로 말미암은 것도 아니요 오직 예수 그리스도와 그를 죽은 자 가운데서 살리신 하나님 아버지로 말미암아 사도 된 바울은"(갈 1:1).

안디옥 교회는 바울과 바나바를 예루살렘 회의에 보내 직접 증언하도록 결정합니다. 바울은 참담한 심정으로 예루살렘을 향해 갔는데, 그곳에서 성령님이 베드로를 일으키시어 바울의 입장을 지지하는 발언을 하게 하십니다. "그런데 지금 너희가 어찌하여 하나님을 시험하여 우리 조상과 우리도 능히 메지 못하던 멍에를 제자들의 목에 두려느냐"(행 15:10).

성령님이 베드로와 고넬료의 만남을 주선하셨기 때문에 베드로의 생각이 바뀌었습니다. 베드로는 이방인 고넬료가 말씀을 들을 때 성령 체험을 하고 방언하는 것을 직접 보았습니다. 성령님의 역사가 구원을 확증해 주는 것이지, 율법을 지켜서 구원받는 게 아님을 성경은 분명히 말씀하고 있습니다.

예루살렘 교회 당회장이었던 예수님의 동생 야고보가 결론을 내렸습니다. 이방인으로서 예수님을 영접한 성도에게 "다만 우상의 더러운 것과 음행과 목매어 죽인 것과 피를 멀리하라고 편지하는 것이 옳"(행 15:20)다는 것입니다. 예루살렘 교회 종교회의는 이렇듯 성령님의 인도하심에 결정을 내립니다.

예루살렘 회의 때문에 선교의 문이 활짝 열립니다. 사도 바울은 자신감 있게 "율법의 행위 때문이 아니라 믿음으로 구원 얻는다"는 것을 선포합니다. 이 기쁜 소식을 1차 전도여행지에 알리고, 아시아 지역에 전하려고 2차 전도여행을 시작합니다.

✚　2차 전도여행 _ 유럽 선교

바울의 새 동역자, 실라와 디모데

2차 전도여행을 앞두고 바울과 바나바는 다투었습니다. 바나바는 1차 전도여행 때 힘들다고 도망가 버린 마가 요한과 동행하고자 했으나, 바울이 이를 반대했습니다. 이로 인해 바울은 실라와 동행해서 2차 전도여행에 나섭니다.

목회자들도 복음 이외의 본질이 아닌 문제로 심각하게 다툴 때가 있습니다. 사도 바울처럼 예수님을 닮은 사람도 그랬다는 사실에 우리는 위로를 받습니다. 목사의 인간적인 연약함에 실망해서 교회를 떠나려는 성도들이 있습니다. 하지만 목회자의 약점이 보일 때는 목회자 뒤에 계시는 주님께 목사님의 약점을 고쳐 주시도록 기도하면서 우리의 시선을 오직 주님께 향하도록 해야 합니다. 반대로 목회자를 통해 좋은 일이 일어났을 때는 그 일을 일으키신 주님을 찬양해야 합니다.

사도 바울은 1차 전도여행 때 개척했던 루스드라 교회에서 디모데를 만나 세례를 줍니다. 디모데도 바울의 전도여행에 합류합니다. 바울이 드로아에 머물고 있을 때, 예수님의 영이 아시아 전도를 막고 마게도냐로 가라는 환상을 보여 주십니다. "밤에 환상이 바울에게 보이니 마게도냐 사람 하나가 서서 그에게 청하여 이르되 마게도냐로 건너와서 우리를 도우라 하거늘"(행 16:9). 성령님의 인도에 따라 사도 바울은 바다를 건너 유럽에 첫발을 내딛습니다.

우리는 살면서 계획대로 되지 않아서 앞으로 나아가기 힘든 때를 경험합니다. 이때 불평하지 말고, 예수님의 영이 나의 계획을 막아 주님 보시기에 가장 선한 길로 인도하심을 깨닫고 감사해야 합니다. 이것이 바로 영성입니다. 하나님은 기도하는 자에게 영성을 선물로 주십니다.

빌립보 사역 _ 행 16장

그래서 2차 전도여행의 길이, 유럽 전도여행의 길이 열린 것입니다. 사도 바울은 제일 먼저 빌립보에 갑니다. 바울은 빌립보에 도착해서 회당을 찾았지만 회당이 없었습니다. 하는 수 없이 안식일에 강가 기도처를 찾아갔습니다. 【맥잡기!】 포로 시대 이후 유대인은 회당을 세우지 않으면, 강가 기도처라도 꼭 마련해 두었습니다. 바울은 강

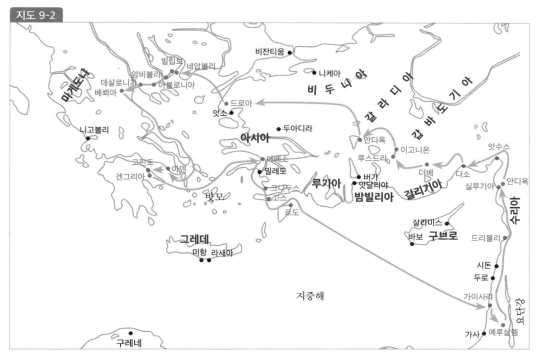

사도 바울의 2차 전도여행 2차 전도여행은 예루살렘 회의 결과로 더 넓은 지역으로 전도를 갈 수 있었습니다. 바울은 새로운 동역자 실라와 디모데를 만나 빌립보를 시작으로, 데살로니가와 베뢰아, 아덴, 고린도, 에베소를 다녔습니다.

가 기도처에서 경건한 유대인이며 자주 장사를 하는 '루디아'를 만납니다. 바울이 말씀을 전하자 루디아는 예수님을 영접했으며, 자신의 집에서 가정 교회를 시작합니다. 이것이 빌립보 교회입니다.

바울과 실라는 빌립보에서 점치는 여종의 귀신을 쫓아냅니다. 종의 주인들이 이 일을 빌미로 바울을 고소했습니다. 어쩔 수 없이 두 사람은 감옥에 갇혔지만 감옥에서 찬양하고 기도했습니다. 그러자 지진이 일어나더니 감옥 문이 열리고 차꼬가 풀어졌습니다(행 16:25-26).

기쁜 일이 일어날 때는 쉽게 찬양하지만, 억울하게 매 맞고 고통받을 때는 원망하기 쉽습니다. "나는 주님의 일을 하고, 주님은 내 일을 해 주시고!" 하면서 주님을 열심히 섬겼는데, 자신이 뜻하는 대로 일이 풀리지 않으면 매우 실망하는 성도를 많이 볼 수 있습니다. 주님을 위해 많은 일을 하고 희생했더라도 내게 좋지 않은 일이 일어날 수 있습니다. 그럴 때라도 주님을 찬양하는 성도가 진정으로 주님을 사랑하는 성

601

도입니다. 주님도 그 성도를 사랑하여 그 성도에게 임재를 나타내실 것입니다. 상황이 힘들 때일수록 불평하거나 염려하지 말고 주님을 찬양하면, 바울처럼 생각지도 못한 기적을 체험하게 됩니다. 저도 이런 은혜를 많이 누렸기 때문에 자신 있게 말할 수 있습니다.

바울과 실라가 달아난 줄 알고 두 간수가 자결하려고 합니다. 그때 바울이 "네 몸을 상하지 말라 우리가 다 여기 있노라"(행 16:28)고 외쳤습니다. 간수는 너무도 감동해서 "선생들이여 내가 어떻게 하여야 구원을 받으리이까"(행 16:30) 하고 묻습니다. "이르되 주 예수를 믿으라 그리하면 너와 네 집이 구원을 받으리라 하고 주의 말씀을 그 사람과 그 집에 있는 모든 사람에게 전하더라"(행 16:31-32). 한 간수가 믿음으로 그 집안이 전부 구원을 얻었습니다. 그들은 루디아와 함께 빌립보 교회를 아름답게 세워 갑니다.

아직도 모든 집안 식구들이 구원을 받지 못해 간절히 기도하고 있습니까? 내가 진정으로 예수님을 믿으면 "너와 네 집이 구원을 받으리라"는 약속이 이뤄지는 것을 확신하기 바랍니다. 내가 진짜로 예수님을 믿으면 온 가족이 구원을 받을 수밖에 없습니다.

빌립보 교회 성도들은 사도 바울이 사역할 수 있도록 기도와 재정으로 도왔습니다. 사도 바울도 이 교회를 무척 사랑했습니다. 빌립보서에서 사도 바울은 이렇게 고백합니다. "내가 예수 그리스도의 심장으로 너희 무리를 얼마나 사모하는지 하나님이 내 증인이시니라"(빌 1:8).

데살로니가와 베뢰아 사역

빌립보에서 유대인의 박해가 일어납니다. 그러자 바울과 실라는 데살로니가로 갑니다. 바울과 실라는 데살로니가에 있는 회당에서 3주 동안 전도했는데, 사람들이 복음을 잘 받아들였습니다. 데살로니가 사람들은 특히 예수님의 재림에 크나큰 관심을 보였습니다. 이렇게 해서 데살로니가 교회가 세워졌습니다.

사도 바울이 고린도에 있을 때, 데살로니가 교인들은 바울에게 '예수님을 영접하고 나서 어떻게 살아야 하는지', '예수님을 믿었는데도 왜 기쁨과 감사하는 마음이 없는지'를 질문했습니다. 이에 바울이 데살로니가 교회에 편지를 보냅니다. 이 편지가 데살로니가전서입니다. **맥잡기** 이처럼 바울 서신은 사도 바울이 전도여행에서 개척한 교회들에 보낸 편지가 대부분입니다. 이 편지에서 사도 바울은 "항상 기뻐하라 쉬지 말고 기도하라 범사에 감사하라"(살전 5:16-18)고 권면합니다. 예수님을 영접한 다음 쉬지 않고 기도하는 성도만이 어떤 경우에도 기뻐할 수 있으며 무슨 일이 일어나도 감사할 수 있습니다.

저도 초신자 시절에는 이 말씀의 뜻을 알 수 없었습니다. 하지만 날마다 새벽을 깨우며 기도한 다음부터는 어떤 일에도 기뻐하며 감사할 수 있도록 제가 변화되고 있었습니다. 저도 사람이라서 생각지 못했던 고난이 닥쳐올 때는 시무룩해집니다. 하지만 새벽마다 주님 앞에 엎드릴 때, 나의 심장과 폐부를 뚫어 보시는 성령님이 말할 수 없는 탄식으로(영으로) 기도하게 해 주셨습니다. 성령님이 제 안에 임재하셔서 어루만져 주고 위로해 주고 사랑해 주십니다. 주님 앞에 엎드려 그분의 거룩하신 임재로 말미암아 펑펑 울다 깨어나면 말할 수 없는 기쁨과 감격에 젖습니다.

데살로니가에 있는 유대인들이 박해받기 시작하자, 바울과 실라는 성령님이 인도하시는 대로 '베뢰아'로 갑니다. 베뢰아 사람들이 간절한 마음으로 말씀을 받습니다. "베뢰아에 있는 사람들은 데살로니가에 있는 사람들보다 더 너그러워서 간절한 마음으로 말씀을 받고 이것이 그러한가 하여 날마다 성경을 상고하므로"(행 17:11).

오래 믿었다고 해서 간절한 마음으로 말씀을 받고 날마다 성경을 읽지는 않습니다. 처음 믿어도 간절한 마음으로 말씀을 받고 날마다 상고하는 사람들이 많이 있습니다. 베뢰아 사람들처럼 마음 문을 활짝 열고 말씀을 받을 뿐 아니라 날마다 성경을 펴고 연구하며 묵상하면 언제 믿었느냐에 상관없이 충성되고 지혜로운 하나님의 종이 될 수 있습니다.

아덴 사역

데살로니가에 있는 유대인들이 바울을 박해하려고 베뢰아까지 와서 소동을 일으킵니다. 사도 바울은 성령님이 인도하시는 대로 헬라의 수도인 '아덴'으로 갑니다. 하지만 실라와 디모데는 베뢰아에 남겨 둡니다. 바울은 가는 곳마다 교회를 개척하는 것이 목적이었기 때문에, 실라와 디모데가 남아서 베뢰아 교인들을 가르치게 했습니다.

아덴은 신전이 많은 곳이었습니다. 심지어는 '알지 못하는 신에게'라고 쓴 제단도 있었습니다. 이것을 본 사도 바울은 분개합니다. "바울이 아레오바고 가운데 서서 말하되 아덴 사람들아 너희를 보니 범사에 종교심이 많도다 내가 두루 다니며 너희가 위하는 것들을 보다가 알지 못하는 신에게라고 새긴 단도 보았으니 그런즉 너희가 알지 못하고 위하는 그것을 내가 너희에게 알게 하리라"(행 17:22-23). 바울은 알고 믿으라고 합니다.

예수님을 믿는다고 하면서 예수님이 누구인지도 모르는 사람이 참 많습니다. 특히 성령님을 모르면서도 예수님을 믿는다고 생각하는 사람들이 많습니다. 성령 이야기는 꺼내지도 말라는 성도가 있습니다. 이런 사람들 속에는 예수님이 계실 수 없습니다. 부활하신 주님은 하늘 보좌 옆에 앉아 계십니다. 주님의 숨결과 마음, 사랑을 내 안에서 느끼고 만나도록 전달해 주는 분이 성령님이시기 때문입니다.

자신들의 지식으로 신을 이해하려고 애쓰는 아덴 사람들에게 사도 바울은 선포합니다. "알지 못하던 시대에는 하나님이 간과하셨거니와 이제는 어디든지 사람에게 다 명하사 회개하라 하셨으니 이는 정하신 사람으로 하여금 천하를 공의로 심판할 날을 작정하시고 이에 그를 죽은 자 가운데서 다시 살리신 것으로 모든 사람에게 믿을 만한 증거를 주셨음이니라 하니라"(행 17:30-31). 사도 바울은 사람들이 예수님을 알지 못할 때는 하나님이 용서하셨으나 이제는 예수님을 알게 하셨기 때문에 회개할 때라고 합니다.

고린도 사역

그다음에 바울 일행은 '고린도'로 갑니다. 고린도는 당시 헬라에서 가장 큰 상업 도시로 무역이 왕성했던 곳입니다. 이곳에서 바울은 하나님이 준비한 동역자 '브리스길라'와 '아굴라'를 만납니다. 바울은 가는 곳마다 낮에는 천막을 짜서 철저하게 자비량으로 생활비나 선교비를 충당하고 밤에는 말씀을 전했습니다. 성경에서는 브리스길라와 아굴라가 바울과 생업이 같았다고 합니다(행 18:3).

사도 바울은 고린도에서 많은 이적과 기사를 행합니다. 사도 바울의 앞치마와 수건을 만지기만 해도 사람들의 병이 나았습니다. 브리스길라와 아굴라는 사도 바울의 신실한 동역자로서 고린도 교회와 에베소 교회를 함께 섬겼습니다. 참으로 아름다운 동역자의 모습입니다.

그리스도인은 혼자서 믿음을 지키기가 어렵습니다. 세상 유혹에 넘어지지 않도록 서로 받쳐 주고 끌어 주는 동역자가 필요합니다. 예수 안에 있는 '우리'가 되어야지, 예수 안에 있는 '나'여서는 안 됩니다. 동역자의 은사를 나보다 낮게 여겨야 합니다. 그가 말씀을 잘 전하고 능력을 행할 때 질투하지 말고 '그리스도만 널리 전파된다면 부족한 저보다 제 동역자를 사용하여 주시옵소서' 하고 기도해야 합니다. 주님 앞에 나를 낮추고 엎드릴 때 성령님이 나를 붙잡아 위로해 주며 부족한 부분을 채워 주실 것입니다.

바울은 고린도 회당에 전도하다가 쫓겨났습니다. 그날 밤 예수의 영이 나타나 바울을 위로합니다. "밤에 주께서 환상 가운데 바울에게 말씀하시되 두려워하지 말며 침묵하지 말고 말하라 내가 너와 함께 있으매 어떤 사람도 너를 대적하여 해롭게 할 자가 없을 것이니 이는 이 성중에 내 백성이 많음이라 하시더라"(행 18:9-10). 주님이 직접 찾아오셔서 위로해 주셨을 때 사도 바울은 얼마나 감격의 눈물을 흘렸을까요.

바울 일행은 고린도에서 1년 6개월 동안 머물면서 말씀을 전했으나, 유대인이 소요를 일으켜 결국 고린도를 떠나야 했습니다. 바울은 고린도를 떠나면서 '겐그리아'에서 '로마'까지 가서 말씀을 전하기로 서원합니다. 바울 일행은 고린도에서 예루살렘으로 돌아오는 길에 에베소에 잠깐 들립니다.

에베소 방문

바울 일행이 에베소에서 말씀을 전했더니 사람들이 무척 좋아했습니다. 에베소에 있는 바울에게 애굽의 알렉산드리아 출신의 '아볼로'라는 사람이 찾아옵니다. 아볼로는 당대의 성경학자로 예수님을 믿어서 전도를 많이 한 사람이었습니다. 바울은 아볼로를 고린도에 있는 브리스길라와 아굴라에게 보냅니다. 아볼로는 브리스길라와 아굴라에게 가르침을 받고 성령세례를 받아 변화된 다음 고린도 교회의 지도자가 됩니다.

에베소 사람들은 바울을 붙들고 말씀을 더 듣기 원했으나, 바울은 주님의 뜻이 있으면 다시 오겠다고 약속하고 일단 '가이사랴'를 거쳐 안디옥 교회로 돌아옵니다.

✚   3차 전도여행: 두란노서원

에베소의 두란노서원

바울은 안디옥 교회 위에 있는 지역들, 그러니까 1차 전도여행 때 개척했던 갈라디아 지역에서 3차 전도여행을 시작합니다. "아볼로가 고린도에 있을 때 바울이 윗지방으로 다녀 에베소에 와서 어떤 제자들을 만나"(행 19:1). 바울은 갈라디아 지역에 개척한 교회들을 방문해서 말씀과 기도로 교회 성도들을 굳건히 세워 주고 양육합니다.

그다음 바울 일행은 당시 소아시아 최대 도시이자 세상의 향락 문화가 크게 위세를 떨치던 에베소에 정착합니다. 에베소에서 바울은 제자들을 만나 "당신은 성령을 압니까?" 하고 물어봅니다. 제자들은 모른다고 대답했습니다. 그들은 세례 요한의 물세례만 알고 성령에 대해서는 듣지 못했던 것입니다. 바울이 예수님과 성령세례를 전하고 이들에게 안수했을 때 성령님이 임재하셨습니다. 이를 계기로 사도 바울은 문서 전도와 함께 성령 운동으로 이미 예수님을 믿고 구원받은 성도들을 양육해야 할 필요성을 절감합니다. 바울은 말씀을 가르칠 공간을 빌려 본격적인 양육 사역을 시작합니다.

예수님은 왜 십자가에서 피 흘리고 부활하고 승천하셨습니까? 성령님을 우리 안에 보내서 살아 계신 주님을 우리가 느끼고 만나게 하시기 위해서입니다. "소망이 우리를 부끄럽게 하지 아니함은 우리에게 주신 성령으로 말미암아 하나님의 사랑이 우리 마음에 부은 바 됨이니"(롬 5:5). 그런데 오늘날 많은 성도들이 예수님을 믿고 교회에 다니면서도 성령님을 모를 뿐 아니라 알려고도 하지 않습니다. 저는 한국과 미국 내 여러 교회에서 이러한 안타까운 실정을 목격했기 때문에 더욱 열심히 성령님을 전하고 담대히 방언을 말합니다.

바울은 에베소에 정착해서 두란노서원을 빌렸습니다. 두란노서원은 당대 유명한 헬레니즘 철학자였던 '두란노'가 운영하는 학교였습니다. 중동 지방에 가면 '시에스타'라는 낮잠 자는 시간(에베소는 오전 11시~오후 3시)이 있습니다. 바울은 이 시간을 이용해서 두란노서원에서 말씀을 전하고, 문서 전도를 했습니다. 바울이 에베소에서 2년 동안 사역할 때, 성령님의 역사가 바울을 통해 강하게 일어났습니다.

온누리교회 故 하용조 목사님은 30대라는 젊은 나이에 간경화에 걸렸습니다. 의사는 더 이상 목회하면 죽는다며 하 목사님에게 사형선고를 내렸습니다. 하 목사님은 개척해서 목숨을 다해 섬기던 연예인교회를 사직하고, 퇴직금으로 받은 800만 원으로 이화여대 앞에 있는 작은 책방을 샀습니다. 그곳에서 문서 전도와 성경 강의 사역을 시작했습니다. 그 작은 책방이 오늘날 한국의 대표적 문서 전도와 말씀 양육 기관인 '두란노서원'입니다.

에베소에서 2년여 동안 양육 사역을 할 때, 바울은 자신이 개척한 고린도 교회 안에 바울파와 아볼로파가 생겼다는 소식을 전해 들었습니다. 이 소식을 듣고 바울은 이렇게 고백합니다. "나는 심었고 아볼로는 물을 주었으되 오직 하나님께서 자라나게 하셨나니"(고전 3:6). 실제로 자라게 하시는 분은 성령 하나님이라는 고백입니다. 사역자끼리 다투고 경쟁할 필요가 없다는 것입니다.

우리에게 주어진 사명은 심고(전도와 선교), 물을 주는(양육) 사역이지만 열매 맺게 하시는 이는 하나님이십니다. 우리는 그저 그릇입니다. 생명의 씨앗을 전해 주는 통로입니다. 그러니 교회 안에 파벌을 만들어 교회의 주인 행세를 하려고 다툴 이유가 없습니다. 어떤 이유로든, 어떤 은사를 행하든, "자기보다 남을 낫게 여기고"(빌 2:3). "주도 한 분이시요 믿음도 하나요 세례도 하나요 하나님도 한 분이시니"(엡 4:5-6). 교회의 머리 되신 주님을 중심으로 하나 되어야 합니다. [맥잡기⑨] 특별히 고린도 교회에는 성령의 은사 때문에 많은 문제가 일어났습니다. 바울은 에베소에서 이 소식을 듣고 고린도 교회에 편지를 씁니다. 그 편지가 바로 고린도전서입니다. 이 편지 덕분에 우리는

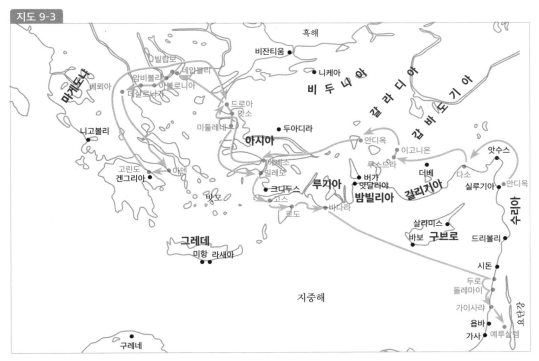

지도 9-3

사도 바울의 3차 전도여행 바울은 1차 전도여행 때 개척했던 갈라디아 지역에서 3차 전도여행을 시작합니다. 고린도를 방문하고, 에베소에서 두란노서원을 통해 전도했습니다.

성령의 은사에 관해 명쾌한 설명을 들을 수 있습니다.

바울이 에베소에 있을 때, 마술사들이 성령님의 임재와 능력에 압도되어 마술 책을 모조리 불태웁니다. 이 일로 은장색(우상을 만들어 파는 사람)들이 영업을 할 수 없게 되었다며 소요를 일으킵니다. 이에 바울 일행은 에베소를 떠납니다.

고린도 방문

바울은 안디옥 교회로 바로 돌아가지 않고 고린도 교회를 방문하기로 합니다. 2차 전도여행을 할 때 가장 오랫동안 머물면서 개척한 고린도 교회가 에베소에서 자신이 보낸 편지를 받고 어떻게 변화되었는지를 보고 싶었습니다. 바울은 고린도에서 3개월 동안 머물면서, 땅 끝까지 선교하기 위해 로마 교회에 가야겠다고 결단하고 협조 요청을 보냅니다. 로마 교회에 자기를 알리기 위해 편지를 쓰는데, 그것이 바로 로마서입니다.

바울 일행은 고린도에서 안디옥 교회로 돌아가는 길에 에베소에 다시 들르고 싶었지만, 소요가 있었기 때문에 에베소 밑에 있는 '드로아'까지 옵니다. 드로아에서 사도 바울은 성령님의 지혜를 받아 밤새 강론을 했습니다. 이때 한 청년이 난간에 앉아 말씀을 들으면서 졸다가 떨어져 죽었습니다. 사도 바울은 그를 다시 살립니다.

신약 성경에는 예수님 말고도 죽었다가 다시 살아난 사람이 다섯 사람이나 더 있습니다. 예수님은 회당장 야이로의 딸과 나인성 과부의 아들과 마리아의 오빠 나사로를 살리셨고, 베드로가 여제자 다비다를 살렸으며, 사도 바울이 드로아에서 청년 유두고를 살렸습니다. 죽었다가 다시 살아난 사람들의 공통점은 모두 젊은 나이에 알 수 없는 이유로 죽었다는 것입니다. 예나 지금이나 병 고치는 이적이 일어나면 사람들이 많이 몰려들지만, 그렇다고 이적이 구원을 주지는 않습니다. 기적은 분명히 하나님의 영광을 나타내지만, 반드시 구원으로 연결되지는 않습니다. 기적을 넘어서는 '대속의 피 흘림' 없이는 구원이 일어나지 않는다는 사실을 기억해야 합니다.

밀레도에서 전하는 바울의 고별 설교

이방 사람들이 막아섰기 때문에, 사도 바울은 에베소를 방문할 수 없었습니다. 그러자 바울 일행은 예루살렘으로 향하기에 앞서 에베소 조금 밑에 있는 '밀레도'에 장로들(당시 각 교회의 목회자들을 가리킴)을 모읍니다. 그동안 소아시아 지역에서 자신이 행한 사역을 보고하고 앞으로의 선교 비전을 제시하면서 고별 설교를 합니다. "내가 달려갈 길과 주 예수께 받은 사명 곧 하나님의 은혜의 복음을 증언하는 일을 마치려 함에는 나의 생명조차 조금도 귀한 것으로 여기지 아니하노라"(행 20:24). 바울은 동역자들 앞에서 닥쳐올 고난을 알면서도 선교를 위해서는 목숨을 버리겠다는 비장한 결의를 합니다.

성령님이 증언해 주셨기 때문에 바울뿐만 아니라 동역자들도 바울이 예루살렘에 가면 결박당하고 환난 받을 것을 알았습니다. 하지만 그 길만이 복음을 땅 끝까지 전파하는 길이었기에 사도 바울은 "내가 달려갈 길"(행 20:24)이라고 했습니다.

'열심히 주를 섬기고 있는데 왜 이런 환난이 겹겹으로 닥쳐오느냐?'고 불평하거나 하나님을 원망하는 성도들이 있다면, 회개하는 마음으로 이 말씀을 붙잡고 입으로 선포해야 합니다. 주님은 저처럼 부족한 사람에게도 말씀을 전하라는 사명을 주셨습니다. 저는 가는 곳마다 사명을 감당하면서 사도 바울의 고백을 저의 고백으로 주님께 날마다 올려 드리고 있습니다. 주님께 받은 사명이 있다는 사실이 얼마나 귀한지 모릅니다.

많은 성도들이 진정으로 주님을 사랑하고 주의 일을 제대로 하면 하나님이 세상일도 축복해 주시리라고 착각합니다. 물론 하나님 말씀대로 순종해서 살면 '축복'이 있을 것이요, 말씀에서 떠나 우상을 섬기고 눈에 보이는 것을 따라가면 저주가 있을 것입니다(신 11장). 그렇지만 주의 말씀을 증언하다 보면 세상에서 고난과 불이익을 당할 때가 있습니다.

저는 2005년 1월에 뉴욕에서 뉴욕 교회협의회와 두란노서원 공동 주관으로 '성경의 맥을 잡아라' 세미나를 열었습니다. 주일 오후 시간에 1,200여 명의 성도들이 모여 말씀을 사모하며 두 손 들고 찬양했습니다. 패역한 시대에 하나님의 말씀에 목말라하는 성도들의 모습이 안쓰러워서 저는 부흥회를 인도하는 심정으로 간절하게 말씀을 전했습니다. 하지만 그때 제게 엄청난 시련과 고난이 닥쳤습니다. 공직자가 기독교를 전한다면서 강의하는 5주 동안 불교계를 비롯한 타 종교계와 언론에서 날마다 엄청나게 비난하고 손가락질했습니다. 급기야 타 종교인들이 서울의 각 기관에 투서를 제출해서 성경 강의를 중단하든지 공직에서 물러나라는 압력을 넣었습니다. 이 사건으로 저 개인적으로는 공직 생활에 영향을 받은 것이 사실입니다. 하지만 저는 이 일을 겪으면서 주님과 함께 부활의 능력에 참여하려면, 주님의 십자가도 져야 함을 배웠습니다.

사도 바울은 장로들에게 부탁합니다. "그러므로 여러분이 일깨어 내가 삼 년이나 밤낮 쉬지 않고 눈물로 각 사람을 훈계하던 것을 기억하라 지금 내가 여러분을 주와 및 그 은혜의 말씀에 부탁하노니 그 말씀이 여러분을 능히 든든히 세우사 거룩하게 하심을 입은 모든 자 가운데 기업이 있게 하시리라"(행 20:31-32).

✚   예루살렘 전도 _ 행 21-26장

감옥에 갇힘

사도 바울은 밀레도에서 고별 설교를 마치고 예루살렘으로 갑니다. 예루살렘 교회 성도들은 사도 바울에게 '믿음으로 구원에 이른다'는 것은 인정하지만 유대인의 오해를 풀기 위해서 율법의 결례를 시행하도록 권합니다. 그래서 바울은 청년들과 함께 일주일 동안 결례의식을 행합니다. 그렇지만 사도 바울을 잡으려고 작심하고 찾고 있던 유대인들이 예루살렘 성전에서 결례를 행하고 있는 사도 바울을 체포합니다(행 21:33).

사도 바울은 포승에 묶여 있으면서도 처음에는 로마 군대의 주둔지(영내)에서, 그다음에는 산헤드린 공회에서 말씀을 전합니다. 생명의 위협을 받던 그때도 성령님은 바울을 위로해 주셨습니다. "그날 밤에 주께서 바울 곁에 서서 이르시되 담대하라 네가 예루살렘에서 나의 일을 증언한 것같이 로마에서도 증언하여야 하리라 하시니라"(행 23:11). 유대인은 바울을 죽이려고 공모하고 반드시 죽이겠다고 서원했기에, 바울은 예루살렘에서 지중해 쪽에 있는 가이사랴 병영(당시 로마 총독부 소재지)으로 옮겨 갑니다.

바울은 가이사랴 총독부 지하 감옥에서 2년 동안 감옥살이를 하면서 여러 사람에게 말씀을 전합니다. 특히 당시 최고위층 인사인 로마 총독 벨릭스, 총독 후임인 베스도와 그에게 인사차 방문한 유대 분봉왕 아그립바에게도 말씀을 전합니다.

"수일 후에 벨릭스가 그 아내 유대 여자 드루실라와 함께 와서 바울을 불러 그리스도 예수 믿는 도를 듣거늘 바울이 의와 절제와 장차 오는 심판을 강론하니 벨릭스가 두려워하여 대답하되 지금은 가라 내가 틈이 있으면 너를 부르리라 하고"(행 24:24-25). 바울은 당시 뇌물을 밝히고 부도덕한 생활에 젖어 있는 총독 벨릭스에게 심판이 있다는 말씀과 의와 절제로 통치하도록 말씀을 전했습니다. 그 말을 듣고 크게 양심에 찔렸던 벨릭스는 바울을 자주 불러 말씀을 들었다고 합니다. 불의한 이방인 총독 벨릭스가 어떤 동기가 있었든 하나님은 그에게 하나님의 말씀을 들을 수 있도록 기회를 자주 주신 것입니다.

벨릭스의 후임으로 온 총독 베스도는 유다의 분봉왕 아그립바와 함께 사도 바울의 말씀을 듣고 은혜를 받았습니다. 하지만 베스도는 바울에게 "바울아 네가 미쳤도다 네 많은 학문이 너를 미치게 한다"(행 26:24)고 말했고, 아그립바 왕은 "네가 적은 말로 나를 권하여 그리스도인이 되게 하려 하는도다"(행 26:28) 하고 말했습니다. 그들은 감동하고 은혜를 받았지만, 예수님을 영접하기를 거절했습니다. 그렇지만 이 둘은 분명 백성을 다스릴 때 전보다 두려운 마음으로 임했을 것입니다.

사도 바울은 당대 최고의 권력을 가진 총독과 왕에게 이렇게 도전합니다. "말이 적으나 많으나 당신뿐만 아니라 오늘 내 말을 듣는 모든 사람도 다 이렇게 결박된 것 외에는 나와 같이 되기를 하나님께 원하나이다"(행 26:29). 얼마나 멋있습니까? 감히 왕과 총독에게 죄수인 자신을 닮으라고 얘기하는 것입니다. 바울은 겉으로는 묶여 있는 몸이지만, 모든 권력을 쥐고 있는 왕이나 총독이 알지 못하는 천국을 맛보고 있었습니다. 하나님은 사도 바울이 가장 낮고 천한 죄수의 몸으로 이스라엘의 고위층 인사들인 로마 총독들과 분봉왕 등에게 복음을 전하게 하셨습니다. 로마 군대 병영과 산헤드린 공회 앞에서 수많은 유대인에게 복음을 전하게 하셨습니다. 이것이 하나님의 길이요, 하나님의 방법입니다. 이처럼 성도의 사회적 지위가 높아지든지 낮아지든지 복음 전파에 사용되기만 한다면 감사해야 할 일입니다.

사도 바울은 캄캄한 지하 감옥에 갇혀 있으면서도 자유인들을 향해서 이렇게 말합니다. "주 안에서 항상 기뻐하라 내가 다시 말하노니 기뻐하라"(빌 4:4). 그는 어떻게 이런 말을 할 수 있었겠습니까? 환경이 아무리 힘들고 어렵더라도 앞으로 하나님이 하늘나라에서 주실 기업을 바라보고 기뻐했기 때문입니다. 그 믿음을 소유한 사람은 기뻐할 수 있고 감사할 수 있습니다.

유라굴라 광풍

바울은 신임 총독 베스도에게 자신이 로마 시민이므로 로마 황제에게 재판을 받겠다고 주장합니다. 당시 로마는 전 세계를 지배하고 있었습니다. 로마 시민권자들은 죄를 지으면 황제에게 직접 재판을 받으러 (천국) 로마에 가야 했습니다.

그래서 바울은 다른 죄수들과 함께 로마로 수송됩니다. 바울은 로마로 가던 길에 유라굴라 광풍을 만나 14일 동안 이루 말할 수 없이 고생했습니다. 그때도 하나님은 천사를 보내서 "바울아 두려워하지 말라 네가 가이사 앞에 서야 하겠고 또 하나님께서 너와 함께 항해하는 자를 다 네게 주셨다 하였으니"(행 27:24)라고 바울을 안심시키며 위로하셨습니다. 주님은 사도 바울을 이방인을 비추는 빛으로 세우시고, 선교 여행 길에서 사도 바울이 가장 어려움을 겪을 때 세 번이나 나타나셔서 말씀으로 위로해 주시고 일으켜 주셨습니다. 하나님은 주의 자녀를 지켜 주실 뿐만 아니라, 주의 자녀와 함께 있는 다른 사람들도 지켜 주십니다.

✚   로마 전도

황제에게 재판을 받으러 로마로 오는 로마 시민권자들로 인해 로마 감옥은 죄수들을 수용할 감옥이 늘 모자랐습니다. 그래서 로마 황제의 친국 일정이 결정될 때까지 재정 능력이 있는 죄수들은 셋방을 얻었고, 로마 병정들이 죄수의 셋방으로 아침저녁 교대로 파견을 나와서 그 죄수를 지켰습니다. 바울도 셋방을 얻었습니다. 아침에 로마 병정이 바울의 셋방에 와서 바울의 손목과 자기 손목에 수갑을 채웠습니다. 그러고 나서 둘이 하루 종일 무엇을 했겠습니까? 바울은 로마 병정이 싫어하든지 말든지 복음을 전했습니다. 어쩔 수 없이 하루 종일 바울에게 말씀을 들은 로마 병정은 저녁에 갈 때쯤에는 은혜를 받아 울고 갔을 것입니다. 밤에 교대하러 온 로마 병정도 마찬가지였습니다. "이러므로 나의 매임이 그리스도 안에서 모든 시위대 안과 그 밖의 모든 사람에게 나타났으니 … 겁 없이 하나님의 말씀을 더욱 담대히 전하게 되었느니라"(빌 1:13-14).

바울은 유대인 중 높은 사람들을 자신의 셋방에 청하여 "아침부터 저녁까지 강론하여 하나님의 나라를 증언하고 모세의 율법과 선지자의 말을 가지고 예수에 대하여"(행 28:23) 권했습니다. 2년 동안 자신의 셋방에 온 사람을 다 영접하고 담대히 하나님 나라를 전파하며, 주 예수 그리스도의 복음을 가르쳤습니다. 성령이 충만한 사람은 바울처럼 어떤 어려움이 있어도 상황을 극복할 수 있는 능력을 덧입습니다. 다른 사람에게 기쁨을 나눠 줄 수 있습니다.

사도 바울은 로마에 머무르면서 감옥을 드나들며 말씀을 전하다가 마지막으로 감옥에서 잠깐 풀려난 다음 참수형을 당해 순교했다고 전해집니다. 사도 바울은 서바나까지 가서 말씀을 전하겠다는 소원을 이루지는 못했지만, 로마 교회가 결국 서바나에 말씀을 전합니다. 바울은 자신의 생애 동안 당시 땅 끝으로 인식되던 서바나 선교까지 마친 셈입니다.

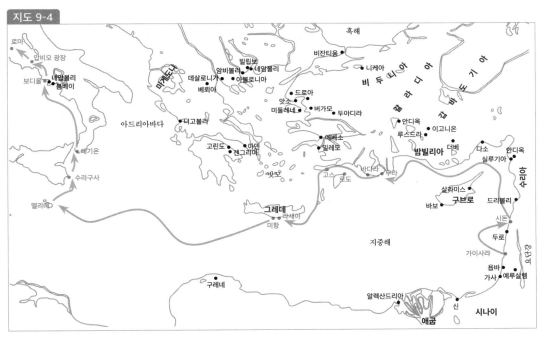

지도 9-4

사도 바울의 로마 전도여행 바울은 비록 죄인의 신분이었지만, 담대함과 복음에 대한 열심으로 로마 전도를 감당합니다. 당시 땅 끝으로 여기던 서바나 선교의 소망을 이루지 못하고 순교한 그를 대신해 로마 교회가 서바나에 말씀을 전하게 됩니다.

613

성령의 역할

우리는 사복음서에서 아버지 하나님이 아브라함에게 주신 언약과 다윗 언약을 성취하시려고 하늘에서 이 땅으로 아들 하나님 예수 그리스도를 보내셨으며, 그 예수 그리스도가 십자가에서 죽고 부활하심으로 우리가 구원 얻었음을 살펴보았습니다.

사도행전에서는 주님이 약속하신 대로 성령님을 보내셔서 재림하실 때까지 우리가 하나님 나라를 누리게 해 주신다는 것을 알 수 있었습니다. 또 창세전에 하늘나라에서 아버지 하나님과 아들 하나님이 성령님을 통해 이루신 영원한 사랑을, 성령님의 능력에 힘입어 성도들도 알게 되었습니다. 위로는 예수님과 옆으로는 이웃들과 그 사랑을 할 수 있음을 깨달았습니다. 그래서 주님은 "나라가 임하시오며(천국을 이 땅에서 누리게 해 주시고)", "뜻이 하늘에서 이루어진 것같이 땅에서도 이루어지이다(성도들이 하늘나라에서 완성된 사랑의 회로를 땅에서도 이룰 수 있도록 해 주옵소서)"라고 기도하라고 가르쳐 주신 것입니다.

성도들은 세례와 성찬식을 하며, 예수님이 십자가에서 죽고 부활하신 것에 동참하겠다고 약속한 사람들입니다. 또한 사도 바울의 사역을 이어받아 사도행전 29장을 써 나가는 사람들이기도 합니다. 성령님의 능력을 힘입어 그리스도와 함께 실제로 십자가에서 죽고 그리스도와 함께 부활의 영광에 동참하려고 성도들은 날마다 '나'를 부인하고, '나'를 희생하고, '내'가 손해 보는 자기 십자가를 지고 살아야 합니다. 주님이 다시 오시는 날까지 항상 깨어 땅 끝까지 복음을 전하는 사명을 감당해야 합니다. 성령님의 능력을 힘입어 예수님처럼 살다 간 사도 바울은 바로 성도의 역할 모델(role model)입니다.

성령님은 다음과 같은 역할을 하십니다.

첫째, 성령님은 우리의 죄를 깨닫게 하여 회개하게 하십니다.

"내가 떠나가지 아니하면 보혜사가 너희에게로 오시지 아니할 것이요 가면 내가 그를 너희에게로 보내리니 그가 와서 죄에 대하여, 의에 대하여, 심판에 대하여, 세상을 책망하시리라"(요 16:7-8). 말씀과 기도로 늘 내 안에 계신 보혜사 성령님을 느끼며 사는 성도들은 죄에 민감합니다. 날마다 주님 앞에 엎드려 겸손한 마음으로 자신이 부족하고 연약한 죄인임을 고백합니다. 그럴 때마다 성령님은 넘쳐 나는 생수의 강으로 정결하게 씻어 주십니다. 사람이 가만히 집 안에만 앉아 있어도 때가 끼는 것처럼, 예수님을 믿고 구원을 받은 성도들도 늘 크고 작은 죄를 짓고 살아갑니다. 그래서 날마다 주님 앞에 겸손한 마음으로 엎드려 성령님께 깨끗하게 씻음받아야 하는 것입니다. 성령님을 모르고 사는 사람들은 거짓말하고, 이간질하고, 술을 먹고, 음행하고, 온갖 죄를 짓고 살면서도 뻔뻔합니다. 예수님이 십자가에서 "다 이루었다"고 하셨으므로 "나는 아무 죄가 없다"고 합니다. 예수님이 제자들에게 주기도문을 가르쳐 주시면서, 기도할 때마다 "우리의 죄를 사하여 주시옵고"라고 기도하라고 하신 말씀을 잊어서는 안 됩니다.

둘째, 성령님은 우리에게 그리스도를 전해 주십니다.

"그러나 진리의 성령이 오시면 그가 너희를 모든 진리 가운데로 인도하시리니 그가 스스로 말하지 않고 오직 들은 것을 말하며 장래 일을 너희에게 알리시리라 그가 내 영광을 나타내리니 내 것을 가지고 너희에게 알리시겠음이니라"(요 16:13-14). "보혜사 곧 아버지께서 내 이름으로 보내실 성령 그가 너희에게 모든 것을 가르치고 내가 너희에게 말한 모든 것을 생각나게 하리라"(요 14:26). 성령님은 예수님을 증언하십니다. 성령님은 스스로 말씀하지 않으시고, 아버지께서 아들에 관하여 증언하라는 것만 말씀하십니다. 그래서 성령님을 받은 성도는 예수님을 증언하지 않고는 견딜 수 없습니다(행 1:8). 성령님이 역사하시면 주님의 말씀이 생각나고, 말씀의 뜻을 깨닫습니다. 성경 자체가 성령님의 감동으로 쓰였을 뿐 아니라, 성령님의 감동이 아니고는 그 뜻을 깨달을 수 없기 때문입니다. 이것이 성령님이 아니고는 예수님을 주라 시인할 수 없는 이유입니다.

셋째, 성령님은 주님과 내가 하나 되게(만나게) 하십니다.

"그는 진리의 영이라 세상은 능히 그를 받지 못하나니 이는 그를 보지도 못하고 알지도 못함이라 그러나 너희는 그를 아나니 그는 너희와 함께 거하심이요 또 너희 속에 계시겠음이라"(요 14:17). "나는 포도나무요 너희는 가지라 그가 내 안에, 내가 그 안에 거하면 사람이 열매를 많이 맺나니 나를 떠나서는 너희가 아무것도 할 수 없음이라"(요 15:5). 주님이 우리 안에 성령님으로 계시며 나를 껴안고 만나 주십니다. 창세전부터 나를 사랑하셔서 내 안에 찾아오시기 위해 오랫동안 일하신 삼위 하나님께 찬양과 존귀와 영광을 올려 드립시다.

◇ **바울 서신 13권**

신약 27권에서 사복음서와 사도행전 1권을 제외한 22권이 전부 서신서입니다.

서신서는 크게 바울이 쓴 바울 서신(13권)과, 다른 사도들과 나중에 예수님을 믿고 성령님의

감동을 받은 성도들이 쓴 일반 서신(9권)으로 나눌 수 있습니다. 신약의 역사서인 사복음서와

사도행전에서 "주 예수를 믿으라 그리하면 너와 네 집이 구원을 받으리라"라는 '칭의의 구원'을

말한다면, 22권이나 되는 서신서에서는 구원받은 성도가 예수님의 형상을 닮아 가는

(성화를 이루어 가는) 구체적인 방법을 말씀하고 있습니다.

✚ 바울이 보낸 13통의 편지

바울 서신(13권)은 사도 바울이 누구에게 편지를 보냈는지(수신자)에 따라 책 이름을 붙였습니다. 바울 서신 중 교회에게 보낸 것은 9권, 목회자에게 보낸 것은 4권입니다.

사도 바울은 1차 전도여행 때는 갈라디아 교회에, 2차 전도여행 때는 고린도 교회, 데살로니가 교회에 편지를 썼습니다. 또한 3차 전도여행 중에는 로마 교회에 협조 요청 편지를 쓰기도 했습니다.

그 후 로마 감옥에 있을 때 에베소 교회, 빌립보 교회, 골로새 교회와 빌레몬 집사에게 보냈습니다. 바울이 감옥에서 쓴 서신서를 옥중 서신이라고 부릅니다.

디모데전·후서, 디도서, 빌레몬서는 바울이 목회자에게 보낸 편지입니다. 빌레몬은

목회자라기보다는 집사입니다.

표 6 신약의 뼈대

역사서	서신서		
	바울 서신(13권)		일반 서신(9권)
마태복음, 마가복음 누가복음, 요한복음 사도행전	교회에게	로마서, 고린도전·후서 갈라디아서, 에베소서, 빌립보서, 골로새서, 데살로니가전·후서	히브리서, 야고보서 베드로전·후서 요한1, 2, 3서 유다서, 요한계시록
	목회자에게	디모데전·후서, 디도서, 빌레몬서	

✚ 로마서, 구원을 이루라

믿음으로 구원에 이른다

바울이 3차 전도여행을 마치면서 예루살렘으로 돌아가기 전에, 당시 땅 끝이라고 믿었던 서바나까지 복음을 전할 수 있도록 로마에 있는 교인들에게 협조 편지를 보냈습니다. 이것이 바울이 로마 교회에 로마서를 보낸 배경입니다.

로마서는 기독교의 '구원 교리'를 신학적으로 가장 잘 정리되어 있습니다. 바울은 로마 교회 성도들에게 '칭의의 구원'과 '성화의 구원'을 아주 분명하게 단계적으로 설명했습니다.

먼저 '칭의의 구원'은 믿음으로 구원을 얻는다는 것입니다. 이는 누군가가 전해 준 복음의 말씀을 내가 믿고 받아들여 하나님의 자녀가 되는 것을 뜻합니다. 사도 바울은 편지에서 유대인이건 이방인이건 모든 인류는 죄인이며 구원받아야 할 존재라고 규정하고(롬 3:9), 구원은 십자가에서 구원 사역을 완성한 예수 그리스도를 믿음으로 말미암아 얻어지는 것임을 분명히 합니다. "복음에는 하나님의 의가 나타나서 믿음으로 믿음에 이르게 하나니 기록된 바 오직 의인은 믿음으로 말미암아 살리라 함과 같으니라"(롬 1:17). "믿음으로 믿음에 이르게"라는 우리말 번역이 좀 이상하지만, NIV 영어 성경을 보면(For in the gospel a righteousness from God is revealed, a righteousness that is by faith from first to last, just as it is written: "The righteous will live by faith") 그 뜻이 분명합니다. 복음에는 하나님의 의가 나타나기 때문에 처음부터 끝까지 '믿음으로 말미암아 구원을 얻을 수 있다'라는 뜻입니다.

성화의 구원

그러나 칭의의 구원은 구원의 시작입니다. 로마서에서는 더 나아가 성도들이 죄와 율법과 죽음에서 어떻게 자유로워질 수 있는지를 설명합니다. 성도는 항상 깨어 말씀과 기도로 성령님의 임재를 체험해서 그리스도의 죽음과 부활에 연합해야 한다는 것입니다.

바울은 기도의 원리도 가르쳐 주고 있습니다. "사람이 마음으로 믿어 의에 이르고 입으로 시인하여 구원에 이르느니라"(롬 10:10). 이 말씀은 한 번 "예수님을 나의 주, 나의 하나님으로 고백합니다" 했다고 해서 끝나는 것이 아니라, 마음으로 믿고 난 다음에도 계속해서 말씀을 입으로 시인하고 고백해서(기도해서) 삶에서 구원을 끊임없이 체험해야 한다는 것입니다. "믿음으로 말미암아 구원을 받았으니"(엡 2:8)는 복음을 받아들인 행위뿐만 아니라, 날마다 말씀을 붙들고 기도로 주님께 나아가는 의지의 결단도 포함하고 있습니다.

사람은 영과 육으로 되어 있습니다. 사람의 육을 채우려면 음식물(육의 양식)이 필요하지만, 영을 채우려면 말씀(영의 양식)이 필요합니다. 하나님은 사람을 지으시되 영과 육에 모두 빈자리(공허)를 두셔서 무엇인가로 채우도록 만드셨습니다. 예수님이 씨 뿌리는 자의 비유를 들어 말씀하신 것처럼, 복음이 우리에게 들어오는 순간부터 사탄은 말씀의 씨앗이 자라는 것을 막기 때문에 우리는 의지적으로 '말씀과 기도'에 힘써야 합니다. 생명의 양식인 말씀을 매일 먹고 날마다 깨어 기도하지 않고는 좋은 열매를 맺을 수 없습니다. 말씀을 끊임없이 입으로 시인하는 기도로 우리 속을 영으로, 주님의 사랑으로 채워 나가야 합니다. 그래야 성화의 구원에 이른다는 것입니다(롬 10:10).

"내 지체 속에서 한 다른 법이 내 마음의 법과 싸워 내 지체 속에 있는 죄의 법으로 나를 사로잡는 것을 보는도다"(롬 7:23). 우리가 예수님을 믿고 구원받은 후에도 내 마음속에는 성령의 법과 죄의 법이 서로 싸웁니다. 하나님의 법에 따라 선한 일을 하려고 하지만, 죄의 법이 나를 죄로 끌어들입니다. 사도 바울처럼 거룩한 사람도 이렇게 고백했습니다. "오호라 나는 곤고한 사람이로다 이 사망의 몸에서 누가 나를 건져 내랴"(롬 7:24).

하지만 내 안에 계신 예수 그리스도로 말미암아 승리할 수 있습니다. "그러므로 이제 그리스도 예수 안에 있는 자에게는 결코 정죄함이 없나니 이는 그리스도 예수 안에 있는 생명의 성령의 법이 죄와 사망의 법에서 너를 해방하였음이라"(롬 8:1-2). 예수님 안에 있는 성령의 법이 우리를 사망 권세에서 건져 냅니다.

사도 바울은 예수님을 믿고 구원받은 성도들에게 이렇게 권면합니다. "너희가 육신대로 살면 반드시 죽을 것이로되 영으로써 몸의 행실을 죽이면 살리니"(롬 8:13). 예수님을 믿고 나서도 육신대로 살면 반드시 죽는다는 것입니다. 예수님을 믿는 사람은 반드시 성령의 법과 죄의 법 사이에서, 육이 하자는 대로 따라갈 것인지 성령님의 인도하심을 따라 움직일 것인지를 선택해야 한다는 것입니다.

하나님은 왜 사탄의 활동을 허락하셨을까요? 하나님은 어디까지나 하나님의 계획과 섭리 안에서 사탄의 활동을 허락하십니다(욥 1:12). 사탄은 우리에게 고통을 줍니다. 하지만 하나님은 성경에서 '고난은 축복의 시작이다'라고 말씀하십니다. 고통을 겪으면서 아버지의 사랑을 알 수 있기 때문입니다. 사탄은 우리가 보이는 것을 선택하도록 유혹하며, 보이지 않는 하나님의 사랑을 버리라고 합니다. 나의 잘못된 선택에 따라 고난이 오기도 하고, 주를 향해 부르짖을 때 성령님의 인도하심이라는 축복이 오기도 합니다. 주님의 사랑을 느끼는 사람이라야 육체의 유혹과 성령의 부르심 사이에서 올바른 선택을 할 수 있습니다.

"하나님을 사랑하는 자 곧 그의 뜻대로 부르심을 입은 자들에게는 모든 것이 합력하여 선을 이루느니라"(롬 8:28)고 주님은 말씀하시지만, 교회에 다니는 사람이 모두 이 말씀을 체험하는 것은 아닙니다. 주님의 사랑을 받고 느끼고 사는 사람에게는 무슨 일이 일어나도 결국 합력해서 선한 일을 이루게 됩니다. 주님의 사랑을 받으려면 그분의 말씀대로 살아야 합니다. "예수께서 대답하여 이르시되 사람이 나를 사랑하면 내 말을 지키리니 내 아버지께서 그를 사랑하실 것이요 우리가 그에게 가서 거처를 그와 함께하리라 나를 사랑하지 아니하는 자는 내 말을 지키지 아니하나니 너희가 듣는 말은 내 말이 아니요 나를 보내신 아버지의 말씀이니라"(요 14:23-24).

예수님을 믿고 교회에 다니며, 말씀과 기도로 성령님의 임재와 능력 속에 거해서 늘 성령의 법을 선택하면서 사는 것, 이것이 바로 성화의 과정이며 로마서가 말하는 구원론의 핵심입니다(저는 이 책에서 서신서를 조목조목 신학적으로 해석하려고 노력하지는 않았습니다. 다만 평신도로서 서신서 22권에서 일관되게 말하는 성경의 맥이 무엇인지, 각 서신서에서 전달하려는 중심 메시지가 무엇인가를 쉽게 설명하려고 노력했습니다).

✚   고린도전서, 삶의 문제를 분별하라

바울은 3차 전도여행을 하면서 에베소에서 사역할 때, 그를 방문한 사람들로부터 고린도 교회의 여러 문제들을 들었습니다. 고린도 교인들은 바울에게 편지를 보내, 그들이 당면한 여러 문제들을 어떻게 해결해야 하는지 사도 바울에게 조언을 구했습니다. 그래서 바울은 고린도전서를 썼습니다.

사도 바울은 고린도전서에서 예수님을 믿고 나서 발생하는 여러 가지 문제들을 예수님으로 말미암아 어떻게 이길 수 있는지 성도들에게 말합니다.

바울은 간음에 대해 말했습니다. "너희 몸은 너희가 하나님께로부터 받은 바 너희 가운데 계신 성령의 전인 줄을 알지 못하느냐 너희는 너희 자신의 것이 아니라"(고전 6:19). 성도의 몸은 성령님이 거하시는 하나님의 성전이니까 더럽히지 말라고 하십니다. 영은 거룩한 것이요 육은 냄새나고 더러우니까 몸을 혹사해야 영적 생활에 좋다고 생각하는 성도들이 있습니다. 하지만 이것은 잘못된 생각입니다. 사람의 몸은 예수님이 임재하시는 현장이요, 주님이 우리를 만나 주시는 만남의 광장입니다. 몸이 이렇게 귀하니까 우리 몸이 병들면 주님이 긍휼히 여겨 고쳐 주시는 것입니다. "몸은 음란을 위하지 있지 않고 오직 주를 위하며 있으며 주는 몸을 위하여 계시느니라"(고전 6:13).

초대교회인 고린도 교회에서는 성령님의 역사가 강력하게 나타났습니다. 방언, 예언, 귀신 쫓음, 병 고침 등을 행하는 은사자들끼리 서로 자신의 은사가 가장 중요하다고 다투었습니다. 바울은 이 소식을 듣고 은사론을 정리해 주었습니다.

바울은 여러 은사의 종류를 열거했습니다(고전 12-14장). 은사는 여러 가지지만 성령님 한 분에게서 오는 것이므로 다른 은사자를 자신보다 낮게 여기며 눈물과 겸손으로 섬기라고 권면했습니다. 바울은 서로 다른 은사자들이 모두 한 몸을 이루어 서로 존중하라고 합니다(고전 12:4-31). 은사는 부분적이요 일시적인 것이라서 주님이 다시 오시면 폐해지기 때문에 성령의 열매를 맺으라고 합니다. 열매는 저절로 맺어지지 않습니다. 말씀대로 순종하며 살아갈 때 열매가 열립니다. 이것이 성화의 과정입니다.

그 외에도 성도들끼리 소송하거나, 분쟁을 일으키거나, 시기하는 문제들을 말합니다. 교회 안에서 이런 불의를 행하면 하나님 나라를 유업으로 받지 못한다(고전 6:6-9)고 경고합니다. 이런 문제와 관련해서 에베소 교회에 보낸 편지에서 사도 바울은 이렇게 말합니다. "모든 겸손과 온유로 하고 오래 참음으로 사랑 가운데서 서로 용납하고 평안의 매는 줄로 성령이 하나 되게 하신 것을 힘써 지키라"(엡 4:2-3).

말씀을 머리로만 알고 입으로 시인하거나 고백하지 않으면 교회 안에 문제가 생깁니다. 성령님이 내 안에서 일하시도록 주님께 나를 내어 드리지 못했기 때문입니다. 말씀을 안다 해도 주님의 사랑을 체험하지 못한다면 믿지 않는 세상 사람들과 마찬가지로 서로 다투고 미워할 뿐입니다.

고린도전서에서 성화의 특징을 찾아볼 수 있습니다. "또 네가 뿌리는 것은 장래의 형체를 뿌리는 것이 아니요 다만 밀이나 다른 것의 알맹이뿐이로되"(고전 15:37). 우리가 복음을 전하는 것은 씨앗을 전하는 것입니다. 처음부터 천국의 열매나 사랑의 열매를 사람의 마음속에 넣어 줄 수 없습니다. 복음의 씨는 반드시 자라야 하며 하나님이 장래에 열매 맺게 하겠다고 하십니다(고전 15:38). 씨가 자라나 열매 맺을 때까지 성도는 끊임없이 말씀과 기도로 성령 충만한 삶을 살아야 합니다. 내 몸으로 성령의 열매인 사랑과 온유와 절제가 이웃에게 나타나도록 거룩하게 변해야 한다는 것입니다.

✚ 고린도후서, 거룩하기로 결단하라

"그런즉 사랑하는 자들아 이 약속을 가진 우리는 하나님을 두려워하는 가운데서 거룩함을 온전히 이루어 육과 영의 온갖 더러운 것에서 자신을 깨끗하게 하자"(고후 7:1). 하나님을 두려워하는 마음이 있는 사람은 온전하게 거룩함을 이루어서 영과 육의 온갖 더러운 것에서 깨끗함을 입습니다. 일단 전도를 받아 교회에 온 사람에게 "이제 예수님을 믿고 구원을 얻었으니 다 천국에 갑니다. 그러니 염려 마세요. 우리가 할 것은 아무것도 없습니다"라고 가르치면 오해를 줄 수 있습니다. 주님은 육의 행실을 버리고 의지적으로 결단하여, 말씀과 기도로 날마다 주님의 거룩함을 덧입어 주님께 받은 구원을 성취하라(성화되라)고 모든 서신서에서 말씀하십니다.

✚   갈라디아서, 성령의 소욕을 따르라

갈라디아서도 로마서와 함께 '구원의 교리'를 성도들에게 알려 줍니다. 바울이 1차 전도여행을 마치고 안디옥 교회에 돌아왔을 때 예루살렘 교회 성도들은 이방인도 율법에 따라 할례를 지켜야 한다고 했습니다. 이에 바울이 1차 전도여행 때 개척한 갈라디아 지역의 교회들에 편지를 보내어 구원은 믿음으로 말미암은 것임을 거듭 강조합니다. 그것이 갈아디아서입니다.

바울은 먼저 믿음으로 의롭게 된다는 칭의의 구원을 이야기합니다. "사람이 의롭게 되는 것은 율법의 행위로 말미암음이 아니요 오직 예수 그리스도를 믿음으로 말미암는 줄 알므로 우리도 그리스도 예수를 믿나니 이는 우리가 율법의 행위로써가 아니고 그리스도를 믿음으로써 의롭다 함을 얻으려 함이라 율법의 행위로써는 의롭다 함을 얻을 육체가 없느니라"(갈 2:16).

하지만 바울은 성화의 삶이 얼마나 중요한지를 더욱 강조합니다. "형제들아 너희가 자유를 위하여 부르심을 입었으나 그러나 그 자유로 육체의 기회를 삼지 말고 오직 사랑으로 서로 종노릇하라"(갈 5:13). 믿음으로 구원을 얻었으니 앞으로 무슨 죄를 짓든 나의 행위가 구원과 상관없다고 하면 큰일 납니다.

예수님을 믿음으로 말미암아 죄와 상처와 환경을 이겨 낼 수 있는 능력, 자유함의 능력을 성령님이 주셨습니다. 그런데 예수님을 믿고 나서 이 자유를 육체의 기회, 죄를 짓는 기회로 삼는 사람들이 있다는 것입니다. 주님은 오직 사랑으로 이웃에게 서로 종노릇하도록 자유를 주셨습니다.

내가 죄에 짓눌려 있거나 다른 사람에게 받은 상처에 갇혀 있으면 이웃을 돌아볼 여유가 없고, 그저 내 문제밖에 보이지 않습니다. 내 안의 죄와 상처에서 자유해져서 나보다 더 어려운 이웃을 돌아보라고 주님은 보혈의 피로 나를 자유하게 하셨습니다. '믿음'으로 말미암아 구원을 주신 것은, 성령의 열매를 맺어 자신의 몸으로 이웃에게 사랑을 나타내게 하기 위한 것입니다. "오직 성령의 열매는 사랑과 희락과 화평과 오래 참음과 자비와 양선과 충성과 온유와 절제니 이 같은 것을 금지할 법이 없느니라"(갈 5:22-23).

"육체의 소욕은 성령을 거스르고 성령은 육체를 거스르나니 이 둘이 서로 대적함으로 너희가 원하는 것을 하지 못하게 하려 함이니라"(갈 5:17). 육체의 소욕과 성령의 소욕은 서로 다투기 때문에 마음속에 하고자 하는 것을 몸이 못하게 한다고 했습니다. "사랑으로 서로 종노릇하라"는 말씀을 행동에 옮기려면, 늘 이 말씀을 묵상해야 합니다. 사랑이라는 열매를 맺기까지 항상 깨어 자신의 부족함을 고백하고 성령님의 도우심을 구해야 합니다. 날마다 주님 앞에 엎드리는 성화의 삶을 살아야 한다는 것입니다.

✚ 에베소서, 교회와 성도의 관계

교회는 지상에 있는 하늘나라이다 _ 엡 1-3장

에베소서 1장에서 3장까지는 교회론을 말하고 있습니다. "너희 마음의 눈을 밝히사 그의 부르심의 소망이 무엇이며 성도 안에서 그 기업의 영광의 풍성함이 무엇이며"(엡 1:18). 이스라엘 백성에게 주신 기업은 가나안 땅이며, 성도에게 주신 기업은 교회입니다. 성령 하나님이 마음의 눈을 밝혀 주실 때 교회가 하나님이 주시는 축복의 비밀 통로임을 알게 됩니다.

예수님이 십자가에서 죽으셨기 때문에 교회가 영광의 기업이 됩니다. "그의 능력이 그리스도 안에서 역사하사 죽은 자들 가운데서 다시 살리시고 하늘에서 자기의 오른편에 앉히사 모든 통치와 권세와 능력과 주권과 이 세상뿐 아니라 오는 세상에 일컫는 모든 이름 위에 뛰어나게 하시고 또 만물을 그의 발 아래 복종하게 하시고 그를 만물 위에 교회의 머리로 삼으셨느니라 교회는 그의 몸이니 만물 안에서 만물을 충만하게 하시는 이의 충만함이니라"(엡 1:20-23).

예수님은 모든 방법으로 성도들을 충만하게 채워 주십니다. 교회는 예수님으로 가득 찬 곳이기 때문에 모든 축복의 근원입니다. 교회를 떠나서는 축복을 받을 수 없습니다. "찬송하리로다 하나님 곧 우리 주 예수 그리스도의 아버지께서 그리스도 안에서 하늘에 속한 모든 신령한 복을 우리에게 주시되"(엡 1:3).

우리가 교회에서 예배를 드릴 때, 하나님은 목사님의 말씀으로 하늘의 모든 신령한 복을 채워 주십니다. 신령한 복이 형체화되어 물질, 건강, 행복 같은 눈에 보이는 축복으로 나타납니다. "네 영혼이 잘됨같이 네가 범사에 잘되고 강건하기를 내가 간구하노라"(요삼 1:2). 사도 요한의 권면은 바로 교회의 축복을 말하고 있습니다.

세상에서 아무리 성공한 사람이라도 세상 것으로는 도저히 해결할 수 없는 고통을 겪습니다. 예를 들면 가정이 깨진다든지, 건강을 잃는 것 때문에 힘들어합니다. 하지만 세상에서 실패해도 교회에서 하나님께 예배드리는 일에 성공하면, 하늘의 신령한 축복이 바탕이 되어 땅의 기름진 축복으로 반드시 나타나 인생에서 성공합니다. 교회만이 세상을 이길 수 있는 유일한 대안이며 소망입니다.

하나님의 전신갑주를 입으라 _ 엡 4-6장

에베소서 4-6장은 성도의 삶, 성화의 과정을 이야기합니다. 미국에서 중국으로 파송된 어떤 선교사는 에베소서 4-6장을 '좌행참'(坐行站)이라고 정의했습니다. '좌'는 어디를 가든지 예수님과 함께 앉고, '행'은 어디에 가든지 주님과 같이 행하고, '참'은 불의를 대적하라(Stand up against)는 것입니다.

"모든 겸손과 온유로 하고 오래 참음으로 사랑 가운데서 서로 용납하고 평안의 매는 줄로 성령이 하나 되게 하신 것을 힘써 지키라"(엡 4:2-3). 성도는 절대로 서로 대립하거나 다른 사람들 사이를 갈라놓아서는 안 되며, 어떤 일이 있어도 평안의 매는 줄로 서로 하나 되어야 합니다. 이것이 성도의 삶입니다.

에베소서에서 성도의 삶의 자세를 한마디로 함축해서 나타내는 말씀이 "하나님의 전신갑주를 입는 것"입니다. "그런즉 서서 진리로 너희 허리띠를 띠고 의의 호심경을 붙이고 평안의 복음이 준비한 것으로 신을 신고 모든 것 위에 믿음의 방패를 가지고 이로써 능히 악한 자의 모든 불화살을 소멸하고 구원의 투구와 성령의 검 곧 하나님의 말씀을 가지라"(엡 6:14-17). 날마다 삶 속에서 사탄의 간계를 이기기 위해서 하나님의 전신갑주를 입으라고 합니다.

사람의 힘은 허리에서 나옵니다. 하나님의 진리로 허리를 동여매서 사탄과 싸울 준비를 갖춥니다. 이웃을 긍휼히 여기고 사랑하는 호심경으로 무장합니다. 복음의 신을 신고 전도할 준비를 갖춥니다. 어떤 시험도 막아 낼 수 있는 믿음의 방패를 듭니다. 세상이 주는 어떠한 사악한 생각에서도 머리를 지켜 낼 수 있는 구원의 투구를 씁니다. 성령의 검인 말씀으로 공격합니다.

결국 사탄의 간계를 이겨 내려면 말씀과 기도로 무장해야 합니다. 의의 호심경과 믿음의 방패는 기도에서 나오는 능력이며, 나머지는 모두 하나님의 말씀을 뜻하기 때문입니다.

그런데 왜 많은 성도들이 기도하기를 힘들어 할까요? 에베소서에서는 기도의 방법을 가르쳐 주고 있습니다. "모든 기도와 간구를 하되 항상 성령 안에서 기도하고"(엡 6:18a). 무슨 기도를 하든지 항상, 언제든지 성령님 안에서, 성령의 인도하심을 따라 기도하라고 합니다. 그러니까 방언으로 기도하라는 것입니다.

하나님은 방언의 은사를 구하는 자에게는 누구에게나 주겠다고 하셨습니다. 바울은 막연히 기다리지 말고 이를 위해 깨어 구하기를 힘쓰라고 권면합니다(엡 6:18b). 예수님은 간청하는 자에게는 성령을 선물로 주겠다고 약속하셨습니다. 이를 위해서 항상 깨어 주님께 간구해야 합니다(눅 11:5-13).

✚ 빌립보서, 항상 기뻐하라

빌립보서의 주제는 "기뻐하라"입니다. 바울은 로마의 캄캄한 지하 감옥에서 쇠사슬에 매여 있으면서도 감옥 밖에 있는 성도들에게 "기뻐하라"고 권면합니다. 사도 바울은 로마에 가기 전 이스라엘 가이사랴에 있는 지하 감옥에서 2년 동안 있었습니다. 그때 총독 벨릭스와 헤롯 왕, 아그립바에게 이렇게 말했습니다. "말이 적으나 많으나 당신뿐만 아니라 오늘 내 말을 듣는 모든 사람도 다 이렇게 결박된 것 외에는 나와 같이 되기를 하나님께 원하나이다"(행 26:29).

사도 바울은 빌립보서에서 이렇게 말합니다. "기뻐하라! 나는 지금 아무것도 가진 것이 없고 이렇게 결박되어 있지만 내 안에 충만한 성령님으로 말미암아 기뻐한다! 이 기쁨으로 살다가 가는 곳이 천국이다"(빌 4:4 참조). 스데반이 돌에 맞아 죽어 가는 육체의 고통을 겪으면서도 보좌 옆에 앉은 주님을 바라보고 충만한 기쁨으로 순교했듯이, 우리는 이 땅에서 기쁨과 평강으로 살다가 천국에 갈 것입니다.

하지만 빌립보서는 이 땅에서 성화의 삶을 살지 않으면 기쁠 수가 없다고 합니다. 주님은 하나님 아버지와 같은 분이시지만, 오히려 자신을 비우고 십자가를 지고 죽기까지 복종하면서 십자가의 상급을 기뻐하셨습니다. "너희 안에 이 마음을 품으라 곧 그리스도 예수의 마음이니 그는 근본 하나님의 본체시나 하나님과 동등됨을 취할 것으로 여기지 아니하시고 오히려 자기를 비워 종의 형체를 가지사 사람들과 같이 되셨고 사람의 모양으로 나타나사 자기를 낮추시고 죽기까지 복종하셨으니 곧 십자가에 죽으심이라"(빌 2:5-8).

늘 '나'를 주장하는 사람은 자신이 모든 것을 누려야 하는데, 현실은 그렇지 않으니까 평강과 기쁨을 누리지 못합니다. 내게 능력 주시는 자 안에서 내가 모든 것을 할 수 있다는 사실을 깨달으면, 내가 형편없는 존재여서 남들에게 무시당하고 거절당할 때도 배고프고 궁핍할 때도 기뻐하고 만족할 수 있습니다. "나는 비천에 처할 줄도 알고 풍부에 처할 줄도 알아 모든 일 곧 배부름과 배고픔과 풍부와 궁핍에도 처할 줄 아는 일체의 비결을 배웠노라 내게 능력 주시는 자 안에서 내가 모든 것을 할 수 있느니라"(빌 4:12-13). 모든 것을 할 수 있다는 것은 '낮아지는 능력', '십자가를 질 수 있는 능력'입니다.

이 능력이 성령 충만한 자의 능력입니다. 성령님이 주시는 이 능력을 간구하십시오. 사도 바울은 이 능력을 위해 항상 기도하고 말씀 가운데 깨어 있으라고 계속해서 우리에게 권면하고 있습니다.

✚ 골로새서, 예수님은 누구인가

골로새 교회는 사도 바울이 개척한 교회는 아닙니다. 하지만 사도 바울은 골로새 교회에 이단이 침입했다는 소식을 듣고 로마 감옥에서 골로새 교회 성도들에게 급하게 편지를 썼습니다.

이단을 구별하는 방법은 간단합니다. 몰몬교가 영어로는 놀랍게도 'Church of Christ'(그리스도의 교회)입니다. 그런데 몰몬교는 삼위일체론을 부인합니다. 겉으로는 예수님을 말하고 있지만 교리를 따라가 보면 몰몬교의 창시자가 예수님의 자리를 차지하고 있습니다. 하나님의 자리를 차지하려던 교만한 천사, 사탄이 하는 짓과 같습니다. 조금만 들여다보면 이단은 금방 표가 납니다.

그래서 골로새서의 주제는 '예수님은 누구인가?'입니다. "그는 보이지 아니하는 하나님의 형상이시요 모든 피조물보다 먼저 나신 이시니"(골 1:15). 예수님은 영으로 계셔서 보이지 않는 하나님의 형상을 이 세상에 나타내신 분입니다. 하나님의 보이지 않는 사랑을 겉으로 드러내신 분입니다. "만물이 그에게서 창조되되 하늘과 땅에서 보이는 것들과 보이지 않는 것들과 혹은 왕권들이나 주권들이나 통치자들이나 권세들이나 만물이 다 그로 말미암고 그를 위하여 창조되었고"(골 1:16). 이 말씀은 예수님이 곧 창조주요 "모든 것이 다 그를 위해 지어졌다"는 뜻입니다. 골로새서는 예수 그리스도가 보이지 않는 하나님의 사랑을 나타내신 창조주 하나님이시며, 만유를 다스리고 주관하시는 하나님(삼위일체 하나님)이라는 사실을 증언하고 있습니다.

전 세계에 도전을 주고 있는 릭 워렌 목사님이 지은《목적이 이끄는 삶》도 모든 인류는 예수님에 의해서 아버지 하나님의 목적을 이루어 드리기 위해 지음 받은 존재라는 골로새서 1장 말씀을 바탕으로 쓰였습니다.

✚ 데살로니가전·후서, 다시 오실 주님을 바르게 소망하라

바울과 실라가 데살로니가에서 3주 동안 체류하면서 복음을 전했을 때, 유대인들이 큰 소란을 일으켰습니다. 바울이 로마 황제 외에 다른 왕을 전했다는 것입니다. 이에 비추어 볼 때, 바울은 복음을 설명할 충분한 시간을 갖지 못한 채 영광 가운데 다시 오실 왕(재림)을 강조했던 것 같습니다.

그런 점에서 데살로니가 교회는 새 신자들이 겪는 문제점들을 다룹니다. 예수님을 믿고서 어떻게 살아야 하는지 몰라서 새 신자들은 곧잘 이렇게 말합니다. "왜 이렇게 힘듭니까? 예수님을 믿으면 좋은 일만 일어나는 줄 알았는데 너무 힘듭니다!"

디모데에게서 데살로니가 교회의 소식들을 들은 사도 바울은 2차 전도여행 중에 데살로니가 교회에 편지를 보냈습니다. 주님이 다시 오실 날이 임박했으므로 거룩함과 존귀함으로 가정을 아끼고, 이웃 사랑을 실천하도록 권면합니다(살전 4:1-12). "항상 기뻐하라 쉬지 말고 기도하라 범사에 감사하라"(살전 5:16-18). 사도 바울은 이것이 성도의 삶이라고 권면했습니다.

가게가 망해도, 직장에서 명퇴를 당해도, 암에 걸렸다는 진단을 받아도 진정으로 "주님이 제게 행하신 일은 완전하십니다. 신실하신 하나님, 실수가 없으신 하나님, 정말 감사합니다" 하고 고백할 수 있습니까? 출세를 못하고 앞길이 꽉 막혔을 때에도 무릎 꿇고 감사할 수 있습니까? 성도들은 이럴 때도 진정으로 감사하고 기뻐할 수 있어야 합니다. 이 모든 일은 주님 보시기에 흠 없고 거룩한 존재로 나를 변화시키고 연단하시는 가장 선한 길이기 때문입니다.

데살로니가 교회 성도들은 예수님의 재림에 많은 관심을 보였습니다. 예수님은 제자들에게 말씀하셨습니다. "그러나 그날과 그때는 아무도 모르나니 하늘의 천사들도, 아들도 모르고 오직 아버지만 아시느니라"(마 24:36). 데살로니가전서에서 사도 바울도 "주의 날이 밤에 도둑같이 이를 줄을 너희 자신이 자세히 알기 때문이라"(살전 5:2)며 쐐기를 박았습니다. 우리는 항상 깨어서 기도해야 합니다. 주님 오실 날이 언제인지 모르기 때문입니다. 우리는 말씀을 붙들고 항상 기도해야 합니다. 하나님의 자녀라는 소망을 따라 거룩한 존재로 변화되어야 합니다. 주님이 언제 오시더라도 반갑게 맞이할 수 있도록 준비해야 합니다. "그러므로 깨어 있으라"(마 24:42). 예수님은 어떻게 깨어 있어야 하는지 감람 산 강화(마 24-25장)에서 자세히 말씀하셨습니다.

당시 데살로니가 교회 사람들은 예수님이 재림하시니까 열심히 일할 필요가 없다고 생각했습니다. 사도 바울은 적그리스도와 거짓 교사를 경계하라고 권면하면서 이렇게 덧붙였습니다. "우리가 너희와 함께 있을 때에도 너희에게 명하기를 누구든지 일하기 싫어하거든 먹지도 말게 하라 하였더니"(살후 3:10). 예수님이 재림하신다는 핑계로 일을 그만두고 산속에서 할렐루야만 하고 있지 말라는 말입니다. 사도 바울의 삶을 보십시오. 그는 낮에는 열심히 천막 만드는 일을 하고 남들이 낮잠 자는 시간과 저녁에는 말씀을 전했습니다. "그러므로 너희는 가서 모든 민족을 제자로 삼아"(마 28:19). 주님의 지상 명령은 세상 속으로 들어가서(go into) 말씀을 가르쳐 행하게 하는 것입니다.

✚ 디모데전서, 믿음의 선한 싸움을 싸우라

디모데와 함께 에베소를 떠나 마게도냐로 향하려던 바울은 거짓 교사들 때문에 에베소 교회가 예수님의 사랑이 아닌 허탄한 신화와 무의미한 율법 논쟁에 빠진 것을 알았습니다. 바울은 디모데에게 에베소에 남아 에베소 교회를 바로 세우게 했습니다. 에베소 교회는 바울이 두란노서원을 열었던 곳에 세운 아주 큰 교회였습니다.

바울이 에베소 교회 목회자 디모데에게 보낸 편지가 바로 디모데전서입니다. 이 편지에서 바울은 집사의 자격과 감독자의 자격 등 목회자가 갖추어야 할 자격을 말했습니다. 바울은 목회자가 오직 예수 그리스도의 말씀과 경건의 교훈을 따르지 아니하면(딤전 6:3) 마음이 부패해지고 진리를 잃어버려 불필요한 다툼이 일어난다고 이야기했습니다. 돈의 유혹을 피하고(딤전 6:10) 의와 경건과 믿음과 사랑과 인내와 온유를 따르며 믿음의 선한 싸움을 싸워 영생을 취하라고 권면합니다. 이 말씀은 목회자뿐만 아니라 평신도들도 읽어야 할 말씀입니다. 끊임없이 주님을 닮아 거룩하게 변화하기로 결단한 성도라면 늘 읽어야 합니다.

✚ 디모데후서, 고난을 겪으면서도 끝까지 전하라

바울은 로마 감옥에서 잠시 풀려나서 빌립보 교회와 고린도 교회를 돌아보고 드로아를 거쳐 디모데가 사역하는 에베소 교회로 향합니다. 그 길에서 바울은 다시 체포되어 로마 감옥에 수감되었습니다. 1차 재판에서 바울은 사형을 예감했고(딤후 4:6), 죽음을 앞둔 시점에서 믿음의 아들인 디모데에게 보낸 편지입니다. 바울은 이 편지에서 자신을 만나러 로마 감옥으로 와 달라고 디모데에게 부탁합니다. 그리고 자신이 죽더라도 복음과 함께 고난을 받겠다는 각오로 복음 전파의 사명을 끝까지 감당할 것을 권면합니다.

"너는 말씀을 전파하라 때를 얻든지 못 얻든지 항상 힘쓰라 범사에 오래 참음과 가르침으로 경책하며 경계하며 권하라"(딤후 4:2). 모든 일에 근신하고 고난을 겪더라도 끝까지 그리스도 예수의 좋은 군사로서 사명을 다하라고 당부합니다.

✚ 디도서, 리더에게

바울은 디모데를 에베소에 남겨 두고 에베소 교회를 섬기게 한 것처럼, 디도를 그레데 섬에 남겨 두어 그곳 교회의 문제를 처리하게 했습니다. 그때 바울이 디도에게 보낸 편지가 디도서입니다.

　바울은 디도서에서 교회의 지도자에게 지침을 주고, 거짓 가르침을 경계하고, 성도들이 거룩하고 선한 행실로 성화되어야 함을 강조합니다. 또한 목회자와 성도의 관계는 어떠해야 하는지 가르칩니다. 디도 교회는 이방인들이 사는 섬에 세워졌기 때문에 이방인과 그리스도인이 구별되어 살아야 함을 강조하려는 것입니다.

✚ 빌레몬서, 예수 사랑으로 사회를 변화시켜라

사도 바울이 감옥에 갇혔을 때 빌레몬 집사의 종 오네시모도 들어왔습니다. 사도 바울은 오네시모에게 말씀을 전했고, 오네시모는 그리스도인이 되었습니다. 사도 바울은 오네시모를 원래 주인인 빌레몬 집사에게 돌려보내면서, 빌레몬 집사에게 편지를 씁니다. 그것이 빌레몬서입니다. 바울은 빌레몬에게 오네시모는 그리스도 안에서 새사람이 되었으므로 오네시모를 형제요 바울의 동역자로 대접하라고 합니다.

　바울이 빌레몬서를 쓸 당시 로마는 노예 제도가 보편화되어 있었습니다. 하지만 바울은 모든 사람을 하나님의 자녀로 예정된 귀한 존재로 보았습니다. "서로 사랑하라" 하신 주님의 명령대로 제도에 얽매이지 않고, 사회를 예수님의 사랑으로 변화시키라는 권면의 편지입니다.

왜 서신서가 필요한가?

신약 성경은 마태, 마가, 누가, 요한복음이라는 네 권의 복음서와 사도행전으로 끝나지 않고, 서신서 22권이 덧붙어 있습니다. 사도 바울은 초대교회와 목회자들에게 서신서를 썼습니다. 이처럼 서신서는 불신자를 전도하기 위해서가 아니라 예수님을 믿는 성도들을 위해서 쓰였습니다. 사복음서가 예수님이 그리스도요 구원을 받는 유일한 길임을 제시하는 반면, 서신서는 예수님을 믿고 구원받은 성도가 어떻게 믿음 생활을 해야 하는지를 가르칩니다. 예수님을 믿고 구원을 받았다면, 이제는 세상과 구별되어 거룩하게 살아야 하기 때문입니다.

만약 우리가 예수님을 믿고 죽어서 천국에 가는 것만이 신앙생활의 전부라면 서신서는 필요가 없습니다. 이미 천국에 갈 수 있다고 예약되어 있다면, 어떻게 살든 무슨 상관이 있습니까?

많은 사람들이 예수님을 믿으면 무조건 축복이 온다고 생각하는데, 이런 생각은 구약의 신명기(신 11:26-28)에서 비롯되었습니다. 그러나 서신서를 읽다 보면 예수님을 잘 믿는다고 해서 반드시 좋은 일만 생기는 게 아님을 깨닫습니다. 예수님을 잘 믿어도 때로는 견디기 어려운 고난이 닥치지만, 예수님으로 말미암아 천국을 누리면서 살아갈 수 있습니다. 그 방법을 서신서는 말해 줍니다. 직장에서 억울하게 명퇴를 당해도, 죽을병에 걸렸더라도, 부도가 나서 당장 있을 집이 없어도 예수님을 찬양할 수 있는 믿음(합 3:17-18)이 바로 서신서가 들려주는 복음입니다.

은사를 받은 성도의 축복

하나님이 성도에게 은사를 주신 이유가 있습니다. 인간관계의 법칙 때문입니다. 인간 관계의 법칙은 주고받는 것입니다.

아이들은 왜 공부합니까? 주고받기 위해서입니다. 예를 들어서 법을 열심히 공부해서 법률 서비스를 남에게 제공하고, 나도 어떤 서비스를 남에게 받기 위해서입니다. "남에게 대접을 받고자 하거든 먼저 대접하라." 이것이 바로 인생의 법칙입니다. 하나 주면 하나 받는 것이 세상 원칙입니다. 이 세상에 절대 공짜가 없습니다.

그런데 주님은 "네 이웃을 네 자신과 같이 사랑하라" 하시며 이웃에게 나누어 주라고 명령하십니다. 하지만 이 세상에서는 하나님 말씀대로 살았다가는 손해만 봅니다. 그래서 주님은 우리에게 은사(선물)를 주셨습니다. 은사는 이웃에게 필요한 것을 나눠 줄 수 있는 능력입니다. 성경에서 말하고 있는 21가지 은사는 모두 이웃에게 나눠 주기 위해 필요합니다.

내가 남에게 주면 줄수록 내게 퍼부어 주시는 선물이 은사입니다. 말씀의 은사를 받은 저는 사람들에게 말씀을 전하면 전할수록 제 안에 말씀이 더 깊어집니다. 더 풍성해집니다. 주님이 채워 주시기 때문입니다. 베드로와 요한이 성령을 받은 후, 성전 앞 미문에 앉아 있는 걷지 못하게 된 자를 보고 불쌍한 마음이 들었습니다. 그에게 무엇인가 주고 싶었으나 가진 것이 없었습니다. 그때 베드로와 요한이 "은과 금은 내게 없으나 내게 있는 이것을 네게 주노니, 나사렛 예수의 이름으로 일어나 걸으라" 하자 기적이 일어났습니다. 이 은사가 금이나 은과 바꿀 수 있는 것입니까? 병이 나은 사람도 기쁘지만, 그 병을 낫도록 은사를 사용한 사람도 기쁜 것입니다. 내가 주님께 받은 은사를 나누어 줄 때 더 큰 기쁨이 내 안을 채웁니다. 이 때문에 세상의 금과 은은 없어도 성도들은 예수님 안에서 부요한 사람들입니다.

세상 사람들은 열심히 뛰어다니지만, 자신의 힘으로 얻은 것밖에는 다른 사람에게 줄 수 있는 게 없습니다. 얼마나 불쌍합니까? 하지만 하늘의 신령한 축복을 받은 사람들은 하늘의 것으로 얼마든지 차고 넘치게 남에게 줄 수 있습니다. 그뿐만 아니라 주는 기쁨으로 자신을 충만하게 채울 수 있습니다. 성경에는 은사를 받아 나누어 주는 이들의 이야기로 가득 채워져 있습니다.

◇ **일반 서신 9권**

사도들과 예수님의 형제 두 명이 성도들에게 보낸 편지를 바울 서신과 구분하여 일반 서신이라고

부릅니다. 일반 서신도 바울 서신과 함께 구원받은 성도들이 어떻게 살아야 하는지(성화의 삶)를

가르쳐 주고 있습니다. 이제 성경 66권의 긴 여정이 끝납니다. 맥이 잡히는 것 같습니까?

앞으로 말씀을 묵상하고 기도함으로 속사람이 변해서 거룩하게 살아야겠다고 결정하셨다면,

성경의 맥을 제대로 잡으셨습니다.

✚   사도들의 편지 9권

일반 서신은 모두 아홉 권입니다. 일반 서신은 편지를 쓴 사람의 이름을 붙였습니다.
예수님의 친동생이었던 야고보는 야고보서를 썼고, 역시 예수님의 친동생이었던 유
다는 유다서를 기록했으며, 베드로는 베드로전·후서를 썼고, 사도 요한은 요한1서·2
서·3서와 성경의 결론인 계시록을 기록했습니다. 다만 히브리서는 글쓴이가 누구인
지 정확하지 않아서 일반 서신으로 분류합니다.

✚ 히브리서, 믿었으면 행동하라

히브리서는 구약의 레위기를 예수님의 관점에서 기록한 책입니다. 성경에서 예수님을 대제사장이라고 표현한 곳은 히브리서밖에 없습니다. 히브리서는 옛 언약과 새 언약의 관계를 성도들에게 알려 주어서, 구약 시대와 같은 방식으로 오늘날 교회에서 예배드리지 않는 이유를 신학적으로 설명하고 있습니다. 구약 시대에는 짐승의 피로 제사를 드렸지만, 주님은 우리를 구원하시려는 하나님 아버지의 뜻에 따라 십자가에서 우리의 죄를 단번에, 영원히 속죄하셨습니다. "염소와 송아지의 피로 하지 아니하고 오직 자기의 피로 영원한 속죄를 이루사 단번에 성소에 들어가셨느니라"(히 9:12). 예수님의 십자가 후로 오직 예수님의 보혈을 지나서만 아버지께 갈 수 있습니다.

히브리서에서는 선지자, 천사, 모세, 아론 같은 구약 성경에 등장하는 어떤 존재의 사역보다도 예수님의 대속 사역의 우월함을 강조합니다. 또한 예수님이 드린 희생 제사는 구약의 어떤 희생 제사보다 뛰어나므로(히 8:1-10:18), 신약 시대의 성도들은 구약 시대보다 더 거룩하고 경건하게 살아야 하며(히 10:19-13:25), 성화되어야 한다(히 11장)고 강조합니다. 보통 사람들은 히브리서 11장을 '믿음장'이라고 하는데 사실은 '행동장'이라고 할 수 있습니다. 히브리서 11장에 따르면, 믿음은 반드시 행동으로 나타납니다. 믿음이 있는 아벨은 하나님 뜻에 합당한 제사를 드렸습니다. 또한 아브라함은 믿음으로 하나님 뜻에 순종하며 갈대아 우르를 떠났습니다. 믿음이 있는 사람은 하나님의 말씀에 순종해서 나아갑니다.

✚ 야고보서, 삶으로 열매를 맺으라

신약의 잠언이라고 불리는 야고보서는 예수님의 윤리적 가르침을 많이 반영하고 있는데, 특히 삶으로 드러나는 신앙을 강조합니다. 바울이 행함으로 구원을 받으려는 율법주의자와 싸웠다면, 야고보는 믿음으로 구원을 받고 나면 어떻게 살든 천국에 간다는 무법주의자와 싸웠던 것입니다. 당시 유다 아그립바 왕의 박해로 그리스도인이 정치적으로 재정적으로 극심하게 고통을 받자, 성도들은 '믿음으로 말미암은 구원'을 믿음의 행동을 하지 않아도 된다는 구실로 삼았습니다.

그래서 사도 야고보는 야고보서에서 형제가 헐벗고 양식이 없는데 "평안히 가라, 배부르게 하라"고 말하고 실제로 도와주지 않으면 행함이 없는 믿음이요 죽은 믿음이라고 경고했습니다(약 2:14-17). 야고보 사도는 "너희는 말씀을 행하는 자가 되고 듣기만 하여 자신을 속이는 자가 되지 말라"(약 1:22)고 권면합니다. 성도의 믿음이 참 믿음인지 거짓 믿음인지는 행함이 있는지 없는지에 달려 있다고 합니다. 행함이 없는 믿음은 죽은 믿음입니다. 믿는 자는 반드시 행동합니다. 하지만 그 나타난 행동 때문에 구원받는 것이 아니라 행함이 있게 한 믿음 때문에 구원받는 것임을 잊어서는 안 됩니다. 야고보는 믿음을 행동으로 나타내려면 혀를 다스리라고 합니다. "혀는 능히 길들일 사람이 없나니 쉬지 아니하는 악이요 … 한 입에서 찬송과 저주가 나오는도다 내 형제들아 이것이 마땅하지 아니하니라"(약 3:8-10). 또한, 세상과 벗이 되고자 하는 자는 하나님의 원수가 됨을 지적합니다. 부자는 가난한 이웃에게 가진 것을 나누어 주고, 서로를 위하여 중보기도를 하라고 권면합니다(약 5장).

✚   베드로전·후서, 박해를 받지만 소망을 가지라

베드로는 네로 황제에 버금가는 악독한 도미티아누스 황제에게 박해를 받는 성도들에게 위로와 소망을 주기 위해 베드로전·후서를 기록했습니다.

당시 그리스도인들은 카타콤이라는 지하 공동묘지에 숨어서 믿음을 지키고 있었습니다. 이들에게 베드로는 말합니다. "너희는 택하신 족속이요 왕 같은 제사장들이요 거룩한 나라요 그의 소유가 된 백성이니 이는 너희를 어두운 데서 불러내어 그의 기이한 빛에 들어가게 하신 이의 아름다운 덕을 선포하게 하려 하심이라"(벧전 2:9). 이 말씀은 무덤 속에서 죽은 듯이 지내며 박해를 이겨야 하는 그리스도인들에게 크나큰 위로와 소망을 주었습니다.

또한 이 말씀은 오늘날 성도들에게도 아주 필요한 말씀입니다. 예수님을 영접하고 나서 그동안 함께 세상 낙을 누렸던 친구들과 이웃들에게 박해를 받으면 이전 생활로 돌아가고 싶은 유혹을 느낄 때가 있습니다. 이 말씀을 붙잡으면 이런 유혹을 이길 수 있습니다.

"너희가 거듭난 것은 썩어질 씨로 된 것이 아니요 썩지 아니할 씨로 된 것이니 살아 있고 항상 있는 하나님의 말씀으로 되었느니라"(벧전 1:23). 지금 고통을 겪고 있더라도 핍박을 이기면 그리스도의 영광에 동참하게 될 것임을 강조합니다. 그렇기 때문에 성도는 끊임없이 우리를 구속하신 주님의 영광을 전하고 간증해야 합니다. 베드로는 고난을 오히려 기뻐하고 즐거워하라고 권면합니다.

특히 베드로는 12제자들 중에서 유일하게 가정을 꾸렸습니다. 그래서 베드로는 남편과 아내가 서로 사랑하며 섬기는 삶이 얼마나 중요한지를 강조합니다. 부부 사이가 나쁘면 기도 응답이 막힐 수도 있다고 경고합니다(벧전 3:1-7). 만약 목회자가 가정에 문제가 생기면 교회 전체의 기도 응답에 문제가 발생할 수도 있음을 깨닫게 합니다. 베드로는 고난이 주는 영적 축복(벧전 4장)과 참된 목회자의 자세(벧전 5장)를 가르치며 목회자와 성도들이 서로 겸손으로 허리를 동여매라고 합니다. 또한 마귀를 대적하여 근신하고 깨어 있으라고 권면합니다.

특히 베드로후서는 로마 정부의 조직적인 핍박으로 고난을 당하고 있는 성도들에게 예수님의 재림을 이야기합니다. 예수님의 재림이라는 분명한 소망을 품고 거룩하게 살라고 합니다. 성도는 경건 생활에 진보가 있어야 합니다. "그의 신기한 능력으로 생명과 경건에 속한 모든 것을 우리에게 주셨으니 이는 자기의 영광과 덕으로써 우리를 부르신 이를 앎으로 말미암음이라"(벧후 1:3). 베드로후서는 말세에 성도들이 박해와 고난을 당하겠지만, 예수님이 재림하신다는 소망으로 고난을 이길 것을 권면하는 편지입니다.

✚ 요한 1·2·3서, 하나님을 사랑한다면 형제를 사랑하라

12제자 중 예수님을 가장 사랑했던 제자가 베드로라는 데는 이견이 없을 것입니다. 베드로는 주님을 사랑한다는 말을 제일 많이 했고, 예수님은 부활하신 뒤 친히 베드로의 사랑을 확인하셨습니다. 반면 12제자 중 예수님의 사랑을 제일 많이 받은 사람은 자신이라고 자랑하고 다닌 제자는 사도 요한입니다. 그래서 요한 1, 2, 3서는 '사랑

장'이라고 합니다.

물론 사도 요한이 요한 1, 2, 3서를 쓴 신학적 배경은 당시 영지주의 이단을 대적하기 위해서입니다. "하나님은 사랑이시라"(요일 4:16)는 말 한마디로, 보이지 않는 하나님의 속성을 가장 정확하고 간결하게 표현했습니다. 이 말씀이 이단을 대적할 수 있는 강력한 무기입니다. 이단은 논리적이고 이론에 강해서 말은 그럴 듯하지만, 안을 들여다보면 하나님의 사랑을 찾기가 어렵습니다. 예수님 자리에 다른 사람(교주)이 들어앉아 있기 때문입니다.

요한 1서에서는 진짜와 가짜 성도를 구분하는 세 가지 기준을 제시합니다. 첫째는 주님이 십자가에서 죽으시고 부활하심으로 우리 죄를 사해 주셨다는 것을 믿는가, 둘째는 형제를 사랑하는가, 셋째는 상습적으로 죄를 짓지 않고 경건하게 살아가는가입니다. 사도 요한은 요한 1서에서 주님의 말씀을 지키는 것이 주님 안에 거하는 삶이라고 거듭 강조합니다. 주님을 사랑하고, 그 사랑으로 이웃을 사랑하라는 사도 요한의 말을 성도들은 가슴 깊이 새겨야 합니다. 요한 1서는 놀랍게도 분명히 기도에 응답해 주신다는 하나님의 약속을 전하고 있습니다. "그를 향하여 우리가 가진 바 담대함이 이것이니 그의 뜻대로 무엇을 구하면 들으심이라 우리가 무엇이든지 구하는 바를 들으시는 줄을 안즉 우리가 그에게 구한 그것을 얻은 줄을 또한 아느니라"(요일 5:14-15).

요한 2서에서는 잘못된 가르침이나 이단과는 적당히 타협하면 안 된다고 강조합니다. "누구든지 이 교훈을 가지지 않고 너희에게 나아가거든 그를 집에 들이지도 말고 인사도 하지 말라 그에게 인사하는 자는 그 악한 일에 참여하는 자임이니라"(요이 1:10-11).

요한 3서에서는 사랑이신 하나님이 성도의 영혼이 잘됨과 같이 범사가 잘되고 건강하도록 축복하심을 약속합니다. "사랑하는 자여 네 영혼이 잘됨같이 네가 범사에 잘되고 강건하기를 내가 간구하노라"(요삼 1:2). 이 말씀은 자칫 예수님을 믿으면 모든 것이 잘된다는 오해를 불러일으킬 수 있습니다. 하지만 복음의 핵심은 '십자가의 도'에 있습니다. 주님을 위해 고난을 받고 이웃을 위해 나를 부인하고 손해 보는 것에 있음을 알아야 합니다.

우리는 이웃을 위해 눈물 흘리며 주님이 지신 고난의 십자가를 지려는 참된 성도의 자세를 잊지 않아야 합니다. "예수께서 무리를 보시고 산에 올라가 앉으시니 제자들이 나아온지라"(마 5:1). 주님 앞에는 '무리'도 있고 '제자'도 앉아 있었습니다. 무리는 주님께 말씀을 듣고 병 고침을 받기 위해 나온 사람들이며, 제자는 고난의 십자가를 함께 지려는 헌신적 자세를 갖고 있는 사람들입니다. 내가 제자인지 무리인지 생각해 보시기 바랍니다.

✚ 유다서, 거룩한 믿음 위에 자신을 건축하라

예수님의 동생이자 야고보의 형제 유다는 교회에서 바른 신앙고백을 지키고 잘못된 교리와 거짓 교사를 배척할 것을 강조합니다. "사랑하는 자들아 너희는 너희의 지극히 거룩한 믿음 위에 자신을 세우며 성령으로 기도하며"(유 1:20). 이것이 모든 서신서에서 강조하는 성도가 지켜야 할 목표이자 '성화의 삶'입니다. 교회 안에 몰래 들어온 거짓 교사들이 하나님의 은혜를 도리어 색욕거리로 바꾸고, 예수 그리스도를 부인하는 행위를 경계해야 합니다. 경건치 않은 정욕대로 행하는 육에 속한 자녀가 되지 말고 성령님께 속한 자녀가 되라고 권면합니다.

✚ 요한계시록, 새 하늘과 새 땅을 소망하라

도미티아누스 황제의 그리스도인 박해가 절정에 달했을 때, 연로한 사도 요한은 밧모섬에서 유배 생활을 했습니다. 그때 성령님이 사도 요한에게 계시를 보여 주셨고, 사도 요한은 그것을 기록해서 아시아에 있는 일곱 교회에 보냅니다. 그 편지가 바로 계시록입니다.

흔히 계시록이라 하면 인류 종말에 있을 심판이라며 관심을 기울이지만, 사실은 험난한 세상에서 믿음을 지키려고 고난받는 성도들에게 주는 위로와 소망으로 가득 찬 메시지입니다. 당시 성도들이 로마 정부에 엄청난 박해를 받고 있었지만, 그때도 주님은 우주 만물을 장악하고 계셨습니다. 결국 이 세상의 권세를 끝내시고 큰 영광과 능력으로 오셔서 세상을 친히 다스리실 것입니다. 계시록은 "그러므로 네가 본 것과 지금 있는 일과 장차 될 일을 기록하라"(계 1:19)고 하신 대로 과거(그리스도를 목격한 것, 계

1:1-20), 현재(아시아 일곱 교회에 보내는 메시지, 계 2:1-3:22), 미래(환난, 심판, 영원한 나라의 도래, 계 4:1-22:21)의 장엄한 3부로 구성되어 있습니다. 계시록은 평신도가 스스로 읽고 은혜를 받을 수도 있지만, 말씀이 어려워 강해 설교 등의 도움을 받아 읽기를 권합니다. 창세기가 이 세상 모든 것(만물)의 '시작'(근원)을 말하고 있다면, 계시록은 이 세상 모든 것의 '끝'(종말)을 말하고 있습니다. 주님은 사도 요한에게 "나는 알파와 오메가라 이제도 있고 전에도 있었고 장차 올 자요 전능한 자라"(계 1:8)고 말씀하셨습니다.

계시록의 전개 방식은 묵시적입니다. 일곱 인을 하나씩 떼고 일곱 나팔을 불고 일곱 대접이 하나씩 쏟아질 때마다 재앙이 나타납니다. 믿지 않는 자들에게는 세상 끝날에 있을 심판을 경고하는 말씀으로 들리겠지만, 성도들에게는 장차 새 하늘과 새 땅이 임할 것이라는 희망의 약속입니다. "우리는 그의 약속대로 의가 있는 곳인 새 하늘과 새 땅을 바라보도다"(벧후 3:13). 계시록에서 요한 사도는 구약에서 이사야 선지자가 예언한 "새 하늘과 새 땅"(사 66:22)이 예수님이 재림하실 때 이뤄진다고 말합니다. 주님이 성화된 성도들을 다 불러서 어린양의 혼인 잔치에 참여시켜서 새 하늘과 새 땅의 영원한 천국 삶을 누리게 하신다는 것이 성경 66권의 결론입니다. "또 내가 새 하늘과 새 땅을 보니 처음 하늘과 처음 땅이 없어졌고 바다도 다시 있지 않더라 또 내가 보매 거룩한 성 새 예루살렘이 하나님께로부터 하늘에서 내려오니 그 준비한 것이 신부가 남편을 위하여 단장한 것 같더라"(계 21:1-2).

결국 성도의 최후 목표는 아들 하나님(어린양 예수)이 보좌 옆에서 이 땅으로 다시 오실 때까지 임할 새 하늘과 새 땅을 바라보는 것입니다. 새 하늘과 새 땅에서 성도는 어린양의 천국 잔치에 참여하고, 이 세상에서 행한 대로 의의 면류관을 받을 것입니다. 그 소망으로 모든 박해와 환난과 고난과 유혹을 이긴 자는 성전의 기둥으로 삼고, 아버지와 아들의 이름이 새겨지는 큰 축복을 받을 것입니다. "이기는 자는 내 하나님 성전에 기둥이 되게 하리니 그가 결코 다시 나가지 아니하리라 내가 하나님의 이름과 하나님의 성 곧 하늘에서 내 하나님께로부터 내려오는 새 예루살렘의 이름과 나의 새 이름을 그이 위에 기록하리라"(계 3:12).

요한계시록은 소망의 메시지입니다. 하나님은 창세기 3장 이후 이 땅에 하나님 나라를 회복할 것을 약속하시고 그 약속이 이루어지도록 오래 참으시며 신실하게 일하셨습니다. 그 하나님의 나라가 드디어 이 땅에 성취되는 감격을 바라보게 하는 말씀입니다.

방언의 이해와 유익

하나님의 '말씀'은 목사님에게 배울 수 있지만, '기도'는 가르쳐 주는 사람이 별로 없습니다. 제 경험에 비추어 볼 때 스스로 기도 방법(성령의 감동으로 주님의 임재를 체험하는 기도)을 터득하기란 무척 어렵습니다.

성도들마다 나름대로 성령님을 체험하며 기도하는 방법이 있겠지만, 저로서는 방언기도만큼 성령님의 임재를 강렬하게 체험할 수 있는 기도가 없다고 확신합니다. 《성경의 맥을 잡아라》의 마지막에, 제가 배우고 체험한 방언기도의 유익을 나누기를 원합니다.

성령님과 성령의 은사는 많은 사람들이 연구했으나 방언기도의 성격과 유익에 관해서는 성도들에게 알려진 것이 너무 없습니다. 이미 방언 은사를 받았음에도 왜 방언기도를 계속해야 하는지 의아해하는 성도들이나, 방언을 열심히 사모하고 있는 성도들에게 도움이 되고자 합니다. 제가 말씀드리는 것이 100% 완벽하고 100% 옳다는 것은 아닙니다. 성령님의 은사는 어디까지나 부분적이요, 일시적인 것이기 때문에, 마지막 주님이 오시는 날에만 우리가 수건을 벗고 서로를 보는 것같이 볼 수 있기 때문입니다. 그전까지 성령님을 통해 나타난 것은 부분적이라는 것입니다. 그런데도 방언기도로 삶에서 엄청난 유익을 누린 저는 어떠한 환경에서도 천국을 누릴 수 있는 방법을 소개하고자 합니다(이천수, 《방언의 이해와 유익》(영성목회, 1999) 참조).

성령의 은사

우리 안에 계신 성령님

앞에서 이미 말한 것처럼, 구약의 결론은 메시아가 오신다는 약속을 넘어서서 '성령을 우리 안에' 보내시겠다는 약속입니다(겔 36:26). "살리는 것은 영이니 육은 무익하니라 내가 너희에게 이른 말은 영이요 생명이라"(요 6:63)고 말씀하신 대로 "또 새 영을 너희 속에 두고"(겔 36:26)와 "나의 법(말)을 그들의 속에 두며"(렘 31:33)라는 예언서의 말씀은 같은 내용의 말씀이라는 것을 구약의 맥에서 이미 보았습니다. 에스겔과 예레미야 두 선지자의 예언은, 메시아가 오셔서 십자가의 대속 사역을 감당하신 다음에 말씀이 우리 안에 영으로 임하신다는 약속입니다. 말씀은 영이기 때문입니다(요 6:63). 예수님이 십자가에서 피 흘리고, 부활하신 다음 약속하신 대로 말씀을 영접하는 성도들 안에 성령님을 보내 주셨습니다.

그렇다면 성령님이 우리 안에 오셨음을 어떻게 알 수 있을까요? 사도 바울은 고린도 교회 성도들에게 말합니다. "너희 몸은 너희가 하나님께로부터 받은 바 너희 가운데 계신 성령의 전인 줄을 알지 못하느냐?"(고전 6:19). 우리의 몸은 성령님의 전입니다. 그런데 하나님의 영인 성령이 어떻게 우리 안에 들어왔습니까? 복음을 믿을 때, 마음으로 말씀을 믿고 입으로 시인할 때 찾아오셨다고 성경이 증언합니다.

성령님이 우리를 침노(attack)하셨습니다. "너희가 그 은혜에 의하여 믿음으로 말미암아 구원을 받았나니 이것은 너희에게서 난 것이 아니요 하나님의 선물이라"(엡 2:8). 우리 속에는 죄와 더러움과 마귀 사탄으로 가득 차 있었는데, 성령님이 간섭하셔서 하나님의 영이 우리 안에 임하셨습니다. "우리가 이 보배를 질그릇에 가졌으니"(고후 4:7). 깨질 수밖에 없는 연약한 흙덩어리에 지나지 않는 우리 속에 놀라운 보배, 성령님을 담게 하셨습니다.

하나님은 왜 우리와 같은 질그릇 속에 성령님을 넣으셨습니까? 성령님은 오직 하나님께만 지극히 크신 능력이 있다는 것을 깨닫게 하시려고, 질그릇으로 사람을 만들고 그 속에 성령님이라는 보배를 담으셨습니다. "우리가 세상의 영을 받지 아니하고 오직 하나님으로부터 온 영을 받았으니 이는 우리로 하여금 하나님께서 우리에게 은혜로 주신 것들을 알게 하려 하심이라"(고전 2:12). 하나님은 은혜로 성령님을 우리 안에 주셨습니다. 믿는 사람들은 세상의 영, 사탄의 영이 아닌 하나님의 영을 질그릇에 담은 사람들입니다.

그러나 하나님은 질그릇 속에 무조건 하나님의 능력을 넣지 않으셨습니다. 하나님은 사람에게 자유의지를 주시고, 사람이 자신의 선택에 따라 하나님의 영을 붙잡든지(생명과를 따먹든지) 사탄의 영을 붙잡든지(선악과를 따먹든지) 하게 하셨습니다.

우리가 복음을 아멘으로 영접하면 하나님의 영이 질그릇에 임하십니다. 크신 능력의 영이요, 사랑의 영이요, 생명(인격)의 영인 성령님이 우리 몸 안에 찾아오십니다. 우리 안에 들어오신 성령님은 우리 안에서 일(역사)하기를 원하십니다.

성령의 표적

믿지 않는 사람들, 그리고 믿는 사람 중에도, "성령이 어디 있어. 나는 하나님, 예수님은 믿을 수 있지만, 성령은 고스트, 귀신 같아서 믿을 수 없어" 하는 사람들이 많이 있습니다. 특히 지식을 가진 사람들이 더 그렇습니다.

그러나 성경에서 우리 안에 일하고 계신 성령님을 증언할 뿐만 아니라, 하나님이 우리에게 표적(sign)을 주셨습니다. 예를 들면, 산소는 눈에 보이지는 않지만 분명히 있습니다. 산소가 없으면 우리는 한순간도 호흡할 수 없습니다. 그런데 우리는 보이지도 않는 산소를 O라고, 물은 H_2O라고 표기합니다. 이 기호가 바로 사인이고 표적입니다.

마찬가지로 하나님은 눈에는 보이지는 않지만 우리 안에 계신 성령님을 우리 몸 밖으로 나타내십니다. 주전자에서 물이 마구 끓으면, 에너지가 생성됩니다. 그래서 물이 넘쳐흐릅니다. 성령님이 우리 안에서 충만하게 역사하실 때 우리의 몸 밖으로 나타납니다. 성령님은 에너지이고, 말씀의 활력으로 우리에게 감동을 주시니까 우리 몸의 일부로 나타날 수 있습니다.

실제로 믿는 자들 안에서 성령님이 역사하실 때, 마치 물이 끓으면 에너지가 밖으로 표출되듯이 성령님의 에너지가 밖으로 나타납니다. 이것을 성경에서는 '표적'이라고 합니다. "믿는 자들에게는 이런 표적이 따르리니 곧 그들이 내 이름으로 귀신을 쫓아내며 새 방언을 말하며 뱀을 집어 올리며 무슨 독을 마실지라도 해를 받지 아니하며 병든 사람에게 손을 얹은즉 나으리라"(막 16:17-18). 왜 새 방언이라고 했습니까? 원래 각 나라말을 방언이라고 합니다. 그런데 그냥 각 나라말이 아니라, 성령님의 인도하심을 받아서 나오는 다른 나라의 말이어서 새 방언이라고 말합니다.

그런데 이 사실을 왜 믿기가 어렵습니까? 성경에는 이렇게 기록되어 있습니다. "하나님이 자기를 사랑하는 자들을 위하여 예비하신 모든 것은 눈으로 보지 못하고 귀로도 듣지 못하고 사람의 마음으로 생각하지도 못하였다 함과 같으니라"(고전 2:9-10). 우리도 사랑하는 사람을 위해 생일이나 기념일에는 선물을 줍니다. 마찬가지로 하나님을 사랑하는 자들을 위하여 하나님이 선물을 많이 예비해 놓았습니다. 그런데 성령님의 선물(은사)은 눈으로도 보이지 않는 것, 귀로도 듣지 못한 것, 마음으로도 생각하지도 못한 것들이어서 인간의 머리로는 도저히 생각할 수 없는 것들입니다. 놀랍게도 이 선물을 받으면 전에는 도저히 볼 수 없었던 하나님의 말씀이 눈에 들어오게 되어 "성경에 이런 말씀이 있었나?" 하고 놀랍니다. 전에는 도저히 들을 수 없었던 주님의 음성이 들립니다.

이것이 기적입니다. 전에는 내 생각으로 도저히 할 수 없었던 일들을 하게 됩니다. 전에는 도저히 사랑할 수 없던 사람을 사랑하게 됩니다. 전에는 죽어도 용서 못했던 사람을 용서하게 됩니다. '어떻게 저런 사람한테 고개를 숙이나? 내가 저 사람보다는 백배 낫다'고 생각하던 사람에게 고개를 숙입니다. 하나님이 "너 몇만 달러 저축한 것 있지. 그거 어디에 갖다 줘라" 말씀하시는데, 예전 같으면 도저히 나눠 줄 수 없었던 것을 나눠 줍니다.

내가 하는 것이 아닙니다. 내 의지로는 할 수 없습니다. 하나님이 자기를 사랑하는 사람을 위해서 예비하신 그 선물을 사용함으로써 가능케 되는 것들입니다. 하나님이 자기의 영을 우리 속에 부어 넣어 주셨을 때만 할 수 있는 일입니다.

은사의 종류

성령님이 우리에게 주신 선물은 다양합니다. 신약 성경에는 약 21개나 되는 은사가 있는데, 성령님이 자기 뜻대로 각 사람에게 나누어 주셨다고 했습니다(고전 12장). 각 지체가 모여 한 몸을 이루듯, 각 지체가 각기 다른 성령의 은사를 받았지만 그리스도와 한 몸을 이루는 것입니다. 그러므로 은사를 받았다고 내가 아주 특별한 것처럼 생각하면 안 됩니다.

또한 하나님은 우리의 성품에 따라 은사를 주십니다. 마음이 따뜻한 사람에게는 예언의 은사를 주십니다. 다른 사람들은 안 믿어지는 것을 "아멘" 하고 덥썩 믿는 담대한 사람에게는 믿음의 은사를 주십니다. 그러므로 한 사람이 성령의 은사를 다 받는 것이 아니라, 성령님이 각 사람에게 믿음의 분량대로 나누어 주십니다.

손에 은사를 받은 사람은 남을 섬깁니다. 사랑을 많이 베풀고, 맘이 따뜻한 사람들입니다. 병 고치는 은사를 받은 사람은 병든 자에게 손을 얹으면 낫습니다. 머리에 은사를 받은 사람은 말씀이 저절로 꿰어집니다. 발에 은사가 있는 사람은 '복음의 신'을 신고 전도합니다. "평안의 복음이 준비한 것으로 신을 신고"(엡 6:15). 이런 사람들은 가만히 앉아 있지 못합니다. 혀에 은사가 있는 사람은 방언의 은사를 받습니다. 방언의 은사가 조금 더 발전하면 방언 통역의 은사가 되고, 이것이 더욱 발전하면 예언의 은사가 됩니다.

하나님은 우리 마음속에 하나님의 영, 새 영을 넣어 주십니다. 하나님의 영이 거하시는 우리 마음과 가장 밀접하게 닿아 있는 곳이 혀이기 때문에, 방언의 은사는 혀를 통해 나타납니다. 그렇기 때문에 방언은 내가 보고 듣고 생각하는 것으로 하는 게 아니라, 내 안에 계신 성령님이 내 마음을 움직여 주셔서 내 혀가 그냥 움직이는 것입니다. 나의 혀를 하나님께 맡길 때 나오는 기도가 방언기도입니다.

우리가 '성령이 이 자리에 충만하기를 원합니다. 성령님이 이 시간에 우리와 함께하시기를 원합니다'라고 우리말로 기도하는 것보다, 방언으로 기도하면 성령님이 우리 안에서 일하시는 것을 가장 쉽게 체험할 수 있습니다. 그뿐만 아니라 우리가 원할 때마다 성령님의 임재를 느낄 수 있습니다.

방언 은사는 누구나 받을 수 있다

자신은 방언을 받지 못할 것이라고 생각하는 사람들이 많이 있습니다. 다른 은사들은 성품과 믿음의 분량에 따라 성령님이 각 사람에게 나누어 주시지만, 방언 은사만큼은 모든 믿는 성도에게 주십니다. 왜냐하면 방언 은사는 기도의 은사요, 예배의 은사요, 하나님과 인격적 교제를 나누는 은사이기 때문입니다. 예수님을 믿는 사람들은 전부 기도해야 하고, 예배를 드려야 하기 때문입니다. 단 "방언을 모든 사람에게 주겠다"라고 직접 말씀하는 성경 구절은 없습니다. 그러나 사도 바울이 "나는 너희가 다 방언 말하기를 원하노라"(고전 14:5)고 했습니다. 사도 바울이 성도들을 향해서 "나는 너희가 다 병 고치는 은사 받기를 원하노라." 이렇게 말하지는 않았다는 것입니다. 또한 자신이 "세상 어느 누구보다도 방언으로 기도하고 방언으로 많이 말하는 것을 감사한다"(고전 14:18)고 했습니다. 사도 바울은 눈물과 겸손의 사람입니다. 사도 바울이 만약 다른 성도들은 할 수 없는 것을, 자기 혼자만 잘할 수 있다고 대놓고 자랑했다면, 그는 세상에서 제일 교만한 사람일 것입니다. 모든 성도들이 할 수 있고, 하는 것이 참으로 유익하니까 사도 바울이 다른 사람들보다도 방언으로 말함을 감사할 수 있었습니다.

방언은 누구나 다 받을 수 있지만, 나의 혀를 드려서 영의 통로를 열어 드릴 때만 성령님이 일하실 수 있습니다. "말은 영이요 생명"(요 6:63)이기 때문입니다. 성도들이 목사님의 설교를 들을 때 은혜를 받는 것은, 목사님이 전하는 그 말 때문에 영의 통로가 열려서입니다. 목사님의 말을 받아들일 때 성령님이 우리 안에 뜨겁게 역사하심을 느낄 수 있습니다. 성령님의 역사는 우리가 수동적으로 말씀을 들을 때만 나타나는 것이 아닙니다. 우리가 성령님이 일하시는 것을 체험할 때는 세 가지 경우입니다. 첫째 말씀을 들을 때나 읽을 때, 둘째 기도할 때, 셋째 입으로 주님을 찬양할 때입니다. 세 가지 경우의 공통점은 말로 영의 통로를 열어 드릴 때 영의 역사를 체험한다는 것입니다.

방언의 유익

성령님의 인도하심을 받는다

"내가 이르노니 너희는 성령을 따라 행하라 그리하면 육체의 욕심을 이루지 아니하리라 … 성령은 육체를 거스르나니 이 둘이 서로 대적함으로 너희가 원하는 것을 하지 못하게 하려 함이니라"(갈 5:16-17). "너희가 육신대로 살면 반드시 죽을 것이로되 영으로써 몸의 행실을 죽이면 살리니"(롬 8:13). 육신의 소욕을 따르지 않으려면 우리는 성령님의 인도하심을 받아야 합니다. 성령님의 인도하심을 받으려면 어떻게 해야 할까요?

주님은 "항상 성령 안에서 기도하라"(엡 6:18)고 말씀하십니다. 성령님을 좋아서 기도하고, 성령님을 따라서 기도하는 것이 성령님의 인도하심을 받는 기도입니다. 하나님은 하나님을 사랑하는 자들에게 눈으로 보지도 못하고, 듣지도 못하고, 마음으로 생각지도 못한 것을 주려고 하십니다. 우리말로 기도하면 눈으로 보고, 듣고, 생각하는 것으로 기도하게 됩니다. 우리의 육을 따라서 무엇을 먹을까, 마실까, 입을까를 기도하고, 내 자식 잘되게 해 달라는 세상적인 기도를 주로 합니다. 하나님의 나라와 의를 구하는 기도는 가끔씩만 합니다. 우리가 "마땅히 기도할 바를 알지 못하기"(롬 8:26) 때문에 그렇습니다. 우리가 구하는 것과 하나님이 주시려는 것이 다릅니다.

기도가 힘든 것은 하나님이 우리에게 주기 원하시는 것을 구할 줄 모르기 때문입니다. 그래서 하나님은 우리가 모르는 비밀 통로를 허락하십니다. "방언을 말하는 자는 사람에게 하지 아니하고 하나님께 하나니 이는 알아듣는 자가 없고 영으로 비밀을 말함이라"(고전 14:2). 방언은 사람에게 하는 것이 아니라, 하나님께 영으로 비밀을 말하는 것입니다.

방언하는 사람은 자기가 지금 무슨 기도를 하는지도 모릅니다. 모르니까 싱겁기도 하고, 해도 소용없다고 생각할 수 있습니다. 방언으로 기도할 때, 사탄은 의심하게 만들고, 이상한 생각을 하게 만들어서 기도를 방해합니다. 어떤 성도는 "성경에 보면, '일만 마디 방언보다 다섯 마디 깨달은 말을 가지고 다른 사람한테 전하라'(고전 14:19 참조)고 했는데, 방언이 뭐 그리 중요합니까?"라고 말합니다. 그러나 방언은 사람에게 하는 것이 아니라 하나님께 비밀을 말하는 것입니다. 나도 모르는 내 안에 감추어진 비밀들, 예를 들면 나도 잊어버린 과거에 지은 죄들을 회개하는 겁니다. 머리로 생각해서 회개 기도를 하면 우리가 지은 죄의 10분의 1도 회개할 수 없습니다. 하지만 성령님의 인도하심을 받아서 내 비밀을 말하기 시작하면, 새까맣게 잊고 있었던 과거에 지은 죄조차 회개하게 됩니다. 주님이 "애통하는 자는 복이 있나니 그들이 위로를 받을 것임이요"(마 5:4)라고 말씀하신 것처럼, 영혼의 깊은 곳에서 눈물과 콧물을 쏟으며 애통하게 됩니다. 이것이 진정한 회개입니다. 모르는 말로 하는 것이 축복입니다.

정말 친한 사이가 아니고는 비밀을 말하지 않습니다. 방언기도는 하나님께 나의 비밀을 말하는 것입니다. 하나님과 나 단둘의 문제입니다. 옆 사람 신경 쓸 필요가 없습니다. 하나님의 사랑이 얼마나 큰지요. 다른 사람들에게 말할 때는 반드시 알아들을 수 있는 말로 통역(예언)하라고 하셨습니다. "온 교회가 함께 모여 방언으로 말하면 … 너희를 미쳤다 하지 아니하겠느냐"(고전 14:23 참조). 그러나 하나님께 영으로 비밀을 말하는 것이, 하나님이 사랑하는 자에게 주신 특권입니다.

영과 진리로 예배를 드린다

방언의 두 번째 유익은 영과 진리로 드리는 예배이기 때문입니다. 우리가 영과 진리로 예배를 드리려고 몸부림친다고 해서 영과 진정으로 예배가 드려집니까? 영과 진리로 드리는 예배는 바로 방언으로 드리는 예배입니다. 방언이 "성령이 말하게 하심을 따라 기도하는 것"(행 2:4)이므로, 방언으로 드리는 예배는 성령님이 주체가 되어 성령님의 감동으로 드리는 예배입니다.

방언으로 예배를 드릴 때 내가 생각하지도 기억하지도 못하는 죄악을 진정으로 회개합니다. 나도 모르는 찬양이 터져 나옵니다. 우리가 부르는 찬송인데, 발음만 이상하게 나오기도 합니다. 내 혀를 성령님께 맡겼기 때문에, 놀라운 목소리로 하나님을 찬양합니다. 하나님께 감사가 절로 나옵니다. 방언기도에는 예배의 요소, 회개와 찬양과 감사와 영광이 다 들어 있습니다.

사탄의 영을 소멸시킨다

성령님은 소멸의 영입니다. 영어로는 소멸의 불(Consuming Fire)이라고 합니다. 그래서 사탄은 방언기도를 제일 두려워합니다. 사탄의 영을 소멸하기 때문입니다. 사탄은 틈만 나면 방언기도를 못하게 방해합니다. 방언기도를 하면 우리 안에서 사탄이 소멸하는 것을 체험할 수 있습니다.

첫째, 근심과 걱정이 사라집니다.

예수님은 "그러므로 내일 일을 위하여 염려하지 말라 내일 일은 내일이 염려할 것이요 한 날의 괴로움은 그날로 족하니라"(마 6:34)고 말씀하셨습니다. 그렇지만 일상 생활에서 염려를 하지 않을 수 있습니까? 내 마음속으로 '걱정하지 말아야지'라고 결심한다고 불안과 근심과 걱정이 없어집니까? 절대로 없어지지 않습니다. 그러나 방언으로 기도하면 근심, 걱정, 염려, 불안, 두려움, 이 모든 것들이 나도 모르게 사라집니다. 내 혀를 성령님께 맡기면 성령님이 일하십니다. 내 안에서 성령님이 일하시면 사탄의 영이 주는 근심과 걱정이 저절로 사라집니다.

텔레비전을 매일 보고 사람들하고만 얘기하면, 계속해서 세상 생각만 쌓입니다. 세상 생각이 자꾸 들어오면, 믿음이 떨어지고, 근심과 걱정과 불안만 쌓입니다. 그때 기도가 막힙니다. 기도를 안 하면 안 할수록 기도문이 더 막힙니다. 그러면 세상 생각만 자꾸 들어옵니다. 이렇게 되면 믿음이 더 떨어지는 악순환이 계속됩니다.

방언으로 기도하면 불안, 걱정, 두려움이 하나님 앞에 비밀스러운 말로 전부 토해집니다. 그 대신 하나님의 평강이 채워집니다. "평안을 너희에게 끼치노니 곧 나의 평안을 너희에게 주노라 내가 너희에게 주는 것은 세상이 주는 것과 같지 아니하니라 너희는 마음에 근심하지도 말고 두려워하지도 말라"(요 14:27). 이 말씀을 많이 들어보셨습니까? 그렇다면 정말로 세상이 줄 수 없는 평안을 느끼고 있습니까? 머리로만 성경을 읽어서는 안 됩니다. 내 삶에 성령님을 초청하십시오. 말씀을 체험할 수 있을 것입니다.

둘째, 내적 상처가 치유됩니다.

예수님의 피로 죄 사함을 받고, 상처가 치유되는 것을 내적 치유라고 합니다. 방언으로 기도하면 성령님이 나도 모르는 죄와 상처를 고백하게 하십니다. 소멸의 영이 사탄의 영을 소멸시켜 평강으로 채워 주십니다. 이것이 내적 치유입니다. 성령님의 인도하심을 받아서 내 상처를 다 고백하고 나면, 전에는 그렇게 미웠던 사람이 전혀 밉지 않습니다. 성령님의 감동으로 회개하지 않는 사람은 미워하는 사람이 용서가 안 되니까, 자신도 모르게 눌려 지냅니다. 이처럼 예수님을 믿는다고 하면서도 눌려 있는 사람들이 많이 있습니다.

셋째, 의심의 영이 소멸됩니다.

사탄은 말씀을 의심하게 만듭니다. 우리가 하나님을 믿으면서도 의심되는 말씀이 있습니다. 이것은 의심의 영이 우리를 계속 누르기 때문인데, 방언으로 계속 기도하면 의심의 영이 사라집니다. 나는 무슨 뜻인지 모르지만, 성령님이 말할 수 없는 탄식으로 내 기도를 인도해 주십니다.

성령님이 일하시는 방법은 반드시 방언만은 아닙니다. 말씀을 들을 때도 성령님을 체험할 수 있습니다. 성령님이 말씀으로 나를 감동시키시기 때문입니다. 하지만 다른 사람의 설교를 듣고 성령님을 경험하는 것은 수동적입니다.

방언은 하늘에 감춰진 비밀입니다. "기름 부음이 너희 안에 거하나니 아무도 너희를 가르칠 필요가 없고"(요일 2:27). 성령님의 인도하심으로 계속 말씀을 보면, 전에 보이지 않았던 말씀들이, 깨달아지기 시작합니다. 기도는 영의 통로를 여는 것입니다. 내 말로 기도하는 것은, 내가 보고 듣고 생각하는 것으로 내가 하는 기도이기 때문에 온전치 못합니다. 하지만 방언기도는 성령님이 말할 수 없는 탄식으로 우리의 연약함을 도우시기 때문에 완벽한 기도요 완벽한 예배입니다.

제가 잘 아는 분이 머리가 아프다고 해서 새벽에 나가 방언으로 기도해 보라고 권했습니다. 일주일 뒤에 그분이 제게 와서 말했습니다. "대사라는 이름 앞에 의사라는 직함을 하나 더 붙여 줘야겠습니다." 방언기도를 했더니 깨끗하게 나아서 얼마나 기쁜지 모르겠다고 말하는 것이었습니다. 말로 영의 통로를 열면, 걱정 근심이 없어집니다. 머리 아플 이유가 없습니다. 성령님이 일하시면 놀라운 감격과 기쁨에 젖어 영적으로 깊이 들어가게 됩니다.

마약을 하다가 예수님을 믿고 나서 방언기도를 하게 된 어떤 사람이 목사님을 찾아와서 이렇게 말했답니다. "목사님, 제가 첫 방언기도 했을 때 느꼈던 기분이 처음 마약했을 때 기분하고 똑같습니다." 마약은 죽음으로 이르는 길이지만, 방언기도는 생명으로 이르는 길입니다.

넷째, 육의 에너지가 빠져나갑니다.

성령님의 인도하심으로 기도하면, 죄 때문에 우리 몸에 쌓여 있던 육의 에너지가 빠져나갑니다. 우리의 영이 단단한 돌밭 같은 것은 수십 년 동안 살아오면서 내 속을 채워 온 육의 에너지 때문입니다. 이기심, 욕망, 시기, 질투, 분노, 열등감, 우월감, 탐심 등 육의 에너지가 우리의 마음을 완악하게 합니다. 이 육의 에너지는 성령님을 따라서 움직일 때만 무너져 내립니다. 육의 에너지가 무너져 내리는 것을 사람들은 자아가 깨졌다고 표현합니다. 내 자아가 깨지지 않으면, 생명의 씨가 내 안에 와 있어도 느끼지 못합니다. 매일 새벽기도를 열심히 나가도 마음이 굳어 있습니다.

육의 에너지를 빼내야 믿음이 성장할 수 있습니다. 성령님의 인도하심에 따라 마음 깊은 곳부터 무너져야 성령의 씨앗이 자라납니다. 애통하는 자만이 삼십 배, 육십 배, 백 배의 결실을 맺습니다. 육의 에너지를 빼내는 최고의 약은 방언기도입니다. 이것이 하나님이 자기를 사랑하는 자를 위해서 예비하신 선물입니다.

다섯째, 육적인 쾌락에서 자유할 수 있습니다.

방언기도를 하면 육적인 쾌락이 싫어집니다. 혼자서는 세상 쾌락을 끊기 힘듭니다. 혼자서 술, 담배를 끊으려고 아무리 노력해도 끊지 못합니다. 눈만 뜨면 드라마에 파묻혀 사는 사람들이 있습니다. 쓸데없는 사람들 관계에 끌려다니면서 울다가 웃다가 합니다. 술, 담배, 춤, 노래방 이 모든 것들은 세상 생각을 집어넣어 주는 것들입니다. 노래방에서 눈 감고 노래하는 것은, 영의 통로를 세상으로 여는 영적인 활동입니다. 그럴수록 사탄의 영으로 충만해집니다. 육의 에너지만 쌓입니다. 성령님의 인도하심으로 방언기도를 할 때, 이러한 육적인 쾌락과 세상 생각이 저절로 끊어집니다.

제 막내딸이 노래방에서 노래 부르는 것을 무척 좋아했습니다. 그런데 방언기도를 하고 나서부터는 "아빠, 나 노래방 싫어졌어요" 하면서 안 갑니다. 세상 쾌락 대신에 성령님의 임재를 통해 느끼는 감격과 기쁨이 더 크기 때문입니다.

여섯째, 사람과의 관계가 정리됩니다.

성령님이 일하시면, 사람끼리 모이는 것이 싫어집니다. 세상 사람끼리 모여서 쓸데없이 웃고 떠드는 모임들을 점점 멀리하게 됩니다. 사람들끼리 모여 웃고 떠들고 세상 얘기 한참 하다 보면 기도하는 것이 싫어집니다. 믿는 사람도 마찬가지입니다. 구역예배로 모여서 세상 얘기만 잔뜩 하다 보면 예배드리는 데는 관심이 없어집니다.

그런데 방언으로 기도하면, 성령님이 모든 인간관계를 말씀 관계로 인도하십니다. 성경이 정해 주신 올바른 인간관계를 세워 주십니다. 방언으로 기도하면 교회에서 사람 때문에 시험 들지 않습니다. 허물이 있는 사람을 만나도 그 사람을 불쌍히 여기게 되지, 그 사람 때문에 시험 들지 않습니다. 불륜 관계처럼 불필요하게 만나는 사람이 정리됩니다. 그리고 말씀 관계에서 필요한 사람을 만나게 해 주십니다. 이제는 성령님의 임재로 인해서 오는 기쁨과 감격과 충만함이 있습니다. 평강의 기쁨이 있습니다. 방언으로 기도할 때 보이지 않는 광선이 나와 만남이 필요한 사람에게 뻗어 나가서 뜻하지 않게 도움받을 사람을 만나도록 인도하십니다.

완벽한 중보기도

방언기도를 하면 성령님이 일하시기 때문에 놀라운 기도 응답이 있습니다. 보고 듣고 생각하는 것으로 기도할 때는 응답이 될 때도 있고, 안 될 때도 있고, 되는지 안 되는지 모를 때도 있습니다. 그런데 방언기도를 해서 성령님을 따라 내 영이 비밀을 말하면 천사가 성령님의 명령을 받아서 보이지 않는 것을 보이는 것으로 만들어 냅니다. 기도가 형체를 만듭니다. "하나님의 말씀은 살아 있고, 활력이 있어서"(히 4:12). 성령님의 말씀으로 형체화됩니다. 기적이 일어납니다.

그래서 방언기도는 가장 완벽한 중보기도입니다. 하나님은 우리의 기도를 받아서 일하십니다. 우리가 세상의 쓸데없는 것들을 구하니까 하나님이 일하시지 않는 겁니다. 중보기도 할 때, 목록에 써서 하는 것보다 방언으로 하면 진짜 하나님이 들으시는 중보기도를 하게 됩니다. 보통 우리의 중보기도는 우리가 보고 듣고 생각하는 것을 가지고 하기 때문에 내 주위 사람에 관한 것들이 대부분입니다.

내 아들, 우리 손자, 아무개 집사, 우리 교회, 그리고 우리가 파송한 선교사만 위해서 기도합니다. 그러나 하나님은 온 세계의 주인이십니다. "세계가 다 내게 속하였나니"(출 19:5). 하나님은 세계에서 일어나는 모든 것에 관심이 있으시며, 모든 인류를 위해 일하기를 원하십니다. 그러므로 우리가 전에는 알지 못하고 생각지도 못했던 것을 하게 하십니다. 내가 무슨 말인지 모르고 한 기도인데 이것이 축복인 것입니다. 내가 무슨 말인지 알고 하면 저 시베리아 벌판에서 죽어 가고 있는 한 영혼을 위해서 기도하겠습니까? 아프리카 어딘가에서 고통당하는 이름 모를 선교사를 위해서 기도합니까? 못합니다. 그러나 성령님의 인도하심을 받아서 기도하면 하나님이 필요로 하는 기도를 올려 드릴 수 있습니다. 저는 새벽에 교회에 오가는 시간이 얼마나 귀한지 모릅니다.

어떤 분은 "집과 교회가 30분 거리라 너무 멀어서 못 갑니다"라고 하지만, 그 시간에 운전하면서 방언으로 올려 드리는 기도가 얼마나 위대한 중보기도인지 안다면 교회에서 집이 멀수록 더 많은 중보기도를 할 수 있다는 사실에 감사할 수 있습니다. 어느 날 먼 나라에서 이런 내용의 메일이 왔습니다. "장로님, 감사합니다. 저희 가족을 위해 기도해 주셔서 도저히 일어날 수 없는 일이 일어났습니다. 우리 애가 이혼했다가 다시 재결합했습니다." 어떻게 그분이 제가 기도한 것을 알았을까요? 성령님이 그분에게 제가 기도하고 있다고 가르쳐 주신 것입니다.

한번은 중국에 있는 어떤 사람이 저한테 편지를 보내왔습니다. 자기가 잠자고 있는데 갑자기 성령님이 "문 대사가 지금 너 위해 기도하는데, 당장 깨어서 기도하라"고 했다는 것입니다. 저는 그 사람을 위해서 의식적으로 기도한 적이 없습니다. 그런데 그 사람이 "그때 제가 정말 너무나도 기도가 필요한 때였으나 기도하지 않고 있었는데, 대사님의 중보기도가 저를 깨워 기도하게 했습니다. 그 결과 인사 문제가 잘 해결되었습니다. 정말 감사합니다"는 내용이었습니다. 성령님의 인도하심을 받아서 기도하면, 이런 일들이 일어납니다. 얼마나 신나는지 모릅니다. 그래서 전 누가 중보기도를 요청하면 부담 없이 약속합니다. 나는 잊어버려도 방언으로 기도하면 성령님이 그 사람을 위해 기도하심을 믿기 때문입니다.

방언으로 기도하면 하나님이 필요하신 곳에 쓰시라고 백지수표 위에 서명을 해서 올려 드리는 것과 같습니다. 우리는 모르지만 하나님이 지금 이라크에서 죽어 가는 어떤 소년을 위해서 그 수표를 쓰시든지, 중국 어느 지하 교회에서 박해받는 교회 지도자를 위해 쓰시든지 나는 모르지만 하나님이 필요한 곳에 쓰시도록 올려 드릴 수 있으니 얼마나 감사합니까?

저는 뉴욕에서 새벽에 맨해튼 아파트 숲을 지나면서 한 손을 들고 방언으로 계속 중보기도하며 다녔는데, 성령님이 말씀하시기를, "네가 중보기도하며 다니는 동안 다시는 9·11테러 같은 일이 뉴욕에 일어나지 않도록 뉴욕을 지켜 주겠다"고 하셨습니다.

주님의 부활을 확실히 증거해 준다

예수님이 십자가에서 피 흘리고 부활하신 것을 우리가 어떻게 믿을 수 있습니까? 그분이 다시 살아나셔서 하나님 보좌 우편에 앉아 계신다는 것을 우리가 어떻게 믿을 수 있습니까? 12제자는 3년 동안 예수님을 열심히 따라다니면서 말씀을 들었지만, 예수님이 십자가에 못 박혀 죽으시자 다 도망갔습니다. 예수님이 하늘로 올라가신 다음, 제자들이 마가의 다락방에서 기도할 때 성령님의 임재로 능력을 받고서야 사도가 되었습니다. 제자들은 그때부터 목숨을 걸고 예수님을 전했습니다. "오직 성령이 너희에게 임하시면 너희가 권능을 받고 예루살렘과 온 유대와 사마리아와 땅 끝까지 이르러 내 증인이 되리라"(행 1:8).

처음에 그들은 예수님이 진짜 하나님의 아들이시라는 사실을 믿지 못했습니다. 성경은 말로만 읽어서는 안 됩니다. 말씀에는 성령님의 증거가 있어야 합니다. 성령님의 증거 없이는 믿을 수 없습니다. 성령님이 증거해 주셔야 내 안에 진정한 믿음이 생깁니다. 말씀을 들을 때 성령님의 증거를 깨달을 수도 있지만, 우리가 말로 영의 통로를 열어 드릴 때 성령님의 임재를 체험할 수 있습니다.

어떤 성도가 "저는 옛날에 성령 체험을 했습니다. 그때는 참 좋았는데요. 지금은 첫사랑을 잊어버렸습니다"라고 말할 때 참 안타깝습니다. 성령님은 지금도 내 안에서 사랑을 주고 계시는데, 그것을 모르기 때문입니다. 성령님은 지금도 내 안에서 나를 만나기 위해 문을 두드리고 계십니다. "볼지어다 내가 문밖에 서서 두드리노니 누구든지 내 음성을 듣고 문을 열면 내가 그에게로 들어가 그와 더불어 먹고 그는 나로 더불어 먹으리라"(계 3:20). 방언으로 기도하십시오. 방언으로 기도할 때 성령님이 일하시고, 그 일하심으로 내 마음 문이 열립니다. 마음 문을 열고, 두 팔을 활짝 펴고 나를 안아 주시는 주님의 품에 안겨 보십시오. 주님의 심장 박동을 느끼며, 함께 호흡하며, 감격의 눈물을 흘리게 될 것입니다. 또한 방언으로 기도할 때 하나님이 내 속에 선한 의식으로 채워 주십니다. "선한 사람은 그 쌓은 선에서 선한 것을 내고"(마 12:35).

방언할 때 유의해야 할 것들

뜻을 몰라도 계속하라

방언은 내 영이 성령님의 인도하심을 따라서 비밀을 말하는 것이기 때문에, 무슨 말인지 뜻을 몰라도 계속해야 합니다. "하나님, 무슨 뜻인지는 모르지만 내 안에 계신 성령님이 이것이야말로 진정으로 주님께 드리는 예배라고 하시니 제가 예배를 드리겠습니다" 하고 그냥 해 보십시오. 절대로 손해 보는 것이 아닙니다. 왜 그렇습니까? 무슨 말인지 몰라도 이것이야말로 영과 진리로 드리는 예배이기 때문입니다. 예배는 새로운 가치를 창조하는 것이기 때문입니다. 무슨 뜻이지 모르고 기도하지만, 그 예배를 통해서 그날의 삶 가운데 새로운 가치를 창조하는 놀라운 권능과 지혜를 허락해 주십니다. 깊은 예배에 들어가서 주님의 임재를 경험해 보기 바랍니다.

통변과 예언을 사모하라

방언기도는 처음에는 뜻을 모르지만, 계속하다 보면 자신의 기도가 통변이 됩니다. 사도 바울은 은사를 사모하되 예언의 은사를 가장 사모하라고 했습니다(고전 14:1). 방언기도를 하면, 처음에는 통변이 되고 그다음에는 예언의 은사가 주어집니다. 예언의 은사는 다른 사람의 기도가 통변되는 것을 말합니다. 각 사람 안에 계시는 성령님은 한 분이시기 때문에, 예언하는 사람은 다른 사람의 심령을 들여다볼 수 있습니다.

통변을 시작해야 주님의 음성을 들을 수 있습니다. 주님과 인격적 교통을 할 수 있습니다. 방언기도를 해서 영의 통로가 열리면 주님이 내게 말씀하시는 것을 들을 수 있습니다. 진정으로 주님과 교제할 수 있습니다. 이것이 예수님이 말씀하신 대로 "너희가 내 안에, 내가 너희 안에" 거하는 비결입니다. 사랑은 일방통행이 아닙니다. 반드시 쌍방 통행입니다. 통변을 사모하십시오.

저는 한 달 만에 통변의 은사가 왔지만, 통변이 되는 시기는 사람마다 다릅니다. 중요한 것은, 통변의 은사가 와서 100% 통변할 수 있어도, 100% 다 통변을 할 필요가 없다는 점입니다. 예배드리는 것이 중요하지 내가 기도 내용을 다 이해하는 게 중요한게 아닙니다. "내가 여호와께 바라는 한 가지 일 그것을 구하리니 곧 내가 내 평생에 여호와의 집에 살면서 여호와의 아름다움을 바라보며 그의 성전에서 사모하는 그것이라"(시 27:4). 예배드리는데 무슨 통역이 필요합니까? 주님께 내 생각과 감정과 의지, 그 모든 것을 맡기는 것이 예배요 축복이요 최고의 중보기도입니다. 그러므로 방언기도를 하면서 무슨 말인지 모른다고 해서 실망할 필요가 없습니다. 오히려 뜻을 모르면서 기도하는 것이 큰 축복이며, 영과 진리로 드리는 예배 속에 들어가는 것이요, 하나님께 필요한 기도를 올려 드리는 것입니다. 그것이 정말 하나님이 원하시는 것입니다.

그러나 통변을 사모하시기 바랍니다. 통변하면 주님의 음성이 들리고, 내가 기도하는 것이 무엇인지를 알게 되면 주님과 인격적 교통이 이루어지기 때문입니다.

반드시 말씀으로 인도를 받으라

성령을 체험하고 나서 주님의 음성이 들리면, 말씀이신 예수님이 슬그머니 사라지기 쉽습니다. 말씀이신 예수님이 사라지면, 목사님의 말씀이 들리지 않습니다. '내가 직접 주님의 음성을 듣는데 목사님의 말씀이 뭐가 중요해' 하는 교만한 마음이 싹트기 때문입니다. 말씀으로 인도를 받지 않으면, 하나님이 주신 엄청난 은사를 가지고 오히려 하나님을 대적할 수 있습니다. 예수님을 부인할 수 있습니다. 이것이 은사 받은 사람들이 타락하는 이유입니다. 이단이 생기는 까닭입니다. 목사님들이 기도원에 가서 방언과 예언의 은사 받았다는 성도를 색안경 끼고 보는 이유가 여기에 있습니다. 방언하고 예언하는 사람들의 문제점이 신비주의에 빠지기 쉽다는 것입니다.

그래서 방언하는 사람은 반드시 말씀으로 인도를 받아야 합니다. 방언기도를 한 시간 했다면, 그 시간만큼 말씀을 먹어야 합니다. 말씀은 성도를 바로잡아 주는 핸들입니다. 핸들을 바로잡지 않으면 사고가 나고 여러 사람이 다칩니다. 말씀으로 인도 받으면서 성령의 권능(에너지와 활력)으로 탱크처럼 밀고 나가야 하는데, 말씀으로 바로잡아 주지 않으니까 여기저기 부딪쳐 교회 안에서 사고 치는 것입니다.

교회를 세우라

성령님이 우리 안에 오셔서 우리에게 엄청난 능력을 주신 까닭은 교회를 세우시기 위해서입니다. 교회를 세우려면 반드시 목사님께 순종해야 합니다. 은사를 받았다고 목사님께 순종하지 않는 사람들은 언젠가는 망합니다. 교회의 법도를 존중해야 합니다. 방언 은사를 받았더라도, 조용히 기도하는 교회라면 옆에 있는 성도에게 방해되지 않도록 배려하는 마음이 필요합니다. 교회의 법을 따라 절제하는 것이 우선입니다. 미친 사람과 방언하는 사람의 차이는, 미친 사람은 절제가 안 되지만 방언하는 성도는 절제할 수 있다는 점입니다.

방언의 두 종류, 사람의 방언과 천사의 말

사도 바울은 이렇게 말합니다. "내가 사람의 방언과 천사의 말을 할지라도 사랑이 없으면 소리 나는 구리와 울리는 꽹과리가 되고"(고전 13:1). 방언하고, 예언하고, 성령의 은사들을 받았어도 사랑이 없으면 아무 소용이 없다고 말합니다. 모든 성령의 은사는 사랑을 나타내기 위해서라고 말합니다. 그런데 이 말씀에서 사도 바울은 우리에게 방언에는 두 가지가 있다는 것을 알려 줍니다.

첫째는, 사람의 방언입니다. 사람의 방언은 세상에서 쓰는 여러 가지 각 나라 말입니다. 방언할 때 스페인어로 하기도 하고 아랍어로 하기도 합니다. 모르는 말이 있기는 하지만, 이 세상에서 쓰는 말이니까 해석할 수도 있는 말입니다.

둘째는, 천사의 말입니다. 사람이 가히 알아들을 수 없는 말입니다.

방언할 때는 이렇게 사람의 방언이나 천사의 말로 나올 수 있습니다. 중요한 것은 방언을 할 때는 입 밖으로 나오는 소리에 관심을 갖지 말라는 점입니다. 소리 자체에 의미가 없습니다. 방언을 통역하는 분들을 보면, 꼭 동시통역하듯이 단어 하나하나를 따라가는 것처럼 보이지만, 사실은 그렇지 않습니다. 방언 통역은 성령님이 내 영에 그 뜻을 통째로 알려 주십니다. 그러니 소리가 중요한 게 아닙니다.

방언받기를 간청하라

사도 바울은 "성령의 은사를 간구하라"(고전 14:1 참조)고 했습니다. 간절히 사모하라고 했습니다. 누가복음 11장에는 재미있는 비유가 있습니다. "너희 중에 누가 벗이 있는데 밤중에 그에게 가서 말하기를 벗이여 떡 세 덩이를 내게 꾸어 달라 내 벗이 여행 중에 내게 왔으나 내가 먹일 것이 없노라 하면 그가 안에서 대답하여 이르되 나를 괴롭게 하지 말라 문이 이미 닫혔고 아이들이 나와 함께 침실에 누웠으니 일어나 네게 줄 수가 없노라 하겠느냐"(눅 11:5-7). 이웃 사람이 할 수 없이 일어나 떡을 주면서 뭐라고 말했습니까? "네가 내 친구라서 떡을 빌려 주는 것이 아니라 네가 내게 간청했기 때문에 준다"고 말했습니다.

예수님은 이 비유를 들려주시며 이렇게 말씀하셨습니다. "내가 너희에게 말하노니 비록 벗됨으로 인하여서는 일어나서 주지 아니할지라도 그 간청함을 인하여 일어나 그 요구대로 주리라 내가 또 너희에게 이르노니 구하라"(눅 11:8-9). 정말 성령받기를 원한다면 간청하라는 것입니다. "너희가 악할지라도 좋은 것을 자식에게 줄 줄 알거든 하물며 너희 하늘 아버지께서 구하는 자에게 성령을 주시지 않겠느냐"(눅 11:13).

그래서 사도 바울은 "나는 너희 모두가 방언으로 말하기를 원하노라"고 했습니다.

베드로가 이방인 고넬료에게 말씀을 전할 때 고넬료가 방언하는 것을 보고 성령님이 임한 것을 알았다고 했습니다. 이와 같이 말씀을 듣거나 기도하다가 성령님이 강하게 임해서 방언이 터질 수 있습니다.

간청하는 마음이 있는 사람은 이미 방언 은사를 마음속에 받은 사람입니다.

아직 방언 은사를 받지 못한 사람은 방언 은사의 유익을 잘 몰라서, 방언 은사를 부정적으로 생각해서 방언 은사를 간구하지 않는 사람입니다. "내게는 아직 아니겠지", "언젠가 주시겠지" 생각하다가는 시간을 놓칠 수 있습니다.

성령님의 선물(은사)은 눈으로도 보이지 않는 것,
귀로도 듣지 못한 것, 마음으로도 생각하지도 못한 것이어서
인간의 머리로는 도저히 생각할 수 없는 것들입니다.
놀랍게도 이 선물을 받으면 전에는 도저히 볼 수 없었던
하나님의 말씀이 눈에 들어오게 됩니다.
이것은 기적입니다. 전에는 내 생각으로
도저히 할 수 없었던 일을 하게 됩니다.

성경을 읽자, 아버지의 뜻과 사랑을 알자

창세 이래 하나님의 관심은 이 땅에 하나님의 나라를 회복(확장)하시는 것이었습니다. 하나님은 창조하시자마자 아담과 하와를 에덴동산(하나님 나라)에 두셨고, 인간이 타락한 직후 뱀을 저주하면서 여인의 후손이 뱀의 머리를 부술 것이라고 약속하셨습니다(창 3:15). 여인의 후손으로 오실 예수님이 사탄의 세력을 궤멸하고 이 땅에 새 하늘과 새 땅을 주실 것이라는 약속입니다. 아브라함, 모세, 엘리야, 세례 요한, 예수님, 사도들은 이 땅에 세워질 하나님 나라를 끊임없이 선포했습니다.

우리는 성경을 보면서 하나님 나라는 서서히 이루어지는 것임을 알았습니다(씨 뿌리는 비유 마 13:1-23, 장래의 형체에 대한 약속 고전 15:36-38 등). 구약의 역사서(아브라함 언약, 출애굽 사건, 가나안 정복, 다윗 왕국, 성전 건축, 포로 귀환 후 성전과 성벽 건축)가 이를 뒷받침하고 있습니다.

하나님 나라는 예수님의 사역으로 이 땅에 나타나기 시작했습니다. 성령님은 주님 다시 오시는 그날까지 우리가 살면서 천국을 경험하며, 영광스러운 새 하늘과 새 땅을 바라보도록 일하십니다. 하나님 나라는 '현재와 미래'에 걸쳐 점진적으로 이루어집니다. 지금 내 안에서 시작되어 하나님 아버지만 아시는 때에, 이 땅에 주님은 영광스러운 세계를 주실 것입니다. 예수님은 말씀하셨습니다. "그러므로 깨어 있으라 어느 날에 너희 주가 임할는지 너희가 알지 못함이라"(마 24:42-43). "그런즉 깨어 있으라 너희는 그날과 그때를 알지 못하느니라"(마 25:13). 그리고 사도들도 권면했습니다. "그러므로 형제들아 주께서 강림하시기까지 길이 참으라 보라 농부가 땅에서 나는 귀한 열매를 바라고 길이 참아 이른 비와 늦은 비를 기다리나니"(약 5:7). "귀 있는 자는 성령이 교회들에게 하시는 말씀을 들을지어다 이기는 그에게는 내가 하나님의 낙원에 있는 생명나무의 열매를 주어 먹게 하리라"(계 2:7).

우리는 하나님의 사랑(말씀)에 응답할 때 내 속에서 하나님의 나라가 시작된다는 본질적인 가르침을 깨달았습니다. 우리 성도들은 주님 오시는 그날까지 "그러므로 누구든지 이런 것에서 자기를 깨끗하게 하면 귀히 쓰는 그릇이 되어 거룩하고 주인의 쓰심에 합당하며 모든 선한 일에 준비함이"(딤후 2:21) 되어야 할 것입니다.

날마다 말씀과 기도로 성령님의 능력을 힘입어 천국을 누리며 미래에 임할 영광스러운 주님의 세계를 바라보기를 바랍니다. 창세전부터 아버지와 아들이 계획하고 꿈꾸어 오신 거룩한 소망(모든 인류의 구원)을 이루어 드리는, 모든 선한 일에 준비된 하나님의 자녀 되기를 주 예수 이름으로 축원합니다.

이번에 모처럼 개정판을 출간하게 되었으므로 독자 여러분에게 본서와 더불어 공동체에서 성경을 읽으시길 권면하고 싶습니다. 저는 목회자를 은퇴한 후 현재 글로벌 G&M 문화재단에서 성도의 신앙성장과 성경 통독을 돕는 사역을 하고 있습니다. 재단의 한국 본부에서 이 사역을 위해 만든 드라마바이블 앱에서 '공동체성경읽기'를 활용하면 본서와 함께 성경에 대한 맥을 더욱 편리하고 풍성하게 잡을 수 있을 듯합니다. 개역개정판으로 제작되었고 앱 하단의 '성경 읽기 플랜'에서 '365일 성경 읽기 플랜'을 선택, 매일 30분씩 읽으면 7-8개월 내에 일독이 가능합니다.

성경 말씀은 일용할 양식과 마찬가지로 영의 양식이므로 '정기적으로', '다른 사람과 함께', '일정한 분량'(신, 구약 2-3장씩)을 읽어 나가면 더 맛있고 은혜롭게 성경을 통독할 수 있습니다. 혼자 읽으면 중도에 포기하는 경우가 생기므로 공동체 읽기를 권합니다. 일주일에 한 번 온오프라인에서 소그룹으로 서로 독려하며 읽어 나가면 성경 66권을 완독할 수 있습니다.

성경은 구약시대부터 한 사람이 공동체 앞에서 낭독하면 함께 듣는 두루마리였으며, 초대교회 당시에도 목회자가 바울이 선교여행 중 보낸 서신을 성도 앞에서 낭독하여 모두가 함께 들었습니다. 바울도 '공동체성경읽기'(Public Reading of Scripture)에 전념하라고(딤전 4:13 참조) 권면한 것을 유념하시기 바랍니다. 그래서 바울은 로마서에서 "믿음은 들음에서 나며"(롬 10:17)라고 전한 것입니다. 성경을 책으로 읽고 귀로 들으면서 통독하셔서 여러분의 믿음을 보다 향상시키기를 주의 이름으로 축원합니다.

2023년 12월초 동경에서

문봉주